Versicherungsrecht

Versicherungsaufsichtsgesetz – VAG

Versicherungsvertragsgesetz – VVG

VVG-Informationspflichtenverordnung – VVG-InfoV

Pflichtversicherungsgesetz

1. Auflage 2016

Impressum

© MGJV-Verlag, Hans-Much-Weg 14, 20249 Hamburg, Telefon: 040/ 32030589; Bitte wenden Sie sich mit Ihren Anliegen auch auf elektronischem Wege an uns: MGJV.Verlag@gmail.com

Inhaltliche Verantwortung und Aktualität: Redaktion MGJV

Satz, Druck und Bindung: Externe Dienstleister; alle Rechte MGJV-Verlag

Umschlaggestaltung: Gustav Broedecker. Alle Rechte MGJV-Verlag

Wir sind bemüht, ein ansprechendes Produkt zu gestalten, dass angemessenen Ansprüchen an das Preis/Leistungsverhältnis und vernünftigen Qualitätserwartungen gerecht wird. Konstruktive Anregungen nutzen wir gerne, um künftige Auflagen zu ergänzen und anzupassen.

Die Rechte am Werk, insbesondere für die Zusammenstellung, die Cover- und weitere Gestaltung liegen beim Verlag. Trotz sorgfältigster Bearbeitung und Qualitätskontrolle können Übertragungsfehler und technische Fehler nicht letztgültig ausgeschlossen werden. Fachanwaltliche Beratung wird durch die Konsultation einer Rechtssammlung nicht ersetzt.

- - - - -

Über eine Bewertung bei Amazon oder anderen Distributoren freut sich die Redaktion. Mit Kritik und Verbesserungsvorschlägen für künftige Ausgaben wenden Sie sich auch gerne an MGJV.Verlag@gmail.com

Vielen Dank, Ihre Redaktion MGJV

Inhaltsverzeichnis

Versicherungsaufsichtsgesetz – VAG 21
    Fußnote..21
Teil 1
Allgemeine Vorschriften..22
    § 1 Geltungsbereich...22
        Fußnote..23
    § 2 Öffentlich-rechtliche Versorgungseinrichtungen..23
    § 3 Ausnahmen von der Aufsichtspflicht, Verordnungsermächtigung............................23
        Fußnote..24
    § 4 Feststellung der Aufsichtspflicht...24
        Fußnote..24
    § 5 Freistellung von der Aufsicht..24
    § 6 Bezeichnungsschutz..25
    § 7 Begriffsbestimmungen..25
Teil 2
Vorschriften für die Erstversicherung und die Rückversicherung.......................................29
Kapitel 1
Geschäftstätigkeit...29
Abschnitt 1
Zulassung und Ausübung der Geschäftstätigkeit...29
    § 8 Erlaubnis; Spartentrennung..30
        Fußnote..30
    § 9 Antrag...30
        Fußnote..32
    § 10 Umfang der Erlaubnis...33
        Fußnote..33
    § 11 Versagung und Beschränkung der Erlaubnis..33
        Fußnote..34
    § 12 Änderungen des Geschäftsplans und von Unternehmensverträgen........................34
        Fußnote..35
    § 13 Bestandsübertragungen...35
        Fußnote..36
    § 14 Umwandlungen...36
    § 15 Versicherungsfremde Geschäfte...37
Abschnitt 2
Bedeutende Beteiligungen...37
    § 16 Inhaber bedeutender Beteiligungen..37
    § 17 Anzeige bedeutender Beteiligungen...37
    § 18 Untersagung oder Beschränkung einer bedeutenden Beteiligung..........................39
    § 19 Untersagung der Ausübung der Stimmrechte..40
    § 20 Prüfung des Inhabers..41
    § 21 Zusammenarbeit mit den zuständigen Behörden in anderen Mitglied- oder Vertragsstaaten...41
    § 22 Verordnungsermächtigung...41
Abschnitt 3
Geschäftsorganisation..42

§ 23 Allgemeine Anforderungen an die Geschäftsorganisation.........42
§ 24 Anforderungen an Personen, die das Unternehmen tatsächlich leiten oder andere Schlüsselaufgaben wahrnehmen.........42
§ 25 Vergütung.........43
§ 26 Risikomanagement.........44
 Fußnote.........45
§ 27 Risiko- und Solvabilitätsbeurteilung.........45
§ 28 Externe Ratings.........46
§ 29 Internes Kontrollsystem.........46
 Fußnote.........47
§ 30 Interne Revision.........47
§ 31 Versicherungsmathematische Funktion.........47
§ 32 Ausgliederung.........48
§ 33 Entsprechende Anwendung gesellschaftsrechtlicher Vorschriften.........48
§ 34 Verordnungsermächtigung.........48
Abschnitt 4
Allgemeine Berichtspflichten.........49
Unterabschnitt 1
Abschlussprüfung.........49
 § 35 Pflichten des Abschlussprüfers.........49
 § 36 Anzeige des Abschlussprüfers gegenüber der Aufsichtsbehörde; Prüfungsauftrag.........50
 Fußnote.........50
 § 37 Vorlage bei der Aufsichtsbehörde.........50
 § 38 Rechnungslegung und Prüfung öffentlich-rechtlicher Versicherungsunternehmen.........51
 § 39 Verordnungsermächtigung.........51
Unterabschnitt 2
Bericht über Solvabilität und Finanzlage.........52
 § 40 Solvabilitäts- und Finanzbericht.........52
 Fußnote.........53
 § 41 Nichtveröffentlichung von Informationen.........53
 Fußnote.........54
 § 42 Aktualisierung des Solvabilitäts- und Finanzberichts.........54
 Fußnote.........54
Unterabschnitt 3
Für Aufsichtszwecke beizubringende Informationen.........54
 § 43 Informationspflichten; Berechnungen.........54
 § 44 Prognoserechnungen.........55
 § 45 Befreiung von Berichtspflichten.........55
 § 46 Informationspflichten gegenüber der Bundesanstalt.........56
 § 47 Anzeigepflichten.........57
Abschnitt 5
Zusammenarbeit mit Versicherungsvermittlern.........58
 § 48 Qualifikation der Versicherungsvermittler.........58
 Fußnote.........59
 § 49 Stornohaftung.........59
 § 50 Entgelt bei der Vermittlung substitutiver Krankenversicherungsverträge.........59
 § 51 Beschwerden über Versicherungsvermittler.........60
 Fußnote.........60
Abschnitt 6
Verhinderung von Geldwäsche und von Terrorismusfinanzierung.........60

§ 52 Verpflichtete Unternehmen..60
    Fußnote..60
§ 53 Interne Sicherungsmaßnahmen...60
    Fußnote..62
§ 54 Vereinfachte Sorgfaltspflichten...62
    Fußnote..63
§ 55 Vereinfachungen bei der Durchführung der Identifizierung..................................63
    Fußnote..63
§ 56 Verstärkte Sorgfaltspflichten...64
    Fußnote..64
Abschnitt 7
Grenzüberschreitende Geschäftstätigkeit..64
Unterabschnitt 1
Dienstleistungsverkehr, Niederlassungen...64
    § 57 Versicherungsgeschäfte über Niederlassungen oder im Dienstleistungsverkehr..............64
    § 58 Errichtung einer Niederlassung...65
    Fußnote..66
    § 59 Aufnahme des Dienstleistungsverkehrs..66
    Fußnote..67
    § 60 Statistische Angaben über grenzüberschreitende Tätigkeiten.............................68
Unterabschnitt 2
Unternehmen mit Sitz in einem Mitgliedstaat der Europäischen Union oder einem anderen Vertragsstaat des Abkommens über den Europäischen Wirtschaftsraum.......................68
    § 61 Geschäftstätigkeit durch eine Niederlassung oder im Dienstleistungsverkehr.............68
    Fußnote..69
    § 62 Beaufsichtigung der Geschäftstätigkeit..69
    § 63 Bestandsübertragungen...70
    § 64 Bei Lloyd's vereinigte Einzelversicherer..70
    § 65 Niederlassung..70
    § 66 Dienstleistungsverkehr; Mitversicherung...71
Unterabschnitt 3
Unternehmen mit Sitz außerhalb des Europäischen Wirtschaftsraums.........................71
    § 67 Erlaubnis; Spartentrennung...72
    Fußnote..72
    § 68 Niederlassung; Hauptbevollmächtigter...72
    Fußnote..73
    § 69 Antrag; Verfahren...73
    § 70 Erleichterungen für Unternehmen, die bereits in einem anderen Mitglied- oder Vertragsstaat zugelassen sind...73
    Fußnote..74
    § 71 Widerruf der Erlaubnis...74
    Fußnote..74
    § 72 Versicherung inländischer Risiken..75
    § 73 Bestandsübertragung..75
Kapitel 2
Finanzielle Ausstattung..76
Abschnitt 1
Solvabilitätsübersicht...76
    § 74 Bewertung der Vermögenswerte und Verbindlichkeiten....................................76
    § 75 Allgemeine Vorschriften für die Bildung versicherungstechnischer Rückstellungen.......76

§ 76 Wert der versicherungstechnischen Rückstellungen..76
§ 77 Bester Schätzwert..77
§ 78 Risikomarge..77
§ 79 Allgemeine Grundsätze für die Berechnung der versicherungstechnischen
Rückstellungen..77
§ 80 Matching-Anpassung an die maßgebliche risikofreie Zinskurve..........................77
§ 81 Berechnung der Matching-Anpassung..79
§ 82 Volatilitätsanpassung...80
§ 83 Zu berücksichtigende technische Informationen..80
§ 84 Weitere Sachverhalte, die bei der Berechnung der versicherungstechnischen
Rückstellungen zu berücksichtigen sind..80
§ 85 Finanzgarantien und vertragliche Optionen in den Versicherungsverträgen.......81
§ 86 Einforderbare Beträge aus Rückversicherungsverträgen und gegenüber
Zweckgesellschaften..81
§ 87 Vergleich mit Erfahrungsdaten..81
§ 88 Befugnisse der Aufsichtsbehörde in Bezug auf versicherungstechnische Rückstellungen;
Verordnungsermächtigung..81
Abschnitt 2
Solvabilitätsanforderungen..82
Unterabschnitt 1
Bestimmung der Eigenmittel..82
§ 89 Eigenmittel..82
§ 90 Genehmigung ergänzender Eigenmittel..83
§ 91 Einstufung der Eigenmittelbestandteile...83
§ 92 Kriterien der Einstufung..84
§ 93 Einstufung bestimmter Eigenmittelbestandteile..84
§ 94 Eigenmittel zur Einhaltung der Solvabilitätskapitalanforderung........................85
§ 95 Eigenmittel zur Einhaltung der Mindestkapitalanforderung..............................85
Unterabschnitt 2
Solvabilitätskapitalanforderung...85
§ 96 Ermittlung der Solvabilitätskapitalanforderung...85
§ 97 Berechnung der Solvabilitätskapitalanforderung...85
§ 98 Häufigkeit der Berechnung..86
§ 99 Struktur der Standardformel..86
§ 100 Aufbau der Basissolvabilitätskapitalanforderung..87
§ 101 Nichtlebensversicherungstechnisches Risikomodul..87
§ 102 Lebensversicherungstechnisches Risikomodul..88
§ 103 Krankenversicherungstechnisches Risikomodul...88
§ 104 Marktrisikomodul..89
§ 105 Gegenparteiausfallrisikomodul..89
§ 106 Aktienrisikountermodul...90
§ 107 Kapitalanforderung für das operationelle Risiko..90
§ 108 Anpassung für die Verlustausgleichsfähigkeit der versicherungstechnischen
Rückstellungen und latenten Steuern..90
§ 109 Abweichungen von der Standardformel..91
§ 110 Wesentliche Abweichungen von den Annahmen, die der Berechnung mit der
Standardformel zugrunde liegen..91
Unterabschnitt 3
Interne Modelle..91
§ 111 Verwendung interner Modelle..91

§ 112 Interne Modelle in Form von Partialmodellen..92
§ 113 Verantwortung des Vorstands; Mitwirkung Dritter...92
§ 114 Nichterfüllung der Anforderungen an das interne Modell................................93
§ 115 Verwendungstest..93
    Fußnote..93
§ 116 Statistische Qualitätsstandards für Wahrscheinlichkeitsverteilungsprognosen..93
    Fußnote..94
§ 117 Sonstige statistische Qualitätsstandards...94
    Fußnote..94
§ 118 Kalibrierungsstandards..94
    Fußnote..95
§ 119 Zuordnung von Gewinnen und Verlusten..95
    Fußnote..95
§ 120 Validierungsstandards...95
    Fußnote..95
§ 121 Dokumentationsstandards...95
    Fußnote..96
Unterabschnitt 4
Mindestkapitalanforderung..96
§ 122 Bestimmung der Mindestkapitalanforderung; Verordnungsermächtigung........96
§ 123 Berechnungsturnus; Meldepflichten...96
Abschnitt 3
Anlagen; Sicherungsvermögen..96
§ 124 Anlagegrundsätze..96
§ 125 Sicherungsvermögen...98
    Fußnote..99
§ 126 Vermögensverzeichnis..99
§ 127 Zuführungen zum Sicherungsvermögen...100
    Fußnote..100
§ 128 Treuhänder für das Sicherungsvermögen..100
§ 129 Sicherstellung des Sicherungsvermögens...101
§ 130 Entnahme aus dem Sicherungsvermögen...101
§ 131 Verordnungsermächtigung..101
Abschnitt 4
Versicherungsunternehmen in besonderen Situationen..102
§ 132 Feststellung und Anzeige einer sich verschlechternden finanziellen Lage.....102
§ 133 Unzureichende Höhe versicherungstechnischer Rückstellungen....................102
    Fußnote..102
§ 134 Nichtbedeckung der Solvabilitätskapitalanforderung.....................................103
    Fußnote..103
§ 135 Nichtbedeckung der Mindestkapitalanforderung..104
    Fußnote..104
§ 136 Sanierungs- und Finanzierungsplan..104
§ 137 Fortschreitende Verschlechterung der Solvabilität...104
    Fußnote..105
Kapitel 3
Besondere Vorschriften für einzelne Zweige..105
Abschnitt 1
Lebensversicherung..105
§ 138 Prämienkalkulation in der Lebensversicherung; Gleichbehandlung..............105

Fußnote...105
§ 139 Überschussbeteiligung...105
Fußnote...106
§ 140 Rückstellung für Beitragsrückerstattung...106
Fußnote...107
§ 141 Verantwortlicher Aktuar in der Lebensversicherung...107
Fußnote...108
§ 142 Treuhänder in der Lebensversicherung...108
Fußnote...109
§ 143 Besondere Anzeigepflichten in der Lebensversicherung...109
§ 144 Information bei betrieblicher Altersversorgung...109
Fußnote...110
§ 145 Verordnungsermächtigung...110
Fußnote...111
Abschnitt 2
Krankenversicherung...111
§ 146 Substitutive Krankenversicherung...111
Fußnote...112
§ 147 Sonstige Krankenversicherung...112
Fußnote...112
§ 148 Pflegeversicherung...112
§ 149 Prämienzuschlag in der substitutiven Krankenversicherung...112
Fußnote...113
§ 150 Gutschrift zur Alterungsrückstellung; Direktgutschrift...113
Fußnote...113
§ 151 Überschussbeteiligung der Versicherten...113
§ 152 Basistarif...114
Fußnote...115
§ 153 Notlagentarif...115
§ 154 Risikoausgleich...116
§ 155 Prämienänderungen...116
Fußnote...117
§ 156 Verantwortlicher Aktuar in der Krankenversicherung...117
Fußnote...118
§ 157 Treuhänder in der Krankenversicherung...118
Fußnote...118
§ 158 Besondere Anzeigepflichten in der Krankenversicherung; Leistungen im Basis- und Notlagentarif...118
§ 159 Statistische Daten...119
Fußnote...119
§ 160 Verordnungsermächtigung...119
Fußnote...120
Abschnitt 3
Sonstige Nichtlebensversicherung...120
§ 161 Unfallversicherung mit Prämienrückgewähr...120
§ 162 Deckungsrückstellung für Haftpflicht- und Unfall-Renten...120
§ 163 Schadenregulierungsbeauftragte in der Kraftfahrzeug-Haftpflichtversicherung...120
§ 164 Schadenabwicklung in der Rechtsschutzversicherung...121
Abschnitt 4
Rückversicherung...122

§ 165 Rückversicherungsunternehmen in Abwicklung..122
§ 166 Bestandsübertragungen; Umwandlungen...122
§ 167 Finanzrückversicherung..123
§ 168 Versicherungs-Zweckgesellschaften..123
§ 169 Rückversicherungsunternehmen mit Sitz in einem anderen Mitglied- oder Vertragsstaat
....124
§ 170 Verordnungsermächtigung...125
Kapitel 4
Versicherungsvereine auf Gegenseitigkeit...125
§ 171 Rechtsfähigkeit...125
§ 172 Anwendung handelsrechtlicher Vorschriften...125
§ 173 Satzung...125
§ 174 Firma...125
§ 175 Haftung für Verbindlichkeiten..126
§ 176 Mitgliedschaft...126
§ 177 Gleichbehandlung..126
§ 178 Gründungsstock...126
  Fußnote..126
§ 179 Beiträge...127
§ 180 Beitragspflicht ausgeschiedener oder eingetretener Mitglieder.......................................127
§ 181 Aufrechnungsverbot..127
§ 182 Ausschreibung von Umlagen und Nachschüssen..127
§ 183 Bekanntmachungen..127
§ 184 Organe...127
  Fußnote..127
§ 185 Anmeldung zum Handelsregister..128
§ 186 Unterlagen zur Anmeldung..128
§ 187 Eintragung..128
§ 188 Vorstand..129
  Fußnote..129
§ 189 Aufsichtsrat..129
§ 190 Schadenersatzpflicht..129
§ 191 Oberste Vertretung...130
§ 192 Rechte von Minderheiten..130
§ 193 Verlustrücklage...130
  Fußnote..130
§ 194 Überschussverwendung...130
§ 195 Änderung der Satzung..130
  Fußnote..131
§ 196 Eintragung der Satzungsänderung...131
§ 197 Änderung der allgemeinen Versicherungsbedingungen...131
§ 198 Auflösung des Vereins...131
§ 199 Auflösungsbeschluss..132
§ 200 Bestandsübertragung..132
§ 201 Verlust der Mitgliedschaft..132
§ 202 Anmeldung der Auflösung...133
§ 203 Abwicklung..133
§ 204 Abwicklungsverfahren..133
§ 205 Tilgung des Gründungsstocks; Vermögensverteilung...133
§ 206 Fortsetzung des Vereins...134

§ 207 Beitragspflicht im Insolvenzverfahren..........134
§ 208 Rang der Insolvenzforderungen..........134
§ 209 Nachschüsse und Umlagen im Insolvenzverfahren..........134
§ 210 Kleinere Vereine..........135
Fußnote..........135
Kapitel 5
Kleine Versicherungsunternehmen und Sterbekassen..........135
Abschnitt 1
Kleine Versicherungsunternehmen..........135
§ 211 Kleine Versicherungsunternehmen..........135
§ 212 Anzuwendende Vorschriften..........136
Fußnote..........138
§ 213 Solvabilitäts- und Mindestkapitalanforderung..........138
Fußnote..........138
§ 214 Eigenmittel..........138
Fußnote..........141
§ 215 Anlagegrundsätze für das Sicherungsvermögen..........141
Fußnote..........142
§ 216 Anzeigepflichten..........142
Fußnote..........142
§ 217 Verordnungsermächtigung..........142
Abschnitt 2
Sterbekassen..........143
§ 218 Sterbekassen..........143
§ 219 Anzuwendende Vorschriften..........143
Fußnote..........144
§ 220 Verordnungsermächtigung..........144
Teil 3
Sicherungsfonds..........144
§ 221 Pflichtmitgliedschaft..........144
§ 222 Aufrechterhaltung der Versicherungsverträge..........144
§ 223 Sicherungsfonds..........145
Fußnote..........145
§ 224 Beleihung Privater..........145
§ 225 Aufsicht..........146
§ 226 Finanzierung..........146
§ 227 Rechnungslegung des Sicherungsfonds..........147
§ 228 Mitwirkungspflichten..........147
§ 229 Ausschluss..........148
§ 230 Verschwiegenheitspflicht..........148
§ 231 Zwangsmittel..........148
Teil 4
Einrichtungen der betrieblichen Altersversorgung..........148
Kapitel 1
Pensionskassen..........148
§ 232 Pensionskassen..........149
Fußnote..........149
§ 233 Regulierte Pensionskassen..........149
§ 234 Anzuwendende Vorschriften..........150
§ 235 Verordnungsermächtigung..........152

Kapitel 2
Pensionsfonds...153
§ 236 Pensionsfonds..153
Fußnote...154
§ 237 Anzuwendende Vorschriften...154
§ 238 Finanzielle Ausstattung...156
§ 239 Vermögensanlage..156
Fußnote...156
§ 240 Verordnungsermächtigung..157
Kapitel 3
Grenzüberschreitende Geschäftstätigkeit von Einrichtungen der betrieblichen Altersversorgung
....158
§ 241 Grenzüberschreitende Tätigkeit von Pensionskassen..158
§ 242 Grenzüberschreitende Tätigkeit von Pensionsfonds..158
Fußnote...159
§ 243 Einrichtungen mit Sitz in einem anderen Mitglied- oder Vertragsstaat...................159
§ 244 Einrichtungen mit Sitz in Drittstaaten...160
Teil 5
Gruppen...160
Kapitel 1
Beaufsichtigung von Versicherungsunternehmen in einer Gruppe......................................160
§ 245 Anwendungsbereich der Gruppenaufsicht..160
Fußnote...161
§ 246 Umfang der Gruppenaufsicht..161
§ 247 Oberstes Mutterunternehmen auf Ebene der Mitglied- oder Vertragsstaaten..........162
§ 248 Oberstes Mutterunternehmen auf nationaler Ebene..162
§ 249 Mutterunternehmen, die mehrere Mitglied- oder Vertragsstaaten umfassen...........163
Kapitel 2
Finanzlage..164
Abschnitt 1
Solvabilität der Gruppe..164
§ 250 Überwachung der Gruppensolvabilität...164
Fußnote...164
§ 251 Häufigkeit der Berechnung...164
Fußnote...164
§ 252 Bestimmung der Methode..165
Fußnote...165
§ 253 Berücksichtigung des verhältnismäßigen Anteils...165
Fußnote...165
§ 254 Ausschluss der Mehrfachberücksichtigung anrechnungsfähiger Eigenmittel........165
Fußnote...167
§ 255 Ausschluss der gruppeninternen Kapitalschöpfung..167
Fußnote...167
§ 256 Verbundene Versicherungsunternehmen..167
Fußnote...167
§ 257 Zwischengeschaltete Versicherungs-Holdinggesellschaften...................................168
Fußnote...168
§ 258 Verbundene Versicherungsunternehmen eines Drittstaats......................................168
Fußnote...169
§ 259 Verbundene Kreditinstitute, Wertpapierfirmen und Finanzinstitute.......................169

Fußnote..169
§ 260 Nichtverfügbarkeit der notwendigen Informationen................................169
Fußnote..169
§ 261 Konsolidierungsmethode...169
Fußnote..170
§ 262 Internes Modell für die Gruppe..170
Fußnote..171
§ 263 Kapitalaufschlag für ein Gruppenunternehmen..171
Fußnote..171
§ 264 Kapitalaufschlag für die Gruppe...171
Fußnote..172
§ 265 Abzugs- und Aggregationsmethode..172
Fußnote..173
§ 266 Gruppensolvabilität bei einer Versicherungs-Holdinggesellschaft oder einer gemischten Finanzholding-Gesellschaft..173
Fußnote..173
§ 267 Bedingungen für Tochterunternehmen eines Versicherungsunternehmens............173
Fußnote..173
§ 268 Beaufsichtigung bei zentralisiertem Risikomanagement........................173
Fußnote..174
§ 269 Bestimmung der Solvabilitätskapitalanforderung des Tochterunternehmens............174
Fußnote..175
§ 270 Nichtbedeckung der Kapitalanforderungen des Tochterunternehmens..............175
Fußnote..176
§ 271 Ende der Ausnahmeregelung für ein Tochterunternehmen....................176
Fußnote..177
§ 272 Tochterunternehmen einer Versicherungs-Holdinggesellschaft oder gemischten Finanzholding-Gesellschaft..177
Fußnote..177
Abschnitt 2
Risikokonzentration und gruppeninterne Transaktionen....................................177
§ 273 Überwachung der Risikokonzentration..177
Fußnote..178
§ 274 Überwachung gruppeninterner Transaktionen..178
Fußnote..178
Abschnitt 3
Geschäftsorganisation, Berichtspflichten..178
§ 275 Überwachung des Governance-Systems...178
Fußnote..179
§ 276 Gegenseitiger Informationsaustausch..179
Fußnote..179
§ 277 Bericht über Solvabilität und Finanzlage der Gruppe.............................179
Fußnote..180
§ 278 Gruppenstruktur..180
Fußnote..180
Kapitel 3
Maßnahmen zur Erleichterung der Gruppenaufsicht...180
§ 279 Zuständigkeit für die Gruppenaufsicht...180
Fußnote..181
§ 280 Bestimmung der Gruppenaufsichtsbehörde...181

Fußnote......182
§ 281 Aufgaben und Befugnisse der Gruppenaufsichtsbehörde......182
Fußnote......183
§ 282 Befreiung von der Berichterstattung auf Gruppenebene......183
Fußnote......183
§ 283 Aufsichtskollegium......183
Fußnote......184
§ 284 Zusammenarbeit bei der Gruppenaufsicht......184
Fußnote......185
§ 285 Gegenseitige Konsultation der Aufsichtsbehörden......185
Fußnote......185
§ 286 Zusammenarbeit bei verbundenen Unternehmen......185
Fußnote......186
§ 287 Zwangsmaßnahmen......186
Fußnote......186
Kapitel 4
Drittstaaten......186
§ 288 Mutterunternehmen mit Sitz in einem Drittstaat......186
§ 289 Gleichwertigkeit......187
Fußnote......187
§ 290 Fehlende Gleichwertigkeit......187
Fußnote......188
§ 291 Ebene der Beaufsichtigung......188
Kapitel 5
Versicherungs-Holdinggesellschaften und gemischte Finanzholding-Gesellschaften......188
§ 292 Gruppeninterne Transaktionen......188
§ 293 Aufsicht......188
Fußnote......189
Teil 6
Aufsicht: Aufgaben und allgemeine Befugnisse, Organisation......189
Kapitel 1
Aufgaben und allgemeine Vorschriften......189
§ 294 Aufgaben......189
Fußnote......190
§ 295 Verwenden von Ratings......190
§ 296 Grundsatz der Verhältnismäßigkeit......190
§ 297 Ermessen......191
§ 298 Allgemeine Aufsichtsbefugnisse......191
Fußnote......191
§ 299 Erweiterung der Aufsichtsbefugnisse......192
Fußnote......192
§ 300 Änderung des Geschäftsplans......192
Fußnote......192
§ 301 Kapitalaufschlag......192
Fußnote......193
§ 302 Untersagung einer Beteiligung......193
§ 303 Abberufung von Personen mit Schlüsselaufgaben, Verwarnung......193
Fußnote......194
§ 304 Widerruf der Erlaubnis......194
Fußnote......195

§ 305 Befragung, Auskunftspflicht..195
    Fußnote...196
§ 306 Betreten und Durchsuchen von Räumen; Beschlagnahme........................197
    Fußnote...199
§ 307 Sonderbeauftragter...199
    Fußnote...199
§ 308 Unerlaubte Versicherungsgeschäfte...199
    Fußnote...200
§ 309 Verschwiegenheitspflicht..200
    Fußnote...202
§ 310 Nebenbestimmungen; Ausschluss der aufschiebenden Wirkung..............202
    Fußnote...203
Kapitel 2
Sichernde Maßnahmen..203
  § 311 Anzeige der Zahlungsunfähigkeit..203
  § 312 Eröffnung des Insolvenzverfahrens...203
    Fußnote...204
  § 313 Unterrichtung der Gläubiger..204
    Fußnote...204
  § 314 Zahlungsverbot; Herabsetzung von Leistungen......................................204
  § 315 Behandlung von Versicherungsforderungen...205
    Fußnote...205
  § 316 Erlöschen bestimmter Versicherungsverträge...205
  § 317 Pfleger im Insolvenzfall...205
Kapitel 3
Veröffentlichungen..206
  § 318 Veröffentlichungen..206
    Fußnote...206
  § 319 Bekanntmachung von Maßnahmen...206
Kapitel 4
Zuständigkeit...207
Abschnitt 1
Bundesaufsicht..207
  § 320 Bundesanstalt für Finanzdienstleistungsaufsicht....................................207
  § 321 Übertragung der Aufsicht auf eine Landesaufsichtsbehörde..................208
  § 322 Übertragung der Aufsicht auf die Bundesanstalt....................................208
  § 323 Verfahren...208
  § 324 Zusammenarbeit der Aufsichtsbehörden..208
  § 325 Versicherungsbeirat...208
Abschnitt 2
Aufsicht im Europäischen Wirtschaftsraum...209
  § 326 Allgemeine Grundsätze für die Zusammenarbeit der Aufsichtsbehörden...................209
  § 327 Zusammenarbeit bei örtlichen Prüfungen...209
  § 328 Zustellungen..209
    Fußnote...209
  § 329 Zusammenarbeit mit der Europäischen Aufsichtsbehörde für das Versicherungswesen und die betriebliche Altersversorgung..............210
  § 330 Meldungen an die Europäische Kommission...211
Teil 7
Straf- und Bußgeldvorschriften...212

§ 331 Strafvorschriften...212
§ 332 Bußgeldvorschriften...212
§ 333 Zuständige Verwaltungsbehörde...214
§ 334 Beteiligung der Aufsichtsbehörde und Mitteilungen in Strafsachen...214
Teil 8
Übergangs- und Schlussbestimmungen...215
§ 335 Fortsetzung des Geschäftsbetriebs...215
§ 336 Weitergeltung genehmigter Geschäftspläne in der Lebensversicherung...215
　Fußnote...216
§ 337 Treuhänder in der Krankenversicherung...216
§ 338 Zuschlag in der Krankenversicherung...216
§ 339 Teilbestandsvorschriften in der Unfallversicherung...216
§ 340 Bestandsschutz für Rückversicherungsunternehmen...216
§ 341 Bericht über die Solvabilität und die Finanzlage...217
§ 342 Einhaltung der Mindestkapitalanforderung...217
§ 343 Einstellung des Geschäftsbetriebs...217
§ 344 Fristen für Berichts- und Offenlegungspflichten...218
§ 345 Eigenmittel...219
　Fußnote...220
§ 346 Anlagen in Kreditverbriefungen...220
　Fußnote...220
§ 347 Standardparameter...220
　Fußnote...221
§ 348 Solvabilitätskapitalanforderung...221
　Fußnote...221
§ 349 Internes Teilgruppenmodell...221
§ 350 Gruppenvorschriften...222
§ 351 Risikofreie Zinssätze...222
　Fußnote...223
§ 352 Versicherungstechnische Rückstellungen...223
　Fußnote...224
§ 353 Plan betreffend die schrittweise Einführung von Übergangsmaßnahmen für risikofreie Zinssätze und versicherungstechnische Rückstellungen...224
§ 354 Überprüfung der langfristigen Garantien und der Maßnahmen gegen Aktienrisiken...224
§ 355 Entscheidungen der Aufsichtsbehörde aus Anlass des Inkrafttretens dieses Gesetzes. 225
Anlage 1 Einteilung der Risiken nach Sparten...226
Anlage 2 Bezeichnung der Zulassung, die gleichzeitig für mehrere Sparten erteilt wird...229
Anlage 3 Standardformel zur Berechnung der Solvabilitätskapitalanforderung (SCR)...229
Versicherungsvertragsgesetz - VVG...231
　Fußnote...231
Teil 1
Allgemeiner Teil...232
Kapitel 1
Vorschriften für alle Versicherungszweige...232
Abschnitt 1
Allgemeine Vorschriften...232
　§ 1 Vertragstypische Pflichten...232
　§ 2 Rückwärtsversicherung...232
　§ 3 Versicherungsschein...232
　§ 4 Versicherungsschein auf den Inhaber...233

§ 5 Abweichender Versicherungsschein..233
§ 6 Beratung des Versicherungsnehmers...233
§ 7 Information des Versicherungsnehmers..234
§ 8 Widerrufsrecht des Versicherungsnehmers...235
§ 9 Rechtsfolgen des Widerrufs...236
§ 10 Beginn und Ende der Versicherung..236
§ 11 Verlängerung, Kündigung..236
§ 12 Versicherungsperiode..236
§ 13 Änderung von Anschrift und Name..236
§ 14 Fälligkeit der Geldleistung...237
§ 15 Hemmung der Verjährung..237
§ 16 Insolvenz des Versicherers...237
§ 17 Abtretungsverbot bei unpfändbaren Sachen..237
§ 18 Abweichende Vereinbarungen...237
Abschnitt 2
Anzeigepflicht, Gefahrerhöhung, andere Obliegenheiten..237
§ 19 Anzeigepflicht..238
§ 20 Vertreter des Versicherungsnehmers..238
§ 21 Ausübung der Rechte des Versicherers..238
§ 22 Arglistige Täuschung..239
§ 23 Gefahrerhöhung...239
§ 24 Kündigung wegen Gefahrerhöhung..239
§ 25 Prämienerhöhung wegen Gefahrerhöhung..239
§ 26 Leistungsfreiheit wegen Gefahrerhöhung...240
§ 27 Unerhebliche Gefahrerhöhung..240
§ 28 Verletzung einer vertraglichen Obliegenheit..240
§ 29 Teilrücktritt, Teilkündigung, teilweise Leistungsfreiheit.................................241
§ 30 Anzeige des Versicherungsfalles...241
§ 31 Auskunftspflicht des Versicherungsnehmers..241
§ 32 Abweichende Vereinbarungen...241
Abschnitt 3
Prämie..241
§ 33 Fälligkeit..241
§ 34 Zahlung durch Dritte..242
§ 35 Aufrechnung durch den Versicherer..242
§ 36 Leistungsort...242
§ 37 Zahlungsverzug bei Erstprämie...242
§ 38 Zahlungsverzug bei Folgeprämie..242
§ 39 Vorzeitige Vertragsbeendigung...243
§ 40 Kündigung bei Prämienerhöhung..243
§ 41 Herabsetzung der Prämie..243
§ 42 Abweichende Vereinbarungen...244
Abschnitt 4
Versicherung für fremde Rechnung..244
§ 43 Begriffsbestimmung...244
§ 44 Rechte des Versicherten..244
§ 45 Rechte des Versicherungsnehmers...244
§ 46 Rechte zwischen Versicherungsnehmer und Versichertem..............................244
§ 47 Kenntnis und Verhalten des Versicherten..245
§ 48 Versicherung für Rechnung „wen es angeht"..245

Abschnitt 5
Vorläufige Deckung..245
  § 49 Inhalt des Vertrags..245
  § 50 Nichtzustandekommen des Hauptvertrags...245
  § 51 Prämienzahlung...246
  § 52 Beendigung des Vertrags..246
Abschnitt 6
Laufende Versicherung..246
  § 53 Anmeldepflicht..246
  § 54 Verletzung der Anmeldepflicht..246
  § 55 Einzelpolice..247
  § 56 Verletzung der Anzeigepflicht...247
  § 57 Gefahränderung..247
  § 58 Obliegenheitsverletzung...248
Abschnitt 7
Versicherungsvermittler, Versicherungsberater...248
Unterabschnitt 1
Mitteilungs- und Beratungspflichten..248
  § 59 Begriffsbestimmungen..248
  § 60 Beratungsgrundlage des Versicherungsvermittlers...248
  § 61 Beratungs- und Dokumentationspflichten des Versicherungsvermittlers.........249
  § 62 Zeitpunkt und Form der Information..249
  § 63 Schadensersatzpflicht...249
  § 64 Zahlungssicherung zugunsten des Versicherungsnehmers...............................249
  § 65 Großrisiken...250
  § 66 Sonstige Ausnahmen...250
  § 67 Abweichende Vereinbarungen..250
  § 68 Versicherungsberater...250
Unterabschnitt 2
Vertretungsmacht...250
  § 69 Gesetzliche Vollmacht..250
  § 70 Kenntnis des Versicherungsvertreters...251
  § 71 Abschlussvollmacht..251
  § 72 Beschränkung der Vertretungsmacht..251
  § 73 Angestellte und nicht gewerbsmäßig tätige Vermittler.....................................251
Kapitel 2
Schadensversicherung..251
Abschnitt 1
Allgemeine Vorschriften...251
  § 74 Überversicherung..251
  § 75 Unterversicherung...251
  § 76 Taxe..252
  § 77 Mehrere Versicherer...252
  § 78 Haftung bei Mehrfachversicherung..252
  § 79 Beseitigung der Mehrfachversicherung..252
  § 80 Fehlendes versichertes Interesse...253
  § 81 Herbeiführung des Versicherungsfalles..253
  § 82 Abwendung und Minderung des Schadens..253
  § 83 Aufwendungsersatz..253
  § 84 Sachverständigenverfahren..254

§ 85 Schadensermittlungskosten..254
§ 86 Übergang von Ersatzansprüchen..254
§ 87 Abweichende Vereinbarungen..255
Abschnitt 2
Sachversicherung...255
§ 88 Versicherungswert..255
§ 89 Versicherung für Inbegriff von Sachen..255
§ 90 Erweiterter Aufwendungsersatz...255
§ 91 Verzinsung der Entschädigung...255
§ 92 Kündigung nach Versicherungsfall..256
§ 93 Wiederherstellungsklausel..256
§ 94 Wirksamkeit der Zahlung gegenüber Hypothekengläubigern.............256
§ 95 Veräußerung der versicherten Sache..257
§ 96 Kündigung nach Veräußerung..257
§ 97 Anzeige der Veräußerung...257
§ 98 Schutz des Erwerbers..257
§ 99 Zwangsversteigerung, Erwerb des Nutzungsrechts.............................257
Teil 2
Einzelne Versicherungszweige..258
Kapitel 1
Haftpflichtversicherung...258
Abschnitt 1
Allgemeine Vorschriften..258
§ 100 Leistung des Versicherers...258
§ 101 Kosten des Rechtsschutzes...258
§ 102 Betriebshaftpflichtversicherung...258
§ 103 Herbeiführung des Versicherungsfalles...259
§ 104 Anzeigepflicht des Versicherungsnehmers..259
§ 105 Anerkenntnis des Versicherungsnehmers..259
§ 106 Fälligkeit der Versicherungsleistung..259
§ 107 Rentenanspruch...259
§ 108 Verfügung über den Freistellungsanspruch.......................................260
§ 109 Mehrere Geschädigte..260
§ 110 Insolvenz des Versicherungsnehmers..260
§ 111 Kündigung nach Versicherungsfall..260
§ 112 Abweichende Vereinbarungen...260
Abschnitt 2
Pflichtversicherung..260
§ 113 Pflichtversicherung...260
§ 114 Umfang des Versicherungsschutzes...261
§ 115 Direktanspruch..261
§ 116 Gesamtschuldner...261
§ 117 Leistungspflicht gegenüber Dritten..262
§ 118 Rangfolge mehrerer Ansprüche..262
§ 119 Obliegenheiten des Dritten...263
§ 120 Obliegenheitsverletzung des Dritten..263
§ 121 Aufrechnung gegenüber Dritten...263
§ 122 Veräußerung der von der Versicherung erfassten Sache...................263
§ 123 Rückgriff bei mehreren Versicherten...263
§ 124 Rechtskrafterstreckung...264

Kapitel 2
Rechtsschutzversicherung..264
§ 125 Leistung des Versicherers...264
§ 126 Schadensabwicklungsunternehmen..264
§ 127 Freie Anwaltswahl..264
§ 128 Gutachterverfahren...265
§ 129 Abweichende Vereinbarungen..265
Kapitel 3
Transportversicherung..265
§ 130 Umfang der Gefahrtragung..265
§ 131 Verletzung der Anzeigepflicht..265
§ 132 Gefahränderung..266
§ 133 Vertragswidrige Beförderung...266
§ 134 Ungeeignete Beförderungsmittel..266
§ 135 Aufwendungsersatz..267
§ 136 Versicherungswert..267
§ 137 Herbeiführung des Versicherungsfalles...267
§ 138 Haftungsausschluss bei Schiffen..267
§ 139 Veräußerung der versicherten Sache oder Güter.....................................267
§ 140 Veräußerung des versicherten Schiffes..268
§ 141 Befreiung durch Zahlung der Versicherungssumme................................268
Kapitel 4
Gebäudefeuerversicherung...268
§ 142 Anzeigen an Hypothekengläubiger..268
§ 143 Fortdauer der Leistungspflicht gegenüber Hypothekengläubigern..........268
§ 144 Kündigung des Versicherungsnehmers..269
§ 145 Übergang der Hypothek...269
§ 146 Bestätigungs- und Auskunftspflicht des Versicherers..............................269
§ 147 Änderung von Anschrift und Name des Hypothekengläubigers..............269
§ 148 Andere Grundpfandrechte..269
§ 149 Eigentümergrundpfandrechte...270
Kapitel 5
Lebensversicherung..270
§ 150 Versicherte Person...270
§ 151 Ärztliche Untersuchung...270
§ 152 Widerruf des Versicherungsnehmers...270
§ 153 Überschussbeteiligung...270
§ 154 Modellrechnung...271
§ 155 Jährliche Unterrichtung..271
§ 156 Kenntnis und Verhalten der versicherten Person.....................................271
§ 157 Unrichtige Altersangabe..271
§ 158 Gefahränderung..272
§ 159 Bezugsberechtigung...272
§ 160 Auslegung der Bezugsberechtigung...272
§ 161 Selbsttötung..272
§ 162 Tötung durch Leistungsberechtigten..273
§ 163 Prämien- und Leistungsänderung...273
§ 164 Bedingungsanpassung..273
§ 165 Prämienfreie Versicherung..274
§ 166 Kündigung des Versicherers..274

§ 167 Umwandlung zur Erlangung eines Pfändungsschutzes..........274
§ 168 Kündigung des Versicherungsnehmers..........274
§ 169 Rückkaufswert..........275
§ 170 Eintrittsrecht..........275
§ 171 Abweichende Vereinbarungen..........276
Kapitel 6
Berufsunfähigkeitsversicherung..........276
   § 172 Leistung des Versicherers..........276
   § 173 Anerkenntnis..........276
   § 174 Leistungsfreiheit..........276
   § 175 Abweichende Vereinbarungen..........276
   § 176 Anzuwendende Vorschriften..........277
   § 177 Ähnliche Versicherungsverträge..........277
Kapitel 7
Unfallversicherung..........277
   § 178 Leistung des Versicherers..........277
   § 179 Versicherte Person..........277
   § 180 Invalidität..........277
   § 181 Gefahrerhöhung..........278
   § 182 Mitwirkende Ursachen..........278
   § 183 Herbeiführung des Versicherungsfalles..........278
   § 184 Abwendung und Minderung des Schadens..........278
   § 185 Bezugsberechtigung..........278
   § 186 Hinweispflicht des Versicherers..........278
   § 187 Anerkenntnis..........278
   § 188 Neubemessung der Invalidität..........279
   § 189 Sachverständigenverfahren, Schadensermittlungskosten..........279
   § 190 Pflichtversicherung..........279
   § 191 Abweichende Vereinbarungen..........279
Kapitel 8
Krankenversicherung..........279
   § 192 Vertragstypische Leistungen des Versicherers..........279
   § 193 Versicherte Person; Versicherungspflicht..........280
      Fußnote..........283
   § 194 Anzuwendende Vorschriften..........283
   § 195 Versicherungsdauer..........283
   § 196 Befristung der Krankentagegeldversicherung..........284
   § 197 Wartezeiten..........284
   § 198 Kindernachversicherung..........284
   § 199 Beihilfeempfänger..........285
   § 200 Bereicherungsverbot..........285
   § 201 Herbeiführung des Versicherungsfalles..........285
   § 202 Auskunftspflicht des Versicherers; Schadensermittlungskosten..........285
   § 203 Prämien- und Bedingungsanpassung..........285
   § 204 Tarifwechsel..........286
   § 205 Kündigung des Versicherungsnehmers..........287
   § 206 Kündigung des Versicherers..........288
   § 207 Fortsetzung des Versicherungsverhältnisses..........289
   § 208 Abweichende Vereinbarungen..........289
Teil 3

Schlussvorschriften..289
  § 209 Rückversicherung, Seeversicherung...289
  § 210 Großrisiken, laufende Versicherung...289
  § 211 Pensionskassen, kleinere Versicherungsvereine, Versicherungen mit kleineren Beträgen
 290
  § 212 Fortsetzung der Lebensversicherung nach der Elternzeit..................291
  § 213 Erhebung personenbezogener Gesundheitsdaten bei Dritten.............291
  § 214 Schlichtungsstelle...291
  § 215 Gerichtsstand...292
  § 216 Prozessstandschaft bei Versicherermehrheit......................................292
  Anlage (zu § 8 Abs. 5 Satz 1)..292
VVG-Informationspflichtenverordnung - VVG-InfoV...................................294
  Fußnote..294
  Eingangsformel 294
  § 1 Informationspflichten bei allen Versicherungszweigen........................294
  § 2 Informationspflichten bei der Lebensversicherung, der Berufsunfähigkeitsversicherung
  und der Unfallversicherung mit Prämienrückgewähr...................................296
  § 3 Informationspflichten bei der Krankenversicherung.............................297
  § 4 Produktinformationsblatt...298
  § 5 Informationspflichten bei Telefongesprächen.......................................299
  § 6 Informationspflichten während der Laufzeit des Vertrages..................299
  § 7 Übergangsvorschrift; Inkrafttreten..300
Pflichtversicherungsgesetz..300
  Fußnote..301
  Eingangsformel 301
Erster Abschnitt
Pflichtversicherung..301
  § 1 301
  § 2 301
  § 3 302
  § 3a 302
  § 3b 303
  § 4 303
  § 5 303
  § 6 305
  § 7 305
Zweiter Abschnitt
Pflichten der Kraftfahrzeug-Haftpflichtversicherer, Auskunftsstelle und Statistik.....................305
  § 8 305
  § 8a 306
  § 9 307
  § 10 307
  § 11 307
Dritter Abschnitt
Entschädigungsfonds für Schäden aus Kraftfahrzeugunfällen und Entschädigungsstelle für
Auslandsunfälle..307
  § 12 307
  § 12a 309
  § 12b 311
  § 12c 311

§ 13 311
§ 13a 312
§ 14 312
Vierter Abschnitt
Übergangs- und Schlußvorschriften................313
§ 15 313
§ 16 313
Anlage zu § 4 Abs. 2.......................................313

Gesetz über die Beaufsichtigung der Versicherungsunternehmen

Versicherungsaufsichtsgesetz – VAG

VAG
Ausfertigungsdatum: 01.04.2015

"Versicherungsaufsichtsgesetz vom 1. April 2015 (BGBl. I S. 434), das zuletzt durch Artikel 3 Nummer 1 des Gesetzes vom 21. Dezember 2015 (BGBl. I S. 2553) geändert worden ist". Zuletzt geändert durch Art. 3 Nr. 1 G v. 21.12.2015 I 2553

1
Dieses Gesetz dient der Umsetzung der Richtlinie 2009/138/EG des Europäischen Parlaments und des Rates vom 25. November 2009 betreffend die Aufnahme und Ausübung der Versicherungs- und der Rückversicherungstätigkeit (Solvabilität II) (ABl. L 335 vom 17.12.2009, S. 1), die zuletzt durch die Richtlinie 2014/51/EU (ABl. L 153 vom 22.5.2014, S. 1) geändert worden ist.

Fußnote

(+++ Textnachweis ab: 1.1.2016 +++)
(+++ Zur Anwendung vgl. §§ 2, 5, 7, 12, 13, 14, 33, 62, 63, 65, 66, 67, 69,
112, 129, 134, 135, 146, 147, 148, 151, 153, 156, 159, 162, 165, 169,
219, 222, 224, 233, 234, 237, 241, 242, 243, 244, 247, 248, 261, 264,
265, 271, 274, 277, 288, 290, 291, 292, 293, 316, 327, 336, 339, 350,
351, 352 +++)
(+++ Amtlicher Hinweis des Normgebers auf EG-Recht:
  Umsetzung der
    EGRL 138/2009   (CELEX Nr: 32009L0138) +++)

Das G wurde als Artikel 1 des G v. 1.4.2015 I 434 vom Bundestag mit Zustimmung des

Bundesrates beschlossen. Es ist gem. Art. 3 Abs. 1 Satz 1 dieses G am 1.1.2016 in Kraft getreten. § 355 ist gem. Art. 3 Abs. 1 Satz 2 dieses G am 11.4.2015 in Kraft getreten.

Teil 1
Allgemeine Vorschriften

§ 1 Geltungsbereich

(1) Der Aufsicht nach diesem Gesetz unterliegen

1. Versicherungsunternehmen im Sinne des § 7 Nummer 33 und 34,
2. Versicherungs-Holdinggesellschaften im Sinne des § 7 Nummer 31 sowie Unternehmen im Sinne des § 293 Absatz 4,
3. Versicherungs-Zweckgesellschaften im Sinne des § 168,
4. Sicherungsfonds im Sinne des § 223 und
5. Pensionsfonds im Sinne des § 236 Absatz 1.

(2) Die in der Anlage 1 Nummer 22 bis 24 genannten Geschäfte fallen nur dann in den Anwendungsbereich dieses Gesetzes, wenn sie von Versicherungsunternehmen betrieben werden, denen die Erlaubnis für eine der in der Anlage 1 Nummer 19 bis 21 genannten Versicherungssparten erteilt wurde; in diesem Fall werden diese Geschäfte Lebensversicherungsgeschäften gleichgestellt. Als Kapitalisierungsgeschäfte (Anlage 1 Nummer 23) gelten Geschäfte, bei denen unter Anwendung eines mathematischen Verfahrens die im Voraus festgesetzten einmaligen oder wiederkehrenden Prämien und die übernommenen Verpflichtungen nach Dauer und Höhe festgelegt sind. Geschäfte nach der Anlage 1 Nummer 24 bestehen in der Verwaltung von Versorgungseinrichtungen, die Leistungen im Todes- oder Erlebensfall oder bei Arbeitseinstellung oder bei Minderung der Erwerbsfähigkeit vorsehen; dazu gehören auch die Anlage und Verwaltung der Vermögenswerte. Bei Geschäften nach Satz 3 dürfen die Versicherungsunternehmen im Zusammenhang mit der Verwaltung auch Garantiezusagen für die Erhaltung des verwalteten Kapitals und das Erreichen einer Mindestverzinsung abgeben.

(3) Für öffentlich-rechtliche Versicherungsunternehmen des öffentlichen Dienstes oder der Kirchen, die ausschließlich die Alters-, Invaliditäts- oder Hinterbliebenenversorgung zum Gegenstand haben, gelten nur § 12 Absatz 1, die §§ 13, 37 Absatz 1, § 38 Absatz 1, die §§ 39, 47 Nummer 12 sowie die §§ 294 bis 298, 300, 302, 305 bis 307, §§ 310 bis 312 und 314. Für die nach Landesrecht errichteten und der Landesaufsicht unterliegenden Versicherungsunternehmen kann das Landesrecht Abweichendes bestimmen.

(4) Für Einrichtungen der in § 140 Absatz 1 des Siebten Buches Sozialgesetzbuch bezeichneten Art gelten § 12 Absatz 1, die §§ 13, 37 Absatz 1, § 38 Absatz 1, § 39 sowie die §§ 294 bis 298, 300, 302, 305 bis 307, 310, 312 und 314 entsprechend. Beschlüsse der Vertreterversammlung über diese Einrichtungen sowie über deren Satzungen und Geschäftspläne bedürfen der Genehmigung der Aufsichtsbehörde; § 8 Absatz 1, § 9 Absatz 1 bis 4 und § 11 gelten hierfür entsprechend.

Fußnote
(+++ § 1 Abs. 1 u. 2: Zur Anwendung vgl. § 62 Abs. 1 Satz 2 Nr. 1 +++)
-

§ 2 Öffentlich-rechtliche Versorgungseinrichtungen

(1) Soweit öffentlich-rechtliche Einrichtungen einschließlich der rechtlich unselbständigen kommunalen und kirchlichen Zusatzversorgungskassen und der Versorgungsanstalt des Bundes und der Länder im Wege der freiwilligen Versicherung Leistungen der Altersvorsorge anbieten, ist für die diesen Geschäften entsprechenden Verbindlichkeiten und Vermögenswerte ein separater Abrechnungsverband einzurichten. Die Verbindlichkeiten und Vermögenswerte werden ohne die Möglichkeit einer Übertragung getrennt von den anderen Geschäften der Einrichtung verwaltet und organisiert. Auf den Abrechnungsverband sind die Vorschriften dieses Gesetzes über die Geschäfte der Pensionskassen entsprechend anzuwenden; die Einrichtungen unterliegen insoweit auch der Versicherungsaufsicht.

(2) Für die nach Landesrecht errichteten und der Landesaufsicht unterliegenden öffentlich-rechtlichen Einrichtungen kann das Landesrecht Abweichendes bestimmen.

-

§ 3 Ausnahmen von der Aufsichtspflicht, Verordnungsermächtigung

(1) Der Aufsicht nach diesem Gesetz unterliegen nicht

1. Personenvereinigungen, die ihren Mitgliedern, ohne dass diese einen Rechtsanspruch haben, Unterstützungen gewähren, insbesondere die Unterstützungseinrichtungen und Unterstützungsvereine der Berufsverbände;

2. die auf Grund der Handwerksordnung von Innungen errichteten Unterstützungskassen;

3. rechtsfähige Zusammenschlüsse von Industrie- und Handelskammern mit Verbänden der Wirtschaft, wenn diese Zusammenschlüsse den Zweck verfolgen, die Versorgungslasten, die ihren Mitgliedern aus Versorgungszusagen erwachsen, im Wege der Umlegung auszugleichen und wenn diese Zusammenschlüsse ihre Rechtsfähigkeit durch staatliche Verleihung erlangt haben;

4. nicht rechtsfähige Zusammenschlüsse von Gemeinden und Gemeindeverbänden, soweit sie bezwecken, durch Umlegung Schäden folgender Art aus Risiken ihrer Mitglieder und solcher zur Erfüllung öffentlicher Aufgaben betriebener Unternehmen auszugleichen, an denen ein Mitglied oder mehrere kommunale Mitglieder oder, in den Fällen des Buchstabens b, sonstige Gebietskörperschaften mit mindestens 50 Prozent beteiligt sind:

    a) Schäden, für welche die Mitglieder oder ihre Bediensteten auf Grund gesetzlicher Haftpflichtbestimmungen von Dritten verantwortlich gemacht werden können,

    b) Schäden aus der Haltung von Kraftfahrzeugen,

    c) Leistungen aus der kommunalen Unfallfürsorge;

5. Körperschaften und Anstalten des öffentlichen Rechts, bei denen Versicherungsverhältnisse unmittelbar kraft Gesetzes entstehen oder infolge eines gesetzlichen Zwangs eingegangen werden müssen;

6. die öffentlich-rechtlichen Krankenversorgungseinrichtungen des

7. Bundeseisenbahnvermögens und die Postbeamtenkrankenkasse;
8. die Versorgungsanstalt des Bundes und der Länder, die Deutsche Rentenversicherung Knappschaft-Bahn-See und die Versorgungsanstalt der Deutschen Bundespost sowie Unternehmen mit örtlich eng begrenztem Wirkungsbereich, die für den Fall eines ungewissen Ereignisses gegen Pauschalentgelt Leistungen übernehmen, sofern diese nicht in einer Geldleistung, einer Kostenübernahme oder einer Haftungsfreistellung gegenüber Dritten bestehen.

(2) Das Bundesministerium der Finanzen wird ermächtigt, durch Rechtsverordnung, die nicht der Zustimmung des Bundesrates bedarf, zu bestimmen, dass der Betrieb aller Versicherungsgeschäfte oder einzelner Arten von Versicherungsgeschäften mit dem in Artikel I Absatz 1 Buchstabe a bis c des Abkommens vom 19. Juni 1951 zwischen den Parteien des Nordatlantikvertrags über die Rechtsstellung ihrer Truppen (BGBl. 1961 II S. 1183, 1190) bezeichneten Personenkreis ganz oder teilweise nicht den Vorschriften dieses Gesetzes unterliegt, soweit hierdurch im Geltungsbereich dieses Gesetzes die Belange anderer Versicherter und die dauernde Erfüllbarkeit der sonstigen Versicherungsverträge nicht gefährdet werden.

Fußnote

(+++ § 3: Zur Anwendung vgl. § 62 Abs. 1 Satz 2 Nr. 1 +++)

-

§ 4 Feststellung der Aufsichtspflicht

Ob ein Unternehmen der Aufsicht unterliegt, entscheidet die Aufsichtsbehörde. Die Entscheidung bindet die Verwaltungsbehörden. Eine vor dem 1. April 1931 ergangene Entscheidung eines Gerichts oder einer Verwaltungsbehörde steht einer erneuten Entscheidung der Aufsichtsbehörde nicht entgegen.

Fußnote

(+++ § 4: Zur Anwendung vgl. § 62 Abs. 1 Satz 2 Nr. 1 +++)

-

§ 5 Freistellung von der Aufsicht

(1) Die Aufsichtsbehörde kann Versicherungsvereine auf Gegenseitigkeit, die nicht eingetragen zu werden brauchen, von der laufenden Aufsicht nach diesem Gesetz freistellen, wenn nach der Art der betriebenen Geschäfte und den sonstigen Umständen eine Beaufsichtigung zur Wahrung der Belange der Versicherten nicht erforderlich erscheint. Diese Voraussetzungen können insbesondere bei Sterbekassen und bei Vereinen mit örtlich begrenztem Wirkungskreis, geringer Mitgliederzahl und geringem Beitragsaufkommen vorliegen. Die Freistellung ist zu widerrufen, wenn der Aufsichtsbehörde bekannt wird, dass die Voraussetzungen der Freistellung entfallen sind.

(2) Hat die Aufsichtsbehörde eine Freistellung nach Absatz 1 vorgenommen, so sind nicht anzuwenden die §§ 12, 13, 178 und 193, Teil 2 Kapitel 2, Teil 3 und Teil 6 mit Ausnahme der §§ 305, 306 und 310, soweit Nebenbestimmungen zur Freistellung oder die genannten Rechte der Aufsichtsbehörde nach den §§ 305 und 306 durchgesetzt werden sollen; eine Umwandlung nach dem Umwandlungsgesetz ist nicht zulässig.

(3) Das Bundesministerium der Finanzen wird ermächtigt, durch Rechtsverordnung, die nicht der Zustimmung des Bundesrates bedarf, öffentlich-rechtliche Versicherungsunternehmen im Sinne des § 1 Absatz 3 und Versorgungseinrichtungen im Sinne des § 2, die nicht der Landesaufsicht unterliegen, von der Aufsicht nach diesem Gesetz freizustellen, wenn nach den gesetzlichen Vorschriften über die Errichtung der Unternehmen oder den zwischen den Unternehmen und ihren

Trägern bestehenden Vereinbarungen eine Beaufsichtigung zur Wahrung der Belange der Versicherten nicht erforderlich erscheint.

§ 6 Bezeichnungsschutz

(1) Die Bezeichnungen „Versicherung", „Versicherer", „Assekuranz", „Rückversicherung", „Rückversicherer" und entsprechende fremdsprachliche Bezeichnungen oder eine Bezeichnung, in der eines dieser Worte enthalten ist, dürfen in der Firma, als Zusatz zur Firma, zur Bezeichnung des Geschäftszwecks oder zu Werbezwecken nur von Versicherungsunternehmen im Sinne des § 1 Absatz 1 und 3 sowie von deren Verbänden geführt werden, soweit durch Gesetz nichts anderes bestimmt ist. Versicherungsvermittler dürfen die in Satz 1 genannten Bezeichnungen nur führen, wenn diese mit einem Zusatz versehen sind, der die Vermittlereigenschaft klarstellt.
(2) In Zweifelsfällen entscheidet die Bundesanstalt für Finanzdienstleistungsaufsicht (Bundesanstalt), ob ein Unternehmen zur Führung der in Absatz 1 genannten Bezeichnungen befugt ist. Sie hat ihre Entscheidung dem Registergericht mitzuteilen.
(3) Die Bundesanstalt ist berechtigt, in Verfahren des Registergerichts, die sich auf die Eintragung oder Änderung der Rechtsverhältnisse oder der Firma von Unternehmen beziehen, die nach Absatz 1 unzulässige Bezeichnungen verwenden, Anträge zu stellen und die nach dem Gesetz über das Verfahren in Familiensachen und in den Angelegenheiten der freiwilligen Gerichtsbarkeit zulässigen Rechtsmittel einzulegen.
(4) Führt ein Unternehmen eine Firma oder einen Zusatz zur Firma, deren Gebrauch nach Absatz 1 unzulässig ist oder verwendet ein Unternehmen eine solche Bezeichnung, so hat das Registergericht die Firma, den Zusatz zur Firma oder den Unternehmensgegenstand von Amts wegen zu löschen; § 395 des Gesetzes über das Verfahren in Familiensachen und in den Angelegenheiten der freiwilligen Gerichtsbarkeit ist entsprechend anzuwenden. Das Unternehmen ist zur Unterlassung des Gebrauchs der Firma, des Zusatzes zur Firma oder des Unternehmensgegenstandes durch Festsetzung von Ordnungsgeld anzuhalten; § 392 des Gesetzes über das Verfahren in Familiensachen und in den Angelegenheiten der freiwilligen Gerichtsbarkeit ist entsprechend anzuwenden.

§ 7 Begriffsbestimmungen

Für dieses Gesetz gelten die folgenden Begriffsbestimmungen:

1. Aufsichtsbehörde: diejenige Behörde oder diejenigen Behörden, die auf Grund der §§ 320 bis 322 dieses Gesetzes oder anderer Rechts- oder Verwaltungsvorschriften für die Beaufsichtigung der in § 1 Absatz 1 genannten Unternehmen zuständig sind.
2. Ausgliederung: eine Vereinbarung jeglicher Form zwischen einem Versicherungsunternehmen und einem Dienstleister, auf Grund derer der Dienstleister direkt oder durch weitere Ausgliederung einen Prozess, eine Dienstleistung oder eine Tätigkeit erbringt, die ansonsten vom Versicherungsunternehmen selbst erbracht werden würde; bei dem Dienstleister kann es sich um ein beaufsichtigtes oder nicht beaufsichtigtes Unternehmen handeln.
3. Bedeutende Beteiligung: das direkte oder indirekte Halten von mindestens 10 Prozent des Kapitals oder der Stimmrechte eines Unternehmens oder eine andere Möglichkeit der Wahrnehmung eines maßgeblichen Einflusses auf die Geschäftsführung dieses Unternehmens; bei der Berechnung des Anteils der Stimmrechte sind § 21 Absatz 1 in Verbindung mit einer Rechtsverordnung nach Absatz 3, § 22 Absatz 1 und 2, § 22a Absatz 1 bis 3 in Verbindung mit einer Rechtsverordnung nach Absatz 6 und § 23 des

4. Wertpapierhandelsgesetzes entsprechend anzuwenden; unberücksichtigt bleiben die Stimmrechte oder Kapitalanteile, die Wertpapierfirmen oder Kreditinstitute im Rahmen des Emissionsgeschäfts nach § 1 Absatz 1 Satz 2 Nummer 10 des Kreditwesengesetzes halten, vorausgesetzt, diese Rechte werden nicht ausgeübt oder sie werden nicht anderweitig benutzt, um in die Geschäftsführung des Emittenten einzugreifen, und sie werden innerhalb eines Jahres nach dem Zeitpunkt des Erwerbs veräußert.

5. Beteiligtes Unternehmen: ein Mutterunternehmen oder ein anderes Unternehmen, das eine Beteiligung hält oder mit einem anderen Unternehmen durch eine in § 271 Absatz 1 des Handelsgesetzbuchs beschriebene Beziehung verbunden ist; als Beteiligung gilt das unmittelbare oder mittelbare Halten von mindestens 20 Prozent der Stimmrechte oder des Kapitals an einem Unternehmen; für die Zwecke der Aufsicht nach den §§ 245 bis 287 gilt als Beteiligung auch das unmittelbare oder mittelbare Halten von Stimmrechten oder Kapital an einem Unternehmen, auf das nach Ansicht der Aufsichtsbehörden ein maßgeblicher Einfluss tatsächlich ausgeübt wird.

6. Diversifikationseffekte: eine Reduzierung des Gefährdungspotenzials von Versicherungsunternehmen und -gruppen durch die Diversifizierung ihrer Geschäftstätigkeit, die sich aus der Tatsache ergibt, dass das negative Resultat eines Risikos durch das günstigere Resultat eines anderen Risikos ausgeglichen werden kann, wenn diese Risiken nicht voll korreliert sind.

7. Drittstaat: jeder Staat, der nicht Mitglied- oder Vertragsstaat im Sinne der Nummer 22 ist; als Drittstaat gilt auch eine staatsähnliche Verwaltungseinheit mit selbständigen aufsichtsrechtlichen Befugnissen, soweit die Bestimmungen des Rechts der Europäischen Union über die Freizügigkeit, das Niederlassungsrecht und die Dienstleistungsfreiheit nicht anzuwenden sind.

8. Enge Verbindungen: eine Situation, in der mindestens zwei natürliche oder juristische Personen durch Kontrolle oder Beteiligung verbunden sind oder eine Situation, in der mindestens zwei natürliche oder juristische Personen mit derselben Person durch ein Kontrollverhältnis dauerhaft verbunden sind.

9. Externe Ratingagentur: eine Ratingagentur, die gemäß der Verordnung (EG) Nr. 1060/2009 des Europäischen Parlaments und des Rates vom 16. September 2009 über Ratingagenturen (ABl. L 302 vom 17.11.2009, S. 1), die zuletzt durch die Verordnung (EU) Nr. 462/2013 (ABl. L 146 vom 31.5.2013, S. 1) geändert worden ist, zugelassen oder zertifiziert ist, oder eine Zentralbank, die Ratings abgibt und von der Anwendung der genannten Verordnung ausgenommen ist.

10. Funktion: eine interne Kapazität innerhalb der Geschäftsorganisation zur Übernahme praktischer Aufgaben; die Geschäftsorganisation schließt die Risikomanagementfunktion, die Compliance-Funktion, die interne Revisionsfunktion und die versicherungsmathematische Funktion ein.

11. Gemischte Finanzholding-Gesellschaft: Mutterunternehmen, das kein beaufsichtigtes Unternehmen eines Finanzkonglomerats im Sinne des § 2 Absatz 1 des Finanzkonglomerate-Aufsichtsgesetzes ist und das zusammen mit seinen Tochterunternehmen, von denen mindestens eines ein beaufsichtigtes Unternehmen eines Finanzkonglomerats mit Sitz im Inland oder in einem anderen Mitglied- oder Vertragsstaat ist, und mit anderen Unternehmen ein Finanzkonglomerat bildet.

12. Gemischte Versicherungs-Holdinggesellschaft: Mutterunternehmen,
    a) das weder Versicherungsunternehmen, noch Versicherungsunternehmen eines

b) Drittstaats, noch Versicherungs-Holdinggesellschaft im Sinne der Nummer 31, noch gemischte Finanzholding-Gesellschaft im Sinne der Nummer 10 ist und

zu dessen Tochterunternehmen mindestens ein Versicherungsunternehmen zählt.

12. Grundlegender Spread: der Spread, der von der Europäischen Aufsichtsbehörde für das Versicherungswesen und die betriebliche Altersversorgung für jede maßgebliche Laufzeit, Kreditqualität und Kategorie der Vermögenswerte zur Berechnung der Matching-Anpassung gemäß Artikel 77e Absatz 1 Buchstabe b der Richtlinie 2009/138/EG des Europäischen Parlaments und des Rates vom 25. November 2009 betreffend die Aufnahme und Ausübung der Versicherungs- und der Rückversicherungstätigkeit (ABl. L 335 vom 17.12.2009, S. 1), die zuletzt durch die Richtlinie 2014/51/EU (ABl. L153 vom 22.5.2014, S. 1) geändert worden ist, mindestens einmal im Quartal beschlossen und veröffentlicht wird.

13. Gruppe: ein Zusammenschluss von Unternehmen, der
    a) aus einem beteiligten Unternehmen, dessen Tochterunternehmen und den Unternehmen, an denen das beteiligte Unternehmen oder dessen Tochterunternehmen eine Beteiligung halten, sowie Unternehmen, die Bestandteil einer horizontalen Unternehmensgruppe im Sinne der Nummer 15 sind, besteht oder
    b) auf der Einrichtung von vertraglichen oder sonstigen starken und nachhaltigen finanziellen Beziehungen zwischen allen diesen Unternehmen beruht und zu dem Versicherungsvereine auf Gegenseitigkeit oder diesen ähnliche Vereine gehören können, sofern
       aa) eines dieser Unternehmen durch zentrale Koordination einen beherrschenden Einfluss auf die Entscheidungen aller der Gruppe angehörenden Unternehmen ausübt, darunter auch auf die Finanzentscheidungen, und
       bb) die Einrichtung und Auflösung dieser Beziehungen für die Zwecke dieses Titels der vorherigen Genehmigung durch die Gruppenaufsichtsbehörde bedarf;

    das Unternehmen, das die zentrale Koordination ausübt, wird als Mutterunternehmen und die anderen Unternehmen werden als Tochterunternehmen betrachtet.

14. Gruppeninterne Transaktionen: Transaktionen, bei denen sich ein Versicherungsunternehmen zur Erfüllung einer Verbindlichkeit direkt oder indirekt auf andere Unternehmen innerhalb derselben Gruppe oder auf natürliche oder juristische Personen stützt, die mit den Unternehmen der Gruppe durch enge Verbindungen verbunden sind, unabhängig davon, ob dies auf vertraglicher oder nicht vertraglicher oder auf entgeltlicher oder unentgeltlicher Grundlage geschieht.

15. Horizontale Unternehmensgruppe: eine Gruppe, in der ein Unternehmen mit einem oder mehreren anderen Unternehmen in der Weise verbunden ist, dass
    a) sie gemeinsam auf Grund einer Satzungsbestimmung oder eines Vertrags unter einheitlicher Leitung stehen oder
    b) sich ihre Verwaltungs-, Leitungs- oder Aufsichtsorgane mehrheitlich aus denselben Personen zusammensetzen, die während des Geschäftsjahres und bis zum Ablauf der in § 290 Absatz 1 des Handelsgesetzbuchs jeweils bestimmten Zeiträume im Amt sind, unabhängig davon, ob sie einen konsolidierten Abschluss aufzustellen haben oder nicht.

16. Kontrolle: die Ausübung eines beherrschenden Einflusses im Sinne des § 290 des

17. Handelsgesetzbuchs.

18. Konzentrationsrisiko: sämtliche mit Risiken behafteten Engagements mit einem Ausfallpotenzial, das umfangreich genug ist, um die Solvabilität oder die Finanzlage der Versicherungsunternehmen zu gefährden.

19. Kreditrisiko: das Risiko eines Verlusts oder nachteiliger Veränderungen der Finanzlage, das sich aus Fluktuationen bei der Bonität von Wertpapieremittenten, Gegenparteien und anderen Schuldnern ergibt, gegenüber denen die Versicherungsunternehmen Forderungen haben, und das in Form von Gegenparteiausfallrisiken, Spread-Risiken oder Marktrisikokonzentrationen auftritt.

20. Liquiditätsrisiko: das Risiko, dass Versicherungsunternehmen nicht in der Lage sind, Anlagen und andere Vermögenswerte zu realisieren, um ihren finanziellen Verpflichtungen bei Fälligkeit nachzukommen.

21. Marktrisiko: das Risiko eines Verlusts oder nachteiliger Veränderungen der Finanzlage, das sich direkt oder indirekt aus Schwankungen in der Höhe und in der Volatilität der Marktpreise für die Vermögenswerte, Verbindlichkeiten und Finanzinstrumente ergibt.

22. Maßgebliche risikofreie Zinskurve: die Zinskurve, die von der Europäischen Aufsichtsbehörde für das Versicherungswesen und die betriebliche Altersversorgung gemäß Artikel 77e Absatz 1 Buchstabe a der Richtlinie 2009/138/EG mindestens einmal im Quartal beschlossen und veröffentlicht wird.

23. Mitglied- oder Vertragsstaat: ein Mitgliedstaat der Europäischen Union oder ein anderer Vertragsstaat des Abkommens über den Europäischen Wirtschaftsraum.

24. Mutterunternehmen: ein Mutterunternehmen im Sinne des Artikels 1 der Richtlinie 83/349/EWG; für die Zwecke der Aufsicht nach den §§ 245 bis 287 gilt als Mutterunternehmen auch jedes Unternehmen, das nach Ansicht der Aufsichtsbehörden einen beherrschenden Einfluss tatsächlich ausübt.

25. Operationelles Risiko: das Verlustrisiko, das sich aus der Unangemessenheit oder dem Versagen von internen Prozessen, Mitarbeitern oder Systemen oder durch externe Ereignisse ergibt.

26. Qualifizierte zentrale Gegenpartei: eine zentrale Gegenpartei, die entweder nach Artikel 14 der Verordnung (EU) Nr. 648/2012 des Europäischen Parlaments und des Rates vom 4. Juli 2012 über OTC-Derivate, zentrale Gegenparteien und Transaktionsregister (ABl. L 201 vom 27.7.2012, S. 1) zugelassen oder nach Artikel 25 jener Verordnung anerkannt wurde.

27. Risikokonzentrationen: alle mit einem Ausfallrisiko behafteten Engagements der Unternehmen einer Gruppe oder eines Finanzkonglomerats im Sinne des § 1 Absatz 2 des Finanzkonglomerate-Aufsichtsgesetzes, die groß genug sind, um die Solvabilität oder die allgemeine Finanzlage eines oder mehrerer der beaufsichtigten Finanzkonglomeratsunternehmen oder beaufsichtigten Gruppenunternehmen zu gefährden, wobei die Ausfallgefahr auf einem Adressenausfallrisiko, einem Kreditrisiko, einem Anlagerisiko, einem Versicherungsrisiko, einem Marktrisiko, einem sonstigen Risiko, einer Kombination dieser Risiken oder auf Wechselwirkungen zwischen diesen Risiken beruht oder beruhen kann.

Risikomaß: eine mathematische Funktion, die unter einer bestimmten Wahrscheinlichkeitsverteilungsprognose einen monetären Betrag bestimmt und monoton mit dem Risikopotenzial steigt, das der Wahrscheinlichkeitsverteilungsprognose zugrunde liegt.

28. Risikominderungstechniken: sämtliche Techniken, die die Versicherungsunternehmen in die Lage versetzen, einen Teil oder die Gesamtheit ihrer Risiken auf eine andere Partei zu übertragen.

29. Tochterunternehmen: ein Tochterunternehmen im Sinne des § 290 des Handelsgesetzbuchs, einschließlich seiner eigenen Tochterunternehmen; für die Zwecke der Aufsicht nach den §§ 245 bis 287 gilt als Tochterunternehmen auch jedes Unternehmen, auf das ein Mutterunternehmen nach Ansicht der betroffenen Aufsichtsbehörden einen beherrschenden Einfluss tatsächlich ausübt.

30. Verbundenes Unternehmen: ein Tochterunternehmen oder ein anderes Unternehmen, an dem eine Beteiligung gehalten wird, oder ein Unternehmen, das Bestandteil einer horizontalen Unternehmensgruppe im Sinne der Nummer 15 ist.

31. Versicherungs-Holdinggesellschaften: Mutterunternehmen, die keine gemischte Finanzholding-Gesellschaft im Sinne der Nummer 10 sind und deren Haupttätigkeit der Erwerb und das Halten von Beteiligungen an Tochterunternehmen ist; dabei sind diese Tochterunternehmen ausschließlich oder hauptsächlich Versicherungsunternehmen oder Versicherungsunternehmen eines Drittstaats; mindestens eines dieser Tochterunternehmen ist ein Versicherungsunternehmen.

32. Versicherungstechnisches Risiko: das Risiko eines Verlusts oder einer nachteiligen Veränderung des Wertes der Versicherungsverbindlichkeiten, das sich aus einer unangemessenen Preisfestlegung und nicht angemessenen Rückstellungsannahmen ergibt.

33. Versicherungsunternehmen: Erst- oder Rückversicherungsunternehmen, die den Betrieb von Versicherungsgeschäften zum Gegenstand haben und nicht Träger der Sozialversicherung sind, wobei der Gegenstand eines Rückversicherungsunternehmens ausschließlich die Rückversicherung ist.

34. Versicherungsunternehmen eines Drittstaats: Erst- oder Rückversicherungsunternehmen, die ihren Sitz in einem Drittstaat haben und eine behördliche Zulassung gemäß Artikel 14 Absatz 1 der Richtlinie 2009/138/EG benötigen würden, wenn sie ihren Sitz in einem Staat innerhalb des Europäischen Wirtschaftsraums hätten.

35. Volatilitätsanpassung: Anpassung der maßgeblichen risikofreien Zinskurve, die von der Europäischen Aufsichtsbehörde für das Versicherungswesen und die betriebliche Altersversorgung gemäß Artikel 77e Absatz 1 Buchstabe c der Richtlinie 2009/138/EG mindestens einmal im Quartal beschlossen und veröffentlicht wird.

36. Wahrscheinlichkeitsverteilungsprognose: eine mathematische Funktion, die einer ausreichenden Reihe von einander ausschließenden zukünftigen Ereignissen eine Eintrittswahrscheinlichkeit zuweist.

Teil 2
Vorschriften für die Erstversicherung und die Rückversicherung

Kapitel 1
Geschäftstätigkeit

Abschnitt 1
Zulassung und Ausübung der Geschäftstätigkeit

§ 8 Erlaubnis; Spartentrennung

(1) Versicherungsunternehmen bedürfen zum Geschäftsbetrieb der Erlaubnis der Aufsichtsbehörde.
(2) Die Erlaubnis darf nur Aktiengesellschaften einschließlich der Europäischen Gesellschaft, Versicherungsvereinen auf Gegenseitigkeit sowie Körperschaften und Anstalten des öffentlichen Rechts erteilt werden.
(3) Der Ort der Hauptverwaltung muss im Inland liegen.
(4) Ein Rückversicherungsunternehmen wird nur zum Betrieb der Rückversicherung zugelassen. Bei Erstversicherungsunternehmen schließen die Erlaubnis zum Betrieb der Lebensversicherung im Sinne der Anlage 1 Nummer 19 bis 24 und die Erlaubnis zum Betrieb anderer Versicherungssparten einander aus; das Gleiche gilt für die Erlaubnis zum Betrieb der Krankenversicherung im Sinne des § 146 Absatz 1 und die Erlaubnis zum Betrieb anderer Versicherungssparten.
(5) Die Aufsichtsbehörde macht die Erteilung und den Widerruf der Erlaubnis im elektronischen Informationsmedium nach § 318 Absatz 3 bekannt und meldet sie der Europäischen Aufsichtsbehörde für das Versicherungswesen und die betriebliche Altersversorgung. Ist ein gemäß § 221 sicherungspflichtiges Versicherungsunternehmen betroffen, informiert sie zusätzlich den Sicherungsfonds.

Fußnote

(+++ § 8 Abs. 2: Zur Anwendung vgl. § 237 Abs. 3 Nr. 1 +++)
(+++ § 8 Abs. 4: Zur Anwendung vgl. § 13 Abs. 1 Satz 2 +++)
-

§ 9 Antrag

(1) Mit dem Antrag auf Erlaubnis ist der Geschäftsplan einzureichen; er hat den Zweck und die Einrichtung des Unternehmens, das Gebiet des beabsichtigten Geschäftsbetriebs sowie die Verhältnisse darzulegen, aus denen sich die künftigen Verpflichtungen des Unternehmens als dauernd erfüllbar ergeben sollen.
(2) Als Bestandteil des Geschäftsplans sind einzureichen:

1. die Satzung, soweit sie sich nicht auf allgemeine Versicherungsbedingungen bezieht;
2. Angaben darüber, welche Versicherungssparten betrieben und welche Risiken einer Versicherungssparte gedeckt werden sollen; bei Unternehmen, die ausschließlich die Rückversicherung betreiben wollen, stattdessen Angaben darüber, welche Risiken im Wege der Rückversicherung gedeckt werden sollen, und über die Arten von Rückversicherungsverträgen, die das Rückversicherungsunternehmen mit den Vorversicherern zu schließen beabsichtigt;
3. die Grundzüge der Rückversicherung und Retrozession;
4. Angaben über die Basiseigenmittelbestandteile, die die absolute Grenze der Mindestkapitalanforderung bedecken sollen sowie
5. eine Schätzung der für den Aufbau der Verwaltung und des Vertreternetzes erforderlichen Aufwendungen; das Unternehmen hat nachzuweisen, dass die dafür erforderlichen Mittel (Organisationsfonds) zur Verfügung stehen; wenn die Erlaubnis zum Geschäftsbetrieb der in der Anlage 1 Nummer 18 genannten Versicherungssparte beantragt wird, Angaben über die Mittel, über die das Unternehmen verfügt, um die zugesagte Beistandsleistung zu erfüllen.

(3) Zusätzlich hat das Versicherungsunternehmen als Bestandteil des Geschäftsplans für die ersten drei Geschäftsjahre vorzulegen:

1. eine Plan-Bilanz und eine Plan-Gewinn-und-Verlustrechnung;
2. Schätzungen der künftigen Solvabilitätskapitalanforderung auf der Grundlage der in Nummer 1 genannten Plan-Bilanz und Plan-Gewinn-und-Verlustrechnung sowie die Berechnungsmethode, aus der sich die Schätzungen ableiten;
3. Schätzungen der künftigen Mindestkapitalanforderung auf der Grundlage der in Nummer 1 genannten Plan-Bilanz und Plan-Gewinn-und-Verlustrechnung sowie die Berechnungsmethode, aus der sich die Schätzungen ableiten;
4. Schätzungen der finanziellen Mittel, die voraussichtlich zur Bedeckung der versicherungstechnischen Rückstellungen sowie der Einhaltung der Mindestkapitalanforderung und der Solvabilitätskapitalanforderung zur Verfügung stehen;
5. für Nichtlebensversicherungen und Rückversicherungen
    a) eine Übersicht über die voraussichtlichen Verwaltungskosten, insbesondere die laufenden Gemeinkosten und Provisionen, ohne die Aufwendungen für den Aufbau der Verwaltung,
    b) eine Übersicht über die voraussichtlichen Beitragsaufkommen und die voraussichtliche Schadenbelastung sowie
6. für Lebensversicherungen einen Plan, aus dem die Schätzungen der Einnahmen und Ausgaben bei Erstversicherungsgeschäften wie auch im aktiven und passiven Rückversicherungsgeschäft im Einzelnen hervorgehen.

(4) Zusätzlich sind einzureichen:

1. Angaben über Art und Umfang der Geschäftsorganisation einschließlich
    a) der Angaben, die für die Beurteilung der in § 24 genannten Voraussetzungen wesentlich sind; dies gilt für Geschäftsleiter, andere Personen, die das Unternehmen tatsächlich leiten, die Mitglieder des Aufsichtsrats, den Verantwortlichen Aktuar sowie für die weiteren Personen, die für andere Schlüsselaufgaben verantwortlich sind,
    b) der Angaben zu Unternehmensverträgen der in den §§ 291 und 292 des Aktiengesetzes bezeichneten Art und
    c) der Angaben zu Verträgen über die Ausgliederung wichtiger Funktionen oder Tätigkeiten;
2. sofern an dem Versicherungsunternehmen bedeutende Beteiligungen gehalten werden,
    a) die Angabe der Inhaber und der Höhe der Beteiligungen,
    b) Angaben zu den Tatsachen, die für die Beurteilung der in § 16 genannten Anforderungen erforderlich sind,
    c) sofern die Inhaber der bedeutenden Beteiligungen Jahresabschlüsse aufzustellen haben: die Jahresabschlüsse der letzten drei Geschäftsjahre nebst Prüfungsberichten von unabhängigen Abschlussprüfern, sofern solche zu erstellen sind, und
    d) sofern diese Inhaber einem Konzern angehören: die Angabe der Konzernstruktur und,

3.
sofern solche Abschlüsse aufzustellen sind, die konsolidierten Konzernabschlüsse der letzten drei Geschäftsjahre nebst Prüfungsberichten von unabhängigen Abschlussprüfern, sofern solche Prüfungsberichte zu erstellen sind und der Herausgabe an den Antragsteller nach deutschem Recht keine Hindernisse entgegenstehen;

4.
Angaben zu den Tatsachen, die auf eine enge Verbindung zwischen dem Versicherungsunternehmen und anderen natürlichen Personen oder Unternehmen hinweisen;

5.
für Pflichtversicherungen die allgemeinen Versicherungsbedingungen;

für die Krankenversicherung im Sinne des § 146 Absatz 1

a) die Grundsätze für die Berechnung der Prämien und der versicherungstechnischen Rückstellungen im Sinne der §§ 341e bis 341h des Handelsgesetzbuchs einschließlich der verwendeten Rechnungsgrundlagen, mathematischen Formeln, kalkulatorischen Herleitungen und statistischen Nachweise und

b) die allgemeinen Versicherungsbedingungen sowie

6.
bei Deckung der in der Anlage 1 Nummer 10 Buchstabe a genannten Risiken die Angabe von Namen und Anschriften der gemäß § 163 zu bestellenden Schadenregulierungsbeauftragten.

(5) Außer bei Anträgen auf Erteilung der Erlaubnis zum Betrieb von Versicherungsgeschäften als Sterbekasse oder als eine der in § 1 Absatz 4 genannten Einrichtungen hat die Aufsichtsbehörde vor Erteilung der Erlaubnis die zuständigen Stellen der anderen Mitglied- oder Vertragsstaaten anzuhören, wenn das Unternehmen

1.
Tochter- oder Schwesterunternehmen eines Versicherungsunternehmens, eines CRR-Kreditinstituts im Sinne des § 1 Absatz 3d Satz 1 des Kreditwesengesetzes, eines E-Geld-Instituts im Sinne des § 1 Absatz 3d Satz 6 des Kreditwesengesetzes oder eines Wertpapierhandelsunternehmens im Sinne des § 1 Absatz 3d Satz 4 des Kreditwesengesetzes ist und wenn das Mutterunternehmen oder das andere Schwesterunternehmen bereits in einem anderen Mitglied- oder Vertragsstaat zugelassen ist oder

2.
durch dieselben natürlichen Personen oder Unternehmen kontrolliert wird, die ein Versicherungsunternehmen, CRR-Kreditinstitut, E-Geld-Institut oder Wertpapierhandelsunternehmen mit Sitz in einem anderen Mitglied- oder Vertragsstaat kontrollieren.

Zuständig sind die Behörden der Mitglied- oder Vertragsstaaten, in denen das Mutterunternehmen, das Schwesterunternehmen oder das kontrollierende Unternehmen seine Hauptniederlassung hat oder die kontrollierenden Personen ihren gewöhnlichen Aufenthalt haben. Schwesterunternehmen im Sinne des Satzes 1 Nummer 1 sind Unternehmen, die ein gemeinsames Mutterunternehmen haben. Die Anhörung erstreckt sich insbesondere auf die Angaben, die für die Beurteilung der Zuverlässigkeit und fachlichen Eignung der in § 24 genannten Personen sowie für die Beurteilung der Zuverlässigkeit der Inhaber einer bedeutenden Beteiligung an Unternehmen derselben Gruppe im Sinne des Satzes 1 mit Sitz in dem betreffenden Mitglied- oder Vertragsstaat erforderlich sind sowie auf die Angaben zu den Eigenmitteln.

Fußnote

(+++ § 9 Abs. 2 Nr. 2: Zur Anwendung vgl. § 234 Abs. 3 Satz 1 Nr. 1 u. § 237 Abs. 3 Nr. 2 +++)
(+++ § 9 Abs. 5: Zur Anwendung vgl. § 13 Abs. 1 Satz 2 +++)

§ 10 Umfang der Erlaubnis

(1) Die Aufsichtsbehörde erteilt die Erlaubnis unbefristet, wenn sich nicht aus dem Geschäftsplan etwas anderes ergibt. Die Erlaubnis gilt für das Gebiet aller Mitglied- oder Vertragsstaaten.
(2) Unternehmen, die nur die Erstversicherung oder die Erst- und Rückversicherung betreiben wollen, wird die Erlaubnis für jede der in der Anlage 1 genannten Versicherungssparten gesondert erteilt. Sie bezieht sich jeweils auf die ganze Sparte, es sei denn, dass das Unternehmen nach seinem Geschäftsplan nur einen Teil der Risiken dieser Versicherungssparte decken will. Die Erlaubnis kann auch für mehrere Versicherungssparten gemeinsam unter den in der Anlage 2 genannten Bezeichnungen erteilt werden.
(3) Unternehmen, die ausschließlich die Rückversicherung betreiben wollen, wird die Erlaubnis für die Schaden- und Unfall-Rückversicherung einschließlich der Personen-Rückversicherung, soweit sie nicht Lebens-Rückversicherung ist (Nichtlebens-Rückversicherung), die Lebens-Rückversicherung oder für alle Arten der Rückversicherung erteilt. Die Erlaubnis wird für alle Arten der Rückversicherung erteilt, wenn sich nicht aus Antrag oder Geschäftsplan etwas anderes ergibt.
(4) Eine für eine oder mehrere Sparten erteilte Erlaubnis umfasst auch die Deckung zusätzlicher Risiken aus anderen Versicherungssparten, wenn diese Risiken im Zusammenhang mit einem Risiko einer betriebenen Versicherungssparte stehen, denselben Gegenstand betreffen und durch denselben Vertrag gedeckt werden. Risiken, die unter die in der Anlage 1 Nummer 14, 15 und 17 genannten Versicherungssparten fallen, werden nicht als zusätzliche Risiken von der Erlaubnis zum Betrieb anderer Sparten umfasst. Risiken, die unter die in der Anlage 1 Nummer 17 genannte Versicherungssparte fallen, werden jedoch unter den Voraussetzungen des Satzes 1 von der Erlaubnis für andere Sparten umfasst, wenn sie sich auf Streitigkeiten oder Ansprüche beziehen, die aus dem Einsatz von Schiffen auf See entstehen oder mit deren Einsatz verbunden sind, oder wenn die Erlaubnis zum Betrieb der in der Anlage 1 Nummer 18 Buchstabe a genannten Sparte erteilt wird.

Fußnote
(+++ § 10 Abs. 4: Zur Anwendung vgl. § 237 Abs. 1 Satz 2 +++)

§ 11 Versagung und Beschränkung der Erlaubnis

(1) Die Aufsichtsbehörde versagt die Erlaubnis, wenn

1. nach dem Geschäftsplan und den nach § 9 Absatz 2 bis 4 vorgelegten Unterlagen die Verpflichtungen aus den Versicherungen nicht genügend als dauernd erfüllbar dargetan sind,
2. Tatsachen vorliegen, die die Annahme rechtfertigen, dass die Geschäftsleiter oder die Mitglieder des Aufsichtsrats die Voraussetzungen des § 24 nicht erfüllen, oder
3. Tatsachen vorliegen, die die Annahme rechtfertigen, dass der Inhaber einer bedeutenden Beteiligung an dem Versicherungsunternehmen oder, wenn der Inhaber eine juristische Person ist, auch ein gesetzlicher oder satzungsmäßiger Vertreter oder, wenn der Inhaber eine Personenhandelsgesellschaft ist, auch ein Gesellschafter des Inhabers, nicht zuverlässig ist oder aus anderen Gründen nicht den im Interesse einer soliden und umsichtigen Leitung des Unternehmens zu stellenden Ansprüchen genügt; dies gilt im Zweifel auch dann, wenn Tatsachen die Annahme rechtfertigen, dass er die von ihm aufgebrachten Mittel für den Erwerb der bedeutenden Beteiligung durch eine Handlung erbracht hat, die objektiv einen Straftatbestand erfüllt,
4.

bei Erstversicherungsunternehmen über einen der in den Nummern 1 bis 3 genannten Fälle hinaus auch, wenn

a) nach dem Geschäftsplan und den nach § 9 Absatz 2 bis 4 vorgelegten Unterlagen die Belange der Versicherten nicht ausreichend gewahrt sind,

b) im Fall der Erteilung der Erlaubnis das Versicherungsunternehmen Tochterunternehmen einer Versicherungs-Holdinggesellschaft oder einer gemischten Finanzholding-Gesellschaft wird und Tatsachen die Annahme rechtfertigen, dass eine Person, die die Versicherungs-Holdinggesellschaft oder die gemischte Finanzholding-Gesellschaft tatsächlich leitet, nicht zuverlässig ist oder nicht die zur Führung der Geschäfte der Versicherungs-Holdinggesellschaft oder der gemischten Finanzholding-Gesellschaft erforderliche fachliche Eignung besitzt oder

c) im Fall des Betriebs der Krankenversicherung Tatsachen vorliegen, die die Annahme rechtfertigen, dass das Unternehmen Tarife einführen wird, die im Sinne des § 204 des Versicherungsvertragsgesetzes einen gleichartigen Versicherungsschutz gewähren wie die Tarife eines anderen mit ihm konzernmäßig verbundenen Versicherungsunternehmens, sofern durch die Einführung solcher Tarife die Belange der Versicherten nicht ausreichend gewahrt werden.

(2) Die Erlaubnis kann versagt werden, wenn Tatsachen die Annahme rechtfertigen, dass eine wirksame Aufsicht über das Versicherungsunternehmen beeinträchtigt wird. Dies ist insbesondere der Fall, wenn

1. das Versicherungsunternehmen mit anderen Personen oder Unternehmen in einen Unternehmensverbund eingebunden ist oder in einer engen Verbindung zu einem solchen steht und dieser durch die Struktur des Beteiligungsgeflechts oder durch mangelhafte wirtschaftliche Transparenz eine wirksame Aufsicht über das Versicherungsunternehmen beeinträchtigt,

2. eine wirksame Aufsicht über das Versicherungsunternehmen auf Grund der für Personen oder Unternehmen nach Nummer 1 geltenden Rechts- oder Verwaltungsvorschriften eines Drittstaats beeinträchtigt wird oder

3. eine wirksame Aufsicht über das Versicherungsunternehmen dadurch beeinträchtigt wird, dass Personen oder Unternehmen nach Nummer 1 im Staat ihres Sitzes oder ihrer Hauptverwaltung nicht wirksam beaufsichtigt werden oder die für die Aufsicht über diese Personen oder Unternehmen zuständige Behörde nicht zu einer befriedigenden Zusammenarbeit mit der Aufsichtsbehörde bereit ist.

Die Erlaubnis kann ferner versagt werden, wenn entgegen § 9 Absatz 4 der Antrag keine ausreichenden Angaben oder Unterlagen enthält.

(3) Aus anderen als den in den Absätzen 1 und 2 genannten Gründen darf die Erlaubnis nicht versagt werden.

Fußnote

(+++ § 11: Zur Anwendung vgl. § 12 Abs. 1 Satz 4 +++)

-

§ 12 Änderungen des Geschäftsplans und von Unternehmensverträgen

(1) Jede Änderung der in § 9 Absatz 2 Nummer 1 und 2 genannten Bestandteile des Geschäftsplans eines Erstversicherungsunternehmens, jede Erweiterung des Gebiets seines Geschäftsbetriebs und Unternehmensverträge eines Erstversicherungsunternehmens im Sinne

des § 9 Absatz 4 Nummer 1 Buchstabe b und deren Änderung dürfen erst in Kraft gesetzt werden, wenn sie von der Aufsichtsbehörde genehmigt worden sind. Dasselbe gilt für jede Ausdehnung des Geschäftsbetriebs eines Rückversicherungsunternehmens auf ein Gebiet außerhalb der Mitglied- oder Vertragsstaaten oder auf andere Arten der Rückversicherung. Satz 1 gilt nicht für Satzungsänderungen, die eine Kapitalerhöhung zum Gegenstand haben. § 11 ist entsprechend anzuwenden.

(2) Soll der Geschäftsbetrieb auf andere Versicherungssparten oder auf andere Arten der Rückversicherung ausgedehnt werden, so sind hierfür die Nachweise entsprechend § 9 Absatz 2 bis 4 vorzulegen.

(3) Soll der Geschäftsbetrieb auf ein Gebiet außerhalb der Mitglied- oder Vertragsstaaten ausgedehnt werden, ist

1. anzugeben, welche Versicherungszweige und -arten oder Arten der Rückversicherung betrieben werden sollen, und

2. nachzuweisen, dass das Versicherungsunternehmen

    a) auch nach der beabsichtigten Ausdehnung des Gebiets des Geschäftsbetriebs die Vorschriften über die Kapitalausstattung in den Mitglied- oder Vertragsstaaten erfüllt und

    b) im Falle der Errichtung einer Niederlassung in einem Gebiet außerhalb der Mitglied- und Vertragsstaaten eine dort erforderliche Erlaubnis zum Geschäftsbetrieb erhalten hat oder eine solche Erlaubnis nicht erforderlich ist.

Fußnote

(+++ § 12: Zur Anwendung vgl. § 5 Abs. 2 +++)
(+++ § 12 Abs. 1: Zur Anwendung vgl. § 234 Abs. 3 Satz 1 Nr. 2, § 237 Abs. 3 Nr. 3 u. § 336 Satz 2 +++)
-

§ 13 Bestandsübertragungen

(1) Jeder Vertrag, durch den der Versicherungsbestand eines Erstversicherungsunternehmens ganz oder teilweise auf ein anderes Versicherungsunternehmen übertragen werden soll, bedarf der Genehmigung der Aufsichtsbehörden, die für die beteiligten Unternehmen zuständig sind. Die Genehmigung ist zu erteilen, wenn die Belange der Versicherten gewahrt sind und die Verpflichtungen aus den Versicherungen als dauernd erfüllbar dargetan sind; § 9 Absatz 5 über die Anhörung der zuständigen Stellen eines anderen Mitglied- oder Vertragsstaats und § 8 Absatz 4 sind entsprechend anzuwenden.

(2) Überträgt ein inländisches Erstversicherungsunternehmen einen Bestand an Versicherungsverträgen, die es nach § 61 durch eine Niederlassung oder im Dienstleistungsverkehr abgeschlossen hat, ganz oder teilweise auf ein Versicherungsunternehmen mit Sitz in einem Mitglied- oder Vertragsstaat, ist abweichend von Absatz 1 Satz 1 lediglich die Genehmigung der für das übertragende Versicherungsunternehmen zuständigen Aufsichtsbehörde erforderlich. Die Genehmigung wird erteilt, wenn die Voraussetzungen des Absatzes 1 Satz 2 vorliegen und wenn

1. durch eine Bescheinigung der Aufsichtsbehörde des Sitzstaats des übernehmenden Versicherungsunternehmens der Nachweis geführt wird, dass dieses nach der Übertragung ausreichende anrechnungsfähige Eigenmittel zur Einhaltung der Solvabilitätskapitalanforderung hat,

2.

die Aufsichtsbehörden der Mitglied- oder Vertragsstaaten, in denen die Risiken des Versicherungsbestandes belegen sind, zustimmen und
3.
bei Übertragung des Versicherungsbestandes einer Niederlassung die Aufsichtsbehörde dieses Mitglied- oder Vertragsstaats angehört worden ist.
Die Sätze 1 und 2 Nummer 1 gelten auch für die Übertragung eines im Inland erworbenen Versicherungsbestandes. In den Fällen der Sätze 1 und 3 ist Absatz 5 entsprechend anzuwenden; die Absätze 3 und 4 bleiben unberührt.
(3) Verlieren durch die Bestandsübertragung Mitglieder eines Versicherungsvereins auf Gegenseitigkeit ganz oder zum Teil ihre Rechte als Vereinsmitglied, darf die Genehmigung nur erteilt werden, wenn der Bestandsübertragungsvertrag ein angemessenes Entgelt vorsieht, es sei denn, das übernehmende Versicherungsunternehmen ist ebenfalls ein Versicherungsverein auf Gegenseitigkeit und die von der Bestandsübertragung betroffenen Mitglieder des übertragenden Vereins werden Mitglieder des übernehmenden Vereins.
(4) Sind Versicherungsverhältnisse mit Überschussbeteiligung betroffen, darf die Übertragung nur genehmigt werden, wenn der Wert der Überschussbeteiligung der Versicherten des übertragenden und des übernehmenden Versicherungsunternehmens nach der Übertragung nicht niedriger ist als vorher. Dabei sind die Aktiva und Passiva des übertragenden Versicherungsunternehmens unter der Annahme, die betroffenen Versicherungsverhältnisse würden bei diesem Versicherungsunternehmen fortgesetzt, und die Aktiva und Passiva des übernehmenden Versicherungsunternehmens unter der Annahme, dass es die Versicherungsverhältnisse entsprechend dem Vertrag übernimmt, dessen Genehmigung beantragt wird, zu ihrem beizulegenden Zeitwert zu vergleichen, soweit sie Einfluss auf die Überschussbeteiligung haben können.
(5) Die Rechte und Pflichten des übertragenden Versicherungsunternehmens aus den Versicherungsverträgen gehen mit der Bestandsübertragung auch im Verhältnis zu den Versicherungsnehmern auf das übernehmende Versicherungsunternehmen über; § 415 des Bürgerlichen Gesetzbuchs ist nicht anzuwenden.
(6) Der Bestandsübertragungsvertrag bedarf der Schriftform; § 311b Absatz 3 des Bürgerlichen Gesetzbuchs ist nicht anzuwenden.
(7) Die Genehmigung der Bestandsübertragung ist im Bundesanzeiger zu veröffentlichen. Sobald die Bestandsübertragung wirksam geworden ist, hat das übernehmende Versicherungsunternehmen die Versicherungsnehmer über Anlass, Ausgestaltung und Folgen der Bestandsübertragung zu informieren, insbesondere über einen mit der Bestandsübertragung verbundenen Wechsel der für die Rechts- oder Finanzaufsicht zuständigen Behörde und eine Änderung hinsichtlich eines Anspruchs gegen eine Sicherungseinrichtung im Fall der Insolvenz des Versicherers. Ändert sich die für die Finanzaufsicht zuständige Behörde, so kann der Versicherungsnehmer den Vertrag innerhalb eines Monats nach Zugang der Mitteilung des Versicherers mit sofortiger Wirkung kündigen. Der Versicherer hat den Versicherungsnehmer in der Mitteilung auf das Kündigungsrecht hinzuweisen.

Fußnote

(+++ § 13: Zur Anwendung vgl. § 5 Abs. 2, § 222 Abs. 2 u. Abs. 6 Satz 1 u. § 339 Satz 2 +++)
(+++ § 13 Abs. 1 Satz 2, Abs. 2, 4 u. 5: Zur Anwendung vgl. § 14 Abs. 1 Satz 2 +++)
(+++ § 13 Abs. 2: Zur Anwendung vgl. § 65 Abs. 2 Nr. 4 u. § 237 Abs. 1 Satz 2 +++)
(+++ § 13 Abs. 4 u. 5, Abs. 7 Satz 1: Zur Anwendung vgl. § 63 Abs. 1 Satz 2 +++)
-

§ 14 Umwandlungen

(1) Jede Umwandlung eines Erstversicherungsunternehmens nach den §§ 1 und 122a des Umwandlungsgesetzes bedarf der Genehmigung der Aufsichtsbehörde. § 13 Absatz 1 Satz 2 und Absatz 2, 4 und 5 ist entsprechend anzuwenden.
(2) Die Aufsichtsbehörde kann die Genehmigung auch versagen, wenn die Vorschriften über die

Umwandlung nicht beachtet worden sind.

-

§ 15 Versicherungsfremde Geschäfte

(1) Erstversicherungsunternehmen dürfen neben Versicherungsgeschäften nur solche Geschäfte betreiben, die mit Versicherungsgeschäften in unmittelbarem Zusammenhang stehen. Bei Termingeschäften und Geschäften mit Optionen und ähnlichen Finanzinstrumenten ist ein solcher Zusammenhang anzunehmen, wenn sie der Absicherung gegen Kurs- oder Zinsänderungsrisiken bei vorhandenen Vermögenswerten oder dem späteren Erwerb von Wertpapieren dienen sollen oder wenn aus vorhandenen Wertpapieren ein zusätzlicher Ertrag erzielt werden soll, ohne dass bei Erfüllung von Lieferverpflichtungen eine Unterdeckung des Sicherungsvermögens eintreten kann. Bei einer Aufnahme von Fremdmitteln besteht regelmäßig kein unmittelbarer Zusammenhang im Sinne des Satzes 1. Bei einem anderen Geschäft ist ein solcher Zusammenhang nur anzunehmen, wenn es nicht mit einem zusätzlichen finanziellen Risiko verbunden ist.
(2) Rückversicherungsunternehmen dürfen nur Rückversicherungsgeschäfte sowie damit verbundene Geschäfte und Dienstleistungen betreiben. Als mit einem Rückversicherungsgeschäft verbundenes Geschäft gelten auch die Funktion und die Tätigkeiten als Holdinggesellschaft in Bezug auf Unternehmen der Finanzbranche im Sinne des § 2 Absatz 3 des Finanzkonglomerate-Aufsichtsgesetzes.
(3) Vermittlungstätigkeiten, die nach Artikel 2 Nummer 3 und 4 der Richtlinie 2002/92/EG des Europäischen Parlaments und des Rates vom 9. Dezember 2002 über Versicherungsvermittlung (ABl. L 9 vom 15.1.2003, S. 3) nicht als Versicherungs- und Rückversicherungsvermittlung gelten, gehören zum Geschäftsbetrieb eines Versicherungsunternehmens.

Abschnitt 2
Bedeutende Beteiligungen

-

§ 16 Inhaber bedeutender Beteiligungen

Die Inhaber einer bedeutenden Beteiligung im Sinne des § 7 Nummer 3 am Versicherungsunternehmen müssen den Ansprüchen genügen, die im Interesse einer soliden und umsichtigen Leitung des Unternehmens zu stellen sind; insbesondere müssen sie zuverlässig sein. Wird die Beteiligung von juristischen Personen oder Personenhandelsgesellschaften gehalten, gilt das Gleiche für diejenigen natürlichen Personen, die nach Gesetz, Satzung oder Gesellschaftsvertrag zur Führung der Geschäfte und zur Vertretung berufen sind, sowie für die persönlich haftenden Gesellschafter.

-

§ 17 Anzeige bedeutender Beteiligungen

(1) Jede natürliche oder juristische Person und jede Personenhandelsgesellschaft hat der Aufsichtsbehörde unverzüglich schriftlich anzuzeigen, wenn sie beabsichtigt,

1.
    allein oder im Zusammenwirken mit anderen Personen oder Unternehmen eine bedeutende Beteiligung an einem Versicherungsunternehmen zu erwerben (interessierter Erwerber); in der Anzeige hat der interessierte Erwerber die für die Höhe der Beteiligung und die für die Begründung des maßgeblichen Einflusses, die Beurteilung seiner Zuverlässigkeit und die Prüfung der weiteren Untersagungsgründe nach § 18 Absatz 1 wesentlichen Unterlagen vorzulegen und Tatsachen sowie die Personen und Unternehmen anzugeben, von denen er

2. die entsprechenden Anteile erwerben will; ist der interessierte Erwerber eine juristische Person oder Personenhandelsgesellschaft, hat er in der Anzeige die für die Beurteilung der Zuverlässigkeit seiner gesetzlichen oder satzungsmäßigen Vertreter oder persönlich haftenden Gesellschafter wesentlichen Tatsachen anzugeben;

2. allein oder im Zusammenwirken mit anderen Personen oder Unternehmen den Betrag der bedeutenden Beteiligung so zu erhöhen, dass die Schwelle von 20 Prozent, 30 Prozent oder 50 Prozent der Stimmrechte oder des Nennkapitals erreicht oder überschritten wird oder dass über das Versicherungsunternehmen Kontrolle im Sinne des § 7 Nummer 16 ausgeübt wird oder

3. eine bedeutende Beteiligung an einem Versicherungsunternehmen aufzugeben oder den Betrag der bedeutenden Beteiligung unter die Schwelle von 20 Prozent, 30 Prozent oder 50 Prozent der Stimmrechte oder des Kapitals abzusenken oder die Beteiligung so zu verändern, dass über das Versicherungsunternehmen keine Kontrolle ausgeübt wird; dabei hat sie die verbleibende Höhe der Beteiligung anzugeben; die Aufsichtsbehörde kann eine Frist setzen, innerhalb derer ihr die Person oder Personenhandelsgesellschaft, welche die Anzeige erstattet hat, den Vollzug oder den Nichtvollzug der beabsichtigten Absenkung oder Veränderung anzuzeigen hat.

(2) Der Inhaber einer bedeutenden Beteiligung hat der Aufsichtsbehörde jeden neu bestellten gesetzlichen oder satzungsmäßigen Vertreter und jeden neuen persönlich haftenden Gesellschafter mit den für die Beurteilung von dessen Zuverlässigkeit wesentlichen Tatsachen unverzüglich schriftlich anzuzeigen.

(3) Die Aufsichtsbehörde hat den Eingang einer vollständigen Anzeige nach Absatz 1 Nummer 1 oder 2 unverzüglich, spätestens jedoch innerhalb von zwei Arbeitstagen nach deren Zugang, schriftlich gegenüber dem Anzeigepflichtigen zu bestätigen.

(4) Die Aufsichtsbehörde hat die Anzeige nach Absatz 1 Nummer 1 oder 2 innerhalb von 60 Arbeitstagen ab dem Datum des Schreibens, mit dem sie den Eingang der vollständigen Anzeige schriftlich bestätigt hat (Beurteilungszeitraum), zu beurteilen. In der Bestätigung nach Absatz 3 hat die Aufsichtsbehörde dem Anzeigepflichtigen den Tag mitzuteilen, an dem der Beurteilungszeitraum endet. Bis zum 50. Arbeitstag innerhalb des Beurteilungszeitraums kann die Aufsichtsbehörde weitere Informationen anfordern, die für den Abschluss der Beurteilung notwendig sind. Die Anforderung ergeht schriftlich unter Angabe der zusätzlich benötigten Informationen. Die Aufsichtsbehörde hat den Eingang der weiteren Informationen innerhalb von zwei Arbeitstagen nach deren Zugang schriftlich gegenüber dem Anzeigepflichtigen zu bestätigen. Der Beurteilungszeitraum ist vom Zeitpunkt der Anforderung der weiteren Informationen bis zu deren Eingang bei der Aufsichtsbehörde gehemmt. Der Beurteilungszeitraum beträgt im Fall der Hemmung nach Satz 6 höchstens 80 Arbeitstage. Die Aufsichtsbehörde kann Ergänzungen oder Klarstellungen zu diesen Informationen anfordern; dies führt nicht zu einer erneuten Hemmung des Beurteilungszeitraums.Abweichend von Satz 7 kann der Beurteilungszeitraum im Fall einer Hemmung auf höchstens 90 Arbeitstage ausgedehnt werden, wenn der Anzeigepflichtige

1. außerhalb des Europäischen Wirtschaftsraums ansässig ist oder beaufsichtigt wird oder

2. eine natürliche Person oder ein Unternehmen ist, die oder das nicht der Beaufsichtigung nach einer der folgenden Richtlinien unterliegt:
   a) 2009/65/EG des Europäischen Parlaments und des Rates vom 13. Juli 2009 zur Koordinierung der Rechts- und Verwaltungsvorschriften betreffend bestimmte Organismen für gemeinsame Anlagen in Wertpapieren (OGAW) (ABl. L 302 vom 17.11.2009, S. 32),
   b) 2004/39/EG des Europäischen Parlaments und des Rates vom 21. April 2004 über Märkte für Finanzinstrumente, zur Änderung der Richtlinien 85/611/EWG und

93/6/EWG des Rates und der Richtlinie 2000/12/EG des Europäischen Parlaments und des Rates und zur Aufhebung der Richtlinie 93/22/EWG des Rates (ABl. L 145 vom 30.4.2004, S. 1, L 45 vom 16.2.2005, S. 18),

c) 2006/48/EG des Europäischen Parlaments und des Rates vom 14. Juni 2006 über die Aufnahme und Ausübung der Tätigkeit der Kreditinstitute (ABl. L 177 vom 30.6.2006, S. 1) oder

d) 2009/138/EG.

§ 18 Untersagung oder Beschränkung einer bedeutenden Beteiligung

(1) Die Aufsichtsbehörde kann innerhalb des Beurteilungszeitraums den beabsichtigten Erwerb der bedeutenden Beteiligung oder deren Erhöhung untersagen, wenn Tatsachen die Annahme rechtfertigen, dass

1. der Anzeigepflichtige oder, wenn es sich bei dem Anzeigepflichtigen um eine juristische Person handelt, ein gesetzlicher oder satzungsmäßiger Vertreter oder, wenn es sich um eine Personenhandelsgesellschaft handelt, ein Gesellschafter nicht zuverlässig ist oder aus anderen Gründen nicht den Ansprüchen genügt, die im Interesse einer soliden und umsichtigen Leitung des Versicherungsunternehmens zu stellen sind; dies ist auch der Fall, wenn der Erwerber der bedeutenden Beteiligung nicht darlegen kann, dass er über angemessene geschäftliche Pläne für die Fortsetzung und die Entwicklung der Geschäfte des Versicherungsunternehmens verfügt und die Belange der Versicherten oder die berechtigten Interessen der Vorversicherer ausreichend gewahrt sind; ferner gilt § 11 Absatz 1 Nummer 3 zweiter Halbsatz entsprechend;

2. das Versicherungsunternehmen nicht in der Lage ist oder bleiben wird, den Aufsichtsanforderungen zu genügen oder dass das Versicherungsunternehmen durch die Begründung oder Erhöhung der Beteiligung mit dem Inhaber der bedeutenden Beteiligung in einen Unternehmensverbund eingebunden würde, der durch die Struktur des Beteiligungsgeflechts oder durch mangelhafte wirtschaftliche Transparenz eine wirksame Aufsicht über das Versicherungsunternehmen oder einen wirksamen Austausch von Informationen zwischen den zuständigen Stellen oder die Festlegung der Aufteilung der Zuständigkeiten zwischen diesen Stellen beeinträchtigen kann;

3. das Versicherungsunternehmen durch die Begründung oder Erhöhung der bedeutenden Beteiligung Tochterunternehmen eines Versicherungsunternehmens eines Drittstaats würde, das im Staat seines Sitzes oder seiner Hauptverwaltung nicht wirksam beaufsichtigt wird oder dessen zuständige Aufsichtsstelle zu einer befriedigenden Zusammenarbeit nicht bereit ist;

4. der künftige Geschäftsleiter nicht zuverlässig oder nicht fachlich geeignet ist;

5. Im Zusammenhang mit dem beabsichtigten Erwerb oder der Erhöhung der Beteiligung Geldwäsche oder Terrorismusfinanzierung im Sinne des Artikels 1 der Richtlinie 2005/60/EG des Europäischen Parlaments und des Rates vom 26. Oktober 2005 zur Verhinderung der Nutzung des Finanzsystems zum Zwecke der Geldwäsche und der Terrorismusfinanzierung (ABl. L 309 vom 25.11.2005, S. 15) stattfindet, stattgefunden hat, diese Straftaten versucht wurden oder der beabsichtigte Erwerb oder die Erhöhung das Risiko eines solchen Verhaltens vergrößern könnte oder

6. der Anzeigepflichtige nicht über die notwendige finanzielle Solidität verfügt, insbesondere in

Bezug auf die Art der tatsächlichen und geplanten Geschäfte des Versicherungsunternehmens; dies ist insbesondere dann der Fall, wenn der Anzeigepflichtige auf Grund seiner Kapitalausstattung oder Vermögenssituation nicht den besonderen Anforderungen des Versicherungsunternehmens gerecht werden kann, die sich aus dessen Kapitalausstattung oder liquiden Mitteln ergeben, um die dauernde Erfüllbarkeit der Verpflichtungen aus den Versicherungsverträgen zu gewährleisten oder um Liquiditätsengpässe zu vermeiden.

(2) Die Aufsichtsbehörde kann den Erwerb oder die Erhöhung der Beteiligung auch untersagen, wenn die Angaben nach § 17 Absatz 1 Nummer 1 und 2 oder die zusätzlich nach § 18 Absatz 4 Satz 3 angeforderten Informationen unvollständig oder nicht richtig sind; die Aufsichtsbehörde darf weder Vorbedingungen an die Höhe der zu erwerbenden Beteiligung oder der beabsichtigten Erhöhung der Beteiligung stellen, noch darf sie bei ihrer Prüfung auf die wirtschaftlichen Bedürfnisse des Marktes abstellen.

(3) Entscheidet die Aufsichtsbehörde nach Abschluss der Beurteilung, den Erwerb oder die Erhöhung der Beteiligung zu untersagen, teilt sie dem Anzeigepflichtigen die Entscheidung innerhalb von zwei Arbeitstagen und unter Einhaltung des Beurteilungszeitraums schriftlich unter Angabe der Gründe mit. Bemerkungen und Vorbehalte der für den Anzeigepflichtigen zuständigen Behörde sind in der Entscheidung wiederzugeben; die Untersagung darf nur auf Grund der in den Absätzen 1 und 2 genannten Gründe erfolgen. Wird der Erwerb oder die Erhöhung der Beteiligung nicht innerhalb des Beurteilungszeitraums schriftlich untersagt, kann der Erwerb oder die Erhöhung vollzogen werden; die Rechte der Aufsichtsbehörde nach § 20 bleiben davon unberührt. Wird der Erwerb oder die Erhöhung der Beteiligung nicht untersagt, kann die Aufsichtsbehörde eine Frist festsetzen, nach deren Ablauf der Anzeigepflichtige ihr den Vollzug oder den Nichtvollzug des beabsichtigten Erwerbs oder der Erhöhung unverzüglich anzuzeigen hat.

§ 19 Untersagung der Ausübung der Stimmrechte

(1) Die Aufsichtsbehörde kann dem Inhaber einer bedeutenden Beteiligung sowie den von ihm kontrollierten Unternehmen die Ausübung der Stimmrechte untersagen und anordnen, dass über die Anteile nur mit ihrer Zustimmung verfügt werden darf, wenn

1. die Voraussetzungen für eine Untersagungsverfügung nach § 18 Absatz 1 oder 2 vorliegen,

2. der Inhaber der bedeutenden Beteiligung seiner Pflicht nach § 17 Absatz 1 Nummer 1 oder 2 zur vorherigen Unterrichtung der Aufsichtsbehörde nicht nachgekommen ist und diese Unterrichtung innerhalb einer von der Aufsichtsbehörde gesetzten Frist nicht nachgeholt hat oder

3. die Beteiligung nicht innerhalb der gemäß § 18 Absatz 3 Satz 4 festgesetzten Frist oder trotz einer vollziehbaren Untersagung nach § 18 Absatz 1 oder 2 erworben oder erhöht worden ist.

(2) Im Fall einer Untersagung nach Absatz 1 hat das Gericht am Sitz des Versicherungsunternehmens auf Antrag der Aufsichtsbehörde, des Versicherungsunternehmens oder eines an diesem Beteiligten einen Treuhänder zu bestellen, auf den es die Ausübung der Stimmrechte überträgt. Der Treuhänder hat bei der Ausübung der Stimmrechte den Interessen einer soliden und umsichtigen Leitung des Versicherungsunternehmens Rechnung zu tragen. Über die Maßnahmen nach Absatz 1 hinaus kann die Aufsichtsbehörde den Treuhänder mit der Veräußerung der Anteile, soweit sie eine bedeutende Beteiligung begründen, beauftragen, wenn der Inhaber der bedeutenden Beteiligung der Aufsichtsbehörde nicht innerhalb einer von dieser bestimmten angemessenen Frist einen zuverlässigen Erwerber nachweist; die Inhaber der Anteile haben bei der Veräußerung in dem erforderlichen Umfang mitzuwirken. Sind die Voraussetzungen des Absatzes 1 entfallen, hat die Aufsichtsbehörde den Widerruf der Bestellung des Treuhänders zu beantragen. Der Treuhänder hat Anspruch auf Ersatz angemessener Auslagen und auf

Vergütung für seine Tätigkeit. Das Gericht setzt auf Antrag des Treuhänders die Auslagen und die Vergütung fest; die Rechtsbeschwerde gegen die Vergütungsfestsetzung ist ausgeschlossen. Für die Kosten, die durch die Bestellung des Treuhänders entstehen, und für die diesem zu gewährenden Auslagen und die Vergütung haften das Versicherungsunternehmen und der betroffene Inhaber einer bedeutenden Beteiligung als Gesamtschuldner. Der Bund schießt die Auslagen und die Vergütung vor.

-

§ 20 Prüfung des Inhabers

Sofern Tatsachen Anlass zu Zweifeln geben, dass der Inhaber einer bedeutenden Beteiligung den in § 16 genannten Anforderungen genügt oder dass die Verbindung mit anderen Personen oder Unternehmen wegen der Struktur des Beteiligungsgeflechts oder mangelhafter wirtschaftlicher Transparenz eine wirksame Aufsicht über das Versicherungsunternehmen möglich macht, kann die Aufsichtsbehörde anordnen, dass der Inhaber die in § 9 Absatz 4 Nummer 2 Buchstabe c und d genannten Unterlagen vorzulegen und auf seine Kosten durch einen von der Aufsichtsbehörde zu bestimmenden Wirtschaftsprüfer prüfen zu lassen hat.

-

§ 21 Zusammenarbeit mit den zuständigen Behörden in anderen Mitglied- oder Vertragsstaaten

(1) Bei der Beurteilung des Erwerbs arbeitet die Aufsichtsbehörde mit den zuständigen Behörden in den anderen Mitglied- oder Vertragsstaaten eng zusammen, wenn der Anzeigepflichtige

1. ein CRR-Kreditinstitut, ein E-Geld-Institut oder ein Wertpapierhandelsunternehmen, ein Versicherungsunternehmen oder eine Verwaltungsgesellschaft im Sinne des Artikels 2 Absatz 1 Buchstabe b der Richtlinie 2009/65/EG ist, das oder die in einem anderen Mitgliedstaat oder anderen Sektor als dem, in dem der Erwerb beabsichtigt wird, zugelassen ist,
2. ein Mutterunternehmen eines CRR-Kreditinstituts, eines E-Geld-Instituts oder eines Wertpapierhandelsunternehmens, eines Versicherungsunternehmens oder einer Verwaltungsgesellschaft im Sinne des Artikels 2 Absatz 1 Buchstabe b der Richtlinie 2009/65/EG ist, das oder die in einem anderen Mitgliedstaat oder anderen Sektor als dem, in dem der Erwerb beabsichtigt wird, zugelassen ist, oder
3. eine natürliche oder juristische Person ist, die ein CRR-Kreditinstitut, ein E-Geld-Institut oder ein Wertpapierhandelsunternehmen, ein Versicherungsunternehmen oder eine Verwaltungsgesellschaft im Sinne des Artikels 2 Absatz 1 Buchstabe b der Richtlinie 2009/65/EG kontrolliert, das oder die in einem anderen Mitgliedstaat oder anderen Sektor als dem, in dem der Erwerb beabsichtigt wird, zugelassen ist.

(2) Die zuständigen Behörden tauschen untereinander unverzüglich die Informationen aus, die für die Beurteilung wesentlich oder relevant sind. Dabei teilen die zuständigen Behörden einander alle einschlägigen Informationen auf Anfrage mit und übermitteln alle wesentlichen Informationen von sich aus. In der Entscheidung der zuständigen Behörde, die das Versicherungsunternehmen zugelassen hat, an dem der Erwerb beabsichtigt wird, sind alle Bemerkungen oder Vorbehalte seitens der für den interessierten Erwerber zuständigen Behörde zu vermerken.

-

§ 22 Verordnungsermächtigung

Das Bundesministerium der Finanzen wird ermächtigt, durch Rechtsverordnung Vorschriften über Art, Umfang, Zeitpunkt und Form der gemäß § 17 Absatz 1 und 2 einzureichenden Angaben zu erlassen, soweit dies zur Erfüllung der Aufgaben der Aufsichtsbehörde erforderlich ist. Für Versicherungsunternehmen, die nicht der Aufsicht der Aufsichtsbehörden der Länder unterliegen, kann in der Rechtsverordnung vorgesehen werden, dass interessierte Erwerber allgemein oder im Einzelfall die in § 9 Absatz 4 Nummer 2 Buchstabe c und d genannten Unterlagen vorzulegen haben und auf ihre Kosten durch einen von der Aufsichtsbehörde zu bestimmenden Wirtschaftsprüfer prüfen zu lassen haben. Die Ermächtigung kann durch Rechtsverordnung auf die Bundesanstalt übertragen werden. Rechtsverordnungen nach den Sätzen 1 bis 3 bedürfen nicht der Zustimmung des Bundesrates.

<u>Abschnitt 3
Geschäftsorganisation</u>

§ 23 Allgemeine Anforderungen an die Geschäftsorganisation

(1) Versicherungsunternehmen müssen über eine Geschäftsorganisation verfügen, die wirksam und ordnungsgemäß ist und die der Art, dem Umfang und der Komplexität ihrer Tätigkeiten angemessen ist. Die Geschäftsorganisation muss neben der Einhaltung der von den Versicherungsunternehmen zu beachtenden Gesetze, Verordnungen und aufsichtsbehördlichen Anforderungen eine solide und umsichtige Leitung des Unternehmens gewährleisten. Dazu gehören neben der Einhaltung der Anforderungen dieses Abschnitts insbesondere eine angemessene, transparente Organisationsstruktur mit einer klaren Zuweisung und einer angemessenen Trennung der Zuständigkeiten sowie ein wirksames unternehmensinternes Kommunikationssystem.
(2) Der Vorstand sorgt dafür, dass die Geschäftsorganisation regelmäßig intern überprüft wird.
(3) Die Unternehmen müssen schriftliche interne Leitlinien aufstellen; deren Umsetzung ist sicherzustellen. Die Leitlinien müssen mindestens Vorgaben zum Risikomanagement, zum internen Kontrollsystem, zur internen Revision und, soweit relevant, zur Ausgliederung von Funktionen und Tätigkeiten machen. Sie unterliegen der vorherigen Zustimmung durch den Vorstand und sind mindestens einmal jährlich zu überprüfen sowie bei wesentlichen Änderungen der Bereiche oder Systeme, auf die sie sich beziehen, entsprechend anzupassen.
(4) Die Unternehmen haben angemessene Vorkehrungen, einschließlich der Entwicklung von Notfallplänen, zu treffen, um die Kontinuität und Ordnungsmäßigkeit ihrer Tätigkeiten zu gewährleisten.
(5) Die aufbau- und ablauforganisatorischen Regelungen sowie das interne Kontrollsystem sind für Dritte nachvollziehbar zu dokumentieren. Die Dokumentation ist sechs Jahre aufzubewahren; § 257 Absatz 3 und 5 des Handelsgesetzbuchs ist entsprechend anzuwenden.

§ 24 Anforderungen an Personen, die das Unternehmen tatsächlich leiten oder andere Schlüsselaufgaben wahrnehmen

(1) Personen, die ein Versicherungsunternehmen tatsächlich leiten oder andere Schlüsselaufgaben wahrnehmen, müssen zuverlässig und fachlich geeignet sein. Fachliche Eignung setzt berufliche Qualifikationen, Kenntnisse und Erfahrungen voraus, die eine solide und umsichtige Leitung des Unternehmens gewährleisten. Dies erfordert angemessene theoretische und praktische Kenntnisse in Versicherungsgeschäften sowie im Fall der Wahrnehmung von Leitungsaufgaben ausreichende Leitungserfahrung. Eine ausreichende Leitungserfahrung ist in der Regel anzunehmen, wenn eine dreijährige leitende Tätigkeit bei einem Versicherungsunternehmen von vergleichbarer Größe und Geschäftsart nachgewiesen wird. Bei Einrichtungen der betrieblichen Altersversorgung sind die Besonderheiten im Hinblick auf eine Besetzung des Aufsichtsrats durch Vertreter der Arbeitgeber und der Arbeitnehmer der Trägerunternehmen zu berücksichtigen.

(2) Personen, die das Unternehmen tatsächlich leiten, sind neben den Geschäftsleitern solche, die für das Unternehmen wesentliche Entscheidungen zu treffen befugt sind. Geschäftsleiter sind diejenigen natürlichen Personen, die nach Gesetz oder Satzung oder als Hauptbevollmächtigte einer Niederlassung in einem Mitglied- oder Vertragsstaat zur Führung der Geschäfte und zur Vertretung des Versicherungsunternehmens berufen sind.
(3) Zum Geschäftsleiter kann nicht bestellt werden, wer bereits bei zwei Versicherungsunternehmen, Pensionsfonds, Versicherungs-Holdinggesellschaften oder Versicherungs-Zweckgesellschaften als Geschäftsleiter tätig ist. Wenn es sich um Unternehmen derselben Versicherungs- oder Unternehmensgruppe handelt, kann die Aufsichtsbehörde mehr Mandate zulassen. Die Bestellung als Geschäftsleiter hindert nicht die Ausübung einer Funktion im Sinne des § 7 Satz 1 Nummer 9.
(4) Wer Geschäftsleiter eines Unternehmens war, kann nicht zum Mitglied des Verwaltungs- oder Aufsichtsorgans dieses Unternehmens bestellt werden, wenn bereits zwei ehemalige Geschäftsleiter des Unternehmens Mitglied des Verwaltungs- oder Aufsichtsorgans sind. Zum Mitglied des Verwaltungs- oder Aufsichtsorgans kann auch nicht bestellt werden, wer bereits fünf Kontrollmandate bei Unternehmen ausübt, die unter der Aufsicht der Bundesanstalt stehen; Mandate bei Unternehmen derselben Versicherungs- oder Unternehmensgruppe bleiben dabei außer Betracht.
-

§ 25 Vergütung

(1) Die Vergütungssysteme für Geschäftsleiter, Mitarbeiter und Aufsichtsratsmitglieder von Versicherungsunternehmen müssen angemessen, transparent und auf eine nachhaltige Entwicklung des Unternehmens ausgerichtet sein.
(2) Versicherungsunternehmen dürfen Geschäftsleitern und Aufsichtsratsmitgliedern Vergütungen für andere Tätigkeiten, die sie für das jeweilige Unternehmen erbringen, nur gewähren, soweit dies mit ihren Aufgaben als Organmitglieder vereinbar ist.
(3) Übergeordnete Unternehmen einer Gruppe haben sicherzustellen, dass die Vergütungssysteme für Geschäftsleiter, Mitarbeiter und Aufsichtsratsmitglieder innerhalb der gesamten Gruppe angemessen, transparent und auf eine nachhaltige Entwicklung ausgerichtet sind. Übergeordnetes Unternehmen einer Gruppe im Sinne dieses Absatzes ist das an der Spitze der Gruppe stehende Unternehmen, das entweder selbst Versicherungsunternehmen oder Versicherungs-Holdinggesellschaft ist.
(4) Unter den Voraussetzungen des § 134 Absatz 1 soll die Aufsichtsbehörde anordnen, dass das Versicherungsunternehmen den Jahresgesamtbetrag, den es für die variable Vergütung aller Geschäftsleiter und Mitarbeiter vorsieht (Gesamtbetrag der variablen Vergütungen), auf einen bestimmten Anteil des Jahresergebnisses beschränkt oder vollständig streicht. Unter den Voraussetzungen des § 134 Absatz 1 soll die Aufsichtsbehörde ferner die Auszahlung variabler Vergütungsbestandteile untersagen oder auf einen bestimmten Anteil des Jahresergebnisses beschränken. Die Versicherungsunternehmen müssen der Anordnungs-, Untersagungs- und Beschränkungsbefugnis der Sätze 1 und 2 in entsprechenden vertraglichen Vereinbarungen mit ihren Geschäftsleitern, Mitarbeitern und Aufsichtsratsmitgliedern Rechnung tragen. Soweit vertragliche Vereinbarungen über die Gewährung einer variablen Vergütung einer Anordnung, Untersagung oder Beschränkung nach Satz 1 oder 2 entgegenstehen, können aus ihnen keine Rechte hergeleitet werden.
(5) Die Absätze 1, 3 und 4 gelten nicht, soweit die Vergütung durch Tarifvertrag oder in seinem Geltungsbereich durch Vereinbarung der Arbeitsvertragsparteien über die Anwendung der tarifvertraglichen Regelungen oder in einer Betriebs- oder Dienstvereinbarung auf Grund eines Tarifvertrags vereinbart ist.
-

§ 26 Risikomanagement

(1) Versicherungsunternehmen müssen über ein wirksames Risikomanagementsystem verfügen, das gut in die Organisationsstruktur und die Entscheidungsprozesse des Unternehmens integriert ist und dabei die Informationsbedürfnisse der Personen, die das Unternehmen tatsächlich leiten oder andere Schlüsselfunktionen innehaben, durch eine angemessene interne Berichterstattung gebührend berücksichtigt. Das Risikomanagementsystem muss die Strategien, Prozesse und internen Meldeverfahren umfassen, die erforderlich sind, um Risiken, denen das Unternehmen tatsächlich oder möglicherweise ausgesetzt ist, zu identifizieren, zu bewerten, zu überwachen und zu steuern sowie aussagefähig über diese Risiken zu berichten. Es muss einzeln und auf aggregierter Basis eine kontinuierliche Risikosteuerung unter Berücksichtigung der zwischen den Risiken bestehenden Interdependenzen ermöglichen. Auf Verlangen der Aufsichtsbehörde haben die Versicherungsunternehmen einen Sanierungsplan (allgemeiner Sanierungsplan) aufzustellen. Der allgemeine Sanierungsplan muss Szenarien beschreiben, die zu einer Gefährdung des Unternehmens führen können, und darlegen, mit welchen Maßnahmen diesen begegnet werden soll.

(2) Zu den zu entwickelnden Strategien zählt insbesondere eine auf die Steuerung des Unternehmens abgestimmte Risikostrategie, die Art, Umfang und Komplexität des betriebenen Geschäfts und der mit ihm verbundenen Risiken berücksichtigt.

(3) Wenn Versicherungsunternehmen die Matching-Anpassung gemäß § 80 oder die Volatilitätsanpassung gemäß § 82 anwenden, erstellen sie einen Liquiditätsplan, der die eingehenden und ausgehenden Zahlungsströme in Bezug auf die Vermögenswerte und Verbindlichkeiten projiziert, die diesen Anpassungen unterliegen.

(4) Wird die Volatilitätsanpassung gemäß § 82 angewendet, umfassen die schriftlich festgelegten Leitlinien für das Risikomanagement gemäß § 23 Absatz 3 Leitlinien für die Kriterien zur Anwendung der Volatilitätsanpassung.

(5) Das Risikomanagementsystem hat sämtliche Risiken des Versicherungsunternehmens zu umfassen und insbesondere die folgenden Bereiche abzudecken:

1. die Zeichnung von Versicherungsrisiken und die Bildung von Rückstellungen,
2. das Aktiv-Passiv-Management,
3. die Kapitalanlagen, insbesondere Derivate und Instrumente von vergleichbarer Komplexität,
4. die Steuerung des Liquiditäts- und des Konzentrationsrisikos,
5. die Steuerung operationeller Risiken und
6. die Rückversicherung und andere Risikominderungstechniken.

Die innerbetrieblichen Leitlinien zum Risikomanagement müssen mindestens Vorgaben zu den genannten Bereichen machen.

(6) In Bezug auf das Kapitalanlagerisiko müssen Versicherungsunternehmen nachweisen, dass sie die Anforderungen des § 124 einhalten.

(7) In Bezug auf das Aktiv-Passiv-Management bewerten die Versicherungsunternehmen regelmäßig

1. die Sensitivität ihrer versicherungstechnischen Rückstellungen und anrechenbaren Eigenmittel in Bezug auf die Annahmen, die der Extrapolation der maßgeblichen risikofreien Zinskurve gemäß § 7 Nummer 21 zugrunde liegen;
2. wenn die Matching-Anpassung gemäß § 80 angewendet wird:
    a) die Sensitivität ihrer versicherungstechnischen Rückstellungen und anrechenbaren

Eigenmittel in Bezug auf die Annahmen, die der Berechnung der Matching-Anpassung zugrunde liegen, einschließlich der Berechnung des grundlegenden Spreads gemäß § 81 Nummer 2, und die potenziellen Auswirkungen von Zwangsverkäufen von Vermögenswerten auf ihre anrechenbaren Eigenmittel;

b) die Sensitivität ihrer versicherungstechnischen Rückstellungen und anrechenbaren Eigenmittel in Bezug auf Änderungen der Zusammensetzung des zugeordneten Vermögensportfolios;

c) die Auswirkung einer Verringerung der Matching-Anpassung auf null;

3. wenn die Volatilitätsanpassung gemäß § 82 angewendet wird:

a) die Sensitivität ihrer versicherungstechnischen Rückstellungen und anrechenbaren Eigenmittel in Bezug auf die Annahmen, die der Berechnung der Volatilitätsanpassung zugrunde liegen, und die potenziellen Auswirkungen einer erzwungenen Veräußerung von Vermögenswerten auf ihre anrechenbaren Eigenmittel,

b) die Auswirkung einer Verringerung der Volatilitätsanpassung auf null.

Die Versicherungsunternehmen übermitteln die in Satz 1 genannten Bewertungen der Aufsichtsbehörde jährlich im Rahmen der gemäß § 43 zu übermittelnden Informationen. Falls eine Reduzierung der Matching-Anpassung oder der Volatilitätsanpassung auf null zur Nichteinhaltung der Solvabilitätskapitalanforderung führen würde, legt das Unternehmen darüber hinaus eine Analyse der Maßnahmen vor, die es in einer derartigen Situation anwenden könnte, um die anrechnungsfähigen Eigenmittel in der zur Einhaltung der Solvabilitätskapitalanforderung erforderlichen Höhe wieder aufzubringen oder das Risikoprofil zu senken, sodass die Einhaltung der Solvabilitätskapitalanforderung wiederhergestellt ist.

(8) Die Versicherungsunternehmen müssen eine unabhängige Risikocontrollingfunktion einrichten, die so strukturiert ist, dass sie die Umsetzung des Risikomanagementsystems maßgeblich befördert. Bei Versicherungsunternehmen, die ein internes Modell verwenden, hat die Risikocontrollingfunktion zusätzlich die Aufgabe, das interne Modell zu entwickeln, umzusetzen, zu testen, zu validieren und einschließlich späterer Änderungen zu dokumentieren. Darüber hinaus analysiert sie die Leistungsfähigkeit des internen Modells und berichtet dem Vorstand in zusammengefasster Form über diese Analyse, gibt ihm Anregungen zur Verbesserung des Modells und hält ihn über Korrekturmaßnahmen für festgestellte Schwächen oder Mängel auf dem Laufenden.

Fußnote

(+++ § 26 Abs. 1: Zur Anwendung vgl. § 234 Abs. 3 Satz 1 Nr. 3 u. § 237 Abs. 3 Nr. 4 +++)

-

§ 27 Risiko- und Solvabilitätsbeurteilung

(1) Zum Risikomanagementsystem gehört eine unternehmenseigene Risiko- und Solvabilitätsbeurteilung, die Versicherungsunternehmen regelmäßig sowie im Fall wesentlicher Änderungen in ihrem Risikoprofil unverzüglich vorzunehmen haben. Die Risiko- und Solvabilitätsbeurteilung muss fester Bestandteil der Geschäftsstrategie des Unternehmens sein und kontinuierlich in die strategischen Entscheidungen einfließen. Die Versicherungsunternehmen informieren die Aufsichtsbehörde innerhalb von 14 Tagen nach Abschluss jeder durchgeführten Risiko- und Solvabilitätsbeurteilung über das Ergebnis.

(2) Die Risiko- und Solvabilitätsbeurteilung umfasst mindestens

1. eine eigenständige Bewertung des Solvabilitätsbedarfs unter Berücksichtigung des

spezifischen Risikoprofils, der festgelegten Risikotoleranzlimite und der Geschäftsstrategie des Unternehmens,

2. eine Beurteilung der jederzeitigen Erfüllbarkeit der aufsichtsrechtlichen Eigenmittelanforderungen, der Anforderungen an die versicherungstechnischen Rückstellungen in der Solvabilitätsübersicht und der Risikotragfähigkeit sowie

3. eine Beurteilung der Wesentlichkeit von Abweichungen des Risikoprofils des Unternehmens von den Annahmen, die der Berechnung der Solvabilitätskapitalanforderung mit der Standardformel oder mit dem internen Modell zugrunde liegen.

(3) Die Unternehmen müssen für die Beurteilung nach Absatz 2 Nummer 1 über Prozesse verfügen, die der Art, dem Umfang und der Komplexität ihrer Risiken angemessen sind und es ihnen erlauben, alle Risiken, denen sie kurz- und langfristig ausgesetzt sind oder ausgesetzt sein könnten, ordnungsgemäß zu identifizieren und zu beurteilen. Dazu gehört insbesondere die selbständige Durchführung von Stresstests und Szenarioanalysen.

(4) Die Versicherungsunternehmen sind für die von ihnen zur Bewertung des Solvabilitätsbedarfs nach Absatz 2 Nummer 1 verwendeten Methoden darlegungspflichtig.

(5) Sofern ein internes Modell verwendet wird, hat die Bewertung in den in Absatz 2 Nummer 3 genannten Fällen zusammen mit der Rekalibrierung zu erfolgen, mit der die Ergebnisse des internen Modells auf das Risikomaß und die Kalibrierung der Solvabilitätskapitalanforderung überführt werden.

(6) Unternehmen, die langfristige Garantien geben, müssen als Teil der Beurteilung nach Absatz 2 Nummer 2 auch die langfristige Risikotragfähigkeit des Unternehmens berücksichtigen. Wenn die Versicherungsunternehmen die Matching-Anpassung gemäß § 80, die Volatilitätsanpassung gemäß § 82 oder die Übergangsmaßnahmen gemäß den §§ 351 und 352 anwenden, ist die Einhaltung der Kapitalanforderungen gemäß Absatz 2 Nummer 2 mit und ohne Berücksichtigung dieser Anpassungen und Übergangsmaßnahmen zu bewerten.

-

§ 28 Externe Ratings

(1) Damit ein übermäßiges Vertrauen auf externe Ratingagenturen vermieden wird, überprüfen die Versicherungsunternehmen bei der Nutzung externer Ratings für die Berechnung der versicherungstechnischen Rückstellungen und der Solvabilitätskapitalanforderung im Rahmen ihres Risikomanagements die Angemessenheit dieser externen Ratings, indem sie soweit praktisch möglich zusätzliche Bewertungen vornehmen, um eine automatische Abhängigkeit von externen Ratings zu verhindern.

(2) Die in den Geltungsbereich der Verordnung (EG) Nr. 1060/2009 einbezogenen Unternehmen, die der Aufsicht nach diesem Gesetz unterliegen, haben die sich aus dieser Verordnung in der jeweils geltenden Fassung ergebenden Pflichten einzuhalten.

-

§ 29 Internes Kontrollsystem

(1) Versicherungsunternehmen müssen über ein wirksames internes Kontrollsystem verfügen, das mindestens Verwaltungs- und Rechnungslegungsverfahren, einen internen Kontrollrahmen, eine angemessene unternehmensinterne Berichterstattung auf allen Unternehmensebenen sowie eine Funktion zur Überwachung der Einhaltung der Anforderungen (Compliance-Funktion) umfasst.

(2) Zu den Aufgaben der Compliance-Funktion gehört die Beratung des Vorstands in Bezug auf die Einhaltung der Gesetze und Verwaltungsvorschriften, die für den Betrieb des Versicherungsgeschäfts gelten. Außerdem hat die Compliance-Funktion die möglichen Auswirkungen von Änderungen des Rechtsumfeldes für das Unternehmen zu beurteilen und das mit der Verletzung der rechtlichen Vorgaben verbundene Risiko (Compliance-Risiko) zu identifizieren und zu beurteilen.

(3) Versicherungsunternehmen müssen über angemessene Systeme und Strukturen verfügen, um die in den §§ 40 bis 42 genannten Anforderungen erfüllen und die Informationen bereitstellen zu können, die den Aufsichtsbehörden nach diesem Gesetz zu übermitteln sind.
(4) Die Unternehmen legen in vom Vorstand genehmigten schriftlichen internen Leitlinien fest, wie die kontinuierliche Angemessenheit der zu veröffentlichenden und der zu übermittelnden Informationen zu gewährleisten ist.

Fußnote
(+++ § 29 Abs. 3: Zur Anwendung vgl. § 277 Abs. 1 Satz 2 +++)
-

§ 30 Interne Revision

(1) Versicherungsunternehmen müssen über eine wirksame interne Revision verfügen, welche die gesamte Geschäftsorganisation und insbesondere das interne Kontrollsystem auf deren Angemessenheit und Wirksamkeit überprüft.
(2) Die interne Revision muss objektiv und unabhängig von anderen operativen Tätigkeiten sein. Sie berichtet ihre Prüfungsergebnisse und Empfehlungen direkt an den Vorstand. Der Vorstand beschließt, welche Maßnahmen auf Grund der Feststellungen der Revisionsberichte zu ergreifen sind und stellt die Umsetzung dieser Maßnahmen sicher.
-

§ 31 Versicherungsmathematische Funktion

(1) Versicherungsunternehmen müssen über eine wirksame versicherungsmathematische Funktion verfügen. Die Aufgabe dieser Funktion ist es, in Bezug auf die Berechnung der versicherungstechnischen Rückstellungen

1. die Berechnung zu koordinieren,
2. die Angemessenheit der verwendeten Methoden und der zugrunde liegenden Modelle sowie der getroffenen Annahmen zu gewährleisten,
3. die Hinlänglichkeit und die Qualität der zugrunde gelegten Daten zu bewerten,
4. die besten Schätzwerte mit den Erfahrungswerten zu vergleichen,
5. den Vorstand über die Verlässlichkeit und Angemessenheit der Berechnung zu unterrichten und
6. die Berechnung in den in § 79 genannten Fällen zu überwachen.

(2) Darüber hinaus gibt die versicherungsmathematische Funktion eine Stellungnahme zur allgemeinen Zeichnungs- und Annahmepolitik und zur Angemessenheit der Rückversicherungsvereinbarungen ab. Sie trägt zur wirksamen Umsetzung des Risikomanagementsystems, insbesondere im Hinblick auf die Entwicklung interner Modelle, und zur Risiko- und Solvabilitätsbeurteilung bei.
(3) Wer die versicherungsmathematische Funktion ausübt, muss über Kenntnisse der Versicherungs- und der Finanzmathematik verfügen, die der Art, dem Umfang und der Komplexität der Risiken des Versicherungsunternehmens angemessen sind, und einschlägige Erfahrungen mit den maßgeblichen fachlichen und sonstigen Standards darlegen können.
-

§ 32 Ausgliederung

(1) Ein Versicherungsunternehmen, das Funktionen oder Versicherungstätigkeiten ausgliedert, bleibt für die Erfüllung aller aufsichtsrechtlichen Vorschriften und Anforderungen verantwortlich.
(2) Durch die Ausgliederung dürfen die ordnungsgemäße Ausführung der ausgegliederten Funktionen und Versicherungstätigkeiten, die Steuerungs- und Kontrollmöglichkeiten des Vorstands sowie die Prüfungs- und Kontrollrechte der Aufsichtsbehörde nicht beeinträchtigt werden. Insbesondere hat das ausgliedernde Unternehmen hinsichtlich der von der Ausgliederung betroffenen Funktionen und Versicherungstätigkeiten sicherzustellen, dass

1.
  das Unternehmen selbst, seine Abschlussprüfer und die Aufsichtsbehörde auf alle Daten zugreifen können,
2.
  der Dienstleister mit der Aufsichtsbehörde zusammenarbeitet und
3.
  die Aufsichtsbehörde Zugangsrechte zu den Räumen des Dienstleisters erhält, die sie selbst oder durch Dritte ausüben kann.

(3) Bei der Ausgliederung wichtiger Funktionen und Versicherungstätigkeiten haben Versicherungsunternehmen außerdem sicherzustellen, dass wesentliche Beeinträchtigungen der Qualität der Geschäftsorganisation, eine übermäßige Steigerung des operationellen Risikos sowie eine Gefährdung der kontinuierlichen und zufriedenstellenden Dienstleistung für die Versicherungsnehmer vermieden werden.
(4) Das ausgliedernde Versicherungsunternehmen hat sich die erforderlichen Auskunfts- und Weisungsrechte vertraglich zu sichern und die ausgegliederten Funktionen und Versicherungstätigkeiten in sein Risikomanagement einzubeziehen. Ein Weisungsrecht ist dann nicht erforderlich, wenn im Rahmen einer steuerlichen Organschaft Funktionen auf eine Muttergesellschaft ausgegliedert werden und diese sich für die Wahrnehmung der Funktionen oder Versicherungstätigkeiten vertraglich den gleichen aufsichtsrechtlichen Anforderungen unterwirft, die für das ausgliedernde Unternehmen gelten.

-

§ 33 Entsprechende Anwendung gesellschaftsrechtlicher Vorschriften

(1) § 188 Absatz 1 Satz 1 und § 195 Absatz 3 sind entsprechend auch für Versicherungsaktiengesellschaften anzuwenden.
(2) Soweit in diesem Gesetz Vorschriften über den Vorstand oder den Aufsichtsrat getroffen sind und öffentlich-rechtliche Versicherungsunternehmen Organe mit dieser Bezeichnung nicht besitzen, tritt an die Stelle des Vorstands das entsprechende Geschäftsführungsorgan und an die Stelle des Aufsichtsrats das entsprechende Überwachungsorgan. Für das Geschäftsführungsorgan öffentlich-rechtlicher Versicherungsunternehmen gelten die §§ 80 und 91 Absatz 2 des Aktiengesetzes entsprechend. Für das Überwachungsorgan öffentlich-rechtlicher Versicherungsunternehmen gilt § 80 des Aktiengesetzes entsprechend.

-

§ 34 Verordnungsermächtigung

(1) Für Versicherungsunternehmen, die nicht der Aufsicht durch die Aufsichtsbehörden der Länder unterliegen, kann das Bundesministerium der Finanzen durch Rechtsverordnung nähere Bestimmungen über den Inhalt der allgemeinen Sanierungspläne nach § 26 Absatz 1 erlassen. Die Ermächtigung kann durch Rechtsverordnung auf die Bundesanstalt übertragen werden. Vor dem Erlass ist der Versicherungsbeirat zu hören. Die Rechtsverordnungen nach den Sätzen 1 bis 3 bedürfen nicht der Zustimmung des Bundesrates.
(2) Das Bundesministerium der Finanzen wird ermächtigt, durch Rechtsverordnung nähere Einzelheiten festzulegen zur Ausgestaltung, Überwachung, Weiterentwicklung und Transparenz

der Vergütungssysteme im Sinne des § 25, einschließlich der Entscheidungsprozesse und Verantwortlichkeiten, der Zusammensetzung der Vergütung, der positiven und negativen Vergütungsparameter, der Leistungszeiträume und der Offenlegung der Ausgestaltung der Vergütungssysteme und der gezahlten Vergütungen, des Offenlegungsmediums und der Häufigkeit der Offenlegung sowie zur Zulässigkeit sonstiger Vergütungen im Sinne des § 25 Absatz 2. Die Regelungen haben sich insbesondere an Größe und Vergütungsstruktur des Unternehmens sowie Art, Umfang, Komplexität, Risikogehalt und Internationalität der Geschäftsaktivitäten insgesamt zu orientieren. Bei Unternehmen, die einer Versicherungsgruppe angehören, haben sich die Regelungen zusätzlich an der Größe der Gruppe sowie an Art, Umfang, Komplexität, Risikogehalt und Internationalität der Geschäftsaktivitäten der Gruppe zu orientieren. Im Rahmen der Bestimmungen nach Satz 1 müssen die auf Offenlegung der Vergütung bezogenen handelsrechtlichen Bestimmungen nach § 341a Absatz 1 und 2 in Verbindung mit § 341l Absatz 1 Satz 1 des Handelsgesetzbuchs unberührt bleiben. Die Ermächtigung kann durch Rechtsverordnung auf die Bundesanstalt übertragen werden. Rechtsverordnungen nach den Sätzen 1 bis 5 bedürfen nicht der Zustimmung des Bundesrates.

Abschnitt 4
Allgemeine Berichtspflichten

Unterabschnitt 1
Abschlussprüfung

§ 35 Pflichten des Abschlussprüfers

(1) Bei der Prüfung des Jahresabschlusses hat der Prüfer festzustellen, ob das Versicherungsunternehmen folgende Anzeigepflichten und Anforderungen erfüllt hat:

1. die Anzeigepflichten nach § 47 Nummer 1 bis 5 und 7 bis 9, § 58 Absatz 1 und 4 und § 59 Absatz 1 und 4,

2. die Anzeigepflichten nach § 28 Absatz 5 des Finanzkonglomerate-Aufsichtsgesetzes,

3. die Anforderungen nach Artikel 4 Absatz 1, 2 und 3 Unterabsatz 2, Artikel 9 Absatz 1 bis 4 sowie Artikel 11 Absatz 1 bis 11 Unterabsatz 1 und Absatz 12 der Verordnung (EU) Nr. 648/2012 und

4. die Anforderungen nach Artikel 4 Absatz 1 Unterabsatz 1, Artikel 5a Absatz 1 sowie den Artikeln 8b bis 8d der Verordnung (EU) Nr. 1060/2009 in der jeweils geltenden Fassung.

Das Ergebnis ist in den Prüfungsbericht aufzunehmen.

(2) Der Prüfer prüft die Solvabilitätsübersicht auf Einzel- und auf Gruppenebene und berichtet gesondert über das Ergebnis.

(3) Die Prüfungspflicht nach § 317 Absatz 4 des Handelsgesetzbuchs besteht bei allen Versicherungsunternehmen, auf die § 91 Absatz 2 des Aktiengesetzes anzuwenden ist.

(4) Der Prüfer ist verpflichtet, der Aufsichtsbehörde unverzüglich alle Tatsachen und Entscheidungen in Bezug auf das geprüfte Unternehmen zu melden, von denen er bei der Wahrnehmung seiner Aufgaben Kenntnis erlangt und die Folgendes betreffen:

1. eine Verletzung der Rechts- und Verwaltungsvorschriften, die die Zulassungsbedingungen regeln oder auf die Ausübung der Tätigkeit der Unternehmen Anwendung finden;

2. die Beeinträchtigung der Fortsetzung der Tätigkeit des Unternehmens;

3.

4. die Ablehnung der Bestätigung ordnungsmäßiger Rechnungslegung oder Vorbehalte;
5. die Nichtbedeckung der Solvabilitätskapitalanforderung oder
die Nichtbedeckung der Mindestkapitalanforderung.
Satz 1 ist entsprechend anzuwenden für Tatsachen und Entscheidungen, von denen der Prüfer in Wahrnehmung seiner Aufgaben bei einem Versicherungsunternehmen Kenntnis erlangt, das mit dem geprüften Versicherungsunternehmen eine sich aus einem Kontrollverhältnis ergebende enge Verbindung unterhält. Mitteilungen nach den Sätzen 1 und 2 gelten nicht als Verletzung einer vertraglich oder durch Rechts- oder Verwaltungsvorschriften festgelegten Verschwiegenheitspflicht, es sei denn, sie erfolgen nicht in gutem Glauben.
(5) Bei Versicherungsunternehmen im Sinne des § 52 hat der Prüfer auch zu prüfen, ob diese ihre Pflichten nach den §§ 53 bis 56 sowie nach dem Geldwäschegesetz erfüllt haben. Über die Prüfung ist gesondert zu berichten.
-

§ 36 Anzeige des Abschlussprüfers gegenüber der Aufsichtsbehörde; Prüfungsauftrag

(1) Der Vorstand hat der Aufsichtsbehörde unverzüglich den vom Aufsichtsrat bestimmten Abschlussprüfer anzuzeigen. Die Aufsichtsbehörde kann, wenn sie gegen den Abschlussprüfer des Jahresabschlusses Bedenken hat, verlangen, dass innerhalb einer angemessenen Frist ein anderer Abschlussprüfer bestimmt wird. Unterbleibt das oder hat die Aufsichtsbehörde auch gegen den neuen Abschlussprüfer Bedenken, so hat sie den Abschlussprüfer selbst zu bestimmen. In diesem Fall gilt § 318 Absatz 1 Satz 4 des Handelsgesetzbuchs mit der Maßgabe, dass die gesetzlichen Vertreter den Prüfungsauftrag unverzüglich dem von der Aufsichtsbehörde bestimmten Prüfer zu erteilen haben.
(2) Absatz 1 gilt nicht für Versicherungsunternehmen, die auf Grund des § 330 Absatz 1, 3 und 4 des Handelsgesetzbuchs und der auf Grund dieser Ermächtigung erlassenen Rechtsverordnung von der Verpflichtung befreit sind, den Jahresabschluss prüfen zu lassen.

Fußnote
(+++ § 36 Abs. 2: Zur Anwendung vgl. § 234 Abs. 2 Satz 1 u. § 237 Abs. 1 Satz 2 +++)
-

§ 37 Vorlage bei der Aufsichtsbehörde

(1) Versicherungsunternehmen haben den von den gesetzlichen Vertretern aufgestellten sowie später den festgestellten Jahresabschluss und den Lagebericht der Aufsichtsbehörde jeweils unverzüglich einzureichen. Versicherungsunternehmen, die einen Konzernabschluss oder einen Konzernlagebericht aufstellen, haben diese Unterlagen der Aufsichtsbehörde unverzüglich einzureichen.
(2) Versicherungsunternehmen haben der Aufsichtsbehörde die geprüfte Solvabilitätsübersicht und den Prüfungsbericht zur Solvabilitätsübersicht (§ 35 Absatz 2) jeweils unverzüglich einzureichen.
(3) Versicherungsunternehmen haben in dem Geschäftsjahr, das dem Berichtsjahr folgt, jedem Versicherten auf Verlangen den Jahresabschluss und den Lagebericht zu übersenden.
(4) Die Bestimmungen der Absätze 1 und 3 gelten auch für einen Einzelabschluss nach § 325 Absatz 2a des Handelsgesetzbuchs.
(5) Der Vorstand hat der Aufsichtsbehörde eine Ausfertigung des Berichts des Abschlussprüfers mit seinen Bemerkungen und denen des Aufsichtsrats unverzüglich nach der Feststellung vorzulegen. Die Aufsichtsbehörde kann den Bericht mit dem Abschlussprüfer erörtern und, wenn nötig, Ergänzungen der Prüfung und des Berichts auf Kosten des Versicherungsunternehmens veranlassen.
(6) Absatz 4 gilt nicht für die in § 36 Absatz 2 genannten Unternehmen.

§ 38 Rechnungslegung und Prüfung öffentlich-rechtlicher Versicherungsunternehmen

(1) Die Vorschriften des Zweiten Unterabschnitts des Vierten Abschnitts in Verbindung mit den Vorschriften des Ersten und Zweiten Abschnitts des Dritten Buchs des Handelsgesetzbuchs gelten für öffentlich-rechtliche Unternehmen, die den Betrieb von Versicherungsgeschäften zum Gegenstand haben und nicht Träger der Sozialversicherung sind, entsprechend.

(2) Die §§ 36 und 37 gelten nicht für nach Landesrecht errichtete und der Landesaufsicht unterliegende öffentlich-rechtliche Versicherungsunternehmen, für die zur Prüfung ihrer Jahresabschlüsse nach § 341k des Handelsgesetzbuchs zusätzliche landesrechtliche Vorschriften bestehen.

§ 39 Verordnungsermächtigung

(1) Das Bundesministerium der Finanzen wird ermächtigt, für Versicherungsunternehmen, die nicht der Aufsicht durch die Aufsichtsbehörden der Länder unterliegen, durch Rechtsverordnung Vorschriften zu erlassen über

1. die Buchführung, den Inhalt, die Form, die Frist und die Stückzahl des bei der Aufsichtsbehörde einzureichenden internen Berichts, bestehend aus einer für Aufsichtszwecke gegliederten Bilanz und einer nach Versicherungszweigen und Versicherungsarten gegliederten Gewinn-und-Verlustrechnung sowie besonderen Erläuterungen zur Bilanz und zur Gewinn-und-Verlustrechnung, soweit dies zur Durchführung der Aufsicht nach diesem Gesetz erforderlich ist;

2. den Inhalt, die Form und die Stückzahl des bei der Aufsichtsbehörde vierteljährlich einzureichenden internen Zwischenberichts, bestehend aus einer Zusammenstellung aktueller Buchhaltungs- und Bestandsdaten sowie aus Angaben über die Anzahl der Versicherungsfälle, soweit dies zur Durchführung der Aufsicht nach diesem Gesetz erforderlich ist;

3. den Inhalt der Prüfungsberichte nach § 35 Absatz 1 und 2 sowie § 341k des Handelsgesetzbuchs, soweit dies zur Durchführung der Aufsicht nach diesem Gesetz erforderlich ist, insbesondere, um einheitliche Unterlagen zur Beurteilung der von den Versicherungsunternehmen durchgeführten Versicherungsgeschäfte zu erhalten;

4. die Prüfung des Jahresabschlusses und des Lageberichts von Versicherungsunternehmen, auf die § 341k des Handelsgesetzbuchs nicht anwendbar ist, durch einen unabhängigen Sachverständigen sowie über den Inhalt und die Frist für die Einreichung eines Sachverständigenberichts, soweit dies zur Durchführung der Aufsicht nach diesem Gesetz erforderlich ist;

5. den Inhalt, die Form und die Stückzahl der zu erstellenden Solvabilitätsübersicht sowie über die Frist für die Einreichung bei der Aufsichtsbehörde;

6. die Fristen für die Übermittlung von Informationen, die auf Grund von delegierten Rechtsakten gemäß Artikel 35 Absatz 9 und technischen Durchführungsstandards gemäß Artikel 35 Absatz 10 der Richtlinie 2009/138/EG zu übermitteln sind, und

7. die Art und Weise der Datenübermittlung, die zu verwendenden Datenformate, die einzuhaltende Datenqualität sowie über die anzugebende Unternehmenskennung.

Vor dem Erlass ist der Versicherungsbeirat zu hören. Die Ermächtigung kann durch Rechtsverordnung auf die Bundesanstalt übertragen werden. Rechtsverordnungen nach den Sätzen 1 bis 3 bedürfen nicht der Zustimmung des Bundesrates. Rechtsverordnungen nach Satz 1 Nummer 1, 3 und 4 und nach Satz 3, soweit sie die Ermächtigungen nach Satz 1 Nummer 1, 3 und 4 erfassen, ergehen im Einvernehmen mit dem Bundesministerium der Justiz und für Verbraucherschutz.

(2) Für Versicherungsunternehmen, die der Aufsicht durch die Aufsichtsbehörden der Länder unterliegen, können die Landesregierungen im Benehmen mit der Bundesanstalt durch Rechtsverordnung Vorschriften nach Absatz 1 erlassen. Sie können diese Befugnis durch Rechtsverordnung der Aufsichtsbehörde des Landes übertragen.

Unterabschnitt 2
Bericht über Solvabilität und Finanzlage

§ 40 Solvabilitäts- und Finanzbericht

(1) Versicherungsunternehmen haben mindestens einmal jährlich, spätestens 14 Wochen nach Ende des Geschäftsjahres, einen Solvabilitäts- und Finanzbericht zu veröffentlichen. Für den Bericht auf Gruppenebene verlängert sich die Frist um sechs Wochen. Der Bericht ist vor der Veröffentlichung von dem Geschäftsführungsorgan zu genehmigen. Der Bericht ist nach der Veröffentlichung unverzüglich der Aufsichtsbehörde zu übersenden.

(2) In dem Solvabilitäts- und Finanzbericht sind wesentliche Informationen über die Solvabilitäts- und Finanzlage des Versicherungsunternehmens darzulegen. Die Angaben in diesem Bericht müssen sich in Bezug auf den Grad ihrer Detaillierung nach der Art, dem Umfang und der Komplexität der Geschäftstätigkeit und der Risiken des Unternehmens richten sowie allgemein verständlich sein. Dabei sind zu beschreiben:

1. die Geschäftstätigkeit und die Geschäftsergebnisse des Unternehmens,

2. die Geschäftsorganisation unter Bewertung ihrer Angemessenheit für das Risikoprofil des Unternehmens,

3. für jede Risikokategorie gesondert das Gefährdungspotenzial, die Risikokonzentrationen, die Risikominderungsmaßnahmen und die Risikosensitivität,

4. für die Vermögenswerte, versicherungstechnischen Rückstellungen und sonstigen Verbindlichkeiten gemäß der Solvabilitätsübersicht jeweils gesondert die für ihre Bewertung verwendeten Grundlagen und Methoden zusammen mit einer Erklärung der wesentlichen Unterschiede zu den Grundlagen und Methoden, die zu ihrer Bewertung im Jahresabschluss herangezogen wurden, sowie

5. das Kapitalmanagement unter Angabe mindestens der Struktur und des Betrags der Eigenmittel und ihrer Qualität sowie der Beträge der Solvabilitätskapitalanforderung und der Mindestkapitalanforderung.

(3) Kommt die in § 80 genannte Matching-Anpassung zur Anwendung, umfasst die in Absatz 2 Nummer 4 genannte Beschreibung eine Beschreibung der Matching-Anpassung, des Portfolios der Verpflichtungen und der zugeordneten Vermögenswerte, auf die die Matching-Anpassung angewendet wird, sowie eine Quantifizierung der Auswirkungen der Änderung der Matching-Anpassung auf null auf die Finanzlage eines Unternehmens. Die in Absatz 2 Nummer 4 genannte Beschreibung enthält auch eine Erklärung darüber, ob die in § 82 genannte Volatilitätsanpassung vom Unternehmen verwendet wird, sowie eine Quantifizierung der Auswirkungen der Änderung der Volatilitätsanpassung auf null auf die Finanzlage eines Unternehmens.

(4) Zur Beschreibung der Eigenmittel gehören

1. eine Analyse aller wesentlichen Veränderungen im Vergleich zum Vorjahresberichtszeitraum,
2. eine Erläuterung aller größeren Unterschiede in Bezug auf den Wert der Eigenmittelbestandteile im Jahresabschluss und
3. eine kurze Darstellung der Übertragbarkeit des Kapitals.

Versicherungsunternehmen, die ein internes oder partielles internes Modell für die Berechnung der Solvabilitätskapitalanforderung verwenden, haben zusätzlich ausreichende Informationen zur Erläuterung der Hauptunterschiede zu geben, die zwischen den Annahmen bestehen, die der Standardformel und ihrem Modell zugrunde liegen.

(5) Sofern während des Berichtszeitraums eine Nichteinhaltung der Mindestkapitalanforderung oder eine wesentliche Nichteinhaltung der Solvabilitätskapitalanforderung eingetreten ist, sind

1. der maximale Betrag der Unterschreitung der jeweiligen Kapitalanforderung anzugeben,
2. die Gründe und Folgen der Nichteinhaltung zu erläutern und
3. die ergriffenen sowie geplanten Abhilfemaßnahmen darzustellen.

(6) Wenn ein Kapitalaufschlag festgesetzt wurde, muss dieser gesondert angegeben werden. Daneben muss in diesem Fall auch der Betrag ausgewiesen werden, der nach den Vorschriften über die Berechnung der Solvabilitätskapitalanforderung ermittelt wurde. Hat das Versicherungsunternehmen auf Verlangen der Aufsichtsbehörde unternehmensspezifische Parameter bei der Berechnung der Solvabilitätskapitalanforderung zu verwenden, sind deren Auswirkungen auf die Berechnung im Einzelnen zu quantifizieren und ebenfalls gesondert auszuweisen. In beiden Fällen ist auf die von der Aufsichtsbehörde angegebenen Gründe für die getroffene Maßnahme einzugehen.

(7) Sofern die Aufsichtsbehörde den Endbetrag der Solvabilitätskapitalanforderung noch prüft, muss in der Veröffentlichung nach Absatz 1 darauf hingewiesen werden.

(8) In dem Bericht können mit Zustimmung der Aufsichtsbehörde Angaben durch Verweise auf Informationen ersetzt werden, die im Rahmen anderer allgemeiner oder aufsichtsrechtlicher Vorschriften veröffentlicht worden sind. Die Zustimmung wird erteilt, sofern die Informationen, auf die verwiesen werden soll, nach Art und Umfang gleichwertig sind.

Fußnote

(+++ § 40: Zur Anwendung vgl. § 277 Abs. 1 Satz 2 +++)

-

§ 41 Nichtveröffentlichung von Informationen

(1) Mit Genehmigung der Aufsichtsbehörde kann auf Angaben im Solvabilitäts- und Finanzbericht verzichtet werden; dies gilt nicht für Angaben gemäß § 40 Absatz 2 Satz 2 Nummer 5, Absatz 4 Satz 2 und Absatz 5. In diesem Fall ist im Solvabilitäts- und Finanzbericht darzulegen, weshalb die Angaben nicht aufgenommen worden sind.

(2) Die Aufsichtsbehörde erteilt die Genehmigung nach Absatz 1, wenn durch die Veröffentlichung

1. Wettbewerber des Unternehmens einen wesentlichen ungerechtfertigten Vorteil erlangen würden oder
2. eine Verpflichtung des Unternehmens zur Geheimhaltung oder Vertraulichkeit gegenüber den Versicherungsnehmern oder auf Grund einer Beziehung zu anderen Gegenparteien

verletzt würde.

Fußnote
(+++ § 41: Zur Anwendung vgl. § 277 Abs. 1 Satz 2 +++)
-

§ 42 Aktualisierung des Solvabilitäts- und Finanzberichts

(1) Verändert eine wichtige Entwicklung die Bedeutung der im Solvabilitäts- und Finanzbericht veröffentlichten Informationen erheblich, veröffentlicht das betroffene Versicherungsunternehmen angemessene Angaben über Art und Auswirkungen der wichtigen Entwicklung. Eine wichtige Entwicklung liegt insbesondere vor, wenn

1. eine Nichteinhaltung der Mindestkapitalanforderung festgestellt wird und entweder die Aufsichtsbehörde der Ansicht ist, dass das betroffene Versicherungsunternehmen keinen realistischen kurzfristigen Finanzierungsplan vorlegen kann oder ein solcher Plan nicht innerhalb eines Monats nach Feststellung der Nichteinhaltung der Mindestkapitalanforderung eingereicht worden ist;
2. eine wesentliche Nichteinhaltung der Solvabilitätskapitalanforderung festgestellt wird und die Aufsichtsbehörde nicht innerhalb von zwei Monaten nach der Feststellung der Nichteinhaltung einen Sanierungsplan erhält, den sie als realistisch betrachtet.

Unverzüglich zu veröffentlichen sind in den Fällen des Satzes 2 mindestens jeweils der Betrag der Nichteinhaltung, die Erläuterung ihrer Gründe und Auswirkungen sowie ergriffene und geplante Abhilfemaßnahmen.

(2) Eine Veröffentlichung hat auch zu erfolgen, wenn

1. die Nichteinhaltung der Mindestkapitalanforderung nicht innerhalb von drei Monaten nach ihrer Feststellung beseitigt wurde oder
2. die wesentliche Nichteinhaltung der Solvabilitätskapitalanforderung sechs Monate nach ihrer Feststellung nicht behoben wurde.

In der Veröffentlichung ist anzugeben, welche Abhilfemaßnahmen bereits ergriffen wurden und welche noch geplant sind. Die Veröffentlichung ist bei Nichteinhaltung der Mindestkapitalanforderung am Ende des Dreimonats- und ansonsten am Ende des Sechsmonatszeitraums vorzunehmen.

Fußnote
(+++ § 42: Zur Anwendung vgl. § 277 Abs. 1 Satz 2 +++)

Unterabschnitt 3
Für Aufsichtszwecke beizubringende Informationen

-

§ 43 Informationspflichten; Berechnungen

(1) Versicherungsunternehmen haben den Aufsichtsbehörden nach Maßgabe dieses Gesetzes diejenigen Informationen zu übermitteln, die sie zur Erfüllung ihrer Aufgaben nach diesem Gesetz (§ 294 Absatz 1) benötigen.
(2) Die Informationen müssen vollständig, aktuell und genau sein. Sie müssen der Art, dem Umfang und der Komplexität der Geschäftstätigkeit des betreffenden Unternehmens und insbesondere den mit dieser Geschäftstätigkeit einhergehenden Risiken Rechnung tragen. Die

Unternehmen haben die Informationen fristgerecht und in verständlicher Form bei der Aufsichtsbehörde einzureichen.

-

§ 44 Prognoserechnungen

Die Aufsichtsbehörde kann von den beaufsichtigten Unternehmen die Durchführung von Berechnungen einschließlich Prognoserechnungen verlangen, soweit dies für die Finanzaufsicht erforderlich ist. Prognoserechnungen können insbesondere Folgendes betreffen:

1.
    das erwartete Geschäftsergebnis zum Ende des laufenden Geschäftsjahres oder zukünftiger Geschäftsjahre, bei Lebensversicherungsunternehmen unter Angabe der für zukünftige Geschäftsjahre bereits deklarierten oder erwarteten Überschussbeteiligung,

2.
    die Risikotragfähigkeit des Versicherungsunternehmens in Stresssituationen.

In diesem Fall bestimmt sie die Parameter, Stichtage und Berechnungsmethoden sowie Form und Frist, in der die Prognoserechnung vorzulegen ist. Die Aufsichtsbehörde gestattet den Versicherungsunternehmen die Verwendung eigener Berechnungsmethoden, soweit dies die Beurteilung des Unternehmens oder des Versicherungsmarktes insgesamt nicht erschwert. Sie kann verlangen, dass dabei bestimmte Rechnungsannahmen zugrunde gelegt werden.

-

§ 45 Befreiung von Berichtpflichten

(1) Wenn Berichte auf Grund von delegierten Rechtsakten gemäß Artikel 35 Absatz 9 und technischen Durchführungsstandards gemäß Artikel 35 Absatz 10 der Richtlinie 2009/138/EG gegenüber der Aufsichtsbehörde häufiger als einmal pro Jahr zu erstatten sind, kann die Aufsichtsbehörde Versicherungsunternehmen ganz oder teilweise von dieser Berichtspflicht befreien, wenn

1.
    die Übermittlung dieser Informationen im Verhältnis zu Art, Umfang und Komplexität der mit dem Geschäft verbundenen Risiken mit einem übermäßigen Aufwand verbunden wäre und

2.
    die Informationen mindestens einmal pro Jahr eingereicht werden.

Im Fall der vierteljährlichen Berichterstattung zur Berechnung der Mindestkapitalanforderung gemäß § 123 Absatz 1 Satz 1 ist eine Befreiung ausgeschlossen. Eine Befreiung ist ferner ausgeschlossen, wenn das Versicherungsunternehmen zu einer Gruppe im Sinne des § 7 Nummer 13 gehört, es sei denn, das Unternehmen weist nach, dass eine regelmäßige unterjährige Berichterstattung nach Art, Umfang und Komplexität der mit dem Geschäft der Gruppe verbundenen Risiken nicht angemessen ist.

(2) Die Aufsichtsbehörde kann Versicherungsunternehmen ganz oder teilweise von der regelmäßigen Berichterstattung auf Grund von delegierten Rechtsakten gemäß Artikel 35 Absatz 9 oder technischen Durchführungsstandards gemäß Artikel 35 Absatz 10 der Richtlinie 2009/138/EG befreien, wenn

1.
    die Übermittlung der betreffenden Informationen in Anbetracht von Art, Umfang und Komplexität der mit dem Geschäft des Unternehmens verbundenen Risiken mit einem übermäßigen Aufwand verbunden wäre,

2.
    die Übermittlung der betreffenden Informationen für eine wirksame Beaufsichtigung des Unternehmens nicht erforderlich ist,

3.

die Befreiung nicht der Stabilität der betroffenen Finanzsysteme in der Union zuwiderläuft und

4. das Unternehmen in der Lage ist, die Informationen auf Anforderung unverzüglich zu übermitteln.

Eine Befreiung ist ausgeschlossen, wenn das Versicherungsunternehmen zu einer Gruppe im Sinne des § 7 Nummer 13 gehört, es sei denn, das Unternehmen weist nach, dass eine regelmäßige unterjährige Berichterstattung nach Art, Umfang und Komplexität der mit dem Geschäft der Gruppe verbundenen Risiken unter Berücksichtigung des Ziels der Finanzstabilität nicht angemessen ist.

(3) Der Anteil aller Versicherungsunternehmen innerhalb des Nichtlebensversicherungsmarktes, die von Berichtspflichten nach den Absätzen 1 und 2 befreit werden, darf jeweils einen Marktanteil von 20 Prozent nicht überschreiten. Das Gleiche gilt für den Anteil aller Versicherungsunternehmen innerhalb des Lebensversicherungsmarktes. Der Marktanteil ist für den Nichtlebensversicherungsmarkt auf der Basis der gebuchten Bruttoprämien und für den Lebensversicherungsmarkt auf der Basis der versicherungstechnischen Bruttorückstellungen zu ermitteln.

(4) Bei der Befreiung von Unternehmen berücksichtigt die Aufsichtsbehörde die Unternehmen mit den geringsten Marktanteilen vorrangig.

(5) Bei der Prüfung, ob der Aufwand für die Übermittlung von Informationen im Verhältnis zu Art, Umfang und Komplexität der Risiken des Unternehmens übermäßig wäre, berücksichtigt die Aufsichtsbehörde mindestens die folgenden Kriterien:

1. das Volumen der Prämien, versicherungstechnischen Rückstellungen und Vermögenswerte des Unternehmens,
2. die Volatilität der durch das Unternehmen abgedeckten Versicherungsleistungen,
3. die Marktrisiken, die durch die Investitionen des Unternehmens entstehen,
4. die Höhe der Risikokonzentrationen,
5. die Gesamtzahl der Versicherungszweige, für die eine Zulassung erteilt wurde,
6. die potenziellen Auswirkungen der Verwaltung der Vermögenswerte des Unternehmens auf die Finanzstabilität,
7. die Systeme und Strukturen des Unternehmens zur Übermittlung von Informationen für die Zwecke der Beaufsichtigung und die in § 29 Absatz 4 genannten schriftlich festgelegten Leitlinien,
8. die Angemessenheit des Governance-Systems des Unternehmens,
9. die Höhe der Eigenmittel zur Einhaltung der Solvabilitätskapitalanforderung und der Mindestkapitalanforderung und
10. ob es sich bei dem Unternehmen um ein firmeneigenes Versicherungsunternehmen handelt, das nur Risiken abdeckt, die mit dem Industrie- oder Handelskonzern verbunden sind, zu dem es gehört.

-

§ 46 Informationspflichten gegenüber der Bundesanstalt

(1) Alle Unternehmen, die nach diesem Gesetz der Aufsicht unterliegen, haben der Bundesanstalt

die von ihr angeforderten Zählnachweise über ihren Geschäftsbetrieb einzureichen. Über die Art der Nachweise ist der Versicherungsbeirat zu hören.

(2) Öffentlich-rechtliche Versicherungsunternehmen, die nicht der Aufsicht nach diesem Gesetz unterliegen, haben der Bundesanstalt auf Anforderung die gleichen statistischen Angaben über ihren Geschäftsbetrieb einzureichen wie Versicherungsunternehmen, die der Aufsicht nach diesem Gesetz unterliegen.

-

§ 47 Anzeigepflichten

Versicherungsunternehmen haben der Aufsichtsbehörde unverzüglich Folgendes anzuzeigen:

1. die Bestellung eines Aufsichtsratsmitglieds sowie die vorgesehene Bestellung eines Geschäftsleiters und der weiteren Personen, die für Schlüsselaufgaben verantwortlich sind, unter Angabe der Tatsachen, die für die Beurteilung ihrer Qualifikation (§ 24 Absatz 1) wesentlich sind,

2. das Ausscheiden oder den Entzug der Befugnis zur Vertretung des Versicherungsunternehmens einer der in Nummer 1 genannten Personen, jeweils unter Angabe der Gründe, sofern diese für die Beurteilung ihrer Qualifikation (§ 24 Absatz 1) bedeutsam sind,

3. Satzungsänderungen, die eine Kapitalerhöhung zum Gegenstand haben,

4. wenn es sich um ein Rückversicherungsunternehmen handelt, jede Änderung der in § 9 Absatz 2 Nummer 1 und 2 genannten Teile des Geschäftsplans, jede Änderung des tatsächlichen Geschäftsgebietes, jede Änderung von Unternehmensverträgen der in den §§ 291 und 292 des Aktiengesetzes bezeichneten Art sowie die Absicht der Umwandlung nach den §§ 1 und 122a des Umwandlungsgesetzes, soweit sie nicht der Genehmigungspflicht nach § 166 Absatz 3 unterliegen,

5. den Erwerb oder die Aufgabe einer bedeutenden Beteiligung an dem eigenen Versicherungsunternehmen, das Erreichen sowie das Über- oder das Unterschreiten der Beteiligungsschwellen von 20 Prozent, 30 Prozent und 50 Prozent der Stimmrechte oder des Kapitals sowie die Tatsache, dass das Unternehmen Tochterunternehmen eines anderen Unternehmens wird, sobald das Versicherungsunternehmen von der bevorstehenden Änderung dieser Beteiligungsverhältnisse Kenntnis erlangt,

6. das Bestehen, die Änderung und die Beendigung einer engen Verbindung nach § 7 Nummer 7 zu einer anderen natürlichen Person oder einem anderen Unternehmen,

7. jährlich den Namen und die Anschrift des Inhabers einer bedeutenden Beteiligung am Versicherungsunternehmen und die Höhe dieser Beteiligung, wenn das Unternehmen hiervon Kenntnis erlangt,

8. die Absicht, wichtige Funktionen oder Versicherungstätigkeiten auszugliedern, unter Vorlage des Vertragsentwurfs,

9. nach Vertragsschluss eingetretene wesentliche Umstände in Bezug auf wichtige ausgegliederte Funktionen und Versicherungstätigkeiten,

10. die mittelbare oder unmittelbare Absicherung von Schadenrisiken oder sonstigen Risiken, sofern dies durch die Emission von Schuldtiteln oder anderer Finanzierungsmechanismen

und unter Beteiligung einer ausschließlich für diese Zwecke bestehenden Gesellschaft erfolgt; dabei sind der Emissionsprospekt, die dem Risikotransfer zugrunde liegenden vertraglichen Regelungen sowie eine Aufstellung der identifizierten Risiken der Transaktion für das Versicherungsunternehmen beizufügen,

11. wenn es sich um ein Erstversicherungsunternehmen handelt, den Erwerb von Beteiligungen, bei Beteiligungen in Aktien oder sonstigen Anteilen jedoch nur, wenn die Beteiligung 10 Prozent des Nennkapitals der fremden Gesellschaft übersteigt; dabei werden Beteiligungen mehrerer zu einem Konzern im Sinne des § 18 des Aktiengesetzes gehörender Versicherungsunternehmen und des herrschenden Unternehmens an einer Gesellschaft zusammengerechnet,

12. wenn es sich um ein Erstversicherungsunternehmen handelt, Anlagen bei einem im Sinne des § 15 des Aktiengesetzes verbundenen Unternehmen und

13. bei Pflichtversicherungen die beabsichtigte Verwendung neuer oder geänderter allgemeiner Versicherungsbedingungen unter deren Beifügung.

Abschnitt 5
Zusammenarbeit mit Versicherungsvermittlern

§ 48 Qualifikation der Versicherungsvermittler

(1) Versicherungsunternehmen sind verpflichtet, nur mit solchen gewerbsmäßig tätigen Versicherungsvermittlern zusammenzuarbeiten, die

1. im Besitz einer Erlaubnis nach § 34d Absatz 1 der Gewerbeordnung sind, nach § 34d Absatz 3 der Gewerbeordnung von der Erlaubnispflicht befreit sind oder nach § 34d Absatz 4 oder 9 der Gewerbeordnung nicht der Erlaubnispflicht unterliegen und

2. bevollmächtigt sind, Vermögenswerte des Versicherungsnehmers oder für diesen bestimmte Vermögenswerte entgegenzunehmen oder, soweit nach einer Rechtsverordnung nach § 34d Absatz 8 Satz 1 Nummer 1 Buchstabe b der Gewerbeordnung erforderlich, eine Sicherheitsleistung nachweisen.

(2) Mit gewerbsmäßig tätigen Versicherungsvermittlern, die

1. nach § 34d Absatz 4 der Gewerbeordnung nicht der Erlaubnispflicht unterliegen oder

2. nach § 34d Absatz 3 der Gewerbeordnung von der Erlaubnispflicht befreit sind und die Tätigkeit als Versicherungsvermittler im Auftrag eines oder mehrerer Versicherungsunternehmen ausüben,

dürfen Versicherungsunternehmen nur zusammenarbeiten, wenn die Vermittler zuverlässig sind und in geordneten Vermögensverhältnissen leben (§ 34d Absatz 2 Nummer 1 und 2 der Gewerbeordnung) und die Versicherungsunternehmen sicherstellen, dass die Vermittler über die zur Vermittlung der jeweiligen Versicherung angemessene Qualifikation verfügen.

(3) Mit gewerbsmäßig tätigen Versicherungsvermittlern aus anderen Mitglied- oder Vertragsstaaten dürfen Versicherungsunternehmen nur zusammenarbeiten, soweit die Vermittler nach den Vorschriften ihres Herkunftsstaats befugt sind, Versicherungsverträge zu vermitteln.

(4) Auf Veranlassung eines Versicherungsvermittlers nach § 34d Absatz 4 der Gewerbeordnung haben das oder die Versicherungsunternehmen, für das oder die der Versicherungsvermittler ausschließlich tätig wird, der Registerbehörde die im Register nach § 11a Absatz 1 der Gewerbeordnung zu speichernden Angaben mitzuteilen. Das oder die Versicherungsunternehmen

hat beziehungsweise haben sicherzustellen, dass die Voraussetzungen nach § 34d Absatz 4 der Gewerbeordnung vorliegen.
(5) Versicherungsunternehmen sind verpflichtet, der Registerbehörde nach § 11a Absatz 1 der Gewerbeordnung unverzüglich die Beendigung der Zusammenarbeit mit einem nach § 34d Absatz 4 der Gewerbeordnung nicht der Erlaubnispflicht unterliegenden Versicherungsvermittler mitzuteilen und dessen Löschung aus dem Register zu veranlassen.

Fußnote

(+++ § 48: Zur Anwendung vgl. § 62 Abs. 1 Satz 2 Nr. 3 +++)
-

§ 49 Stornohaftung

(1) Die Versicherungsunternehmen müssen sicherstellen, dass zumindest im Fall der Kündigung eines Vertrags durch den Versicherungsnehmer, wenn es sich nicht um eine Kündigung gemäß § 205 Absatz 2 des Versicherungsvertragsgesetzes handelt, oder im Fall des Ruhendstellens der Leistungen gemäß § 193 Absatz 6 Satz 4 des Versicherungsvertragsgesetzes oder einer Prämienfreistellung gemäß § 165 Absatz 1 des Versicherungsvertragsgesetzes in den ersten fünf Jahren nach Vertragsschluss der Versicherungsvermittler die für die Vermittlung eines Vertrags der substitutiven Krankenversicherung oder der Lebensversicherung angefallene Provision nur bis zur Höhe des Betrags einbehält, der bei gleichmäßiger Verteilung der Provision über die ersten fünf Jahre seit Vertragsschluss bis zum Zeitpunkt der Beendigung, des Ruhendstellens oder der Prämienfreistellung angefallen wäre. Ist die vereinbarte Prämienzahlungsdauer kürzer als fünf Jahre, so kann diese zugrunde gelegt werden.
(2) Eine entgegenstehende vertragliche Vereinbarung zwischen dem Versicherungsunternehmen und dem Versicherungsvermittler ist unwirksam.
-

§ 50 Entgelt bei der Vermittlung substitutiver Krankenversicherungsverträge

(1) Die Versicherungsunternehmen dürfen Versicherungsvermittlern für den Abschluss von substitutiven Krankenversicherungen in einem Geschäftsjahr keine Abschlussprovisionen oder sonstigen Vergütungen gewähren, die insgesamt 3 Prozent der Bruttobeitragssumme des Neuzugangs übersteigen. Die Bruttobeitragssumme entspricht der über 25 Jahre hochgerechneten Erstprämie ohne den Zuschlag gemäß § 149. Die in einem Geschäftsjahr für den Abschluss von substitutiven Krankenversicherungen an einen einzelnen Versicherungsvermittler gewährten Zahlungen und sonstigen geldwerten Vorteile dürfen 3,3 Prozent der Bruttobeitragssumme des von ihm vermittelten Geschäfts nicht übersteigen. Die im Einzelfall für den Abschluss gewährte Abschlussprovision und eine sonstige Vergütung dürfen zusammen 3,3 Prozent der Bruttobeitragssumme des vermittelten Vertrags nicht übersteigen.
(2) Nimmt ein Versicherungsunternehmen über den Vermittlungserfolg hinausgehende Leistungen eines Versicherungsvermittlers in Zusammenhang mit Dienst-, Werk-, Miet- oder Pachtverträgen oder sonstigen Verträgen vergleichbarer Art in Anspruch, ist das Entgelt auf den Betrag zu begrenzen, den ein ordentlicher und gewissenhafter Geschäftsleiter unter Berücksichtigung der Belange der Versicherten mit einem nicht verbundenen Unternehmen vereinbaren würde. Verträge nach Satz 1 bedürfen der Schriftform. Erbringt das Versicherungsunternehmen auf Grund eines solchen Vertrags einen Vorschuss, gilt dieser als sonstige Vergütung im Sinne des Absatzes 1. Eine Vergütung von Leistungen oder ein sonstiger geldwerter Vorteil darf darüber hinaus nur dann gewährt werden, wenn die vereinbarten Leistungen bei dem Versicherungsunternehmen zu einer entsprechenden Ersparnis der Aufwendungen geführt haben.
(3) Eine den Vorgaben des Absatzes 1 Satz 2 bis 4 oder des Absatzes 2 entgegenstehende Vereinbarung zwischen dem Versicherungsunternehmen und dem Versicherungsvermittler ist unwirksam.

§ 51 Beschwerden über Versicherungsvermittler

Versicherungsunternehmen müssen Beschwerden über Versicherungsvermittler, die ihre Versicherungen vermitteln, beantworten. Bei wiederholten Beschwerden, die für die Beurteilung der Zuverlässigkeit erheblich sein können, müssen sie die für die Erlaubniserteilung nach § 34d Absatz 1 Satz 1 der Gewerbeordnung zuständige Behörde davon in Kenntnis setzen.

Fußnote

(+++ § 51: Zur Anwendung vgl. § 62 Abs. 1 Satz 2 Nr. 3 +++)

Abschnitt 6
Verhinderung von Geldwäsche und von Terrorismusfinanzierung

§ 52 Verpflichtete Unternehmen

Die Vorschriften dieses Abschnitts gelten für alle Versicherungsunternehmen, soweit sie Geschäfte im Sinne des Artikels 2 Absatz 3 der Richtlinie 2009/138/EG betreiben oder soweit sie Unfallversicherungsverträge mit Prämienrückgewähr anbieten.

Fußnote

(+++ § 52: Zur Anwendung vgl. § 234 Abs. 2 Satz 6 u. § 237 Abs. 1 Satz 2 +++)

§ 53 Interne Sicherungsmaßnahmen

(1) Unbeschadet der in § 9 Absatz 1 und 2 des Geldwäschegesetzes aufgeführten Pflichten müssen verpflichtete Unternehmen über ein angemessenes Risikomanagement sowie Verfahren und Grundsätze zur Verhinderung von Geldwäsche und Terrorismusfinanzierung verfügen. Sie haben angemessene geschäfts- und kundenbezogene Sicherungssysteme zu schaffen und zu aktualisieren sowie Kontrollen durchzuführen. Hierzu gehört auch die Entwicklung geeigneter Strategien und Sicherungsmaßnahmen zur Verhinderung des Missbrauchs von neuen Versicherungsprodukten und Technologien für Zwecke der Geldwäsche und der Terrorismusfinanzierung im Sinne des § 1 Absatz 2 des Geldwäschegesetzes sowie der Begünstigung der Anonymität von Geschäftsbeziehungen oder Transaktionen.
(2) Verpflichtete Unternehmen müssen jeden Sachverhalt, der als zweifelhaft oder ungewöhnlich anzusehen ist, untersuchen, um das Risiko der jeweiligen Geschäftsbeziehungen und Transaktionen überwachen, einschätzen und gegebenenfalls das Vorliegen eines nach § 11 Absatz 1 des Geldwäschegesetzes meldepflichtigen Sachverhalts prüfen zu können. Nach Maßgabe des § 8 des Geldwäschegesetzes haben die verpflichteten Unternehmen über solche Sachverhalte angemessene Informationen aufzuzeichnen und aufzubewahren, um gegenüber der Aufsichtsbehörde darlegen zu können, dass diese Sachverhalte nicht darauf schließen lassen, dass eine Geldwäsche oder eine Terrorismusfinanzierung begangen oder versucht wurde oder wird. Die verpflichteten Unternehmen dürfen personenbezogene Daten erheben, verarbeiten und nutzen, soweit dies zur Erfüllung dieser Pflichten erforderlich ist. Sie dürfen im Einzelfall einander Informationen im Rahmen der Erfüllung ihrer Untersuchungspflicht nach Satz 1 übermitteln, wenn tatsächliche Anhaltspunkte dafür vorliegen, dass der Empfänger der Informationen diese für die Beurteilung der Frage benötigt, ob ein Sachverhalt gemäß § 11 des Geldwäschegesetzes der zuständigen Strafverfolgungsbehörde zu melden oder eine Strafanzeige gemäß § 158 der Strafprozessordnung zu erstatten ist. Der Empfänger darf die Informationen ausschließlich

verwenden, um Geldwäsche, Terrorismusfinanzierung oder sonstige strafbare Handlungen zu verhindern oder gemäß § 158 der Strafprozessordnung anzuzeigen und nur unter den durch das übermittelnde Versicherungsunternehmen vorgegebenen Bedingungen.
(3) Verpflichtete Unternehmen haben einen der Geschäftsleitung unmittelbar nachgeordneten Geldwäschebeauftragten zu bestellen. Dieser ist für die Durchführung der Vorschriften zur Bekämpfung und Verhinderung der Geldwäsche und der Terrorismusfinanzierung zuständig. Er ist zudem der Ansprechpartner für die Strafverfolgungsbehörden, das Bundeskriminalamt – Zentralstelle für Verdachtsmeldungen – und die Aufsichtsbehörde. Der Geldwäschebeauftragte hat der Geschäftsleitung direkt und unmittelbar zu berichten. Für Versicherungsunternehmen als Mutterunternehmen gilt dies auch hinsichtlich einer Versicherungs-Holdinggesellschaft, einer gemischten Versicherungs-Holdinggesellschaft, einer gemischten Finanzholding-Gesellschaft und eines Finanzkonglomerats in Bezug auf ihre Niederlassungen und mehrheitlich in ihrem Eigentum befindliche Unternehmen, soweit diese Verpflichtete im Sinne des § 2 Absatz 1 des Geldwäschegesetzes sind. Versicherungsunternehmen im Sinne des § 52 haben die für eine ordnungsgemäße Durchführung der Aufgaben des Geldwäschebeauftragten notwendigen Mittel und Verfahren vorzuhalten und wirksam einzusetzen. Dem Geldwäschebeauftragten ist ungehinderter Zugang zu sämtlichen Informationen, Daten, Aufzeichnungen und Systemen zu verschaffen, die im Rahmen der Erfüllung seiner Aufgaben von Bedeutung sein können. Ihm sind ausreichende Befugnisse zur Erfüllung seiner Funktion einzuräumen. Seine Bestellung und Entpflichtung sind der Aufsichtsbehörde mitzuteilen.
(4) Sofern ein verpflichtetes Unternehmen eine interne Revision vorhält, hat diese mindestens einmal jährlich die Einhaltung der Pflichten im Zusammenhang mit der Verhinderung der Geldwäsche und der Terrorismusfinanzierung zu prüfen. Ein Bericht über das Ergebnis der Prüfung ist jeweils der Geschäftsleitung, dem Geldwäschebeauftragten sowie der Aufsichtsbehörde vorzulegen.
(5) Soweit es sich bei den verpflichteten Unternehmen um Versicherungs-Holdinggesellschaften, gemischte Versicherungs-Holdinggesellschaften, gemischte Finanzholding-Gesellschaften oder Mutterunternehmen eines Finanzkonglomerats handelt, sind diese in Bezug auf ihre Niederlassungen und mehrheitlich in ihrem Eigentum befindliche Unternehmen, soweit diese jeweils Verträge im Sinne des § 52 anbieten, verpflichtet,

1. gruppenweite interne Sicherungsmaßnahmen nach den Absätzen 1 bis 3 und § 9 des Geldwäschegesetzes zu treffen,
2. die Einhaltung der Sorgfaltspflichten nach den §§ 3, 5 und 6 des Geldwäschegesetzes und § 54 dieses Gesetzes sicherzustellen sowie
3. die Einhaltung der Aufzeichnungs- und Aufbewahrungspflichten nach § 8 des Geldwäschegesetzes sicherzustellen.

Soweit dies nach dem Recht des Staats, in dem die Niederlassung oder das Unternehmen ansässig ist, nicht zulässig oder tatsächlich nicht durchführbar ist, hat das übergeordnete Unternehmen oder Mutterunternehmen sicherzustellen, dass das nachgeordnete Unternehmen oder die Niederlassung in diesem Drittstaat keine Geschäftsbeziehung begründet und keine Transaktionen durchführt. Soweit eine Geschäftsbeziehung bereits besteht, hat das übergeordnete Unternehmen oder Mutterunternehmen sicherzustellen, dass diese von dem nachgeordneten Unternehmen oder der Niederlassung ungeachtet anderer gesetzlicher oder vertraglicher Bestimmungen durch Kündigung oder auf andere Weise beendet wird. Für den Fall, dass am ausländischen Sitz eines nachgeordneten Unternehmens oder einer Niederlassung strengere Pflichten gelten, sind dort diese strengeren Pflichten zu erfüllen. Verantwortlich für die ordnungsgemäße Erfüllung der Pflichten nach den Sätzen 1 und 2 sind die Geschäftsleiter im Sinne des § 24 Absatz 2 Satz 2.
(6) Die Aufsichtsbehörde kann gegenüber einem verpflichteten Unternehmen im Einzelfall Anordnungen treffen, die geeignet und erforderlich sind, die in den Absätzen 1 bis 5 genannten Vorkehrungen zu treffen.

Fußnote

(+++ § 53: Zur Anwendung vgl. § 234 Abs. 2 Satz 6 u. § 237 Abs. 1 Satz 2 +++)
(+++ § 53 Abs. 1 bis 3: Zur Anwendung vgl. § 62 Abs. 1 Satz 2 Nr. 4 +++)
-

§ 54 Vereinfachte Sorgfaltspflichten

(1) Soweit die Voraussetzungen des § 6 des Geldwäschegesetzes nicht vorliegen, können die Versicherungsunternehmen über § 5 des Geldwäschegesetzes hinaus vereinfachte Sorgfaltspflichten vorbehaltlich einer Risikobewertung des Versicherungsunternehmens auf Grund besonderer Umstände des Einzelfalls für folgende Fallgruppen anwenden:

1. bei Geschäften im Sinne des § 52, wenn die Höhe der im Laufe des Jahres zu zahlenden periodischen Prämien 1 000 Euro nicht übersteigt oder wenn bei Zahlung einer einmaligen Prämie diese nicht mehr als 2 500 Euro beträgt;

2. bei Versicherungspolicen für Rentenversicherungsverträge, die weder eine Rückkaufsklausel enthalten noch als Sicherheit für ein Darlehen dienen können;

3. bei Rentensystemen, Pensionsplänen oder vergleichbaren Systemen, die den Arbeitnehmern Altersversorgungsleistungen zur Verfügung stellen, wenn die Beiträge vom Gehalt abgezogen werden und den Begünstigten nicht gestattet ist, ihre Rechte an Dritte zu übertragen;

4. in sonstigen Fällen, wenn
   a) der Vertrag in Schriftform vorliegt,
   b) die betreffenden Transaktionen abgewickelt werden über ein Konto des Kunden bei einem Kreditinstitut im Sinne des § 1 Absatz 1 des Kreditwesengesetzes mit Ausnahme der in § 2 Absatz 1 Nummer 3 bis 8 des Kreditwesengesetzes genannten Unternehmen, bei einem Kreditinstitut in einem anderen Mitgliedstaat der Europäischen Union, bei einer im Inland gelegenen Zweigstelle oder Zweigniederlassung eines Kreditinstituts mit Sitz im Ausland oder über ein in einem im Sinne des § 1 Absatz 6a des Geldwäschegesetzes gleichwertigen Drittstaat ansässiges Kreditinstitut,
   c) das Produkt oder die damit zusammenhängende Transaktion nicht anonym ist und die rechtzeitige Anwendung von § 3 Absatz 2 Nummer 3 des Geldwäschegesetzes ermöglicht,
   d) im Vertrag ein maximaler Schwellenwert im Sinne der Nummer 1 festgesetzt wurde und
   e) die Leistungen aus dem Vertrag oder der damit zusammenhängenden Transaktion nicht zugunsten Dritter ausgezahlt werden können, außer bei Tod, Behinderung, Überschreiten einer bestimmten Altersgrenze oder in vergleichbaren Fällen, und

5. bei Produkten oder damit zusammenhängenden Transaktionen, bei denen in Finanzanlagen oder Ansprüche, wie Versicherungen oder sonstige Eventualforderungen, investiert werden kann, sofern über die in Nummer 4 genannten Voraussetzungen hinaus
   a) die Leistungen aus dem Produkt oder der Transaktion nur langfristig auszahlbar sind,

b) das Produkt oder die Transaktion nicht als Sicherheit hinterlegt werden kann und

c) während der Laufzeit keine vorzeitigen Zahlungen geleistet und keine Rückkaufsklauseln in Anspruch genommen werden können und der Vertrag nicht vorzeitig gekündigt werden kann.

(2) Absatz 1 ist nicht anzuwenden, wenn einem Versicherungsunternehmen im Hinblick auf eine konkrete Transaktion oder Geschäftsbeziehung Informationen vorliegen, die darauf schließen lassen, dass das Risiko der Geldwäsche oder der Terrorismusfinanzierung nicht gering ist.

(3) Verpflichtete Unternehmen haben angemessene Informationen nach Maßgabe des § 8 des Geldwäschegesetzes aufzuzeichnen und aufzubewahren, die für die Darlegung gegenüber der Aufsichtsbehörde erforderlich sind, dass die Voraussetzungen für die Anwendung vereinfachter Sorgfaltspflichten vorliegen.

Fußnote

(+++ § 54: Zur Anwendung vgl. § 62 Abs. 1 Satz 2 Nr. 4, § 234 Abs. 2 Satz 6 u. § 237 Abs. 1 Satz 2 +++)

-

§ 55 Vereinfachungen bei der Durchführung der Identifizierung

(1) Die Pflicht zur Identifizierung des Versicherungsnehmers gemäß § 3 Absatz 1 Nummer 1 des Geldwäschegesetzes gilt abweichend von § 4 Absatz 3 des Geldwäschegesetzes als erfüllt, wenn ein Versicherungsnehmer dem verpflichteten Unternehmen die Befugnis eingeräumt hat, die Prämien im Wege des Lastschrifteinzugs von einem Konto des Versicherungsnehmers bei einem Kreditinstitut einzuziehen, das seinen Sitz in einem Mitgliedstaat der Europäischen Union hat. Ist der Einzug einer Prämie von dem vom Versicherungsnehmer benannten Konto nicht möglich, hat das Versicherungsunternehmen die Identifizierung des Versicherungsnehmers nachzuholen.

(2) Wird in einem Versicherungsvertrag, der zur betrieblichen Altersversorgung auf Grund eines Arbeitsvertrags oder einer beruflichen Tätigkeit des Versicherten abgeschlossen wird, vereinbart, dass die Prämienzahlung über ein im Vertrag bezeichnetes Konto des Versicherungsnehmers erfolgen soll, gilt die Identifizierung des Versicherungsnehmers als erfüllt, wenn das Versicherungsunternehmen feststellt, dass die Prämienzahlung tatsächlich über das vereinbarte Konto erfolgt.

(3) Ein verpflichtetes Unternehmen ist auch zur Identifizierung im Sinne des § 1 Absatz 1 des Geldwäschegesetzes des Bezugsberechtigten aus dem Versicherungsvertrag nach Maßgabe des § 4 Absatz 5 des Geldwäschegesetzes verpflichtet. Sofern kein Fall vereinfachter Sorgfaltspflichten vorliegt, sind § 3 Absatz 1 Nummer 3 und § 4 Absatz 5 des Geldwäschegesetzes entsprechend auf wirtschaftlich Berechtigte des Bezugsberechtigten anzuwenden. Abweichend von § 4 Absatz 1 des Geldwäschegesetzes darf die Überprüfung der Identität des Bezugsberechtigten und eines wirtschaftlich Berechtigten auch nach Begründung der Geschäftsbeziehung erfolgen. In diesem Fall muss die Überprüfung spätestens zu dem Zeitpunkt abgeschlossen sein, zu dem die Auszahlung vorgenommen wird oder der Bezugsberechtigte seine Rechte aus dem Versicherungsvertrag in Anspruch zu nehmen beabsichtigt. Die nach den vorstehenden Sätzen erhobenen Angaben und eingeholten Informationen sind von dem Versicherungsunternehmen nach Maßgabe des § 8 des Geldwäschegesetzes aufzuzeichnen und aufzubewahren. § 11 Absatz 1 Satz 1 des Geldwäschegesetzes ist entsprechend anzuwenden.

Fußnote

(+++ § 55: Zur Anwendung vgl. § 62 Abs. 1 Satz 2 Nr. 4, § 234 Abs. 2 Satz 6 u. § 237 Abs. 1 Satz 2 +++)

-

§ 56 Verstärkte Sorgfaltspflichten

(1) Über § 6 Absatz 2 Nummer 1 des Geldwäschegesetzes hinaus hat ein verpflichtetes Unternehmen angemessene, risikoorientierte Verfahren anzuwenden, mit denen bestimmt werden kann, ob es sich bei dem Bezugsberechtigten oder dem wirtschaftlich Berechtigten um eine der folgenden Personen handelt:

1. eine natürliche Person, die ein wichtiges öffentliches Amt ausübt oder ausgeübt hat,
2. ein unmittelbares Familienmitglied einer Person nach Nummer 1 oder
3. eine einer Person nach Nummer 1 bekanntermaßen nahestehende Person im Sinne des Artikels 2 der Richtlinie 2006/70/EG der Kommission vom 1. August 2006 mit Durchführungsbestimmungen für die Richtlinie 2005/60/EG des Europäischen Parlaments und des Rates hinsichtlich der Begriffsbestimmung von „politisch exponierte Personen" und der Festlegung der technischen Kriterien für vereinfachte Sorgfaltspflichten sowie für die Befreiung in Fällen, in denen nur gelegentlich oder in sehr eingeschränktem Umfang Finanzgeschäfte getätigt werden (ABl. L 214 vom 4.8.2006, S. 29).

§ 6 Absatz 2 Nummer 1 Satz 2 bis 7 des Geldwäschegesetzes ist entsprechend anzuwenden.

(2) Liegen Tatsachen oder Bewertungen nationaler oder internationaler Stellen zur Bekämpfung der Geldwäsche und der Terrorismusfinanzierung vor, die die Annahme rechtfertigen, dass über Fälle des erhöhten Risikos im Sinne des § 6 des Geldwäschegesetzes hinaus, insbesondere im Zusammenhang mit der Einhaltung von Sorgfaltspflichten in einem Staat, ein erhöhtes Risiko besteht, kann die Bundesanstalt anordnen, dass ein Versicherungsunternehmen im Sinne des § 52

1. eine Transaktion oder eine Geschäftsbeziehung, insbesondere die Herkunft der eingebrachten Vermögenswerte eines Kunden mit Sitz in einem solchen Staat, die im Rahmen der Geschäftsbeziehung oder der Transaktion eingesetzt werden, einer verstärkten Überwachung zu unterziehen hat und
2. zusätzliche, dem Risiko angemessene Sorgfaltspflichten und Organisationspflichten zu erfüllen hat.

Über die getroffenen Maßnahmen haben die verpflichteten Unternehmen angemessene Informationen nach Maßgabe des § 8 des Geldwäschegesetzes aufzuzeichnen und aufzubewahren.

Fußnote

(+++ § 56: Zur Anwendung vgl. § 234 Abs. 2 Satz 6 u. § 237 Abs. 1 Satz 2 +++)

Abschnitt 7
Grenzüberschreitende Geschäftstätigkeit

Unterabschnitt 1
Dienstleistungsverkehr, Niederlassungen

-

§ 57 Versicherungsgeschäfte über Niederlassungen oder im Dienstleistungsverkehr

(1) Erstversicherungsunternehmen dürfen nach Maßgabe der §§ 58 und 59 das Versicherungsgeschäft in den anderen Mitglied- oder Vertragsstaaten über Niederlassungen oder im Dienstleistungsverkehr betreiben.

(2) Als Niederlassung gilt eine Agentur oder Zweigniederlassung eines Erstversicherungsunternehmens im Hoheitsgebiet eines anderen Mitglied- oder Vertragsstaats.

Um eine Niederlassung handelt es sich auch, wenn das Versicherungsgeschäft durch eine zwar selbständige, aber ständig damit betraute Person betrieben wird, die von einer Betriebsstätte in dem anderen Mitglied- oder Vertragsstaat aus tätig wird.

(3) Dienstleistungsverkehr im Sinne dieses Gesetzes liegt vor, wenn das Erstversicherungsunternehmen mit Sitz in einem Mitglied- oder Vertragsstaat von seinem Sitz oder einer Niederlassung in einem Mitglied- oder Vertragsstaat aus Risiken deckt, die in einem anderen Mitglied- oder Vertragsstaat belegen sind, ohne dass das Unternehmen dort von einer Niederlassung Gebrauch macht. Mitglied- oder Vertragsstaat, in dem das Risiko belegen ist, ist

1. bei der Versicherung von Risiken mit Bezug auf unbewegliche Sachen, insbesondere Bauwerke und Anlagen, und den darin befindlichen, durch den gleichen Vertrag gedeckten Sachen der Mitglied- oder Vertragsstaat, in dem diese Gegenstände belegen sind,

2. bei der Versicherung von Risiken mit Bezug auf Fahrzeuge aller Art, die in einem Mitglied- oder Vertragsstaat in ein amtliches oder amtlich anerkanntes Register einzutragen sind und ein Unterscheidungskennzeichen erhalten, dieser Mitglied- oder Vertragsstaat; abweichend hiervon ist bei einem Fahrzeug, das von einem Mitglied- oder Vertragsstaat in einen anderen überführt wird, während eines Zeitraums von 30 Tagen nach Abnahme des Fahrzeugs durch den Käufer der Bestimmungsmitglied- oder Bestimmungsvertragsstaat als der Mitglied- oder Vertragsstaat anzusehen, in dem das Risiko belegen ist,

3. bei der Versicherung von Reise- und Ferienrisiken in Versicherungsverträgen über eine Laufzeit von höchstens vier Monaten der Mitglied- oder Vertragsstaat, in dem der Versicherungsnehmer die zum Abschluss des Vertrags erforderlichen Rechtshandlungen vorgenommen hat, und

4. in allen anderen Fällen,
    a) wenn der Versicherungsnehmer eine natürliche Person ist, der Mitglied- oder Vertragsstaat, in dem er seinen gewöhnlichen Aufenthalt hat, und
    b) wenn der Versicherungsnehmer keine natürliche Person ist, der Mitglied- oder Vertragsstaat, in dem sich das Unternehmen, die Betriebsstätte oder die entsprechende Einrichtung befindet, auf die sich der Vertrag bezieht.

-

§ 58 Errichtung einer Niederlassung

(1) Erstversicherungsunternehmen haben der Aufsichtsbehörde die beabsichtigte Errichtung einer Niederlassung unter Angabe des betreffenden Mitglied- oder Vertragsstaats anzuzeigen. Die Anzeige muss enthalten:

1. die Angaben und Schätzungen gemäß § 9 Absatz 2 Nummer 1 und 2 und Absatz 3 Nummer 5 und 6; sofern die Krankenversicherung im Sinne des Artikels 206 Absatz 2 der Richtlinie 2009/138/EG betrieben werden soll, zusätzlich die dem § 9 Absatz 4 Nummer 5 Buchstabe a entsprechenden Angaben,

2. Angaben über die Organisationsstruktur,

3. den Namen des vorgesehenen Hauptbevollmächtigten, der mit ausreichender Vollmacht versehen ist, um das Unternehmen Dritten gegenüber zu verpflichten und es bei Verwaltungsbehörden und vor den Gerichten des anderen Mitglied- oder Vertragsstaats zu vertreten,

4. die voraussichtliche Anschrift, welche zugleich die Geschäftsanschrift des Hauptbevollmächtigten sein muss, und
5. bei Deckung der in der Anlage 1 Nummer 10 Buchstabe a genannten Risiken über die Niederlassung eine Erklärung, wonach das Unternehmen in dem anderen Mitglied- oder Vertragsstaat Mitglied des nationalen Garantiefonds zur Entschädigung der Opfer von Unfällen, die von nicht versicherten oder nicht ermittelten Fahrzeugen verursacht werden, und des nationalen Versicherungsbüros geworden ist.

(2) Die Aufsichtsbehörde prüft hinsichtlich des Vorhabens innerhalb einer Frist von drei Monaten nach Eingang der in Absatz 1 Satz 2 bezeichneten Unterlagen neben der rechtlichen Zulässigkeit die Angemessenheit der Geschäftsorganisation und die Finanzlage des Unternehmens sowie die Erfüllung der in § 24 Absatz 1 genannten Voraussetzungen durch den Hauptbevollmächtigten und die für die Niederlassung zuständigen Geschäftsleiter. Bei Unbedenklichkeit übersendet sie vor Ablauf der Frist der Aufsichtsbehörde des anderen Mitglied- oder Vertragsstaats

1. diese Unterlagen und
2. eine Bescheinigung darüber, dass das Unternehmen über anrechnungsfähige Eigenmittel zur Einhaltung der Solvabilitätskapitalanforderung oder des für die betriebenen Versicherungssparten erforderlichen Mindestbetrags der Mindestkapitalanforderung verfügt, falls dieser Mindestbetrag höher ist,

und benachrichtigt hierüber das Unternehmen. Anderenfalls teilt sie dem Unternehmen vor Ablauf der Frist mit, dass und aus welchen Gründen die Zustimmung zur Errichtung der Niederlassung versagt wird. Hat sich die finanzielle Lage des Unternehmens verschlechtert im Sinne des § 132 Absatz 2, steht dies der Ausstellung einer Bescheinigung nach Satz 2 Nummer 2 entgegen, solange die Rechte der Versicherungsnehmer gefährdet sind.
(3) Im Fall des Absatzes 2 Satz 2 kann die Niederlassung errichtet werden und ihre Tätigkeit aufnehmen, wenn seit Zugang der Benachrichtigung beim Unternehmen zwei Monate vergangen sind, es sei denn, dass die Aufsichtsbehörde des anderen Mitglied- oder Vertragsstaats dem Unternehmen einen früheren Zeitpunkt mitteilt.
(4) Änderungen der nach Absatz 1 Satz 2 Nummer 1 bis 4 gemachten Angaben hat das Versicherungsunternehmen der Aufsichtsbehörde spätestens einen Monat vor der beabsichtigten Durchführung der Änderung anzuzeigen. Im Übrigen gilt Absatz 2 entsprechend.

Fußnote

(+++ § 58 Abs. 2 Satz 4: Zur Anwendung vgl. § 63 Abs. 4 +++)

-

§ 59 Aufnahme des Dienstleistungsverkehrs

(1) Erstversicherungsunternehmen haben der Aufsichtsbehörde die beabsichtigte Aufnahme des Dienstleistungsverkehrs unter Angabe des betreffenden Mitglied- oder Vertragsstaats anzuzeigen. Zugleich ist anzugeben, welche Versicherungssparten dort betrieben und welche Risiken einer Versicherungssparte gedeckt werden sollen; sofern die Krankenversicherung im Sinne des Artikels 206 Absatz 2 der Richtlinie 2009/138/EG betrieben werden soll, sind zusätzlich die dem § 9 Absatz 4 Nummer 5 entsprechenden Angaben zu machen. Bei Deckung der in der Anlage 1 Nummer 10 Buchstabe a genannten Risiken hat die Anzeige außerdem Folgendes zu enthalten:

1. eine Erklärung, wonach das Unternehmen in dem anderen Mitglied- oder Vertragsstaat Mitglied des nationalen Garantiefonds zur Entschädigung der Opfer von Unfällen, die von nicht versicherten oder nicht ermittelten Fahrzeugen verursacht werden, und des nationalen Versicherungsbüros geworden ist, und

2. den Namen und die Geschäftsanschrift eines in dem anderen Mitglied- oder Vertragsstaat ansässigen oder niedergelassenen Vertreters (Vertreter für die Schadenregulierung), für den § 24 Absatz 1 entsprechend gilt, der
   a) alle erforderlichen Informationen über Schadenfälle sammelt und die dafür notwendige Geschäftsausstattung besitzt,
   b) über ausreichende Befugnisse verfügt, um das Unternehmen gegenüber Personen, die Schadenersatzansprüche geltend machen, gerichtlich oder außergerichtlich, insbesondere vor Verwaltungsbehörden, zu vertreten sowie diesbezüglich Vollmachten zu erteilen,
   c) bis zur endgültigen Befriedigung der Schadenersatzansprüche über ausreichende Befugnisse verfügt, um die diesen Ansprüchen entsprechenden Beträge auszuzahlen, und
   d) die Befugnis besitzt, das Unternehmen gegenüber den Behörden des anderen Mitglied-oder Vertragsstaats hinsichtlich des Bestehens und der Gültigkeit der Versicherungsverträge zu vertreten.

(2) Die Aufsichtsbehörde prüft innerhalb einer Frist von einem Monat nach Eingang der in Absatz 1 Satz 2 und 3 bezeichneten Unterlagen die rechtliche Zulässigkeit des Vorhabens. Bei Unbedenklichkeit übersendet sie vor Ablauf der Frist der Aufsichtsbehörde des anderen Mitglied- oder Vertragsstaats

1. diese Unterlagen,
2. eine Bescheinigung darüber, welche Versicherungssparten das Unternehmen betreiben und welche Risiken einer Versicherungssparte es decken darf, und
3. eine Bescheinigung darüber, dass das Unternehmen über anrechnungsfähige Eigenmittel zur Einhaltung der Solvabilitätskapitalanforderung oder des für die betriebenen Versicherungssparten erforderlichen Mindestbetrags der Mindestkapitalanforderung verfügt, falls dieser Mindestbetrag höher ist,

und benachrichtigt hierüber das Unternehmen. Anderenfalls teilt sie dem Unternehmen vor Ablauf der Frist mit, dass und aus welchen Gründen die Zustimmung zur Aufnahme des Erstversicherungsgeschäfts im Dienstleistungsverkehr versagt wird. Es gilt als Versagung, wenn sich die Aufsichtsbehörde bis zum Ablauf der Frist nicht geäußert hat. Hat sich die finanzielle Lage des Unternehmens verschlechtert im Sinne des § 132 Absatz 2, steht dies der Ausstellung einer Bescheinigung nach Satz 2 Nummer 3 entgegen, solange die Rechte der Versicherungsnehmer gefährdet sind.
(3) Im Fall des Absatzes 2 Satz 2 kann das Unternehmen seine Tätigkeit ab dem Zugang der genannten Benachrichtigung aufnehmen.
(4) Die Absätze 1 bis 3 gelten auch, wenn das Unternehmen weitere Versicherungssparten betreiben oder Risiken decken oder einen anderen Vertreter für die Schadenregulierung ernennen will.

Fußnote

(+++ § 59 Abs. 2 Satz 5: Zur Anwendung vgl. § 63 Abs. 4 +++)

-

§ 60 Statistische Angaben über grenzüberschreitende Tätigkeiten

(1) Jedes Erstversicherungsunternehmen muss der Aufsichtsbehörde für im Rahmen der Niederlassungsfreiheit getätigte Geschäfte und getrennt davon für im Rahmen der Dienstleistungsfreiheit getätigte Geschäfte

1. die gebuchten Prämienbeträge,
2. die Höhe der Erstattungsleistungen und
3. die Höhe der Provisionen

ohne Abzug der Rückversicherung sowie nach Mitgliedstaaten aufgeschlüsselt mitteilen. In Bezug auf die in der Anlage 1 Nummer 10 genannte Sparte – ausgenommen der Haftung des Frachtführers – teilt das Unternehmen der Aufsichtsbehörde zudem die Häufigkeit und die durchschnittlichen Kosten der Erstattungsleistungen mit.

(2) Die Aufsichtsbehörde teilt den Aufsichtsbehörden jedes betroffenen Mitgliedstaats auf Antrag innerhalb einer angemessenen Frist die in Absatz 1 genannten Angaben zusammengefasst mit.

Unterabschnitt 2
Unternehmen mit Sitz in einem Mitgliedstaat der Europäischen Union oder einem anderen Vertragsstaat des Abkommens über den Europäischen Wirtschaftsraum

§ 61 Geschäftstätigkeit durch eine Niederlassung oder im Dienstleistungsverkehr

(1) Erstversicherungsunternehmen mit Sitz in einem anderen Mitglied- oder Vertragsstaat (Herkunftsstaat) mit Ausnahme der in den §§ 65 und 66 genannten Unternehmen dürfen das Versicherungsgeschäft im Inland durch eine Niederlassung oder im Dienstleistungsverkehr nur nach Maßgabe der Absätze 2 bis 4 betreiben. § 57 Absatz 2 und 3 gilt sinngemäß.

(2) Will das Unternehmen seine Tätigkeit durch eine Niederlassung ausüben, hat die Aufsichtsbehörde des Herkunftsstaats der Bundesanstalt die in Artikel 145 Absatz 2 und 3 der Richtlinie 2009/138/EG bezeichneten Angaben unter Benachrichtigung des Unternehmens zu übermitteln. Die Aufnahme der Geschäftstätigkeit der Niederlassung ist erst zulässig, wenn seit Eingang dieser Benachrichtigung zwei Monate vergangen sind. Dies gilt nur, wenn die Bundesanstalt dem Unternehmen keinen früheren Zeitpunkt mitteilt. Änderungen des Inhalts der in Artikel 145 Absatz 2 Buchstabe b, c oder d der Richtlinie 2009/138/EG bezeichneten Angaben teilt das Unternehmen der Bundesanstalt und der Aufsichtsbehörde seines Sitzes einen Monat vor der beabsichtigten Durchführung der Änderung mit. Sind Erweiterungen der Geschäftstätigkeit damit verbunden, sind diese erst zulässig, wenn seit Eingang der Mitteilung des Unternehmens an die Bundesanstalt ein Monat vergangen ist.

(3) Die Aufnahme oder Änderung der Tätigkeit des Unternehmens im Dienstleistungsverkehr ist erst zulässig, wenn die Aufsichtsbehörde des Herkunftsstaats der Bundesanstalt die in Artikel 148 Absatz 1 und 2 der Richtlinie 2009/138/EG bezeichneten Angaben übermittelt und das Unternehmen hiervon in Kenntnis gesetzt hat.

(4) Der Betrieb der Krankenversicherung im Sinne des § 146 Absatz 1 sowie von Pflichtversicherungen in den in den Absätzen 2 und 3 bezeichneten Fällen ist erst zulässig, wenn das Unternehmen der Bundesanstalt die allgemeinen Versicherungsbedingungen eingereicht hat.

(5) Die Bundesanstalt unterrichtet die Aufsichtsbehörden der anderen Mitglied- oder Vertragsstaaten fortlaufend über solche Rechtsvorschriften, die Versicherungsunternehmen mit Sitz in diesen Staaten bei Ausübung einer Geschäftstätigkeit nach Absatz 1 zu beachten haben und deren Befolgung in Wahrnehmung der Aufsicht mit Ausnahme der Finanzaufsicht überwacht wird. Vorschriften, die nicht gemäß Satz 1 bekannt gegeben wurden, teilt die Bundesanstalt innerhalb von zwei Monaten nach Zugang der in Absatz 2 oder 3 bezeichneten Angaben den Aufsichtsbehörden der Herkunftsstaaten mit.

Fußnote
(+++ § 61 Abs. 1 u. 2: Zur Anwendung vgl. § 62 Abs. 1 Satz 2 Eingangssatz +++)
-

§ 62 Beaufsichtigung der Geschäftstätigkeit

(1) Die Finanzaufsicht über die Geschäftstätigkeit im Sinne des § 61 obliegt allein der Aufsichtsbehörde des Herkunftsstaats, die Aufsicht im Übrigen auch der Bundesanstalt. Für die Aufsicht der Bundesanstalt nach Satz 1 sind neben § 61 Absatz 1 und 2 entsprechend anzuwenden:

1.
von den Allgemeinen Vorschriften § 1 Absatz 1 und 2 sowie die §§ 3 und 4;
2.
von den Vorschriften über grenzüberschreitende Geschäftstätigkeit § 68 Absatz 2 Satz 4;
3.
von den Vorschriften über die Geschäftstätigkeit die §§ 48 und 51;
4.
von den Vorschriften über die Verhinderung von Geldwäsche und Terrorismusfinanzierung § 53 Absatz 1 bis 3 sowie die §§ 54 und 55, sofern es sich um Niederlassungen im Sinne des § 57 Absatz 2 handelt, die die in § 52 genannten Geschäfte betreiben;
5.
von den Vorschriften für einzelne Zweige die §§ 142, 144, 146, 147, 149 und 150 Absatz 1 bis 3, § 152 Absatz 1 bis 4, die §§ 155 und 156 Absatz 1, § 157 Absatz 1, § 159 mit Ausnahme der Verweisung auf § 160;
6.
von den Vorschriften über die Aufsicht § 294 Absatz 2 Satz 2 bis 4, die §§ 298 und 299 Nummer 1, die §§ 303, 305 Absatz 1, 2 Nummer 1 und 2, Absatz 3 bis 5, § 306 Absatz 1 Satz 1 Nummer 1 bis 3, Absatz 2 Satz 1 Nummer 1 und 2, Absatz 4 bis 8 sowie die §§ 308 und 310 sowie
7.
§ 17 des Finanzdienstleistungsaufsichtsgesetzes.

(2) Hat die Bundesanstalt Gründe für die Annahme, dass die finanzielle Solidität eines nach § 61 Absatz 1 tätigen Unternehmens beeinträchtigt sein könnte, unterrichtet sie hierüber die für die Finanzaufsicht zuständige Behörde des Herkunftsstaats.
(3) Kommt ein Erstversicherungsunternehmen bei einer Geschäftstätigkeit nach § 61 Absatz 1 Aufforderungen oder Anordnungen der Bundesanstalt, einen Missstand (§ 298 Absatz 1) zu beseitigen, nicht nach, so unterrichtet die Bundesanstalt die Aufsichtsbehörde des Herkunftsstaats über die nach Satz 2 beabsichtigten Maßnahmen und ersucht um Zusammenarbeit. Bleibt dieses Ersuchen erfolglos und sind Versuche, Anordnungen mit Zwangsmitteln durchzusetzen oder wegen Zwangsgeld zu vollstrecken, aussichtslos oder erfolglos, kann die Bundesanstalt, wenn andere Maßnahmen nicht zum Ziel führen oder nicht angebracht sind, die weitere Geschäftstätigkeit im Inland ganz oder teilweise untersagen. In dringenden Fällen können die in Satz 2 genannten Anordnungen ohne Unterrichtung der Aufsichtsbehörde des Herkunftsstaats ergehen. Darüber hinaus kann die Bundesanstalt gemäß Artikel 19 der Verordnung (EU) Nr. 1094/2010 des Europäischen Parlaments und des Rates vom 24. November 2010 zur Errichtung einer Europäischen Aufsichtsbehörde (Europäische Aufsichtsbehörde für das Versicherungswesen und die betriebliche Altersversorgung), zur Änderung des Beschlusses Nr. 716/2009/EG und zur Aufhebung des Beschlusses 2009/79/EG der Kommission (ABl. L 331 vom 15.12.2010, S. 48) die Europäische Aufsichtsbehörde für das Versicherungswesen und die betriebliche Altersversorgung mit der Angelegenheit befassen und um Unterstützung bitten.
(4) Verliert ein nach § 61 Absatz 1 tätiges Unternehmen die Erlaubnis zum Geschäftsbetrieb, so trifft die Bundesanstalt nach Unterrichtung durch die Aufsichtsbehörde des Herkunftsstaats die zur Unterbindung der weiteren inländischen Geschäftstätigkeit geeigneten und erforderlichen

Maßnahmen.

-

§ 63 Bestandsübertragungen

(1) Ein Vertrag, durch den ein Erstversicherungsunternehmen mit Sitz in einem anderen Mitglied- oder Vertragsstaat ganz oder teilweise einen Bestand an Versicherungsverträgen, die es gemäß § 61 Absatz 1 durch eine Niederlassung oder im Dienstleistungsverkehr abgeschlossen hat, auf ein Unternehmen mit Sitz in einem Mitglied- oder Vertragsstaat übertragen will, bedarf zur Genehmigung durch die für das übertragende Unternehmen zuständige Aufsichtsbehörde des Herkunftsstaats der Zustimmung der Bundesanstalt. Die Zustimmung ist zu erteilen, wenn die Belange der Versicherten gewahrt sind und die Verpflichtungen aus den Versicherungen als dauernd erfüllbar dargetan sind; § 13 Absatz 4, 5 und 7 Satz 1 ist entsprechend anzuwenden.
(2) Betrifft der Versicherungsbestand einer Niederlassung keine im Inland belegenen Risiken, nimmt die Bundesanstalt zum Vertrag lediglich Stellung.
(3) Äußert sich die Bundesanstalt nicht innerhalb von drei Monaten zu dem Ersuchen um Zustimmung oder Stellungnahme, gilt dies als stillschweigende Zustimmung oder positive Stellungnahme.
(4) Fordert die gemäß Absatz 1 Satz 1 für die Genehmigung zuständige Aufsichtsbehörde von der Bundesanstalt die in § 13 Absatz 2 Satz 2 Nummer 1 genannte Bescheinigung an, sind § 58 Absatz 2 Satz 4 und § 59 Absatz 2 Satz 5 entsprechend anzuwenden.

-

§ 64 Bei Lloyd´s vereinigte Einzelversicherer

(1) Die bei Lloyd´s vereinigten Einzelversicherer dürfen eine Geschäftstätigkeit nur ausüben, wenn die Vereinigung im Namen der Einzelversicherer für den Fall der Zwangsvollstreckung in deren im Inland belegene Vermögenswerte darauf verzichtet, Rechte daraus herzuleiten, dass die Zwangsvollstreckung auch in Vermögenswerte von Einzelversicherern erfolgt, gegen die der Titel nicht wirkt; die Verzichtserklärung muss bis zur vollständigen Abwicklung der im Inland abgeschlossenen Versicherungsverträge unwiderruflich sein.
(2) Ansprüche aus dem im Inland über eine Niederlassung betriebenen Versicherungsgeschäft der bei Lloyd´s vereinigten Einzelversicherer können nur durch und gegen den Hauptbevollmächtigten gerichtlich geltend gemacht werden. Ein gemäß Satz 1 erzielter Titel wirkt für und gegen die an dem Versicherungsgeschäft beteiligten Einzelversicherer. § 727 der Zivilprozessordnung ist entsprechend anzuwenden. Aus einem gegen den Hauptbevollmächtigten erzielten Titel kann in die von ihm verwalteten, im Inland belegenen Vermögenswerte aller in der Vereinigung zusammengeschlossenen Einzelversicherer vollstreckt werden.

-

§ 65 Niederlassung

(1) Versicherungsunternehmen mit Sitz in einem anderen Mitglied- oder Vertragsstaat, auf die die Richtlinie 2009/138/EG keine Anwendung findet und die das Versicherungsgeschäft durch eine Niederlassung betreiben wollen, bedürfen der Erlaubnis. Über den Antrag entscheidet die Bundesanstalt.
(2) Auf diese Unternehmen sind § 67 Absatz 2 und 3 sowie § 68 Absatz 2 mit den Maßgaben entsprechend anzuwenden, dass
1.
    zusätzlich die Satzung des Unternehmens sowie die Bilanz und die Gewinn-und-Verlustrechnung für jedes der drei letzten Geschäftsjahre einzureichen sind; besteht das Unternehmen noch nicht drei Jahre, so hat es diese Unterlagen nur für die bereits abgeschlossenen Geschäftsjahre vorzulegen;

2. die Mitglieder des zur gesetzlichen Vertretung befugten Organs zu benennen sind;
3. die die Niederlassung betreffenden Geschäftsunterlagen dort zur Verfügung zu halten sind und
4. § 13 Absatz 2 nicht anzuwenden ist.

(3) Die Absätze 1 und 2 gelten auch, wenn der Betrieb im Dienstleistungsverkehr erfolgen soll; die in Absatz 2 genannten Vorschriften gelten jedoch insoweit nicht entsprechend, als sie eine Niederlassung voraussetzen.

-

§ 66 Dienstleistungsverkehr; Mitversicherung

(1) Erstversicherungsunternehmen, die im Dienstleistungsverkehr ausschließlich die in der Anlage 1 Nummer 4 bis 7 und 12 genannten Versicherungssparten sowie die dort in Nummer 10 Buchstabe b genannte Risikoart betreiben, unterliegen nicht den Vorschriften dieses Gesetzes.
(2) Den Vorschriften dieses Gesetzes unterliegen ferner Erstversicherungsunternehmen nicht, die sich an dem in § 210 Absatz 2 des Versicherungsvertragsgesetzes bezeichneten Versicherungsgeschäft im Wege der Mitversicherung beteiligen, wenn sie hierbei außer über den führenden Versicherer nicht über einen Sitz oder eine Niederlassung im Inland tätig sind und die Mitversicherung nicht die gesetzliche Haftpflichtversicherung im Zusammenhang mit Schäden durch Kernenergie oder Arzneimittel betrifft.
(3) Missbraucht ein Erstversicherungsunternehmen die Möglichkeit nach Absatz 2, als führender Versicherer Versicherungsunternehmen aus anderen Mitglied- oder Vertragsstaaten an Mitversicherungen zu beteiligen, so kann die Aufsichtsbehörde gegenüber diesem Unternehmen die zur Beseitigung des Missbrauchs erforderlichen Anordnungen treffen. In schwerwiegenden Fällen kann die Aufsichtsbehörde ferner dem Unternehmen den Abschluss derartiger Mitversicherungen untersagen oder die in § 304 Absatz 3 bezeichneten Maßnahmen treffen. § 304 Absatz 4 bis 6 ist entsprechend anzuwenden. Als Missbrauch ist es insbesondere anzusehen, wenn ein Unternehmen die einem führenden Versicherer üblicherweise zukommenden Aufgaben nicht wahrnimmt oder an dem Vertrag Versicherungsunternehmen beteiligt, die nach Absatz 2 nicht zu einer solchen Beteiligung befugt sind.
(4) Das Bundesministerium der Finanzen wird ermächtigt, durch Rechtsverordnung, die nicht der Zustimmung des Bundesrates bedarf,

1. die Absätze 1 und 2 auf Versicherungsunternehmen eines Drittstaats für anwendbar zu erklären, wenn die Belange der Versicherten ausreichend gewahrt sind und Interessen der Bundesrepublik Deutschland nicht entgegenstehen, und
2. zu bestimmen, dass die Vorschriften über ausländische Versicherungsunternehmen mit Sitz in einem anderen Mitglied- oder Vertragsstaat auch auf Unternehmen mit Sitz in einem Drittstaat anzuwenden sind, soweit dies auf Grund von Abkommen der Europäischen Union erforderlich ist.

(5) Unter den Voraussetzungen des Absatzes 4 Nummer 1 kann die Bundesanstalt entsprechende Freistellungen auch im Einzelfall durch Verwaltungsakt gewähren.

Unterabschnitt 3
Unternehmen mit Sitz außerhalb des Europäischen Wirtschaftsraums

-

§ 67 Erlaubnis; Spartentrennung

(1) Versicherungsunternehmen eines Drittstaats, die im Inland das Erst- oder Rückversicherungsgeschäft betreiben wollen, bedürfen zum Geschäftsbetrieb der Erlaubnis der Aufsichtsbehörde. Satz 1 gilt nicht für Versicherungsunternehmen eines Drittstaats, die von ihrem Sitz aus im Inland ausschließlich das Rückversicherungsgeschäft betreiben, wenn die Europäische Kommission gemäß Artikel 172 Absatz 2 oder 4 der Richtlinie 2009/138/EG entschieden hat, dass die Solvabilitätssysteme für Rückversicherungstätigkeiten von Unternehmen in diesem Drittstaat dem in dieser Richtlinie beschriebenen System gleichwertig sind; in diesem Fall werden Rückversicherungsverträge mit diesen Unternehmen genauso behandelt wie Rückversicherungsverträge mit Unternehmen, die in einem Mitglied- oder Vertragsstaat zugelassen sind.
(2) Für Unternehmen nach Absatz 1 Satz 1 gelten die besonderen Vorschriften dieses Unterabschnitts sowie ergänzend entsprechend die übrigen Vorschriften dieses Gesetzes und die auf Grund der Richtlinie 2009/138/EG erlassenen delegierten Rechtsakte, technischen Regulierungsstandards und technischen Durchführungsstandards. Die Vorschriften des Teils 2 Kapitel 2 Abschnitt 3 sind auf das gemäß Absatz 1 Satz 1 abgeschlossene Versicherungsgeschäft entsprechend anzuwenden.
(3) Erstversicherungsunternehmen, welche die Lebensversicherung zugleich mit anderen Versicherungssparten betreiben, darf der Geschäftsbetrieb im Inland nicht für die Lebensversicherung erlaubt werden. Erstversicherungsunternehmen, die die Krankenversicherung zugleich mit anderen Versicherungssparten betreiben, können keine Erlaubnis zum Betrieb der Krankenversicherung nach § 146 Absatz 1 im Inland erhalten.

Fußnote
(+++ § 67 Abs. 2 u. 3: Zur Anwendung vgl. § 65 Abs. 2 Eingangssatz +++)
-

§ 68 Niederlassung; Hauptbevollmächtigter

(1) Die Unternehmen, für die § 67 Absatz 1 gilt, haben im Inland eine Niederlassung zu errichten und dort alle die Niederlassung betreffenden Geschäftsunterlagen zur Verfügung zu halten. Die Vorschriften der §§ 13d bis 13f des Handelsgesetzbuchs über die Zweigniederlassung sind entsprechend anzuwenden. Für die Geschäftstätigkeit der Niederlassung ist gesondert Rechnung zu legen. § 37, § 38 Absatz 1 und § 39 sowie § 43 Absatz 1 gelten mit der Maßgabe, dass

1. auch Jahresabschluss und Lagebericht der Hauptniederlassung in deutscher Sprache jedem Versicherten auf Verlangen übersandt werden und
2. zum internen Bericht der im Sitzland des Unternehmens veröffentlichte Jahresabschluss und Lagebericht in der Sprache des Sitzlandes und in deutscher Sprache sowie auch der der Aufsichtsbehörde des Sitzlandes vorgelegte Bericht in der Sprache des Sitzlandes gehören.

(2) Für die Niederlassung ist ein Hauptbevollmächtigter zu bestellen, der seinen Wohnsitz und ständigen Aufenthalt im Inland haben muss. Dieser hat die Pflichten und persönlichen Voraussetzungen zu erfüllen, die dieses Gesetz dem Vorstand eines Unternehmens mit Sitz im Inland auferlegt. Er gilt als ermächtigt, das Unternehmen Dritten gegenüber zu verpflichten, insbesondere Versicherungsverträge mit Versicherungsnehmern im Inland und über dort belegene Grundstücke abzuschließen sowie das Unternehmen bei Verwaltungsbehörden und vor Gerichten zu vertreten. Der Hauptbevollmächtigte ist zur Eintragung in das Handelsregister anzumelden.
(3) Soweit nach den folgenden Vorschriften Sicherheiten gestellt werden müssen, kann sich die Bundesanstalt in den Bedingungen für die Rückgabe vorbehalten, über die Sicherheiten im Interesse der Versicherten zu verfügen.

Fußnote

(+++ § 68 Abs. 2: Zur Anwendung vgl. § 65 Abs. 2 Eingangssatz +++)
(+++ § 68 Abs. 2 Satz 4: Zur Anwendung vgl. § 62 Abs. 1 Satz 2 Nr. 2 +++)

-

§ 69 Antrag; Verfahren

(1) Der Antrag nach § 67 ist bei der Bundesanstalt zu stellen. Mit dem Antrag sind einzureichen:
1. der Geschäftsplan nach § 9 Absatz 2 und 3 und die in § 9 Absatz 4 genannten Angaben und Unterlagen für die Niederlassung und die Satzung des Unternehmens; zugleich sind die Mitglieder des zur gesetzlichen Vertretung befugten Organs und eines Aufsichtsorgans zu benennen;
2. eine Bescheinigung der zuständigen Behörde des Sitzlandes darüber,
   a) dass das Unternehmen an seinem Sitz unter seinem Namen Rechte erwerben und Verbindlichkeiten eingehen, vor Gericht klagen und verklagt werden kann sowie
   b) welche Versicherungssparten das Unternehmen zu betreiben befugt ist und welche Arten von Risiken es tatsächlich deckt und
3. die Bilanz sowie die Gewinn-und-Verlustrechnung für jedes der drei letzten Geschäftsjahre; besteht das Unternehmen noch nicht drei Jahre, so hat es diese Unterlagen nur für die bereits abgeschlossenen Geschäftsjahre vorzulegen.

(2) Die Anforderungen an die finanzielle Ausstattung richten sich nach Teil 2 Kapitel 2 Abschnitt 1 und 2. Sie bemessen sich nach dem Geschäftsumfang der Niederlassung. Die Vermögenswerte, die den Gegenwert der Solvabilitätskapitalanforderung bilden, müssen mindestens in Höhe der Mindestkapitalanforderung im Inland, im Übrigen im Gebiet der Mitglied- oder Vertragsstaaten belegen sein. Sie dürfen 50 Prozent der nach der Rechtsverordnung gemäß § 122 Absatz 2 festgelegten absoluten Untergrenze der Mindestkapitalanforderung nicht unterschreiten. Das Unternehmen hat sich ferner zu verpflichten, eine Sicherheit (feste Kaution) zu stellen. Die feste Kaution beträgt mindestens 25 Prozent der absoluten Untergrenze der Mindestkapitalanforderung. Die feste Kaution wird auf die Eigenmittel angerechnet.

(3) Die Erlaubnis kann erteilt werden, wenn
1. keiner der Gründe des § 11 zum Versagen der Erlaubnis vorliegt,
2. die Voraussetzungen des § 68 Absatz 1 und 2 erfüllt sind und
3. der als feste Kaution geforderte Betrag gestellt ist.

(4) Soll der Geschäftsbetrieb auf andere Versicherungssparten oder ein anderes Gebiet im Inland ausgedehnt werden, so sind die Absätze 1 bis 3 entsprechend anzuwenden.

(5) Absatz 2 Satz 5 und 6, Absatz 3 Nummer 3, Absatz 4, § 70 Absatz 1 Satz 1 Nummer 2 und § 71 Satz 1 Nummer 2 finden keine Anwendung bei inländischen Niederlassungen von Rückversicherungsunternehmen mit Sitz in einem Drittstaat.

-

§ 70 Erleichterungen für Unternehmen, die bereits in einem anderen Mitglied- oder Vertragsstaat zugelassen sind

(1) Einem Unternehmen, das in einem anderen Mitglied- oder Vertragsstaat die Erlaubnis zum

Geschäftsbetrieb erhalten oder beantragt hat, kann auf Antrag widerruflich genehmigt werden, dass

1. die Solvabilitätskapitalanforderung auf der Grundlage seiner gesamten Geschäftstätigkeit in den Mitglied- oder Vertragsstaaten berechnet wird,
2. es von der Verpflichtung befreit wird, im Inland eine Kaution zu stellen oder
3. Vermögenswerte, die den Gegenwert der Mindestkapitalanforderung bilden, in einem anderen Mitglied- oder Vertragsstaat belegen sein können, in dem das Unternehmen seine Tätigkeit ausübt.

Die Erleichterungen können nur zusammen gewährt werden. Der Antrag ist bei den Aufsichtsbehörden aller Mitglied- oder Vertragsstaaten zu stellen, in denen das Versicherungsunternehmen zum Geschäftsbetrieb zugelassen ist oder eine Erlaubnis zum Geschäftsbetrieb beantragt hat. In dem Antrag ist die Behörde anzugeben, die künftig die Kapitalausstattung für die gesamte Geschäftstätigkeit in den Mitglied- oder Vertragsstaaten überwachen soll (gewählte Aufsichtsbehörde); die Wahl der Aufsichtsbehörde ist zu begründen. Die Kaution im Sinne des § 69 Absatz 2 Satz 5 ist in dem Mitgliedstaat der gewählten Aufsichtsbehörde zu hinterlegen. Die Genehmigung kann nur erteilt werden, wenn alle Behörden zustimmen, bei denen der Antrag gestellt wurde. Sie wird zu dem Zeitpunkt erteilt, zu dem sich die gewählte Aufsichtsbehörde gegenüber den anderen Aufsichtsbehörden zur Überwachung der Kapitalausstattung bereit erklärt hat. Die Erleichterungen sind von allen Aufsichtsbehörden gleichzeitig zu widerrufen, wenn mindestens eine der Behörden, die dem Antrag zugestimmt haben, dies verlangt.

(2) Ist die Bundesanstalt gewählte Aufsichtsbehörde, so unterrichtet sie die zuständigen Behörden der beteiligten Mitglied- oder Vertragsstaaten von den nach § 134 Absatz 7, § 135 Absatz 3 getroffenen Maßnahmen. Sie kann diese Behörden ersuchen, die gleichen Maßnahmen zu treffen. Ist eine andere Behörde gewählte Aufsichtsbehörde, erteilt ihr alle zur Überwachung des Gesamtsolvabilitätsbedarfs notwendigen Auskünfte; hat sie Verfügungsbeschränkungen über Vermögensgegenstände des Unternehmens angeordnet, weil dessen Eigenmittel unzureichend sind, so trifft die Bundesanstalt auf Verlangen dieser Behörde entsprechende Maßnahmen für die im Inland belegenen Vermögensgegenstände. Die §§ 133 bis 137 bleiben unberührt.

Fußnote

(+++ § 70 Abs. 1 Satz 1 Nr. 2: Zur Anwendung vgl. § 69 Abs. 5 +++)

-

§ 71 Widerruf der Erlaubnis

Die Bundesanstalt widerruft die Erlaubnis, wenn

1. das Unternehmen im Sitzland die Erlaubnis zum Geschäftsbetrieb verliert oder
2. im Fall des § 70 die gewählte Aufsichtsbehörde die Erlaubnis zum Geschäftsbetrieb widerruft, weil die nach § 70 Absatz 1 Satz 1 Nummer 1 berechneten Eigenmittel unzureichend sind.

§ 304 bleibt unberührt.

Fußnote

(+++ § 71 Satz 1 Nr. 2: Zur Anwendung vgl. § 69 Abs. 5 +++)

-

§ 72 Versicherung inländischer Risiken

Erstversicherungsunternehmen eines Drittstaats, denen der Geschäftsbetrieb nach § 67 erlaubt worden ist, dürfen Versicherungsverträge mit Versicherungsnehmern, die ihren gewöhnlichen Aufenthalt im Inland haben, sowie Versicherungsverträge über dort belegene Grundstücke nur durch Bevollmächtigte abschließen, die im Inland wohnen.

§ 73 Bestandsübertragung

(1) Ein Vertrag, durch den der Versicherungsbestand einer inländischen Niederlassung im Sinne des § 68 Absatz 1 ganz oder teilweise übertragen wird auf

1. ein Versicherungsunternehmen mit Sitz in einem Mitglied- oder Vertragsstaat oder
2. die inländische Niederlassung eines Versicherungsunternehmens eines Drittstaats,

bedarf der Genehmigung der Bundesanstalt. Die Genehmigung darf nur erteilt werden, wenn die übernehmende Drittstaatenniederlassung oder das übernehmende Versicherungsunternehmen mit Sitz in einem Mitglied- oder Vertragsstaat nachweist, dass es nach der Übertragung genügend anrechnungsfähige Eigenmittel zur Einhaltung der Solvabilitätskapitalanforderung besitzt. Der Nachweis erfolgt durch eine Bescheinigung

1. der zuständigen Behörde des anderen Mitglied- oder Vertragsstaats, wenn das übernehmende Unternehmen seinen Sitz in einem anderen Mitglied- oder Vertragsstaat hat, oder
2. der gewählten Aufsichtsbehörde im Sinne des § 70 Absatz 1 Satz 4, wenn die Kapitalausstattung der Drittstaatenniederlassung von dieser überwacht wird.

Für Erstversicherungsunternehmen gilt § 63 Absatz 4 entsprechend.

(2) Gehören Erstversicherungsverträge zu den von der Genehmigung erfassten Vermögensgegenständen, darf die Genehmigung nur erteilt werden, wenn die Aufsichtsbehörden der Staaten, in denen die Risiken des Versicherungsbestandes belegen sind, zustimmen. Es gilt als Zustimmung, wenn diese Aufsichtsbehörden sich innerhalb von drei Monaten nach Erhalt des Antrags nicht geäußert haben.

(3) Die Bestandsübertragung bedarf der Schriftform; § 311b Absatz 3 des Bürgerlichen Gesetzbuchs ist nicht anzuwenden. Die Rechte und Pflichten des übertragenden Unternehmens aus den Versicherungs- oder Rückversicherungsverträgen gehen mit der Bestandsübertragung auch im Verhältnis zu den Versicherungsnehmern oder Vorversicherern auf das übernehmende Unternehmen über; § 415 des Bürgerlichen Gesetzbuchs ist nicht anzuwenden. Die Genehmigung der Bestandsübertragung ist im Bundesanzeiger zu veröffentlichen. Sobald die Bestandsübertragung wirksam geworden ist, hat die übernehmende Niederlassung die Versicherungsnehmer oder die Vorversicherer unverzüglich über die Bestandsübertragung schriftlich oder elektronisch zu informieren.

(4) Wird der Versicherungsbestand einer inländischen Niederlassung auf die inländische Niederlassung eines Versicherungsunternehmens eines Drittstaats übertragen und wird die Kapitalausstattung der Niederlassung des letztgenannten Unternehmens von der Aufsichtsbehörde eines anderen Mitglied- oder Vertragsstaats überwacht, so bleiben die von einer Niederlassung für den übertragenen Bestand gestellten Sicherheiten bestehen, sofern die für das übernehmende Unternehmen zuständige Aufsichtsbehörde nichts anderes bestimmt.

Kapitel 2
Finanzielle Ausstattung

Abschnitt 1
Solvabilitätsübersicht

§ 74 Bewertung der Vermögenswerte und Verbindlichkeiten

(1) Versicherungsunternehmen haben nach Maßgabe der Absätze 2 und 3 sowie der §§ 75 bis 87 eine Gegenüberstellung von Aktiva und Passiva zum Zweck der Bestimmung der vorhandenen Eigenmittel zu erstellen (Solvabilitätsübersicht). Die Vorschriften dieses Gesetzes über Eigenmittel sowie die handelsrechtliche Verpflichtung zur Rechnungslegung bleiben unberührt.
(2) Die Vermögenswerte werden in der Solvabilitätsübersicht mit dem Betrag bewertet, zu dem sie zwischen sachverständigen, vertragswilligen und voneinander unabhängigen Geschäftspartnern getauscht werden könnten.
(3) Die Verbindlichkeiten werden mit dem Betrag bewertet, zu dem sie zwischen sachverständigen, vertragswilligen und voneinander unabhängigen Geschäftspartnern übertragen oder beglichen werden könnten. Eine Berichtigung der Bewertung, um die Bonität des Versicherungsunternehmens zu berücksichtigen, findet nicht statt.

§ 75 Allgemeine Vorschriften für die Bildung versicherungstechnischer Rückstellungen

(1) In der Solvabilitätsübersicht sind für sämtliche Versicherungsverpflichtungen gegenüber Versicherungsnehmern und Anspruchsberechtigten versicherungstechnische Rückstellungen zu bilden. Diese sind auf vorsichtige, verlässliche und objektive Art und Weise zu berechnen.
(2) Der Wert der versicherungstechnischen Rückstellungen entspricht dem aktuellen Betrag, den Versicherungsunternehmen zahlen müssten, wenn sie ihre Versicherungsverpflichtungen unverzüglich auf ein anderes Versicherungsunternehmen übertragen würden.
(3) Bei der Berechnung der versicherungstechnischen Rückstellungen segmentieren die Versicherungsunternehmen ihre Versicherungsverpflichtungen in homogene Risikogruppen, die zumindest nach Geschäftsbereichen getrennt sind.
(4) Die Berechnung der versicherungstechnischen Rückstellungen erfolgt unter Berücksichtigung der von den Finanzmärkten bereitgestellten Informationen sowie allgemein verfügbarer Daten über versicherungstechnische Risiken und hat mit diesen konsistent zu sein (Marktkonsistenz).
(5) Bei der Berechnung der versicherungstechnischen Rückstellungen sind die in § 74 Absatz 3 genannten Grundsätze zu beachten.

§ 76 Wert der versicherungstechnischen Rückstellungen

(1) Der Wert der versicherungstechnischen Rückstellungen entspricht der Summe aus
1. dem nach § 77 berechneten besten Schätzwert und
2. der nach § 78 berechneten Risikomarge.
Der beste Schätzwert und die Risikomarge sind getrennt zu berechnen.
(2) Können künftige Zahlungsströme in Verbindung mit Versicherungsverpflichtungen mit Finanzinstrumenten, für die ein verlässlicher Marktwert zu ermitteln ist, verlässlich nachgebildet werden, so wird der Wert der mit diesen künftigen Zahlungsströmen verbundenen versicherungstechnischen Rückstellungen auf der Grundlage des Marktwerts dieser

Finanzinstrumente bestimmt. Absatz 1 Satz 2 gilt in diesem Fall nicht.

-

§ 77 Bester Schätzwert

(1) Der beste Schätzwert entspricht dem wahrscheinlichkeitsgewichteten Durchschnitt künftiger Zahlungsströme unter Berücksichtigung des Zeitwerts des Geldes (erwarteter Barwert künftiger Zahlungsströme) und unter Verwendung der maßgeblichen risikofreien Zinskurve.
(2) Die Berechnung des besten Schätzwerts hat auf der Grundlage aktueller und glaubhafter Informationen sowie realistischer Annahmen zu erfolgen. Sie stützt sich auf geeignete, passende und angemessene versicherungsmathematische und statistische Methoden.
(3) Bei der Projektion der künftigen Zahlungsströme werden alle ein- und ausgehenden Zahlungsströme berücksichtigt, die zur Abrechnung der Versicherungsverbindlichkeiten während ihrer Laufzeit benötigt werden.
(4) Der beste Schätzwert wird ohne Abzug der aus Rückversicherungsverträgen und von Zweckgesellschaften einforderbaren Beträge berechnet. Diese Beträge werden nach § 86 gesondert berechnet.
(5) Bei Währungen und Binnenmärkten, für die die in Artikel 77e Absatz 1 Buchstabe c der Richtlinie 2009/138/EG genannte Anpassung nicht in den Durchführungsrechtsakten nach Artikel 77e Absatz 2 der Richtlinie 2009/138/EG enthalten ist, wird zur Berechnung des besten Schätzwerts keine Volatilitätsanpassung auf die maßgebliche risikofreie Zinskurve angewandt.

-

§ 78 Risikomarge

(1) Die Risikomarge stellt sicher, dass der Wert der versicherungstechnischen Rückstellungen dem Betrag entspricht, den die Versicherungsunternehmen fordern würden, um die Versicherungsverpflichtungen übernehmen und erfüllen zu können.
(2) Die Risikomarge wird unter Bestimmung der Kosten, die für die Bereitstellung eines Betrags an anrechnungsfähigen Eigenmitteln erforderlich sind, berechnet. Dieser Betrag hat der Solvabilitätskapitalanforderung zu entsprechen, die für die Bedeckung der Versicherungsverpflichtungen während deren Laufzeit erforderlich ist. Legt die Europäische Kommission gemäß Artikel 86 Buchstabe d der Richtlinie 2009/138/EG einen Kapitalkostensatz für die Bereitstellung an anrechnungsfähigen Eigenmitteln fest, so ist dieser zu verwenden.

-

§ 79 Allgemeine Grundsätze für die Berechnung der versicherungstechnischen Rückstellungen

(1) Versicherungsunternehmen müssen über interne Prozesse und Verfahren verfügen, um die Genauigkeit, Vollständigkeit und Angemessenheit der bei der Berechnung der versicherungstechnischen Rückstellungen verwendeten Daten zu gewährleisten.
(2) Wenn den Versicherungsunternehmen Daten von angemessener Qualität nicht in genügender Menge zur Verfügung stehen, um eine verlässliche versicherungsmathematische Methode auf eine Gruppe oder Untergruppe ihrer Versicherungsverpflichtungen oder auf einforderbare Beträge aus Rückversicherungsverträgen und gegenüber Zweckgesellschaften anzuwenden, können die Versicherungsunternehmen für die Berechnung des besten Schätzwerts geeignete Näherungswerte einschließlich Einzelfallanalysen verwenden.

-

§ 80 Matching-Anpassung an die maßgebliche risikofreie Zinskurve

(1) Mit Genehmigung der Aufsichtsbehörde können Versicherungsunternehmen eine Matching-Anpassung an die maßgebliche risikofreie Zinskurve vornehmen, um den besten Schätzwert des

Portfolios der Lebensversicherungs- oder Rückversicherungsverpflichtungen zu berechnen, einschließlich der Rentenversicherungen, die aus Nichtlebensversicherungs- oder Rückversicherungsverträgen stammen. Die Genehmigung wird erteilt, wenn folgende Voraussetzungen erfüllt sind:

1. das Versicherungsunternehmen hat ein Portfolio aus Vermögenswerten, bestehend aus Anleihen und sonstigen Vermögenswerten mit ähnlichen Zahlungsstrom-Eigenschaften, festgelegt, um den besten Schätzwert des Portfolios der Versicherungs- oder Rückversicherungsverpflichtungen zu bedecken und behält diese Festlegung während des Bestehens der Verpflichtungen bei, es sei denn, eine Abweichung erfolgt zu dem Zweck, die Replikation der erwarteten Zahlungsströme zwischen Vermögenswerten und Verbindlichkeiten aufrechtzuerhalten, wenn sich die Zahlungsströme wesentlich verändert haben;

2. das Portfolio der Versicherungs- oder Rückversicherungsverpflichtungen, bei denen die Matching-Anpassung vorgenommen werden soll, und das zugeordnete Vermögensportfolio werden getrennt von den anderen Aktivitäten des Unternehmens identifiziert, organisiert und verwaltet und das zugeordnete Vermögensportfolio kann nicht verwendet werden, um Verluste aus anderen Aktivitäten des Unternehmens abzudecken;

3. die erwarteten Zahlungsströme des zugeordneten Vermögensportfolios replizieren sämtliche künftigen Zahlungsströme des Portfolios der Versicherungs- oder Rückversicherungsverpflichtungen in derselben Währung und Inkongruenzen ziehen keine Risiken nach sich, die im Vergleich zu den inhärenten Risiken des Versicherungs- oder Rückversicherungsgeschäfts, bei dem eine Matching-Anpassung vorgenommen wird, wesentlich sind;

4. die dem Portfolio der Verpflichtungen zugrunde liegenden Versicherungs- und Rückversicherungsverträge führen nicht zu künftigen Prämienzahlungen;

5. die einzigen versicherungstechnischen Risiken im Zusammenhang mit dem Portfolio der Versicherungs- oder Rückversicherungsverpflichtungen sind das Langlebigkeitsrisiko, das Kostenrisiko, das Revisionsrisiko und das Sterblichkeitsrisiko;

6. das Sterblichkeitsrisiko gehört zu den versicherungstechnischen Risiken im Zusammenhang mit dem Portfolio der Versicherungs- oder Rückversicherungsverpflichtungen und es erhöht sich der beste Schätzwert des Portfolios der Versicherungs- oder Rückversicherungsverpflichtungen nicht um mehr als 5 Prozent unter einem Sterblichkeitsrisikostress, der gemäß § 97 kalibriert wird;

7. die dem Portfolio der Versicherungs- oder Rückversicherungsverpflichtungen zugrunde liegenden Verträge enthalten keine Optionen für den Versicherungsnehmer oder nur eine Rückkaufoption, bei der der Rückkaufwert den Wert der gemäß § 74 bewerteten Vermögenswerte, die im Zeitpunkt der Ausübung der Rückkaufoption die Versicherungs- oder Rückversicherungsverpflichtungen abdecken, nicht übersteigt;

8. die Vermögenswerte des zugeordneten Vermögensportfolios generieren fixe Zahlungsströme, die von den Emittenten der Vermögenswerte oder Dritten nicht verändert werden können, und

9. die Versicherungs- oder Rückversicherungsverpflichtungen eines Versicherungs- oder Rückversicherungsvertrags werden bei der Zusammenstellung des Portfolios der Versicherungs- oder Rückversicherungsverpflichtungen für die Zwecke dieses Absatzes nicht in verschiedene Teile geteilt.

Unbeschadet des Satzes 2 Nummer 8 können Versicherungsunternehmen Vermögenswerte verwenden, deren Zahlungsströme abgesehen von der Inflationsabhängigkeit fix sind, wenn diese Vermögenswerte die in den Zahlungsströmen des Portfolios der inflationsabhängigen Versicherungs- oder Rückversicherungsverpflichtungen enthaltene Inflation replizieren. Haben Emittenten oder Dritte das Recht, Zahlungsströme von Vermögenswerten so zu ändern, dass der Anleger hinreichenden Ausgleich erhält, um den gleichen Zahlungsstrom durch Reinvestitionen in Vermögenswerte gleicher oder besserer Kreditqualität zu erhalten, schließt das Recht, Zahlungsströme zu ändern, den Vermögenswert nicht von der Zulässigkeit für das zugeordnete Portfolio gemäß Satz 2 Nummer 8 aus.

(2) Versicherungs- oder Rückversicherungsunternehmen, die die Matching-Anpassung an einem Portfolio von Versicherungs- oder Rückversicherungsverpflichtungen vornehmen, dürfen nicht zu einem Ansatz zurückkehren, der keine Matching-Anpassung umfasst. Ist ein Versicherungs- oder Rückversicherungsunternehmen, das die Matching-Anpassung vornimmt, nicht mehr in der Lage, die in Absatz 1 genannten Voraussetzungen zu erfüllen, hat es die Aufsichtsbehörde unverzüglich davon in Kenntnis zu setzen und die erforderlichen Maßnahmen zu ergreifen, damit diese Voraussetzungen wieder erfüllt werden. Gelingt es dem Unternehmen nicht, innerhalb von zwei Monaten ab dem Zeitpunkt der Nichteinhaltung die in Absatz 1 genannten Voraussetzungen wieder zu erfüllen, darf es bei seinen Versicherungs- oder Rückversicherungsverpflichtungen keine Matching-Anpassung mehr vornehmen und die Matching-Anpassung erst nach weiteren 24 Monaten wieder aufnehmen.

(3) Die Matching-Anpassung darf nicht auf Versicherungs- oder Rückversicherungsverpflichtungen angewandt werden, bei denen die maßgebliche risikofreie Zinskurve für die Berechnung des besten Schätzwerts dieser Verpflichtungen eine Volatilitätsanpassung nach § 82 oder eine Übergangsmaßnahme zu den risikofreien Zinssätzen gemäß § 351 enthält.

§ 81 Berechnung der Matching-Anpassung

Die Matching-Anpassung nach § 80 ist für jede Währung nach folgenden Grundsätzen zu berechnen:

1. die Matching-Anpassung entspricht der Differenz zwischen
    a) dem effektiven Jahreszinssatz, der als konstanter Abzinsungssatz berechnet wird, der angewandt auf die Zahlungsströme des Portfolios der Versicherungs- oder Rückversicherungsverpflichtungen zu einem Wert führt, der dem Wert gemäß § 74 des Portfolios der zugeordneten Vermögenswerte entspricht;
    b) dem effektiven Jahreszinssatz, der als ein konstanter Abzinsungssatz berechnet wird, der angewandt auf die Zahlungsströme des Portfolios der Versicherungs- oder Rückversicherungsverpflichtungen zu einem Wert führt, der dem besten Schätzwert des Portfolios der Versicherungs- oder Rückversicherungsverpflichtungen entspricht, wenn der Zeitwert des Geldes unter Verwendung der grundlegenden risikofreien Zinskurve berücksichtigt wird;
2. die Matching-Anpassung umfasst nicht den grundlegenden Spread, der die von dem Versicherungsunternehmen zurückbehaltenen Risiken widerspiegelt;
3. unbeschadet der Nummer 1 wird der grundlegende Spread bei Bedarf erhöht, um sicherzustellen, dass die Matching-Anpassung für Vermögenswerte, deren Kreditqualität unter dem Investment Grade liegt, nicht höher ist als die Matching-Anpassung für Vermögenswerte, deren Kreditqualität als Investment Grade eingestuft wurde, die dieselbe Duration aufweisen und die derselben Kategorie von Vermögenswerten angehören;
4.

die Verwendung externer Ratings bei der Berechnung der Matching-Anpassung hat im Einklang mit den von der Europäischen Kommission gemäß Artikel 111 Absatz 1 Buchstabe n der Richtlinie 2009/138/EG erlassenen delegierten Rechtsakten zu stehen.

-

§ 82 Volatilitätsanpassung

(1) Versicherungsunternehmen können mit Genehmigung der Aufsichtsbehörde eine Volatilitätsanpassung der maßgeblichen risikofreien Zinskurve zur Berechnung des besten Schätzwerts nach § 77 vornehmen.
(2) Die Volatilitätsanpassung darf nicht für Versicherungsverpflichtungen vorgenommen werden, bei denen für die maßgebliche risikofreie Zinskurve zur Berechnung des besten Schätzwerts für diese Verpflichtungen eine Matching-Anpassung nach § 80 erfolgt.
(3) Abweichend von § 97 deckt die Solvabilitätskapitalanforderung nicht das Verlustrisiko für Basiseigenmittel aus Änderungen der Volatilitätsanpassung.

-

§ 83 Zu berücksichtigende technische Informationen

(1) Wenn Durchführungsrechtsakte mit den in Artikel 77e Absatz 1 genannten technischen Informationen gemäß Artikel 77e Absatz 2 der Richtlinie 2009/138/EG von der Kommission erlassen werden, müssen die Versicherungsunternehmen diese technischen Informationen für die Berechnung des besten Schätzwerts nach § 77, der Matching-Anpassung nach § 80 und der Volatilitätsanpassung nach § 82 nutzen.
(2) Wenn die Kommission eine erhöhte Volatilitätsanpassung für ein Land veröffentlicht, müssen die Versicherungsunternehmen, die von § 82 Gebrauch machen, diese zur Berechnung des besten Schätzwerts für Versicherungs- und Rückversicherungsverpflichtungen aus Verträgen anwenden, die auf dem Versicherungsmarkt dieses Landes vertrieben werden.
(3) Sind technische Informationen nach Absatz 1 oder 2 nicht veröffentlicht, haben Versicherungsunternehmen für eigene Berechnungen die diesen Informationen zugrunde liegenden Herleitungen so gut wie möglich nachzubilden.

-

§ 84 Weitere Sachverhalte, die bei der Berechnung der versicherungstechnischen Rückstellungen zu berücksichtigen sind

(1) Bei der Berechnung der versicherungstechnischen Rückstellungen sind ferner die folgenden Sachverhalte zu berücksichtigen:
1. sämtliche bei der Bedienung der Versicherungsverpflichtungen anfallenden Aufwendungen,
2. die Inflation einschließlich der Inflation der Aufwendungen und der Versicherungsansprüche sowie
3. sämtliche Zahlungen an Versicherungsnehmer und Anspruchsberechtigte, einschließlich künftiger Überschussbeteiligungen, die die Versicherungsunternehmen erwarten vorzunehmen, unabhängig davon, ob sie vertraglich garantiert sind oder nicht.

(2) Bei Lebensversicherungen, bei nach Art der Lebensversicherung betriebenen Krankenversicherungen und bei Unfallversicherungen mit Prämienrückgewähr sind künftige Zahlungsströme an Versicherungsnehmer und Anspruchsberechtigte aus dem Teil der zum Bewertungsstichtag vorhandenen Rückstellung für Beitragsrückerstattung, der zum Ausgleich von Verlusten verwendet werden darf und nicht auf festgelegte Überschussanteile entfällt, nicht als erwartete Zahlungen im Sinne des Absatzes 1 Nummer 3 anzusehen.

§ 85 Finanzgarantien und vertragliche Optionen in den Versicherungsverträgen

(1) Bei der Berechnung der versicherungstechnischen Rückstellungen ist der Wert der Finanzgarantien und sonstiger vertraglicher Optionen zu berücksichtigen, die Gegenstand der Versicherungsverträge sind.
(2) Die Annahmen in Bezug auf die Wahrscheinlichkeit, dass die Versicherungsnehmer ihre vertraglichen Optionen einschließlich der Storno- und Rückkaufsrechte ausüben werden, sind realistisch zu wählen und müssen sich auf aktuelle und glaubhafte Informationen stützen.
(3) Die Annahmen tragen entweder explizit oder implizit den Auswirkungen Rechnung, die künftige Veränderungen der Finanz- und Nichtfinanzbedingungen auf die Ausübung dieser Optionen haben könnten.

§ 86 Einforderbare Beträge aus Rückversicherungsverträgen und gegenüber Zweckgesellschaften

(1) Die Berechnung der einforderbaren Beträge aus Rückversicherungsverträgen und gegenüber Zweckgesellschaften erfolgt nach Maßgabe der §§ 75 bis 85.
(2) Bei der Berechnung dieser einforderbaren Beträge ist die zeitliche Differenz zwischen dem Erhalt der Beträge und den Auszahlungen an die Anspruchsteller zu berücksichtigen.
(3) Das Ergebnis dieser Berechnung ist anzupassen, um den im Fall des Ausfalls der Gegenpartei zu erwartenden Verlusten Rechnung zu tragen. Die Anpassung gründet sich auf eine Einschätzung der Ausfallwahrscheinlichkeit der Gegenpartei und des sich daraus ergebenden durchschnittlichen Verlusts.

§ 87 Vergleich mit Erfahrungsdaten

(1) Versicherungsunternehmen haben durch geeignete Prozesse und Verfahren sicherzustellen, dass die besten Schätzwerte und die Annahmen, die deren Berechnung zugrunde liegen, regelmäßig mit Erfahrungsdaten verglichen werden.
(2) Zeigt der Vergleich eine systematische Abweichung zwischen den Berechnungen des besten Schätzwerts und den Erfahrungsdaten, hat das betreffende Unternehmen entsprechende Anpassungen der verwendeten versicherungsmathematischen Methoden oder der zugrunde liegenden Annahmen vorzunehmen.

§ 88 Befugnisse der Aufsichtsbehörde in Bezug auf versicherungstechnische Rückstellungen; Verordnungsermächtigung

(1) Auf Verlangen der Aufsichtsbehörde haben ihr die Versicherungsunternehmen Folgendes nachzuweisen:
1.
    die Angemessenheit der Höhe ihrer versicherungstechnischen Rückstellungen,
2.
    die Eignung und die Erheblichkeit der verwendeten Methoden sowie
3.
    die Angemessenheit der verwendeten statistischen Basisdaten.
(2) Soweit die von dem Versicherungsunternehmen vorgenommene Berechnung der versicherungstechnischen Rückstellung nicht den Vorschriften der §§ 75 bis 87 entspricht, kann die Aufsichtsbehörde eine Erhöhung des Betrags der versicherungstechnischen Rückstellungen

bis zu der nach den genannten Vorschriften vorgesehenen Höhe anordnen.
(3) Das Bundesministerium der Finanzen wird ermächtigt, im Einvernehmen mit dem Bundesministerium der Justiz und für Verbraucherschutz durch Rechtsverordnung zur Berechnung der Deckungsrückstellung unter Beachtung der Grundsätze ordnungsmäßiger Buchführung

1.
bei Versicherungsverträgen mit Zinsgarantie einen oder mehrere Höchstwerte für den Rechnungszins festzusetzen,

2.
weitere Vorgaben zur Ermittlung der Diskontierungszinssätze nach § 341f Absatz 2 des Handelsgesetzbuchs festzulegen,

3.
die Höchstbeträge für die Zillmerung festzusetzen und

4.
die versicherungsmathematischen Rechnungsgrundlagen und die Bewertungsmethoden für die Deckungsrückstellung festzulegen.

Auf Unfallversicherungen der in § 161 genannten Art sowie für Rentenleistungen aus den in § 162 genannten Versicherungen ist Satz 1 entsprechend anzuwenden. Die Ermächtigung kann durch Rechtsverordnung im Einvernehmen mit dem Bundesministerium der Justiz und für Verbraucherschutz auf die Bundesanstalt übertragen werden. Rechtsverordnungen nach den Sätzen 1 bis 3 bedürfen nicht der Zustimmung des Bundesrates.

Abschnitt 2
Solvabilitätsanforderungen

Unterabschnitt 1
Bestimmung der Eigenmittel

§ 89 Eigenmittel

(1) Versicherungsunternehmen haben stets über anrechnungsfähige Eigenmittel mindestens in Höhe der Solvabilitätskapitalanforderung zu verfügen. In Höhe der Mindestkapitalanforderung haben sie stets über anrechnungsfähige Basiseigenmittel zu verfügen. Anrechnungsfähig sind Eigenmittel, die den Anforderungen der §§ 94 und 95 entsprechen.
(2) Die Eigenmittel eines Versicherungsunternehmens umfassen die Basiseigenmittel und die ergänzenden Eigenmittel.
(3) Basiseigenmittel sind:

1.
der Überschuss der Vermögenswerte über die Verbindlichkeiten abzüglich des Betrags der eigenen Aktien in der Solvabilitätsübersicht und

2.
die nachrangigen Verbindlichkeiten.

(4) Die ergänzenden Eigenmittel sind solche, die nicht zu den Basiseigenmitteln zählen und zum Ausgleich von Verlusten eingefordert werden können. Sie können die folgenden Bestandteile umfassen:

1.
denjenigen Teil des nicht eingezahlten Grundkapitals, des Gründungsstocks oder des bei öffentlich-rechtlichen Versicherungsunternehmen dem Grundkapital bei Aktiengesellschaften entsprechenden Postens, der nicht eingefordert wurde,

2.
bei Versicherungsvereinen auf Gegenseitigkeit mit variabler Nachschussverpflichtung die künftigen Forderungen, die der Verein gegenüber seinen Mitgliedern hat, wenn er innerhalb

3. der folgenden zwölf Monate Nachschüsse einfordert,
4. Kreditbriefe und Garantien sowie
5. alle sonstigen rechtsverbindlichen Zahlungsverpflichtungen Dritter gegenüber dem Versicherungsunternehmen.

(5) Sobald ein Bestandteil der ergänzenden Eigenmittel eingezahlt oder eingefordert wurde, ist er für die Zwecke der Solvabilitätsübersicht als Vermögenswert zu behandeln und zählt zu den Basiseigenmitteln.

§ 90 Genehmigung ergänzender Eigenmittel

(1) Ergänzende Eigenmittel dürfen nur mit vorheriger Genehmigung der Aufsichtsbehörde angesetzt werden.
(2) Die Aufsichtsbehörde genehmigt entweder einen Betrag für jeden ergänzenden Eigenmittelbestandteil oder eine Methode zur Bestimmung des Betrags eines jeden Eigenmittelbestandteils. Im letztgenannten Fall wird die Genehmigung nur für einen bestimmten Zeitraum erteilt und umfasst auch den nach dieser Methode ermittelten Betrag.
(3) Der den einzelnen ergänzenden Eigenmittelbestandteilen zugeschriebene Betrag spiegelt die Verlustausgleichsfähigkeit des Bestandteils wider und gründet sich auf vorsichtige und realistische Annahmen. Hat ein Eigenmittelbestandteil einen festen Nominalwert, so entspricht der Betrag dieses Bestandteils seinem Nominalwert, wenn dieser Betrag seine Verlustausgleichsfähigkeit angemessen widerspiegelt.
(4) Bei der Entscheidung über den Antrag auf Ansetzung ergänzender Eigenmittel berücksichtigt die Aufsichtsbehörde:

1. die Fähigkeit und Bereitschaft der Gegenparteien zur Zahlung,
2. die Einforderbarkeit der Mittel unter Berücksichtigung der rechtlichen Ausgestaltung des Bestandteils und etwaiger sonstiger Umstände, die die erfolgreiche Einzahlung oder Einforderung dieses Bestandteils verhindern können, und
3. etwaige Informationen über das Ergebnis bisheriger Einforderungen des Versicherungsunternehmens für derartige ergänzende Eigenmittel, soweit diese Informationen auf verlässliche Weise verwendet werden können, um das erwartete Ergebnis künftiger Einforderungen zu bewerten.

§ 91 Einstufung der Eigenmittelbestandteile

(1) Die Versicherungsunternehmen haben ihre Eigenmittelbestandteile in drei Qualitätsklassen einzustufen.
(2) Die Einstufung der Eigenmittelbestandteile richtet sich danach, ob es sich um Basiseigenmittel oder um ergänzende Eigenmittel handelt und inwieweit sie

1. verfügbar oder einforderbar sind, um Verluste bei Unternehmensfortführung und im Fall der Liquidation vollständig aufzufangen und
2. im Fall der Liquidation nachrangig gegenüber allen anderen Verbindlichkeiten sind.

(3) Bei der Beurteilung, inwieweit Eigenmittelbestandteile die in Absatz 2 genannten Merkmale gegenwärtig und in Zukunft aufweisen, ist ihre Laufzeit zu berücksichtigen. Im Fall einer befristeten Laufzeit ist ein Vergleich der befristeten Laufzeit mit der durchschnittlichen Laufzeit der

Versicherungsverpflichtungen des Unternehmens in die Betrachtung mit einzubeziehen.
(4) Zusätzlich ist zu berücksichtigen, ob und inwieweit ein Eigenmittelbestandteil frei ist von
1.
  Verpflichtungen oder Anreizen zur Rückzahlung des Nominalbetrags,
2.
  obligatorischen festen Kosten und
3.
  sonstigen Belastungen.
(5) Die Einstufung bedarf der Genehmigung durch die Aufsichtsbehörde. Das gilt nicht für Eigenmittelbestandteile, deren Einstufung in delegierten Rechtsakten der Europäischen Kommission bekannt gemacht wird.

-

§ 92 Kriterien der Einstufung

(1) Basiseigenmittel werden in die Qualitätsklasse 1 eingestuft, wenn sie die in § 91 Absatz 2 Nummer 1 und 2 genannten Merkmale unter zusätzlicher Berücksichtigung des § 91 Absatz 3 und 4 weitgehend aufweisen.
(2) Basiseigenmittel werden in die Qualitätsklasse 2 eingestuft, wenn sie das in § 91 Absatz 2 Nummer 2 genannte Merkmal unter zusätzlicher Berücksichtigung des § 91 Absatz 3 und 4 weitgehend aufweisen.
(3) Ergänzende Eigenmittel werden in die Qualitätsklasse 2 eingestuft, wenn sie die in § 91 Absatz 2 Nummer 1 und 2 genannten Merkmale unter zusätzlicher Berücksichtigung des § 91 Absatz 3 und 4 weitgehend aufweisen.
(4) Alle sonstigen Basiseigenmittel und ergänzenden Eigenmittel, die nicht unter die Absätze 1 bis 3 fallen, werden in die Qualitätsklasse 3 eingestuft.

-

§ 93 Einstufung bestimmter Eigenmittelbestandteile

(1) In die Qualitätsklasse 1 eingestuft wird der wahrscheinlichkeitsgewichtete Durchschnitt künftiger Zahlungsströme an Versicherungsnehmer und Anspruchsberechtigte unter Berücksichtigung des Zeitwerts des Geldes (erwarteter Barwert künftiger Zahlungsströme) und unter Verwendung der maßgeblichen risikofreien Zinskurve aus dem Teil der zum Bewertungsstichtag vorhandenen Rückstellung für Beitragsrückerstattung, der zur Deckung von Verlusten verwendet werden darf und nicht auf festgelegte Überschussanteile entfällt

1.
  bei der Lebensversicherung,
2.
  bei der Krankenversicherung, die nach Art der Lebensversicherung betrieben wird, und
3.
  bei der Unfallversicherung mit Prämienrückgewähr.

(2) In die Qualitätsklasse 2 werden eingestuft:
1.
  Kreditbriefe und Garantien, die von einem unabhängigen Treuhänder als Treuhand für die Versicherungsgläubiger gehalten und von gemäß der Richtlinie 2006/48/EG zugelassenen Kreditinstituten bereitgestellt wurden, und
2.
  alle künftigen Forderungen, die von durch Reeder gegründeten Versicherungsvereinen auf Gegenseitigkeit mit variablen Beitragseinnahmen, die nur die in der Anlage 1 Nummer 6, 12 und 17 genannten Risiken versichern, gegenüber ihren Mitgliedern mittels der Aufforderung zur Beitragsnachzahlung innerhalb der folgenden zwölf Monate geltend gemacht werden

können.

§ 94 Eigenmittel zur Einhaltung der Solvabilitätskapitalanforderung

(1) Für die Einhaltung der Solvabilitätskapitalanforderung setzen sich die anrechnungsfähigen Eigenmittel zusammen aus Eigenmitteln der Qualitätsklasse 1 und aus anrechnungsfähigen Eigenmitteln der Qualitätsklassen 2 und 3.
(2) Die Eigenmittelbestandteile der Qualitätsklassen 2 und 3 sind nur anrechnungsfähig, soweit folgende Bedingungen erfüllt sind:
1. die Eigenmittelbestandteile der Qualitätsklasse 1 betragen mindestens ein Drittel der Solvabilitätskapitalanforderung und
2. der anrechnungsfähige Betrag der Eigenmittelbestandteile der Qualitätsklasse 3 ist kleiner als ein Drittel der Solvabilitätskapitalanforderung.

§ 95 Eigenmittel zur Einhaltung der Mindestkapitalanforderung

(1) Für die Einhaltung der Mindestkapitalanforderung setzen sich die anrechnungsfähigen Eigenmittel nur aus Eigenmitteln der Qualitätsklasse 1 und anrechnungsfähigen Basiseigenmitteln der Qualitätsklasse 2 zusammen.
(2) Die Eigenmittelbestandteile der Qualitätsklasse 1 bedecken mindestens die Hälfte der Mindestkapitalanforderung.

Unterabschnitt 2
Solvabilitätskapitalanforderung

§ 96 Ermittlung der Solvabilitätskapitalanforderung

(1) Die Solvabilitätskapitalanforderung kann mit Hilfe einer Standardformel oder eines internen Modells ermittelt werden. In beiden Fällen gelten für die Ermittlung der Solvabilitätskapitalanforderung die Vorschriften des § 97.
(2) Weicht das Risikoprofil des Versicherungsunternehmens wesentlich von den Annahmen ab, die der Berechnung mit der Standardformel zugrunde liegen, kann die Aufsichtsbehörde anordnen, dass das Versicherungsunternehmen ein internes Modell zur Berechnung der Solvabilitätskapitalanforderung oder der relevanten Risikomodule dieser Anforderung innerhalb eines angemessenen Zeitraums entwickelt und verwendet.

§ 97 Berechnung der Solvabilitätskapitalanforderung

(1) Die Berechnung der Solvabilitätskapitalanforderung hat unter der Annahme der Unternehmensfortführung zu erfolgen.
(2) Die Solvabilitätskapitalanforderung muss so kalibriert werden, dass alle quantifizierbaren Risiken, denen ein Versicherungsunternehmen ausgesetzt ist, widergespiegelt werden. Dabei sind sowohl der aktuelle Geschäftsumfang als auch die in den nächsten zwölf Monaten erwarteten neuen Geschäfte zugrunde zu legen. In Bezug auf den aktuellen Geschäftsumfang deckt die Solvabilitätskapitalanforderung nur unerwartete Verluste ab. Sie entspricht dem Value-at-Risk der Basiseigenmittel eines Versicherungsunternehmens zu einem Konfidenzniveau von 99,5 Prozent

über einen Zeitraum von einem Jahr.
(3) Der Betrag der Solvabilitätskapitalanforderung hat mindestens die folgenden Risiken abzudecken:
1. das nichtlebensversicherungstechnische Risiko,
2. das lebensversicherungstechnische Risiko,
3. das krankenversicherungstechnische Risiko,
4. das Marktrisiko,
5. das Kreditrisiko und
6. das operationelle Risiko.

Das operationelle Risiko umfasst auch Rechtsrisiken. Es umfasst jedoch weder Reputationsrisiken noch Risiken, die sich aus strategischen Entscheidungen ergeben.
(4) Bei der Ermittlung der Solvabilitätskapitalanforderung sind Auswirkungen von Techniken zur Risikominderung zu berücksichtigen, sofern dem Kreditrisiko und anderen Risiken, die sich aus dem Einsatz dieser Techniken ergeben können, in der Solvabilitätskapitalanforderung angemessen Rechnung getragen wird.
-

§ 98 Häufigkeit der Berechnung

(1) Die Versicherungsunternehmen müssen die Solvabilitätskapitalanforderung mindestens einmal im Jahr berechnen und das Ergebnis dieser Berechnung der Aufsichtsbehörde melden. Die Versicherungsunternehmen überwachen laufend die Höhe der Solvabilitätskapitalanforderung und den Betrag der vorhandenen anrechnungsfähigen Eigenmittel.
(2) Weicht das Risikoprofil eines Versicherungsunternehmens wesentlich von den Annahmen ab, die Grundlage der zuletzt gemeldeten Solvabilitätskapitalanforderung waren, so hat das Unternehmen die Solvabilitätskapitalanforderung unverzüglich neu zu berechnen und der Aufsichtsbehörde zu melden.
(3) Rechtfertigen Tatsachen die Annahme, dass sich das Risikoprofil des Versicherungsunternehmens seit der letzten Meldung der Solvabilitätskapitalanforderung wesentlich verändert hat, kann die Aufsichtsbehörde von dem Unternehmen die Neuberechnung der Solvabilitätskapitalanforderung verlangen.
-

§ 99 Struktur der Standardformel

Wird die Solvabilitätskapitalanforderung mit der Standardformel berechnet, so setzt sie sich aus den folgenden Bestandteilen zusammen:
1. der Basissolvabilitätskapitalanforderung gemäß den §§ 100 bis 106,
2. der Kapitalanforderung für das operationelle Risiko gemäß § 107 und
3. der Anpassung für die Verlustausgleichsfähigkeit der versicherungstechnischen Rückstellungen und latenten Steuern gemäß § 108.
-

§ 100 Aufbau der Basissolvabilitätskapitalanforderung

(1) Die Basissolvabilitätskapitalanforderung umfasst einzelne Risikomodule, die gemäß der Anlage 3 aggregiert werden. Sie umfasst mindestens die folgenden Risikomodule:

1. das nichtlebensversicherungstechnische Risiko,
2. das lebensversicherungstechnische Risiko,
3. das krankenversicherungstechnische Risiko,
4. das Marktrisiko und
5. das Gegenparteiausfallrisiko.

Versicherungsgeschäfte sind demjenigen versicherungstechnischen Risikomodul zuzuweisen, das der technischen Wesensart der zugrunde liegenden Risiken am besten entspricht.
(2) Die Korrelationskoeffizienten für die Aggregation der in Absatz 1 genannten Risikomodule und die Kalibrierung der Kapitalanforderungen für jedes Risikomodul müssen zu einer Gesamtsolvabilitätskapitalanforderung führen, die den in § 97 genannten Prinzipien genügt.
(3) Jedes der in Absatz 1 genannten Risikomodule wird unter Verwendung des Risikomaßes Value-at-Risk zu dem Konfidenzniveau von 99,5 Prozent über den Zeitraum von einem Jahr kalibriert. Gegebenenfalls sind Diversifikationseffekte beim Aufbau der Risikomodule zu berücksichtigen.
(4) Der Aufbau und die Spezifikationen für die Risikomodule müssen für alle Versicherungsunternehmen sowohl im Hinblick auf die Basissolvabilitätskapitalanforderung als auch im Hinblick auf Berechnungsvereinfachungen gemäß § 109 Absatz 1 gleich sein.
(5) Im Hinblick auf Risiken, die aus Katastrophen herrühren, können geographische Besonderheiten bei der Berechnung der lebensversicherungstechnischen, nichtlebensversicherungstechnischen und krankenversicherungstechnischen Module zugrunde gelegt werden.

-

§ 101 Nichtlebensversicherungstechnisches Risikomodul

(1) Das nichtlebensversicherungstechnische Risikomodul gibt das sich aus Nichtlebensversicherungsverpflichtungen ergebende Risiko in Bezug auf die abgedeckten Risiken und die verwendeten Prozesse bei der Ausübung des Geschäfts wieder. Das Risikomodul hat die Ungewissheit der Ergebnisse der Versicherungsunternehmen im Hinblick auf die bestehenden Versicherungsverpflichtungen und auf die in den folgenden zwölf Monaten erwarteten neuen Geschäfte zu berücksichtigen.
(2) Das nichtlebensversicherungstechnische Risikomodul wird gemäß der Anlage 3 berechnet als eine Kombination der Kapitalanforderungen für mindestens dasjenige Risiko eines Verlusts oder einer nachteiligen Veränderung des Wertes der Versicherungsverbindlichkeiten, das sich ergibt aus:

1. Schwankungen in Bezug auf das Eintreten, die Häufigkeit und die Schwere der versicherten Ereignisse und in Bezug auf die Dauer und den Betrag der Schadenabwicklung (Nichtlebensversicherungsprämienrisiko und -reserverisiko) sowie
2. einer wesentlichen Ungewissheit in Bezug auf die Preisfestlegung und die Annahmen bei der Bildung der versicherungstechnischen Rückstellungen für extreme oder außergewöhnliche Ereignisse (Nichtlebenskatastrophenrisiko).

-

§ 102 Lebensversicherungstechnisches Risikomodul

(1) Das lebensversicherungstechnische Risikomodul gibt das sich aus Lebensversicherungsverpflichtungen ergebende Risiko in Bezug auf die abgedeckten Risiken und die verwendeten Prozesse bei der Ausübung des Geschäfts wieder.

(2) Das lebensversicherungstechnische Risikomodul wird gemäß der Anlage 3 berechnet als eine Kombination der Kapitalanforderungen für mindestens dasjenige Risiko eines Verlusts oder einer nachteiligen Veränderung des Wertes der Versicherungsverbindlichkeiten, das sich ergibt aus:

1. Veränderungen in der Höhe, im Trend oder in der Volatilität der Sterblichkeitsraten, wenn der Anstieg der Sterblichkeitsrate zu einem Anstieg des Wertes der Versicherungsverbindlichkeiten führt (Sterblichkeitsrisiko),

2. Veränderungen in der Höhe, im Trend oder in der Volatilität der Sterblichkeitsraten, wenn der Rückgang der Sterblichkeitsrate zu einem Anstieg des Wertes der Versicherungsverbindlichkeiten führt (Langlebigkeitsrisiko),

3. Veränderungen in der Höhe, im Trend oder in der Volatilität der Invaliditäts-, Krankheits- und Morbiditätsraten (Invaliditäts-, Morbiditätsrisiko),

4. Veränderungen in der Höhe, im Trend oder in der Volatilität der bei der Verwaltung von Versicherungsverträgen anfallenden Kosten (Lebensversicherungskostenrisiko),

5. Veränderungen in der Höhe, im Trend oder in der Volatilität der Revisionsraten für Rentenversicherungen auf Grund von Rechtsänderungen oder der gesundheitlichen Verfassung des Versicherten (Revisionsrisiko),

6. Veränderungen in der Höhe oder in der Volatilität der Storno-, Kündigungs-, Verlängerungs- und Rückkaufsraten von Versicherungspolicen (Stornorisiko) und

7. einer wesentlichen Ungewissheit in Bezug auf die Annahmen über extreme oder außergewöhnliche Ereignisse bei der Preisfestlegung und bei der Bildung versicherungstechnischer Rückstellungen (Lebensversicherungskatastrophenrisiko).

-

§ 103 Krankenversicherungstechnisches Risikomodul

(1) Das krankenversicherungstechnische Risikomodul gibt das sich aus Krankenversicherungsverpflichtungen ergebende Risiko in Bezug auf die abgedeckten Risiken und verwendeten Prozesse bei der Ausübung des Geschäfts wieder. Dies gilt unabhängig davon, ob die Krankenversicherung nach Art der Lebensversicherung betrieben wird.

(2) Das krankenversicherungstechnische Risikomodul umfasst mindestens das Risiko eines Verlusts oder einer nachteiligen Veränderung des Wertes der Versicherungsverbindlichkeiten, das sich ergibt aus

1. Veränderungen in der Höhe, im Trend oder in der Volatilität der bei der Bedienung von Versicherungsverträgen angefallenen Kosten,

2. Schwankungen in Bezug auf das Eintreten, die Häufigkeit und die Schwere der versicherten Ereignisse sowie in Bezug auf die Dauer und den Betrag der Regulierungen zum Zeitpunkt der Bildung der versicherungstechnischen Rückstellungen und

3. einer wesentlichen Ungewissheit der Annahmen in Bezug auf die Preisfestlegung und die Bildung versicherungstechnischer Rückstellungen im Hinblick auf den Ausbruch größerer

Epidemien sowie der ungewöhnlichen Häufung der unter diesen extremen Umständen auftretenden Risiken.

§ 104 Marktrisikomodul

(1) Das Marktrisikomodul deckt das Risiko ab, das sich ergibt aus der Höhe oder der Volatilität der Marktpreise von Finanzinstrumenten, die sich auf die Bewertung des Vermögens und der Verbindlichkeiten des Unternehmens auswirken. Es hat die strukturelle Inkongruenz zwischen Vermögenswerten und Verbindlichkeiten, insbesondere bezüglich deren Laufzeit, angemessen widerzuspiegeln.

(2) Das Marktrisikomodul wird gemäß der Anlage 3 berechnet als eine Kombination der Kapitalanforderungen im Hinblick auf die Sensitivität der Werte von Vermögensteilen, Verbindlichkeiten und Finanzinstrumenten in Bezug auf mindestens folgende Veränderungen:

1. Veränderungen der Zinskurve oder der Volatilität der Zinssätze (Zinsänderungsrisiko),
2. Veränderungen der Höhe oder der Volatilität der Marktpreise von Aktien (Aktienrisiko),
3. Veränderungen der Höhe oder der Volatilität der Marktpreise von Immobilien (Immobilienrisiko),
4. Veränderungen der Höhe oder der Volatilität der Kreditspreads über der risikofreien Zinskurve (Spread-Risiko) und
5. Veränderungen der Höhe oder der Volatilität der Wechselkurse (Wechselkursrisiko).

Zusätzliche Risiken, die entweder durch eine mangelnde Diversifikation des Anlageportfolios oder durch eine hohe Exponierung gegenüber dem Ausfallrisiko eines einzelnen Wertpapieremittenten oder einer Gruppe verbundener Emittenten bedingt sind (Marktrisikokonzentrationen), sind ebenfalls zu berechnen.

§ 105 Gegenparteiausfallrisikomodul

(1) Das Gegenparteiausfallrisikomodul trägt möglichen Verlusten Rechnung, die sich aus einem unerwarteten Ausfall oder der Verschlechterung der Bonität von Gegenparteien und Schuldnern des Versicherungsunternehmens während der nächsten zwölf Monate ergeben.

(2) Das Gegenparteiausfallrisikomodul umfasst

1. Verträge zur Risikominderung wie Rückversicherungsvereinbarungen, Verbriefungen und Derivate,
2. Forderungen gegenüber Vermittlern und
3. alle sonstigen Kreditrisiken, die nicht vom Spread-Risiko gemäß § 104 Absatz 2 Satz 1 Nummer 4 abgedeckt werden.

Das Gegenparteiausfallrisikomodul berücksichtigt in angemessener Weise akzessorische und sonstige Sicherheiten zugunsten der Versicherungsunternehmen, einschließlich der mit diesen Sicherheiten verbundenen Risiken.

(3) Das Gegenparteiausfallrisikomodul berücksichtigt für jede Gegenpartei die Gesamtrisikoexponierung des Versicherungsunternehmens in Bezug auf diese Gegenpartei unabhängig von der rechtlichen Ausgestaltung der vertraglichen Verpflichtungen gegenüber der Gegenpartei.

§ 106 Aktienrisikountermodul

(1) Das Aktienrisikountermodul schließt eine symmetrische Anpassung des Faktors im Szenario für Aktienanlagen ein, der das Risiko aus Veränderungen des Aktienkursniveaus erfasst.
(2) Die Anpassung der gemäß § 100 Absatz 3 kalibrierten Standardkapitalanforderung für Aktienanlagen wird als Funktion der aktuellen Höhe eines geeigneten Aktienindexes und eines gewichteten Durchschnitts dieses Indexes berechnet. Der gewichtete Durchschnitt wird über einen angemessenen Zeitraum ermittelt, der für alle Versicherungsunternehmen gleich ist.
(3) Die Anpassung darf nicht zu einem Faktor im Szenario für Aktienanlagen führen, der mehr als 10 Prozentpunkte über oder unter dem Standardfaktor für Aktienanlagen liegt.

§ 107 Kapitalanforderung für das operationelle Risiko

(1) Die Kapitalanforderung für das operationelle Risiko deckt operationelle Risiken ab, soweit diese nicht bereits in den in § 100 genannten Risikomodulen berücksichtigt werden. Sie ist gemäß § 97 Absatz 2 zu kalibrieren.
(2) In Bezug auf Lebensversicherungsverträge, bei denen das Anlagerisiko von den Versicherungsnehmern getragen wird, muss die Berechnung der Kapitalanforderung für das operationelle Risiko den Betrag der Kosten berücksichtigen, die jährlich für die Verpflichtungen aus diesen Versicherungen angefallen sind.
(3) In Bezug auf Versicherungsgeschäfte, die nicht unter Absatz 2 fallen, muss die Berechnung der Kapitalanforderung für das operationelle Risiko das Volumen dieser Geschäfte hinsichtlich der verdienten Prämien und der versicherungstechnischen Rückstellungen berücksichtigen, die für die Verpflichtungen aus diesen Versicherungen gehalten werden. Dabei darf die Kapitalanforderung für die operationellen Risiken 30 Prozent der Basissolvabilitätskapitalanforderung für diese Versicherungsgeschäfte nicht überschreiten.

§ 108 Anpassung für die Verlustausgleichsfähigkeit der versicherungstechnischen Rückstellungen und latenten Steuern

(1) Die in § 99 Nummer 3 genannte Anpassung für die Verlustausgleichsfähigkeit der versicherungstechnischen Rückstellungen und latenten Steuern berücksichtigt den möglichen Ausgleich unerwarteter Verluste durch eine gleichzeitige Verringerung der versicherungstechnischen Rückstellungen, der latenten Steuern oder eine Kombination von beidem.
(2) Diese Anpassung berücksichtigt den risikomindernden Effekt, den künftige Überschussbeteiligungen aus Versicherungsverträgen erzeugen, in dem Maße, wie Versicherungsunternehmen nachweisen können, dass eine Reduzierung dieser Überschussbeteiligungen zum Ausgleich unerwarteter Verluste verwendet werden kann. Der durch künftige Überschussbeteiligungen erzeugte risikomindernde Effekt darf nicht höher sein als die Summe aus versicherungstechnischen Rückstellungen und latenten Steuern, die mit diesen künftigen Überschussbeteiligungen in Verbindung stehen.
(3) Für die Zwecke des Absatzes 2 wird der Wert der künftigen Überschussbeteiligungen unter ungünstigen Umständen mit dem Wert der Überschussbeteiligungen gemäß den Basisannahmen für die Berechnung des besten Schätzwerts verglichen.

§ 109 Abweichungen von der Standardformel

(1) Versicherungsunternehmen können eine vereinfachte Berechnung für ein Untermodul oder Risikomodul verwenden, wenn Art, Umfang und Komplexität der Risiken dies rechtfertigen und es unverhältnismäßig ist, von dem Versicherungsunternehmen insoweit die Anwendung der Standardberechnung zu verlangen. Die vereinfachten Berechnungen müssen gemäß § 97 Absatz 2 kalibriert werden.

(2) Mit Genehmigung der Aufsichtsbehörde können Versicherungsunternehmen bei der Berechnung der versicherungstechnischen Module eine Untergruppe von Parametern durch unternehmensspezifische Parameter ersetzen. Derartige Parameter werden auf der Grundlage interner Daten des Unternehmens oder auf der Grundlage von Daten, die direkt für die Geschäfte dieses Unternehmens relevant sind, unter Verwendung standardisierter Methoden kalibriert. Die verwendeten Daten müssen genau, vollständig und angemessen sein.

§ 110 Wesentliche Abweichungen von den Annahmen, die der Berechnung mit der Standardformel zugrunde liegen

Ist die Berechnung der Solvabilitätskapitalanforderung nach der Standardformel nicht zweckmäßig, weil das Risikoprofil des Versicherungsunternehmens wesentlich von den der Standardformel zugrunde gelegten Annahmen abweicht, kann die Aufsichtsbehörde dem Unternehmen aufgeben, bei der Berechnung der versicherungstechnischen Risikomodule eine Untergruppe der für die Standardformel verwendeten Parameter durch unternehmensspezifische Parameter zu ersetzen. Bei der Berechnung dieser spezifischen Parameter hat das Unternehmen die Anforderungen des § 97 Absatz 2 und des § 109 Absatz 2 Satz 2 und 3 einzuhalten.

Unterabschnitt 3
Interne Modelle

§ 111 Verwendung interner Modelle

(1) Versicherungsunternehmen können für die Berechnung der Solvabilitätskapitalanforderung ein internes Modell in Form eines Voll- oder Partialmodells verwenden.
(2) Zu dem Modell sind schriftliche interne Leitlinien zu erstellen, die bestimmen, welche Änderungen das Versicherungsunternehmen an dem internen Modell vornehmen kann. Die internen Leitlinien müssen festlegen, wann eine Änderung als kleinere oder größere zu qualifizieren ist.
(3) Die Verwendung eines Modells, die internen Leitlinien sowie ihre Änderungen, Änderungen des Modells sowie die Beendigung der Verwendung des Modells und die vollständige oder teilweise Rückkehr zur Standardformel müssen von der Aufsichtsbehörde genehmigt werden. Satz 1 gilt nicht für kleinere Änderungen des Modells. Die Aufsichtsbehörde genehmigt den Antrag, wenn die Systeme für die Risikoerkennung, die Risikomessung, die Risikoüberwachung, das Risikomanagement und die Risikoberichterstattung angemessen und insbesondere die in Absatz 4 genannten Anforderungen erfüllt sind. Eine vollständige oder teilweise Rückkehr zur Standardformel darf nur genehmigt werden, wenn dafür eine hinreichende Rechtfertigung besteht.
(4) Zusammen mit dem Antrag auf Genehmigung sind die internen Leitlinien nach Absatz 2 sowie Unterlagen einzureichen, aus denen hervorgeht, dass das interne Modell den Anforderungen des § 112 Absatz 2 und der §§ 115 bis 121 genügt.

(5) Die Aufsichtsbehörde entscheidet über den Antrag auf Genehmigung innerhalb von sechs Monaten nach dem Zugang des vollständigen Antrags.
(6) Von Versicherungsunternehmen, denen die Aufsichtsbehörde die Verwendung eines internen Modells genehmigt hat, kann die Aufsichtsbehörde eine Schätzung der Solvabilitätskapitalanforderung gemäß der Standardformel nach den §§ 96 bis 110 verlangen.

-

§ 112 Interne Modelle in Form von Partialmodellen

(1) Interne Modelle in Form von Partialmodellen werden genehmigt für die Berechnung

1.
    eines oder mehrerer Risikomodule oder Untermodule der Basissolvabilitätskapitalanforderung gemäß den §§ 101 bis 106,

2.
    der Kapitalanforderung für das operationelle Risiko gemäß § 107 und

3.
    der Anpassung gemäß § 108.

Partialmodelle können für die gesamte Geschäftstätigkeit oder nur für einen oder mehrere Hauptgeschäftsbereiche angewendet werden.
(2) Die §§ 115 bis 121 sind entsprechend anzuwenden; dem begrenzten Anwendungsbereich des Modells ist Rechnung zu tragen. Darüber hinaus muss

1.
    die sich aus dem Modell ergebende Solvabilitätskapitalanforderung dem Risikoprofil des Versicherungsunternehmens besser Rechnung tragen als die nach der Standardformel berechnete Solvabilitätskapitalanforderung und

2.
    das Modell
    a)
        den Grundsätzen der §§ 96 bis 98 entsprechen sowie
    b)
        vollständig in die Standardformel für die Solvabilitätskapitalanforderung integrierbar und in seinem Aufbau mit den §§ 96 bis 98 konsistent sein.

(3) Das Versicherungsunternehmen muss in angemessenem Umfang begründen, dass der begrenzte Anwendungsbereich des Modells gerechtfertigt ist.
(4) Deckt das Partialmodell nur bestimmte Untermodule eines Risikomoduls oder einige Geschäftsbereiche eines Versicherungsunternehmens in Bezug auf ein spezielles Risikomodul oder Teile von beiden ab, kann die Aufsichtsbehörde die Ausdehnung des Anwendungsbereichs des Modells auf weitere Untermodule oder Geschäftsbereiche eines Risikomoduls im Wege eines Übergangsplans verlangen, bis der überwiegende Teil der Versicherungsgeschäfte in Bezug auf dieses Risikomodul abgedeckt ist.

-

§ 113 Verantwortung des Vorstands; Mitwirkung Dritter

(1) Der Vorstand ist selbst verantwortlich

1.
    für den Antrag auf Verwendung des internen Modells gemäß § 111 Absatz 3 und den Antrag auf Genehmigung späterer größerer Änderungen des Modells,

2.
    für die Einführung von Systemen, die sicherstellen, dass das interne Modell durchgehend ordnungsgemäß funktioniert,

3.

für die kontinuierliche Angemessenheit des Aufbaus und der Funktionsweise des internen Modells und

4. dafür, dass das interne Modell jederzeit das Risikoprofil des Versicherungsunternehmens angemessen abbildet.

(2) Die vollständige oder teilweise Bereitstellung des Modells oder von Daten durch Dritte entbindet das Versicherungsunternehmen nicht von der Pflicht, die Anforderungen der §§ 115 bis 121 an das interne Modell zu erfüllen.

-

§ 114 Nichterfüllung der Anforderungen an das interne Modell

(1) Wenn Versicherungsunternehmen nach der Erteilung der aufsichtsbehördlichen Genehmigung zur Verwendung eines internen Modells nicht mehr die Anforderungen der §§ 115 bis 121 erfüllen, müssen sie der Aufsichtsbehörde unverzüglich einen Plan vorlegen, wie die Anforderungen innerhalb eines angemessenen Zeitraums wieder eingehalten werden können, oder den Nachweis erbringen, dass die Nichteinhaltung der Anforderungen sich nur unwesentlich auswirkt.
(2) Wird der Plan nach Absatz 1 nicht ordnungsgemäß umgesetzt, kann die Aufsichtsbehörde zur Berechnung der Solvabilitätskapitalanforderung die Rückkehr zur Standardformel anordnen.

-

§ 115 Verwendungstest

(1) Das interne Modell muss in erheblichem Maße zur Unternehmenssteuerung verwendet werden und in der Geschäftsorganisation eine wichtige Rolle spielen, insbesondere

1. im Risikomanagementsystem gemäß § 26 und in den Entscheidungsprozessen sowie

2. in der Beurteilung des ökonomischen Kapitals und Solvabilitätskapitals sowie in den Allokationsprozessen, einschließlich der Beurteilung gemäß § 27.

(2) Die Häufigkeit der Berechnung der Solvabilitätskapitalanforderung unter Verwendung des internen Modells muss mit der Häufigkeit konsistent sein, mit der das interne Modell für die nach Absatz 1 genannten Zwecke genutzt wird.
(3) Das Versicherungsunternehmen trifft die Beweislast dafür, dass die Anforderungen der Absätze 1 und 2 erfüllt sind.

Fußnote

(+++ § 115: Zur Anwendung vgl. § 112 Abs. 2 Satz 1 +++)

-

§ 116 Statistische Qualitätsstandards für Wahrscheinlichkeitsverteilungsprognosen

(1) Das interne Modell muss alle wesentlichen Risiken des Versicherungsunternehmens abdecken. Die in § 97 Absatz 3 genannten Risiken sind stets zu berücksichtigen. Ungeachtet der gewählten Berechnungsmethode muss die Risikoeinstufung ausreichend sein, um zu gewährleisten, dass das interne Modell in der Geschäftsorganisation, insbesondere im Risikomanagement, in den Entscheidungsprozessen und der Kapitalallokation in erheblichem Maße verwendet wird und eine wichtige Rolle im Sinne des § 115 Absatz 1 spielt.
(2) Die Versicherungsunternehmen müssen jederzeit in der Lage sein, die Plausibilität der dem internen Modell zugrunde liegenden Annahmen gegenüber der Aufsichtsbehörde nachzuweisen.
(3) Die Methoden zur Berechnung der dem internen Modell zugrunde liegenden Wahrscheinlichkeitsverteilungsprognose sind auf geeignete, passende und angemessene

versicherungsmathematische und statistische Verfahren zu stützen. Sie müssen mit den Methoden konsistent sein, die für die Berechnung der versicherungstechnischen Rückstellungen verwendet werden.
(4) Die Berechnung der Wahrscheinlichkeitsverteilungsprognose muss auf aktuellen und zuverlässigen Informationen sowie auf realistischen Annahmen aufbauen.
(5) Die für das interne Modell verwendeten Daten müssen genau, vollständig und angemessen sein. Die für die Berechnung der Wahrscheinlichkeitsverteilungsprognose verwendeten Datenreihen sind mindestens einmal jährlich zu aktualisieren.

Fußnote

(+++ § 116: Zur Anwendung vgl. § 112 Abs. 2 Satz 1 +++)

-

§ 117 Sonstige statistische Qualitätsstandards

(1) Abhängigkeiten innerhalb der Risikokategorien sowie zwischen den Risikokategorien in Bezug auf Diversifikationseffekte können im internen Modell berücksichtigt werden, wenn die Systeme zur Messung der Diversifikationseffekte angemessen sind.
(2) Effekte von Risikominderungstechniken können im internen Modell berücksichtigt werden, wenn das Kreditrisiko und andere sich aus der Anwendung der Risikominderungstechniken ergebende Risiken angemessen widergespiegelt werden.
(3) Risiken von wesentlicher Bedeutung aus Finanzgarantien und vertraglichen Optionen sind exakt zu bewerten. Zusätzlich sind Risiken aus Optionen zugunsten der Versicherungsnehmer und anderer Versicherungsunternehmen zu bewerten. Die Auswirkungen künftiger Veränderungen der Finanz- und Nichtfinanzbedingungen auf die Ausübung dieser Optionen sind zu berücksichtigen.
(4) Künftigen Maßnahmen der Geschäftsleitung, die vernünftigerweise unter bestimmten Bedingungen zu erwarten sind, kann im internen Modell Rechnung getragen werden. Die Zeit, die die Umsetzung derartiger Maßnahmen erfordert, ist zu berücksichtigen.
(5) Zu erwartende Zahlungen an Versicherte sind unabhängig davon, ob sie vertraglich garantiert sind oder nicht, im internen Modell zu berücksichtigen.

Fußnote

(+++ § 117: Zur Anwendung vgl. § 112 Abs. 2 Satz 1 +++)

-

§ 118 Kalibrierungsstandards

(1) Die Versicherungsunternehmen können abweichend von § 97 Absatz 2 im internen Modell einen anderen Zeitraum oder ein anderes Risikomaß verwenden, wenn sichergestellt ist, dass die Ergebnisse des internen Modells in einer Art und Weise zur Berechnung der Solvabilitätskapitalanforderung verwendet werden, die den Versicherten ein dem § 97 gleichwertiges Schutzniveau gewährt.
(2) Sofern es in der Praxis möglich ist, haben Versicherungsunternehmen die Solvabilitätskapitalanforderung direkt aus der Wahrscheinlichkeitsverteilungsprognose abzuleiten, die durch das interne Modell generiert wird. Das Risikomaß Value-at-Risk gemäß § 97 ist zu verwenden.
(3) Die Aufsichtsbehörde kann Annäherungen für die Berechnung der Solvabilitätskapitalanforderung zulassen, wenn die Solvabilitätskapitalanforderung nicht direkt aus der durch das interne Modell generierten Wahrscheinlichkeitsverteilungsprognose abgeleitet werden kann und die Versicherungsunternehmen der Aufsichtsbehörde nachweisen, dass den Versicherungsnehmern ein Schutzniveau entsprechend § 97 Absatz 2 gewährt wird.
(4) Auf Verlangen der Aufsichtsbehörde ist das interne Modell auf einschlägige Benchmark-Portfolios anzuwenden. Dabei ist auf Verlangen der Aufsichtsbehörde von Annahmen auszugehen,

die sich im Wesentlichen auf externe Daten stützen, um die Kalibrierung des internen Modells zu überprüfen und zu ermitteln, ob seine Spezifizierung der allgemein anerkannten Marktpraxis entspricht.

Fußnote

(+++ § 118: Zur Anwendung vgl. § 112 Abs. 2 Satz 1 +++)

-

§ 119 Zuordnung von Gewinnen und Verlusten

Die Versicherungsunternehmen haben die Ursachen und Quellen von Gewinnen und Verlusten jedes Hauptgeschäftsbereichs mindestens einmal jährlich zu untersuchen. Dabei prüfen sie, wie die im internen Modell gewählte Risikokategorisierung die Ursachen und Quellen der Gewinne und Verluste erklärt. Die Risikokategorisierung und die Zuweisung von Gewinnen und Verlusten müssen das Risikoprofil der Versicherungsunternehmen widerspiegeln.

Fußnote

(+++ § 119: Zur Anwendung vgl. § 112 Abs. 2 Satz 1 +++)

-

§ 120 Validierungsstandards

(1) Versicherungsunternehmen müssen über einen regelmäßigen Modellvalidierungszyklus verfügen, der die Kontrolle des Leistungsvermögens des internen Modells, die Überprüfung der kontinuierlichen Angemessenheit seiner Spezifikation und den Abgleich von Modellergebnissen und Erfahrungswerten umfasst.
(2) Der Modellvalidierungsprozess muss ein wirksames statistisches Verfahren für die Validierung des internen Modells umfassen, mit dem gegenüber der Aufsichtsbehörde nachgewiesen werden kann, dass die mit Hilfe des internen Modells berechneten Kapitalanforderungen angemessen sind.
(3) Die angewendeten statistischen Methoden haben die Angemessenheit der Wahrscheinlichkeitsverteilungsprognose im Vergleich zu beobachteten Verlusten und zu allen wesentlichen neuen Daten und dazugehörigen Informationen zu prüfen.
(4) Der Modellvalidierungsprozess umfasst eine Analyse der Stabilität des internen Modells und insbesondere die Überprüfung der Sensitivität der Ergebnisse des internen Modells in Bezug auf Veränderungen der wichtigsten Annahmen, auf die sich das Modell stützt. Er enthält auch eine Bewertung der Genauigkeit, Vollständigkeit und Angemessenheit der für das interne Modell verwendeten Daten.

Fußnote

(+++ § 120: Zur Anwendung vgl. § 112 Abs. 2 Satz 1 +++)

-

§ 121 Dokumentationsstandards

(1) Der Aufbau und die Funktionsweise des internen Modells sind zu dokumentieren. Aus dieser Dokumentation muss hervorgehen, dass die Anforderungen der §§ 115 bis 120 eingehalten werden.
(2) Die Dokumentation enthält eine detaillierte Erläuterung der theoretischen Grundlagen, der Annahmen sowie der mathematischen und der empirischen Basis, auf die sich das interne Modell stützt, und beschreibt alle Konstellationen, in denen das interne Modell nicht wirksam funktioniert.
(3) Versicherungsunternehmen haben alle größeren Veränderungen an ihrem internen Modell (§

111 Absatz 2) zu dokumentieren.

Fußnote

(+++ § 121: Zur Anwendung vgl. § 112 Abs. 2 Satz 1 +++)

Unterabschnitt 4
Mindestkapitalanforderung

§ 122 Bestimmung der Mindestkapitalanforderung; Verordnungsermächtigung

(1) Die Mindestkapitalanforderung entspricht dem Betrag anrechnungsfähiger Basiseigenmittel, unterhalb dessen die Versicherungsnehmer und Anspruchsberechtigten bei einer Fortführung der Geschäftstätigkeit des Versicherungsunternehmens einem unannehmbaren Risikoniveau ausgesetzt sind.

(2) Das Bundesministerium der Finanzen wird ermächtigt, durch Rechtsverordnung die Höhe der in Absatz 1 genannten Mindestkapitalanforderung festzulegen; dabei sind Artikel 129 Absatz 1 bis 3 der Richtlinie 2009/138/EG, delegierte Rechtsakte der Europäischen Kommission gemäß Artikel 130 der Richtlinie 2009/138/EG und Veröffentlichungen der Europäischen Kommission gemäß Artikel 300 der Richtlinie 2009/138/EG zu beachten. Die Ermächtigung kann durch Rechtsverordnung auf die Bundesanstalt übertragen werden. Rechtsverordnungen nach den Sätzen 1 und 2 bedürfen nicht der Zustimmung des Bundesrates.

§ 123 Berechnungsturnus; Meldepflichten

(1) Versicherungsunternehmen haben die Mindestkapitalanforderung vierteljährlich zu berechnen und das Berechnungsergebnis der Aufsichtsbehörde zu melden. Für Zwecke der Bestimmung der Grenzwerte der Mindestkapitalanforderung ist keine vierteljährliche Berechnung der Solvabilitätskapitalanforderung erforderlich.

(2) Bestimmt einer der in Artikel 129 Absatz 3 der Richtlinie 2009/138/EG genannten Grenzwerte die Mindestkapitalanforderung eines Versicherungsunternehmens, hat dieses der Aufsichtsbehörde die Gründe dafür zu erläutern.

Abschnitt 3
Anlagen; Sicherungsvermögen

§ 124 Anlagegrundsätze

(1) Versicherungsunternehmen müssen ihre gesamten Vermögenswerte nach dem Grundsatz der unternehmerischen Vorsicht anlegen. Dabei sind folgende Anforderungen einzuhalten:

1. Versicherungsunternehmen dürfen ausschließlich in Vermögenswerte und Instrumente investieren, deren Risiken sie hinreichend identifizieren, bewerten, überwachen, steuern, kontrollieren und in ihre Berichterstattung einbeziehen sowie bei der Beurteilung ihres Solvabilitätsbedarfs gemäß § 27 Absatz 2 Nummer 1 hinreichend berücksichtigen können;
2. sämtliche Vermögenswerte sind so anzulegen, dass Sicherheit, Qualität, Liquidität und Rentabilität des Portfolios als Ganzes sichergestellt werden; außerdem muss die Belegenheit der Vermögenswerte ihre Verfügbarkeit gewährleisten;
3.

Vermögenswerte, die zur Bedeckung der versicherungstechnischen Rückstellungen gehalten werden, sind außerdem in einer der Art und Laufzeit der Erstversicherungs- und Rückverbindlichkeiten des Unternehmens angemessenen Weise anzulegen; diese Vermögenswerte sind im Interesse aller Versicherungsnehmer und Anspruchsberechtigten unter Berücksichtigung der Anlagepolitik anzulegen, sofern diese offengelegt worden ist;

4. im Fall eines Interessenkonflikts muss sichergestellt werden, dass die Anlage im Interesse der Versicherungsnehmer und Anspruchsberechtigten erfolgt;

5. die Verwendung derivativer Finanzinstrumente ist nur zulässig, sofern diese zur Verringerung von Risiken oder zur Erleichterung einer effizienten Portfolioverwaltung beitragen; diese Voraussetzung wird nicht erfüllt durch Geschäfte mit derivativen Finanzinstrumenten, die lediglich den Aufbau reiner Handelspositionen (Arbitragegeschäfte) bezwecken oder bei denen entsprechende Wertpapierbestände nicht vorhanden sind (Leerverkäufe);

6. Anlagen und Vermögenswerte, die nicht zum Handel an einem geregelten Finanzmarkt zugelassen sind, sind auf einem vorsichtigen Niveau zu halten;

7. Anlagen sind in angemessener Weise so zu mischen und zu streuen, dass eine übermäßige Abhängigkeit von einem bestimmten Vermögenswert oder Emittenten oder von einer bestimmten Unternehmensgruppe oder einem geographischen Raum und eine übermäßige Risikokonzentration im Portfolio als Ganzem vermieden werden und

8. Vermögensanlagen bei demselben Emittenten oder bei Emittenten, die derselben Unternehmensgruppe angehören, dürfen nicht zu einer übermäßigen Risikokonzentration führen.

(2) Absatz 1 Nummer 5 bis 8 findet auf Lebensversicherungsverträge, bei denen das Anlagerisiko vom Versicherungsnehmer getragen wird, vorbehaltlich des Absatzes 2 Satz 2 Nummer 3 keine Anwendung.Über Absatz 1 Nummer 1 bis 4 hinaus sind bei diesen Verträgen für die betroffenen Vermögenswerte,

1. wenn die Leistungen aus einem Vertrag direkt an den Wert von Anteilen an Organismen für gemeinschaftliche Anlagen in Wertpapieren im Sinne der Richtlinie 2009/65/EG oder an den Wert von Vermögenswerten gebunden sind, die in einem von den Versicherungsunternehmen gehaltenen und in der Regel in Anteile aufgeteilten internen Fonds enthalten sind, die versicherungstechnischen Rückstellungen für diese Leistungen so genau wie möglich durch die betreffenden Anteile oder, sofern keine Anteile gebildet wurden, durch die betreffenden Vermögenswerte abzubilden;

2. wenn die Leistungen aus einem Vertrag direkt an einen Aktienindex oder an einen anderen als den in Nummer 1 genannten Referenzwert gebunden sind, die versicherungstechnischen Rückstellungen für diese Leistungen so genau wie möglich durch die Anteile, die den Referenzwert darstellen, abzubilden; sofern keine Anteile gebildet werden, sind die Rückstellungen durch Vermögenswerte mit angemessener Sicherheit und Realisierbarkeit abzubilden, die so genau wie möglich denjenigen Werten entsprechen, auf denen der jeweilige Referenzwert beruht und

3. wenn die in den Nummern 1 und 2 genannten Leistungen eine Garantie in Bezug auf das Anlageergebnis oder eine sonstige garantierte Leistung einschließen, auf die zur Bedeckung der entsprechenden zusätzlichen versicherungstechnischen Rückstellungen gehaltenen Vermögenswerte Absatz 1 Nummer 5 bis 8 anzuwenden.

(3) Gehören Versicherungsverhältnisse zu einem selbständigen Bestand eines Versicherungsunternehmens in einem Staat außerhalb der Mitglied- oder Vertragsstaaten, sind die Absätze 1 und 2 anzuwenden, soweit nicht ausländisches Recht Abweichendes vorschreibt.

§ 125 Sicherungsvermögen

(1) Der Vorstand eines Erstversicherungsunternehmens hat schon im Laufe des Geschäftsjahres Beträge in solcher Höhe dem Sicherungsvermögen zuzuführen und vorschriftsmäßig anzulegen, wie es dem voraussichtlichen Anwachsen des Mindestumfangs nach Absatz 2 entspricht. Wenn Erstversicherungsunternehmen Vermögen in

1. Darlehensforderungen,
2. Schuldverschreibungen und Genussrechten,
3. Schuldbuchforderungen,
4. Aktien,
5. Beteiligungen,
6. Grundstücken und grundstücksgleichen Rechten,
7. Anteilen im Sinne des § 215 Absatz 2 Satz 1 Nummer 6 oder
8. laufenden Guthaben und Einlagen bei Kreditinstituten

anlegen, sind diese Vermögenswerte bis zur Höhe der in Absatz 2 genannten Summe der Bilanzwerte dem Sicherungsvermögen zuzuführen. Die in Satz 2 genannten Vermögenswerte sollen insgesamt im Hinblick auf Sicherheit, Liquidität, Rentabilität und Qualität mindestens dem Niveau des Gesamtportfolios entsprechen.

(2) Der Umfang des Sicherungsvermögens muss mindestens der Summe aus den Bilanzwerten folgender Beträge entsprechen:

1. der Beitragsüberträge,
2. der Deckungsrückstellung,
3. der Rückstellung für
   a) noch nicht abgewickelte Versicherungsfälle und Rückkäufe,
   b) erfolgsunabhängige Beitragsrückerstattung und
   c) unverbrauchte Beiträge aus ruhenden Versicherungsverträgen,
4. der Teile der Rückstellung für erfolgsabhängige Beitragsrückerstattung, die auf bereits festgelegte, aber noch nicht zugeteilte Überschussanteile entfallen,
5. der Verbindlichkeiten aus dem selbst abgeschlossenen Versicherungsgeschäft gegenüber Versicherungsnehmern sowie
6. der als Prämie eingenommenen Beträge, die ein Versicherungsunternehmen zu erstatten hat, wenn ein Versicherungsvertrag oder ein in § 2 Absatz 2 genanntes Geschäft nicht zustande gekommen ist oder aufgehoben wurde.

Bilanzwerte im Sinne des Satzes 1 sind die Bruttobeträge für das selbst abgeschlossene

Versicherungsgeschäft vor Abzug der Anteile für das in Rückdeckung gegebene Versicherungsgeschäft.
(3) Unbelastete Grundstücke und grundstücksgleiche Rechte sind für das Sicherungsvermögen mit ihrem Bilanzwert anzusetzen. Ist der Bilanzwert höher als der Verkehrswert, so ist der Verkehrswert anzusetzen. Die Aufsichtsbehörde kann eine angemessene Erhöhung des Wertansatzes zulassen, wenn und soweit durch ein Sachverständigengutachten nachgewiesen ist, dass der Verkehrswert den Bilanzwert um mindestens 100 Prozent überschreitet. Für belastete Grundstücke und grundstücksgleiche Rechte setzt die Aufsichtsbehörde den Wert im Einzelfall fest.
(4) Das Sicherungsvermögen ist gesondert von jedem anderen Vermögen zu verwalten und im Gebiet der Mitglied- oder Vertragsstaaten aufzubewahren. Die Art der Aufbewahrung ist der Aufsichtsbehörde anzuzeigen. Diese kann genehmigen, dass die Werte des Sicherungsvermögens an einem anderen Ort aufbewahrt werden.
(5) Für jede Anlageart ist eine Abteilung des Sicherungsvermögens (Anlagestock) zu bilden, soweit Lebensversicherungsverträge Versicherungsleistungen

1.
    in Anteilen an einem offenen Investmentvermögen im Sinne von § 1 Absatz 4 des Kapitalanlagegesetzbuchs anlegen,
2.
    in von einer Investmentgesellschaft ausgegebenen Anteilen vorsehen,
3.
    in Vermögensgegenstände im Sinne von § 2 Absatz 4 des Investmentgesetzes in der bis zum 21. Juli 2013 geltenden Fassung, ausgenommen Geld, vorsehen oder
4.
    direkt an einen Aktienindex oder andere Bezugswerte binden.

(6) Mit Genehmigung der Aufsichtsbehörde können selbständige Abteilungen des Sicherungsvermögens gebildet werden. Was für das Sicherungsvermögen und die Ansprüche daran vorgeschrieben ist, gilt dann entsprechend für jede selbständige Abteilung.

Fußnote
(+++ § 125 Abs. 5 u. 6: Zur Anwendung vgl. § 237 Abs. 1 Satz 2 +++)
-

§ 126 Vermögensverzeichnis

(1) Das Versicherungsunternehmen hat dafür zu sorgen, dass die Bestände des Sicherungsvermögens in ein Vermögensverzeichnis einzeln eingetragen werden. Die Vorschriften über das Sicherungsvermögen gelten für alle Vermögensgegenstände, die im Vermögensverzeichnis eingetragen sind. Ansprüche auf Nutzungen, die die zum Sicherungsvermögen gehörenden Vermögensgegenstände gewähren, gehören auch ohne Eintragung in das Vermögensverzeichnis zum Sicherungsvermögen. Forderungen aus Vorauszahlungen oder Darlehen auf die eigenen Versicherungsscheine des Unternehmens, soweit sie zu den Beständen des Sicherungsvermögens gehören, brauchen nur in einer Gesamtsumme nachgewiesen zu werden. Bei Forderungen, die durch eine Grundstücksbelastung gesichert und in Teilbeträgen zurückzuzahlen sind, ist das Vermögensverzeichnis nach näherer Bestimmung der Aufsichtsbehörde zu berichten; dasselbe gilt für Grundstücksbelastungen, die keine persönliche Forderung sichern.
(2) Am Schluss eines jeden Geschäftsjahres hat das Versicherungsunternehmen der Aufsichtsbehörde eine Abschrift der im Laufe des Geschäftsjahres vorgenommenen Eintragungen vorzulegen; der Vorstand hat die Richtigkeit der Abschrift zu bescheinigen. Die Aufsichtsbehörde hat die Abschrift aufzubewahren.
(3) Die Anteile der Rückversicherer sowie die Anteile der zum Geschäftsbetrieb zugelassenen Zweckgesellschaften im Sinne des Artikels 211 der Richtlinie 2009/138/EG an den

versicherungstechnischen Bruttorückstellungen im Sinne der §§ 341e bis 341h des Handelsgesetzbuchs des selbst abgeschlossenen Versicherungsgeschäfts gehören auch ohne Eintragung in das Vermögensverzeichnis zum Sicherungsvermögen. Für Forderungen an Versicherungs-Zweckgesellschaften mit Sitz in einem Drittstaat gilt dies nur dann, wenn die Versicherungs-Zweckgesellschaft im Sitzland entsprechend den Anforderungen des § 168 zum Geschäftsbetrieb staatlich zugelassen ist und beaufsichtigt wird sowie über eine vergleichbare Ausstattung mit Kapitalanlagen verfügt.
(4) Absatz 3 gilt für die Lebensversicherung, die Krankenversicherung der in § 146 genannten Art, die private Pflegepflichtversicherung nach § 148 und die Unfallversicherung mit Prämienrückgewähr nach § 161, nur für die Beitragsüberträge nach § 341e Absatz 2 Nummer 1 des Handelsgesetzbuchs und die Rückstellung für noch nicht abgewickelte Versicherungsfälle nach § 341g des Handelsgesetzbuchs. In den genannten Versicherungszweigen hat das Unternehmen die anteiligen Werte des Sicherungsvermögens mit Ausnahme der Beitragsüberträge nach § 341e Absatz 2 Nummer 1 des Handelsgesetzbuchs und der Rückstellung für noch nicht abgewickelte Versicherungsfälle nach § 341g des Handelsgesetzbuchs auch für den in Rückdeckung gegebenen Anteil selbst aufzubewahren und zu verwalten.
-

§ 127 Zuführungen zum Sicherungsvermögen

(1) Erreicht das Sicherungsvermögen nicht den Mindestumfang nach § 125 Absatz 2, hat der Vorstand den fehlenden Betrag unverzüglich dem Sicherungsvermögen zuzuführen. Die Zuführung zum Sicherungsvermögen darf so weit unterbleiben, wie im Ausland zugunsten bestimmter Versicherungen eine besondere Sicherheit aus den eingenommenen Versicherungsentgelten gestellt werden muss.
(2) Die Aufsichtsbehörde kann anordnen, dass dem Sicherungsvermögen über den Mindestumfang nach § 125 Absatz 2 hinaus Beträge zugeführt werden, wenn dies zur Wahrung der Belange der Versicherten geboten erscheint. Eine Zuführung kann insbesondere unter Berücksichtigung der niedrigeren Zeitwerte der Vermögensgegenstände des Sicherungsvermögens geboten sein.

Fußnote

(+++ § 127 Abs. 1: Zur Anwendung vgl. § 129 Abs. 2 Satz 3 +++)
-

§ 128 Treuhänder für das Sicherungsvermögen

(1) Zur Überwachung des Sicherungsvermögens für die Lebensversicherung, die Krankenversicherung der in § 146 genannten Art, die private Pflegepflichtversicherung nach § 148 und die Unfallversicherung mit Prämienrückgewähr nach § 161 sind ein Treuhänder und ein Stellvertreter für diesen zu bestellen. Öffentlich-rechtliche Versicherungsunternehmen müssen keinen Treuhänder bestellen. Kleinere Vereine im Sinne des § 210 Absatz 1 Satz 1 müssen einen Treuhänder nur bestellen, wenn es die Aufsichtsbehörde anordnet.
(2) Für den Stellvertreter gelten die Vorschriften über den Treuhänder entsprechend.
(3) Den Treuhänder bestellt der Aufsichtsrat. Hat ein kleinerer Verein keinen Aufsichtsrat, bestellt der Vorstand den Treuhänder.
(4) Wer als Treuhänder vorgesehen ist, muss vor Bestellung der Aufsichtsbehörde benannt werden. Hat diese gegen die Bestellung Bedenken, kann sie verlangen, dass innerhalb einer angemessenen Frist eine andere Person benannt wird. Unterbleibt das oder hat die Aufsichtsbehörde auch gegen die Bestellung dieser neu benannten Person Bedenken, so kann sie den Treuhänder selbst bestellen. Die Sätze 2 und 3 gelten auch, wenn die Aufsichtsbehörde Bedenken dagegen hat, dass ein bestellter Treuhänder sein Amt weiter verwaltet.
(5) Der Treuhänder hat, ohne dass diese Pflicht die Verantwortlichkeit der zur Vertretung des

Unternehmens berufenen Stellen berührt, im Jahresabschluss unter der Bilanz zu bestätigen, dass das Sicherungsvermögen vorschriftsmäßig angelegt und aufbewahrt ist.
(6) Streitigkeiten zwischen dem Treuhänder und dem Versicherungsunternehmen über seine Obliegenheiten entscheidet die Aufsichtsbehörde.

-

§ 129 Sicherstellung des Sicherungsvermögens

(1) Das Sicherungsvermögen ist so sicherzustellen, dass nur mit Zustimmung des Treuhänders darüber verfügt werden kann.
(2) Der Treuhänder hat insbesondere die Bestände des Sicherungsvermögens unter Mitverschluss des Versicherungsunternehmens zu verwahren. Der Treuhänder darf einen Sicherungsvermögenswert nur herausgeben, wenn die übrigen Werte zur Bedeckung des Mindestumfangs des Sicherungsvermögens gemäß § 125 Absatz 2 ausreichen oder das Versicherungsunternehmen Zug um Zug eine anderweitige Bedeckung des Sicherungsvermögens stellt. Ist das Versicherungsunternehmen zur Herausgabe einer Urkunde verpflichtet, muss der Treuhänder der Herausgabe zustimmen, auch wenn die in Satz 2 genannten Voraussetzungen nicht vorliegen; § 127 Absatz 1 ist entsprechend anzuwenden. Benötigt das Versicherungsunternehmen eine Urkunde zum vorübergehenden Gebrauch, so hat der Treuhänder sie herauszugeben, ohne dass das Versicherungsunternehmen verpflichtet ist, eine anderweitige Bedeckung zu stellen.
(3) Der Treuhänder kann einer Verfügung nur schriftlich zustimmen; soll ein Gegenstand im Vermögensverzeichnis gelöscht werden, so genügt es, dass der Treuhänder neben oder unter den Löschungsvermerk seinen Namen schreibt.
(4) Der Treuhänder kann jederzeit die Bücher und Schriften des Versicherungsunternehmens einsehen, soweit sie sich auf das Sicherungsvermögen beziehen.

-

§ 130 Entnahme aus dem Sicherungsvermögen

(1) Dem Sicherungsvermögen dürfen außer den Mitteln, die zur Vornahme und Änderung der Kapitalanlagen erforderlich sind, nur die Beträge entnommen werden, die durch Eintritt oder Regulierung des Versicherungsfalls, durch Rückkauf oder dadurch frei werden, dass sonst ein Versicherungsverhältnis beendet oder der Geschäftsplan geändert wird.
(2) Durch Zwangsvollstreckung oder Arrestvollziehung darf über die Bestände des Sicherungsvermögens nur so weit verfügt werden, wie für den Anspruch, zu dessen Gunsten verfügt wird, die Zuführung zum Sicherungsvermögen gemäß § 125 Absatz 1 bis 3, § 126 Absatz 3 und § 127 vorgeschrieben und tatsächlich erfolgt ist. Satz 1 ist entsprechend anzuwenden für die Aufrechnung gegen Ansprüche, die zu den Beständen des Sicherungsvermögens gehören.

-

§ 131 Verordnungsermächtigung

(1) Das Bundesministerium der Finanzen wird ermächtigt, für Versicherungsunternehmen, die nicht der Aufsicht durch die Aufsichtsbehörden der Länder unterliegen, durch Rechtsverordnung unter Berücksichtigung von delegierten Rechtsakten der Europäischen Kommission gemäß Artikel 135 der Richtlinie 2009/138/EG Vorschriften zu erlassen über

1.
    die Berichterstattung der Versicherungsunternehmen über ihre gesamten Vermögensanlagen;
2.
    die Identifikation, Bewertung, Überwachung, Steuerung und Berichterstattung von oder über
    a)

3.
- b) Risiken, die aus Kapitalanlagen entstehen, und
- spezifische Risiken, die aus Anlagen in derivative Finanzinstrumente entstehen, sowie

die Festlegung von Anforderungen im Zusammenhang mit der Verbriefung von Krediten in handelbare Wertpapiere und in andere Finanzinstrumente, und zwar
- a) Anforderungen, die der Originator erfüllen muss, damit es Versicherungsunternehmen gestattet ist, in nach dem 1. Januar 2011 begebene Wertpapiere oder Finanzinstrumente dieser Art zu investieren, einschließlich solcher, die sicherstellen, dass der Originator einen ökonomischen Nettoanteil von nicht weniger als 5 Prozent zurückbehält und
- b) qualitative Anforderungen, die Versicherungsunternehmen erfüllen müssen, die in diese Wertpapiere oder Finanzinstrumente investieren.

(2) Die Ermächtigung nach Absatz 1 kann durch Rechtsverordnung auf die Bundesanstalt übertragen werden.
(3) Rechtsverordnungen nach den Absätzen 1 und 2 bedürfen nicht der Zustimmung des Bundesrates.

Abschnitt 4
Versicherungsunternehmen in besonderen Situationen

§ 132 Feststellung und Anzeige einer sich verschlechternden finanziellen Lage

(1) Ein Versicherungsunternehmen muss über geeignete Verfahren verfügen, um eine Verschlechterung seiner finanziellen Lage festzustellen.
(2) Eine Verschlechterung der finanziellen Lage, die die Erfüllbarkeit der Verpflichtungen aus Versicherungen oder die Zahlungsfähigkeit des Versicherungsunternehmens gefährden könnte, hat das Versicherungsunternehmen unverzüglich der Aufsichtsbehörde anzuzeigen.

§ 133 Unzureichende Höhe versicherungstechnischer Rückstellungen

(1) Sofern ein Versicherungsunternehmen auf Grund einer Verletzung der in den §§ 74 bis 88 geregelten Pflichten nur unzureichende versicherungstechnische Rückstellungen bildet, kann die Aufsichtsbehörde die freie Verfügung über die Vermögenswerte des Unternehmens einschränken oder untersagen.
(2) Absatz 1 ist entsprechend anzuwenden, wenn ein Versicherungsunternehmen keine ausreichenden versicherungstechnischen Rückstellungen im Sinne der §§ 341e bis 341h des Handelsgesetzbuchs bildet.
(3) Hat die Aufsichtsbehörde die Absicht, die freie Verfügung über die Vermögenswerte nach Absatz 1 zu untersagen oder einzuschränken, so hat sie zuvor die Aufsichtsbehörde des Mitglied- oder Vertragsstaats, in dem das Unternehmen eine Zweigniederlassung unterhält oder Dienstleistungen erbringt, davon zu unterrichten und die Vermögenswerte zu bezeichnen, die Gegenstand der beabsichtigten Maßnahme sein sollen.

Fußnote
(+++ § 133 Abs. 3: Zur Anwendung vgl. § 134 Abs. 7 u. § 135 Abs. 3 +++)

§ 134 Nichtbedeckung der Solvabilitätskapitalanforderung

(1) Ist die Solvabilitätskapitalanforderung nicht mehr bedeckt oder droht dieser Fall innerhalb der nächsten drei Monate einzutreten, hat das Versicherungsunternehmen die Aufsichtsbehörde unverzüglich darüber zu unterrichten.

(2) Innerhalb von zwei Monaten, nachdem das Versicherungsunternehmen festgestellt hat, dass die Solvabilitätskapitalanforderung nicht bedeckt ist, hat es der Aufsichtsbehörde einen realistischen Sanierungsplan zur Genehmigung vorzulegen.

(3) Das Versicherungsunternehmen hat innerhalb von sechs Monaten, nachdem es die Nichtbedeckung der Solvabilitätskapitalanforderung festgestellt hat, durch angemessene Maßnahmen die anrechnungsfähigen Eigenmittel aufzustocken oder das Risikoprofil zu senken, bis die Solvabilitätskapitalanforderung wieder bedeckt ist. Die Aufsichtsbehörde kann die Frist um drei Monate verlängern.

(4) Hat die Europäische Aufsichtsbehörde für das Versicherungswesen und die betriebliche Altersversorgung den Eintritt außergewöhnlicher widriger Umstände im Sinne des Artikels 138 Absatz 4 der Richtlinie 2009/138/EG festgestellt, kann die Aufsichtsbehörde, die in Absatz 3 Satz 2 genannte Frist für betroffene Unternehmen unter Berücksichtigung aller relevanten Faktoren um maximal sieben Jahre verlängern. Die Möglichkeit zur Fristverlängerung endet, sobald die Europäische Aufsichtsbehörde für das Versicherungswesen und die betriebliche Altersversorgung festgestellt hat, dass außergewöhnliche widrige Umstände nicht mehr vorliegen.

(5) Die Europäische Aufsichtsbehörde für das Versicherungswesen und die betriebliche Altersversorgung trifft die Feststellung für das Vorliegen außergewöhnlicher widriger Umstände auf Antrag einer Aufsichtsbehörde. Die Bundesanstalt kann den Antrag stellen, wenn Versicherungsunternehmen, die einen wesentlichen Anteil am Markt oder an den betroffenen Geschäftsbereichen ausmachen, aller Voraussicht nach eine der in Absatz 3 genannten Bedingungen nicht erfüllen werden.

(6) Im Fall des Absatzes 4 Satz 1 haben die betroffenen Versicherungsunternehmen der Aufsichtsbehörde alle drei Monate einen Fortschrittsbericht vorzulegen. In diesem sind die Maßnahmen zur Aufstockung der anrechnungsfähigen Eigenmittel zur Einhaltung der Solvabilitätskapitalanforderung oder zur Senkung des Risikoprofils bis zur erneuten Einhaltung der Solvabilitätskapitalanforderung sowie der hierbei erzielte Fortschritt darzustellen. Die nach Absatz 4 Satz 1 gewährte Verlängerung ist zu widerrufen, wenn aus dem Fortschrittsbericht hervorgeht, dass zwischen dem Zeitpunkt der Feststellung der Nichtbedeckung der Solvabilitätskapitalanforderung und dem der Übermittlung des Fortschrittsberichts kein wesentlicher Fortschritt bei der Wiederherstellung der Einhaltung der Solvabilitätskapitalanforderung stattgefunden hat.

(7) Rechtfertigen Tatsachen die Annahme, dass sich die finanzielle Lage des betreffenden Versicherungsunternehmens weiter verschlechtern wird, kann die Aufsichtsbehörde die freie Verfügung über die Vermögenswerte des betreffenden Versicherungsunternehmens einschränken oder untersagen; § 133 Absatz 3 ist entsprechend anzuwenden.

(8) Hat die Aufsichtsbehörde die freie Verfügung über die Vermögenswerte nach Absatz 7 eingeschränkt oder untersagt, unterrichtet sie die Aufsichtsbehörden der Mitglied- oder Vertragsstaaten, in dem das Unternehmen eine Zweigniederlassung unterhält oder Dienstleistungen erbringt, davon. Sie kann diese ersuchen, die gleichen Maßnahmen zu treffen. In diesem Fall bezeichnet sie die Vermögenswerte, die Gegenstand der Maßnahme sein sollen.

Fußnote

(+++ § 134 Abs. 3 Satz 2, Abs. 6 Satz 1 u. 2: Zur Anwendung vgl. § 234 Abs. 3 Satz 1 Nr. 4 u. § 237 Abs. 3 Nr. 5 +++)
(+++ § 134 Abs. 8: Zur Anwendung vgl. § 135 Abs. 3 +++)
-

§ 135 Nichtbedeckung der Mindestkapitalanforderung

(1) Ist die Mindestkapitalanforderung nicht mehr bedeckt oder droht dieser Fall innerhalb der nächsten drei Monate einzutreten, hat das Versicherungsunternehmen die Aufsichtsbehörde unverzüglich darüber zu unterrichten.
(2) Innerhalb eines Monats, nachdem das Versicherungsunternehmen festgestellt hat, dass die Mindestkapitalanforderung nicht bedeckt ist, legt es der Aufsichtsbehörde einen kurzfristigen und realistischen Finanzierungsplan zur Genehmigung vor. Dieser Plan legt dar, wie die anrechnungsfähigen Basiseigenmittel innerhalb von drei Monaten mindestens auf die Höhe des Betrags der Mindestkapitalanforderung aufgestockt werden sollen oder das Risikoprofil so gesenkt werden soll, dass die Mindestkapitalanforderung wieder bedeckt ist.
(3) Die Aufsichtsbehörde kann die freie Verfügung über die Vermögenswerte des Versicherungsunternehmens einschränken oder untersagen; § 133 Absatz 3 und § 134 Absatz 8 sind entsprechend anzuwenden.

Fußnote

(+++ § 135 Abs. 1 u. 2: Zur Anwendung vgl. § 261 Abs. 3 Satz 3 +++)

-

§ 136 Sanierungs- und Finanzierungsplan

(1) Sanierungsplan und Finanzierungsplan umfassen mindestens die folgenden Angaben:
1.
   Schätzungen der Betriebskosten, insbesondere laufende allgemeine Ausgaben und Provisionen,
2.
   die geschätzten Einnahmen und Ausgaben für das Erstversicherungsgeschäft sowie das übernommene und übertragene Rückversicherungsgeschäft,
3.
   eine Prognose der Solvabilitätsübersicht,
4.
   Schätzungen der Finanzmittel, mit denen die versicherungstechnischen Rückstellungen, die Solvabilitätskapitalanforderung und die Mindestkapitalanforderung bedeckt werden sollen, und
5.
   die Rückversicherungspolitik insgesamt.

(2) Ist der Aufsichtsbehörde ein Sanierungsplan oder ein Finanzierungsplan vorzulegen, so kann sie eine Bescheinigung nach § 13 Absatz 2 Nummer 1 erst ausstellen, wenn sie der Auffassung ist, dass die Rechte der Versicherungsnehmer nicht mehr gefährdet sind.

-

§ 137 Fortschreitende Verschlechterung der Solvabilität

(1) Im Fall einer fortschreitenden Verschlechterung der Solvabilität eines Versicherungsunternehmens kann die Aufsichtsbehörde neben den in den §§ 134 und 135 genannten Maßnahmen alle Maßnahmen ergreifen, die zur Wahrung der sich aus den Versicherungsverträgen ergebenden Interessen der Versicherungsnehmer oder zur Erfüllung der Verpflichtungen aus Rückversicherungsverträgen geeignet, erforderlich und angemessen sind. Bei der Auswahl der Maßnahme müssen Grad und Dauer der Verschlechterung der Solvabilitätssituation des Versicherungsunternehmens berücksichtigt werden.
(2) Insbesondere kann die Aufsichtsbehörde
1.
   verlangen, einen höheren Betrag an *anrechnungsfähigen* Eigenmitteln bereitzustellen als zur

2. Einhaltung der Solvabilitätskapitalanforderung erforderlich ist,
3. Entnahmen aus den Rücklagen sowie die Ausschüttung von Gewinnen untersagen oder beschränken,
4. Maßnahmen untersagen oder beschränken, die dazu dienen, einen Jahresfehlbetrag auszugleichen oder einen Bilanzgewinn auszuweisen.

Fußnote

§ 137 Abs. 2 Nr. 1 Kursivdruck: Aufgrund offensichtlicher Unrichtigkeit wurde das Wort "anrechungsfähigen" durch "anrechnungsfähigen" ersetzt

Kapitel 3
Besondere Vorschriften für einzelne Zweige

Abschnitt 1
Lebensversicherung

-

§ 138 Prämienkalkulation in der Lebensversicherung; Gleichbehandlung

(1) Die Prämien in der Lebensversicherung müssen unter Zugrundelegung angemessener versicherungsmathematischer Annahmen kalkuliert werden und so hoch sein, dass das Lebensversicherungsunternehmen allen seinen Verpflichtungen nachkommen und insbesondere für die einzelnen Verträge ausreichende Deckungsrückstellungen bilden kann. Hierbei kann der Finanzlage des Versicherungsunternehmens Rechnung getragen werden, ohne dass planmäßig und auf Dauer Mittel eingesetzt werden dürfen, die nicht aus Prämienzahlungen stammen.
(2) Bei gleichen Voraussetzungen dürfen Prämien und Leistungen nur nach gleichen Grundsätzen bemessen werden.

Fußnote

(+++ § 138 Abs. 2: Zur Anwendung vgl. § 146 Abs. 2 Satz 1 +++)

-

§ 139 Überschussbeteiligung

(1) Die für die Überschussbeteiligung der Versicherten bestimmten Beträge sind, soweit sie den Versicherten nicht unmittelbar zugeteilt wurden, in der Bilanz in eine Rückstellung für Beitragsrückerstattung einzustellen.
(2) Bei Versicherungsaktiengesellschaften bestimmt der Vorstand mit Zustimmung des Aufsichtsrats die Beträge, die für die Überschussbeteiligung der Versicherten zurückzustellen sind. Jedoch dürfen Beträge, die nicht auf Grund eines Rechtsanspruchs der Versicherten zurückzustellen sind, für die Überschussbeteiligung nur bestimmt werden, soweit aus dem verbleibenden Bilanzgewinn noch ein Gewinn in Höhe von mindestens 4 Prozent des Grundkapitals verteilt werden kann. Ein Bilanzgewinn darf nur ausgeschüttet werden, soweit er einen etwaigen Sicherungsbedarf nach Absatz 4 überschreitet.
(3) Bewertungsreserven aus direkt oder indirekt vom Versicherungsunternehmen gehaltenen festverzinslichen Anlagen und Zinsabsicherungsgeschäften sind bei der Beteiligung der Versicherungsnehmer an den Bewertungsreserven gemäß § 153 des Versicherungsvertragsgesetzes nur insoweit zu berücksichtigen, als sie einen etwaigen Sicherungsbedarf aus den Versicherungsverträgen mit Zinsgarantie gemäß Absatz 4 überschreiten.

(4) Der Sicherungsbedarf aus den Versicherungsverträgen mit Zinsgarantie ist die Summe der Sicherungsbedarfe der Versicherungsverträge, deren maßgeblicher Rechnungszins über dem maßgeblichen Euro-Zinsswapsatz zum Zeitpunkt der Ermittlung der Bewertungsreserven (Bezugszins) liegt. Der Sicherungsbedarf eines Versicherungsvertrags ist die versicherungsmathematisch unter Berücksichtigung des Bezugszinses bewertete Zinssatzverpflichtung des Versicherungsvertrags, vermindert um die Deckungsrückstellung. Sterbekassen können den Sicherungsbedarf aus den Versicherungsverträgen mit Zinsgarantie mit Genehmigung der Aufsichtsbehörde nach einem abweichenden Verfahren berechnen.

Fußnote

(+++ § 139 Abs. 1 u. 2 Satz 1 u. 2: Zur Anwendung vgl. § 151 Abs. 1 +++)
(+++ § 139 Abs. 3 u. 4: Zur Anwendung vgl. § 233 Abs. 1 Satz 6 u. § 237 Abs. 1 Satz 2 +++)
-

§ 140 Rückstellung für Beitragsrückerstattung

(1) Die der Rückstellung für Beitragsrückerstattung zugewiesenen Beträge dürfen nur für die Überschussbeteiligung der Versicherten einschließlich der durch § 153 des Versicherungsvertragsgesetzes vorgeschriebenen Beteiligung an den Bewertungsreserven verwendet werden. In Ausnahmefällen kann die Rückstellung für Beitragsrückerstattung, soweit sie nicht auf bereits festgelegte Überschussanteile entfällt, mit Zustimmung der Aufsichtsbehörde im Interesse der Versicherten herangezogen werden, um

1.
    einen drohenden Notstand abzuwenden,
2.
    unvorhersehbare Verluste aus den überschussberechtigten Versicherungsverträgen auszugleichen, die auf allgemeine Änderungen der Verhältnisse zurückzuführen sind, oder
3.
    die Deckungsrückstellung zu erhöhen, wenn die Rechnungsgrundlagen auf Grund einer unvorhersehbaren und nicht nur vorübergehenden Änderung der Verhältnisse angepasst werden müssen.

Bei Maßnahmen nach Satz 2 Nummer 2 oder 3 sind die Versichertenbestände verursachungsorientiert zu belasten.
(2) Ein die Belange der Versicherten gefährdender Missstand liegt vor, wenn bei überschussberechtigten Versicherungen

1.
    keine angemessene Zuführung zur Rückstellung für Beitragsrückerstattung erfolgt oder
2.
    keine angemessene Verwendung der Mittel in der Rückstellung für Beitragsrückerstattung erfolgt.

Das ist insbesondere dann anzunehmen, wenn

1.
    im Fall des Satzes 1 Nummer 1 die Zuführung zur Rückstellung für Beitragsrückerstattung eines Lebensversicherungsunternehmens unter Berücksichtigung der Direktgutschrift und der rechnungsmäßigen Zinsen nicht der gemäß § 145 Absatz 2 durch Rechtsverordnung festgelegten Mindestzuführung entspricht und
2.
    im Fall des Satzes 1 Nummer 2 der ungebundene Teil der Rückstellung für Beitragsrückerstattung den gemäß § 145 Absatz 3 durch Rechtsverordnung festgelegten Höchstbetrag überschreitet.

(3) Die Aufsichtsbehörde kann verlangen, dass ihr

1.

2.
ein Plan zur Sicherstellung angemessener Zuführungen zur Rückstellung für Beitragsrückerstattung (Zuführungsplan) vorgelegt wird, wenn die Zuführung zur Rückstellung nicht den Mindestanforderungen der Rechtsverordnung nach § 145 Absatz 2 entspricht, oder

ein Plan zur angemessenen Verwendung der Mittel in der Rückstellung für Beitragsrückerstattung (Ausschüttungsplan) vorgelegt wird, wenn der ungebundene Teil der Rückstellung den Höchstbetrag der Rechtsverordnung nach § 145 Absatz 3 überschreitet.

(4) Lebensversicherungsunternehmen können innerhalb der Rückstellung für Beitragsrückerstattung einen kollektiven Teil oder mehrere kollektive Teile einrichten, der beziehungsweise die den überschussberechtigten Verträgen insgesamt zugeordnet ist beziehungsweise sind.

Fußnote

(+++ § 140 Abs. 1: Zur Anwendung vgl. § 151 Abs. 1 +++)
(+++ § 140 Abs. 2: Zur Anwendung vgl. § 237 Abs. 3 Nr. 6 +++)
(+++ § 140 Abs. 2, 3: Zur Anwendung vgl. § 222 Abs. 4 Satz 3 +++)
-

§ 141 Verantwortlicher Aktuar in der Lebensversicherung

(1) Jedes Lebensversicherungsunternehmen hat einen Verantwortlichen Aktuar zu bestellen. Er muss zuverlässig und fachlich geeignet sein. Fachliche Eignung setzt ausreichende Kenntnisse in der Versicherungsmathematik und Berufserfahrung voraus. Eine ausreichende Berufserfahrung ist regelmäßig anzunehmen, wenn eine mindestens dreijährige Tätigkeit als Versicherungsmathematiker nachgewiesen wird.
(2) Der in Aussicht genommene Verantwortliche Aktuar muss vor Bestellung der Aufsichtsbehörde unter Angabe der Tatsachen, die für die Beurteilung seiner Zuverlässigkeit und fachlichen Eignung gemäß Absatz 1 wesentlich sind, benannt werden. Wenn Tatsachen vorliegen, aus denen sich ergibt, dass der in Aussicht genommene Verantwortliche Aktuar nicht zuverlässig oder nicht fachlich geeignet ist, so kann die Aufsichtsbehörde verlangen, dass eine andere Person benannt wird. Werden nach der Bestellung Umstände bekannt, die einer Bestellung entgegengestanden hätten oder erfüllt der Verantwortliche Aktuar die ihm nach diesem Gesetz obliegenden Aufgaben nicht ordnungsgemäß, so kann die Aufsichtsbehörde verlangen, dass ein anderer Verantwortlicher Aktuar bestellt wird. Erfüllt in den Fällen der Sätze 2 und 3 auch der in Aussicht genommene oder der neue Verantwortliche Aktuar die Voraussetzungen nicht oder unterbleibt eine neue Bestellung, so kann die Aufsichtsbehörde den Verantwortlichen Aktuar bestellen. Das Ausscheiden des Verantwortlichen Aktuars ist der Aufsichtsbehörde unverzüglich mitzuteilen. Ist die Kündigung des mit dem Verantwortlichen Aktuar geschlossenen Vertrags oder dessen einvernehmliche Aufhebung beabsichtigt, so hat das in Absatz 3 genannte Organ dies der Aufsichtsbehörde vorab unter Darlegung der Gründe mitzuteilen.
(3) Der Verantwortliche Aktuar wird vom Aufsichtsrat oder, wenn ein solcher nicht vorhanden ist, von dem entsprechenden obersten Organ bestellt oder entlassen.
(4) Der Verantwortliche Aktuar hat an der Sitzung des Aufsichtsrats über die Feststellung des Jahresabschlusses teilzunehmen und über die wesentlichen Ergebnisse seines Erläuterungsberichts zur versicherungsmathematischen Bestätigung zu berichten. Der Aufsichtsrat hat in seinem Bericht an die Hauptversammlung zu dem Erläuterungsbericht des Verantwortlichen Aktuars Stellung zu nehmen.
(5) Der Verantwortliche Aktuar

1. hat sicherzustellen, dass bei der Berechnung der Prämien und der Deckungsrückstellungen die Grundsätze des § 138 und des § 341f des Handelsgesetzbuchs sowie die Grundsätze der auf Grund des § 88 Absatz 3 erlassenen Rechtsverordnung eingehalten werden; dabei

muss er die Finanzlage des Unternehmens insbesondere daraufhin überprüfen, ob die dauernde Erfüllbarkeit der sich aus den Versicherungsverträgen ergebenden Verpflichtungen jederzeit gewährleistet ist;

2. hat, sofern es sich nicht um einen kleineren Verein im Sinne des § 210 handelt, unter der Bilanz zu bestätigen, dass die Deckungsrückstellung nach § 341f des Handelsgesetzbuchs sowie der auf Grund des § 88 Absatz 3 erlassenen Rechtsverordnung gebildet ist (versicherungsmathematische Bestätigung); § 341k des Handelsgesetzbuchs über die Prüfung bleibt unberührt; in einem Bericht an den Vorstand des Unternehmens hat er zu erläutern, welche Kalkulationsansätze und weiteren Annahmen der Bestätigung zugrunde liegen;

3. hat, sobald er bei der Erfüllung der ihm obliegenden Aufgaben erkennt, dass er möglicherweise die Bestätigung gemäß Nummer 2 nicht oder nur mit Einschränkungen wird abgeben können, den Vorstand und, wenn dieser der Beanstandung nicht unverzüglich abhilft, sofort die Aufsichtsbehörde zu unterrichten; stellt er bei der Ausübung seiner Tätigkeit Tatsachen fest, die den Bestand des Unternehmens gefährden oder dessen Entwicklung wesentlich beeinträchtigen können, hat er den Vorstand und die Aufsichtsbehörde unverzüglich zu unterrichten und

4. hat für die Versicherungsverträge mit Anspruch auf Überschussbeteiligung dem Vorstand Vorschläge für eine angemessene Beteiligung am Überschuss vorzulegen; dabei hat er die dauernde Erfüllbarkeit der sich aus den Versicherungsverträgen ergebenden Verpflichtungen des Unternehmens zu berücksichtigen; in einem Bericht an den Vorstand des Unternehmens hat er zu erläutern, aus welchen Tatsachen und Annahmen sich die Angemessenheit seines Vorschlags ergibt.

(6) Der Vorstand des Unternehmens ist verpflichtet,

1. dem Verantwortlichen Aktuar sämtliche Informationen zugänglich zu machen, die zur ordnungsgemäßen Erledigung seiner Aufgaben gemäß Absatz 5 erforderlich sind,

2. der Aufsichtsbehörde den Erläuterungsbericht zur versicherungsmathematischen Bestätigung gemäß Absatz 5 Nummer 2 sowie den Angemessenheitsbericht nach Absatz 5 Nummer 4 vorzulegen und

3. der Aufsichtsbehörde den Vorschlag des Verantwortlichen Aktuars gemäß Absatz 5 Nummer 4 unverzüglich vorzulegen und mitzuteilen, wenn er beabsichtigt, eine vom Vorschlag des Verantwortlichen Aktuars abweichende Überschussbeteiligung festzusetzen; die Gründe für die Abweichung sind der Aufsichtsbehörde schriftlich oder elektronisch mitzuteilen.

Fußnote
(+++ § 141 Abs. 1 Satz 2 bis 4, Abs. 2 u. 3: Zur Anwendung vgl. § 156 Abs. 1 Satz 2 +++)
(+++ § 141 Abs. 1, 2, 3, 5 u. 6: Zur Anwendung vgl. § 162 u. § 336 Satz 3 +++)
(+++ § 141 Abs. 5 Nr. 1 u. 2: Zur Anwendung vgl. § 234 Abs. 3 Satz 1 Nr. 5 u. § 237 Abs. 3 Nr. 7 +++)
(+++ § 141 Abs. 5 Nr. 3, Abs. 6 Nr. 1: Zur Anwendung vgl. § 156 Abs. 2 Satz 2 +++)
(+++ § 141 Abs. 6 Nr. 2 u. 3: Zur Anwendung vgl. § 219 Abs. 2 Satz 2 +++)
-

§ 142 Treuhänder in der Lebensversicherung

Soweit bei den nach dem 28. Juli 1994 geschlossenen Lebensversicherungsverträgen die Prämien mit Wirkung für bestehende Versicherungsverträge geändert werden können, dürfen entsprechende Änderungen erst in Kraft gesetzt werden, nachdem ihnen ein unabhängiger Treuhänder zugestimmt hat. Für den Treuhänder gilt § 157 Absatz 1 und 2 entsprechend. Die Mitwirkung des Treuhänders entfällt, wenn Änderungen nach Satz 1 der Genehmigung der Aufsichtsbehörde bedürfen.

Fußnote

(+++ § 142: Zur Anwendung vgl. § 62 Abs. 1 Satz 2 Nr. 5 +++)
(+++ § 142 Satz 2: Zur Anwendung vgl. § 234 Abs. 3 Satz 1 Nr. 6 u. § 237 Abs. 3 Nr. 8 +++)
-

§ 143 Besondere Anzeigepflichten in der Lebensversicherung

Nach Erteilung der Erlaubnis zum Betrieb der Lebensversicherung hat das Unternehmen unverzüglich der Aufsichtsbehörde die Grundsätze für die Berechnung der Prämien und Deckungsrückstellungen einschließlich der verwendeten Rechnungsgrundlagen, mathematischen Formeln, kalkulatorischen Herleitungen und statistischen Nachweise unter deren Beifügung anzuzeigen; dies gilt entsprechend bei der Verwendung neuer oder geänderter Grundsätze.
-

§ 144 Information bei betrieblicher Altersversorgung

(1) Soweit Lebensversicherungsunternehmen Leistungen der betrieblichen Altersversorgung erbringen, stellen sie den Versorgungsanwärtern und Versorgungsempfängern, die nicht zugleich Versicherungsnehmer sind, mindestens folgende Informationen zur Verfügung:

1. bei Beginn des Versorgungsverhältnisses:
    a) Name, Anschrift, Rechtsform und Sitz des Anbieters und der etwaigen Niederlassung, über die der Vertrag abgeschlossen werden soll,
    b) die Vertragsbedingungen einschließlich der Tarifbestimmungen, soweit sie für das Versorgungsverhältnis gelten, sowie die Angabe des auf den Vertrag anwendbaren Rechts,
    c) Angaben zur Laufzeit des Versorgungsverhältnisses,
    d) allgemeine Angaben über die für diese Versorgungsart geltende Steuerregelung,
    e) die mit dem Altersversorgungssystem verbundenen finanziellen, versicherungstechnischen und sonstigen Risiken sowie die Art und Aufteilung dieser Risiken und
    f) Angaben darüber, ob und wie der Anbieter ethische, soziale und ökologische Belange bei der Verwendung der eingezahlten Beiträge berücksichtigt sowie

2. während der Laufzeit des Versorgungsverhältnisses:
    a) Änderungen von Namen, Anschrift, Rechtsform und Sitz des Anbieters und der etwaigen Niederlassung, über die der Vertrag abgeschlossen wurde,
    b) jährlich, erstmals bei Beginn des Versorgungsverhältnisses;
        aa) die voraussichtliche Höhe der den Versorgungsanwärtern zustehenden

            Leistungen,
- bb) die Anlagemöglichkeiten und die Struktur des Anlagenportfolios sowie Informationen über das Risikopotenzial, über die Kosten der Vermögensverwaltung sowie über sonstige mit der Anlage verbundene Kosten, sofern der Versorgungsanwärter das Anlagerisiko trägt, und
- cc) eine Kurzinformation über die Lage der Einrichtung sowie über den aktuellen Stand der Finanzierung der individuellen Versorgungsansprüche sowie

c) auf Anfrage:
- aa) den Jahresabschluss und den Lagebericht des vorangegangenen Geschäftsjahres; sofern sich die Leistung aus dem Versorgungsverhältnis in Anteilen an einem nach Maßgabe der Vertragsbedingungen gebildeten Sondervermögen bestimmt, zusätzlich den Jahresbericht für dieses Sondervermögen gemäß § 234 Absatz 4 und § 237 Absatz 4,
- bb) die Erklärung über die Grundsätze der Anlagepolitik gemäß § 239 Absatz 2,
- cc) die Höhe der Leistungen im Fall der Beendigung der Erwerbstätigkeit und
- dd) die Modalitäten der Übertragung von Anwartschaften auf eine andere Einrichtung der betrieblichen Altersversorgung im Fall der Beendigung des Arbeitsverhältnisses.

Die Informationen müssen ausführlich und aussagekräftig sein.
(2) Auf Versicherungsgeschäfte in anderen Mitglied- oder Vertragsstaaten ist Absatz 1 anzuwenden, wenn den Versicherungsverträgen deutsches Recht zugrunde liegt.

Fußnote

(+++ § 144: Zur Anwendung vgl. § 62 Abs. 1 Satz 2 Nr. 5, § 234 Abs. 3 Satz 1 Nr. 7 u. § 237 Abs. 3 Nr. 9 +++)

-

§ 145 Verordnungsermächtigung

(1) Das Bundesministerium der Finanzen kann durch Rechtsverordnung nähere Einzelheiten festlegen bezüglich

1. der in das Verfahren gemäß § 139 Absatz 3 einzubeziehenden festverzinslichen Anlagen und Zinsabsicherungsgeschäfte;
2. der Festlegung des maßgeblichen Euro-Zinsswapsatzes gemäß § 139 Absatz 4 Satz 1;
3. der Methode zur Bewertung der Zinssatzverpflichtung eines Versicherungsvertrags gemäß § 139 Absatz 4 Satz 2.

(2) Das Bundesministerium der Finanzen wird ermächtigt, durch Rechtsverordnung zur Wahrung der Belange der Versicherten unter Berücksichtigung der Marktverhältnisse und des Solvabilitätsbedarfs der Lebensversicherungsunternehmen zu § 140 Absatz 2 Vorschriften zu erlassen über die Zuführung zur Rückstellung für Beitragsrückerstattung, insbesondere über die Mindestzuführung in Abhängigkeit von den Kapitalerträgen, dem Risikoergebnis und den übrigen Ergebnissen. Dabei ist zu regeln, ob und wie weit negative Erträge und Ergebnisse mit positiven Erträgen und Ergebnissen verrechnet werden dürfen. Für Versicherungsverhältnisse, denen

genehmigte Geschäftspläne zugrunde liegen, ist die Mindestzuführung gesondert zu ermitteln. Wird ein kollektiver Teil der Rückstellung für Beitragsrückerstattung im Sinne des § 140 Absatz 4 eingerichtet, ist auch für diesen die Mindestzuführung gesondert zu ermitteln.
(3) Das Bundesministerium der Finanzen wird ermächtigt, durch Rechtsverordnung einen Höchstbetrag des ungebundenen Teils der Rückstellung für Beitragsrückerstattung festzulegen.
(4) Das Bundesministerium der Finanzen wird ermächtigt, durch Rechtsverordnung den Wortlaut der versicherungsmathematischen Bestätigung und nähere Einzelheiten zum Inhalt und Umfang sowie zur Vorlagefrist des Erläuterungsberichts gemäß § 141 Absatz 5 Nummer 2 sowie nähere Einzelheiten zum Inhalt und Umfang und zur Vorlagefrist des Berichts gemäß § 141 Absatz 5 Nummer 4 festzulegen.
(5) Die Ermächtigungen in den Absätzen 1 bis 4 können durch Rechtsverordnung auf die Bundesanstalt übertragen werden. Rechtsverordnungen nach den Absätzen 1 bis 4 und Satz 1 bedürfen nicht der Zustimmung des Bundesrates.
(6) Das Bundesministerium der Finanzen wird ermächtigt, durch Rechtsverordnung mit Zustimmung des Bundesrates zur Wahrung der Belange der Versicherten nähere Einzelheiten zur Ausgestaltung der kollektiven Teile der Rückstellung für Beitragsrückerstattung zu regeln, insbesondere zur Begrenzung der kollektiven Teile sowie zu Zuführungen zu und Rückführungen aus den kollektiven Teilen an die nichtkollektiven Teile der Rückstellung für Beitragsrückerstattung festzulegen. Das Bundesministerium der Finanzen kann die Ermächtigung durch Rechtsverordnung mit Zustimmung des Bundesrates auf die Bundesanstalt übertragen. Die Bundesanstalt erlässt die Rechtsverordnung ohne Zustimmung des Bundesrates im Einvernehmen mit den Aufsichtsbehörden der Länder.

Fußnote

(+++ § 145 Abs. 4: Zur Anwendung vgl. § 162 +++)

<u>Abschnitt 2
Krankenversicherung</u>

-

§ 146 Substitutive Krankenversicherung

(1) Soweit die Krankenversicherung ganz oder teilweise den im gesetzlichen Sozialversicherungssystem vorgesehenen Kranken- oder Pflegeversicherungsschutz ersetzen kann (substitutive Krankenversicherung), darf sie im Inland vorbehaltlich des Absatzes 3 nur nach Art der Lebensversicherung betrieben werden, wobei

1. die Prämien auf versicherungsmathematischer Grundlage unter Zugrundelegung von Wahrscheinlichkeitstafeln und anderen einschlägigen statistischen Daten zu berechnen sind, insbesondere unter Berücksichtigung der maßgeblichen Annahmen zur Invaliditäts- und Krankheitsgefahr, zur Sterblichkeit, zur Alters- und Geschlechtsabhängigkeit des Risikos und zur Stornowahrscheinlichkeit sowie unter Berücksichtigung von Sicherheits- und sonstigen Zuschlägen sowie eines Rechnungszinses,

2. die Alterungsrückstellung nach § 341f des Handelsgesetzbuchs zu bilden ist,

3. in dem Versicherungsvertrag das ordentliche Kündigungsrecht des Versicherungsunternehmens ausgeschlossen sein muss, in der Krankentagegeldversicherung spätestens ab dem vierten Versicherungsjahr, sowie eine Erhöhung der Prämien vorbehalten sein muss,

4. dem Versicherungsnehmer in dem Versicherungsvertrag das Recht auf Vertragsänderungen durch Wechsel in andere Tarife mit gleichartigem Versicherungsschutz unter Anrechnung der

5. aus der Vertragslaufzeit erworbenen Rechte und der Alterungsrückstellung einzuräumen ist,

6. in dem Versicherungsvertrag die Mitgabe des Übertragungswerts desjenigen Teils der Versicherung, dessen Leistungen dem Basistarif im Sinne des § 152 Absatz 1 entsprechen, bei Wechsel des Versicherungsnehmers zu einem anderen privaten Krankenversicherungsunternehmen vorzusehen ist; dies gilt nicht für vor dem 1. Januar 2009 abgeschlossene Verträge und

dem Interessenten vor Abschluss des Vertrags ein amtliches Informationsblatt der Bundesanstalt auszuhändigen ist, welches über die verschiedenen Prinzipien der gesetzlichen sowie der privaten Krankenversicherung aufklärt; der Empfang des Informationsblattes ist von dem Interessenten zu bestätigen.

(2) Auf die substitutive Krankenversicherung ist § 138 Absatz 2 entsprechend anzuwenden. Die Prämien für das Neugeschäft dürfen nicht niedriger sein als die Prämien, die sich im Altbestand für gleichaltrige Versicherte ohne Berücksichtigung ihrer Alterungsrückstellung ergeben würden. Satz 2 gilt nicht für einen Prämienunterschied, der sich daraus ergibt, dass die Prämien für das Neugeschäft geschlechtsunabhängig berechnet wurden.

(3) Substitutive Krankenversicherungen mit befristeten Vertragslaufzeiten nach § 195 Absatz 2 und 3 des Versicherungsvertragsgesetzes sowie Krankentagegeldversicherungen nach Vollendung des 65. Lebensjahres des Versicherten nach § 196 des Versicherungsvertragsgesetzes können ohne Alterungsrückstellung kalkuliert werden.

Fußnote

(+++ § 146: Zur Anwendung vgl. § 62 Abs. 1 Satz 2 Nr. 5 +++)
(+++ § 146 Abs. 1 Nr. 1 bis 4, Abs. 2: Zur Anwendung vgl. § 147 u. § 148 Satz 1 +++)
-

§ 147 Sonstige Krankenversicherung

Sofern die nicht-substitutive Krankenversicherung nach Art der Lebensversicherung betrieben wird, sind § 146 Absatz 1 Nummer 1 bis 4 und Absatz 2 sowie § 156 entsprechend anzuwenden.

Fußnote

(+++ § 147: Zur Anwendung vgl. § 62 Abs. 1 Satz 2 Nr. 5 +++)
-

§ 148 Pflegeversicherung

Vorbehaltlich der §§ 110 und 111 des Elften Buches Sozialgesetzbuch sind § 146 Absatz 1 Nummer 1 bis 4 und Absatz 2 sowie die §§ 155 bis 157 und 160 auf die private Pflege-Pflichtversicherung und die geförderte Pflegevorsorge entsprechend anzuwenden. In Versicherungsverträgen zur privaten Pflege-Pflichtversicherung ist die Mitgabe des Übertragungswerts bei Wechsel des Versicherungsnehmers zu einem anderen privaten Krankenversicherungsunternehmen vorzusehen.

-

§ 149 Prämienzuschlag in der substitutiven Krankenversicherung

In der substitutiven Krankheitskostenversicherung ist spätestens mit Beginn des Kalenderjahres, das auf die Vollendung des 21. Lebensjahres des Versicherten folgt und endend in dem Kalenderjahr, in dem die versicherte Person das 60. Lebensjahr vollendet, für die Versicherten ein Zuschlag von 10 Prozent der jährlichen gezillmerten Bruttoprämie zu erheben. Dieser ist der

Alterungsrückstellung nach § 341f Absatz 3 des Handelsgesetzbuchs jährlich direkt zuzuführen und zur Prämienermäßigung im Alter nach § 150 Absatz 3 zu verwenden. Für Versicherungen mit befristeten Vertragslaufzeiten nach § 195 Absatz 2 und 3 des Versicherungsvertragsgesetzes sowie bei Tarifen, die regelmäßig spätestens mit Erreichen der gesetzlichen Altersgrenze enden, sowie für den Notlagentarif nach § 153 gelten die Sätze 1 und 2 nicht.

Fußnote

(+++ § 149: Zur Anwendung vgl. § 62 Abs. 1 Satz 2 Nr. 5 +++)

-

§ 150 Gutschrift zur Alterungsrückstellung; Direktgutschrift

(1) Das Versicherungsunternehmen hat den Versicherten in der nach Art der Lebensversicherung betriebenen Krankheitskosten- und freiwilligen Pflegekrankenversicherung (Pflegekosten- und Pflegetagegeldversicherung) jährlich Zinserträge gutzuschreiben, die auf die Summe der jeweiligen zum Ende des vorherigen Geschäftsjahres vorhandenen positiven Alterungsrückstellung der betroffenen Versicherungen entfallen. Diese Gutschrift beträgt 90 Prozent der durchschnittlichen, über die rechnungsmäßige Verzinsung hinausgehenden Kapitalerträge (Überzins).
(2) Den Versicherten, die den Beitragszuschlag nach § 149 geleistet haben, ist bis zum Ende des Geschäftsjahres, in dem sie das 65. Lebensjahr vollenden, von dem nach Absatz 1 ermittelten Betrag der Anteil, der auf den Teil der Alterungsrückstellung entfällt, der aus diesem Beitragszuschlag entstanden ist, jährlich in voller Höhe direkt gutzuschreiben. Der Alterungsrückstellung aller Versicherten sind von dem verbleibenden Betrag jährlich 50 Prozent direkt gutzuschreiben. Der Prozentsatz nach Satz 2 erhöht sich ab dem Geschäftsjahr des Versicherungsunternehmens, das im Jahr 2001 beginnt, jährlich um 2 Prozent, bis er 100 Prozent erreicht hat.
(3) Die Beträge nach Absatz 2 sind ab der Vollendung des 65. Lebensjahres des Versicherten zur zeitlich unbefristeten Finanzierung der Mehrprämien aus Prämienerhöhungen oder eines Teils der Mehrprämien zu verwenden, soweit die vorhandenen Mittel für eine vollständige Finanzierung der Mehrprämien nicht ausreichen. Nicht verbrauchte Beträge sind mit der Vollendung des 80. Lebensjahres des Versicherten zur Prämiensenkung einzusetzen. Zuschreibungen nach diesem Zeitpunkt sind zur sofortigen Prämiensenkung einzusetzen. In der freiwilligen Pflegetagegeldversicherung können die Versicherungsbedingungen vorsehen, dass anstelle einer Prämienermäßigung eine entsprechende Leistungserhöhung vorgenommen wird.
(4) Der Teil der nach Absatz 1 ermittelten Zinserträge, der nach Abzug der nach Absatz 2 verwendeten Beträge verbleibt, ist für die Versicherten, die am Bilanzstichtag das 65. Lebensjahr vollendet haben, für eine erfolgsunabhängige Beitragsrückerstattung festzulegen und innerhalb von drei Jahren zur Vermeidung oder Begrenzung von Prämienerhöhungen oder zur Prämienermäßigung zu verwenden. Die Prämienermäßigung nach Satz 1 kann so weit beschränkt werden, dass die Prämie des Versicherten nicht unter die des ursprünglichen Eintrittsalters sinkt; der nicht verbrauchte Teil der Gutschrift ist dann zusätzlich gemäß Absatz 2 gutzuschreiben.

Fußnote

(+++ § 150 Abs. 1 bis 3: Zur Anwendung vgl. § 62 Abs. 1 Satz 2 Nr. 5 +++)

-

§ 151 Überschussbeteiligung der Versicherten

(1) § 139 Absatz 1 und 2 Satz 1 und 2 sowie § 140 Absatz 1 mit Ausnahme von § 140 Absatz 1 Satz 2 Nummer 2 und 3 sind auf Krankenversicherungsverträge, die eine erfolgsabhängige Beitragsrückerstattung der Versicherten vorsehen, entsprechend anzuwenden.
(2) In der nach Art der Lebensversicherung betriebenen Krankenversicherung liegt ein die Belange

der Versicherten gefährdender Missstand auch dann vor, wenn keine angemessene Zuführung zur Rückstellung für erfolgsabhängige Beitragsrückerstattung erfolgt. Das ist, soweit nicht eine Überschussbeteiligung nach der Art des Geschäfts ausscheidet, insbesondere dann anzunehmen, wenn die Zuführung zur Rückstellung für erfolgsabhängige Beitragsrückerstattung eines Krankenversicherungsunternehmens nicht dem in der Rechtsverordnung nach § 160 Satz 1 Nummer 6 festgelegten Zuführungssatz entspricht.
(3) Die Aufsichtsbehörde kann verlangen, dass ihr ein Plan zur Sicherstellung angemessener Zuführungen zur Rückstellung für erfolgsabhängige Beitragsrückerstattung (Zuführungsplan) vorgelegt wird, wenn die Zuführung zur Rückstellung nicht den Mindestanforderungen der Rechtsverordnung nach § 160 Satz 1 Nummer 6 entspricht.

§ 152 Basistarif

(1) Versicherungsunternehmen mit Sitz im Inland, die die substitutive Krankenversicherung betreiben, haben einen branchenweit einheitlichen Basistarif anzubieten, dessen Vertragsleistungen in Art, Umfang und Höhe jeweils den Leistungen nach dem Dritten Kapitel des Fünften Buches Sozialgesetzbuch, auf die ein Anspruch besteht, vergleichbar sind. Der Basistarif muss jeweils eine Variante vorsehen für

1.
   Kinder und Jugendliche; bei dieser Variante werden bis zur Vollendung des 21. Lebensjahres keine Alterungsrückstellungen gebildet und
2.
   Personen, die nach beamtenrechtlichen Vorschriften oder Grundsätzen bei Krankheit Anspruch auf Beihilfe haben sowie für deren berücksichtigungsfähige Angehörige; bei dieser Variante sind die Vertragsleistungen auf die Ergänzung der Beihilfe beschränkt.

Den Versicherten muss die Möglichkeit eingeräumt werden, Selbstbehalte von 300, 600, 900 oder 1 200 Euro zu vereinbaren und die Änderung der Selbstbehaltsstufe zum Ende des vertraglich vereinbarten Zeitraums mit einer Frist von drei Monaten zu verlangen. Die vertragliche Mindestbindungsfrist für Verträge mit Selbstbehalt im Basistarif beträgt drei Jahre; führt der vereinbarte Selbstbehalt nicht zu einer angemessenen Reduzierung der Prämie, kann der Versicherungsnehmer vom Versicherer jederzeit eine Umstellung des Vertrags in den Basistarif ohne Selbstbehalt verlangen; die Umstellung muss innerhalb von drei Monaten erfolgen. Für Beihilfeberechtigte ergeben sich die möglichen Selbstbehalte aus der Anwendung des durch den Beihilfesatz nicht gedeckten Prozentsatzes auf die Werte 300, 600, 900 oder 1 200 Euro. Der Abschluss ergänzender Krankheitskostenversicherungen ist zulässig.
(2) Der Versicherer ist verpflichtet, folgenden Personen eine Versicherung im Basistarif zu gewähren:

1.
   allen freiwillig in der gesetzlichen Krankenversicherung Versicherten innerhalb von sechs Monaten nach Beginn der im Fünften Buch Sozialgesetzbuch vorgesehenen Wechselmöglichkeit im Rahmen ihres freiwilligen Versicherungsverhältnisses,
2.
   allen Personen mit Wohnsitz in Deutschland, die nicht in der gesetzlichen Krankenversicherung versicherungspflichtig sind, nicht zum Personenkreis nach Nummer 1 oder § 193 Absatz 3 Satz 2 Nummer 3 und 4 des Versicherungsvertragsgesetzes gehören und die nicht bereits eine private Krankheitskostenversicherung mit einem in Deutschland zum Geschäftsbetrieb zugelassenen Versicherungsunternehmen vereinbart haben, die der Pflicht nach § 193 Absatz 3 des Versicherungsvertragsgesetzes genügt,
3.
   allen Personen, die beihilfeberechtigt sind oder vergleichbare Ansprüche haben, soweit sie zur Erfüllung der Pflicht nach § 193 Absatz 3 Satz 1 des Versicherungsvertragsgesetzes ergänzenden Versicherungsschutz benötigen, sowie

4. allen Personen mit Wohnsitz in Deutschland, die eine private Krankheitskostenversicherung mit einem in Deutschland zum Geschäftsbetrieb zugelassenen Versicherungsunternehmen vereinbart haben und deren Vertrag nach dem 31. Dezember 2008 abgeschlossen wurde. Ist der private Krankheitskostenversicherungsvertrag vor dem 1. Januar 2009 abgeschlossen, kann bei Wechsel oder Kündigung des Vertrags der Abschluss eines Vertrags im Basistarif beim eigenen oder bei einem anderen Versicherungsunternehmen unter Mitnahme der Alterungsrückstellungen gemäß § 204 Absatz 1 des Versicherungsvertragsgesetzes nicht verlangt werden. Der Antrag nach Satz 1 muss bereits dann angenommen werden, wenn bei einer Kündigung eines Vertrags bei einem anderen Versicherer die Kündigung nach § 205 Absatz 1 Satz 1 des Versicherungsvertragsgesetzes noch nicht wirksam geworden ist. Der Antrag darf nur abgelehnt werden, wenn der Antragsteller bereits bei dem Versicherer versichert war und der Versicherer

1. den Versicherungsvertrag wegen Drohung oder arglistiger Täuschung angefochten hat oder
2. vom Versicherungsvertrag wegen einer vorsätzlichen Verletzung der vorvertraglichen Anzeigepflicht zurückgetreten ist.

(3) Der Beitrag für den Basistarif ohne Selbstbehalt und in allen Selbstbehaltsstufen darf den Höchstbeitrag der gesetzlichen Krankenversicherung nicht überschreiten. Dieser Höchstbeitrag ergibt sich aus der Multiplikation des allgemeinen Beitragssatzes zuzüglich des durchschnittlichen Zusatzbeitragssatzes nach § 242a Absatz 2 des Fünften Buches Sozialgesetzbuch mit der jeweils geltenden Beitragsbemessungsgrenze in der gesetzlichen Krankenversicherung. Für Personen mit Anspruch auf Beihilfe nach beamtenrechtlichen Grundsätzen gelten die Sätze 1 und 2 mit der Maßgabe, dass an die Stelle des Höchstbeitrags der gesetzlichen Krankenversicherung ein Höchstbeitrag tritt, der dem prozentualen Anteil des die Beihilfe ergänzenden Leistungsanspruchs entspricht.
(4) Entsteht allein durch die Zahlung des Beitrags nach Absatz 3 Satz 1 oder 3 Hilfebedürftigkeit im Sinne des Zweiten oder des Zwölften Buches Sozialgesetzbuch, vermindert sich der Beitrag für die Dauer der Hilfebedürftigkeit um die Hälfte; die Hilfebedürftigkeit ist vom zuständigen Träger nach dem Zweiten oder dem Zwölften Buch Sozialgesetzbuch auf Antrag des Versicherten zu prüfen und zu bescheinigen. Besteht auch bei einem nach Satz 1 verminderten Beitrag Hilfebedürftigkeit im Sinne des Zweiten oder des Zwölften Buches Sozialgesetzbuch, beteiligt sich der zuständige Träger nach dem Zweiten oder dem Zwölften Buch Sozialgesetzbuch auf Antrag des Versicherten im erforderlichen Umfang, soweit dadurch Hilfebedürftigkeit vermieden wird. Besteht unabhängig von der Höhe des zu zahlenden Beitrags Hilfebedürftigkeit nach dem Zweiten oder dem Zwölften Buch Sozialgesetzbuch, gilt Satz 1 entsprechend; der zuständige Träger zahlt den Betrag, der auch für einen Bezieher von Arbeitslosengeld II in der gesetzlichen Krankenversicherung zu tragen ist.
(5) Die Beiträge für den Basistarif ohne die Kosten für den Versicherungsbetrieb werden auf der Basis gemeinsamer Kalkulationsgrundlagen einheitlich für alle beteiligten Unternehmen ermittelt.

Fußnote

(+++ § 152 Abs. 1 bis 4: Zur Anwendung vgl. § 62 Abs. 1 Satz 2 Nr. 5 +++)
(+++ § 152 Abs. 3: Zur Anwendung vgl. § 153 Abs. 2 Satz 3 +++)
-

§ 153 Notlagentarif

(1) Nichtzahler nach § 193 Absatz 7 des Versicherungsvertragsgesetzes bilden einen Tarif im Sinne des § 155 Absatz 3 Satz 1. Der Notlagentarif sieht ausschließlich die Aufwendungserstattung für Leistungen vor, die zur Behandlung von akuten Erkrankungen und Schmerzzuständen sowie bei Schwangerschaft und Mutterschaft erforderlich sind. Abweichend

davon sind für versicherte Kinder und Jugendliche zudem insbesondere Aufwendungen für Vorsorgeuntersuchungen zur Früherkennung von Krankheiten nach gesetzlich eingeführten Programmen und für Schutzimpfungen, die die Ständige Impfkommission beim Robert Koch-Institut gemäß § 20 Absatz 2 des Infektionsschutzgesetzes empfiehlt, zu erstatten.
(2) Für alle im Notlagentarif Versicherten ist eine einheitliche Prämie zu kalkulieren, im Übrigen gilt § 146 Absatz 1 Nummer 1 und 2. Für Versicherte, deren Vertrag nur die Erstattung eines Prozentsatzes der entstandenen Aufwendungen vorsieht, gewährt der Notlagentarif Leistungen in Höhe von 20, 30 oder 50 Prozent der versicherten Behandlungskosten. § 152 Absatz 3 ist entsprechend anzuwenden. Die kalkulierten Prämien aus dem Notlagentarif dürfen nicht höher sein, als es zur Deckung der Aufwendungen für Versicherungsfälle aus dem Tarif erforderlich ist. Mehraufwendungen, die zur Gewährleistung der in Satz 3 genannten Begrenzungen entstehen, sind gleichmäßig auf alle Versicherungsnehmer des Versicherers mit einer Versicherung, die eine Pflicht aus § 193 Absatz 3 Satz 1 des Versicherungsvertragsgesetzes erfüllt, zu verteilen. Auf die im Notlagentarif zu zahlende Prämie ist die Alterungsrückstellung in der Weise anzurechnen, dass bis zu 25 Prozent der monatlichen Prämie durch Entnahme aus der Alterungsrückstellung geleistet werden.

-

§ 154 Risikoausgleich

(1) Die Versicherungsunternehmen, die einen Basistarif anbieten, müssen sich zur dauerhaften Erfüllbarkeit der Verpflichtungen aus den Versicherungen am Ausgleich der Versicherungsrisiken im Basistarif beteiligen und dazu ein Ausgleichssystem schaffen und erhalten, dem sie angehören. Das Ausgleichssystem muss einen dauerhaften und wirksamen Ausgleich der unterschiedlichen Belastungen gewährleisten. Mehraufwendungen, die im Basistarif auf Grund von Vorerkrankungen entstehen, sind auf alle im Basistarif Versicherten gleichmäßig zu verteilen; Mehraufwendungen, die zur Gewährleistung der in § 152 Absatz 3 und 4 genannten Begrenzungen entstehen, sind auf alle beteiligten Versicherungsunternehmen so zu verteilen, dass eine gleichmäßige Belastung dieser Unternehmen bewirkt wird.
(2) Die Errichtung, die Ausgestaltung, die Änderung und die Durchführung des Ausgleichs unterliegen der Aufsicht der Bundesanstalt.

-

§ 155 Prämienänderungen

(1) Bei der nach Art der Lebensversicherung betriebenen Krankenversicherung dürfen Prämienänderungen erst in Kraft gesetzt werden, nachdem ein unabhängiger Treuhänder der Prämienänderung zugestimmt hat. Der Treuhänder hat zu prüfen, ob die Berechnung der Prämien mit den dafür bestehenden Rechtsvorschriften in Einklang steht. Dazu sind ihm sämtliche für die Prüfung der Prämienänderungen erforderlichen technischen Berechnungsgrundlagen einschließlich der hierfür benötigten kalkulatorischen Herleitungen und statistischen Nachweise vorzulegen. In den technischen Berechnungsgrundlagen sind die Grundsätze für die Berechnung der Prämien und Alterungsrückstellung einschließlich der verwendeten Rechnungsgrundlagen und mathematischen Formeln vollständig darzustellen. Die Zustimmung ist zu erteilen, wenn die Voraussetzungen des Satzes 2 erfüllt sind.
(2) Der Zustimmung des Treuhänders bedürfen
1.
    der Zeitpunkt und die Höhe der Entnahme sowie die Verwendung von Mitteln aus der Rückstellung für erfolgsunabhängige Beitragsrückerstattung, soweit sie nach § 150 Absatz 4 zu verwenden sind, und
2.
    die Verwendung der Mittel aus der Rückstellung für erfolgsabhängige Beitragsrückerstattung. Der Treuhänder hat in den Fällen des Satzes 1 Nummer 1 und 2 darauf zu achten, dass die in der

Satzung und den Versicherungsbedingungen bestimmten Voraussetzungen erfüllt und die Belange der Versicherten ausreichend gewahrt sind. Bei der Verwendung der Mittel zur Begrenzung von Prämienerhöhungen hat er insbesondere auf die Angemessenheit der Verteilung auf die Versichertenbestände mit einem Prämienzuschlag nach § 149 und ohne einen solchen zu achten sowie dem Gesichtspunkt der Zumutbarkeit der prozentualen und absoluten Prämiensteigerungen für die älteren Versicherten ausreichend Rechnung zu tragen.

(3) Das Versicherungsunternehmen hat für jeden nach Art der Lebensversicherung kalkulierten Tarif zumindest jährlich die erforderlichen mit den kalkulierten Versicherungsleistungen zu vergleichen. Ergibt die der Aufsichtsbehörde und dem Treuhänder vorzulegende Gegenüberstellung für einen Tarif eine Abweichung von mehr als 10 Prozent, sofern nicht in den allgemeinen Versicherungsbedingungen ein geringerer Prozentsatz vorgesehen ist, hat das Unternehmen alle Prämien dieses Tarifs zu überprüfen und, wenn die Abweichung als nicht nur vorübergehend anzusehen ist, mit Zustimmung des Treuhänders anzupassen. Dabei darf auch ein betragsmäßig festgelegter Selbstbehalt angepasst und ein vereinbarter Prämienzuschlag entsprechend geändert werden, soweit der Vertrag dies vorsieht. Eine Anpassung erfolgt insoweit nicht, als die Versicherungsleistungen zum Zeitpunkt der Erst- oder einer Neukalkulation unzureichend kalkuliert waren und ein ordentlicher und gewissenhafter Aktuar dies insbesondere anhand der zu diesem Zeitpunkt verfügbaren statistischen Kalkulationsgrundlagen hätte erkennen müssen. Ist nach Auffassung des Treuhänders eine Erhöhung oder eine Senkung der Prämien für einen Tarif ganz oder teilweise erforderlich und kann hierüber mit dem Unternehmen eine übereinstimmende Beurteilung nicht erzielt werden, hat der Treuhänder die Aufsichtsbehörde unverzüglich zu unterrichten.

(4) Das Versicherungsunternehmen hat für jeden nach Art der Lebensversicherung kalkulierten Tarif jährlich die erforderlichen mit den kalkulierten Sterbewahrscheinlichkeiten durch Betrachtung von Barwerten zu vergleichen. Ergibt die der Aufsichtsbehörde und dem Treuhänder vorzulegende Gegenüberstellung für einen Tarif eine Abweichung von mehr als 5 Prozent, hat das Unternehmen alle Prämien dieses Tarifs zu überprüfen und mit Zustimmung des Treuhänders anzupassen. Absatz 3 Satz 3 bis 5 ist entsprechend anzuwenden.

Fußnote

(+++ § 155: Zur Anwendung vgl. § 62 Abs. 1 Satz 2 Nr. 5 u. § 148 Satz 1 +++)

-

§ 156 Verantwortlicher Aktuar in der Krankenversicherung

(1) Versicherungsunternehmen, die die substitutive Krankenversicherung betreiben, haben einen Verantwortlichen Aktuar zu bestellen. § 141 Absatz 1 Satz 2 bis 4 und Absatz 2 und 3 ist entsprechend anzuwenden.

(2) Dem Verantwortlichen Aktuar obliegt es,

1.
    sicherzustellen, dass bei der Berechnung der Prämien und der versicherungstechnischen Rückstellungen im Sinne der §§ 341e bis 341h des Handelsgesetzbuchs, insbesondere der Alterungsrückstellung, die versicherungsmathematischen Methoden gemäß § 146 Absatz 1 Nummer 1 und 2 eingehalten und dabei die Regelungen der nach § 160 erlassenen Rechtsverordnung beachtet werden; dabei muss er die Finanzlage des Unternehmens insbesondere daraufhin überprüfen, ob die dauernde Erfüllbarkeit der sich aus den Versicherungsverträgen ergebenden Verpflichtungen jederzeit gewährleistet ist und

2.
    unter der Bilanz zu bestätigen, dass die Alterungsrückstellung nach Nummer 1 berechnet ist (versicherungsmathematische Bestätigung); dies gilt nicht für kleinere Vereine im Sinne des § 210.

§ 141 Absatz 5 Nummer 3 und Absatz 6 Nummer 1 ist entsprechend anzuwenden.

Fußnote
(+++ § 156: Zur Anwendung vgl. § 147 u. § 148 Satz 1 +++)
(+++ § 156 Abs. 1: Zur Anwendung vgl. § 62 Abs. 1 Satz 2 Nr. 5 +++)
-

§ 157 Treuhänder in der Krankenversicherung

(1) Zum Treuhänder darf nur bestellt werden, wer zuverlässig, fachlich geeignet und von dem Versicherungsunternehmen unabhängig ist, insbesondere keinen Anstellungsvertrag oder sonstigen Dienstvertrag mit dem Versicherungsunternehmen oder einem mit diesem verbundenen Unternehmen abgeschlossen hat oder aus einem solchen Vertrag noch Ansprüche gegen das Unternehmen besitzt. Die fachliche Eignung setzt ausreichende Kenntnisse auf dem Gebiet der Prämienkalkulation in der Krankenversicherung voraus. Zum Treuhänder kann grundsätzlich nicht bestellt werden, wer bereits bei zehn Versicherungsunternehmen oder Pensionsfonds als Treuhänder oder Verantwortlicher Aktuar tätig ist. Die Aufsichtsbehörde kann eine höhere Zahl von Mandaten zulassen.
(2) Der in Aussicht genommene Treuhänder muss vor seiner Bestellung der Aufsichtsbehörde unter Angabe der Tatsachen, die für die Beurteilung der Anforderungen gemäß Absatz 1 wesentlich sind, benannt werden. Wenn Tatsachen vorliegen, aus denen sich ergibt, dass der in Aussicht genommene Treuhänder die Anforderungen nach Absatz 1 nicht erfüllt, kann die Aufsichtsbehörde verlangen, dass eine andere Person benannt wird. Werden nach der Bestellung Umstände bekannt, die nach Absatz 1 einer Bestellung entgegenstehen würden oder erfüllt der Treuhänder die ihm nach diesem Gesetz obliegenden Aufgaben nicht ordnungsgemäß, insbesondere bei Zustimmung zu einer den Rechtsvorschriften nicht entsprechenden Prämienänderung, kann die Aufsichtsbehörde verlangen, dass ein anderer Treuhänder bestellt wird. Erfüllt in den Fällen der Sätze 2 und 3 der in Aussicht genommene oder der neue Treuhänder die Voraussetzungen nicht oder unterbleibt eine Bestellung, so kann die Aufsichtsbehörde den Treuhänder selbst bestellen. Das Ausscheiden des Treuhänders ist der Aufsichtsbehörde unverzüglich mitzuteilen.
(3) Auf die Bestellung eines Treuhänders im Fall einer Vertragsanpassung nach § 203 Absatz 3 des Versicherungsvertragsgesetzes sind Absatz 1 Satz 1, 3 und 4 sowie Absatz 2 entsprechend anzuwenden. Die fachliche Eignung setzt ausreichende Rechtskenntnisse, insbesondere auf dem Gebiet der Krankenversicherung, voraus.

Fußnote
(+++ § 157: Zur Anwendung vgl. § 148 Satz 1 +++)
(+++ § 157 Abs. 1: Zur Anwendung vgl. § 62 Abs. 1 Satz 2 Nr. 5 +++)
-

§ 158 Besondere Anzeigepflichten in der Krankenversicherung; Leistungen im Basis- und Notlagentarif

(1) Krankenversicherungsunternehmen haben der Aufsichtsbehörde unverzüglich anzuzeigen:
1.
in der Krankenversicherung im Sinne des § 146 Absatz 1 die beabsichtigte Verwendung neuer oder geänderter allgemeiner Versicherungsbedingungen unter deren Beifügung;
2.
in der Krankenversicherung im Sinne des § 146 Absatz 1 die beabsichtigte Verwendung neuer oder geänderter Grundsätze im Sinne des § 9 Absatz 4 Nummer 5 unter Beifügung aller dort bezeichneten Unterlagen.
(2) Der Verband der privaten Krankenversicherung wird damit beliehen, Art, Umfang und Höhe der Leistungen im Basistarif nach Maßgabe des § 152 Absatz 1 und im Notlagentarif nach Maßgabe des § 153 Absatz 1 festzulegen. Die Fachaufsicht übt das Bundesministerium der Finanzen aus.

§ 159 Statistische Daten

(1) Die Bundesanstalt veröffentlicht nicht tarifspezifische allgemeine Wahrscheinlichkeitstafeln und andere einschlägige statistische Daten für die Krankenversicherung im Sinne des § 146 Absatz 1. § 318 Absatz 3 ist entsprechend anzuwenden.
(2) Erstversicherungsunternehmen mit Sitz im Inland, die die Krankenversicherung betreiben, sind verpflichtet, die für die Veröffentlichung nach Absatz 1 benötigten Daten anhand der Daten ihrer Versicherungsbestände der Bundesanstalt jährlich mitzuteilen. In der in § 160 genannten Rechtsverordnung ist festzulegen, welche Versicherungsbestände und Daten hierbei zu berücksichtigen sind.
(3) Die Bundesanstalt übermittelt die gemäß Absatz 1 veröffentlichten Daten zur Krankenversicherung den Aufsichtsbehörden der Herkunftsstaaten.

Fußnote
(+++ § 159: Zur Anwendung vgl. § 62 Abs. 1 Satz 2 Nr. 5 +++)

§ 160 Verordnungsermächtigung

Das Bundesministerium der Finanzen wird ermächtigt, durch Rechtsverordnung für die nach Art der Lebensversicherung betriebene Krankenversicherung

1. die versicherungsmathematischen Methoden zur Berechnung der Prämien einschließlich der Prämienänderungen und der versicherungstechnischen Rückstellungen im Sinne der §§ 341e bis 341h des Handelsgesetzbuchs, namentlich der Alterungsrückstellung, insbesondere zur Berücksichtigung der maßgeblichen Annahmen zur Invaliditäts- und Krankheitsgefahr, zur Pflegebedürftigkeit, zur Sterblichkeit, zur Alters- und Geschlechtsabhängigkeit des Risikos und zur Stornowahrscheinlichkeit sowie die Höhe des Sicherheitszuschlags und des Zinssatzes und die Grundsätze für die Bemessung und Begrenzung der sonstigen Zuschläge festzulegen;

2. nähere Bestimmungen zur Gleichartigkeit des Versicherungsschutzes sowie zur Anrechnung der erworbenen Rechte und der Alterungsrückstellung bei einem Tarifwechsel gemäß § 146 Absatz 1 Nummer 4 zu erlassen;

3. nähere Bestimmungen zur Berechnung des Übertragungswerts nach § 146 Absatz 1 Nummer 5 und § 148 Satz 2 zu erlassen;

4. nähere Bestimmungen zum Wechsel in den Basistarif gemäß § 152 Absatz 2 und zu einem darauf folgenden Wechsel aus dem Basistarif zu erlassen;

5. festzulegen, wie der Überzins nach § 150 Absatz 1 zu ermitteln, wie die Beträge auf die berechtigten Versicherten gemäß § 150 Absatz 2 und 4 zu verteilen sind und wie die Prämie des ursprünglichen Eintrittsalters ermittelt wird;

6. zur Wahrung der Belange der Versicherten Vorschriften über die Mindestzuführung zur Rückstellung für erfolgsabhängige Beitragsrückerstattung gemäß § 151 Absatz 2 zu erlassen, insbesondere über die Höhe und Berechnung des Zuführungssatzes; als Zuführungssatz getrennt für die Krankenversicherung im Sinne des § 146 Absatz 1 Satz 1, für die private Pflege-Pflichtversicherung im Sinne des § 148 und für die geförderte Pflegevorsorge im Sinne des § 148 ist ein Prozentsatz aus der Summe von

7. Jahresüberschuss und den Aufwendungen für die erfolgsabhängige Beitragsrückerstattung festzulegen; hierbei sind eine Direktgutschrift und ein durchschnittlicher Solvabilitätsbedarf der Krankenversicherungsunternehmen zu berücksichtigen;

das Verfahren zur Gegenüberstellung der erforderlichen mit den kalkulierten Versicherungsleistungen und den zuletzt veröffentlichten Sterbewahrscheinlichkeiten nach § 155 Absatz 3 sowie die Frist für die Vorlage der Gegenüberstellung an die Aufsichtsbehörde und den Treuhänder festzulegen.

Die Ermächtigung kann durch Rechtsverordnung auf die Bundesanstalt übertragen werden. Rechtsverordnungen nach den Sätzen 1 und 2 bedürfen nicht der Zustimmung des Bundesrates; sie sind, mit Ausnahme von Satz 1 Nummer 6, im Einvernehmen mit dem Bundesministerium der Justiz und für Verbraucherschutz zu erlassen.

Fußnote

(+++ § 160: Zur Anwendung vgl. § 148 Satz 1 +++)

Abschnitt 3
Sonstige Nichtlebensversicherung

-

§ 161 Unfallversicherung mit Prämienrückgewähr

(1) Soweit Unfallversicherungsunternehmen Versicherungen mit Rückgewähr der Prämie übernehmen, gelten die §§ 138, 139, 140 Absatz 1, die §§ 141, 142 und 145 Absatz 4 sowie § 336 entsprechend.

(2) Unverzüglich nach Aufnahme des Betriebs der Unfallversicherung mit Prämienrückgewähr hat das Versicherungsunternehmen die Grundsätze für die Berechnung der Prämien und Deckungsrückstellungen einschließlich der verwendeten Rechnungsgrundlagen, mathematischen Formeln, kalkulatorischen Herleitungen und statistischen Nachweise unter deren Beifügung der Aufsichtsbehörde anzuzeigen; dies gilt entsprechend bei der Verwendung neuer oder geänderter Grundsätze.

-

§ 162 Deckungsrückstellung für Haftpflicht- und Unfall-Renten

Für die Berechnung der Deckungsrückstellung von Renten in der Allgemeinen Haftpflichtversicherung, der Kraftfahrzeug-Haftpflichtversicherung, der Kraftfahrt-Unfallversicherung sowie der Allgemeinen Unfallversicherung ohne Rückgewähr der Prämie sind § 141 Absatz 1 bis 3, 5 und 6 sowie § 145 Absatz 4 entsprechend anzuwenden.

-

§ 163 Schadenregulierungsbeauftragte in der Kraftfahrzeug-Haftpflichtversicherung

(1) Für die Erlaubnis zur Deckung der in der Anlage 1 Nummer 10 Buchstabe a genannten Risiken hat das Versicherungsunternehmen in allen anderen Mitglied- oder Vertragsstaaten einen Schadenregulierungsbeauftragten zu benennen. Dieser hat im Auftrag des Versicherungsunternehmens Ansprüche auf Ersatz von Personen- und Sachschäden zu bearbeiten und zu regulieren, die wegen eines Unfalls entstanden sind, der sich in einem anderen Mitglied- oder Vertragsstaat als dem Wohnsitzmitgliedstaat des Geschädigten ereignet hat und der durch die Nutzung eines Fahrzeugs verursacht wurde, das in einem Mitglied- oder Vertragsstaat versichert ist und dort seinen gewöhnlichen Standort hat.

(2) Die Bestellung jedes Schadenregulierungsbeauftragten ist der Aufsichtsbehörde unter

Beifügung der in § 9 Absatz 4 Nummer 6 genannten Unterlagen unverzüglich anzuzeigen.
(3) Der Schadenregulierungsbeauftragte muss in dem Staat ansässig oder niedergelassen sein, für den er benannt ist. Er kann auf Rechnung eines oder mehrerer Versicherungsunternehmen handeln. Er muss über ausreichende Befugnisse verfügen, um das Versicherungsunternehmen gegenüber Geschädigten zu vertreten und um deren Schadenersatzansprüche in vollem Umfang zu befriedigen. Er muss in der Lage sein, den Fall in der Amtssprache oder den Amtssprachen des Staats zu bearbeiten, für den er benannt ist.
(4) Der Schadenregulierungsbeauftragte trägt im Zusammenhang mit Ansprüchen, die durch ein bei diesem Unternehmen versichertes Fahrzeug verursacht worden sind, alle zu deren Regulierung erforderlichen Informationen zusammen. Hat sich der Unfall in einem Drittstaat ereignet, gilt dies nur, sofern

1. der Geschädigte seinen Wohnsitz in einem Mitglied- oder Vertragsstaat hat,
2. das Fahrzeug, das den Unfall verursacht hat, seinen gewöhnlichen Standort in einem dieser Staaten hat und
3. das nationale Versicherungsbüro im Sinne des Artikels 1 Nummer 3 der Richtlinie 2009/103/EG des Europäischen Parlaments und des Rates vom 16. September 2009 über die Kraftfahrzeug-Haftpflichtversicherung und die Kontrolle der entsprechenden Versicherungspflicht (ABl. L 263 vom 7.10.2009, S. 11) des Staats, in dem sich der Unfall ereignet hat, dem System der Grünen Karte beigetreten ist.

In diesem Fall gilt § 3a Absatz 1 Nummer 1 und 2 des Pflichtversicherungsgesetzes entsprechend.
(5) Die Bestellung eines Schadenregulierungsbeauftragten durch ein ausländisches Versicherungsunternehmen im Inland stellt für sich allein keine Errichtung einer Zweigniederlassung dar; der Schadenregulierungsbeauftragte gilt nicht als Niederlassung.
-

§ 164 Schadenabwicklung in der Rechtsschutzversicherung

(1) Ein Versicherungsunternehmen, das die Rechtsschutzversicherung zusammen mit anderen Versicherungssparten betreibt, hat die Leistungsbearbeitung in der Rechtsschutzversicherung einem anderen Unternehmen mit einer in § 8 Absatz 2 genannten Rechtsform oder der Rechtsform einer sonstigen Kapitalgesellschaft (Schadenabwicklungsunternehmen) zu übertragen. Die Übertragung gilt als Ausgliederung.
(2) Das Schadenabwicklungsunternehmen darf außer der Rechtsschutzversicherung keine anderen Versicherungsgeschäfte betreiben und in anderen Versicherungssparten keine Leistungsbearbeitung durchführen.
(3) Für die Geschäftsleiter des Schadenabwicklungsunternehmens gilt § 24 Absatz 1 entsprechend. Sie dürfen nicht zugleich für ein Versicherungsunternehmen tätig werden, das außer der Rechtsschutzversicherung andere Versicherungsgeschäfte betreibt. Beschäftigte, die mit der Leistungsbearbeitung betraut sind, dürfen eine vergleichbare Tätigkeit nicht für ein solches Versicherungsunternehmen ausüben.
(4) Die Mitglieder des Vorstands und die Beschäftigten eines unter Absatz 1 fallenden Versicherungsunternehmens dürfen dem Schadenabwicklungsunternehmen keine Weisungen für die Bearbeitung einzelner Versicherungsfälle erteilen. Die Geschäftsleiter und die Beschäftigten des Schadenabwicklungsunternehmens dürfen einem solchen Versicherungsunternehmen keine Angaben machen, die zu Interessenkollisionen zum Nachteil der Versicherten führen können.
(5) Die Absätze 1 bis 4 gelten nicht für die Rechtsschutzversicherung, wenn sich diese auf Streitigkeiten oder Ansprüche bezieht, die aus dem Einsatz von Schiffen auf See entstehen oder mit diesem Einsatz verbunden sind.

Abschnitt 4
Rückversicherung

§ 165 Rückversicherungsunternehmen in Abwicklung

(1) Auf Rückversicherungsunternehmen, die den Abschluss neuer Rückversicherungsverträge bis zum 10. Dezember 2007 eingestellt haben und ausschließlich ihr Portfolio mit dem Ziel verwalten, ihre Tätigkeit einzustellen, finden die nachstehenden Absätze und die für kleine Versicherungsunternehmen geltenden Vorschriften mit Ausnahme des § 215 Anwendung.
(2) Zu den Vermögensbeständen, die der dauernden Erfüllbarkeit der Verpflichtungen aus den Rückversicherungsverhältnissen dienen, gehören Vermögenswerte in Höhe der versicherungstechnischen Rückstellungen im Sinne der §§ 341e bis 341h des Handelsgesetzbuchs sowie der aus Rückversicherungsverhältnissen entstandenen Verbindlichkeiten und Rechnungsabgrenzungsposten (qualifiziertes Vermögen). Diese Bestände sind unter Berücksichtigung der Art des betriebenen Versicherungsgeschäfts sowie der Unternehmensstruktur so anzulegen, dass möglichst große Sicherheit und Rentabilität bei jederzeitiger Liquidität des Rückversicherungsunternehmens unter Wahrung angemessener Mischung und Streuung erreicht wird. Dies gilt mit der Maßgabe, dass eine ausreichende Währungskongruenz gewährleistet ist und die Angemessenheit der Mischung und Streuung unter Berücksichtigung der Besonderheiten des jeweiligen Rückversicherungsunternehmens zu bewerten ist. Hierbei sind auch die Kapitalausstattung sowie die gesamte Finanzsituation des Unternehmens und seine Konzernstruktur zu beachten. Anlagen in derivativen Finanzinstrumenten sind zulässig, sofern sie zur Verringerung von Anlagerisiken oder zur Erleichterung der Portfolioverwaltung beitragen.
(3) Bei der Ermittlung der sicherzustellenden Verpflichtungen sind solche Verbindlichkeiten nicht zu berücksichtigen, bei denen die Sicherstellung durch beim Vorversicherer gestellte Bardepots erfolgt. Die Anteile, die auf Retrozessionare und auf zum Geschäftsbetrieb zugelassene Zweckgesellschaften im Sinne des Artikels 13 Nummer 26 der Richtlinie 2009/138/EG entfallen, bleiben außer Betracht. Anteile, die auf Zweckgesellschaften mit Sitz in einem Drittstaat entfallen, bleiben nur dann außer Betracht, wenn die Versicherungs-Zweckgesellschaft im Sitzland entsprechend den Anforderungen der nach Artikel 211 Absatz 2 der Richtlinie 2009/138/EG erlassenen delegierten Rechtsakte zum Geschäftsbetrieb staatlich zugelassen ist und beaufsichtigt wird und über eine vergleichbare Ausstattung mit Kapitalanlagen verfügt.
(4) Gehören Rückversicherungsverhältnisse zu einem selbständigen Bestand eines Rückversicherungsunternehmens in einem Drittstaat, so gelten Absatz 2 sowie § 125 Absatz 1 entsprechend auch für die aus diesen Rückversicherungsverhältnissen entstandenen Vermögensbestände, soweit das ausländische Recht nichts Abweichendes vorschreibt.

§ 166 Bestandsübertragungen; Umwandlungen

(1) Jeder Vertrag, durch den ein Versicherungsbestand eines inländischen Rückversicherungsunternehmens ganz oder teilweise auf ein anderes Versicherungsunternehmen mit Sitz in einem Mitglied- oder Vertragsstaat übertragen werden soll, bedarf der Genehmigung der Bundesanstalt. Der Bestandsübertragungsvertrag bedarf der Schriftform; § 311b Absatz 3 des Bürgerlichen Gesetzbuchs ist nicht anzuwenden. Die Genehmigung wird erteilt, wenn durch eine Bescheinigung der zuständigen Behörde des Mitglied- oder Vertragsstaats nachgewiesen ist, dass das übernehmende Unternehmen unter Berücksichtigung der Übertragung über anrechnungsfähige Eigenmittel zur Einhaltung der Solvabilitätskapitalanforderung verfügt. Die Rechte und Pflichten des übertragenden Unternehmens aus den Rückversicherungsverträgen gehen mit der Bestandsübertragung auch im Verhältnis zu den Vorversicherern auf das übernehmende Unternehmen über; § 415 des Bürgerlichen Gesetzbuchs ist nicht anzuwenden.

Die Genehmigung der Bestandsübertragung ist im Bundesanzeiger zu veröffentlichen. Sobald die Bestandsübertragung wirksam geworden ist, hat das übernehmende Versicherungsunternehmen unverzüglich die Vorversicherer über die Bestandsübertragung schriftlich zu informieren.
(2) Die vollständige oder teilweise Übertragung eines Versicherungsbestandes durch ein inländisches Rückversicherungsunternehmen auf eine Niederlassung eines Versicherungsunternehmens eines Drittstaats bedarf der Genehmigung durch die Bundesanstalt. Die Genehmigung darf nur erteilt werden, wenn die übernehmende Drittstaatenniederlassung nachweist, dass sie nach der Übertragung über anrechnungsfähige Eigenmittel zur Einhaltung der Solvabilitätskapitalanforderung verfügt. Wird die Kapitalausstattung der Drittstaatenniederlassung von der Aufsichtsbehörde eines anderen Mitglied- oder Vertragsstaats überwacht, hat der Nachweis durch eine Bescheinigung der zuständigen Behörde des anderen Mitglied- oder Vertragsstaats zu erfolgen. Absatz 1 Satz 2, 4 bis 6 ist entsprechend anzuwenden.
(3) Jede Umwandlung eines Rückversicherungsunternehmens nach den §§ 1 und 122a des Umwandlungsgesetzes, bei der Rückversicherungsverträge zu den von der Umwandlung erfassten Vermögensgegenständen gehören, bedarf der Genehmigung der Aufsichtsbehörde. Absatz 1 Satz 3 und 4 ist entsprechend anzuwenden. Die Genehmigung kann auch versagt werden, wenn die Vorschriften über die Umwandlung nicht beachtet worden sind. Die Absicht der Umwandlung eines Rückversicherungsunternehmens nach den §§ 1 und 122a des Umwandlungsgesetzes, soweit sie nicht der Genehmigungspflicht nach Satz 1 unterliegt, ist der Aufsichtsbehörde unverzüglich anzuzeigen.
-

§ 167 Finanzrückversicherung

(1) Eine Finanzrückversicherung ist eine Rückversicherung, bei der das übernommene wirtschaftliche Gesamtrisiko, das sich aus der Übernahme sowohl eines erheblichen versicherungstechnischen Risikos als auch des Risikos hinsichtlich der Abwicklungsdauer ergibt, die Prämiensumme über die Gesamtlaufzeit des Versicherungsvertrags um einen begrenzten, aber erheblichen Betrag übersteigt (hinreichender Risikotransfer), wenn dabei zumindest

1. Verzinsungsfaktoren (Zeitwert des Geldes) ausdrücklich und in erheblichem Umfang berücksichtigt werden oder
2. durch vertragliche Bestimmungen sichergestellt ist, dass die wirtschaftlichen Ergebnisse zwischen den Vertragsparteien über die Gesamtlaufzeit des Vertrags ausgeglichen werden, um einen gezielten Risikotransfer zu ermöglichen.

Die Vorschriften dieses Gesetzes, die an das Bestehen einer Rückversicherung anknüpfen, finden nur auf Verträge mit hinreichendem Risikotransfer Anwendung; Verträge ohne hinreichenden Risikotransfer gehören vorbehaltlich der Vorschriften über versicherungsfremde Geschäfte zum Geschäftsbetrieb.
(2) Versicherungsunternehmen, die Finanzrückversicherungsverträge schließen oder Finanzrückversicherungsgeschäfte tätigen, müssen sicherstellen, dass sie die aus diesen Verträgen oder Geschäften erwachsenden Risiken angemessen identifizieren, bewerten, überwachen, steuern, kontrollieren und über diese berichten können.
-

§ 168 Versicherungs-Zweckgesellschaften

(1) Eine Versicherungs-Zweckgesellschaft ist eine Kapitalgesellschaft oder eine Personengesellschaft, die kein bestehendes Versicherungsunternehmen ist und Risiken von Versicherungsunternehmen übernimmt, wobei sie die Schadenrisiken vollständig über die Emission von Schuldtiteln oder einen anderen Finanzierungsmechanismus absichert, bei dem die Rückzahlungsansprüche der Darlehensgeber oder der Finanzierungsmechanismus den

Rückversicherungsverpflichtungen der Gesellschaft nachgeordnet sind. Die Laufzeit der Schuldtitel oder des anderen Finanzierungsmechanismus muss derjenigen des Rückversicherungsvertrags mindestens entsprechen. Versicherungs-Zweckgesellschaften mit Sitz oder Hauptverwaltung im Inland bedürfen zur Aufnahme des Geschäftsbetriebs der Erlaubnis der Aufsichtsbehörde.
(2) Für Versicherungs-Zweckgesellschaften gelten die §§ 4, 8 Absatz 3, § 9 Absatz 1, § 10 Absatz 1, die §§ 11, 16, 24, 25, 47 Nummer 1, 2, 5, § 294 Absatz 2 Satz 1, 3 und 4 und Absatz 3, 6 und 7, die §§ 305, 306, 307 und 310 bis 315 mit Ausnahme des § 312 Absatz 1 entsprechend.
(3) Sind die Mittel einer Versicherungs-Zweckgesellschaft nicht ausreichend im Sinne der nach Artikel 211 Absatz 2 der Richtlinie 2009/138/EG erlassenen Durchführungsmaßnahme der Europäischen Kommission, hat die Versicherungs-Zweckgesellschaft auf Verlangen der Aufsichtsbehörde dieser einen Plan zur Wiederherstellung gesunder Finanzverhältnisse zur Genehmigung vorzulegen. Die Aufsichtsbehörde kann die Erlaubnis zum Geschäftsbetrieb widerrufen, wenn die Versicherungs-Zweckgesellschaft außerstande ist, innerhalb einer angemessenen, von der Aufsichtsbehörde gesetzten Frist wieder ausreichende Mittel vorzuweisen.

-

§ 169 Rückversicherungsunternehmen mit Sitz in einem anderen Mitglied- oder Vertragsstaat

(1) Rückversicherungsunternehmen mit Sitz in einem anderen Mitglied- oder Vertragsstaat, die eine behördliche Zulassung nach den Rechtsvorschriften besitzen, die in dem Herkunftsstaat zur Umsetzung des Artikels 14 der Richtlinie 2009/138/EG erlassen worden sind, dürfen das Rückversicherungsgeschäft im Inland durch eine Niederlassung oder im Dienstleistungsverkehr betreiben. Die Aufsicht mit Ausnahme der Finanzaufsicht obliegt der Bundesanstalt, die hierbei mit der zuständigen Aufsichtsbehörde des Herkunftsstaats zusammenzuarbeiten hat.
(2) Stellt die Bundesanstalt fest, dass ein Rückversicherungsunternehmen im Sinne des Absatzes 1 die für die Ausübung seiner Tätigkeiten zu beachtenden Rechtsvorschriften nicht einhält, so fordert sie das Unternehmen auf, diese Unregelmäßigkeiten abzustellen. Gleichzeitig unterrichtet sie die Aufsichtsbehörde des Herkunftsstaats. Die Bundesanstalt unterrichtet die Aufsichtsbehörde des Herkunftsstaats auch, wenn sie Gründe für die Annahme hat, dass die Tätigkeiten des Rückversicherungsunternehmens zu einer Beeinträchtigung seiner finanziellen Solidität führen könnten. Auf Antrag der Aufsichtsbehörde des Herkunftsstaats des Rückversicherungsunternehmens trifft die Bundesanstalt in den in den §§ 133, 134 und 135 geregelten Fällen die dort vorgesehenen Maßnahmen. Die Aufsichtsbehörde des Herkunftsstaats hat die Vermögenswerte zu bezeichnen, die Gegenstand dieser Maßnahme sein sollen.
(3) Verstößt das Rückversicherungsunternehmen trotz der eingeleiteten Maßnahmen nach Absatz 2 auch weiterhin gegen die zu beachtenden Rechtsvorschriften, so kann die Bundesanstalt nach erneuter Unterrichtung der zuständigen Behörde des Herkunftsstaats selbst alle erforderlichen Maßnahmen zur Beseitigung früherer und zur Verhütung künftiger Verstöße ergreifen. Sind hierbei Versuche, Anordnungen mit Zwangsmitteln durchzusetzen oder wegen Zwangsgelds zu vollstrecken, aussichtslos oder erfolglos, kann die Bundesanstalt, wenn andere Maßnahmen nicht zum Ziel führen oder nicht angebracht sind, die weitere Geschäftstätigkeit im Inland ganz oder teilweise untersagen. Darüber hinaus kann die Bundesanstalt gemäß Artikel 19 der Verordnung (EU) Nr. 1094/2010 die Europäische Aufsichtsbehörde für das Versicherungswesen und die betriebliche Altersversorgung mit der Angelegenheit befassen und um Unterstützung bitten.
(4) Für die Aufsicht der Bundesanstalt nach Absatz 1 gelten neben den Absätzen 2 und 3 die §§ 4, 68 Absatz 2 Satz 4, die §§ 298, 299 Nummer 1, die §§ 303, 305 Absatz 1 Nummer 2, Absatz 3 und 5, § 306 Absatz 1 Satz 1 Nummer 1 bis 3, Absatz 2 Satz 1 Nummer 2, Absatz 5 bis 8, § 310 und § 17 des Finanzdienstleistungsaufsichtsgesetzes entsprechend. § 305 Absatz 1 Nummer 1 findet mit der Maßgabe entsprechende Anwendung, dass an die Stelle der Versicherungsnehmer die Vorversicherer treten.

-

§ 170 Verordnungsermächtigung

Das Bundesministerium der Finanzen wird ermächtigt, durch Rechtsverordnung Vorschriften zu erlassen

1. über die Ausgestaltung der Pflichten nach § 167 Absatz 2, soweit der Bereich nicht durch delegierte Rechtsakte der Kommission gemäß Artikel 210 Absatz 2 der Richtlinie 2009/138/EG geregelt ist, und
2. für die Finanzrückversicherung im Sinne des § 167 Absatz 1 für Finanzrückversicherungsverträge und Verträge ohne hinreichenden Risikotransfer darüber,
    a) unter welchen Voraussetzungen ein Risikotransfer als hinreichend anzusehen ist,
    b) welche Mindestbestimmungen in jedem Finanzrückversicherungsvertrag enthalten sein müssen und
    c) wie Unternehmen durch geeignete interne Verfahren den Risikotransfer unter einem Vertrag zu ermitteln haben.

Die Ermächtigung kann durch Rechtsverordnung auf die Bundesanstalt übertragen werden. Rechtsverordnungen nach den Sätzen 1 und 2 bedürfen nicht der Zustimmung des Bundesrates.

Kapitel 4
Versicherungsvereine auf Gegenseitigkeit

-

§ 171 Rechtsfähigkeit

Ein Verein, der die Versicherung seiner Mitglieder nach dem Grundsatz der Gegenseitigkeit betreiben will, wird dadurch rechtsfähig, dass ihm die Aufsichtsbehörde erlaubt, als Versicherungsverein auf Gegenseitigkeit Geschäfte zu betreiben.

-

§ 172 Anwendung handelsrechtlicher Vorschriften

Soweit dieses Gesetz nichts anderes vorschreibt, gelten die Vorschriften des Ersten und Vierten Buchs des Handelsgesetzbuchs über Kaufleute mit Ausnahme der §§ 1 bis 7 entsprechend auch für Versicherungsvereine auf Gegenseitigkeit. Für die Rechnungslegung gelten die Vorschriften des Zweiten Unterabschnitts des Vierten Abschnitts in Verbindung mit den Vorschriften des Ersten und Zweiten Abschnitts des Dritten Buchs des Handelsgesetzbuchs entsprechend.

-

§ 173 Satzung

(1) Die Verfassung eines Versicherungsvereins auf Gegenseitigkeit wird durch die Satzung bestimmt, soweit sie nicht auf den folgenden Vorschriften beruht.
(2) Die Satzung muss notariell beurkundet sein.

-

§ 174 Firma

(1) Die Satzung hat den Namen (die Firma) und den Sitz des Vereins zu bestimmen.

(2) Die Firma soll den Sitz des Vereins erkennen lassen. Auch ist in der Firma oder in einem Zusatz auszudrücken, dass Versicherung auf Gegenseitigkeit betrieben wird.

-

§ 175 Haftung für Verbindlichkeiten

Für alle Verbindlichkeiten des Vereins haftet den Vereinsgläubigern nur das Vereinsvermögen. Die Mitglieder haften den Vereinsgläubigern nicht.

-

§ 176 Mitgliedschaft

Die Satzung soll Bestimmungen über den Beginn der Mitgliedschaft enthalten. Mitglied kann nur werden, wer ein Versicherungsverhältnis mit dem Verein begründet. Soweit die Satzung nichts anderes bestimmt, endet die Mitgliedschaft, wenn das Versicherungsverhältnis aufhört.

-

§ 177 Gleichbehandlung

(1) Mitgliedsbeiträge und Vereinsleistungen an die Mitglieder dürfen bei gleichen Voraussetzungen nur nach gleichen Grundsätzen bemessen sein.
(2) Versicherungsgeschäfte gegen feste Entgelte, ohne dass die Versicherungsnehmer Mitglieder werden, darf der Verein nur betreiben, soweit es die Satzung ausdrücklich gestattet.

-

§ 178 Gründungsstock

(1) In der Satzung ist vorzusehen, dass ein Gründungsstock gebildet wird, der die Kosten der Vereinserrichtung zu decken sowie als Gewähr- und Betriebsstock zu dienen hat. Die Satzung soll die Bedingungen enthalten, unter denen der Gründungsstock dem Verein zur Verfügung steht und besonders bestimmen, wie der Gründungsstock zu tilgen ist sowie ob und in welchem Umfang die Personen, die ihn zur Verfügung gestellt haben, berechtigt sein sollen, an der Vereinsverwaltung teilzunehmen.
(2) Der Gründungsstock kann nur in gesetzlichen Zahlungsmitteln, in von der Deutschen Bundesbank bestätigten Schecks, durch Gutschrift auf ein Konto im Inland bei der Deutschen Bundesbank oder einem Kreditinstitut des Vereins oder des Vorstands zu seiner freien Verfügung eingezahlt werden. Forderungen des Vorstands aus diesen Einzahlungen gelten als Forderungen des Vereins. Die Satzung kann statt der Einzahlung die Hingabe eigener Wechsel gestatten.
(3) Den Personen, die den Gründungsstock zur Verfügung gestellt haben, darf kein Kündigungsrecht eingeräumt werden. In der Satzung kann ihnen außer einer Verzinsung aus den Jahreseinnahmen eine Beteiligung an dem Überschuss nach der Jahresbilanz zugesichert werden; die Aufsichtsbehörde entscheidet, welchen Prozentsatz des bar eingezahlten Betrags die Zinsen und die gesamten Bezüge nicht überschreiten dürfen. Der Gründungsstock darf in Anteile zerlegt werden, über die Anteilscheine ausgegeben werden können.
(4) Getilgt werden darf der Gründungsstock nur aus den Jahreseinnahmen und nur so weit, wie die Verlustrücklage nach § 193 angewachsen ist; die Tilgung muss beginnen, sobald die aktivierten Aufwendungen für die Ingangsetzung des Geschäftsbetriebs vollständig abgeschrieben sind.

Fußnote
(+++ § 178: Zur Anwendung vgl. § 5 Abs. 2 +++)

-

§ 179 Beiträge

(1) Die Satzung hat zu bestimmen, ob die Ausgaben durch einmalige oder wiederkehrende Beiträge gedeckt werden sollen, die im Voraus erhoben werden, oder durch Beiträge, die je nach Bedarf umgelegt werden.
(2) Sind Beiträge im Voraus zu erheben, so hat die Satzung ferner zu bestimmen, ob Nachschüsse vorbehalten oder ausgeschlossen sind; sollen sie ausgeschlossen sein, so ist außerdem zu bestimmen, ob die Versicherungsansprüche gekürzt werden dürfen.
(3) Die Satzung kann für Nachschüsse und Umlagen einen Höchstbetrag festsetzen. Eine Beschränkung, derzufolge Nachschüsse oder Umlagen nur ausgeschrieben werden dürfen, um Versicherungsansprüche der Mitglieder zu decken, ist unzulässig.
-

§ 180 Beitragspflicht ausgeschiedener oder eingetretener Mitglieder

(1) Zu den Nachschüssen oder Umlagen haben auch die im Laufe des Geschäftsjahres ausgeschiedenen oder eingetretenen Mitglieder beizutragen. Die Beitragspflicht bemisst sich danach, wie lange sie in dem Geschäftsjahr dem Verein angehört haben.
(2) Bemisst sich der Nachschuss- oder Umlagebetrag eines Mitglieds nach dem im Voraus erhobenen Beitrag oder der Versicherungssumme, so ist, wenn während des Geschäftsjahres der Beitrag oder die Versicherungssumme herauf- oder herabgesetzt worden ist, der höhere Betrag bei der Berechnung zugrunde zu legen.
(3) Die Absätze 1 und 2 gelten nur, soweit die Satzung nichts anderes bestimmt.
-

§ 181 Aufrechnungsverbot

Gegen eine Forderung des Vereins aus der Beitragspflicht kann das Mitglied nicht aufrechnen.
-

§ 182 Ausschreibung von Umlagen und Nachschüssen

(1) Die Satzung soll bestimmen, unter welchen Voraussetzungen Nachschüsse oder Umlagen ausgeschrieben werden dürfen, insbesondere, inwieweit zuvor andere Deckungsmittel wie Gründungsstock oder Rücklagen verwendet werden müssen.
(2) Die Satzung soll ferner bestimmen, wie die Nachschüsse oder Umlagen ausgeschrieben und eingezogen werden.
-

§ 183 Bekanntmachungen

(1) Die Satzung hat zu bestimmen, wie die Vereinsbekanntmachungen erlassen werden.
(2) Vereinsbekanntmachungen sind im Bundesanzeiger zu veröffentlichen.
-

§ 184 Organe

Die Satzung hat zu bestimmen, wie ein Vorstand, ein Aufsichtsrat und eine oberste Vertretung (oberstes Organ; Versammlung von Mitgliedern oder von Vertretern der Mitglieder) zu bilden sind.

Fußnote

(+++ § 184: Zur Anwendung vgl. § 234 Abs. 5 Satz 1 +++)

§ 185 Anmeldung zum Handelsregister

(1) Sämtliche Vorstands- und Aufsichtsratsmitglieder haben den Verein bei dem Gericht, in dessen Bezirk er seinen Sitz hat, zur Eintragung ins Handelsregister anzumelden. In der Anmeldung ist anzugeben, welche Vertretungsbefugnis die Vorstandsmitglieder haben.

(2) Die Aufsichtsbehörde hat dem Registergericht jede Erlaubnis zum Geschäftsbetrieb im Sinne des § 171 mitzuteilen.

§ 186 Unterlagen zur Anmeldung

(1) Der Anmeldung zum Handelsregister sind beizufügen:
1. die Urkunde über die Erlaubnis zum Geschäftsbetrieb,
2. die Satzung,
3. die Urkunden über die Bestellung des Vorstands und des Aufsichtsrats,
4. eine von den Anmeldenden unterschriebene Liste der Mitglieder des Aufsichtsrats, aus welcher Name, Vorname, ausgeübter Beruf und Wohnort der Mitglieder ersichtlich sind,
5. die Urkunden über die Bildung des Gründungsstocks mit einer Erklärung des Vorstands und des Aufsichtsrats, in welchem Umfang und in welcher Weise der Gründungsstock eingezahlt ist und dass der eingezahlte Betrag endgültig zur freien Verfügung des Vorstands steht sowie
6. eine Übersicht darüber, ob die Ausgaben durch im Voraus erhobene oder durch nachträglich umgelegte Beiträge gedeckt werden sollen und, wenn im Voraus Beiträge erhoben werden sollen, ob Nachschüsse vorbehalten oder ausgeschlossen sind, ob die Beitragspflicht beschränkt ist und ob die Versicherungsansprüche gekürzt werden dürfen.

(2) Für die Einreichung von Unterlagen nach diesem Gesetz gilt § 12 Absatz 2 des Handelsgesetzbuchs entsprechend.

§ 187 Eintragung

(1) Bei der Eintragung ins Handelsregister sind anzugeben:
1. die Firma und der Sitz des Vereins,
2. die Versicherungszweige, auf die sich der Betrieb erstrecken soll,
3. die Höhe des Gründungsstocks,
4. der Tag, an dem der Geschäftsbetrieb erlaubt worden ist, und
5. die Vorstandsmitglieder.

Ferner ist einzutragen, welche Vertretungsbefugnis die Vorstandsmitglieder haben.

(2) Bestimmt die Satzung etwas über die Dauer des Vereins, so ist auch das einzutragen.

§ 188 Vorstand

(1) Der Vorstand besteht aus mindestens zwei Personen. Für den Vorstand gelten § 76 Absatz 1, 3 und 4, die §§ 77 bis 91 und 93 Absatz 1, 2 und 4 bis 6 sowie § 94 des Aktiengesetzes entsprechend mit der Maßgabe, dass an die Stelle der Beschlüsse der Hauptversammlung die Beschlüsse der obersten Vertretung treten. An die Stelle des § 93 Absatz 3 des Aktiengesetzes tritt die Vorschrift des Absatzes 2.
(2) Die Vorstandsmitglieder sind insbesondere zum Ersatz verpflichtet, wenn entgegen dem Gesetz

1. der Gründungsstock verzinst oder getilgt wird,
2. das Vereinsvermögen verteilt wird,
3. Zahlungen geleistet werden, nachdem die Zahlungsunfähigkeit des Vereins eingetreten ist oder sich seine Überschuldung ergeben hat; dies gilt nicht für Zahlungen, die auch nach diesem Zeitpunkt mit der Sorgfalt eines ordentlichen und gewissenhaften Geschäftsleiters vereinbar sind oder
4. Kredit gewährt wird.

Fußnote
(+++ § 188 Abs. 1 Satz 1: Zur Anwendung vgl. § 33 Abs. 1 +++)
-

§ 189 Aufsichtsrat

(1) Der Aufsichtsrat besteht aus drei Personen. Die Satzung kann eine bestimmte höhere Zahl festsetzen, die durch drei teilbar sein muss. Die Höchstzahl der Aufsichtsratsmitglieder beträgt 21.
(2) Der Aufsichtsrat setzt sich bei Vereinen, für die nach § 1 Absatz 1 Nummer 4 des Drittelbeteiligungsgesetzes das Drittelbeteiligungsgesetz gilt, zusammen aus Aufsichtsratsmitgliedern, die von der obersten Vertretung gewählt werden, und aus Aufsichtsratsmitgliedern der Arbeitnehmer. Bei den übrigen Vereinen setzt sich der Aufsichtsrat nur aus Aufsichtsratsmitgliedern zusammen, die von der obersten Vertretung gewählt werden.
(3) Für den Aufsichtsrat gelten § 30 Absatz 2 und 3 Satz 1 und 2 erster Halbsatz, § 96 Absatz 4, die §§ 97 bis 100, 101 Absatz 1 und 3, die §§ 102 und 103 Absatz 1 und 3 bis 5 sowie die §§ 104 bis 116 des Aktiengesetzes entsprechend. Die dort der Hauptversammlung übertragenen Aufgaben hat hier die oberste Vertretung wahrzunehmen. Das Antragsrecht nach § 98 Absatz 2 Nummer 3 und § 104 Absatz 1 Satz 1 des Aktiengesetzes steht jedem Mitglied der obersten Vertretung zu. An die Stelle des § 113 Absatz 3 und neben § 116 des Aktiengesetzes treten die Vorschriften der Absätze 4 und 5.
(4) Wird den Aufsichtsratsmitgliedern eine Gewinnbeteiligung gewährt, so berechnet sich diese nach dem Jahresüberschuss abzüglich eines Verlustvortrags und der Einstellungen in die Gewinnrücklagen; der Anteil am Überschuss, der nach § 178 Absatz 3 den Personen zugesichert ist, die den Gründungsstock zur Verfügung gestellt haben, ist abzusetzen. Entgegenstehende Festsetzungen sind nichtig.
(5) Die Aufsichtsratsmitglieder sind insbesondere zum Ersatz verpflichtet, wenn mit ihrem Wissen und ohne ihr Einschreiten die in § 188 Absatz 2 genannten Handlungen vorgenommen werden.
-

§ 190 Schadenersatzpflicht

§ 117 des Aktiengesetzes gilt entsprechend.

§ 191 Oberste Vertretung

Für die oberste Vertretung gelten entsprechend die für die Hauptversammlung geltenden Vorschriften der §§ 118, 119 Absatz 1 Nummer 1 bis 3, 5, 7 und 8 sowie Absatz 2, von § 120 Absatz 1 bis 3 und § 121 Absatz 1 bis 4, 5 Satz 1 und Absatz 6, der §§ 122 und 123 Absatz 1, der §§ 124 bis 127, 129 Absatz 1 und 4, des § 130 Absatz 1 Satz 1 und 2 sowie Absatz 2 bis 5, der §§ 131 bis 133 und 134 Absatz 4 sowie der §§ 136, 142 bis 149, 241 bis 253 und 257 bis 261 des Aktiengesetzes. § 256 des Aktiengesetzes gilt entsprechend. Ist die oberste Vertretung die Mitgliederversammlung, so gilt auch § 134 Absatz 3 des Aktiengesetzes entsprechend. Genussrechte im Sinne des § 214 Absatz 2 dürfen nur auf Grund eines Beschlusses der obersten Vertretung gewährt werden. Der Beschluss bedarf einer Mehrheit von drei Vierteln der abgegebenen Stimmen. Die Satzung kann eine andere Mehrheit und weitere Erfordernisse bestimmen.

§ 192 Rechte von Minderheiten

Soweit die Vorschriften des Aktiengesetzes, die nach den §§ 188, 190 und 191 entsprechend gelten, einer Minderheit von Aktionären Rechte gewähren (§ 93 Absatz 4 Satz 3, § 117 Absatz 4, § 120 Absatz 1, §§ 122, 142 Absatz 2 und 4, §§ 147, 258 Absatz 2 Satz 3 sowie § 260 Absatz 1 Satz 1 und Absatz 3 Satz 4 des Aktiengesetzes), hat die Satzung die erforderliche Minderheit der Mitglieder der obersten Vertretung zu bestimmen.

§ 193 Verlustrücklage

Die Satzung hat zu bestimmen, dass zur Deckung eines außergewöhnlichen Verlusts aus dem Geschäftsbetrieb eine Rücklage (Verlustrücklage, Reservefonds) zu bilden ist, welche Beträge jährlich zurückzulegen sind und welchen Mindestbetrag die Rücklage erreichen muss.

Fußnote
(+++ § 193: Zur Anwendung vgl. § 5 Abs. 2 +++)

§ 194 Überschussverwendung

(1) Ein sich nach der Bilanz ergebender Überschuss wird, soweit er nicht nach der Satzung der Verlustrücklage oder anderen Rücklagen zuzuführen oder zur Verteilung von Vergütungen zu verwenden oder auf das nächste Geschäftsjahr zu übertragen ist, an die in der Satzung bestimmten Mitglieder verteilt. § 214 Absatz 2 bleibt unberührt.
(2) Die Satzung hat zu bestimmen, welcher Maßstab der Verteilung zugrunde zu legen ist und ob der Überschuss nur an die am Schluss des Geschäftsjahres vorhandenen oder auch an ausgeschiedene Mitglieder verteilt werden soll.

§ 195 Änderung der Satzung

(1) Nur die oberste Vertretung kann die Satzung ändern.
(2) Die oberste Vertretung kann das Recht zu Änderungen, die nur die Fassung betreffen, dem Aufsichtsrat übertragen.

(3) Die oberste Vertretung kann den Aufsichtsrat ermächtigen, für den Fall, dass die Aufsichtsbehörde, bevor sie den Änderungsbeschluss genehmigt, Änderungen verlangt, dem zu entsprechen.
(4) Ein Beschluss der obersten Vertretung, wonach ein Versicherungszweig aufgegeben oder ein neuer eingeführt werden soll, bedarf einer Mehrheit von drei Vierteln der abgegebenen Stimmen; die Satzung kann noch anderes fordern. Andere Beschlüsse nach den Absätzen 1 bis 3 bedürfen einer solchen Mehrheit nur, wenn die Satzung nichts anderes vorschreibt.

Fußnote

(+++ § 195 Abs. 3: Zur Anwendung vgl. § 33 Abs. 1 +++)

-

§ 196 Eintragung der Satzungsänderung

(1) Die Satzungsänderung ist zur Eintragung ins Handelsregister anzumelden. Der Anmeldung ist die Genehmigungsurkunde beizufügen. Es ist ferner der vollständige Wortlaut der Satzung beizufügen; er muss mit der Bescheinigung eines Notars versehen sein, dass die geänderten Bestimmungen der Satzung mit dem Beschluss über die Satzungsänderung und die unveränderten Bestimmungen mit dem zuletzt zum Handelsregister eingereichten vollständigen Wortlaut der Satzung übereinstimmen.
(2) Bei der Eintragung kann auf die dem Gericht eingereichten Urkunden über die Änderung verwiesen werden, es sei denn, die Änderung betrifft die Angaben nach § 187.
(3) Die Änderung wirkt nicht, bevor sie bei dem Gericht, in dessen Bezirk der Verein seinen Sitz hat, ins Handelsregister eingetragen worden ist.

-

§ 197 Änderung der allgemeinen Versicherungsbedingungen

(1) § 195 Absatz 1 und 2 gilt vorbehaltlich des Absatzes 2 entsprechend auch für Änderungen der allgemeinen Versicherungsbedingungen.
(2) Die Satzung kann den Vorstand ermächtigen, mit Zustimmung des Aufsichtsrats allgemeine Versicherungsbedingungen einzuführen oder zu ändern. Sind Vorstand und Aufsichtsrat nicht durch Satzung zur Änderung von allgemeinen Versicherungsbedingungen ermächtigt, so kann die oberste Vertretung den Aufsichtsrat ermächtigen, bei dringendem Bedarf die allgemeinen Versicherungsbedingungen vorläufig zu ändern; die Änderungen sind der obersten Vertretung bei ihrem nächsten Zusammentritt vorzulegen und außer Kraft zu setzen, wenn diese es verlangt.
(3) Eine Änderung der Satzung oder der allgemeinen Versicherungsbedingungen berührt ein bestehendes Versicherungsverhältnis nur, wenn der Versicherte der Änderung ausdrücklich zustimmt. Dies gilt nicht für solche Bestimmungen, für die die Satzung ausdrücklich vorsieht, dass sie auch mit Wirkung für die bestehenden Versicherungsverhältnisse geändert werden können.

-

§ 198 Auflösung des Vereins

Der Verein wird aufgelöst:
1. durch Ablauf der in der Satzung bestimmten Zeit,
2. durch Beschluss der obersten Vertretung,
3. durch die Eröffnung des Insolvenzverfahrens über das Vermögen des Vereins oder
4.

mit der Rechtskraft des Beschlusses, durch den die Eröffnung des Insolvenzverfahrens mangels Masse abgelehnt wird.

-

§ 199 Auflösungsbeschluss

(1) Der Beschluss nach § 198 Nummer 2 bedarf einer Mehrheit von drei Vierteln der abgegebenen Stimmen, wenn die Satzung nichts anderes bestimmt. Mitglieder der obersten Vertretung, die gegen die Auflösung gestimmt haben, können dem Auflösungsbeschluss zur Niederschrift widersprechen.
(2) Der Beschluss bedarf der Genehmigung der Aufsichtsbehörde. Diese hat die Genehmigung dem Registergericht mitzuteilen.
(3) Ist der Verein durch einen Beschluss der obersten Vertretung aufgelöst worden, so erlöschen die Versicherungsverhältnisse zwischen den Mitgliedern und dem Verein mit dem Zeitpunkt, den der Beschluss bestimmt, frühestens jedoch mit dem Ablauf von vier Wochen. Versicherungsansprüche, die bis dahin entstanden sind, können geltend gemacht werden; im Übrigen können aber nur die für künftige Versicherungszeitabschnitte im Voraus gezahlten Beiträge nach Abzug der aufgewandten Kosten zurückgefordert werden. Diese Vorschriften gelten nicht für Lebensversicherungsverhältnisse; diese bleiben unberührt, wenn die Satzung nichts anderes bestimmt.

-

§ 200 Bestandsübertragung

Verträge, durch die der Versicherungsbestand des Vereins ganz oder teilweise auf ein anderes Unternehmen übertragen werden soll, bedürfen zu ihrer Wirksamkeit der Zustimmung der obersten Vertretung. Der Beschluss bedarf einer Mehrheit von drei Vierteln der abgegebenen Stimmen, wenn die Satzung nichts anderes bestimmt. Mit der Zustimmung ist zugleich über die Höhe einer Abfindung nach § 201 zu beschließen. In dem Beschluss sind die Maßstäbe festzusetzen, nach denen die Abfindung auf die Mitglieder zu verteilen ist.

-

§ 201 Verlust der Mitgliedschaft

(1) Verliert ein Versicherungsnehmer durch eine Bestandsübertragung ganz oder zum Teil seine Rechte als Vereinsmitglied und wird er nicht Mitglied eines übernehmenden Versicherungsvereins auf Gegenseitigkeit, so steht ihm für diesen Verlust eine angemessene Barabfindung zu. Sie muss die Verhältnisse des Vereins zum Zeitpunkt der Beschlussfassung nach § 200 berücksichtigen.
(2) Der Verein kann beschließen, dass dieser Anspruch auf Mitglieder beschränkt wird, die dem Verein seit mindestens drei Monaten vor dem Beschluss angehören.
(3) Jedes berechtigte Mitglied erhält eine Abfindung in gleicher Höhe. Eine andere Verteilung kann nur nach einem oder mehreren der folgenden Maßstäbe festgesetzt werden:

1. der Höhe der Versicherungssumme,
2. der Höhe der Beiträge,
3. der Höhe der Deckungsrückstellung in der Lebensversicherung,
4. dem in der Satzung des Vereins bestimmten Maßstab für die Verteilung des Überschusses,
5. dem in der Satzung des Vereins bestimmten Maßstab für die Verteilung des Vermögens und
6.

der Dauer der Mitgliedschaft.

§ 202 Anmeldung der Auflösung

Der Vorstand hat die Auflösung des Vereins zur Eintragung in das Handelsregister anzumelden. Dies gilt nicht in den Fällen des § 198 Nummer 3 und 4. In diesen Fällen hat das Gericht die Auflösung und ihren Grund von Amts wegen einzutragen; die Geschäftsstelle des Insolvenzgerichts hat dem Registergericht eine beglaubigte Abschrift des Eröffnungsbeschlusses oder eine mit der Bescheinigung der Rechtskraft versehene beglaubigte Abschrift des den Eröffnungsantrag ablehnenden Beschlusses zu übersenden.

§ 203 Abwicklung

(1) Nach der Auflösung des Vereins findet die Abwicklung statt, wenn nicht über sein Vermögen das Insolvenzverfahren eröffnet worden ist.
(2) Während der Abwicklung gelten die gleichen Vorschriften wie vor der Abwicklung, soweit sich aus den folgenden Vorschriften oder aus dem Zweck der Abwicklung nichts anderes ergibt. Insbesondere können Nachschüsse oder Umlagen im Sinne des § 179 ausgeschrieben und eingezogen werden. Neue Versicherungen dürfen nicht mehr übernommen, die bestehenden nicht erhöht oder verlängert werden.

§ 204 Abwicklungsverfahren

(1) Die Abwicklung besorgen die Vorstandsmitglieder als Abwickler, wenn nicht die Satzung oder ein Beschluss der obersten Vertretung andere Personen bestellt. Auch eine juristische Person kann Abwickler sein.
(2) Aus wichtigen Gründen hat das Gericht Abwickler zu bestellen und abzuberufen, wenn es der Aufsichtsrat oder eine in der Satzung zu bestimmende Minderheit von Mitgliedern beantragt. § 402 des Gesetzes über das Verfahren in Familiensachen und in den Angelegenheiten der freiwilligen Gerichtsbarkeit gilt entsprechend. Abwickler, die nicht vom Gericht bestellt sind, kann die oberste Vertretung jederzeit abberufen. Für die Ansprüche aus dem Anstellungsvertrag gelten die allgemeinen Vorschriften.
(3) Im Übrigen gelten für die Abwicklung § 265 Absatz 4, die §§ 266 bis 269, 270 Absatz 1 und 2 Satz 1 und die §§ 272, 273 des Aktiengesetzes entsprechend. Unbeschadet des entsprechend anzuwendenden § 270 Absatz 2 Satz 3 und Absatz 3 des Aktiengesetzes gelten für die Eröffnungsbilanz, den erläuternden Bericht, den Jahresabschluss und den Lagebericht die auf die Aufstellung und Prüfung des Jahresabschlusses und des Lageberichts des Vereins anzuwendenden Vorschriften sowie die §§ 175, 176 des Aktiengesetzes und die §§ 325, 328 des Handelsgesetzbuchs sinngemäß.

§ 205 Tilgung des Gründungsstocks; Vermögensverteilung

(1) Der Gründungsstock darf erst getilgt werden, wenn die Ansprüche sämtlicher anderer Gläubiger, insbesondere die der Mitglieder aus Versicherungsverhältnissen, befriedigt sind oder Sicherheit geleistet ist. Für die Tilgung dürfen keine Nachschüsse oder Umlagen erhoben werden.
(2) Das nach der Berichtigung der Schulden verbleibende Vereinsvermögen wird an die Mitglieder verteilt, die zur Zeit der Auflösung des Vereins vorhanden waren. Es wird nach demselben Maßstab verteilt, nach dem der Überschuss verteilt worden ist.
(3) Über die Verteilung des Vermögens kann die Satzung etwas anderes bestimmen; die

Bestimmung anderer Anfallberechtigter kann sie der obersten Vertretung übertragen.

§ 206 Fortsetzung des Vereins

(1) Ist ein Verein durch Zeitablauf oder durch Beschluss der obersten Vertretung aufgelöst worden, so kann die oberste Vertretung, solange noch nicht mit der Verteilung des Vermögens unter die Anfallberechtigten begonnen worden ist, die Fortsetzung des Vereins beschließen. Der Beschluss bedarf einer Mehrheit von drei Vierteln der abgegebenen Stimmen, wenn die Satzung nichts anderes bestimmt. Er bedarf der Genehmigung der Aufsichtsbehörde; diese hat die Genehmigung dem Registergericht mitzuteilen.
(2) Gleiches gilt, wenn der Verein durch die Eröffnung des Insolvenzverfahrens aufgelöst, das Verfahren aber auf Antrag des Vereins eingestellt oder nach der Bestätigung eines Insolvenzplans, der den Fortbestand des Vereins vorsieht, aufgehoben worden ist.
(3) Die Abwickler haben die Fortsetzung des Vereins zur Eintragung in das Handelsregister anzumelden; sie haben bei der Anmeldung nachzuweisen, dass noch nicht mit der Verteilung des Vermögens des Vereins unter die Anfallberechtigten begonnen worden ist.
(4) Der Fortsetzungsbeschluss hat keine Wirkung, bevor er in das Handelsregister des Sitzes des Vereins eingetragen worden ist.

§ 207 Beitragspflicht im Insolvenzverfahren

(1) Soweit Mitglieder oder ausgeschiedene Mitglieder nach dem Gesetz oder der Satzung zu Beiträgen verpflichtet sind, haften sie bei Eröffnung des Insolvenzverfahrens dem Verein gegenüber für seine Schulden.
(2) Mitglieder, die im letzten Jahr vor dem Antrag auf Eröffnung des Insolvenzverfahrens oder nach diesem Antrag ausgeschieden sind, haften für die Schulden des Vereins, als ob sie ihm noch angehörten.

§ 208 Rang der Insolvenzforderungen

(1) Die Ansprüche auf Tilgung des Gründungsstocks stehen allen übrigen Insolvenzforderungen nach. Unter den Insolvenzforderungen werden Ansprüche aus einem Versicherungsverhältnis, die den bei Eröffnung des Insolvenzverfahrens dem Verein angehörenden oder im letzten Jahr vor dem Eröffnungsantrag oder nach diesem Antrag ausgeschiedenen Mitgliedern zustehen, im Rang nach den Ansprüchen der anderen Insolvenzgläubiger befriedigt.
(2) Zur Tilgung des Gründungsstocks dürfen keine Nachschüsse oder Umlagen erhoben werden.

§ 209 Nachschüsse und Umlagen im Insolvenzverfahren

(1) Die Nachschüsse oder Umlagen, die das Insolvenzverfahren erfordert, werden vom Insolvenzverwalter festgestellt und ausgeschrieben. Dieser hat sofort, nachdem die Vermögensübersicht nach § 153 der Insolvenzordnung auf der Geschäftsstelle niedergelegt ist, zu berechnen, wie viel die Mitglieder zur Deckung des aus der Vermögensübersicht ersichtlichen Fehlbetrags nach ihrer Beitragspflicht vorzuschießen haben. Für diese Vorschussberechnung und für Zusatzberechnungen gelten § 106 Absatz 1 Satz 2, Absatz 2 und 3 sowie die §§ 107 bis 113 des Genossenschaftsgesetzes entsprechend.
(2) Alsbald nach Beginn der Schlussverteilung nach § 196 der Insolvenzordnung hat der Insolvenzverwalter zu berechnen, welche Beiträge die Mitglieder endgültig zu leisten haben. Dafür und für das weitere Verfahren gelten § 114 Absatz 2 und die §§ 115, 115a, 115c und 115d Absatz 1

sowie die §§ 115e bis 118 des Genossenschaftsgesetzes entsprechend.

§ 210 Kleinere Vereine

(1) Für Vereine, die bestimmungsgemäß einen sachlich, örtlich oder dem Personenkreis nach eng begrenzten Wirkungskreis haben (kleinere Vereine), gelten von den Vorschriften dieses Kapitels nur die §§ 171 und 172 Satz 2, § 173 Absatz 1, § 174 Absatz 1, die §§ 175, 176 und 177 Absatz 1, die §§ 178 bis 182 und 183 Absatz 1, § 188 Absatz 1 Satz 1, die §§ 193, 194 und 195 Absatz 1 bis 3, die §§ 197, 198 und 199 Absatz 1, 2 Satz 1 und Absatz 3 sowie die §§ 200, 205 und 207 bis 209. Versicherungen gegen festes Entgelt, ohne dass der Versicherungsnehmer Mitglied wird, dürfen nicht übernommen werden.
(2) Soweit sich nach Absatz 1 nichts anderes ergibt, gelten für die kleineren Vereine nur die §§ 24 bis 53 des Bürgerlichen Gesetzbuchs. In den Fällen der §§ 29 und 37 Absatz 2 des Bürgerlichen Gesetzbuchs tritt jedoch an die Stelle des Amtsgerichts die Aufsichtsbehörde. Soll nach der Satzung ein Aufsichtsrat bestellt werden, so gelten dafür § 34 Absatz 1 und 2 Satz 1 und Absatz 6, § 36 Absatz 2 und 3 sowie die §§ 37 bis 40 des Genossenschaftsgesetzes entsprechend.
(3) Die Aufsichtsbehörde kann für die Erlaubnis zum Geschäftsbetrieb und die Geschäftsführung kleinerer Vereine Abweichungen von § 39 Absatz 1 sowie von den §§ 125, 138, 141, 146, 147, 149, 152 und 156 gestatten. Soweit sich die Abweichungen auf die Geschäftsführung beziehen, können sie besonders davon abhängig gemacht werden, dass im Abstand von mehreren Jahren auf Kosten des Vereins der Geschäftsbetrieb und die Vermögenslage durch einen Sachverständigen geprüft werden und der Prüfungsbericht der Aufsichtsbehörde eingereicht wird.
(4) Ob ein Verein ein kleinerer Verein ist, entscheidet die Aufsichtsbehörde.

Fußnote

(+++ § 210: Zur Anwendung vgl. § 237 Abs. 1 Satz 2 +++)
(+++ § 210 Abs. 3 Satz 1: Zur Anwendung vgl. § 233 Abs. 1 Satz 4 +++)

Kapitel 5
Kleine Versicherungsunternehmen und Sterbekassen

Abschnitt 1
Kleine Versicherungsunternehmen

§ 211 Kleine Versicherungsunternehmen

(1) Kleine Versicherungsunternehmen im Sinne dieses Gesetzes sind Erstversicherungsunternehmen,

1. deren jährlich gebuchte Bruttobeitragseinnahmen den in Artikel 4 Absatz 1 Buchstabe a der Richtlinie 2009/138/EG genannten Betrag nicht überschreiten,

2. deren gesamte versicherungstechnischen Rückstellungen im Sinne des § 75 ohne Abzug der einforderbaren Beträge aus Rückversicherungsverträgen und von Zweckgesellschaften den in Artikel 4 Absatz 1 Buchstabe b der Richtlinie 2009/138/EG genannten Betrag nicht überschreiten,

3. deren Geschäftstätigkeit keine Rückversicherungstätigkeiten einschließt, die
    a) die in Artikel 4 Absatz 1 Buchstabe e der Richtlinie 2009/138/EG genannten Beträge

bezogen auf ihre gebuchten Bruttobeitragseinnahmen oder ihre versicherungstechnischen Rückstellungen im Sinne des § 75 ohne Abzug der einforderbaren Beträge aus Rückversicherungsverträgen und von Zweckgesellschaften oder

b)
10 Prozent ihrer gebuchten Bruttobeitragseinnahmen oder

c)
10 Prozent ihrer versicherungstechnischen Rückstellungen im Sinne des § 75 ohne Abzug der einforderbaren Beträge aus Rückversicherungsverträgen und von Zweckgesellschaften
überschreiten,

4.
deren Geschäftstätigkeit keine Versicherungstätigkeiten zur Abdeckung von Haftpflicht-, Kredit- und Kautionsversicherungsrisiken einschließt, es sei denn, es handelt sich um zusätzliche Risiken im Sinne des § 10 Absatz 4 Satz 1, und

5.
die keine grenzüberschreitende Geschäftstätigkeit gemäß den §§ 57 bis 59 ausüben.
Sofern das Erstversicherungsunternehmen einer Gruppe angehört, dürfen die gesamten versicherungstechnischen Bruttorückstellungen der Gruppe den in Artikel 4 Absatz 1 Buchstabe c der Richtlinie 2009/138/EG genannten Betrag nicht überschreiten. Wenn eine Erlaubnis zum Geschäftsbetrieb als Erstversicherungsunternehmen beantragt wird, ist Satz 1 Nummer 1 bis 3 nicht anzuwenden, wenn zu erwarten ist, dass einer der dort genannten Beträge innerhalb der nächsten fünf Jahre überschritten wird.
(2) Wenn ein Erstversicherungsunternehmen die Voraussetzungen des Absatzes 1 erfüllt und die in Absatz 1 festgelegten Summengrenzen in den letzten drei aufeinanderfolgenden Jahren nicht überschritten wurden, stellt die Aufsichtsbehörde von Amts wegen fest, dass es als kleines Versicherungsunternehmen anzusehen ist, es sei denn, in den nächsten fünf Jahren wird voraussichtlich eine dieser Summengrenzen überschritten.
(3) Wird eine der in Absatz 1 genannten Summengrenzen in drei aufeinanderfolgenden Jahren überschritten, hebt die Aufsichtsbehörde die Feststellung auf. Das Erstversicherungsunternehmen gilt ab dem vierten Jahr nicht mehr als kleines Versicherungsunternehmen.
(4) Auf Antrag ist ein Erstversicherungsunternehmen, das nach den Absätzen 1 und 2 als kleines Versicherungsunternehmen anzusehen wäre, nicht als ein solches zu behandeln.
-

§ 212 Anzuwendende Vorschriften

(1) Für kleine Versicherungsunternehmen gelten die auf Erstversicherungsunternehmen, die keine Sterbekassen oder Pensionskassen sind, anwendbaren Vorschriften dieses Gesetzes, soweit dieses Kapitel keine abweichenden Regelungen enthält.
(2) Für kleine Versicherungsunternehmen gelten nicht:

1.
von den Vorschriften über die Geschäftsorganisation § 26 Absatz 3, 4 und 6 bis 8, die §§ 27, 28 Absatz 1 und § 29 Absatz 2 bis 4 sowie die §§ 30 und 31,

2.
von den Vorschriften über die Abschlussprüfung § 35 Absatz 2 und § 37 Absatz 2,

3.
die Vorschriften über den Bericht über Solvabilität und Finanzlage, §§ 40 bis 42,

4.
von den Vorschriften über den Dienstleistungs- und Niederlassungsverkehr die §§ 57 bis 59,

5.
von den Vorschriften über die finanzielle Ausstattung die §§ 74 bis 124, 125 Absatz 1 Satz 2 und 3 sowie die §§ 131 und 133,

6.

die Vorschriften des Teils 5 Kapitel 1 und § 284, sofern eine Gruppe von der Versicherungsaufsicht unterliegenden Unternehmen ausschließlich durch die Einbeziehung von kleinen Versicherungsunternehmen, Sterbekassen, Pensionskassen oder Pensionsfonds entsteht,

7. von den Vorschriften über Aufgaben und allgemeine Vorschriften § 301 und

8. von den Übergangs- und Schlussbestimmungen die §§ 340 bis 352.

(3) Die folgenden Vorschriften gelten mit der allgemeinen Maßgabe, dass an die Stelle der anrechnungsfähigen Basiseigenmittel die Eigenmittel treten, und mit folgenden besonderen Maßgaben:

1. § 9 Absatz 2 Nummer 4 mit der Maßgabe, dass als Bestandteil des Geschäftsplans Angaben über die Eigenmittelbestandteile, die die absolute Grenze der Mindestkapitalanforderung darstellen, einzureichen sind,

2. § 9 Absatz 3 Nummer 4 mit der Maßgabe, dass sich die Regelung auf die versicherungstechnischen Rückstellungen nach dem Handelsgesetzbuch bezieht,

3. § 9 Absatz 4 Nummer 1 Buchstabe a mit der Maßgabe, dass Angaben über Art und Umfang der Geschäftsorganisation nur zu machen sind für die Geschäftsleiter, die Mitglieder des Aufsichtsrats und, falls vorhanden, für den Verantwortlichen Aktuar,

4. § 12 Absatz 1 und 3 mit der Maßgabe, dass die Regelung auf jede Ausdehnung des Geschäftsbetriebs auf ein Gebiet im Ausland anzuwenden ist,

5. § 15 Absatz 1 Satz 3 mit der Maßgabe, dass die Aufnahme von Kapital gegen Gewährung von Genussrechten oder gegen Eingehung von nachrangigen Verbindlichkeiten, die mindestens die Anforderungen an die Qualitätsklasse 2 nach § 92 Absatz 2 erfüllen, nicht als Fremdmittelaufnahme gilt,

6. § 23 Absatz 3 mit der Maßgabe, dass die Leitlinien keine Vorgaben zur internen Revision enthalten müssen,

7. § 24 Absatz 1 Satz 1 mit der Maßgabe, dass sich die Regelung nur auf Geschäftsleiter und Mitglieder des Aufsichtsrats bezieht,

8. § 26 Absatz 1 mit der Maßgabe, dass die Risiken, denen das Unternehmen tatsächlich oder möglicherweise ausgesetzt ist, regelmäßig angemessen zu dokumentieren sind,

9. § 29 Absatz 1 mit der Maßgabe, dass keine Compliance-Funktion vorzuhalten ist,

10. § 47 Nummer 1 und 2 mit der Maßgabe, dass nur die vorgesehene Einsetzung eines Geschäftsleiters oder die Bestellung eines Aufsichtsratsmitglieds und das Ausscheiden oder der Entzug der Befugnis zur Vertretung des Versicherungsunternehmens einer dieser Personen anzuzeigen ist,

11. § 141 Absatz 5 mit der Maßgabe, dass an die Stelle der Grundsätze der auf Grund des § 88 Absatz 3 erlassenen Rechtsverordnung die Grundsätze der auf Grund des § 217 Satz 1 Nummer 7 bis 10 erlassenen Rechtsverordnung treten,

12. § 303 Absatz 1 und 2 Nummer 1 mit der Maßgabe, dass die Verwarnung, die Abberufung oder die Untersagung nur hinsichtlich eines Geschäftsleiters oder eines Aufsichtsratsmitglieds möglich ist, und

13.
§ 304 Absatz 1 Nummer 2 mit der Maßgabe, dass die Aufsichtsbehörde die Erlaubnis widerrufen kann, wenn es dem Unternehmen nicht gelingt, innerhalb von drei Monaten nach Feststellung der Nichtbedeckung der Mindestkapitalanforderung den genehmigten Finanzierungsplan zu erfüllen, und die Erlaubnis zu widerrufen ist, wenn es dem Unternehmen nicht gelingt, innerhalb von neun Monaten nach Feststellung der Nichtbedeckung der Mindestkapitalanforderung den genehmigten Finanzierungsplan zu erfüllen.

Fußnote
(+++ § 212 Abs. 3 Nr. 5 u. 6: Zur Anwendung vgl. § 234 Abs. 2 Satz 6 u. § 237 Abs. 1 Satz 2 +++)
-

§ 213 Solvabilitäts- und Mindestkapitalanforderung

Kleine Versicherungsunternehmen müssen stets über Eigenmittel mindestens in Höhe der durch Rechtsverordnung nach § 217 Satz 1 Nummer 1 festgelegten Solvabilitätskapitalanforderung verfügen. Ein Drittel der Solvabilitätskapitalanforderung gilt als Mindestkapitalanforderung.

Fußnote
(+++ § 213: Zur Anwendung vgl. § 234 Abs. 3 Satz 1 Nr. 8 u. § 237 Abs. 1 Satz 2 +++)
-

§ 214 Eigenmittel

(1) Eigenmittel im Sinne des § 213 sind

1. bei Aktiengesellschaften das eingezahlte Grundkapital abzüglich des Betrags der eigenen Aktien, bei Versicherungsvereinen auf Gegenseitigkeit der eingezahlte Gründungsstock, bei öffentlich-rechtlichen Versicherungsunternehmen die dem eingezahlten Grundkapital bei Aktiengesellschaften entsprechenden Posten,
2. die Kapitalrücklage und die Gewinnrücklagen,
3. der sich nach Abzug der auszuschüttenden Dividenden ergebende Gewinnvortrag,
4. Kapital, das gegen Gewährung von Genussrechten eingezahlt ist, nach Maßgabe der Absätze 2 und 4,
5. Kapital, das auf Grund der Eingehung nachrangiger Verbindlichkeiten eingezahlt ist, nach Maßgabe der Absätze 3 und 4,
6. bei Lebensversicherungsunternehmen und bei Krankenversicherungsunternehmen, die die Krankenversicherung nach Art der Lebensversicherung betreiben, die Rückstellung für Beitragsrückerstattung, sofern sie zur Deckung von Verlusten verwendet werden darf und soweit sie nicht auf festgelegte Überschussanteile entfällt, sowie
7. auf Antrag und mit Zustimmung der Aufsichtsbehörde
   a) die Hälfte des nicht eingezahlten Teils des Grundkapitals, des Gründungsstocks oder der bei öffentlich-rechtlichen Versicherungsunternehmen dem Grundkapital bei Aktiengesellschaften entsprechenden Posten, wenn der eingezahlte Teil 25 Prozent

b) des Grundkapitals, des Gründungsstocks oder der bei öffentlich-rechtlichen Versicherungsunternehmen dem Grundkapital bei Aktiengesellschaften entsprechenden Posten erreicht,

c) bei Versicherungsvereinen auf Gegenseitigkeit und nach dem Grundsatz der Gegenseitigkeit arbeitenden öffentlich-rechtlichen Versicherungsunternehmen, wenn sie nicht die Lebensversicherung oder die Krankenversicherung betreiben, die Hälfte der Differenz zwischen den nach der Satzung in einem Geschäftsjahr zulässigen Nachschüssen und den tatsächlich geforderten Nachschüssen,

d) die stillen Nettoreserven, die sich aus der Bewertung der Aktiva ergeben, soweit diese Reserven nicht Ausnahmecharakter haben, und

bei Lebensversicherungsunternehmen nach Maßgabe der auf Grund des § 217 Satz 1 erlassenen Vorschriften der Wert der in den Beitrag eingerechneten Abschlusskosten, soweit sie bei der Deckungsrückstellung nicht berücksichtigt worden sind.

Mittel gemäß Satz 1 Nummer 7 Buchstabe a und b können den Eigenmitteln nur bis zu einer Höchstgrenze von 50 Prozent des jeweils niedrigeren Betrags der Eigenmittel und der Solvabilitätskapitalanforderung zugerechnet werden. Von der Summe der sich nach Satz 1 Nummer 1 bis 7 ergebenden Beträge sind der um die auszuschüttende Dividende erhöhte Verlustvortrag und die in der Bilanz ausgewiesenen immateriellen Werte abzusetzen, insbesondere ein aktivierter Geschäfts- oder Firmenwert nach § 246 Absatz 1 Satz 4 des Handelsgesetzbuchs.

(2) Kapital im Sinne des Absatzes 1 Satz 1 Nummer 4 ist den Eigenmitteln nur zuzurechnen,

1. wenn es bis zur vollen Höhe am Verlust teilnimmt und das Versicherungsunternehmen verpflichtet ist, im Fall eines Verlusts die Zinszahlungen aufzuschieben,

2. wenn vereinbart ist, dass es im Fall der Eröffnung des Insolvenzverfahrens oder der Liquidation des Versicherungsunternehmens erst nach Befriedigung aller nicht nachrangigen Gläubiger zurückgezahlt wird,

3. wenn es dem Versicherungsunternehmen mindestens für die Dauer von fünf Jahren zur Verfügung gestellt worden ist und nicht auf Verlangen des Gläubigers zurückgezahlt werden muss; die Frist von fünf Jahren braucht nicht eingehalten zu werden, wenn das Kapital vor Rückerstattung durch die Einzahlung anderer, zumindest gleichwertiger Eigenmittel ersetzt worden ist,

4. solange der Rückzahlungsanspruch nicht in weniger als zwei Jahren fällig wird oder auf Grund des Vertrags fällig werden kann und

5. wenn das Versicherungsunternehmen bei Abschluss des Vertrags auf die in den Sätzen 2 und 3 genannten Rechtsfolgen ausdrücklich und in Textform hingewiesen hat.

Nachträglich können die Teilnahme am Verlust nicht geändert, der Nachrang nicht beschränkt und können die Laufzeit und die Kündigungsfrist nicht verkürzt werden; im Fall von vereinbarten Kapitalersetzungspflichten oder Zustimmungsvorbehalten seitens der Aufsichtsbehörde kann eine Zurechnung des Kapitals zu den Eigenmitteln weiterhin voll erfolgen. Eine vorzeitige Rückzahlung ist dem Versicherungsunternehmen ohne Rücksicht auf entgegenstehende Vereinbarungen zurückzugewähren, sofern nicht das Kapital durch die Einzahlung anderer, zumindest gleichwertiger Eigenmittel ersetzt worden ist oder die Aufsichtsbehörde der vorzeitigen Rückzahlung zustimmt; das Versicherungsunternehmen kann sich ein entsprechendes Recht vertraglich vorbehalten. Werden Wertpapiere über die Genussrechte begeben, so ist in den Zeichnungs- und Ausgabebedingungen auf die in den Sätzen 2 und 3 genannten Rechtsfolgen hinzuweisen. Ein Versicherungsunternehmen darf in Wertpapieren verbriefte eigene Genussrechte

nicht erwerben.
(3) Kapital im Sinne des Absatzes 1 Satz 1 Nummer 5 ist den Eigenmitteln nur zuzurechnen,
1.
   wenn es im Fall der Eröffnung des Insolvenzverfahrens oder der Liquidation des Versicherungsunternehmens nach Befriedigung aller nicht nachrangigen Gläubiger zurückerstattet wird,
2.
   wenn es dem Versicherungsunternehmen mindestens für die Dauer von fünf Jahren zur Verfügung gestellt wird und nicht auf Verlangen des Gläubigers zurückgezahlt werden muss; die Frist von fünf Jahren braucht nicht eingehalten zu werden, wenn das Kapital vor Rückerstattung durch die Einzahlung anderer, zumindest gleichwertiger Eigenmittel ersetzt worden ist,
3.
   wenn die Aufrechnung des Rückerstattungsanspruchs gegen Forderungen des Versicherungsunternehmens ausgeschlossen ist und für die Verbindlichkeiten keine vertraglichen Sicherheiten durch das Versicherungsunternehmen oder durch Dritte gestellt werden und
4.
   solange der Rückerstattungsanspruch nicht in weniger als einem Jahr fällig wird oder auf Grund des Vertrags fällig werden kann; sobald der Rückerstattungsanspruch in weniger als zwei Jahren fällig wird oder auf Grund des Vertrags fällig werden kann, erfolgt die Zurechnung nur noch zu 40 Prozent.
Nachträglich können der Nachrang nicht beschränkt sowie die Laufzeit und die Kündigungsfrist nicht verkürzt werden; im Fall von vereinbarten Kapitalersetzungspflichten oder Zustimmungsvorbehalten seitens der Aufsichtsbehörde kann eine Zurechnung des Kapitals zu den Eigenmitteln weiterhin voll erfolgen. Eine vorzeitige Rückerstattung ist dem Versicherungsunternehmen ohne Rücksicht auf entgegenstehende Vereinbarungen zurückzugewähren, soweit das Versicherungsunternehmen nicht aufgelöst wurde und sofern nicht
1.
   das Kapital durch die Einzahlung anderer, zumindest gleichwertiger Eigenmittel ersetzt worden ist oder
2.
   die Aufsichtsbehörde der vorzeitigen Rückerstattung zustimmt; das Versicherungsunternehmen kann sich ein entsprechendes Recht vertraglich vorbehalten. Das Versicherungsunternehmen hat bei Abschluss des Vertrags auf die in den Sätzen 2 und 3 genannten Rechtsfolgen in Textform hinzuweisen; werden Wertpapiere über die nachrangigen Verbindlichkeiten begeben, so ist nur in den Zeichnungs- und Ausgabebedingungen auf die genannten Rechtsfolgen hinzuweisen. Ein Versicherungsunternehmen darf in Wertpapieren verbriefte eigene nachrangige Verbindlichkeiten nicht erwerben. Abweichend von Satz 1 Nummer 3 darf ein Versicherungsunternehmen nachrangige Sicherheiten für nachrangige Verbindlichkeiten stellen, die ein ausschließlich für den Zweck der Kapitalaufnahme gegründetes Tochterunternehmen des Versicherungsunternehmens eingegangen ist.
(4) Kapital, das gegen Gewährung von Genussrechten nach Absatz 2 oder auf Grund der Eingehung von nachrangigen Verbindlichkeiten nach Absatz 3 eingezahlt ist, kann den Eigenmitteln nach Absatz 1 nur zugerechnet werden, soweit der Gesamtbetrag dieses Kapitals nach Aufnahme 50 Prozent der Eigenmittel und 50 Prozent der Solvabilitätskapitalanforderung nicht überschreitet. Im Fall fester Laufzeiten beträgt diese Grenze 25 Prozent.
(5) Von der Summe der sich nach Absatz 1 Satz 1 Nummer 1 bis 7 ergebenden Beträge sind abzuziehen:
1.
   Beteiligungen des Versicherungsunternehmens im Sinne des § 7 Nummer 4 zweiter Halbsatz an Kreditinstituten im Sinne des § 1 Absatz 1 Satz 2 Nummer 1 bis 5 und 7 bis 10 des Kreditwesengesetzes, an Finanzdienstleistungsinstituten im Sinne des § 1 Absatz 1a

Satz 2 Nummer 1 bis 4 des Kreditwesengesetzes und an Finanzunternehmen im Sinne des § 1 Absatz 3 des Kreditwesengesetzes und

2. Forderungen aus Genussrechten im Sinne des Absatzes 1 Satz 1 Nummer 4 und Forderungen aus nachrangigen Verbindlichkeiten im Sinne des Absatzes 1 Satz 1 Nummer 5 gegenüber den in Nummer 1 genannten Unternehmen, an denen das Versicherungsunternehmen eine Beteiligung hält oder mit dem zusammen es Mitglied einer horizontalen Unternehmensgruppe ist.

Die Aufsichtsbehörde kann auf Antrag des Versicherungsunternehmens in Bezug auf die Abzugspositionen nach Satz 1 Ausnahmen zulassen, wenn das Versicherungsunternehmen Anteile an den in Satz 1 Nummer 1 genannten Unternehmen vorübergehend besitzt, um das betreffende Unternehmen zwecks Sanierung und Rettung finanziell zu stützen.
(6) Absatz 5 ist entsprechend anzuwenden auf entsprechende Beteiligungs- und Forderungstitel des Versicherungsunternehmens an oder gegenüber Versicherungsunternehmen, Versicherungsunternehmen eines Drittstaats, Versicherungs-Holdinggesellschaften und Pensionsfonds im Sinne des § 236 Absatz 1.

Fußnote
(+++ § 214: Zur Anwendung vgl. § 237 Abs. 1 Satz 2 +++)
(+++ § 214 Abs. 1 Satz 1 Nr. 7 Buchst. d: Zur Anwendung vgl. § 234 Abs. 3 Satz 1 Nr. 9 +++)
-

§ 215 Anlagegrundsätze für das Sicherungsvermögen

(1) Die Bestände des Sicherungsvermögens nach § 125 sind unter Berücksichtigung der Art der betriebenen Versicherungsgeschäfte sowie der Unternehmensstruktur so anzulegen, dass möglichst große Sicherheit und Rentabilität bei jederzeitiger Liquidität des Versicherungsunternehmens unter Wahrung angemessener Mischung und Streuung erreicht werden.
(2) Das Sicherungsvermögen darf nur angelegt werden in

1. Darlehensforderungen, Schuldverschreibungen und Genussrechten,
2. Schuldbuchforderungen,
3. Aktien,
4. Beteiligungen,
5. Grundstücken und grundstücksgleichen Rechten,
6. Anteilen an Organismen für gemeinschaftliche Anlagen in Wertpapieren im Sinne der Richtlinie 2009/65/EG und für andere Anlagen, die nach dem Grundsatz der Risikostreuung angelegt werden, wenn die Organismen einer wirksamen öffentlichen Aufsicht zum Schutz der Anteilinhaber unterliegen,
7. laufenden Guthaben und Einlagen bei Kreditinstituten und
8. sonstigen Anlagen, soweit sie in der auf Grund von § 217 Satz 1 Nummer 6 erlassenen Verordnung zugelassen werden.

Darüber hinaus darf das Sicherungsvermögen nur angelegt werden, soweit dies die Aufsichtsbehörde bei Vorliegen außergewöhnlicher Umstände im Einzelfall auf Antrag vorübergehend gestattet.

Fußnote
(+++ § 215: Zur Anwendung vgl. § 165 Abs. 1, § 234 Abs. 3 Satz 1 Nr. 9a u. § 237 Abs. 1 Satz 2 ++ +)
(+++ § 215 Abs. 1 u. 2 Satz 1 Nr. 8: Zur Anwendung vgl. § 234 Abs. 2 Satz 6 +++)
-

§ 216 Anzeigepflichten

(1) Zusammen mit dem nach § 341a Absatz 1 des Handelsgesetzbuchs vorgeschriebenen Jahresabschluss und Lagebericht ist der Aufsichtsbehörde jährlich eine Berechnung der Solvabilitätskapitalanforderung vorzulegen und sind ihr die Eigenmittel nachzuweisen.
(2) Die Versicherungsunternehmen haben über ihre gesamten Vermögensanlagen, aufgegliedert in Neuanlagen und Bestände, zu berichten. Die Pflichten nach § 126 Absatz 2 bleiben unberührt.

Fußnote
(+++ § 216 Abs. 2: Zur Anwendung vgl. § 234 Abs. 3 Satz 1 Nr. 10 +++)
-

§ 217 Verordnungsermächtigung

Das Bundesministerium der Finanzen wird ermächtigt, durch Rechtsverordnung Vorschriften für kleine Versicherungsunternehmen zu erlassen

1. über die Berechnung und Höhe der Solvabilitätskapitalanforderung,
2. über den für die einzelnen Versicherungssparten maßgebenden Mindestbetrag der Mindestkapitalanforderung sowie über seine Berechnung,
3. darüber, wie bei Lebensversicherungsunternehmen nicht in der Bilanz ausgewiesene Eigenmittel errechnet werden und in welchem Umfang sie auf die Solvabilitätskapitalanforderung und die Mindestkapitalanforderung angerechnet werden dürfen,
4. über den Inhalt, die Form und die Stückzahl der gemäß § 216 zu erstellenden Solvabilitätsübersicht und des Berichts über die Vermögensanlagen sowie die Frist für die Einreichung bei der Aufsichtsbehörde,
5. über die Art und Weise der Datenübermittlung, die zu verwendenden Datenformate sowie die einzuhaltende Datenqualität,
6. über quantitative und qualitative Vorgaben zur Anlage des Sicherungsvermögens nach Maßgabe des § 215 Absatz 1 und 2 Satz 1; die Verordnung kann die Anlage in sonstigen Anlagen zulassen, wenn diese vergleichbare Sicherheit und Liquidität besitzen wie die in § 215 Absatz 2 Satz 1 Nummer 1 bis 7 genannten Anlagen,
7. über einen oder mehrere Höchstwerte für den Rechnungszins bei Versicherungsverträgen mit Zinsgarantie,
8. über weitere Vorgaben zur Ermittlung der Diskontierungszinssätze nach § 341f Absatz 2 des Handelsgesetzbuchs,
9. über die Höchstbeträge für die Zillmerung und

10. über die versicherungsmathematischen Rechnungsgrundlagen und die Bewertungsansätze für die Deckungsrückstellung.

Das Bundesministerium der Finanzen kann die Ermächtigungen nach Satz 1 Nummer 1 bis 5 durch Rechtsverordnung auf die Bundesanstalt übertragen. Rechtsverordnungen nach den Sätzen 1 und 2 bedürfen nicht der Zustimmung des Bundesrates. Rechtsverordnungen nach Satz 1 Nummer 6 bis 10 sind im Einvernehmen mit dem Bundesministerium der Justiz und für Verbraucherschutz zu erlassen.

Abschnitt 2
Sterbekassen

§ 218 Sterbekassen

(1) Sterbekassen sind Lebensversicherungsunternehmen, die nach ihrem Geschäftsplan nur Todesfallrisiken im Inland versichern, soweit der Betrag ihrer Leistungen den Durchschnittswert der Bestattungskosten bei einem Todesfall nicht übersteigt oder diese Leistungen in Sachwerten erbracht werden.
(2) Sterbekassen dürfen nicht die in § 1 Absatz 2 genannten Geschäfte betreiben.

§ 219 Anzuwendende Vorschriften

(1) Auf Sterbekassen finden unabhängig von der Höhe ihrer Beitragseinnahmen und ihrer versicherungstechnischen Rückstellungen die nach den §§ 212 bis 217 auf kleine Versicherungsunternehmen anwendbaren Vorschriften dieses Gesetzes Anwendung, soweit sie Lebensversicherungsunternehmen betreffen und dieser Abschnitt keine abweichenden Regelungen enthält.
(2) Von den besonderen Vorschriften über die Lebensversicherung gilt für Sterbekassen § 140 Absatz 2 bis 4 nicht. Der Verantwortliche Aktuar muss die Berichte nach § 141 Absatz 5 Nummer 2 und 4 nicht erstellen; § 141 Absatz 6 Nummer 2 und 3 ist nicht anzuwenden.
(3) Die folgenden Vorschriften gelten für Sterbekassen jeweils mit folgender Maßgabe:

1. § 9 Absatz 2 Nummer 2 mit der Maßgabe, dass zusätzlich die allgemeinen Versicherungsbedingungen sowie die fachlichen Geschäftsunterlagen, insbesondere die Tarife und die Grundsätze für die Berechnung der Prämien und der versicherungstechnischen Rückstellungen nach dem Handelsgesetzbuch einschließlich der verwendeten Rechnungsgrundlagen, mathematischen Formeln, kalkulatorischen Herleitungen und statistischen Nachweise einzureichen sind,

2. § 141 Absatz 5 Nummer 1 mit der Maßgabe, dass der Verantwortliche Aktuar nur die Finanzlage des Unternehmens daraufhin überprüfen muss, ob die dauernde Erfüllbarkeit der sich aus den Versicherungsverträgen ergebenden Verpflichtungen jederzeit gewährleistet ist und das Unternehmen über ausreichende Mittel in Höhe der Solvabilitätskapitalanforderung verfügt, und

3. § 141 Absatz 5 Nummer 2 erster Halbsatz mit der Maßgabe, dass an die Stelle der dort genannten Bestätigung die Bestätigung tritt, dass die Deckungsrückstellung nach dem genehmigten Geschäftsplan gebildet ist (versicherungsmathematische Bestätigung); diese Maßgabe gilt nicht, sofern es sich um einen kleineren Verein nach § 210 handelt.

Fußnote
(+++ § 219 Abs. 2 Satz 2, Abs. 3 Nr. 1 u. 2: Zur Anwendung vgl. § 233 Abs. 1 Satz 4 +++)
-

§ 220 Verordnungsermächtigung

Das Bundesministerium der Finanzen wird ermächtigt, durch Rechtsverordnung Vorschriften über die Berechnung und die Höhe der Solvabilitätskapitalanforderung von Sterbekassen zu erlassen. Die Ermächtigung kann durch Rechtsverordnung auf die Bundesanstalt übertragen werden. Rechtsverordnungen nach den Sätzen 1 und 2 bedürfen nicht der Zustimmung des Bundesrates.

Teil 3
Sicherungsfonds

-

§ 221 Pflichtmitgliedschaft

(1) Unternehmen, die gemäß § 8 Absatz 1 oder § 67 Absatz 1 zum Geschäftsbetrieb in den in der Anlage 1 genannten Versicherungssparten Nummer 19 bis 23 oder zum Betrieb der substitutiven Krankenversicherung gemäß § 146 zugelassen sind, mit Ausnahme der Pensions- und Sterbekassen, müssen einem Sicherungsfonds angehören, der dem Schutz der Ansprüche ihrer Versicherungsnehmer, der versicherten Personen, der Bezugsberechtigten und der sonstigen aus dem Versicherungsvertrag begünstigten Personen dient.
(2) Pensionskassen können einem Sicherungsfonds freiwillig beitreten. Zur Gewährleistung vergleichbarer Finanzverhältnisse aller Mitglieder kann der Sicherungsfonds die Aufnahme von der Erfüllung bestimmter Bedingungen abhängig machen.

-

§ 222 Aufrechterhaltung der Versicherungsverträge

(1) Stellt die Aufsichtsbehörde fest, dass die Voraussetzungen des § 314 Absatz 1 Satz 1 bei einem Versicherungsunternehmen erfüllt sind, welches Mitglied eines Sicherungsfonds ist, oder liegt eine Anzeige gemäß § 311 Absatz 1 Satz 1 oder 2 eines solchen Versicherungsunternehmens vor, übermittelt sie diese Feststellung dem Sicherungsfonds und informiert hierüber das betroffene Versicherungsunternehmen.
(2) Sofern andere Maßnahmen zur Wahrung der Belange der Versicherten nicht ausreichend sind, ordnet die Aufsichtsbehörde die Übertragung des gesamten Bestandes an Versicherungsverträgen mit den zur Bedeckung der Verbindlichkeiten aus diesen Verträgen erforderlichen Vermögensgegenständen auf den zuständigen Sicherungsfonds an; § 13 ist nicht anzuwenden.
(3) Die Rechte und Pflichten des übertragenden Unternehmens aus den Versicherungsverträgen gehen mit der Bestandsübertragung auch im Verhältnis zu den Versicherungsnehmern auf den Sicherungsfonds über; § 415 des Bürgerlichen Gesetzbuchs ist nicht anzuwenden.
(4) Der Sicherungsfonds verwaltet die übernommenen Verträge gesondert von seinem restlichen Vermögen und legt über sie gesondert Rechnung. Er ermittelt unverzüglich den für die vollständige Bedeckung der Verpflichtungen aus den Versicherungsverträgen erforderlichen Betrag und stellt geeignete qualifizierte Vermögensgegenstände bereit. § 15 Absatz 1, die §§ 39, 124, 139, 141, 142, 146 bis 158 und 336 gelten insoweit entsprechend; § 140 Absatz 2 und 3 findet auf die von den Sicherungsfonds verwalteten Versicherungsverträge Anwendung, sobald die Aufsichtsbehörde festgestellt hat, dass die Sanierung eines übernommenen Versicherungsbestandes abgeschlossen ist und das dem Sicherungsfonds hierfür zur Verfügung gestellte Kapital an die einzahlenden Versicherungsunternehmen zurückgewährt wurde.
(5) Ergibt die Prüfung nach Absatz 4, dass die Mittel des Sicherungsfonds gemäß § 226 Absatz 4

bis 6 nicht ausreichen, um die Fortführung der Verträge zu gewährleisten, setzt die Aufsichtsbehörde bei Lebensversicherungsunternehmen die Verpflichtungen aus den Verträgen um maximal 5 Prozent der vertraglich garantierten Leistungen herab. Die Aufsichtsbehörde kann außerdem Anordnungen treffen, um einen außergewöhnlichen Anstieg der Zahl vorzeitiger Vertragsbeendigungen zu verhindern.
(6) Der Sicherungsfonds kann den Versicherungsbestand ganz oder teilweise auf in Deutschland zum Versicherungsgeschäft zugelassene Unternehmen übertragen; auf diese Übertragung ist § 13 entsprechend anzuwenden. Der Sicherungsfonds kann die Versicherungsbedingungen und die Tarifbestimmungen der zu übertragenden Verträge bei der Übertragung ändern, um sie an die Verhältnisse des übernehmenden Versicherers anzupassen, wenn es zur Fortführung der Verträge beim übernehmenden Versicherer zweckmäßig und für die versicherten Personen zumutbar ist. Die Änderung wird wirksam, wenn sie unter Wahrung des Vertragsziels die Belange der Versicherten angemessen berücksichtigt und ein unabhängiger Treuhänder bestätigt, dass diese Voraussetzung erfüllt ist. Für den Treuhänder gelten die §§ 142 und 157 Absatz 3 entsprechend.
(7) Mit der Anordnung der Bestandsübertragung auf den Sicherungsfonds erlischt die Erlaubnis zum Geschäftsbetrieb des übertragenden Versicherungsunternehmens.
(8) Widerspruch und Anfechtungsklage gegen die Anordnung der Aufsichtsbehörde haben keine aufschiebende Wirkung.

-

§ 223 Sicherungsfonds

(1) Bei der Kreditanstalt für Wiederaufbau werden ein Sicherungsfonds für die Lebensversicherer und ein Sicherungsfonds für die Krankenversicherer als nicht rechtsfähige Sondervermögen des Bundes errichtet. Die Sicherungsfonds können im Rechtsverkehr handeln, klagen oder verklagt werden.
(2) Aufgabe der Sicherungsfonds ist der Schutz der Ansprüche der Versicherungsnehmer, der versicherten Personen, der Bezugsberechtigten und der sonstigen aus dem Versicherungsvertrag begünstigten Personen. Zu diesem Zweck sorgen die Sicherungsfonds für die Weiterführung der Verträge eines betroffenen Versicherungsunternehmens.
(3) Die Kreditanstalt für Wiederaufbau verwaltet die Sicherungsfonds. Für die Verwaltung erhält sie eine kostendeckende Vergütung aus den Sondervermögen.
(4) Über den Widerspruch gegen Verwaltungsakte eines Sicherungsfonds entscheidet die Bundesanstalt.

Fußnote
(+++ § 223 Abs. 4: Zur Anwendung vgl. § 224 Abs. 2 Satz 2 +++)

-

§ 224 Beleihung Privater

(1) Das Bundesministerium der Finanzen wird ermächtigt, durch Rechtsverordnung im Einvernehmen mit dem Bundesministerium der Justiz und für Verbraucherschutz ohne Zustimmung des Bundesrates Aufgaben und Befugnisse eines oder beider Sicherungsfonds einer juristischen Person des Privatrechts zu übertragen, wenn diese bereit ist, die Aufgaben des Sicherungsfonds zu übernehmen und hinreichende Gewähr für die Erfüllung der Ansprüche der Entschädigungsversicherten bietet. Eine juristische Person bietet hinreichende Gewähr, wenn

1. die Personen, die nach Gesetz oder Satzung die Geschäftsführung und Vertretung der juristischen Person ausüben, zuverlässig und geeignet sind,
2. sie über die zur Erfüllung ihrer Aufgaben notwendige Ausstattung und Organisation, insbesondere für die Beitragseinziehung, die Leistungsbearbeitung und die Verwaltung der

3. Mittel, verfügt und dafür eigene Mittel im Gegenwert von mindestens 1 Million Euro vorhält und
sie nachweist, dass sie zur Organisation insbesondere der Beitragseinziehung, der Leistungsbearbeitung und der Verwaltung der Mittel im Zeitpunkt der Bestandsübertragung gemäß § 222 Absatz 2 in der Lage ist.
Auch ein nach § 8 zugelassenes Unternehmen kann beliehen werden. Durch die Rechtsverordnung nach Satz 1 kann sich das Bundesministerium der Finanzen die Genehmigung der Satzung und von Satzungsänderungen der juristischen Person vorbehalten.
(2) Im Fall der Beleihung nach Absatz 1 tritt die juristische Person des Privatrechts in die Rechte und Pflichten des jeweiligen Sicherungsfonds ein. § 223 Absatz 4 ist entsprechend anzuwenden. Eine Übertragung der Vermögensmasse erfolgt nicht.
-

§ 225 Aufsicht

Die Bundesanstalt hat Missständen entgegenzuwirken, welche die ordnungsgemäße Erfüllung der Aufgaben der Sicherungsfonds gefährden können. Die Bundesanstalt kann Anordnungen treffen, die geeignet und erforderlich sind, diese Missstände zu beseitigen oder zu verhindern. Der Bundesanstalt stehen gegenüber den Sicherungsfonds die Auskunfts- und Prüfungsrechte nach den §§ 305 und 306 zu. Im Übrigen gelten für die Sicherungsfonds nur die Vorschriften dieses Kapitels sowie § 332.
-

§ 226 Finanzierung

(1) Die Versicherungsunternehmen, die einem Sicherungsfonds angehören, sind verpflichtet, Beiträge an den Sicherungsfonds zu leisten. Die Beiträge sollen die Fehlbeträge der übernommenen Versicherungsverträge, die entstehenden Verwaltungskosten und sonstige Kosten, die durch die Tätigkeit des Sicherungsfonds entstehen, decken.
(2) Für die Erfüllung der Verpflichtungen aus übernommenen Versicherungsverträgen haftet der Sicherungsfonds nur mit dem auf Grund der Beitragsleistungen nach Abzug der Kosten nach Absatz 1 Satz 2 zur Verfügung stehenden Vermögen sowie den nach § 222 Absatz 2 Satz 1 übertragenen Vermögensgegenständen. Dieses Vermögen haftet nicht für die sonstigen Verbindlichkeiten des Sicherungsfonds. Ein Sicherungsfonds nach § 224 hat dieses Vermögen getrennt von seinem übrigen Vermögen zu halten und zu verwalten.
(3) Die für die Übernahme von Versicherungsverträgen angesammelten Mittel (Sicherungsvermögen) sind gemäß den Grundsätzen des § 124 Absatz 1 anzulegen.
(4) Der Umfang dieses Vermögens soll 1 Promille der Summe der versicherungstechnischen Netto-Rückstellungen im Sinne der §§ 341e bis 341h des Handelsgesetzbuchs aller dem Sicherungsfonds angeschlossenen Versicherungsunternehmen nicht unterschreiten.
(5) Die angeschlossenen Versicherungsunternehmen sind verpflichtet, Jahresbeiträge zu leisten. Die Summe der Jahresbeiträge aller dem Sicherungsfonds für die Lebensversicherer angehörenden Versicherungsunternehmen beträgt 0,2 Promille der Summe ihrer versicherungstechnischen Netto-Rückstellungen im Sinne der §§ 341e bis 341h des Handelsgesetzbuchs. Der individuelle Jahresbeitrag jedes Versicherungsunternehmens wird vom Sicherungsfonds nach dem in der Verordnung nach Absatz 7 festgelegten Verfahren jährlich ermittelt. Erträge des Sicherungsfonds werden an die dem Sicherungsfonds angehörende Versicherungsunternehmen im Verhältnis ihrer Beiträge ausgeschüttet. Der Sicherungsfonds hat Sonderbeiträge bis zur Höhe von maximal 1 Promille der Summe der versicherungstechnischen Netto-Rückstellungen im Sinne der §§ 341e bis 341h des Handelsgesetzbuchs der angeschlossenen Versicherungsunternehmen zu erheben, wenn dies zur Durchführung seiner Aufgaben erforderlich ist. Der Anteil eines Versicherungsunternehmens am Fondsvermögen ist zur Bedeckung seiner versicherungstechnischen Rückstellungen im Sinne der §§ 341e bis 341h des

Handelsgesetzbuchs geeignet.
(6) Auf den Sicherungsfonds für die Krankenversicherer sind die Absätze 2 bis 5 nicht anzuwenden. Der Sicherungsfonds erhebt nach der Übernahme der Versicherungsverträge zur Erfüllung seiner Aufgaben Sonderbeiträge bis zur Höhe von maximal 2 Promille der Summe der versicherungstechnischen Netto-Rückstellungen im Sinne der §§ 341e bis 341h des Handelsgesetzbuchs der angeschlossenen Krankenversicherungsunternehmen.
(7) Das Nähere über den Mindestbetrag des Sicherungsvermögens, die Jahres- und Sonderbeiträge sowie die Obergrenze für die Zahlungen pro Kalenderjahr regelt das Bundesministerium der Finanzen im Benehmen mit dem Bundesministerium der Justiz und für Verbraucherschutz durch Rechtsverordnung, die nicht der Zustimmung des Bundesrates bedarf. Hinsichtlich der Jahresbeiträge sind Art und Umfang der gesicherten Geschäfte sowie die Anzahl, Größe und Geschäftsstruktur der dem Sicherungsfonds angehörenden Versicherungsunternehmen zu berücksichtigen. Die Höhe der Beiträge soll auch die Finanz- und Risikolage der Beitragszahler berücksichtigen. Die Rechtsverordnung kann auch Bestimmungen zur Anlage der Mittel enthalten.
(8) Aus den Beitragsbescheiden des Sicherungsfonds findet die Vollstreckung nach den Bestimmungen des Verwaltungs-Vollstreckungsgesetzes statt. Die vollstreckbare Ausfertigung erteilt der Sicherungsfonds.
-

§ 227 Rechnungslegung des Sicherungsfonds

(1) Die Sicherungsfonds haben für den Schluss eines jeden Kalenderjahres jeweils einen Geschäftsbericht aufzustellen und einen unabhängigen Wirtschaftsprüfer oder eine unabhängige Wirtschaftsprüfungsgesellschaft mit der Prüfung der Vollständigkeit des Geschäftsberichts und der Richtigkeit der Angaben zu beauftragen. Die Sicherungsfonds haben der Bundesanstalt den von ihnen bestellten Prüfer unverzüglich nach der Bestellung anzuzeigen. Die Bundesanstalt kann innerhalb eines Monats nach Zugang der Anzeige die Bestellung eines anderen Prüfers verlangen, wenn dies zur Erreichung des Prüfungszwecks geboten ist; Widerspruch und Anfechtungsklage hiergegen haben keine aufschiebende Wirkung. Der Geschäftsbericht muss Angaben zur Tätigkeit und zu den finanziellen Verhältnissen des Sicherungsfonds, insbesondere zur Höhe und Anlage der Mittel, zur Verwendung der Mittel für Entschädigungsfälle, zur Höhe der Beiträge sowie zu den Kosten der Verwaltung, enthalten.
(2) Die Sicherungsfonds haben der Bundesanstalt den festgestellten Geschäftsbericht jeweils bis zum 31. Mai einzureichen. Der Prüfer hat der Bundesanstalt den Bericht über die Prüfung des Geschäftsberichts unverzüglich nach Beendigung der Prüfung einzureichen. Die Bundesanstalt ist auf Anforderung auch über die Angaben nach Absatz 1 Satz 4 näher zu unterrichten.
-

§ 228 Mitwirkungspflichten

(1) Die Versicherungsunternehmen sind verpflichtet, dem Sicherungsfonds, dem sie angehören, auf Verlangen alle Auskünfte zu erteilen und alle Unterlagen vorzulegen, welche der Sicherungsfonds zur Wahrnehmung seines Auftrags nach diesem Gesetz benötigt.
(2) Der zur Erteilung einer Auskunft Verpflichtete kann die Auskunft zu solchen Fragen verweigern, deren Beantwortung ihn selbst oder einen der in § 383 Absatz 1 Nummer 1 bis 3 der Zivilprozessordnung bezeichneten Angehörigen der Gefahr strafgerichtlicher Verfolgung oder eines Verfahrens nach dem Gesetz über Ordnungswidrigkeiten aussetzen würde. Der Verpflichtete ist über sein Recht zur Verweigerung der Auskunft zu belehren.
(3) Die Mitarbeiter der Sicherungsfonds sowie die Personen, derer sie sich bedienen, können die Geschäftsräume eines Versicherungsunternehmens innerhalb der üblichen Betriebs- und Geschäftszeiten betreten, sobald die Aufsichtsbehörde die Feststellung gemäß § 222 Absatz 1 getroffen hat. Ihnen sind sämtliche Unterlagen vorzulegen, die sie benötigen, um eine Bestandsübertragung vorzubereiten. Sofern Funktionen des Versicherungsunternehmens auf ein anderes Unternehmen ausgegliedert worden sind, gelten die Sätze 1 und 2 gegenüber diesem

Unternehmen entsprechend.
(4) Hat das Unternehmen, dessen Bestand übertragen wird, Verträge über eine Ausgliederung, die der Verwaltung des Bestandes dient, abgeschlossen, kann der Sicherungsfonds anstelle des Unternehmens in den Vertrag eintreten. § 415 des Bürgerlichen Gesetzbuchs ist nicht anzuwenden. Eine ordentliche Kündigung des Vertrags durch den Dienstleister ist frühestens zum letzten Tag des zwölften Monats nach dem Eintritt des Sicherungsfonds möglich. Fordert der andere Teil den Sicherungsfonds zur Ausübung seines Wahlrechts auf, so hat der Sicherungsfonds unverzüglich zu erklären, ob er in den Vertrag eintreten will. Unterlässt er dies, kann er auf Erfüllung nicht bestehen.

§ 229 Ausschluss

(1) Erfüllt ein Versicherungsunternehmen die Beitrags- oder Mitwirkungspflichten nach § 226 oder § 228 nicht, nicht richtig, nicht vollständig oder nicht rechtzeitig, so hat der Sicherungsfonds die Bundesanstalt zu unterrichten. Ist die Bundesanstalt nicht die zuständige Aufsichtsbehörde, unterrichtet sie diese unverzüglich. Erfüllt das Versicherungsunternehmen auch innerhalb eines Monats nach Aufforderung durch die Bundesanstalt seine Verpflichtungen nicht, kann der Sicherungsfonds dem Versicherungsunternehmen mit einer Frist von zwölf Monaten den Ausschluss aus dem Sicherungsfonds ankündigen. Nach Ablauf dieser Frist kann der Sicherungsfonds mit Zustimmung der Bundesanstalt das Versicherungsunternehmen von dem Sicherungsfonds ausschließen, wenn die Verpflichtungen von dem Versicherungsunternehmen weiterhin nicht erfüllt werden. Nach dem Ausschluss haftet der Sicherungsfonds nur noch für Verbindlichkeiten des Versicherungsunternehmens, die vor Ablauf dieser Frist begründet wurden.
(2) Für Verbindlichkeiten eines Versicherungsunternehmens, die entstanden sind, nachdem seine Erlaubnis zum Geschäftsbetrieb erloschen ist, haftet der Sicherungsfonds nicht.

§ 230 Verschwiegenheitspflicht

Personen, die bei einem Sicherungsfonds beschäftigt oder für ihn tätig sind, dürfen fremde Geheimnisse, insbesondere Betriebs- oder Geschäftsgeheimnisse, nicht unbefugt offenbaren oder verwerten. Sie sind nach dem Verpflichtungsgesetz vom 2. März 1974 (BGBl. I S. 469, 547) von der Bundesanstalt auf eine gewissenhafte Erfüllung ihrer Obliegenheiten zu verpflichten. Ein unbefugtes Offenbaren oder Verwerten liegt nicht vor, wenn Tatsachen an die Bundesanstalt weitergegeben werden.

§ 231 Zwangsmittel

(1) Der Sicherungsfonds kann seine Anordnungen nach den Bestimmungen des Verwaltungs-Vollstreckungsgesetzes durchsetzen.
(2) Die Höhe des Zwangsgeldes beträgt bei Maßnahmen gemäß § 226 Absatz 1 und 5 Satz 1 sowie § 228 Absatz 1 bis zu fünfzigtausend Euro.

<u>Teil 4</u>
<u>Einrichtungen der betrieblichen Altersversorgung</u>

<u>Kapitel 1</u>
<u>Pensionskassen</u>

§ 232 Pensionskassen

(1) Eine Pensionskasse ist ein rechtlich selbständiges Lebensversicherungsunternehmen, dessen Zweck die Absicherung wegfallenden Erwerbseinkommens wegen Alters, Invalidität oder Todes ist und das

1. das Versicherungsgeschäft im Wege des Kapitaldeckungsverfahrens betreibt,
2. Leistungen grundsätzlich erst ab dem Zeitpunkt des Wegfalls des Erwerbseinkommens vorsieht; soweit das Erwerbseinkommen teilweise wegfällt, können die allgemeinen Versicherungsbedingungen anteilige Leistungen vorsehen,
3. Leistungen im Todesfall nur an Hinterbliebene erbringen darf, wobei für Dritte ein Sterbegeld begrenzt auf die Höhe der gewöhnlichen Bestattungskosten vereinbart werden kann, und
4. der versicherten Person einen eigenen Anspruch auf Leistung gegen die Pensionskasse einräumt oder Leistungen als Rückdeckungsversicherung erbringt.

(2) Pensionskassen dürfen die in § 1 Absatz 2 Satz 1, 2 und 4 genannten Geschäfte nicht betreiben.

Fußnote

(+++ § 232 Abs. 1 Nr. 2: Zur Anwendung vgl. § 241 Satz 2 +++)
-

§ 233 Regulierte Pensionskassen

(1) Pensionskassen in der Rechtsform des Versicherungsvereins auf Gegenseitigkeit können bei der Bundesanstalt beantragen, reguliert zu werden, wenn

1. ihre Satzung vorsieht, dass Versicherungsansprüche gekürzt werden dürfen,
2. nach ihrer Satzung mindestens 50 Prozent der Mitglieder der obersten Vertretung Versicherte oder ihre Vertreter sein sollen; bei Pensionskassen, die nur das Rückdeckungsgeschäft betreiben, muss ein solches Recht den Versicherungsnehmern eingeräumt werden,
3. sie ausschließlich die unter § 17 des Betriebsrentengesetzes fallenden Personen, die Geschäftsleiter oder die Inhaber der Trägerunternehmen sowie solche Personen versichern, die der Pensionskasse durch Gesetz zugewiesen werden oder die ihr Versicherungsverhältnis mit der Pensionskasse nach Beendigung ihres Arbeitsverhältnisses fortführen, und
4. sie keine rechnungsmäßigen Abschlusskosten für die Vermittlung von Versicherungsverträgen erheben und keine Vergütung für die Vermittlung oder den Abschluss von Versicherungsverträgen gewähren

(regulierte Pensionskassen). Pensionskassen, bei denen die Bundesanstalt festgestellt hat, dass sie die Voraussetzungen des § 156a Absatz 3 Satz 1 des Versicherungsaufsichtsgesetzes in der Fassung vom 15. Dezember 2004 erfüllen, können den Antrag ebenfalls stellen. Die Bundesanstalt genehmigt den Antrag, wenn die Voraussetzungen dieses Absatzes erfüllt sind. § 210 Absatz 3 Satz 1, § 219 Absatz 2 und Absatz 3 Nummer 1 und 2 sind entsprechend anzuwenden. § 140 Absatz 2 Satz 2 und Absatz 4, § 145 Absatz 2 und § 234 Absatz 3 Nummer 1 und 2 gelten nicht für Pensionskassen, deren Antrag nach Satz 3 genehmigt wurde. Auf regulierte Pensionskassen, die mit Genehmigung der Aufsichtsbehörde nach Maßgabe des § 211 Absatz 2

Nummer 2 des Versicherungsvertragsgesetzes von § 153 des Versicherungsvertragsgesetzes abweichende Bestimmungen getroffen haben, findet § 139 Absatz 3 und 4 keine Anwendung. Regulierte Pensionskassen, die nicht nach Maßgabe des § 211 Absatz 2 Nummer 2 des Versicherungsvertragsgesetzes von § 153 des Versicherungsvertragsgesetzes abweichende Bestimmungen getroffen haben, können mit Genehmigung der Aufsichtsbehörde den Sicherungsbedarf aus den Versicherungsverträgen mit Zinsgarantie gemäß § 139 Absatz 4 nach einem abweichenden Verfahren berechnen.
(2) Separate Abrechnungsverbände nach § 2 Absatz 1, Pensionskassen unter Landesaufsicht und Pensionskassen, die auf Grund eines allgemeinverbindlichen Tarifvertrags errichtete gemeinsame Einrichtungen im Sinne des § 4 Absatz 2 des Tarifvertragsgesetzes sind, gelten immer als regulierte Pensionskassen.
(3) Erfüllt eine Pensionskasse nicht mehr die Voraussetzungen des Absatzes 1 oder 2, stellt die Bundesanstalt durch Bescheid fest, dass es sich nicht mehr um eine regulierte Pensionskasse handelt. Auf Versicherungsverhältnisse, die vor dem im Bescheid genannten Zeitpunkt in Kraft getreten sind, ist § 336 entsprechend anzuwenden, soweit ihnen ein von der Bundesanstalt genehmigter Geschäftsplan zugrunde liegt. § 142 gilt in diesen Fällen nicht.
(4) Auf die am 2. September 2005 zugelassenen Pensionskassen, die nicht die Voraussetzungen des Absatzes 1 oder 2 erfüllen, ist Absatz 3 Satz 2 und 3 entsprechend anzuwenden.

§ 234 Anzuwendende Vorschriften

(1) Auf Pensionskassen sind die nach den §§ 212 bis 216 auf kleine Versicherungsunternehmen anwendbaren Vorschriften anzuwenden, soweit diese Lebensversicherungsunternehmen betreffen und dieser Teil keine abweichenden Regelungen enthält.
(2) Für Pensionskassen gelten § 124 dieses Gesetzes und § 341k des Handelsgesetzbuchs; § 36 Absatz 2 findet keine Anwendung. Außerdem haben sie über eine interne Revision nach § 30 zu verfügen. Satz 2 gilt für Pensionskassen in der Rechtsform des Versicherungsvereins auf Gegenseitigkeit, deren Bilanzsumme am Abschlussstichtag des vorausgegangenen Geschäftsjahres 125 Millionen Euro nicht überstieg. Die Aufsichtsbehörde soll andere Pensionskassen auf Antrag von der Anwendung des § 30 befreien, wenn sie nachweisen, dass der geforderte Aufwand für eine unabhängige interne Revision in Anbetracht der Art, des Umfangs und der Komplexität des betriebenen Geschäfts und der mit ihm verbundenen Risiken unverhältnismäßig wäre. Die Freistellung ist zu widerrufen, wenn der Aufsichtsbehörde bekannt wird, dass ihre Voraussetzungen entfallen sind. Die §§ 52 bis 56, 212 Absatz 3 Nummer 5 und 6, § 215 Absatz 1 und 2 Satz 1 Nummer 8 sowie § 294 Absatz 5 finden keine Anwendung.
(3) Von den nach Absatz 1 anzuwendenden Vorschriften sind auf Pensionskassen die folgenden Vorschriften nur mit der jeweils folgenden Maßgabe anzuwenden:

1. § 9 Absatz 2 Nummer 2 mit der Maßgabe, dass mit dem Antrag auf Erlaubnis auch die allgemeinen Versicherungsbedingungen einzureichen sind;

2. § 12 Absatz 1 mit der Maßgabe, dass die Genehmigungspflicht nicht für allgemeine Versicherungsbedingungen gilt; Änderungen und die Einführung neuer allgemeiner Versicherungsbedingungen werden erst drei Monate nach Vorlage bei der Aufsichtsbehörde wirksam, falls die Aufsichtsbehörde nicht vorher die Unbedenklichkeit feststellt;

3. § 26 Absatz 1 mit der Maßgabe, dass Pensionskassen die unternehmensinternen Risikoberichte im Sinne des § 26 Absatz 1 Satz 1 und 2, soweit diese die Berichterstattung gegenüber dem Vorstand betreffen, innerhalb eines Monats nach Vorlage beim Vorstand bei der Aufsichtsbehörde einzureichen haben; die Aufsichtsbehörde soll Pensionskassen auf Antrag von dieser Pflicht befreien, wenn sie nachweisen, dass der geforderte Aufwand in Anbetracht der Art, des Umfangs und der

4. Komplexität des betriebenen Geschäfts und der mit ihm verbundenen Risiken unverhältnismäßig wäre; die Freistellung ist zu widerrufen, wenn der Aufsichtsbehörde bekannt wird, dass die Voraussetzungen für die Freistellung entfallen sind;

5. § 134 Absatz 3 Satz 2 mit der Maßgabe, dass die Aufsichtsbehörde die Frist für Maßnahmen der Pensionskasse um einen angemessenen Zeitraum verlängern kann; § 134 Absatz 6 Satz 1 und 2 ist entsprechend anzuwenden;

6. § 141 Absatz 5 Nummer 1 und 2 mit der Maßgabe, dass anstelle der Grundsätze der auf Grund des § 88 Absatz 3 erlassenen Rechtsverordnung die Grundsätze der auf Grund des § 235 Absatz 1 Nummer 4 bis 7 erlassenen Rechtsverordnung eingehalten werden;

7. § 142 Satz 2 mit der Maßgabe, dass der unabhängige Treuhänder zudem ausreichende Kenntnisse im Bereich der betrieblichen Altersversorgung erworben haben muss;

8. § 144 mit der Maßgabe, dass Versorgungsanwärter und Versorgungsempfänger auch als Versicherungsnehmer die dort genannten Angaben erhalten;

9. § 213 mit der Maßgabe, dass Pensionskassen stets über Eigenmittel mindestens in Höhe der durch Rechtsverordnung nach § 235 Absatz 1 Nummer 1 festgelegten Solvabilitätskapitalanforderung verfügen müssen; ein Drittel der Solvabilitätskapitalanforderung gilt als Mindestkapitalanforderung;

9a. § 214 Absatz 1 Satz 1 Nummer 7 Buchstabe d mit der Maßgabe, dass bei Pensionskassen nach Maßgabe der auf Grund des § 235 Absatz 1 erlassenen Vorschriften der Wert der in den Beitrag eingerechneten Abschlusskosten, soweit sie bei der Deckungsrückstellung nicht berücksichtigt worden sind, auf Antrag und mit Zustimmung der Aufsichtsbehörde zu den Eigenmitteln im Sinne des § 213 zählt;

10. § 215 mit der Maßgabe, dass an die Stelle der Rechtsverordnung nach § 217 Satz 1 Nummer 6 die Rechtverordnung nach § 235 Absatz 1 Nummer 10 tritt;

11. § 216 Absatz 2 mit der Maßgabe, dass Pensionskassen zusätzlich ihre Anlagepolitik jährlich, nach einer wesentlichen Änderung der Anlagepolitik zudem unverzüglich, gegenüber der Aufsichtsbehörde darzulegen haben; hierzu haben sie eine Erklärung über die Grundsätze der Anlagepolitik zu übersenden, die Angaben über das Verfahren zur Risikobewertung und zur Risikosteuerung sowie zur Strategie enthält, und

§ 294 Absatz 2 und 3 mit der Maßgabe, dass Gegenstand der rechtlichen Aufsicht auch die Einhaltung der im Bereich der betrieblichen Altersversorgung von den Einrichtungen zu beachtenden arbeits- und sozialrechtlichen Vorschriften ist.

Von § 138 können Pensionskassen mit Genehmigung der Aufsichtsbehörde abweichen.

(4) Hängt die Höhe der Versorgungsleistungen von der Wertentwicklung eines nach Maßgabe des Geschäftsplans gebildeten Investmentvermögens ab, ist für dieses Investmentvermögen entsprechend den §§ 67, 101, 120, 135, 148 und 158 des Kapitalanlagegesetzbuchs oder entsprechend § 44 des Investmentgesetzes in der bis zum 21. Juli 2013 geltenden Fassung gesondert Rechnung zu legen; § 101 Absatz 2 des Kapitalanlagegesetzbuchs oder § 44 Absatz 2 des Investmentgesetzes in der bis zum 21. Juli 2013 geltenden Fassung ist nicht anzuwenden.

(5) Sofern es sich um kleinere Vereine handelt, ist auf Pensionskassen abweichend von § 210 auch § 184 anzuwenden. Die Satzung hat zu bestimmen, dass der Vorstand vom Aufsichtsrat oder vom obersten Organ zu bestellen ist. Abweichend von § 141 Absatz 5 Nummer 2 hat der Verantwortliche Aktuar die versicherungsmathematische Bestätigung auch bei einem kleineren Verein abzugeben. Er hat darüber hinaus auch zu bestätigen, dass die Voraussetzungen der nach § 235 Absatz 1 Satz 1 Nummer 8 oder 9 erlassenen Rechtsverordnung erfüllt sind.

§ 235 Verordnungsermächtigung

(1) Das Bundesministerium der Finanzen wird ermächtigt, für Pensionskassen durch Rechtsverordnung Vorschriften zu erlassen

1. über die Berechnung und die Höhe der Solvabilitätskapitalanforderung;

2. über den maßgebenden Mindestbetrag der Mindestkapitalanforderung sowie über seine Berechnung;

3. darüber, wie nicht in der Bilanz ausgewiesene Eigenmittel errechnet werden und in welchem Umfang sie auf die Solvabilitätskapitalanforderung und die Mindestkapitalanforderung angerechnet werden dürfen;

4. über einen oder mehrere Höchstwerte für den Rechnungszins bei Versicherungsverträgen mit Zinsgarantie;

5. über weitere Vorgaben zur Ermittlung der Diskontierungszinssätze nach § 341f Absatz 2 des Handelsgesetzbuchs;

6. über die Höchstbeträge für die Zillmerung;

7. über die versicherungsmathematischen Rechnungsgrundlagen und die Bewertungsansätze für die Deckungsrückstellung;

8. darüber, wie bei Pensionskassen, bei denen vertraglich sowohl Arbeitnehmer als auch Arbeitgeber zur Prämienzahlung verpflichtet sind, für Lebensversicherungsverträge, denen kein genehmigter Geschäftsplan zugrunde liegt, der auf die Arbeitnehmer entfallende Teil der überrechnungsmäßigen Erträge zu bestimmen ist und welche Beteiligung der Arbeitnehmer an diesen Erträgen angemessen im Sinne des § 140 Absatz 2 ist;

9. über die versicherungsmathematischen Methoden zur Berechnung der Prämien einschließlich der Prämienänderungen und der versicherungstechnischen Rückstellungen im Sinne der §§ 341e bis 341h des Handelsgesetzbuchs, insbesondere der Deckungsrückstellung, bei Pensionskassen mit kollektiven Finanzierungssystemen für Lebensversicherungsverträge, denen kein genehmigter Geschäftsplan zugrunde liegt, insbesondere darüber wie die maßgeblichen Annahmen zur Sterblichkeit, zur Alters- und Geschlechtsabhängigkeit des Risikos und zur Stornowahrscheinlichkeit, die Annahmen über die Zusammensetzung des Bestandes und des Neuzugangs, der Zinssatz einschließlich der Höhe der Sicherheitszuschläge und die Grundsätze für die Bemessung der sonstigen Zuschläge zu berücksichtigen sind;

10. über Anlagegrundsätze qualitativer und quantitativer Art für das Sicherungsvermögen ergänzend zu § 124 Absatz 1, um die Kongruenz sowie die dauernde Erfüllbarkeit des jeweiligen Geschäftsplans sicherzustellen, wobei die Anlageformen des § 215 Absatz 2 Satz 1 Nummer 1 bis 7 und weitere durch diese Verordnung zugelassene Anlageformen sowie die Festlegungen im Geschäftsplan hinsichtlich des Anlagerisikos und des Trägers dieses Risikos zu berücksichtigen sind, sowie über Beschränkungen von Anlagen beim Trägerunternehmen;

11. über den Inhalt der Prüfungsberichte gemäß § 35 Absatz 1, soweit dies zur Erfüllung der Aufgaben der Aufsichtsbehörde erforderlich ist, insbesondere, um einheitliche Unterlagen zur Beurteilung der von den Pensionskassen durchgeführten Versicherungsgeschäfte zu erhalten;

12.

über den Inhalt, die Form und die Stückzahl der gemäß § 216 Absatz 1 zu erstellenden Solvabilitätsübersicht und des Berichts über die Vermögensanlagen sowie die Frist für die Einreichung bei der Aufsichtsbehörde und

13.

über die Art und Weise der Datenübermittlung, die zu verwendenden Datenformate sowie die einzuhaltende Datenqualität.

Die Artikel 17 bis 17d und 18 der Richtlinie 2003/41/EG des Europäischen Parlaments und des Rates vom 3. Juni 2003 über die Tätigkeiten und die Beaufsichtigung von Einrichtungen der betrieblichen Altersversorgung (ABl. L 235 vom 23.9.2003, S. 10) in der jeweils geltenden Fassung sind zu beachten.

(2) Die Ermächtigung kann durch Rechtsverordnung auf die Bundesanstalt übertragen werden. Rechtsverordnungen nach Absatz 1 Satz 1 und nach Satz 1 bedürfen nicht der Zustimmung des Bundesrates. Rechtsverordnungen nach Absatz 1 Satz 1 Nummer 9 und 11 und nach Satz 1, soweit sie die Ermächtigung nach Absatz 1 Satz 1 Nummer 9 und 11 erfassen, ergehen im Einvernehmen mit dem Bundesministerium der Justiz und für Verbraucherschutz.

Kapitel 2
Pensionsfonds

-

§ 236 Pensionsfonds

(1) Ein Pensionsfonds im Sinne dieses Gesetzes ist eine rechtsfähige Versorgungseinrichtung, die

1.

im Wege des Kapitaldeckungsverfahrens Leistungen der betrieblichen Altersversorgung für einen oder mehrere Arbeitgeber zugunsten von Arbeitnehmern erbringt,

2.

die Höhe der Leistungen oder die Höhe der für diese Leistungen zu entrichtenden künftigen Beiträge nicht für alle vorgesehenen Leistungsfälle durch versicherungsförmige Garantien zusagen darf,

3.

den Arbeitnehmern einen eigenen Anspruch auf Leistung gegen den Pensionsfonds einräumt und

4.

verpflichtet ist, die Altersversorgungsleistung als lebenslange Zahlung oder als Einmalkapitalzahlung zu erbringen.

Eine lebenslange Zahlung im Sinne des Satzes 1 Nummer 4 kann mit einem teilweisen oder vollständigen Kapitalwahlrecht verbunden werden.

(2) Pensionsfonds können Altersversorgungsleistungen abweichend von Absatz 1 Satz 1 Nummer 4 erbringen, solange Beitragszahlungen durch den Arbeitgeber auch in der Rentenbezugszeit vorgesehen sind. Ein fester Termin für das Zahlungsende darf nicht vorgesehen werden. Satz 1 gilt nicht für Zusagen im Sinne des § 1 Absatz 2 Nummer 2 des Betriebsrentengesetzes.

(2a) Bei Zusagen im Sinne des § 1 Absatz 2 Nummer 2 des Betriebsrentengesetzes können Pensionsfonds lebenslange Zahlungen als Altersversorgungsleistungen abweichend von Absatz 1 Satz 1 Nummer 4 erbringen, wenn

1.

die zuständigen Tarifvertragsparteien zustimmen,

2.

der Pensionsplan eine lebenslange Zahlung sowie eine Mindesthöhe dieser lebenslangen Zahlung (Mindesthöhe) zur Auszahlung des nach § 1 Absatz 2 Nummer 2 des Betriebsrentengesetzes zur Verfügung zu stellenden Versorgungskapitals vorsieht,

3.

eine planmäßige Verwendung dieses Versorgungskapitals sowie der darauf entfallenden

4. Zinsen und Erträge für laufende Leistungen festgelegt ist und

der Pensionsfonds die Zusage des Arbeitgebers nachweist, selbst für die Erbringung der Mindesthöhe einzustehen, und die Zustimmung der Tarifvertragsparteien nach Nummer 1 der Aufsichtsbehörde vorlegt.
Absatz 2 Satz 2 gilt entsprechend.
(2b) Das Bundesministerium der Finanzen wird ermächtigt, durch Rechtsverordnung im Fall des Absatzes 2a nähere Bestimmungen zu erlassen zu

1. einer Auszahlungsbegrenzung des Pensionsfonds für den Fall, dass der Arbeitgeber die Mindesthöhe zu erbringen hat,
2. Vorschriften für die Ermittlung und Anpassung der lebenslangen Zahlung sowie für die Ermittlung der Mindesthöhe,
3. Form und Inhalt der Zusage des Arbeitgebers, selbst für die Erbringung der Mindesthöhe einzustehen, sowie des Nachweises dieser Zusage.

Die Ermächtigung kann durch Rechtsverordnung auf die Bundesanstalt übertragen werden. Diese erlässt die Vorschriften im Benehmen mit den Versicherungsaufsichtsbehörden der Länder. Rechtsverordnungen nach den Sätzen 1 bis 3 bedürfen nicht der Zustimmung des Bundesrates.
(3) Als Arbeitnehmer im Sinne dieser Vorschrift gelten auch ehemalige Arbeitnehmer sowie die unter § 17 Absatz 1 Satz 2 des Betriebsrentengesetzes fallenden Personen.
(4) Pensionsfonds bedürfen zum Geschäftsbetrieb der Erlaubnis der Aufsichtsbehörde.

Fußnote

(+++ § 236 Abs. 1 Satz 1 Nr. 2 bis 4, Satz 2, Abs. 2: Zur Anwendung vgl. § 242 Abs. 1 Satz 2 +++)
-

§ 237 Anzuwendende Vorschriften

(1) Auf Pensionsfonds sind die nach den §§ 212 bis 216 auf kleine Versicherungsunternehmen anwendbaren Vorschriften entsprechend anzuwenden, soweit sie Lebensversicherungsunternehmen betreffen und dieser Teil keine abweichenden Regelungen enthält. Nicht anwendbar sind § 10 Absatz 4, § 13 Absatz 2, § 36 Absatz 2, die §§ 52 bis 56, 125 Absatz 5 und 6, § 139 Absatz 3 und 4, die §§ 210 und 212 Absatz 3 Nummer 5 und 6, die §§ 213 bis 215, 294 Absatz 5 und 6 Satz 2, § 312 Absatz 4 Satz 1, 3 und 4 sowie Absatz 5 Satz 2 und § 313.
(2) Für Pensionsfonds gilt § 124 Absatz 1 entsprechend. Außerdem haben sie über eine interne Revision nach § 30 zu verfügen. Die Aufsichtsbehörde soll Pensionsfonds auf Antrag von der Anwendung des § 30 befreien, wenn sie nachweisen, dass der geforderte Aufwand für eine unabhängige interne Revision in Anbetracht der Art, des Umfangs und der Komplexität des betriebenen Geschäfts und der mit ihm verbundenen Risiken unverhältnismäßig wäre. Die Freistellung ist zu widerrufen, wenn der Aufsichtsbehörde bekannt wird, dass ihre Voraussetzungen entfallen sind.
(3) Von den auf kleine Versicherungsunternehmen anzuwendenden Vorschriften dieses Gesetzes, soweit sie Lebensversicherungsunternehmen betreffen, sind auf Pensionsfonds die folgenden Vorschriften nur mit der jeweils folgenden Maßgabe entsprechend anzuwenden:

1. § 8 Absatz 2 mit der Maßgabe, dass die Erlaubnis nur Aktiengesellschaften einschließlich der Europäischen Gesellschaft und Pensionsfondsvereinen auf Gegenseitigkeit erteilt werden darf; auf Pensionsfondsvereine auf Gegenseitigkeit sind die Vorschriften über Versicherungsvereine auf Gegenseitigkeit entsprechend anzuwenden, soweit nichts anderes bestimmt ist;

2.
§ 9 Absatz 2 Nummer 2 mit der Maßgabe, dass mit dem Antrag auf Erlaubnis die Pensionspläne einzureichen sind; Pensionspläne sind die im Rahmen des Geschäftsplans ausgestalteten Bedingungen zur planmäßigen Leistungserbringung im Versorgungsfall;

3.
§ 12 Absatz 1 mit der Maßgabe, dass die Genehmigungspflicht nicht für Pensionspläne gilt; Änderungen der Pensionspläne und die Einführung neuer Pensionspläne werden erst drei Monate nach Vorlage bei der Aufsichtsbehörde wirksam, falls die Aufsichtsbehörde nicht vorher die Unbedenklichkeit feststellt;

4.
§ 26 Absatz 1 mit der Maßgabe, dass Pensionsfonds die unternehmensinternen Risikoberichte im Sinne des § 26 Absatz 1 Satz 1 und 2, soweit diese die Berichterstattung gegenüber dem Vorstand betreffen, innerhalb eines Monats nach Vorlage beim Vorstand bei der Aufsichtsbehörde einzureichen haben; die Aufsichtsbehörde soll Pensionsfonds auf Antrag von dieser Pflicht befreien, wenn sie nachweisen, dass der geforderte Aufwand in Anbetracht der Art, des Umfangs und der Komplexität des betriebenen Geschäfts und der mit ihm verbundenen Risiken unverhältnismäßig wäre; die Freistellung ist zu widerrufen, wenn der Aufsichtsbehörde bekannt wird, dass ihre Voraussetzungen entfallen sind;

5.
§ 134 Absatz 3 Satz 2 mit der Maßgabe, dass die Aufsichtsbehörde die Frist für Maßnahmen des Pensionsfonds um einen angemessenen Zeitraum verlängern kann; § 134 Absatz 6 Satz 1 und 2 ist entsprechend anzuwenden;

6.
§ 140 Absatz 2 mit der Maßgabe, dass an die Stelle der Belange der Versicherten die Belange der Versorgungsanwärter und Versorgungsempfänger sowie an die Stelle der Versicherungsverhältnisse die Versorgungsverhältnisse treten und an die Stelle der Rechtsverordnung nach § 145 Absatz 2 die Rechtsverordnung nach § 240 Satz 1 Nummer 7 tritt;

7.
§ 141 Absatz 5 Nummer 1 und 2 mit der Maßgabe, dass anstelle der Grundsätze der auf Grund des § 88 Absatz 3 erlassenen Rechtsverordnung die Grundsätze der auf Grund des § 240 Satz 1 Nummer 10 bis 12 erlassenen Rechtsverordnung eingehalten werden;

8.
§ 142 Satz 2 mit der Maßgabe, dass der unabhängige Treuhänder zudem ausreichende Kenntnisse im Bereich der betrieblichen Altersversorgung erworben haben muss;

9.
§ 144 mit der Maßgabe, dass der Arbeitnehmer die dort genannten Angaben erhält;

10.
§ 294 Absatz 2 und 3 mit der Maßgabe, dass an die Stelle der Belange der Versicherten die Belange der Versorgungsanwärter und Versorgungsempfänger sowie an die Stelle der Versicherungsverhältnisse die Versorgungsverhältnisse treten und dass Gegenstand der rechtlichen Aufsicht auch die Einhaltung der im Bereich der betrieblichen Altersversorgung von den Einrichtungen zu beachtenden arbeits-und sozialrechtlichen Vorschriften ist, und

11.
§ 300 mit der Maßgabe, dass an die Stelle der Belange der Versicherten die Belange der Versorgungsanwärter und Versorgungsempfänger sowie an die Stelle der Versicherungsverhältnisse die Versorgungsverhältnisse treten.

(4) Hängt die Höhe der Versorgungsleistungen von der Wertentwicklung eines nach Maßgabe des Pensionsplans gebildeten Investmentvermögens ab, ist für dieses Investmentvermögen entsprechend den §§ 67, 101, 120, 135, 148 und 158 des Kapitalanlagegesetzbuchs oder entsprechend § 44 des Investmentgesetzes in der bis zum 21. Juli 2013 geltenden Fassung gesondert Rechnung zu legen; § 101 Absatz 2 des Kapitalanlagegesetzbuchs oder § 44 Absatz 2 des Investmentgesetzes in der bis zum 21. Juli 2013 geltenden Fassung ist nicht anzuwenden.

-

§ 238 Finanzielle Ausstattung

Pensionsfonds haben stets über Eigenmittel mindestens in Höhe der geforderten Solvabilitätskapitalanforderung zu verfügen, die sich nach dem gesamten Geschäftsumfang bemisst. Ein Drittel der Solvabilitätskapitalanforderung gilt als Mindestkapitalanforderung.

§ 239 Vermögensanlage

(1) Pensionsfonds haben unter Berücksichtigung der jeweiligen Pensionspläne Sicherungsvermögen zu bilden. Sie haben dafür zu sorgen, dass die Bestände der Sicherungsvermögen in einer der Art und Dauer der zu erbringenden Altersversorgung entsprechenden Weise unter Berücksichtigung der Festlegungen des jeweiligen Pensionsplans angelegt werden.
(2) Die Pensionsfonds sind verpflichtet, jährlich, nach einer wesentlichen Änderung der Anlagepolitik zudem unverzüglich, ihre Anlagepolitik gegenüber der Aufsichtsbehörde darzulegen. Hierzu haben sie eine Erklärung über die Grundsätze der Anlagepolitik zu übersenden, die Angaben über das Verfahren zur Risikobewertung und zur Risikosteuerung sowie zur Strategie in Bezug auf den jeweiligen Pensionsplan, insbesondere die Aufteilung der Vermögenswerte je nach Art und Dauer der Altersversorgungsleistungen, enthält.
(3) Die dauernde Erfüllbarkeit eines Pensionsplans kann auch bei einer vorübergehenden Unterdeckung als gewährleistet angesehen werden, wenn die Unterdeckung 5 Prozent des Betrags der versicherungstechnischen Rückstellungen im Sinne der §§ 341e bis 341h des Handelsgesetzbuchs nicht übersteigt und die Belange der Versorgungsanwärter und Versorgungsempfänger gewahrt sind. In diesem Fall ist ein zwischen Arbeitgeber und Pensionsfonds vereinbarter Plan zur Wiederherstellung der Bedeckung des Sicherungsvermögens (Bedeckungsplan) erforderlich, der der Genehmigung der Aufsichtsbehörde bedarf. Der Plan muss folgende Bedingungen erfüllen:
1.
   aus dem Plan muss hervorgehen, wie die zur vollständigen Bedeckung der versicherungstechnischen Rückstellungen im Sinne der §§ 341e bis 341h des Handelsgesetzbuchs erforderliche Höhe der Vermögenswerte innerhalb eines angemessenen Zeitraums erreicht werden soll; der Zeitraum darf drei Jahre nicht überschreiten, und
2.
   bei der Erstellung des Plans ist die besondere Situation des Pensionsfonds zu berücksichtigen, insbesondere die Struktur seiner Aktiva und Passiva, sein Risikoprofil, sein Liquiditätsplan, das Altersprofil der Versorgungsberechtigten sowie gegebenenfalls die Tatsache, dass es sich um ein neu geschaffenes System handelt.

Die Genehmigung ist zu erteilen, wenn durch den Arbeitgeber die Erfüllung der Nachschusspflicht zur vollständigen Bedeckung der versicherungstechnischen Rückstellungen im Sinne der §§ 341e bis 341h des Handelsgesetzbuchs durch Bürgschaft oder Garantie eines geeigneten Kreditinstituts oder in anderer geeigneter Weise sichergestellt ist. Der Pensionsfonds hat dem Pensionssicherungsverein die Vereinbarung unverzüglich zur Kenntnis zu geben.
(4) Für Pensionspläne nach § 236 Absatz 2 ist Absatz 3 mit der Maßgabe anzuwenden, dass die Unterdeckung 10 Prozent des Betrags der versicherungstechnischen Rückstellungen im Sinne der §§ 341e bis 341h des Handelsgesetzbuchs nicht übersteigt. Die Frist, bis zu der die vollständige Bedeckung wieder erreicht werden muss, kann von der Aufsichtsbehörde verlängert werden; sie darf insgesamt zehn Jahre nicht überschreiten.

Fußnote
(+++ § 239 Abs. 3, 4: Zur Anwendung vgl. § 242 Abs. 1 Satz 2 +++)

§ 240 Verordnungsermächtigung

Das Bundesministerium der Finanzen wird ermächtigt, für Pensionsfonds, die nicht der Aufsicht durch die Aufsichtsbehörden der Länder unterliegen, durch Rechtsverordnung Vorschriften zu erlassen über

1. den Wortlaut der versicherungsmathematischen Bestätigung, den Inhalt, den Umfang und die Vorlagefrist des Erläuterungsberichts gemäß § 141 Absatz 5 Nummer 2 sowie über den Inhalt, den Umfang und die Vorlagefrist des Berichts gemäß § 141 Absatz 5 Nummer 4, jeweils in Verbindung mit § 237;

2. die Buchführung, den Inhalt, die Form und die Stückzahl des bei der Aufsichtsbehörde einzureichenden internen Berichts, bestehend aus einer für Aufsichtszwecke gegliederten Bilanz und einer Gewinn-und-Verlustrechnung sowie besonderen Erläuterungen zur Bilanz und zur Gewinn-und-Verlustrechnung, soweit dies zur Durchführung der Aufsicht nach diesem Gesetz erforderlich ist;

3. den Inhalt, die Form und die Stückzahl des bei der Aufsichtsbehörde vierteljährlich einzureichenden internen Zwischenberichts, bestehend aus einer Zusammenstellung von aktuellen Buchhaltungs-und Bestandsdaten sowie aus Angaben über die Anzahl der Versorgungsfälle, soweit dies zur Durchführung der Aufsicht nach diesem Gesetz erforderlich ist;

4. den Inhalt des Prüfungsberichts nach § 341k des Handelsgesetzbuchs, soweit dies zur Durchführung der Aufsicht nach diesem Gesetz erforderlich ist, insbesondere, um einheitliche Unterlagen zur Beurteilung der von den Pensionsfonds durchgeführten Geschäfte zu erhalten;

5. den Inhalt des Prüfungsberichts gemäß § 35 Absatz 1 Satz 1, soweit dies zur Erfüllung der Aufgaben der Aufsichtsbehörde erforderlich ist, insbesondere, um einheitliche Unterlagen zur Beurteilung der von den Pensionsfonds durchgeführten Geschäfte zu erhalten;

6. die Art und Weise der Datenübermittlung, die zu verwendenden Datenformate sowie die einzuhaltende Datenqualität;

7. die Zuführung zur Rückstellung für Beitragsrückerstattung gemäß § 145 Absatz 2 in Verbindung mit § 237;

8. Anlagegrundsätze qualitativer und quantitativer Art für das Sicherungsvermögen ergänzend zu § 124 Absatz 1, um die Kongruenz und die dauernde Erfüllbarkeit des jeweiligen Pensionsplans sicherzustellen, wobei die Anlageformen des § 215 Absatz 2 Satz 1 Nummer 1 bis 7 sowie weitere durch diese Verordnung zugelassene Anlageformen sowie die Festlegungen im Pensionsplan hinsichtlich des Anlagerisikos und des Trägers dieses Risikos zu berücksichtigen sind, sowie über Beschränkungen von Anlagen beim Trägerunternehmen; Artikel 18 der Richtlinie 2003/41/EG ist zu beachten;

9. die Berechnung und die Höhe der Solvabilitätskapitalanforderung, den für Pensionsfonds maßgeblichen Mindestbetrag der Mindestkapitalanforderung sowie damit zusammenhängende Genehmigungsbefugnisse einschließlich des Verfahrens, darüber, was als Eigenmittel im Sinne des § 238 anzusehen ist und in welchem Umfang die Eigenmittel auf die Solvabilitätskapitalanforderung angerechnet werden dürfen, darüber, dass der Aufsichtsbehörde über die Solvabilitätskapitalanforderung und die Eigenmittel zu berichten ist sowie über die Form und den Inhalt und die Frist für die Einreichung dieses Berichts bei der Aufsichtsbehörde; dabei sind die Artikel 17 bis 17d der Richtlinie 2003/41/EG zu beachten;

10. Höchstwerte für den Rechnungszins bei Verträgen mit Zinsgarantie;
11. weitere Vorgaben zur Ermittlung der Diskontierungszinssätze nach § 341f Absatz 2 des Handelsgesetzbuchs sowie
12. die versicherungsmathematischen Rechnungsgrundlagen und die Bewertungsansätze für die Deckungsrückstellung.

Die Ermächtigung kann durch Rechtsverordnung auf die Bundesanstalt übertragen werden. Rechtsverordnungen nach den Sätzen 1 und 2 bedürfen nicht der Zustimmung des Bundesrates. Rechtsverordnungen nach Satz 1 Nummer 4 und 10 bis 12 und nach Satz 2, soweit sie die Ermächtigungen nach Satz 1 Nummer 4 und 10 bis 12 erfassen, ergehen im Einvernehmen mit dem Bundesministerium der Justiz und für Verbraucherschutz.

Kapitel 3
Grenzüberschreitende Geschäftstätigkeit von Einrichtungen der betrieblichen Altersversorgung

-

§ 241 Grenzüberschreitende Tätigkeit von Pensionskassen

Auf die grenzüberschreitende Tätigkeit von Pensionskassen ist § 242 mit Ausnahme des Absatzes 1 Satz 2 entsprechend anzuwenden; Teil 2 Kapitel 1 Abschnitt 7 Unterabschnitt 1 ist nicht anzuwenden. Auf die Geschäfte im Ausland ist § 232 Absatz 1 Nummer 2 und 3 nicht anzuwenden.

-

§ 242 Grenzüberschreitende Tätigkeit von Pensionsfonds

(1) Pensionsfonds dürfen nach Maßgabe der Absätze 2 bis 6 in anderen Mitglied- oder Vertragsstaaten Geschäft betreiben. Auf dieses Geschäft sind Teil 2 Kapitel 1 Abschnitt 7 Unterabschnitt 1, § 236 Absatz 1 Satz 1 Nummer 2 bis 4 und Satz 2 sowie Absatz 2 und § 239 Absatz 3 und 4 nicht anzuwenden. Die Aufsichtsbehörde kann für dieses Geschäft die Bildung eines gesonderten Sicherungsvermögens verlangen.
(2) Pensionsfonds haben der Aufsichtsbehörde ihre Absicht, betriebliche Altersversorgung für ein Trägerunternehmen mit Sitz in einem anderen Mitglied- oder Vertragsstaat durchzuführen, unter Angabe des betreffenden Mitglied- oder Vertragsstaats anzuzeigen. Gleichzeitig sind der Name des Trägerunternehmens und die Hauptmerkmale des für das Trägerunternehmen zu betreibenden Altersversorgungssystems anzugeben.
(3) Nach Eingang der Anzeige prüft die Aufsichtsbehörde die rechtliche Zulässigkeit der beabsichtigten Tätigkeit, insbesondere die Angemessenheit der Verwaltungsstruktur, der Finanzlage und der Qualifikation der Geschäftsleiter im Verhältnis zu der beabsichtigten Tätigkeit. Bei Unbedenklichkeit übermittelt sie die nach Absatz 2 vorgelegten Angaben innerhalb von drei Monaten nach Erhalt den zuständigen Behörden des anderen Mitglied- oder Vertragsstaats und benachrichtigt hierüber den Pensionsfonds.
(4) Die Aufsichtsbehörde übermittelt dem Pensionsfonds die von den zuständigen Behörden des anderen Mitglied- oder Vertragsstaats erteilten Informationen über

1. die einschlägigen arbeits- und sozialrechtlichen Vorschriften im Bereich der betrieblichen Altersversorgung sowie
2. die Vorschriften des Tätigkeitslandes, die nach Artikel 18 Absatz 7 und Artikel 20 Absatz 7 der Richtlinie 2003/41/EG anzuwenden sind.

Nach Erhalt der Mitteilung nach Satz 1, spätestens zwei Monate nach Erhalt der Benachrichtigung nach Absatz 3 Satz 2, darf der Pensionsfonds die Tätigkeit im Einklang mit den in Satz 1

genannten Vorschriften aufnehmen.
(5) Die Aufsichtsbehörde teilt der Europäischen Aufsichtsbehörde für das Versicherungswesen und die betriebliche Altersversorgung mit, in welchen Mitglied- oder Vertragsstaaten der Pensionsfonds tätig ist. Die Aufsichtsbehörde unterrichtet diese Behörde unverzüglich über die dem betreffenden Pensionsfonds erteilte Erlaubnis zum Geschäftsbetrieb, wenn er erstmals berechtigt ist, grenzüberschreitend tätig zu werden.
(6) Die Aufsichtsbehörde trifft in Abstimmung mit den zuständigen Behörden des anderen Mitglied- oder Vertragsstaats die erforderlichen Maßnahmen, um sicherzustellen, dass der Pensionsfonds die von diesen Behörden festgestellten Verstöße gegen arbeits- und sozialrechtliche Vorschriften unterbindet. Verstößt das Unternehmen weiterhin gegen die in Satz 1 genannten Vorschriften, kann die Aufsichtsbehörde die Tätigkeit des Unternehmens untersagen oder einschränken.
(7) Bei Pensionsfonds, die der Landesaufsicht unterliegen, informiert die zuständige Landesaufsichtsbehörde die Bundesanstalt über die Anzeige des Unternehmens. Die Bundesanstalt unterstützt die Landesaufsichtsbehörde auf Anforderung bei der Durchführung des Notifikationsverfahrens und bei der Durchführung von Maßnahmen nach Absatz 6.
(8) Für die Erweiterung des Geschäftsbetriebs auf ein Gebiet außerhalb der Mitglied- oder Vertragsstaaten gilt § 12 Absatz 1 und 3 entsprechend.

Fußnote

(+++ § 242: Zur Anwendung vgl. § 241 Satz 1 +++)
(+++ § 242 Abs. 1 Satz 2: Zur Anwendung vgl. § 241 Satz 1 +++)
-

§ 243 Einrichtungen mit Sitz in einem anderen Mitglied- oder Vertragsstaat

(1) Zugelassene Einrichtungen der betrieblichen Altersversorgung mit Sitz in einem anderen Mitglied- oder Vertragsstaat dürfen nach Maßgabe der folgenden Absätze im Inland Geschäfte betreiben. Teil 2 Kapitel 1 Abschnitt 7 Unterabschnitt 2 ist nicht anzuwenden.
(2) Die Bundesanstalt informiert die zuständigen Behörden des Herkunftsstaats innerhalb von zwei Monaten ab Erhalt der Angaben nach Artikel 20 Absatz 3 der Richtlinie 2003/41/EG über die arbeits- und sozialrechtlichen Vorschriften im Bereich der betrieblichen Altersversorgung sowie über die Regelungen des Absatzes 5. Nach Erhalt der Mitteilung der Bundesanstalt über die zuständigen Behörden oder bei Nichtäußerung der zuständigen Behörden nach Ablauf der in Satz 1 genannten Frist darf die Einrichtung den Betrieb des Altersversorgungssystems im Einklang mit den in Satz 1 genannten Vorschriften im Inland aufnehmen.
(3) Die Bundesanstalt stellt fest, welchem Durchführungsweg im Sinne des § 1b Absatz 2 bis 4 des Betriebsrentengesetzes die Einrichtung zuzuordnen ist, und übermittelt die Feststellung an die Einrichtung und den Pensions-Sicherungs-Verein Versicherungsverein auf Gegenseitigkeit.
(4) Die Bundesanstalt benachrichtigt die zuständigen Behörden des Herkunftsstaats über wesentliche Änderungen der arbeits- und sozialrechtlichen Vorschriften, die sich auf die Merkmale des Altersversorgungssystems auswirken können, und über wesentliche Änderungen der Regelung des Absatzes 5.
(5) Eine zugelassene Einrichtung der betrieblichen Altersversorgung mit Sitz in einem anderen Mitglied- oder Vertragsstaat darf zusätzlich zu ihren nationalen aufsichtsrechtlichen Vorschriften für den Fall ihrer Geschäftstätigkeit in Deutschland

1.
nicht mehr als 5 Prozent ihrer Vermögenswerte in Aktien und anderen aktienähnlichen Wertpapieren, Anleihen, Schuldverschreibungen und anderen Geld- und Kapitalmarktinstrumenten desselben Unternehmens und nicht mehr als 10 Prozent dieser Vermögenswerte in Aktien und anderen aktienähnlichen Wertpapieren, Anleihen, Schuldverschreibungen und anderen Geld- und Kapitalmarktinstrumenten von Unternehmen anlegen, die einer einzigen Unternehmensgruppe angehören; für Anlagen, bei denen mindestens eine der Verordnungen nach § 235 Absatz 1 Satz 1 Nummer 10 oder § 240 Satz

2. 1 Nummer 8 eine höhere Streuungsquote vorsieht, gilt die jeweils höhere Quote, und

nicht mehr als 30 Prozent dieser Vermögenswerte in Vermögenswerten anlegen, die auf andere Währungen als die der Verbindlichkeiten lauten.

Satz 1 ist nur anzuwenden in Bezug auf den Teil der Vermögenswerte der Einrichtung, der der in Deutschland ausgeführten Geschäftstätigkeit im Sinne der Richtlinie 2003/41/EG entspricht. Zusätzlich haben die Einrichtungen die Verbraucherinformationen nach Maßgabe des § 144 zu erteilen.

(6) Die Bundesanstalt überwacht, ob die Einrichtung die arbeits- und sozialrechtlichen Vorschriften beachtet und die Verbraucherinformationen erteilt. Bei Unregelmäßigkeiten im Sinne des Artikels 20 Absatz 9 der Richtlinie 2003/41/EG unterrichtet sie unverzüglich die zuständigen Behörden des Herkunftsstaats. Verstößt die Einrichtung weiterhin gegen die arbeits- und sozialrechtlichen Vorschriften, so kann die Bundesanstalt nach Unterrichtung der zuständigen Behörden des Herkunftsstaats die erforderlichen Maßnahmen treffen, um diese Verstöße zu verhindern. Wenn andere Maßnahmen erfolglos geblieben sind, kann die Bundesanstalt der Einrichtung die Tätigkeit im Inland untersagen.

(7) Auf Antrag der Aufsichtsbehörde des Herkunftsstaats einer Einrichtung der betrieblichen Altersversorgung trifft die Bundesanstalt die erforderlichen Maßnahmen, um die freie Verfügung über Vermögenswerte untersagen zu können, die sich im Besitz eines Treuhänders oder einer Verwahrstelle mit Standort im Inland befinden.

§ 244 Einrichtungen mit Sitz in Drittstaaten

Auf Einrichtungen der betrieblichen Altersversorgung mit Sitz in einem Drittstaat ist Teil 2 Kapitel 1 Abschnitt 7 Unterabschnitt 3 anzuwenden.

Teil 5
Gruppen

Kapitel 1
Beaufsichtigung von Versicherungsunternehmen in einer Gruppe

§ 245 Anwendungsbereich der Gruppenaufsicht

(1) Versicherungsunternehmen einer Gruppe unterliegen neben der Einzelaufsicht einer Aufsicht auf Ebene der Gruppe nach Maßgabe der Vorschriften dieses Teils. Sofern in diesem Teil nichts anderes bestimmt ist, sind auf diese Unternehmen die Vorschriften für die Einzelbeaufsichtigung von Versicherungsunternehmen weiterhin anwendbar.

(2) Der Gruppenaufsicht unterliegen

1. Versicherungsunternehmen, die bei mindestens einem Versicherungsunternehmen oder mindestens einem Versicherungsunternehmen eines Drittstaats beteiligte Unternehmen sind,

2. Versicherungsunternehmen, deren Mutterunternehmen
    a) eine Versicherungs-Holdinggesellschaft oder
    b) eine gemischte Finanzholding-Gesellschaft
    mit Sitz in einem Mitglied- oder Vertragsstaat ist,

3.

Versicherungsunternehmen, deren Mutterunternehmen
a)
    eine Versicherungs-Holdinggesellschaft oder
b)
    eine gemischte Finanzholding-Gesellschaft oder
c)
    ein Versicherungsunternehmen
mit Sitz in einem Drittstaat ist, und
4.
    Versicherungsunternehmen, deren Mutterunternehmen eine gemischte Versicherungs-Holdinggesellschaft ist.

(3) Ist das beteiligte Versicherungsunternehmen oder die Versicherungs-Holdinggesellschaft oder die gemischte Finanzholding-Gesellschaft mit Sitz in einem Mitglied- oder Vertragsstaat verbundenes Unternehmen eines beaufsichtigten Unternehmens oder einer gemischten Finanzholding-Gesellschaft, die gemäß Artikel 5 Absatz 2 der Richtlinie 2002/87/EG des Europäischen Parlaments und des Rates vom 16. Dezember 2002 über die zusätzliche Beaufsichtigung der Kreditinstitute, Versicherungsunternehmen und Wertpapierfirmen eines Finanzkonglomerats und zur Änderung der Richtlinien 73/239/EWG, 79/267/EWG, 92/49/EWG, 92/96/EWG, 93/6/EWG und 93/22/EWG des Rates und der Richtlinien 98/78/EG und 2000/12/EG des Europäischen Parlaments und des Rates (ABl. L 35 vom 11.2.2003, S. 1) einer zusätzlichen Beaufsichtigung unterliegt oder selbst ein solches Unternehmen oder eine solche Gesellschaft, kann die Gruppenaufsichtsbehörde in den in Absatz 2 Nummer 1 und 2 genannten Fällen nach Anhörung der anderen betroffenen Aufsichtsbehörden auf der Ebene des beteiligten Versicherungsunternehmens oder der Versicherungs-Holdinggesellschaft oder gemischten Finanzholding-Gesellschaft von der Überwachung der Risikokonzentration gemäß § 273, der Überwachung der gruppeninternen Transaktionen gemäß § 274 oder von beidem absehen.
(4) Unterliegt eine gemischte Finanzholding-Gesellschaft, insbesondere im Hinblick auf die risikobasierte Beaufsichtigung, gleichwertigen Bestimmungen nach Maßgabe der Richtlinie 2009/138/EG und der Richtlinie 2002/87/EG, kann die Gruppenaufsichtsbehörde, nach Anhörung der anderen betroffenen Aufsichtsbehörden, auf der Ebene der gemischten Finanzholding-Gesellschaft nur die entsprechenden Bestimmungen der Richtlinie 2002/87/EG anwenden. Unterliegt die gemischte Finanzholding-Gesellschaft gleichwertigen Bestimmungen nach Maßgabe der Richtlinie 2009/138/EG und der Richtlinie 2006/48/EG, kann die *Gruppenaufsichtsbehörde* im Einvernehmen mit der konsolidierenden Aufsichtsbehörde für die Banken- und Wertpapierbranche nur die Bestimmungen der Richtlinie zu der am stärksten vertretenen Finanzbranche nach Artikel 3 Absatz 2 der Richtlinie 2002/87/EG anwenden.

Fußnote

§ 245 Abs. 4 Satz 2 Kursivdruck: Aufgrund offensichtlicher Unrichtigkeit wurde das Wort "Grupenaufsichtsbehörde" durch "Gruppenaufsichtsbehörde" ersetzt
-

§ 246 Umfang der Gruppenaufsicht

(1) Eine gruppenweite Beaufsichtigung gemäß § 245 umfasst nicht die Beaufsichtigung auf Einzelebene des Versicherungsunternehmens eines Drittstaats, der Versicherungs-Holdinggesellschaft, der gemischten Finanzholding-Gesellschaft oder der gemischten Versicherungs-Holdinggesellschaft. § 293 bleibt unberührt.
(2) Die Gruppenaufsichtsbehörde kann bestimmen, dass ein Unternehmen nicht in die Gruppenaufsicht gemäß § 245 einbezogen wird, wenn
1.
    sich das Unternehmen in einem Drittstaat befindet, in dem der Übermittlung der notwendigen Informationen rechtliche Hindernisse entgegenstehen; § 260 bleibt unberührt,

2. das einzubeziehende Unternehmen im Verhältnis zu den mit der Gruppenaufsicht verfolgten Zielen nur von untergeordneter Bedeutung ist oder
3. die Einbeziehung des Unternehmens im Verhältnis zu den mit der Gruppenaufsicht verfolgten Zielen unangemessen oder irreführend wäre.

Können mehrere Unternehmen derselben Gruppe einzeln betrachtet nach Satz 1 Nummer 2 von der Gruppenaufsicht ausgeschlossen werden, so sind sie dennoch einzubeziehen, wenn sie in der Gesamtbetrachtung nicht von untergeordneter Bedeutung sind. Ist die Gruppenaufsichtsbehörde der Auffassung, dass ein Versicherungsunternehmen gemäß Satz 1 Nummer 2 oder 3 nicht in die Gruppenaufsicht einbezogen werden soll, hört sie vor einer Entscheidung die anderen betroffenen Aufsichtsbehörden an.

(3) Für die Einhaltung der Anforderungen nach Teil 5 dieses Gesetzes sind alle der Gruppenaufsicht unterworfenen Unternehmen der Gruppe verantwortlich, sofern dieses Gesetz nichts anderes bestimmt.

(4) Das an der Spitze einer Gruppe stehende Unternehmen ist verpflichtet, auf Ersuchen der Aufsichtsbehörde, die in dem jeweiligen Mitglied- oder Vertragsstaat für ein gemäß Absatz 2 Satz 1 Nummer 2 oder 3 nicht in die Gruppenaufsicht einbezogenes Versicherungsunternehmen zuständig ist, alle zur Erleichterung der Beaufsichtigung angeforderten Informationen zu geben.

-

§ 247 Oberstes Mutterunternehmen auf Ebene der Mitglied- oder Vertragsstaaten

(1) Ist das in § 245 Absatz 2 Nummer 1 genannte beteiligte Versicherungsunternehmen oder die in § 245 Absatz 2 Nummer 2 genannte Versicherungs-Holdinggesellschaft oder gemischte Finanzholding-Gesellschaft selbst Tochterunternehmen eines anderen Versicherungsunternehmens oder einer anderen Versicherungs-Holdinggesellschaft oder gemischten Finanzholding-Gesellschaft mit Sitz in einem Mitglied- oder Vertragsstaat, so sind die §§ 250 bis 287 sowie 293 Absatz 1, § 298 Absatz 1 und 2, § 305 Absatz 1 Nummer 1 und § 306 Absatz 1 Nummer 1 nur auf Ebene der obersten Muttergesellschaft anzuwenden, die ein Versicherungsunternehmen oder eine Versicherungs-Holdinggesellschaft oder eine gemischte Finanzholding-Gesellschaft mit Sitz in einem Mitglied- oder Vertragsstaat ist.

(2) Ist die in Absatz 1 genannte oberste Muttergesellschaft, die ein Versicherungsunternehmen oder eine Versicherungs-Holdinggesellschaft oder eine gemischte Finanzholding-Gesellschaft mit Sitz in einem Mitglied- oder Vertragsstaat ist, Tochterunternehmen eines Unternehmens, das nach Artikel 5 Absatz 2 der Richtlinie 2002/87/EG einer zusätzlichen Beaufsichtigung unterliegt, so kann die Gruppenaufsichtsbehörde nach Konsultation der anderen betroffenen Aufsichtsbehörden auf der Ebene dieses obersten Mutterunternehmens von der Überwachung der Risikokonzentration gemäß § 273, der Überwachung der gruppeninternen Transaktionen gemäß § 274 oder von beidem absehen.

-

§ 248 Oberstes Mutterunternehmen auf nationaler Ebene

(1) Hat das in § 245 Absatz 2 Nummer 1 genannte beteiligte Versicherungsunternehmen oder die in § 245 Absatz 2 Nummer 2 genannte Versicherungs-Holdinggesellschaft oder gemischte Finanzholding-Gesellschaft seinen oder ihren Sitz im Inland und hat das in § 247 genannte oberste Mutterunternehmen seinen Sitz in einem anderen Mitglied- oder Vertragsstaat, so kann die Aufsichtsbehörde nach Konsultation der Gruppenaufsichtsbehörde und dieses obersten Mutterunternehmens anordnen, dass das auf nationaler Ebene oberste Mutterversicherungsunternehmen oder die auf nationaler Ebene oberste Muttergesellschaft, die eine Versicherungs-Holdinggesellschaft oder eine gemischte Finanzholding-Gesellschaft ist, der Gruppenaufsicht unterliegt. Die Aufsichtsbehörde begründet ihre Entscheidung in diesem Fall sowohl gegenüber der Gruppenaufsichtsbehörde als auch gegenüber dem obersten

Mutterunternehmen auf Ebene der Mitglied- oder Vertragsstaaten. Die Gruppenaufsichtsbehörde unterrichtet das Aufsichtskollegium (§ 283) gemäß Artikel 248 Absatz 1 Buchstabe a der Richtlinie 2009/138/EG. Vorbehaltlich der Absätze 2 bis 6 sind die §§ 250 bis 287 sowie § 293 Absatz 1, § 298 Absatz 1 und 2, § 305 Absatz 1 Nummer 1 und § 306 Absatz 1 Nummer 1 entsprechend anzuwenden.

(2) Die Aufsichtsbehörde kann eine Beschränkung der Gruppenaufsicht auf einzelne Vorschriften der §§ 250 bis 275 bei dem obersten Mutterunternehmen auf nationaler Ebene feststellen.

(3) Sofern die Aufsichtsbehörde auf das oberste Mutterunternehmen auf nationaler Ebene die §§ 250 bis 272 anwendet, wird die Methode, die von der Gruppenaufsichtsbehörde gemäß § 252 für das in § 247 genannte oberste Mutterunternehmen auf Ebene der Mitglied- oder Vertragsstaaten gewählt worden ist, von der Aufsichtsbehörde als verbindlich anerkannt und angewendet.

(4) Sofern die Aufsichtsbehörde auf das oberste Mutterunternehmen auf nationaler Ebene die §§ 250 bis 272 anwendet und das in § 247 genannte oberste Mutterunternehmen auf Ebene der Mitglied- oder Vertragsstaaten gemäß § 262 oder § 265 Absatz 5 die Erlaubnis erhalten hat, die Solvabilitätskapitalanforderung für die Gruppe sowie die Solvabilitätskapitalanforderung für die Versicherungsunternehmen der Gruppe anhand eines internen Modells zu berechnen, so wird diese Entscheidung von der Aufsichtsbehörde als verbindlich anerkannt und umgesetzt. Ist die Aufsichtsbehörde in einem solchen Fall der Auffassung, dass das auf Ebene der Mitglied- oder Vertragsstaaten genehmigte interne Modell erheblich vom Risikoprofil des obersten Mutterunternehmens auf nationaler Ebene abweicht, so kann sie, wenn das Unternehmen ihre Bedenken nicht angemessen ausräumt, für dieses einen Aufschlag auf die anhand eines solchen Modells berechnete Gruppensolvabilitätskapitalanforderung verlangen. Ist ein solcher Kapitalaufschlag ausnahmsweise nicht angemessen, kann die Aufsichtsbehörde von dem Unternehmen verlangen, seine Gruppensolvabilitätskapitalanforderung anhand der Standardformel zu berechnen. Die Aufsichtsbehörde begründet solche Entscheidungen sowohl gegenüber dem Unternehmen als auch gegenüber der Gruppenaufsichtsbehörde. Die Gruppenaufsichtsbehörde unterrichtet das Aufsichtskollegium gemäß Artikel 248 Absatz 1 Buchstabe a der Richtlinie 2009/138/EG.

(5) Sofern die Aufsichtsbehörde auf das oberste Mutterunternehmen auf nationaler Ebene die Bestimmungen der §§ 250 bis 272 anwendet, kann nach der Vorschrift des § 267 oder des § 272 diesem Unternehmen nicht die Erlaubnis erteilt werden, auf eines seiner Tochterunternehmen die §§ 269 und 270 anzuwenden.

(6) Eine Anordnung gemäß Absatz 1 kann nicht getroffen oder aufrechterhalten werden, wenn das oberste Mutterunternehmen auf nationaler Ebene ein Tochterunternehmen des in § 247 genannten obersten Mutterunternehmens auf Ebene der Mitglied- oder Vertragsstaaten ist und dieses gemäß der Vorschrift des § 268 oder des § 270 die Erlaubnis erhalten hat, die §§ 269 und 270 auf das Tochterunternehmen anzuwenden.

-

§ 249 Mutterunternehmen, die mehrere Mitglied- oder Vertragsstaaten umfassen

(1) Die Aufsichtsbehörde kann mit den Aufsichtsbehörden anderer Mitglied- oder Vertragsstaaten, in denen sich ein verbundenes Unternehmen befindet, das ebenfalls oberstes Mutterunternehmen auf nationaler Ebene ist, vereinbaren, auf Ebene einer mehrere Mitglied- oder Vertragsstaaten umspannenden Teilgruppe eine Gruppenaufsicht durchzuführen. Haben die betroffenen Aufsichtsbehörden eine solche Vereinbarung geschlossen, findet auf Ebene eines in einem anderen Mitglied- oder Vertragsstaat als der Teilgruppe gelegenen obersten Mutterunternehmens im Sinne des § 248 keine Gruppenaufsicht statt.

(2) § 248 Absatz 2 bis 6 gilt entsprechend.

Kapitel 2
Finanzlage

Abschnitt 1
Solvabilität der Gruppe

§ 250 Überwachung der Gruppensolvabilität

(1) Die Solvabilität der Gruppe wird nach Maßgabe der Absätze 2 und 3, der §§ 275 bis 287 sowie 293 Absatz 1, § 298 Absatz 1 und 2, § 305 Absatz 1 Nummer 1 und § 306 Absatz 1 Nummer 1 überwacht. Vermögenswerte und Verbindlichkeiten werden nach § 74 bewertet.
(2) In dem in § 245 Absatz 2 Nummer 1 genannten Fall haben die beteiligten Versicherungsunternehmen auf Gruppenebene stets über anrechnungsfähige Eigenmittel mindestens in Höhe der nach den §§ 252 bis 265 berechneten Solvabilitätskapitalanforderung zu verfügen.
(3) In dem in § 245 Absatz 2 Nummer 2 genannten Fall haben die Versicherungsunternehmen einer Gruppe auf Gruppenebene stets über anrechnungsfähige Eigenmittel mindestens in Höhe der nach § 266 berechneten Solvabilitätskapitalanforderung zu verfügen.
(4) Die §§ 132 und 134 Absatz 1 bis 6 gelten entsprechend.

Fußnote

(+++ § 250: Zur Anwendung vgl. § 247 Abs. 1, § 248 Abs. 1 Satz 4 u. § 290 Abs. 1 Satz 1 +++)
(+++ § 250 Abs. 1 Satz 2: Zur Anwendung vgl. § 261 Abs. 3 Satz 3 +++)

§ 251 Häufigkeit der Berechnung

(1) Die Solvabilitätskapitalanforderung auf Gruppenebene ist von den beteiligten Versicherungsunternehmen, der Versicherungs-Holdinggesellschaft oder der gemischten Finanzholding-Gesellschaft mindestens einmal im Jahr zu berechnen. Sofern das oberste beteiligte Unternehmen ein Versicherungsunternehmen ist, meldet dieses der Gruppenaufsichtsbehörde die für diese Berechnung maßgeblichen Daten und Ergebnisse. Sofern das oberste beteiligte Unternehmen eine Versicherungs-Holdinggesellschaft oder gemischte Finanzholding-Gesellschaft ist, meldet diese die Informationen gemäß Satz 2, sofern nicht die Gruppenaufsichtsbehörde nach Anhörung der anderen betroffenen Aufsichtsbehörden und der Gruppe ein Versicherungsunternehmen als zur Meldung verpflichtetes Unternehmen bestimmt hat.
(2) Die Versicherungsunternehmen, die Versicherungs-Holdinggesellschaft und die gemischte Finanzholding-Gesellschaft im Sinne des Absatzes 1 haben die Solvabilitätskapitalanforderung der Gruppe laufend zu überwachen. Weicht das Risikoprofil der Gruppe erheblich von den Annahmen ab, die der zuletzt gemeldeten Solvabilitätskapitalanforderung für die Gruppe zugrunde liegen, ist die Solvabilitätskapitalanforderung unverzüglich neu zu berechnen und der Gruppenaufsichtsbehörde zu melden. Rechtfertigen Tatsachen die Annahme, dass sich das Risikoprofil der Gruppe seit der letzten Meldung der Solvabilitätskapitalanforderung erheblich geändert hat, so kann die Gruppenaufsichtsbehörde eine Neuberechnung der Solvabilitätskapitalanforderung verlangen.

Fußnote

(+++ § 251: Zur Anwendung vgl. § 247 Abs. 1, § 248 Abs. 1 Satz 4 u. § 290 Abs. 1 Satz 1 +++)

§ 252 Bestimmung der Methode

(1) Die Solvabilität der Gruppe, an deren Spitze ein beteiligtes Versicherungsunternehmen steht, ist auf der Grundlage eines konsolidierten Abschlusses gemäß den §§ 261 bis 264 (Konsolidierungsmethode) zu berechnen.
(2) Die Gruppenaufsichtsbehörde kann nach Anhörung der anderen betroffenen Aufsichtsbehörden und der Gruppe die Verwendung der in § 265 beschriebenen Methode (Abzugs- und Aggregationsmethode) oder, wenn die Verwendung der Konsolidierungsmethode allein nicht angemessen wäre, eine kombinierte Anwendung beider Methoden festlegen.

Fußnote

(+++ § 252: Zur Anwendung vgl. § 247 Abs. 1, § 248 Abs. 1 Satz 4 u. § 290 Abs. 1 Satz 1 +++)
-

§ 253 Berücksichtigung des verhältnismäßigen Anteils

(1) Bei der Berechnung der Gruppensolvabilität ist der verhältnismäßige Anteil, den das beteiligte Unternehmen an seinen verbundenen Unternehmen hält, zu berücksichtigen.
(2) Der verhältnismäßige Anteil im Sinne des Absatzes 1 bezeichnet

1. bei Anwendung der Konsolidierungsmethode die bei Erstellung des konsolidierten Abschlusses zugrunde gelegten Prozentsätze und
2. bei Anwendung der Abzugs- und Aggregationsmethode den Anteil am gezeichneten Kapital, der direkt oder indirekt vom beteiligten Unternehmen gehalten wird.

(3) Ist das verbundene Unternehmen ein Tochterunternehmen, dessen Eigenmittel zur Einhaltung seiner Solvabilitätskapitalanforderung nicht ausreichen, ist diese Solvabilitätslücke unabhängig von der verwendeten Methode bei der Berechnung in voller Höhe zu berücksichtigen. Abweichend von Satz 1 kann die Gruppenaufsichtsbehörde zulassen, dass die Solvabilitätslücke nur anteilig berücksichtigt wird, wenn sich die Haftung des Mutterunternehmens nach Auffassung der betroffenen Aufsichtsbehörden ausschließlich auf den gehaltenen Kapitalanteil beschränkt.
(4) Die Gruppenaufsichtsbehörde legt nach Anhörung der anderen betroffenen Aufsichtsbehörden und der Gruppe den verhältnismäßigen Anteil fest, der zu berücksichtigen ist, wenn

1. zwischen einigen Unternehmen einer Gruppe keine Kapitalbeziehungen bestehen,
2. eine Aufsichtsbehörde entschieden hat, dass auch das direkte oder indirekte Halten von Stimmrechten oder Kapital an einem Unternehmen als Beteiligung anzusehen ist, weil nach Auffassung der Aufsichtsbehörde tatsächlich ein maßgeblicher Einfluss auf dieses Unternehmen ausgeübt wird, oder
3. eine Aufsichtsbehörde entschieden hat, dass ein Unternehmen Mutterunternehmen eines anderen Unternehmens ist, weil es nach Auffassung der Aufsichtsbehörde tatsächlich einen beherrschenden Einfluss auf das andere Unternehmen ausübt.

Fußnote

(+++ § 253: Zur Anwendung vgl. § 247 Abs. 1, § 248 Abs. 1 Satz 4, § 261 Abs. 3 Satz 3 u. § 290 Abs. 1 Satz 1 +++)
-

§ 254 Ausschluss der Mehrfachberücksichtigung anrechnungsfähiger Eigenmittel

(1) Auf die Solvabilitätskapitalanforderung anrechnungsfähige Eigenmittel dürfen bei mehreren in

die Berechnung der Gruppensolvabilität einbezogenen Versicherungsunternehmen nicht mehrfach berücksichtigt werden. Bei der Berechnung der Gruppensolvabilität bleiben, sofern die in den §§ 261 bis 265 beschriebenen Methoden nicht etwas anderes vorsehen, die folgenden Beträge unberücksichtigt:

1. der Wert aller Vermögenswerte des beteiligten Versicherungsunternehmens, mit denen Eigenmittel finanziert werden, die auf die Solvabilitätskapitalanforderung eines seiner verbundenen Versicherungsunternehmen angerechnet werden dürfen,

2. der Wert aller Vermögenswerte eines mit dem beteiligten Versicherungsunternehmen verbundenen Versicherungsunternehmens, mit denen Eigenmittel finanziert werden, die auf die Solvabilitätskapitalanforderung dieses beteiligten Versicherungsunternehmens angerechnet werden dürfen, und

3. der Wert aller Vermögenswerte eines mit dem beteiligten Versicherungsunternehmen verbundenen Versicherungsunternehmens, mit denen Eigenmittel finanziert werden, die auf die Solvabilitätskapitalanforderung eines anderen mit diesem beteiligten Versicherungsunternehmen verbundenen Versicherungsunternehmens angerechnet werden dürfen.

(2) Folgende Bestandteile dürfen nur insoweit in die Berechnung einbezogen werden, als sie auf die Solvabilitätskapitalanforderung des betreffenden verbundenen Unternehmens angerechnet werden dürfen:

1. Überschussfonds nach Artikel 91 Absatz 2 der Richtlinie 2009/138/EG eines verbundenen Lebensversicherungsunternehmens des beteiligten Versicherungsunternehmens, für das die Solvabilität auf Gruppenebene berechnet wird, und

2. nicht eingezahltes gezeichnetes Kapital eines verbundenen Versicherungsunternehmens des beteiligten Versicherungsunternehmens, für das die Solvabilität auf Gruppenebene berechnet wird.

(3) Abweichend von Absatz 2 Nummer 2 sind die folgenden Bestandteile von der Berechnung auszunehmen:

1. nicht eingezahltes gezeichnetes Kapital, das für das beteiligte Versicherungsunternehmen zu einer Verbindlichkeit werden kann,

2. nicht eingezahltes gezeichnetes Kapital des beteiligten Versicherungsunternehmens, das für ein verbundenes Versicherungsunternehmen zu einer Verbindlichkeit werden kann, und

3. nicht eingezahltes gezeichnetes Kapital eines verbundenen Versicherungsunternehmens, das für ein anderes mit demselben beteiligten Versicherungsunternehmen verbundenes Versicherungsunternehmen zu einer Verbindlichkeit werden kann.

(4) Sind die betroffenen Aufsichtsbehörden der Auffassung, dass über die in den Absätzen 2 und 3 genannten Bestandteile hinaus bestimmte auf die Solvabilitätskapitalanforderung eines verbundenen Versicherungsunternehmens anrechnungsfähige Eigenmittel zur Einhaltung der Solvabilitätskapitalanforderung des beteiligten Versicherungsunternehmens, für das die Gruppensolvabilität berechnet wird, tatsächlich nicht bereitgestellt werden können, so dürfen diese nur insoweit in die Berechnung einbezogen werden, als sie zur Einhaltung der Solvabilitätskapitalanforderung des verbundenen Unternehmens angerechnet werden dürfen.

(5) Die Summe der Eigenmittel nach den Absätzen 2 bis 4 darf die Solvabilitätskapitalanforderung des verbundenen Versicherungsunternehmens nicht überschreiten.

(6) Wird die Gruppensolvabilität berechnet, sind die anrechnungsfähigen ergänzenden Eigenmittel eines verbundenen Versicherungsunternehmens des beteiligten Versicherungsunternehmens nur

in die Berechnung einzubeziehen, wenn die zuständige Aufsichtsbehörde dieses verbundenen Versicherungsunternehmens diese Eigenmittel genehmigt hat.

Fußnote

(+++ § 254: Zur Anwendung vgl. § 247 Abs. 1, § 248 Abs. 1 Satz 4, § 261 Abs. 3 Satz 3 u. § 290 Abs. 1 Satz 1 +++)

-

§ 255 Ausschluss der gruppeninternen Kapitalschöpfung

(1) Bei der Berechnung der Gruppensolvabilität bleiben anrechnungsfähige Eigenmittel unberücksichtigt, die aus einer Gegenfinanzierung stammen zwischen dem beteiligten Versicherungsunternehmen und

1. einem verbundenen Unternehmen,
2. einem beteiligten Unternehmen oder
3. einem anderen verbundenen Unternehmen eines seiner beteiligten Unternehmen.

(2) Darüber hinaus bleiben bei der Berechnung der Gruppensolvabilität die Eigenmittel unberücksichtigt, die für die Solvabilitätskapitalanforderung eines verbundenen Versicherungsunternehmens des beteiligten Versicherungsunternehmens herangezogen werden können, wenn diese Eigenmittel aus einer Gegenfinanzierung mit einem anderen verbundenen Unternehmen dieses beteiligten Versicherungsunternehmens stammen.
(3) Eine Gegenfinanzierung liegt insbesondere vor, wenn ein Versicherungsunternehmen oder eines seiner verbundenen Unternehmen Anteile an einem anderen Unternehmen hält oder einem anderen Unternehmen Darlehen gewährt, das seinerseits direkt oder indirekt Eigenmittel hält, die auf die Solvabilitätskapitalanforderung des Versicherungsunternehmens oder eines seiner verbundenen Unternehmen angerechnet werden können.

Fußnote

(+++ § 255: Zur Anwendung vgl. § 247 Abs. 1, § 248 Abs. 1 Satz 4, § 261 Abs. 3 Satz 3 u. § 290 Abs. 1 Satz 1 +++)

-

§ 256 Verbundene Versicherungsunternehmen

(1) Hat das Versicherungsunternehmen mehr als ein verbundenes Versicherungsunternehmen, umfasst die Berechnung der Gruppensolvabilität sämtliche verbundene Versicherungsunternehmen.
(2) Bei der Berechnung der Gruppensolvabilität werden für ein verbundenes Versicherungsunternehmen, das seinen Sitz in einem anderen Mitglied- oder Vertragsstaat hat als das Versicherungsunternehmen, für das die Gruppensolvabilität berechnet wird, die Solvabilitätskapitalanforderung dieses anderen Mitglied- oder Vertragsstaats und die dort anrechnungsfähigen Eigenmittel berücksichtigt.

Fußnote

(+++ § 256: Zur Anwendung vgl. § 247 Abs. 1, § 248 Abs. 1 Satz 4, § 261 Abs. 3 Satz 3 u. § 290 Abs. 1 Satz 1 +++)

-

§ 257 Zwischengeschaltete Versicherungs-Holdinggesellschaften

(1) Hält ein Versicherungsunternehmen über eine Versicherungs-Holdinggesellschaft oder eine gemischte Finanzholding-Gesellschaft eine Beteiligung an einem verbundenen Versicherungsunternehmen oder einem Versicherungsunternehmen eines Drittstaats, wird die Versicherungs-Holdinggesellschaft oder gemischte Finanzholding-Gesellschaft in die Berechnung der Gruppensolvabilität einbezogen. Ausschließlich für diese Berechnung wird die zwischengeschaltete Versicherungs-Holdinggesellschaft oder zwischengeschaltete gemischte Finanzholding-Gesellschaft wie ein Versicherungsunternehmen behandelt, für das in Bezug auf die Solvabilitätskapitalanforderung die §§ 96 bis 121 und in Bezug auf die anrechnungsfähigen Eigenmittel die §§ 89 bis 95 gelten.
(2) Nachrangige Verbindlichkeiten und andere nach § 94 nur begrenzt anrechnungsfähige Eigenmittel einer zwischengeschalteten Versicherungs-Holdinggesellschaft oder einer zwischengeschalteten gemischten Finanzholding-Gesellschaft werden nur bis zu der Höhe als anrechnungsfähige Eigenmittel anerkannt, bis zu der sie die auf Gruppenebene geltenden Begrenzungen nicht überschreiten. In die Berechnung der Gruppensolvabilität dürfen anrechnungsfähige ergänzende Eigenmittel einer zwischengeschalteten Versicherungs-Holdinggesellschaft oder zwischengeschalteten gemischten Finanzholding-Gesellschaft nur einbezogen werden, wenn sie zuvor von der Gruppenaufsichtsbehörde genehmigt worden sind.

Fußnote

(+++ § 257: Zur Anwendung vgl. § 247 Abs. 1, § 248 Abs. 1 Satz 4, § 261 Abs. 3 Satz 3 u. § 290 Abs. 1 Satz 1 +++)

-

§ 258 Verbundene Versicherungsunternehmen eines Drittstaats

(1) Ist ein Versicherungsunternehmen beteiligtes Unternehmen eines Versicherungsunternehmens eines Drittstaats und wird die Gruppensolvabilität nach der Abzugs- und Aggregationsmethode berechnet, ist das Versicherungsunternehmen des Drittstaats für diese Berechnung wie ein verbundenes Versicherungsunternehmen zu behandeln. Unterliegt das Versicherungsunternehmen des Drittstaats in seinem Sitzland der Zulassungspflicht und Solvabilitätsvorschriften, die denen in Titel I Kapitel VI der Richtlinie 2009/138/EG festgelegten zumindest gleichwertig sind, so wird die Berechnung der Solvabilitätskapitalanforderung und der anrechnungsfähigen Eigenmittel nach den Vorschriften dieses Drittstaats vorgenommen.
(2) Jedes beteiligte Unternehmen kann eine Gleichwertigkeitsprüfung nach Absatz 1 Satz 2 beantragen. Die Gruppenaufsichtsbehörde entscheidet über die Gleichwertigkeit nach Anhörung der anderen betroffenen Aufsichtsbehörden und Beteiligung der Europäischen Aufsichtsbehörde für das Versicherungswesen und die betriebliche Altersversorgung. Die Entscheidung wird anhand der durch die Kommission in delegierten Rechtsakten nach Artikel 227 Absatz 3 der Richtlinie 2009/138/EG festgelegten Kriterien getroffen. Die Gruppenaufsichtsbehörde ist an eine zuvor gegenüber einem Drittstaat getroffene Entscheidung gebunden. Dies gilt nicht, wenn eine erneute Prüfung erforderlich ist, weil sich das in Titel I Kapitel VI der Richtlinie 2009/138/EG beschriebene Aufsichtssystem oder das Aufsichtssystem des Drittstaats wesentlich geändert hat. Sind die anderen betroffenen Aufsichtsbehörden mit der von der Gruppenaufsichtsbehörde getroffenen Entscheidung nicht einverstanden, können sie gemäß Artikel 19 der Verordnung (EU) Nr. 1094/2010 innerhalb von drei Monaten nach Mitteilung der Entscheidung durch die Gruppenaufsichtsbehörde die Europäische Aufsichtsbehörde für das Versicherungswesen und die betriebliche Altersversorgung mit der Angelegenheit befassen und um Unterstützung bitten.
(3) Ein delegierter Rechtsakt der Europäischen Kommission gemäß Artikel 227 Absatz 4 der Richtlinie 2009/138/EG darüber, ob die Solvabilitätsvorschriften eines Drittstaats gleichwertig sind oder nicht, ist für die Gruppenaufsichtsbehörde verbindlich und schließt eine Prüfung nach Absatz 2 aus. Das Gleiche gilt, wenn und solange ein delegierter Rechtsakt der Europäischen Kommission gemäß Artikel 227 Absatz 5 der Richtlinie 2009/138/EG über die vorläufige

Gleichwertigkeit vorliegt.

Fußnote

(+++ § 258: Zur Anwendung vgl. § 247 Abs. 1, § 248 Abs. 1 Satz 4, § 261 Abs. 3 Satz 3 u. § 290 Abs. 1 Satz 1 +++)

-

§ 259 Verbundene Kreditinstitute, Wertpapierfirmen und Finanzinstitute

(1) Bei der Berechnung der Gruppensolvabilität eines Versicherungsunternehmens, das an einem Kreditinstitut, einem Wertpapierhandelsunternehmen oder einem Finanzinstitut beteiligt ist, können die beteiligten Versicherungsunternehmen die in Anhang I der Richtlinie 2002/87/EG festgelegte Methode 1 oder 2 entsprechend anwenden. Die Konsolidierungsmethode darf nur angewendet werden, wenn das integrierte Management und die interne Kontrolle in Bezug auf die in den Konsolidierungskreis einbezogenen Unternehmen nach Auffassung der Gruppenaufsichtsbehörde angemessen sind. Die gewählte Methode ist auf Dauer einheitlich anzuwenden.
(2) Die Aufsichtsbehörde kann anordnen, dass eine in Absatz 1 genannte Beteiligung von den Eigenmitteln, die auf die Gruppensolvabilität des beteiligten Unternehmens angerechnet werden können, abgezogen wird, wenn sie Gruppenaufsichtsbehörde ist. Das beteiligte Unternehmen kann dies beantragen.

Fußnote

(+++ § 259: Zur Anwendung vgl. § 247 Abs. 1, § 248 Abs. 1 Satz 4, § 261 Abs. 3 Satz 3 u. § 290 Abs. 1 Satz 1 +++)

-

§ 260 Nichtverfügbarkeit der notwendigen Informationen

Sind die für die Berechnung der Gruppensolvabilität eines Versicherungsunternehmens notwendigen Informationen über ein verbundenes Unternehmen mit Sitz in einem Mitglied- oder Vertragsstaat oder Drittstaat nicht verfügbar, wird der Buchwert, den dieses Unternehmen in dem beteiligten Versicherungsunternehmen hat, von den auf die Gruppensolvabilität anrechnungsfähigen Eigenmitteln abgezogen. Die mit dieser Beteiligung verbundenen nicht realisierten Gewinne dürfen nicht als Eigenmittel zur Bedeckung der Gruppensolvabilität herangezogen werden.

Fußnote

(+++ § 260: Zur Anwendung vgl. § 247 Abs. 1, § 248 Abs. 1 Satz 4, § 261 Abs. 3 Satz 3 u. § 290 Abs. 1 Satz 1 +++)

-

§ 261 Konsolidierungsmethode

(1) Nach der Konsolidierungsmethode wird die Gruppensolvabilität des beteiligten Versicherungsunternehmens auf der Grundlage des konsolidierten Abschlusses berechnet. Die Gruppensolvabilität des beteiligten Versicherungsunternehmens ist die Differenz zwischen den auf der Grundlage des konsolidierten Abschlusses errechneten, zur Einhaltung der Solvabilitätskapitalanforderung anrechnungsfähigen Eigenmitteln und der auf der Grundlage des konsolidierten Abschlusses errechneten Gruppensolvabilitätskapitalanforderung. Teil 2 Kapitel 2 Abschnitt 2 gilt für die Berechnung der auf die Solvabilitätskapitalanforderung anrechnungsfähigen Eigenmittel und der Gruppensolvabilitätskapitalanforderung unter Anwendung der Konsolidierungsmethode entsprechend.

(2) Die konsolidierte Gruppensolvabilitätskapitalanforderung wird entweder mit der Standardformel oder mit einem genehmigten internen Modell berechnet.
(3) Der Mindestbetrag der konsolidierten Gruppensolvabilitätskapitalanforderung ist die Summe aus der Mindestkapitalanforderung des beteiligten Versicherungsunternehmens und den der Beteiligungsquote entsprechenden anteiligen Mindestkapitalanforderungen der verbundenen Versicherungsunternehmen. Dieser Mindestbetrag ist mit anrechnungsfähigen Basiseigenmitteln gemäß § 95 zu bedecken. § 250 Absatz 1 Satz 2, die §§ 253 bis 260 und 135 Absatz 1 und 2 sind entsprechend anzuwenden.

Fußnote

(+++ § 261: Zur Anwendung vgl. § 247 Abs. 1, § 248 Abs. 1 Satz 4 u. § 290 Abs. 1 Satz 1 +++)
-

§ 262 Internes Modell für die Gruppe

(1) Ein Versicherungsunternehmen und seine verbundenen Unternehmen oder gemeinsam die verbundenen Unternehmen einer Versicherungs-Holdinggesellschaft oder gemischten Finanzholding-Gesellschaft können beantragen, die konsolidierte Solvabilitätskapitalanforderung auf Gruppenebene sowie die Solvabilitätskapitalanforderungen der Versicherungsunternehmen der Gruppe mit einem internen Modell zu berechnen. Der Antrag ist an die Gruppenaufsichtsbehörde zu richten.
(2) Die Gruppenaufsichtsbehörde informiert unverzüglich die anderen Mitglieder des Aufsichtskollegiums (§ 283) über den Eingang des Antrags. Sobald die Antragsunterlagen vollständig vorliegen, leitet sie diese unverzüglich an die anderen betroffenen Aufsichtsbehörden weiter. Die betroffenen Aufsichtsbehörden arbeiten bei der Entscheidung über die Erteilung der Erlaubnis und bei der Festlegung der Bedingungen, an die die Erteilung der Erlaubnis geknüpft ist, zusammen. Die Entscheidung soll einvernehmlich getroffen werden. Die Aufsichtsbehörden wirken im Rahmen ihrer Befugnisse darauf hin, dass die Entscheidung innerhalb von sechs Monaten nach Eingang des vollständigen Antrags getroffen wird.
(3) Sind die Aufsichtsbehörden einvernehmlich zu einer Entscheidung im Sinne des Absatzes 2 gelangt, erteilt die Gruppenaufsichtsbehörde dem Antragsteller den Bescheid.
(4) Wird innerhalb von sechs Monaten nach Eingang des vollständigen Antrags der Gruppe keine einvernehmliche Entscheidung erzielt, entscheidet die Gruppenaufsichtsbehörde über den Antrag. Die Gruppenaufsichtsbehörde trägt allen Auffassungen und Vorbehalten, die die anderen betroffenen Aufsichtsbehörden innerhalb der Sechsmonatsfrist geäußert haben, angemessen Rechnung. Die Gruppenaufsichtsbehörde erteilt dem Antragsteller den Bescheid und übermittelt diesen den anderen betroffenen Aufsichtsbehörden. Die Entscheidung der Gruppenaufsichtsbehörde wird von den betroffenen Aufsichtsbehörden als verbindlich anerkannt und umgesetzt.
(5) Hat vor Ablauf der in Absatz 2 genannten Sechsmonatsfrist eine der betroffenen Aufsichtsbehörden gemäß Artikel 19 der Verordnung (EU) Nr. 1094/2010 die Europäische Aufsichtsbehörde für das Versicherungswesen und die betriebliche Altersversorgung mit der Angelegenheit befasst, ruht das Verfahren bei der Gruppenaufsichtsbehörde, bis die Europäische Aufsichtsbehörde für das Versicherungswesen und die betriebliche Altersversorgung gemäß Artikel 19 Absatz 3 der Verordnung entscheidet. Die Gruppenaufsichtsbehörde trifft ihre Entscheidung im

Einklang mit der Entscheidung der Europäischen Aufsichtsbehörde für das Versicherungswesen und die betriebliche Altersversorgung. Die Entscheidung der Gruppenaufsichtsbehörde wird von den betroffenen Aufsichtsbehörden als verbindlich anerkannt und umgesetzt.
(6) Die Europäische Aufsichtsbehörde für das Versicherungswesen und die betriebliche Altersversorgung wird nicht mit der Angelegenheit befasst, wenn eine gemeinsame Entscheidung erzielt wurde oder die Sechsmonatsfrist verstrichen ist.
(7) Lehnt die Europäische Aufsichtsbehörde für das Versicherungswesen und die betriebliche Altersversorgung die gemäß Artikel 41 Absatz 3 sowie Artikel 44 Absatz 1 der Verordnung (EU) Nr. 1094/2010 vom Gremium vorgeschlagene Entscheidung ab, trifft die Gruppenaufsichtsbehörde die Entscheidung. Diese wird von den betroffenen Aufsichtsbehörden als verbindlich anerkannt und umgesetzt. Die Sechsmonatsfrist des Absatzes 2 gilt als Frist für die Beilegung der Meinungsverschiedenheiten im Sinne von Artikel 19 Absatz 2 der Verordnung (EU) Nr. 1094/2010.

Fußnote

(+++ § 262: Zur Anwendung vgl. § 247 Abs. 1, § 248 Abs. 1 Satz 4, § 265 Abs. 5 u. § 290 Abs. 1 Satz 1 +++)

-

§ 263 Kapitalaufschlag für ein Gruppenunternehmen

(1) Wenn ein Versicherungsunternehmen seine Solvabilitätskapitalanforderung auf Grundlage eines auf Gruppenebene genehmigten internen Modells berechnet und das Risikoprofil dieses Unternehmens nach Auffassung der Aufsichtsbehörde erheblich von den Annahmen abweicht, die diesem internen Modell zugrunde liegen, kann die Aufsichtsbehörde gemäß § 301 einen Kapitalaufschlag auf die anhand des internen Modells ermittelte Solvabilitätskapitalanforderung festsetzen. Der Kapitalaufschlag wird aufgehoben, sobald das betroffene Versicherungsunternehmen die Bedenken der Aufsichtsbehörde ausgeräumt hat.
(2) Ist ein Kapitalaufschlag nach Absatz 1 ausnahmsweise nicht angemessen, kann die Aufsichtsbehörde von dem betreffenden Unternehmen verlangen, dessen Solvabilitätskapitalanforderung nach der Standardformel zu berechnen. Unter den in § 301 Absatz 1 Nummer 1 oder 3 genannten Voraussetzungen kann die Aufsichtsbehörde zusätzlich einen Kapitalaufschlag auf die anhand der Standardformel ermittelte Solvabilitätskapitalanforderung festsetzen. Die Aufsichtsbehörde begründet jede nach Absatz 1 und den Sätzen 1 und 2 getroffene Entscheidung sowohl gegenüber dem Versicherungsunternehmen als auch gegenüber den anderen Mitgliedern des Aufsichtskollegiums.

Fußnote

(+++ § 263: Zur Anwendung vgl. § 247 Abs. 1, § 248 Abs. 1 Satz 4, § 265 Abs. 5 u. § 290 Abs. 1 Satz 1 +++)

-

§ 264 Kapitalaufschlag für die Gruppe

(1) Die Gruppenaufsichtsbehörde kann einen Kapitalaufschlag auf die konsolidierte Solvabilitätskapitalanforderung für die Gruppe festsetzen, wenn die konsolidierte Solvabilitätskapitalanforderung das Risikoprofil der Gruppe nicht angemessen abbildet. Dies ist insbesondere der Fall, wenn

1. ein auf Gruppenebene spezifisches Risiko wegen seiner schweren Quantifizierbarkeit durch die Standardformel oder das verwendete interne Modell nicht hinreichend abgedeckt werden kann oder
2.

Kapitalaufschläge für die verbundenen Versicherungsunternehmen nach den §§ 301 und 263 vorgeschrieben werden.
(2) § 301 und die zu Artikel 37 der Richtlinie 2009/138/EG erlassenen delegierten Rechtsakte sind entsprechend anzuwenden.

Fußnote
(+++ § 264: Zur Anwendung vgl. § 247 Abs. 1, § 248 Abs. 1 Satz 4 u. § 290 Abs. 1 Satz 1 +++)
-

§ 265 Abzugs- und Aggregationsmethode

(1) Nach der Abzugs- und Aggregationsmethode ist die Gruppensolvabilität des beteiligten Versicherungsunternehmens die Differenz zwischen

1.
den aggregierten anrechnungsfähigen Eigenmitteln der Gruppe gemäß Absatz 2 und
2.
dem Wert des verbundenen Versicherungsunternehmens beim beteiligten Versicherungsunternehmen zuzüglich der aggregierten Solvabilitätskapitalanforderung der Gruppe gemäß Absatz 3.

(2) Die aggregierten anrechnungsfähigen Eigenmittel der Gruppe setzen sich zusammen aus

1.
den auf die Solvabilitätskapitalanforderung des beteiligten Versicherungsunternehmens anrechnungsfähigen Eigenmitteln und
2.
den verhältnismäßigen Anteilen des beteiligten Versicherungsunternehmens an den auf die Solvabilitätskapitalanforderungen der verbundenen Versicherungsunternehmen anrechnungsfähigen Eigenmitteln.

(3) Die aggregierte Solvabilitätskapitalanforderung der Gruppe setzt sich zusammen aus

1.
der Solvabilitätskapitalanforderung des beteiligten Versicherungsunternehmens und
2.
den verhältnismäßigen Anteilen an den Solvabilitätskapitalanforderungen der verbundenen Versicherungsunternehmen.

(4) Im Fall einer teilweisen oder vollständigen indirekten Beteiligung wird der Wert der indirekten Beteiligung durch Ermittlung des durchgerechneten Anteils zugrunde gelegt. Die in Absatz 2 Nummer 2 und Absatz 3 Nummer 2 genannten Anteile werden entsprechend ermittelt.

(5) Auf den Antrag, die Solvabilitätskapitalanforderung für die Versicherungsunternehmen der Gruppe anhand eines internen Modells zu berechnen, sind die §§ 262 und 263 entsprechend anzuwenden.

(6) Die aggregierte Solvabilitätskapitalanforderung der Gruppe muss das Risikoprofil der Gruppe angemessen abbilden. Dabei müssen insbesondere auf Gruppenebene spezifische Risiken, die schwer quantifizierbar sind, angemessen berücksichtigt werden. Weicht das Risikoprofil der Gruppe erheblich von den Annahmen für die aggregierte Solvabilitätskapitalanforderung der Gruppe ab, kann die Gruppenaufsichtsbehörde einen Kapitalaufschlag auf die aggregierte Solvabilitätskapitalanforderung für die Gruppe vorschreiben. § 301 und die zu Artikel 37 der Richtlinie 2009/138/EG erlassenen delegierten Rechtsakte sind entsprechend anzuwenden.

Fußnote
(+++ § 265: Zur Anwendung vgl. § 247 Abs. 1, § 248 Abs. 1 Satz 4 u. § 290 Abs. 1 Satz 1 +++)
-

§ 266 Gruppensolvabilität bei einer Versicherungs-Holdinggesellschaft oder einer gemischten Finanzholding-Gesellschaft

Sind Versicherungsunternehmen Tochterunternehmen einer Versicherungs-Holdinggesellschaft oder einer gemischten Finanzholding-Gesellschaft, ist die Solvabilität der Gruppe gemäß § 250 Absatz 1 Satz 2 und den §§ 252 bis 265 auf Ebene der Versicherungs-Holdinggesellschaft oder der gemischten Finanzholding-Gesellschaft zu berechnen. Für diese Berechnung wird die Versicherungs-Holdinggesellschaft oder die gemischte Finanzholding-Gesellschaft wie ein Versicherungsunternehmen behandelt. Ihre Solvabilitätskapitalanforderung muss gemäß Teil 2 Kapitel 2 Abschnitt 2 Unterabschnitt 2 und 3 und unter der Annahme ermittelt werden, dass sie in Bezug auf die anrechnungsfähigen Eigenmittel den in Teil 2 Kapitel 2 Abschnitt 2 Unterabschnitt 1 festgelegten Bestimmungen unterliegt.

Fußnote
(+++ § 266: Zur Anwendung vgl. § 247 Abs. 1 u. § 248 Abs. 1 Satz 4 +++)
-

§ 267 Bedingungen für Tochterunternehmen eines Versicherungsunternehmens

Die Bestimmungen der §§ 269 und 270 gelten für jedes Versicherungsunternehmen, das Tochterunternehmen eines Versicherungsunternehmens ist, wenn

1. das Tochterunternehmen in die Gruppenaufsicht auf Ebene des Mutterunternehmens einbezogen ist,
2. das Risikomanagement und die internen Kontrollmechanismen des Mutterunternehmens das Tochterunternehmen einschließen und das Mutterunternehmen die betroffenen Aufsichtsbehörden von der umsichtigen Führung des Tochterunternehmens überzeugt hat,
3. das Mutterunternehmen die Zustimmung gemäß § 275 Absatz 4 erhalten hat,
4. das Mutterunternehmen die Zustimmung gemäß § 277 Absatz 2 erhalten hat und
5. das Mutterunternehmen die Inanspruchnahme der Bestimmungen der §§ 269 und 270 beantragt hat und dieser Antrag gemäß § 268 genehmigt worden ist.

Fußnote
(+++ § 267: Zur Anwendung vgl. § 247 Abs. 1 u. § 248 Abs. 1 Satz 4 +++)
-

§ 268 Beaufsichtigung bei zentralisiertem Risikomanagement

(1) Bei der Entscheidung über die Genehmigung eines Antrags auf Beaufsichtigung der Solvabilität einer Gruppe mit zentralisiertem Risikomanagement gemäß den Bestimmungen der §§ 269 und 270 und bei der Entscheidung über etwaige Bedingungen, unter denen die Genehmigung erteilt wird, arbeiten alle betroffenen Aufsichtsbehörden im Aufsichtskollegium (§ 283) zusammen. Der Antrag ist an die für das Tochterunternehmen zuständige Aufsichtsbehörde zu richten. Diese

unterrichtet hiervon unverzüglich die anderen Aufsichtsbehörden im Aufsichtskollegium und leitet den vollständigen Antrag an diese weiter.
(2) Die betroffenen Aufsichtsbehörden sollen über den Antrag innerhalb von drei Monaten nach Eingang des vollständigen Antrags bei allen Aufsichtsbehörden einvernehmlich entscheiden.
(3) Sind die Aufsichtsbehörden zu einer einvernehmlichen Entscheidung im Sinne des Absatzes 2 gelangt, übermittelt die für das Tochterunternehmen zuständige Aufsichtsbehörde dem Antragsteller den Bescheid.
(4) Wird innerhalb von drei Monaten nach Eingang des vollständigen Antrags der Gruppe keine einvernehmliche Entscheidung erzielt, entscheidet die Gruppenaufsichtsbehörde über den Antrag. Die Gruppenaufsichtsbehörde trägt allen Auffassungen und Vorbehalten, die die anderen im Aufsichtskollegium vertretenen Aufsichtsbehörden innerhalb der Dreimonatsfrist geäußert haben, angemessen Rechnung. Die Gruppenaufsichtsbehörde erteilt dem Antragsteller den Bescheid und übermittelt diesen den anderen betroffenen Aufsichtsbehörden. Die Entscheidung der Gruppenaufsichtsbehörde wird von den betroffenen Aufsichtsbehörden als verbindlich anerkannt und umgesetzt.
(5) Hat vor Ablauf der in Absatz 2 genannten Dreimonatsfrist eine der betroffenen Aufsichtsbehörden gemäß Artikel 19 der Verordnung (EU) Nr. 1094/2010 die Europäische Aufsichtsbehörde für das Versicherungswesen und die betriebliche Altersversorgung mit der Angelegenheit befasst, wartet die Gruppenaufsichtsbehörde deren Entscheidung ab. Die Gruppenaufsichtsbehörde ist bei ihrer Entscheidung inhaltlich an die Entscheidung der Europäischen Aufsichtsbehörde für das Versicherungswesen und die betriebliche Altersversorgung gebunden. Die Entscheidung der Gruppenaufsichtsbehörde wird von den betroffenen Aufsichtsbehörden als verbindlich anerkannt und umgesetzt.
(6) Die Europäische Aufsichtsbehörde für das Versicherungswesen und die betriebliche Altersversorgung wird nicht mit der Angelegenheit befasst, wenn eine gemeinsame Entscheidung erzielt wurde oder die Dreimonatsfrist verstrichen ist.
(7) Lehnt die Europäische Aufsichtsbehörde für das Versicherungswesen und die betriebliche Altersversorgung die gemäß Artikel 41 Absatz 3 sowie Artikel 44 Absatz 1 der Verordnung (EU) Nr. 1094/2010 vom Gremium vorgeschlagene Entscheidung ab, trifft die Gruppenaufsichtsbehörde die Entscheidung. Die Entscheidung der Gruppenaufsichtsbehörde wird von den betroffenen Aufsichtsbehörden als verbindlich anerkannt und umgesetzt.

Fußnote

(+++ § 268: Zur Anwendung vgl. § 247 Abs. 1 u. § 248 Abs. 1 Satz 4 +++)

-

§ 269 Bestimmung der Solvabilitätskapitalanforderung des Tochterunternehmens

(1) Die Solvabilitätskapitalanforderung eines Tochterunternehmens wird gemäß den Absätzen 2, 4 und 5 berechnet. § 262 bleibt unberührt.
(2) Wird die Solvabilitätskapitalanforderung des Tochterunternehmens mit einem auf Gruppenebene gemäß § 262 genehmigten internen Modell berechnet, kann die Aufsichtsbehörde einen Kapitalaufschlag auf die Solvabilitätskapitalanforderung dieses Unternehmens festsetzen, wenn sie der Auffassung ist, dass das Risikoprofil erheblich von dem internen Modell abweicht und die Voraussetzungen des § 301 erfüllt sind. Ist ein Kapitalaufschlag im Einzelfall unangemessen, kann die Aufsichtsbehörde, die das Tochterunternehmen zugelassen hat, verlangen, dass das Unternehmen seine Solvabilitätskapitalanforderung mit der Standardformel berechnet. Die Aufsichtsbehörde hört vor der Entscheidung sowohl das Tochterunternehmen als auch die anderen im Aufsichtskollegium nach § 283 vertretenen Aufsichtsbehörden an.
(3) Wird die Solvabilitätskapitalanforderung des Tochterunternehmens mit der Standardformel berechnet und ist die Aufsichtsbehörde der Auffassung, dass das Risikoprofil des Unternehmens wesentlich von den Annahmen der Standardformel abweicht, so kann sie, solange ihre Bedenken nicht ausgeräumt sind, im Einzelfall verlangen, dass das Unternehmen eine Untergruppe der bei der Berechnung der Standardformel verwendeten Parameter durch unternehmensspezifische

Parameter bei der Berechnung der versicherungstechnischen Risikomodule ersetzt oder einen Kapitalaufschlag in den in § 301 genannten Fällen festsetzen. Vor der Entscheidung hört die Aufsichtsbehörde sowohl das Tochterunternehmen als auch die anderen im Aufsichtskollegium nach § 283 vertretenen Aufsichtsbehörden an.

(4) Das Aufsichtskollegium unternimmt im Rahmen seiner Befugnisse alles, um eine Einigung über den Vorschlag der Aufsichtsbehörde, die das Tochterunternehmen zugelassen hat, oder über andere mögliche Maßnahmen zu erreichen. Eine Entscheidung wird von den betroffenen Aufsichtsbehörden als verbindlich anerkannt und umgesetzt.

(5) Gehen die Meinungen der Aufsichtsbehörde, die das Tochterunternehmen zugelassen hat, und der Gruppenaufsichtsbehörde auseinander, kann jede der beiden Stellen innerhalb eines Monats nach dem Vorschlag der Aufsichtsbehörde gemäß Artikel 19 der Verordnung (EU) Nr. 1094/2010 die Europäische Aufsichtsbehörde für das Versicherungswesen und die betriebliche Altersversorgung mit der Angelegenheit befassen und um Unterstützung bitten. Die Europäische Aufsichtsbehörde für das Versicherungswesen und die betriebliche Altersversorgung wird nicht mit der Angelegenheit befasst, wenn innerhalb des Aufsichtskollegiums eine einvernehmliche Entscheidung erzielt wurde oder die Einmonatsfrist verstrichen ist.

(6) Die Aufsichtsbehörde, die das Tochterunternehmen zugelassen hat, wartet die Entscheidung der Europäischen Aufsichtsbehörde für das Versicherungswesen und die betriebliche Altersversorgung ab. Sie trifft ihre Entscheidung im Einklang mit der Entscheidung der Europäischen Aufsichtsbehörde für das Versicherungswesen und die betriebliche Altersversorgung. Die Aufsichtsbehörde erteilt dem Tochterunternehmen den Bescheid und übermittelt diesen dem Aufsichtskollegium. Die Entscheidung der Aufsichtsbehörde wird von den betroffenen Aufsichtsbehörden als verbindlich anerkannt und umgesetzt.

Fußnote

(+++ § 269: Zur Anwendung vgl. § 247 Abs. 1, § 248 Abs. 1 Satz 4 u. § 271 Abs. 1 Eingangssatz + ++)

-

§ 270 Nichtbedeckung der Kapitalanforderungen des Tochterunternehmens

(1) Innerhalb von sechs Monaten nach Feststellung der Nichtbedeckung der Solvabilitätskapitalanforderung hat das Tochterunternehmen die anrechnungsfähigen Eigenmittel aufzustocken oder seine Risiken so zu reduzieren, dass die Solvabilitätskapitalanforderung wieder bedeckt ist. Die Aufsichtsbehörde, die das Tochterunternehmen zugelassen hat, übermittelt allen Aufsichtsbehörden im Aufsichtskollegium unverzüglich den vom Tochterunternehmen vorgelegten Sanierungsplan. Die Aufsichtsbehörden im Aufsichtskollegium entscheiden einvernehmlich innerhalb von vier Monaten nach Feststellung der Nichteinhaltung der Solvabilitätskapitalanforderung über die Genehmigung des Sanierungsplans. Können sich die Aufsichtsbehörden innerhalb dieser Frist nicht einigen, entscheidet die Aufsichtsbehörde unter Berücksichtigung der Auffassungen der anderen Aufsichtsbehörden über die Genehmigung des Sanierungsplans.

(2) Stellt die Aufsichtsbehörde eine Verschlechterung der finanziellen Lage des Tochterunternehmens gemäß § 132 Absatz 2 fest, teilt sie den Aufsichtsbehörden im Aufsichtskollegium unverzüglich mit, welche Maßnahmen ihrer Ansicht nach zu ergreifen sind. Handelt es sich nicht um eine Krisensituation, werden die vorgeschlagenen Maßnahmen im Aufsichtskollegium erörtert. Das Kollegium der Aufsichtsbehörden unternimmt im Rahmen seiner Befugnisse alles, um eine Einigung über die vorgeschlagenen zu ergreifenden Maßnahmen zu erzielen. Können sich die Aufsichtsbehörden innerhalb eines Monats nach der Mitteilung nach Satz 1 nicht einigen, entscheidet die Aufsichtsbehörde, die das Tochterunternehmen zugelassen hat, unter gebührender Berücksichtigung der Auffassungen der anderen Aufsichtsbehörden im Aufsichtskollegium über die Maßnahmen.

(3) Bei Nichtbedeckung der Mindestkapitalanforderung übermittelt die Aufsichtsbehörde dem Aufsichtskollegium unverzüglich den vom Tochterunternehmen vorgelegten kurzfristigen

Finanzierungsplan, damit innerhalb von drei Monaten nach der Feststellung der Nichtbedeckung der Mindestkapitalanforderung die anrechnungsfähigen Eigenmittel aufgestockt werden oder das Risikoprofil so gesenkt wird, dass die Mindestkapitalanforderung wieder bedeckt ist. Die Aufsichtsbehörde informiert das Aufsichtskollegium auch über die Maßnahmen, die sie eingeleitet hat, um die Einhaltung der Mindestkapitalanforderung durchzusetzen.
(4) Wenn die Aufsichtsbehörde, die das Tochterunternehmen zugelassen hat, und die Gruppenaufsichtsbehörde uneinig sind hinsichtlich

1.
> der Genehmigung des Sanierungsplans, einschließlich einer etwaigen Verlängerung der Frist für die Wiederherstellung, innerhalb der in Absatz 1 genannten Viermonatsfrist oder

2.
> der Genehmigung der vorgeschlagenen Maßnahmen innerhalb der in Absatz 2 genannten Einmonatsfrist,

können sie die Europäische Aufsichtsbehörde für das Versicherungswesen und die betriebliche Altersversorgung mit der Angelegenheit befassen und um ihre Unterstützung gemäß Artikel 19 der Verordnung (EU) Nr. 1094/2010 ersuchen.
(5) Die Europäische Aufsichtsbehörde für das Versicherungswesen und die betriebliche Altersversorgung wird nicht mit der Angelegenheit befasst, wenn

1.
> innerhalb des Aufsichtskollegiums eine Einigung über die Genehmigung des Sanierungsplans gemäß Absatz 1 oder über die vorgeschlagene Maßnahme gemäß Absatz 2 erzielt wurde,

2.
> die in Absatz 4 genannten Fristen verstrichen sind oder

3.
> eine Krisensituation gemäß Absatz 2 Satz 2 eingetreten ist.

(6) Die Aufsichtsbehörde, die das Tochterunternehmen zugelassen hat, wartet die Entscheidung der Europäischen Aufsichtsbehörde für das Versicherungswesen und die betriebliche Altersversorgung ab. Sie trifft ihre Entscheidung im Einklang mit der Entscheidung der Europäischen Aufsichtsbehörde für das Versicherungswesen und die betriebliche Altersversorgung. Die Aufsichtsbehörde erteilt dem Tochterunternehmen den Bescheid und übermittelt diesen dem Aufsichtskollegium. Die Entscheidung der Aufsichtsbehörde wird von den betroffenen Aufsichtsbehörden als verbindlich anerkannt und umgesetzt.

Fußnote
(+++ § 270: Zur Anwendung vgl. § 247 Abs. 1, § 248 Abs. 1 Satz 4 u. § 271 Abs. 1 Eingangssatz +++)
-

§ 271 Ende der Ausnahmeregelung für ein Tochterunternehmen

(1) Die in den §§ 269 und 270 vorgesehenen Regelungen sind nicht anwendbar, wenn

1.
> die in § 267 Nummer 1 genannte Bedingung nicht mehr erfüllt ist,

2.
> die in § 267 Nummer 2 genannte Bedingung nicht mehr erfüllt ist und die Gruppe nicht innerhalb einer angemessenen Frist für erneute Einhaltung sorgt oder

3.
> die in § 267 Nummer 3 und 4 genannten Bedingungen nicht mehr erfüllt sind.

Entscheidet die Gruppenaufsichtsbehörde in dem in Satz 1 Nummer 1 genannten Fall nach Anhörung des Aufsichtskollegiums, das Tochterunternehmen nicht mehr in die Gruppenaufsicht einzubeziehen, teilt sie dies der für das Tochterunternehmen zuständigen Aufsichtsbehörde und

dem Mutterunternehmen unverzüglich mit.
(2) Das Mutterunternehmen ist dafür verantwortlich, dass die in § 267 Nummer 2, 3 und 4 genannten Bedingungen jederzeit erfüllt werden. Ist eine Bedingung nicht erfüllt, teilt das Mutterunternehmen dies der Gruppenaufsichtsbehörde sowie der für die Beaufsichtigung des betreffenden Tochterunternehmens zuständigen Aufsichtsbehörde unverzüglich mit. Das Mutterunternehmen hat einen Plan vorzulegen, um innerhalb einer angemessenen Frist für die erneute Einhaltung der Bedingungen zu sorgen. Die Gruppenaufsichtsbehörde überprüft mindestens einmal jährlich, ob die Bedingungen nach wie vor erfüllt sind. Eine solche Überprüfung nimmt sie auch auf Antrag der betroffenen Aufsichtsbehörde vor, wenn diese erhebliche Zweifel an der kontinuierlichen Erfüllung dieser Bedingungen hat. Werden bei dieser Überprüfung Schwächen oder Mängel festgestellt, verlangt die Gruppenaufsichtsbehörde von dem Mutterunternehmen einen Plan, der die Beseitigung dieser Schwächen oder Mängel innerhalb einer angemessenen Frist vorsieht. Stellt die Gruppenaufsichtsbehörde nach Anhörung des Aufsichtskollegiums fest, dass der in den Sätzen 3 und 6 genannte Plan unzureichend ist oder nicht fristgerecht umgesetzt wird, gelten die in § 267 Nummer 2 bis 4 genannten Bedingungen als nicht mehr erfüllt. Die Gruppenaufsichtsbehörde teilt dies unverzüglich der betroffenen Aufsichtsbehörde mit.
(3) Stellt das Mutterunternehmen einen neuen Antrag und wird dieser genehmigt, richtet sich das Verfahren erneut nach den §§ 269 und 270.

Fußnote

(+++ § 271: Zur Anwendung vgl. § 247 Abs. 1, § 248 Abs. 1 Satz 4 u. § 290 Abs. 1 Satz 1 +++)
-

§ 272 Tochterunternehmen einer Versicherungs-Holdinggesellschaft oder gemischten Finanzholding-Gesellschaft

Für Versicherungsunternehmen, die Tochterunternehmen einer Versicherungs-Holdinggesellschaft oder einer gemischten Finanzholding-Gesellschaft sind, gelten die §§ 267 bis 271 entsprechend.

Fußnote

(+++ § 272: Zur Anwendung vgl. § 247 Abs. 1, § 248 Abs. 1 Satz 4 u. § 290 Abs. 1 Satz 1 +++)

Abschnitt 2
Risikokonzentration und gruppeninterne Transaktionen

-

§ 273 Überwachung der Risikokonzentration

(1) Der Gruppenaufsichtsbehörde sind mindestens einmal jährlich alle wesentlichen Risikokonzentrationen auf Gruppenebene zu melden.
(2) Sofern das oberste beteiligte Unternehmen ein Versicherungsunternehmen ist, meldet dieses die Informationen der Gruppenaufsichtsbehörde. Sofern das oberste beteiligte Unternehmen eine Versicherungs-Holdinggesellschaft oder eine gemischte Finanzholding-Gesellschaft ist, meldet diese die Informationen, sofern nicht die Aufsichtsbehörde nach Anhörung der anderen betroffenen Aufsichtsbehörden und der Gruppe ein Versicherungsunternehmen als zur Meldung verpflichtetes Unternehmen bestimmt hat.
(3) Nach Anhörung der anderen betroffenen Aufsichtsbehörden und der Gruppe bestimmt die Gruppenaufsichtsbehörde

1. die Arten von Risiken, über die Versicherungsunternehmen einer bestimmten Gruppe auf jeden Fall berichten müssen, sowie
2.

angemessene Schwellenwerte für Berichtspflichten über wesentliche Risikokonzentrationen. Bei der Bestimmung der Risiken ist der individuellen Struktur der Gruppe und der Struktur ihres Risikomanagements Rechnung zu tragen. Die Schwellenwerte orientieren sich an den Solvabilitätskapitalanforderungen, den versicherungstechnischen Rückstellungen oder beiden Größen.
(4) Bei der Beaufsichtigung der Risikokonzentrationen überwacht die Gruppenaufsichtsbehörde Höhe und Eintrittswahrscheinlichkeit der Risiken, insbesondere das mögliche Ansteckungsrisiko innerhalb der Gruppe und das Risiko eines Interessenkonflikts.

Fußnote

(+++ § 273: Zur Anwendung vgl. § 247 Abs. 1, § 248 Abs. 1 Satz 4 u. § 290 Abs. 1 Satz 1 +++)
(+++ § 273 Abs. 3 Satz 2 u. 3, Abs. 4: Zur Anwendung vgl. § 274 Abs. 4 Satz 3 +++)

-

§ 274 Überwachung gruppeninterner Transaktionen

(1) Der Gruppenaufsichtsbehörde ist mindestens einmal jährlich über alle wesentlichen gruppeninternen Transaktionen der Versicherungsunternehmen der Gruppe zu berichten, einschließlich der Transaktionen mit natürlichen Personen, die zu einem Unternehmen der Gruppe enge Verbindungen unterhalten. Die Gruppenaufsichtsbehörde kann einen unterjährigen Berichtsturnus festlegen, um die Überwachung der gruppeninternen Transaktionen zu erleichtern.
(2) Sofern das oberste beteiligte Unternehmen ein Versicherungsunternehmen ist, meldet dieses die wesentlichen gruppeninternen Transaktionen der Gruppenaufsichtsbehörde. Sofern das oberste beteiligte Unternehmen eine Versicherungs-Holdinggesellschaft oder eine gemischte Finanzholding-Gesellschaft ist, meldet diese die Informationen, sofern nicht die Gruppenaufsichtsbehörde nach Anhörung der anderen betroffenen Aufsichtsbehörden und der Gruppe ein Versicherungsunternehmen als zur Meldung verpflichtetes Unternehmen bestimmt hat.
(3) Über besonders wesentliche Transaktionen nach Absatz 1 hat das zur Meldung verpflichtete Unternehmen der Gruppenaufsichtsbehörde unverzüglich Bericht zu erstatten.
(4) Die Gruppenaufsichtsbehörde bestimmt nach Anhörung der Gruppe und der anderen betroffenen Aufsichtsbehörden, über welche Arten von gruppeninternen Transaktionen die Versicherungsunternehmen der Gruppe auf jeden Fall berichten müssen. Bei grenzüberschreitend tätigen Gruppen erfolgt diese Festlegung nach Konsultation der anderen betroffenen Aufsichtsbehörden. § 273 Absatz 3 Satz 2 und 3, Absatz 4 ist entsprechend anzuwenden.

Fußnote

(+++ § 274: Zur Anwendung vgl. § 247 Abs. 1, § 248 Abs. 1 Satz 4, § 290 Abs. 1 Satz 1 u. § 292 Satz 2 +++)

Abschnitt 3
Geschäftsorganisation, Berichtspflichten

-

§ 275 Überwachung des Governance-Systems

(1) Teil 2 Kapitel 1 Abschnitt 3 gilt auf Gruppenebene entsprechend. Dessen ungeachtet sind das Risikomanagementsystem und das interne Kontrollsystem sowie das Berichtswesen aller in die Gruppenaufsicht nach § 245 Absatz 2 Nummer 1 und 2 einbezogenen Unternehmen so umzusetzen, dass diese Systeme und das Berichtswesen auf der Ebene der Gruppe gesteuert und kontrolliert werden können.
(2) Unbeschadet des Absatzes 1 umfassen die internen Kontrollmechanismen zumindest
1.

2. angemessene Mechanismen in Bezug auf die Gruppensolvabilität, die eine Identifizierung und Messung aller wesentlichen Risiken sowie deren Bedeckung mit anrechnungsfähigen Eigenmitteln ermöglichen, und

ein ordnungsgemäßes Berichtswesen und ordnungsgemäße Rechnungslegungsverfahren zur Überwachung und Steuerung der gruppeninternen Transaktionen und der Risikokonzentration.

(3) Das beteiligte Versicherungsunternehmen oder die Versicherungs-Holdinggesellschaft oder die gemischte Finanzholding-Gesellschaft muss auf Gruppenebene eine Risiko- und Solvabilitätsbeurteilung entsprechend § 27 vornehmen. Bei einer Berechnung der Gruppensolvabilität nach der Konsolidierungsmethode muss das beteiligte Versicherungsunternehmen oder die Versicherungs-Holdinggesellschaft oder die gemischte Finanzholding-Gesellschaft der Gruppenaufsichtsbehörde die Differenz zwischen der Summe der Solvabilitätskapitalanforderungen aller verbundenen Versicherungsunternehmen der Gruppe und der konsolidierten Solvabilitätskapitalanforderung der Gruppe nachvollziehbar darlegen.

(4) Mit Zustimmung der Gruppenaufsichtsbehörde kann das beteiligte Versicherungsunternehmen oder die Versicherungs-Holdinggesellschaft oder die gemischte Finanzholding-Gesellschaft die Risiko- und Solvabilitätsbeurteilung auf Gruppenebene und auf Ebene der Tochterunternehmen zeitgleich vornehmen und die Ergebnisse für die Berichterstattung gegenüber den Aufsichtsbehörden in einem Bericht darstellen. In diesem Fall übermittelt das beteiligte Versicherungsunternehmen oder die Versicherungs-Holdinggesellschaft oder die gemischte Finanzholding-Gesellschaft den Bericht allen betroffenen Aufsichtsbehörden gleichzeitig. Die Verpflichtung der Tochterunternehmen, für die Einhaltung der Anforderungen des § 27 zu sorgen, bleibt unberührt. Vor Erteilung der Zustimmung nach Satz 1 konsultiert die Aufsichtsbehörde die Mitglieder des Aufsichtskollegiums und trägt deren Auffassungen angemessen Rechnung.

Fußnote

(+++ § 275: Zur Anwendung vgl. § 247 Abs. 1, § 248 Abs. 1 Satz 4 u. § 290 Abs. 1 Satz 1 +++)

-

§ 276 Gegenseitiger Informationsaustausch

(1) Die in die Gruppenaufsicht einbezogenen natürlichen und juristischen Personen einschließlich ihrer verbundenen und beteiligten Unternehmen sind befugt, alle Informationen auszutauschen, die für die Anwendung der Vorschriften dieses Teils notwendig sind.
(2) Das oberste beteiligte Unternehmen kann von jedem anderen Unternehmen der Gruppe alle Aufklärungen und Nachweise verlangen, welche es zur Erfüllung seiner Pflichten nach diesem Kapitel benötigt.
(3) Die Bestimmungen des Bundesdatenschutzgesetzes bleiben unberührt.

Fußnote

(+++ § 276: Zur Anwendung vgl. § 247 Abs. 1, § 248 Abs. 1 Satz 4 u. § 290 Abs. 1 Satz 1 +++)

-

§ 277 Bericht über Solvabilität und Finanzlage der Gruppe

(1) Das oberste Mutterunternehmen auf Ebene der Mitglied- oder Vertragsstaaten im Sinne des § 247 hat jährlich einen Solvabilitäts- und Finanzbericht auf Gruppenebene zu veröffentlichen. § 29 Absatz 3 und die §§ 40 bis 42 sind entsprechend anzuwenden.
(2) Mit Genehmigung der Gruppenaufsichtsbehörde ist dieses Unternehmen berechtigt, für die gesamte Gruppe nur einen einzigen Solvabilitäts- und Finanzbericht zu veröffentlichen, der neben den nach Absatz 1 zu veröffentlichenden Informationen auf Gruppenebene auch die nach den §§ 40 bis 42 für jedes Tochterunternehmen der Gruppe zu veröffentlichenden Informationen, die

einzeln identifizierbar sein müssen, enthält. In diesem Fall entfallen die Verpflichtungen aus den vorgenannten Vorschriften für die einzelnen Tochterunternehmen.
(3) Vor Erteilung der Genehmigung nach Absatz 2 hört die Gruppenaufsichtsbehörde die Aufsichtsbehörden des Aufsichtskollegiums an und trägt deren Auffassungen angemessen Rechnung.
(4) Ist die Aufsichtsbehörde für ein Tochterunternehmen der Gruppe zuständig und fehlen in dem nach Maßgabe des Absatzes 2 erstellten Solvabilitäts- und Finanzbericht wesentliche Informationen hinsichtlich dieses Tochterunternehmens, kann sie das Tochterunternehmen zur Offenlegung der erforderlichen Zusatzinformationen verpflichten.

Fußnote

(+++ § 277: Zur Anwendung vgl. § 247 Abs. 1, § 248 Abs. 1 Satz 4 u. § 290 Abs. 1 Satz 1 +++)
-

§ 278 Gruppenstruktur

Versicherungsunternehmen, Versicherungs-Holdinggesellschaften und gemischte Finanzholding-Gesellschaften veröffentlichen jährlich die rechtliche Struktur und die Governance- und Organisationsstruktur auf Gruppenebene einschließlich einer Beschreibung der zu der Gruppe gehörenden Tochtergesellschaften, wichtigen verbundenen Unternehmen und bedeutenden Zweigniederlassungen.

Fußnote

(+++ § 278: Zur Anwendung vgl. § 247 Abs. 1, § 248 Abs. 1 Satz 4 u. § 290 Abs. 1 Satz 1 +++)

Kapitel 3
Maßnahmen zur Erleichterung der Gruppenaufsicht

-

§ 279 Zuständigkeit für die Gruppenaufsicht

(1) Zuständig für die Koordinierung und Wahrnehmung der Gruppenaufsicht ist die Gruppenaufsichtsbehörde. Gruppenaufsichtsbehörde ist die Aufsichtsbehörde der betroffenen Mitglied- oder Vertragsstaaten, die die in Absatz 2 genannten Kriterien erfüllt, sofern nicht nach § 280 eine abweichende Bestimmung erfolgt.
(2) Fallen alle Versicherungsunternehmen einer Gruppe in den Zuständigkeitsbereich einer Aufsichtsbehörde, so ist diese die Gruppenaufsichtsbehörde. In allen anderen Fällen ist Gruppenaufsichtsbehörde,

1.
wenn an der Spitze der Gruppe ein Versicherungsunternehmen steht, die Aufsichtsbehörde, die für dieses Unternehmen zuständig ist,
2.
wenn an der Spitze der Gruppe kein Versicherungsunternehmen steht,
   a)
   wenn das Mutterunternehmen eines Versicherungsunternehmens eine Versicherungs-Holdinggesellschaft oder eine gemischte Finanzholding-Gesellschaft ist, die Aufsichtsbehörde, die für dieses Versicherungsunternehmen zuständig ist,
   b)
   wenn mindestens zwei Versicherungsunternehmen mit Sitz in einem Mitglied- oder Vertragsstaat als Mutterunternehmen ein und dieselbe Versicherungs-Holdinggesellschaft oder gemischte Finanzholding-Gesellschaft haben und eines dieser Unternehmen in dem Mitglied- oder Vertragsstaat zugelassen wurde, in dem die

c) Versicherungs-Holdinggesellschaft oder gemischte Finanzholding-Gesellschaft ihren Sitz hat, die Aufsichtsbehörde des in diesem Mitglied- oder Vertragsstaat zugelassenen Versicherungsunternehmens,

wenn an der Spitze der Gruppe mindestens zwei Versicherungs-Holdinggesellschaften oder gemischte Finanzholding-Gesellschaften mit Sitz in unterschiedlichen Mitglied- oder Vertragsstaaten stehen und sich in jedem dieser Mitglied- oder Vertragsstaaten ein Versicherungsunternehmen befindet, die für das Versicherungsunternehmen mit der höchsten Bilanzsumme zuständige Aufsichtsbehörde,

d) wenn mindestens zwei Versicherungsunternehmen mit Sitz in einem Mitglied- oder Vertragsstaat als Mutterunternehmen ein und dieselbe Versicherungs-Holdinggesellschaft oder gemischte Finanzholding-Gesellschaft haben und keines dieser Unternehmen in dem Mitglied- oder Vertragsstaat zugelassen wurde, in dem die Versicherungs-Holdinggesellschaft ihren Sitz hat, die Aufsichtsbehörde, die für das Versicherungsunternehmen mit der höchsten Bilanzsumme zuständig ist, und

e) wenn die Gruppe kein Mutterunternehmen hat oder ein anderer nicht in den Buchstaben a bis d genannter Fall vorliegt, die Aufsichtsbehörde, die das Versicherungsunternehmen mit der höchsten Bilanzsumme zugelassen hat.

Fußnote

(+++ § 279: Zur Anwendung vgl. § 247 Abs. 1, § 248 Abs. 1 Satz 4 u. § 290 Abs. 1 Satz 1 +++)

-

§ 280 Bestimmung der Gruppenaufsichtsbehörde

(1) Wäre die Anwendung der in § 279 Absatz 2 genannten Kriterien auf Grund der Struktur der Gruppe und der relativen Bedeutung der Geschäfte des Versicherungsunternehmens in den verschiedenen Mitglied- oder Vertragsstaaten unangemessen, können die betroffenen Aufsichtsbehörden in besonderen Fällen gemeinsam eine andere Aufsichtsbehörde zur Gruppenaufsichtsbehörde bestimmen. Die Gruppenaufsichtsbehörde soll nicht häufiger als einmal jährlich bestimmt werden.

(2) Die Bestimmung nach Absatz 1 erfolgt auf Antrag einer der betroffenen Aufsichtsbehörden nach Anhörung der betroffenen Gruppe im Einvernehmen aller betroffenen Aufsichtsbehörden innerhalb von drei Monaten nach Antragstellung. Die betroffenen Aufsichtsbehörden unternehmen im Rahmen ihrer Befugnisse alles, um innerhalb von drei Monaten nach Antragstellung zu einer gemeinsamen Entscheidung über die Gruppenaufsichtsbehörde zu gelangen. Vor ihrer Entscheidung geben die betroffenen Aufsichtsbehörden der Gruppe Gelegenheit zur Stellungnahme. Die designierte Gruppenaufsichtsbehörde erteilt der Gruppe einen Bescheid über die gemeinsame Entscheidung.

(3) Hat vor Ablauf der in Absatz 2 genannten Dreimonatsfrist eine der betroffenen Aufsichtsbehörden gemäß Artikel 19 der Verordnung (EU) Nr. 1094/2010 die Europäische Aufsichtsbehörde für das Versicherungswesen und die betriebliche Altersversorgung mit der Angelegenheit befasst, ruht das Verfahren, bis die Europäische Aufsichtsbehörde für das Versicherungswesen und die betriebliche Altersversorgung gemäß Artikel 19 Absatz 3 der Verordnung entscheidet. Die betroffenen Aufsichtsbehörden treffen ihre Entscheidung gemeinsam im Einklang mit der Entscheidung der Europäischen Aufsichtsbehörde für das Versicherungswesen und die betriebliche Altersversorgung. Die gemeinsame Entscheidung wird von den betroffenen Aufsichtsbehörden als verbindlich anerkannt und umgesetzt. Die designierte Gruppenaufsichtsbehörde erteilt der Gruppe einen Bescheid über die gemeinsame Entscheidung und informiert das Aufsichtskollegium.

(4) Nach Ablauf der Dreimonatsfrist oder nach Einigung auf eine gemeinsame Entscheidung wird die Europäische Aufsichtsbehörde für das Versicherungswesen und die betriebliche

Altersversorgung nicht befasst.
(5) Wird keine gemeinsame Entscheidung nach Absatz 2 oder 3 erzielt, wird die Aufgabe der Gruppenaufsichtsbehörde von der gemäß § 279 Absatz 2 ermittelten Aufsichtsbehörde wahrgenommen.

Fußnote
(+++ § 280: Zur Anwendung vgl. § 247 Abs. 1, § 248 Abs. 1 Satz 4 u. § 290 Abs. 1 Satz 1 +++)
-

§ 281 Aufgaben und Befugnisse der Gruppenaufsichtsbehörde

(1) Die Aufgaben und Befugnisse der Gruppenaufsichtsbehörde umfassen
1. die Überprüfung und Beurteilung der Finanzlage der Gruppe,
2. die Beurteilung der Einhaltung der Vorschriften über die Gruppensolvabilität, über Risikokonzentrationen und über gruppeninterne Transaktionen,
3. die aufsichtsbehördliche Überprüfung des in § 275 genannten Risikomanagement- und des internen Kontrollsystems sowie des Berichtswesens,
4. die Beurteilung der Geschäftsorganisation und der Qualifikation der Geschäftsleiter von beteiligten Unternehmen nach den §§ 275, 24 und 293,
5. die aufsichtsbehördliche Überprüfung der auf Gruppenebene durchgeführten unternehmenseigenen Risiko- und Solvabilitätsbeurteilung nach § 27,
6. die Koordinierung des Informationsaustausches zwischen den betroffenen Aufsichtsbehörden im Rahmen der laufenden Aufsicht und in Krisensituationen in Bezug auf sachdienliche, notwendige und für die Erfüllung von Aufsichtspflichten wichtige Informationen,
7. die Planung und Koordinierung der Aufsichtstätigkeiten bei der laufenden Beaufsichtigung sowie in Krisensituationen in Zusammenarbeit mit den betroffenen Aufsichtsbehörden, die in Form mindestens einmal jährlich abzuhaltender Sitzungen oder auf einem anderen angemessenen Weg erfolgt,
8. die Federführung bei der Validierung interner Modelle oder Partialmodelle auf Gruppenebene,
9. die Federführung bei der Entscheidung über den Antrag auf Anwendung der Bestimmungen zum zentralisierten Risikomanagement und
10. den Vorsitz im Aufsichtskollegium.

(2) Für Informationen, die die Gruppenaufsichtsbehörde zur Erfüllung ihrer Aufgaben benötigt, gelten die §§ 43, 44 und 305 entsprechend. Benötigt die Gruppenaufsichtsbehörde die in § 305 Absatz 1 Nummer 1 genannten Informationen und wurden diese bereits einer anderen Aufsichtsbehörde erteilt, wendet die Gruppenaufsichtsbehörde sich, soweit dies möglich ist, an die andere Aufsichtsbehörde, um eine mehrfache Übermittlung zu vermeiden.
(3) Nimmt die Gruppenaufsichtsbehörde die in Absatz 1 genannten Aufgaben nicht wahr oder arbeiten die Mitglieder des Aufsichtskollegiums nicht in dem gemäß Absatz 1 erforderlichen Umfang zusammen, kann die Aufsichtsbehörde gemäß Artikel 19 der Verordnung (EU) Nr. 1094/2010 die Europäische Aufsichtsbehörde für das Versicherungswesen und die betriebliche

Altersversorgung mit der Angelegenheit befassen und um Unterstützung bitten.

Fußnote

(+++ § 281: Zur Anwendung vgl. § 247 Abs. 1, § 248 Abs. 1 Satz 4 u. § 290 Abs. 1 Satz 1 +++)
-

§ 282 Befreiung von der Berichterstattung auf Gruppenebene

(1) Sind die Intervalle für die regelmäßige aufsichtliche Berichterstattung kürzer als ein Jahr, kann die Gruppenaufsichtsbehörde die Häufigkeit der Berichterstattung auf Gruppenebene begrenzen, sofern alle Versicherungsunternehmen der Gruppe von dieser Begrenzung gemäß § 45 Absatz 1 profitieren, wobei der Wesensart, dem Umfang und der Komplexität der mit der Geschäftstätigkeit der Gruppe verbundenen Risiken Rechnung zu tragen ist.
(2) Die Gruppenaufsichtsbehörde kann auf Gruppenebene von der Einzelpostenberichterstattung befreien, sofern alle Versicherungsunternehmen der Gruppe von der Freistellung gemäß § 45 Absatz 2 profitieren, wobei der Wesensart, dem Umfang und der Komplexität der mit der Geschäftstätigkeit der Gruppe verbundenen Risiken und dem Ziel der finanziellen Stabilität Rechnung zu tragen ist.

Fußnote

(+++ § 282: Zur Anwendung vgl. § 247 Abs. 1, § 248 Abs. 1 Satz 4 u. § 290 Abs. 1 Satz 1 +++)
-

§ 283 Aufsichtskollegium

(1) In Bezug auf Gruppen, die nicht ausschließlich im Inland tätig sind, ist die Aufsichtsbehörde Mitglied eines Aufsichtskollegiums unter dem Vorsitz der Gruppenaufsichtsbehörde. Mitglieder des Aufsichtskollegiums sind die Gruppenaufsichtsbehörde, die Aufsichtsbehörden aller Mitgliedstaaten, in denen Tochterunternehmen ihren Sitz haben, und gemäß Artikel 21 der Verordnung (EU) Nr. 1094/2010 die Europäische Aufsichtsbehörde für das Versicherungswesen und die betriebliche Altersversorgung. Die Aufsichtsbehörden von bedeutenden Zweigniederlassungen und verbundenen Unternehmen dürfen im Aufsichtskollegium mitwirken. Ihre Teilnahme ist jedoch darauf beschränkt, einen effizienten Informationsaustausch zu gewährleisten.
(2) Aufgabe des Aufsichtskollegiums ist es sicherzustellen, dass die Verfahren für die Zusammenarbeit, den Informationsaustausch und die Konsultation zwischen den dem Aufsichtskollegium angehörenden Aufsichtsbehörden wirksam angewendet werden, um die Konvergenz ihrer Maßnahmen und Entscheidungen zu fördern.
(3) Um eine wirksame Funktionsweise des Aufsichtskollegiums sicherzustellen, kann dieses festlegen, dass bestimmte Tätigkeiten von einer verringerten Anzahl der Mitglieder des Aufsichtskollegiums ausgeführt werden.
(4) Die Errichtung und die Funktionsweise des Aufsichtskollegiums werden durch Koordinierungsvereinbarungen zwischen der Gruppenaufsichtsbehörde und den anderen betroffenen Aufsichtsbehörden geregelt.
(5) Bei Meinungsverschiedenheiten über Koordinierungsvereinbarungen entscheidet die Gruppenaufsichtsbehörde. Jedes Mitglied des Aufsichtskollegiums kann gemäß Artikel 19 der Verordnung (EU) Nr. 1094/2010 die Europäische Aufsichtsbehörde für das Versicherungswesen und die betriebliche Altersversorgung mit der Angelegenheit befassen und um Unterstützung bitten. Die Gruppenaufsichtsbehörde trifft ihre Entscheidung im Einklang mit der Entscheidung der Europäischen Aufsichtsbehörde für das Versicherungswesen und die betriebliche Altersversorgung. Die Gruppenaufsichtsbehörde übermittelt den anderen zuständigen Aufsichtsbehörden ihre Entscheidung.
(6) In den Koordinierungsvereinbarungen nach Absatz 4 sind Verfahren festzulegen für

1.
> die Entscheidungsfindung zwischen den betroffenen Aufsichtsbehörden nach den §§ 262 bis 264 und den §§ 279 und 280 sowie

2.
> die Konsultation gemäß Absatz 5 und § 284 Absatz 4.

(7) Zusätzlich können die Koordinierungsvereinbarungen Verfahren zur Anhörung der betroffenen Aufsichtsbehörden insbesondere gemäß den §§ 245 bis 249, 251 bis 253, 258, 273 bis 275, 277, 285, 288 und 290 sowie die Zusammenarbeit mit anderen Aufsichtsbehörden festlegen.
(8) In den Koordinierungsvereinbarungen können der Gruppenaufsichtsbehörde, den übrigen betroffenen Aufsichtsbehörden oder der Europäischen Aufsichtsbehörde für das Versicherungswesen und die betriebliche Altersversorgung zusätzliche Aufgaben übertragen werden, sofern dadurch die Aufsicht über eine Gruppe effizienter gestaltet wird und die Aufsichtstätigkeiten der Mitglieder des Aufsichtskollegiums im Hinblick auf ihre individuellen Zuständigkeiten nicht beeinträchtigt werden.

Fußnote

(+++ § 283: Zur Anwendung vgl. § 247 Abs. 1, § 248 Abs. 1 Satz 4 u. § 290 Abs. 1 Satz 1 +++)

-

§ 284 Zusammenarbeit bei der Gruppenaufsicht

(1) Die für die Beaufsichtigung der Versicherungsunternehmen einer Gruppe zuständigen Aufsichtsbehörden und die Gruppenaufsichtsbehörde arbeiten eng zusammen, insbesondere in Fällen, in denen sich ein Versicherungsunternehmen in finanziellen Schwierigkeiten befindet. Ist ein Versicherungsunternehmen direkt oder indirekt mit einem Kreditinstitut oder einem Wertpapierhandelsunternehmen verbunden oder haben diese Unternehmen ein gemeinsames beteiligtes Unternehmen, so arbeiten die Aufsichtsbehörden im Sinne des Satzes 1 und die für die Beaufsichtigung dieser anderen Unternehmen zuständigen Behörden eng zusammen.
(2) Die Aufsichtsbehörden übermitteln sich untereinander unverzüglich alle Informationen, die ihnen die Erfüllung ihrer Aufsichtspflichten im Rahmen der Richtlinie 2009/138/EG erleichtern. Die Gruppenaufsichtsbehörde übermittelt den betroffenen Aufsichtsbehörden und der Europäischen Aufsichtsbehörde für das Versicherungswesen und die betriebliche Altersversorgung alle Informationen gemäß § 11 Absatz 2, den §§ 40, 47 Nummer 6 und § 282 Absatz 2 hinsichtlich der Gruppe, insbesondere hinsichtlich der Rechts-, Governance- und Organisationsstruktur der Gruppe.
(3) Hat eine Aufsichtsbehörde relevante Informationen nicht übermittelt, ein Ersuchen um Zusammenarbeit abgelehnt oder innerhalb von zwei Wochen nicht reagiert, können die betroffenen Aufsichtsbehörden die Europäische Aufsichtsbehörde für das Versicherungswesen und die betriebliche Altersversorgung mit der Angelegenheit befassen.
(4) Hat ein beteiligtes Unternehmen gemäß § 250 Absatz 4 der Gruppenaufsichtsbehörde mitgeteilt, dass die Solvabilitätskapitalanforderung der Gruppe nicht mehr bedeckt ist oder die Gefahr besteht, dass dieser Fall innerhalb der nächsten drei Monate eintritt, informiert die Gruppenaufsichtsbehörde die übrigen Aufsichtsbehörden des Aufsichtskollegiums.
(5) Treten außergewöhnliche Umstände ein oder sind sie bereits eingetreten, beruft die Aufsichtsbehörde als für die Beaufsichtigung eines einzelnen Versicherungsunternehmens einer Gruppe zuständige Aufsichtsbehörde oder als Gruppenaufsichtsbehörde unverzüglich eine Sitzung aller Aufsichtsbehörden im Sinne des Absatzes 1 Satz 1 ein, insbesondere, wenn sie

1.
> einen wesentlichen Verstoß gegen die Solvabilitätskapitalanforderung oder einen Verstoß gegen die Mindestkapitalanforderung eines Versicherungsunternehmens feststellt oder

2.
> einen wesentlichen Verstoß gegen die Solvabilitätskapitalanforderung der Gruppe feststellt.

Fußnote

(+++ § 284: Zur Anwendung vgl. § 247 Abs. 1, § 248 Abs. 1 Satz 4, § 290 Abs. 1 Satz 1 u. § 292 Satz 2 +++)
-

§ 285 Gegenseitige Konsultation der Aufsichtsbehörden

(1) Vor jeder Entscheidung, die für die Aufsichtstätigkeit anderer Aufsichtsbehörden von Bedeutung ist, hört die Aufsichtsbehörde im Rahmen des Aufsichtskollegiums die anderen betroffenen Aufsichtsbehörden an über

1. die Genehmigung von Veränderungen in der Aktionärs-, Organisations- oder Leitungsstruktur eines Versicherungsunternehmens der Gruppe;
2. die Entscheidung über die Verlängerung der Frist für die Sanierung nach § 134 Absatz 3 bis 6;
3. bedeutende Sanktionen oder außergewöhnliche aufsichtsbehördliche Maßnahmen hinsichtlich eines Versicherungsunternehmens der Gruppe.

Als außergewöhnliche Maßnahmen im Sinne des Satzes 1 Nummer 3 sind insbesondere die Festsetzung eines Kapitalaufschlags auf die Solvabilitätskapitalanforderung und eine Beschränkung der Verwendung des internen Modells anzusehen.
(2) Für die Zwecke des Absatzes 1 Satz 1 Nummer 2 und 3 wird stets die Gruppenaufsichtsbehörde angehört. Beruht eine Entscheidung auf Informationen, die von anderen Aufsichtsbehörden übermittelt wurden, so hören die betroffenen Aufsichtsbehörden einander ebenfalls vor dieser Entscheidung an.
(3) Die Aufsichtsbehörde kann von der Anhörung anderer Aufsichtsbehörden absehen, wenn Eile geboten ist oder eine solche Anhörung die Wirksamkeit der Entscheidung beeinträchtigen könnte. In diesem Fall setzt die Aufsichtsbehörde die anderen betroffenen Aufsichtsbehörden unverzüglich von ihrer Entscheidung in Kenntnis.

Fußnote

(+++ § 285: Zur Anwendung vgl. § 247 Abs. 1, § 248 Abs. 1 Satz 4, § 290 Abs. 1 Satz 1 u. § 292 Satz 2 +++)
-

§ 286 Zusammenarbeit bei verbundenen Unternehmen

(1) Ist ein Versicherungsunternehmen mit Sitz im Inland mit einem Versicherungsunternehmen, einem Kreditinstitut im Sinne der Richtlinie 2006/48/EG oder einer Wertpapierfirma im Sinne der Richtlinie 2004/39/EG in einem anderen Mitglied- oder Vertragsstaat unmittelbar oder mittelbar verbunden oder hat es mit einem solchen Unternehmen ein gemeinsames beteiligtes Unternehmen, übermittelt die Aufsichtsbehörde der Aufsichtsbehörde des anderen Mitglied- oder Vertragsstaats unverzüglich die Informationen, die dieser die Erfüllung der Aufsichtspflichten im Rahmen der Richtlinie 2009/138/EG ermöglichen oder erleichtern. Zu den Informationen nach Satz 1 gehören insbesondere Informationen über Maßnahmen der Gruppe und der Aufsichtsbehörden sowie Informationen, die von der Gruppe bereitgestellt werden. Auf Anfrage der Aufsichtsbehörde des anderen Mitglied- oder Vertragsstaats übermittelt die Aufsichtsbehörde darüber hinaus Informationen, die geeignet sind, die Beaufsichtigung nach den Richtlinien 2009/138/EG und 2002/87/EG zu ermöglichen oder zu erleichtern. Die Aufsichtsbehörde übermittelt außerdem Informationen, soweit dies in delegierten Rechtsakten der Europäischen Kommission gemäß Artikel 249 Absatz 3 der Richtlinie 2009/138/EG verlangt wird.

(2) Hat das Mutterunternehmen einer Gruppe seinen Sitz in Deutschland und ist die Aufsichtsbehörde nicht die Gruppenaufsichtsbehörde, so ist die Aufsichtsbehörde auf Ersuchen der Gruppenaufsichtsbehörde hin befugt, von dem Mutterunternehmen Auskünfte über alle Geschäftsangelegenheiten der Gruppe sowie Vorlage und Übersendung aller die Gruppe betreffenden Geschäftsunterlagen, die für die Wahrnehmung der in § 281 genannten Aufgaben und Befugnisse der Gruppenaufsichtsbehörde zweckdienlich sind, zu verlangen und an die Gruppenaufsichtsbehörde weiterzuleiten.
(3) Die Aufsichtsbehörde erkennt Entscheidungen gemäß Artikel 231 Absatz 3 oder 6 und gemäß Artikel 237 Absatz 3 der Richtlinie 2009/138/EG einer Aufsichtsbehörde eines anderen Mitglied- oder Vertragsstaats als Gruppenaufsichtsbehörde an und wendet diese an.

Fußnote

(+++ § 286: Zur Anwendung vgl. § 247 Abs. 1, § 248 Abs. 1 Satz 4 u. § 292 Satz 2 +++)
-

§ 287 Zwangsmaßnahmen

(1) Erfüllt ein Versicherungsunternehmen einer Gruppe die Anforderungen der §§ 250 bis 272 an die Solvabilität der Gruppe nicht oder ist die Solvabilität der Gruppe gefährdet, obwohl es die Anforderungen einhält, oder gefährden gruppeninterne Transaktionen oder Risikokonzentrationen die Finanzlage des Versicherungsunternehmens, fordert die Aufsichtsbehörde das Versicherungsunternehmen auf, Maßnahmen zur unverzüglichen Bereinigung der Situation zu ergreifen. Gleichzeitig verlangt die Gruppenaufsichtsbehörde entsprechende Maßnahmen von der Versicherungs-Holdinggesellschaft oder der gemischten Finanzholding-Gesellschaft.
(2) Ist die Aufsichtsbehörde Gruppenaufsichtsbehörde und befindet sich der Sitz der Versicherungs-Holdinggesellschaft, der gemischten Finanzholding-Gesellschaft oder des Versicherungsunternehmens in einem anderen Mitglied- oder Vertragsstaat, teilt sie der Aufsichtsbehörde des anderen Staats ihre Erkenntnisse mit, damit diese die notwendigen Maßnahmen einleiten kann.
(3) Die Aufsichtsbehörde koordiniert ihre Zwangsmaßnahmen mit den anderen betroffenen Aufsichtsbehörden und der Gruppenaufsichtsbehörde, insbesondere in Fällen, in denen sich die Hauptverwaltung oder Hauptniederlassung einer Versicherungs-Holdinggesellschaft oder einer gemischten Finanzholding-Gesellschaft nicht am Ort ihres Sitzes befindet. Dies gilt auch, wenn die Aufsichtsbehörde Gruppenaufsichtsbehörde ist.

Fußnote

(+++ § 287: Zur Anwendung vgl. § 247 Abs. 1, § 248 Abs. 1 Satz 4 u. § 292 Satz 2 +++)

Kapitel 4
Drittstaaten

-

§ 288 Mutterunternehmen mit Sitz in einem Drittstaat

(1) Für ein Versicherungsunternehmen einer Gruppe, dessen Mutterunternehmen eine Versicherungs-Holdinggesellschaft, eine gemischte Finanzholding-Gesellschaft oder ein Versicherungsunternehmen mit Sitz in einem Drittstaat ist, muss festgestellt werden, ob es von der Aufsichtsbehörde des betreffenden Drittstaats in einer der Gruppenaufsicht in den Mitglied- oder Vertragsstaaten gleichwertigen Weise beaufsichtigt wird. Die Feststellung erfolgt von Amts wegen oder auf Antrag eines der betroffenen Unternehmen. Hat die Europäische Kommission einen delegierten Rechtsakt nach Artikel 260 Absatz 3 der Richtlinie 2009/138/EG in Bezug auf einen Drittstaat erlassen, wird dieser als verbindlich anerkannt.
(2) Hat die Europäische Kommission keinen delegierten Rechtsakt über die Gleichwertigkeit des

Aufsichtssystems des betreffenden Drittstaats erlassen, so trifft die Aufsichtsbehörde, wenn sie bei Anwendung der in § 279 Absatz 2 genannten Kriterien für die Gruppenaufsicht zuständig wäre, die Feststellung im Sinne des Absatzes 1. Sie hat vor ihrer Entscheidung die anderen betroffenen Aufsichtsbehörden und die Europäische Aufsichtsbehörde für das Versicherungswesen und die betriebliche Altersversorgung zu beteiligen.
(3) Die Feststellung wird anhand der durch die Europäische Kommission nach Artikel 260 Absatz 2 der Richtlinie 2009/138/EG festgelegten Kriterien getroffen. Die Gruppenaufsichtsbehörde ist an eine zuvor gegenüber einem Drittstaat getroffene Feststellung gebunden. Dies gilt nicht, wenn eine erneute Prüfung erforderlich ist, weil sich das in Titel I Kapitel VI der Richtlinie 2009/138/EG beschriebene Aufsichtssystem oder das Aufsichtssystem des Drittstaats erheblich geändert hat.
(4) Ist die Aufsichtsbehörde betroffene Aufsichtsbehörde und ist sie mit der Feststellung nicht einverstanden, kann sie gemäß Artikel 19 der Verordnung (EU) Nr. 1094/2010 innerhalb von drei Monaten nach Mitteilung der Entscheidung durch die als Gruppenaufsichtsbehörde handelnde Behörde die Europäische Aufsichtsbehörde für das Versicherungswesen und die betriebliche Altersversorgung mit der Angelegenheit befassen und um Unterstützung bitten.
(5) Wenn die Europäische Kommission in einem delegierten Rechtsakt nach Artikel 260 Absatz 5 der Richtlinie 2009/138/EG festgestellt hat, dass die Aufsichtsvorschriften eines Drittstaats vorläufig als gleichwertig gelten, ist während des in dem Rechtsakt genannten Zeitraums § 289 anzuwenden. Dies gilt nicht, wenn ein Versicherungsunternehmen mit Sitz im Inland eine Bilanzsumme aufweist, die über der Bilanzsumme des Mutterunternehmens mit Sitz in einem Drittstaat liegt. In diesem Fall übernimmt die als Gruppenaufsichtsbehörde handelnde Behörde die Aufgabe der Gruppenaufsichtsbehörde.
-

§ 289 Gleichwertigkeit

(1) Ist im Überprüfungsverfahren nach § 288 die gleichwertige Beaufsichtigung festgestellt worden, erkennt die Aufsichtsbehörde die im Drittstaat durchgeführte Gruppenaufsicht als verbindlich an.
(2) Die §§ 279 bis 287, 293 Absatz 1, § 298 Absatz 1, § 305 Absatz 1 Nummer 1, § 306 Absatz 1 Nummer 1 und § 309 gelten bei der Zusammenarbeit mit den Aufsichtsbehörden des Drittstaats entsprechend.

Fußnote

(+++ § 289: Zur Anwendung vgl. § 288 Abs. 5 Satz 1 +++)
-

§ 290 Fehlende Gleichwertigkeit

(1) Findet keine gleichwertige Beaufsichtigung im Sinne des § 288 statt, sind die §§ 250 bis 265 und 271 bis 285 sowie 309 entsprechend anzuwenden; Absatz 4 bleibt unberührt. Die in den §§ 250 bis 265 und 271 bis 285 festgelegten allgemeinen Grundsätze und Berechnungsmethoden sind auf der Ebene der Versicherungs-Holdinggesellschaft, der gemischten Finanzholding-Gesellschaft oder des Drittstaats-Versicherungsunternehmens anzuwenden.
(2) Handelt es sich bei dem Mutterunternehmen um eine Versicherungs-Holdinggesellschaft oder eine gemischte Finanzholding-Gesellschaft, wird diese ausschließlich für die Berechnung der Solvabilität der Gruppe wie ein Versicherungsunternehmen behandelt. Die Solvabilitätskapitalanforderung wird nach Maßgabe des § 257 berechnet; die Eigenmittel, die zur Einhaltung der Solvabilitätskapitalanforderung herangezogen werden können, werden gemäß Teil 2 Kapitel 2 Abschnitt 2 Unterabschnitt 1 bestimmt.
(3) Handelt es sich bei dem Mutterunternehmen um ein Versicherungsunternehmen eines Drittstaats, wird dieses ausschließlich für die Berechnung der Solvabilität der Gruppe wie ein Versicherungsunternehmen behandelt. Die Solvabilitätskapitalanforderung wird nach Maßgabe des § 258 berechnet; die Eigenmittel, die zur Einhaltung der Solvabilitätskapitalanforderung

herangezogen werden können, werden gemäß Teil 2 Kapitel 2 Abschnitt 2 Unterabschnitt 1 bestimmt.
(4) Die Aufsichtsbehörde kann nach Konsultation der anderen betroffenen Aufsichtsbehörden mit Zustimmung der Gruppenaufsichtsbehörde andere Methoden als die in den §§ 250 bis 265 und 271 bis 285 geregelten verwenden, wenn diese eine angemessene Beaufsichtigung der Versicherungsunternehmen der Gruppe gewährleisten. Sie kann insbesondere die Gründung einer Versicherungs-Holdinggesellschaft oder einer gemischten Finanzholding-Gesellschaft mit Sitz in der Europäischen Gemeinschaft verlangen und die Vorschriften über die Beaufsichtigung von Gruppen auf die Versicherungsunternehmen der Gruppe anwenden, an deren Spitze diese Versicherungs-Holdinggesellschaft oder gemischte Finanzholding-Gesellschaft steht. Es können nur Methoden gewählt werden, die der Erreichung der Ziele der Gruppenaufsicht dienlich sind. Die Aufsichtsbehörde hat die anderen betroffenen Aufsichtsbehörden und die Europäische Kommission über die gewählten Methoden zu unterrichten.
(5) Für die Zusammenarbeit mit den Aufsichtsbehörden des Drittstaats gilt § 289 Absatz 2.

Fußnote
(+++ § 290: Zur Anwendung vgl. § 291 Abs. 2 Satz 3 +++)
-

§ 291 Ebene der Beaufsichtigung

(1) Ist ein Mutterunternehmen mit Sitz in einem Drittstaat selbst Tochterunternehmen einer Versicherungs-Holdinggesellschaft oder gemischten Finanzholding-Gesellschaft mit Sitz außerhalb des Europäischen Wirtschaftsraums oder eines Drittstaats-Versicherungsunternehmens, wird die in § 288 genannte Überprüfung nur auf der Ebene des obersten Mutterunternehmens, das eine Drittstaats-Versicherungs-Holdinggesellschaft, eine gemischte Drittstaats-Finanzholding-Gesellschaft oder ein Drittstaats-Versicherungsunternehmen ist, vorgenommen.
(2) Die Aufsichtsbehörde kann bei fehlender gleichwertiger Beaufsichtigung auf einer niedrigeren Ebene bei einem Mutterunternehmen von Versicherungsunternehmen eine erneute Überprüfung vornehmen, unabhängig davon, ob es sich dabei um eine Drittstaats-Versicherungs-Holdinggesellschaft, eine gemischte Drittstaats-Finanzholding-Gesellschaft oder ein Drittstaats-Versicherungsunternehmen handelt. In diesem Fall erläutert die in § 288 Absatz 2 genannte Aufsichtsbehörde der Gruppe die Entscheidung. § 290 ist entsprechend anzuwenden.

Kapitel 5
Versicherungs-Holdinggesellschaften und gemischte Finanzholding-Gesellschaften

-

§ 292 Gruppeninterne Transaktionen

Haben ein oder mehrere Versicherungsunternehmen eine gemischte Versicherungs-Holdinggesellschaft oder eine gemischte Finanzholding-Gesellschaft als Mutterunternehmen, unterliegen die gruppeninternen Transaktionen zwischen diesen Versicherungsunternehmen und der gemischten Versicherungs-Holdinggesellschaft der allgemeinen Aufsicht. Die §§ 274, 284 bis 287, 293 Absatz 1, § 298 Absatz 1, § 305 Absatz 1 Nummer 1 und § 328 sind entsprechend anzuwenden.
-

§ 293 Aufsicht

(1) Für Versicherungs-Holdinggesellschaften und gemischte Finanzholding-Gesellschaften gelten neben dem Absatz 3 die §§ 4, 16 bis 26, 29, 30, 32, 47 Nummer 1, 2 und 5 bis 7 sowie die §§ 303,

305, 306, 310 und 333 entsprechend; § 299 bleibt unberührt. Für Unternehmen, die auch das Erst- oder Rückversicherungsgeschäft betreiben, gelten neben Absatz 2 nur die Vorschriften über die Beaufsichtigung von Erst- oder Rückversicherungsunternehmen.
(2) In den Fällen des § 287 kann die Aufsichtsbehörde die erforderlichen Maßnahmen auch gegenüber der jeweiligen Versicherungs-Holdinggesellschaft oder gemischten Finanzholding-Gesellschaft anordnen.
(3) Die Aufsichtsbehörde kann Befugnisse, die Organen einer Versicherungs-Holdinggesellschaft oder gemischten Finanzholding-Gesellschaft nach Gesetz, Satzung oder Geschäftsordnung zustehen, ganz oder teilweise auf einen Sonderbeauftragten übertragen, wenn

1.
   Tatsachen vorliegen, aus denen sich ergibt, dass ein oder mehrere Geschäftsleiter oder ein oder mehrere Aufsichtsratsmitglieder die Voraussetzungen des § 24 nicht erfüllen, oder
2.
   die Versicherungs-Holdinggesellschaft oder gemischte Finanzholding-Gesellschaft nachhaltig gegen Bestimmungen dieses Gesetzes, des Versicherungsvertragsgesetzes, des Geldwäschegesetzes, der Verordnung (EU) Nr. 648/2012 oder gegen die zur Durchführung dieses Gesetzes erlassenen Rechtsverordnungen, die zur Durchführung der Verordnung (EU) Nr. 648/2012 oder der Richtlinie 2009/138/EG erlassenen Rechtsakte oder gegen Anordnungen der Aufsichtsbehörde verstoßen hat.

§ 307 Absatz 1 Satz 2 und 3, Absatz 2 bis 4 ist entsprechend anzuwenden.
(4) Für Unternehmen mit Sitz im Inland, deren Haupttätigkeit der Erwerb und das Halten unmittelbarer oder mittelbarer Beteiligungen an Erst- oder Rückversicherungsunternehmen oder Pensionsfonds ist und die nicht bereits der Aufsicht nach diesem Gesetz unterliegen, gelten die Absätze 1 bis 3 entsprechend.

Fußnote

(+++ § 293 Abs. 1: Zur Anwendung vgl. § 247 Abs. 1, § 248 Abs. 1 Satz 4 u. § 292 Satz 2 +++)

Teil 6
Aufsicht: Aufgaben und allgemeine Befugnisse, Organisation

Kapitel 1
Aufgaben und allgemeine Vorschriften

§ 294 Aufgaben

(1) Hauptziel der Beaufsichtigung ist der Schutz der Versicherungsnehmer und der Begünstigten von Versicherungsleistungen.
(2) Die Aufsichtsbehörde überwacht den gesamten Geschäftsbetrieb der Versicherungsunternehmen im Rahmen einer rechtlichen Aufsicht im Allgemeinen und einer Finanzaufsicht im Besonderen. Sie achtet dabei auf die Einhaltung der Gesetze, die für den Betrieb des Versicherungsgeschäfts gelten, und bei Erstversicherungsunternehmen zusätzlich auf die ausreichende Wahrung der Belange der Versicherten. Dabei berücksichtigt sie in angemessener Weise die möglichen Auswirkungen ihrer Entscheidungen auf die Stabilität des Finanzsystems in den jeweils betroffenen Staaten des Europäischen Wirtschaftsraums. Im Fall außergewöhnlicher Bewegungen an den Finanzmärkten berücksichtigt sie die potenziellen prozyklischen Effekte ihrer Maßnahmen.
(3) Gegenstand der rechtlichen Aufsicht ist die ordnungsgemäße Durchführung des Geschäftsbetriebs einschließlich der Einhaltung der aufsichtsrechtlichen, der das Versicherungsverhältnis betreffenden und aller sonstigen die Versicherten betreffenden Vorschriften sowie der rechtlichen Grundlagen des Geschäftsplans.
(4) Im Rahmen der Finanzaufsicht hat die Aufsichtsbehörde für die gesamte Geschäftstätigkeit auf

die dauernde Erfüllbarkeit der Verpflichtungen aus den Versicherungen und hierbei insbesondere auf die Solvabilität sowie die langfristige Risikotragfähigkeit des Versicherungsunternehmens, die Bildung ausreichender versicherungstechnischer Rückstellungen, die Anlage in entsprechenden geeigneten Vermögenswerten und die Einhaltung der kaufmännischen Grundsätze einschließlich einer ordnungsgemäßen Geschäftsorganisation und die Einhaltung der übrigen finanziellen Grundlagen des Geschäftsbetriebs zu achten.
(5) Die Aufsichtsbehörde prüft und beurteilt regelmäßig die Strategien, Prozesse und Meldeverfahren, die von den Versicherungsunternehmen zwecks Einhaltung der gemäß der Richtlinie 2009/138/EG erlassenen Rechts- und Verwaltungsvorschriften festgelegt wurden (aufsichtliches Überprüfungsverfahren). Das aufsichtliche Überprüfungsverfahren umfasst die Bewertung der qualitativen Anforderungen hinsichtlich der Geschäftsorganisation, die Bewertung der Risiken, denen die Unternehmen ausgesetzt sind oder sein könnten, und die Bewertung der Fähigkeit der Unternehmen, diese Risiken unter Berücksichtigung des jeweiligen Geschäftsumfelds zu beurteilen und ihnen standzuhalten. Die Aufsichtsbehörde legt die Mindesthäufigkeit und den Anwendungsbereich dieser Überprüfungen, Beurteilungen und Bewertungen unter Berücksichtigung von Art, Umfang und Komplexität der Tätigkeiten des betreffenden Versicherungsunternehmens fest.
(6) Die Aufsicht erstreckt sich über das Inland hinaus auf die in anderen Mitglied- oder Vertragsstaaten über Niederlassungen oder im Dienstleistungsverkehr ausgeübte Geschäftstätigkeit. Dabei wird die Finanzaufsicht in alleiniger Zuständigkeit, die Aufsicht im Übrigen im Zusammenwirken mit der Aufsichtsbehörde des anderen Mitglied- oder Vertragsstaats wahrgenommen.
(7) Die Aufsicht hat sich auch auf die Liquidation eines Unternehmens und auf die Abwicklung der bestehenden Versicherungen zu erstrecken, wenn der Geschäftsbetrieb untersagt oder freiwillig eingestellt oder die Erlaubnis zum Geschäftsbetrieb widerrufen wird.
(8) Die Aufsichtsbehörden nimmt ihre Aufgaben und Befugnisse nur im öffentlichen Interesse wahr.

Fußnote

(+++ § 294 Abs. 2 Satz 2 bis 4: Zur Anwendung vgl. § 62 Abs. 1 Satz 2 Nr. 6 +++)
(+++ § 294 Abs. 2 u. 3: Zur Anwendung vgl. § 234 Abs. 3 Satz 1 Nr. 11 u. § 237 Abs. 3 Nr. 10 +++)
(+++ § 294 Abs. 5: Zur Anwendung vgl. § 234 Abs. 2 Satz 6 +++)
(+++ § 294 Abs. 5 u. 6 Satz 2: Zur Anwendung vgl. § 237 Abs. 1 Satz 2 +++)
-

§ 295 Verwenden von Ratings

Die nach diesem Gesetz zuständige Aufsichtsbehörde ist auch sektoral zuständige Behörde im Sinne der Verordnung (EG) Nr. 1060/2009, in der jeweils geltenden Fassung, für die in den Geltungsbereich der Verordnung (EG) Nr. 1060/2009 einbezogenen Unternehmen, die der Aufsicht nach diesem Gesetz unterliegen.

-

§ 296 Grundsatz der Verhältnismäßigkeit

(1) Die Aufsichtsbehörde wendet die Vorschriften dieses Gesetzes auf eine Art und Weise an, die der Art, dem Umfang und der Komplexität der Risiken angemessen ist, die mit der Tätigkeit der von ihr beaufsichtigten Unternehmen einhergehen.
(2) Absatz 1 gilt für den Verordnungsgeber entsprechend, soweit dieses Gesetz zum Erlass von Rechtsverordnungen ermächtigt.

-

§ 297 Ermessen

(1) Die Aufsichtsbehörde trifft ihre Maßnahmen nach pflichtgemäßem Ermessen.
(2) Kommen zur Abwehr einer Gefahr mehrere Mittel in Betracht, so genügt es, wenn eines davon bestimmt wird. Dem Betroffenen ist auf Antrag zu gestatten, ein anderes ebenso wirksames Mittel anzuwenden, sofern die Belange der Versicherten dadurch nicht stärker beeinträchtigt werden.
-

§ 298 Allgemeine Aufsichtsbefugnisse

(1) Gegenüber Erstversicherungsunternehmen, den Mitgliedern ihres Vorstands sowie sonstigen Geschäftsleitern und den die Erstversicherungsunternehmen kontrollierenden Personen kann die Aufsichtsbehörde alle Maßnahmen ergreifen, die geeignet und erforderlich sind, um Missstände zu vermeiden oder zu beseitigen. Ein Missstand ist jedes Verhalten eines Versicherungsunternehmens, das den Aufsichtszielen des § 294 Absatz 2 widerspricht. Missstände sind auch Schwächen oder Mängel, die die Aufsichtsbehörde im Rahmen des aufsichtlichen Überprüfungsverfahrens festgestellt hat.
(2) Gegenüber Rückversicherungsunternehmen, den Mitgliedern ihres Vorstands sowie sonstigen Geschäftsleitern oder den die Rückversicherungsunternehmen kontrollierenden Personen kann die Aufsichtsbehörde alle Maßnahmen ergreifen, die geeignet und erforderlich sind, um sicherzustellen, dass

1.
die Gesetze, die für den Betrieb des Rückversicherungsgeschäfts gelten, und die aufsichtsbehördlichen Anordnungen eingehalten werden,
2.
insbesondere die Rückversicherungsunternehmen jederzeit in der Lage sind, ihre Verpflichtungen aus den Rückversicherungsverhältnissen zu erfüllen, und
3.
Schwächen oder Mängel beseitigt werden, die die Aufsichtsbehörde im Rahmen des aufsichtlichen Überprüfungsverfahrens festgestellt hat.

(3) Die Aufsichtsbehörde darf einen Rückversicherungs- oder Retrozessionsvertrag, den ein Versicherungsunternehmen mit einem Rückversicherungsunternehmen oder einem nach Artikel 14 der Richtlinie 2009/138/EG zugelassenen Erstversicherungsunternehmen geschlossen hat, nur aus Gründen zurückweisen, die sich nicht unmittelbar auf die finanzielle Solidität des anderen Unternehmens beziehen.
(4) Das Bundesministerium der Finanzen wird ermächtigt, durch Rechtsverordnung allgemein oder für einzelne Versicherungszweige den Versicherungsunternehmen und Vermittlern von Versicherungsverträgen zu untersagen, dem Versicherungsnehmer in irgendeiner Form Sondervergütungen zu gewähren; ebenso kann es allgemein oder für einzelne Versicherungszweige den Versicherungsunternehmen untersagen, Begünstigungsverträge abzuschließen und zu verlängern. Die Ermächtigung kann durch Rechtsverordnung auf die Bundesanstalt übertragen werden. Rechtsverordnungen nach den Sätzen 1 und 2 bedürfen nicht der Zustimmung des Bundesrates.

Fußnote

(+++ § 298: Zur Anwendung vgl. § 62 Abs. 1 Satz 2 Nr. 6 +++)
(+++ § 298 Abs. 1: Zur Anwendung vgl. § 292 Satz 2 +++)
(+++ § 298 Abs. 1 u. 2: Zur Anwendung vgl. § 247 Abs. 1 u. § 248 Abs. 1 Satz 4 +++)
-

§ 299 Erweiterung der Aufsichtsbefugnisse

Die Aufsichtsbehörde kann Maßnahmen nach § 298 Absatz 1 oder 2 auch unmittelbar ergreifen gegenüber

1. anderen Unternehmen, auf die ein Versicherungsunternehmen Tätigkeiten ausgegliedert hat, und
2. Versicherungs-Holdinggesellschaften im Sinne des § 7 Nummer 31, gemischten Versicherungs-Holdinggesellschaften im Sinne des § 7 Nummer 11 und gemischten Finanzholding-Gesellschaften im Sinne des § 7 Nummer 10 sowie gegenüber den Personen, die die Geschäfte dieser Holdinggesellschaften tatsächlich führen.

Fußnote

(+++ § 299 Nr. 1: Zur Anwendung vgl. § 62 Abs. 1 Satz 2 Nr. 6 +++)
-

§ 300 Änderung des Geschäftsplans

Die Aufsichtsbehörde kann verlangen, dass ein Geschäftsplan vor Abschluss neuer Versicherungsverträge geändert wird. Wenn es zur Wahrung der Belange der Versicherten notwendig erscheint, kann die Aufsichtsbehörde einen Geschäftsplan mit Wirkung für bestehende sowie für noch nicht abgewickelte Versicherungsverhältnisse ändern oder aufheben. Die Sätze 1 und 2 gelten nicht für Rückversicherungsunternehmen.

Fußnote

(+++ § 300: Zur Anwendung vgl. § 237 Abs. 3 Nr. 11 +++)
-

§ 301 Kapitalaufschlag

(1) Die Aufsichtsbehörde kann einen Kapitalaufschlag auf die Solvabilitätskapitalanforderung für ein Versicherungsunternehmen nur festsetzen, wenn

1. das Risikoprofil des Versicherungsunternehmens erheblich von den Annahmen abweicht, die der Solvabilitätskapitalanforderung zugrunde liegen, die unter Verwendung der Standardformel berechnet wurde, und wenn die Forderung gemäß § 96 Absatz 2, ein internes Modell zu verwenden, unangemessen ist oder erfolglos war oder ein gemäß § 96 Absatz 2 gefordertes internes Voll- oder Partialmodell noch entwickelt wird,
2. das Risikoprofil des Versicherungsunternehmens erheblich von den Annahmen abweicht, die der Solvabilitätskapitalanforderung zugrunde liegen, die gemäß einem als Voll- oder Partialmodell verwendeten internen Modell berechnet wurde, weil bestimmte quantifizierbare Risiken nur unzureichend erfasst wurden und die Anpassung des Modells zwecks einer besseren Abbildung des tatsächlichen Risikoprofils innerhalb eines angemessenen Zeitrahmens fehlgeschlagen ist,
3. die Geschäftsorganisation eines Versicherungsunternehmens erheblich von den in Teil 2 Kapitel 1 Abschnitt 3 festgelegten Standards abweicht und wenn
   a) diese Abweichungen das Unternehmen daran hindern, die Risiken, denen es ausgesetzt ist oder ausgesetzt sein könnte, angemessen zu erkennen, zu messen, zu

b)   überwachen, zu steuern und über sie Bericht zu erstatten, und

die Anwendung anderer Maßnahmen die Mängel wahrscheinlich nicht innerhalb eines angemessenen Zeitrahmens ausreichend beheben wird
oder

4. das Versicherungsunternehmen die Matching-Anpassung gemäß § 80, die Volatilitätsanpassung gemäß § 82 oder die Übergangsmaßnahmen gemäß § 351 oder § 352 anwendet und die Aufsichtsbehörde zu dem Schluss gelangt, dass das Risikoprofil dieses Unternehmens erheblich von den Annahmen abweicht, die dieser Anpassung oder Übergangsmaßnahme zugrunde liegen.

(2) In den in Absatz 1 Nummer 1 und 2 genannten Fällen wird der Kapitalaufschlag so berechnet, dass die Erfüllung der Anforderungen des § 97 Absatz 2 durch das Unternehmen sichergestellt ist. In den in Absatz 1 Nummer 3 genannten Fällen muss der Kapitalaufschlag proportional zu den wesentlichen Risiken sein, die mit den Mängeln einhergehen und die zu der Entscheidung der Aufsichtsbehörde geführt haben, den Kapitalaufschlag festzusetzen. In den in Absatz 1 Nummer 4 genannten Fällen muss der Kapitalaufschlag proportional zu den wesentlichen Risiken sein, die sich aus den dort bezeichneten Abweichungen ergeben.

(3) Die Festsetzung eines Kapitalaufschlags entbindet in den in Absatz 1 Nummer 2 und 3 genannten Fällen das Versicherungsunternehmen nicht davon, die festgestellten Mängel zu beheben; die Aufsichtsbehörde ergreift, soweit erforderlich, weitere Maßnahmen zur Beseitigung des Missstands.

(4) Der Kapitalaufschlag wird von der Aufsichtsbehörde mindestens einmal jährlich überprüft; er wird aufgehoben, sobald das Unternehmen die ihm zugrunde liegenden Mängel beseitigt hat.

(5) Die Solvabilitätskapitalanforderung einschließlich des vorgeschriebenen Kapitalaufschlags ersetzt die unzureichende Solvabilitätskapitalanforderung. Bei der Berechnung der Risikomarge nach § 78 bleibt ein gemäß Absatz 1 Nummer 3 festgesetzter Kapitalaufschlag außer Betracht.

Fußnote

(+++ § 301: Zur Anwendung vgl. § 264 Abs. 2 u. § 265 Abs. 6 Satz 4 +++)

-

§ 302 Untersagung einer Beteiligung

(1) Ist ein Erstversicherungsunternehmen an einem anderen Unternehmen, das nicht der Aufsicht unterliegt, beteiligt und ist die Beteiligung nach ihrer Art oder ihrem Umfang geeignet, das Versicherungsunternehmen zu gefährden, so kann die Aufsichtsbehörde dem Versicherungsunternehmen die Fortsetzung der Beteiligung untersagen oder nur unter der Bedingung gestatten, dass sich das Unternehmen nach § 341k des Handelsgesetzbuchs sowie nach den §§ 35 und 36 dieses Gesetzes auf seine Kosten oder auf Kosten des Versicherungsunternehmens prüfen lässt. Verweigert das Unternehmen dies oder ergeben sich bei der Prüfung Bedenken gegen die Beteiligung, so hat die Aufsichtsbehörde dem Versicherungsunternehmen die Fortsetzung zu untersagen.

(2) Als Beteiligung im Sinne des Absatzes 1 gilt es auch, wenn ein Vorstands- oder Aufsichtsratsmitglied des Versicherungsunternehmens auf die Geschäftsführung eines anderen Unternehmens maßgebenden Einfluss ausübt oder auszuüben in der Lage ist.

-

§ 303 Abberufung von Personen mit Schlüsselaufgaben, Verwarnung

(1) Die Aufsichtsbehörde kann eine Person, die ein Versicherungsunternehmen tatsächlich leitet oder für andere Schlüsselaufgaben in einem Versicherungsunternehmen verantwortlich ist, verwarnen, wenn das Versicherungsunternehmen gegen Bestimmungen dieses Gesetzes, des

Versicherungsvertragsgesetzes, des Geldwäschegesetzes, der Verordnung (EU) Nr. 648/2012, gegen die zur Durchführung dieses Gesetzes erlassenen Rechtsverordnungen, die zur Durchführung der Verordnung (EU) Nr. 648/2012 oder der Richtlinie 2009/138/EG erlassenen Rechtsakte oder gegen Anordnungen der Aufsichtsbehörde verstößt. Gegenstand der Verwarnung ist die Feststellung des entscheidungsrelevanten Sachverhalts und des hierdurch begründeten Verstoßes.
(2) Die Aufsichtsbehörde kann die Abberufung einer Person, die ein Versicherungsunternehmen tatsächlich leitet oder für andere Schlüsselaufgaben in einem Versicherungsunternehmen verantwortlich ist, verlangen und dieser Person die Ausübung ihrer Tätigkeit untersagen, wenn

1. Tatsachen vorliegen, aus denen sich ergibt, dass die Person die Voraussetzungen des § 24 nicht erfüllt,
2. die Person als Geschäftsleiter vorsätzlich oder leichtfertig gegen die Bestimmungen dieses Gesetzes, des Versicherungsvertragsgesetzes, des Geldwäschegesetzes, der Verordnung (EU) Nr. 648/2012, gegen die zur Durchführung dieses Gesetzes erlassenen Rechtsverordnungen, die zur Durchführung der Verordnung (EU) Nr. 648/2012 oder der Richtlinie 2009/138/EG erlassenen Rechtsakte oder gegen Anordnungen der Aufsichtsbehörde verstoßen hat und sie trotz Verwarnung durch die Aufsichtsbehörde dieses Verhalten fortsetzt oder
3. der Person als Aufsichtsratsmitglied wesentliche Verstöße des Unternehmens gegen die Grundsätze einer ordnungsgemäßen Geschäftsführung wegen sorgfaltswidriger Ausübung ihrer Überwachungs- und Kontrollfunktion verborgen geblieben sind oder sie nicht alles Erforderliche zur Beseitigung festgestellter Verstöße veranlasst hat und sie dieses Verhalten trotz Verwarnung durch die Aufsichtsbehörde fortsetzt.

(3) Wenn das Gericht auf Antrag des Aufsichtsrats ein Aufsichtsratsmitglied abzuberufen hat, kann dieser Antrag bei Vorliegen der Voraussetzungen nach Absatz 2 Nummer 1 oder 2 auch von der Aufsichtsbehörde gestellt werden, wenn der Aufsichtsrat dem Abberufungsverlangen der Aufsichtsbehörde nicht nachgekommen ist.

Fußnote
(+++ § 303: Zur Anwendung vgl. § 62 Abs. 1 Satz 2 Nr. 6 +++)
-

§ 304 Widerruf der Erlaubnis

(1) Die Erlaubnis zum Geschäftsbetrieb ist zu widerrufen,

1. soweit das Versicherungsunternehmen ausdrücklich auf sie verzichtet,
2. wenn das Versicherungsunternehmen die Mindestkapitalanforderung nicht erfüllt und die Aufsichtsbehörde der Auffassung ist, dass der vorgelegte Finanzierungsplan offensichtlich unzureichend ist oder es dem Unternehmen nicht gelingt, innerhalb von drei Monaten nach Feststellung der Nichtbedeckung der Mindestkapitalanforderung den genehmigten Finanzierungsplan zu erfüllen,
3. wenn das Versicherungsunternehmen gemäß § 229 von dem Sicherungsfonds ausgeschlossen wurde oder
4. wenn das Insolvenzverfahren eröffnet ist.

Der Widerruf der Erlaubnis steht den im Rahmen des Insolvenzverfahrens erforderlichen Rechtshandlungen des Versicherungsunternehmens nicht entgegen.

(2) Die Erlaubnis soll widerrufen werden, wenn das Versicherungsunternehmen seit der Erteilung innerhalb von zwölf Monaten von ihr keinen Gebrauch gemacht hat oder seit mehr als sechs Monaten den Geschäftsbetrieb eingestellt hat.
(3) Die Aufsichtsbehörde kann die Erlaubnis ganz oder teilweise widerrufen, wenn

1. das Unternehmen die Voraussetzungen für die Erteilung der Erlaubnis nicht mehr erfüllt oder
2. das Unternehmen in schwerwiegender Weise Verpflichtungen verletzt, die ihm nach dem Gesetz oder dem Geschäftsplan obliegen.

(4) Die Aufsichtsbehörde unterrichtet die Aufsichtsbehörden aller übrigen Mitglied- oder Vertragsstaaten, in denen das Unternehmen seine Geschäftstätigkeit ausübt, und die Europäische Aufsichtsbehörde für das Versicherungswesen und die betriebliche Altersversorgung über den Widerruf der Erlaubnis. Allein oder zusammen mit diesen Behörden trifft sie alle Maßnahmen, die geeignet sind, die Belange der Versicherten eines Erstversicherungsunternehmens oder die Interessen der Vorversicherer eines Rückversicherungsunternehmens zu wahren. Insbesondere kann sie die freie Verfügung über die Vermögensgegenstände des Unternehmens einschränken oder untersagen sowie die Vermögensverwaltung geeigneten Personen übertragen.
(5) Nach dem Widerruf der Erlaubnis dürfen keine neuen Versicherungsverträge mehr abgeschlossen und früher abgeschlossene weder erhöht noch verlängert werden.
(6) Bei Versicherungsvereinen auf Gegenseitigkeit wirkt der Widerruf der Erlaubnis für den gesamten Geschäftsbetrieb wie ein Auflösungsbeschluss. Auf Anzeige der Aufsichtsbehörde wird der Widerruf in das Handelsregister eingetragen.
(7) § 48 Absatz 4 Satz 1 und § 49 Absatz 2 Satz 2 des Verwaltungsverfahrensgesetzes über die Jahresfrist sind nicht anzuwenden.

Fußnote

(+++ § 304 Abs. 4 bis 6: Zur Anwendung vgl. § 66 Abs. 3 Satz 3 +++)
-

§ 305 Befragung, Auskunftspflicht

(1) Die Aufsichtsbehörde ist befugt,

1. von den Versicherungsunternehmen, den Mitgliedern ihrer Organe, ihren Beschäftigten sowie den die Unternehmen kontrollierenden Personen Auskünfte über alle Geschäftsangelegenheiten sowie Vorlage oder Übersendung aller Geschäftsunterlagen, im Einzelfall insbesondere der allgemeinen Versicherungsbedingungen, der Tarife, der Formblätter und sonstigen Druckstücke, die das Versicherungsunternehmen im Verkehr mit den Versicherungsnehmern oder den abgebenden Versicherungsunternehmen (Vorversicherern) verwendet, sowie der Unternehmensverträge und der Verträge über Ausgliederungen zu verlangen und
2. von einem in die Gruppenaufsicht nach Teil 5 einbezogenen Versicherungsunternehmen und den in Nummer 1 genannten Personen Auskünfte und die Vorlage von Unterlagen über die Geschäftsangelegenheiten zu verlangen, die der Gruppenaufsicht dienlich sind; übermittelt das Versicherungsunternehmen diese Informationen trotz Aufforderung nicht innerhalb einer angemessenen Frist, so kann die Aufsichtsbehörde auch von allen anderen der Gruppe angehörigen Unternehmen die Auskünfte sowie Übersendung oder Vorlage der Unterlagen verlangen.

(2) Die Aufsichtsbehörde hat die Rechte nach Absatz 1 Nummer 1 auch gegenüber

1. Personen und Unternehmen, die als Versicherungsvertreter oder Versicherungsmakler an

ein Versicherungsunternehmen Versicherungsverträge vermitteln oder vermittelt haben, soweit es für die Beurteilung des Geschäftsbetriebs und der Vermögenslage des Versicherungsunternehmens oder der Erfüllung der Pflichten nach den §§ 53 bis 56 oder den Vorschriften des Geldwäschegesetzes durch ein Versicherungsunternehmen im Sinne des § 52 bedeutsam ist;

2. Personen und Unternehmen, auf die ein Versicherungsunternehmen Funktionen oder Tätigkeiten ausgegliedert hat sowie seinen Abschlussprüfern und unabhängigen Treuhändern im Sinne dieses Gesetzes oder des Versicherungsvertragsgesetzes; die Auskunftspflicht der Abschlussprüfer beschränkt sich auf Tatsachen, die ihnen im Rahmen der Abschlussprüfung bekannt geworden sind;

3. Personen und Unternehmen, die eine Beteiligungsabsicht nach § 17 Absatz 1 Nummer 1 angezeigt haben oder die im Rahmen eines Erlaubnisantrags nach § 9 als Inhaber bedeutender Beteiligungen angegeben werden;

4. den Inhabern einer bedeutenden Beteiligung an einem Versicherungsunternehmen und den von ihnen kontrollierten Unternehmen;

5. Personen und Unternehmen, bei denen Tatsachen die Annahme rechtfertigen, dass es sich um Personen oder Unternehmen im Sinne der Nummer 4 handelt, und

6. Personen und Unternehmen, die mit einer Person oder einem Unternehmen im Sinne der Nummern 3 bis 5 nach § 15 des Aktiengesetzes verbunden sind.

(3) Ein Unternehmen, bei dem feststeht oder Tatsachen die Annahme rechtfertigen, dass es unerlaubte Versicherungsgeschäfte (§ 308 Absatz 1 Satz 1) betreibt oder dass es in die Anbahnung, den Abschluss oder die Abwicklung unerlaubter Versicherungsgeschäfte einbezogen ist oder war, sowie die Mitglieder der Organe und die Gesellschafter und Beschäftigten eines solchen Unternehmens haben der Aufsichtsbehörde auf Verlangen Auskünfte über alle Geschäftsangelegenheiten zu erteilen und Unterlagen vorzulegen. Mitglieder eines Organs, Gesellschafter sowie Beschäftigte haben auf Verlangen auch nach Ausscheiden aus dem Organ oder dem Unternehmen Auskunft zu erteilen und Unterlagen vorzulegen.

(4) Absatz 3 ist entsprechend anzuwenden, soweit

1. feststeht oder Tatsachen die Annahme rechtfertigen, dass Unternehmen oder Personen in die Anbahnung, den Abschluss oder die Abwicklung von Versicherungsgeschäften einbezogen sind, die in einem anderen Mitglied- oder Vertragsstaat oder in einem Drittstaat entgegen einem entsprechenden Verbot in diesem Staat erbracht werden, und

2. die zuständige Behörde des anderen Staats ein entsprechendes Ersuchen an die Aufsichtsbehörde stellt.

(5) Wer nach den Absätzen 1 bis 3 zur Erteilung einer Auskunft verpflichtet ist, kann die Auskunft auf solche Fragen verweigern, deren Beantwortung ihn selbst oder einen der in § 383 Absatz 1 Nummer 1 bis 3 der Zivilprozessordnung bezeichneten Angehörigen der Gefahr strafrechtlicher Verfolgung oder eines Verfahrens nach dem Gesetz über Ordnungswidrigkeiten aussetzen würde.

(6) Die Aufsichtsbehörde darf einzelne Daten aus der Datei nach § 24c Absatz 1 Satz 1 des Kreditwesengesetzes abrufen, soweit dies zur Erfüllung ihrer aufsichtlichen Aufgaben nach diesem Gesetz, insbesondere im Hinblick auf unerlaubt betriebene Versicherungsgeschäfte, erforderlich ist und besondere Eilbedürftigkeit im Einzelfall vorliegt. § 24c Absatz 4 des Kreditwesengesetzes ist entsprechend anzuwenden.

Fußnote

(+++ § 305 Abs. 1 Nr. 1: Zur Anwendung vgl. § 169 Abs. 4 Satz 2, § 247 Abs. 1, § 248 Abs. 1 Satz 4 u. § 292 Satz 2 +++)

(+++ § 305 Abs. 1, 2 Nr. 1 u. 2, Abs. 3 bis 5: Zur Anwendung vgl. § 62 Abs. 1 Satz 2 Nr. 6 +++)
(+++ § 305 Abs. 5: Zur Anwendung vgl. § 327 Abs. 1 Satz 1, Abs. 3 Satz 3 +++)
-

§ 306 Betreten und Durchsuchen von Räumen; Beschlagnahme

(1) Die Aufsichtsbehörde ist befugt,

1.
auch ohne besonderen Anlass in den Geschäftsräumen der Versicherungsunternehmen Prüfungen des Geschäftsbetriebs vorzunehmen; dabei darf sie im Rahmen der Gruppenaufsicht nach Teil 5 Prüfungen der Informationen nach § 305 Absatz 1 Nummer 2 und § 284 auch bei dem Versicherungsunternehmen, das der Gruppenaufsicht unterliegt, bei verbundenen Unternehmen dieses Versicherungsunternehmens, bei Mutterunternehmen dieses Versicherungsunternehmens und bei verbundenen Unternehmen eines Mutterunternehmens dieses Versicherungsunternehmens vornehmen;

2.
Prüfungen auch so vorzunehmen, dass sie an einer von dem Versicherungsunternehmen nach § 341k des Handelsgesetzbuchs veranlassten Prüfung teilnimmt und selbst die Feststellungen trifft, die sie für nötig hält; dies gilt nicht für Versicherungsunternehmen, die als kleinere Vereine anerkannt sind;

3.
an von ihr durchgeführten Prüfungen nach den Nummern 1 und 2 Personen zu beteiligen, die nach § 341k in Verbindung mit § 319 des Handelsgesetzbuchs zu Abschlussprüfern bestimmt werden können, oder diese Personen mit der Durchführung von Prüfungen nach den Nummern 1 und 2 zu beauftragen; für diese Personen gilt die Bestimmung des § 323 des Handelsgesetzbuchs für Abschlussprüfer sinngemäß;

4.
zu Sitzungen des Aufsichtsrats und Tagungen der Hauptversammlung oder der obersten Vertretung Vertreter zu entsenden, denen auf Verlangen das Wort zu erteilen ist und

5.
die Einberufung der in Nummer 4 bezeichneten Sitzungen und Tagungen sowie die Ankündigung von Gegenständen zur Beschlussfassung zu verlangen.

Im Hinblick auf eine Angleichung der bewährten Aufsichtspraktiken haben die Mitarbeiter der Europäischen Aufsichtsbehörde für das Versicherungswesen und die betriebliche Altersversorgung gemäß Artikel 21 Absatz 1 der Verordnung (EU) Nr. 1094/2010 des Europäischen Parlaments und des Rates vom 24. November 2010 zur Errichtung einer Europäischen Aufsichtsbehörde (Europäische Aufsichtsbehörde für das Versicherungswesen und die betriebliche Altersversorgung), zur Änderung des Beschlusses Nr. 716/2009/EG und zur Aufhebung des Beschlusses 2009/79/EG der Kommission (ABl. L 331 vom 15.12.2010, S. 48) das Recht, sich an Prüfungen der in der Richtlinie 2009/138/EG genannten Aufsichtskollegien in den Geschäftsräumen der Versicherungsunternehmen zu beteiligen, die gemeinsam von der Aufsichtsbehörde und mindestens einer zuständigen Behörde eines anderen Mitglied- oder Vertragsstaats durchgeführt werden.

(2) Die Aufsichtsbehörde hat die Rechte nach Absatz 1 Satz 1 Nummer 1 und 3 auch gegenüber

1.
Personen und Unternehmen, die als Versicherungsvertreter oder Versicherungsmakler an ein Versicherungsunternehmen Versicherungsverträge vermitteln oder vermittelt haben,

2.
Personen und Unternehmen, auf die ein Versicherungsunternehmen Funktionen oder Tätigkeiten ausgegliedert hat,

3.
Personen und Unternehmen, die eine Beteiligungsabsicht nach § 17 Absatz 1 Nummer 1 angezeigt haben oder die im Rahmen eines Erlaubnisantrags nach § 9 als Inhaber

4. bedeutender Beteiligungen angegeben werden,
5. den Inhabern einer bedeutenden Beteiligung an einem Versicherungsunternehmen und den von ihnen kontrollierten Unternehmen,
6. Personen und Unternehmen, bei denen Tatsachen die Annahme rechtfertigen, dass es sich um Personen oder Unternehmen im Sinne der Nummer 4 handelt, und
7. Personen und Unternehmen, die mit einer Person oder einem Unternehmen im Sinne der Nummern 3 bis 5 nach § 15 des Aktiengesetzes verbunden sind.

Für die Fälle des Satzes 1 Nummer 1 gilt dies nur insoweit, als es für die Beurteilung des Geschäftsbetriebs und der Vermögenslage des Versicherungsunternehmens oder der Erfüllung der Pflichten nach den §§ 53 bis 56 oder den Vorschriften des Geldwäschegesetzes durch ein Versicherungsunternehmen im Sinne des § 52 bedeutsam ist. Gegenüber den in Satz 1 Nummer 3 bis 6 genannten Personen und Unternehmen kann die Aufsichtsbehörde Maßnahmen nach Absatz 1 Satz 1 Nummer 4 und 5 ergreifen, wenn Anhaltspunkte für einen Untersagungsgrund nach § 18 Absatz 1 Nummer 1 bis 6 und Absatz 2 vorliegen.

(3) Beabsichtigt die Aufsichtsbehörde in Wahrnehmung der Finanzaufsicht in den Geschäftsräumen einer Niederlassung nach § 58, einer Niederlassung eines Rückversicherungsunternehmens oder in den Geschäftsräumen eines Dienstleisters, auf den ein Versicherungsunternehmen Tätigkeiten ausgegliedert hat, durch eigenes Personal oder durch Beauftragte Prüfungen vorzunehmen, so unterrichtet sie hiervon die Aufsichtsbehörde des anderen Mitglied- oder Vertragsstaats. Wird der Aufsichtsbehörde untersagt, ihr Recht auf Durchführung dieser Prüfungen vor Ort wahrzunehmen oder ist es ihr tatsächlich nicht möglich, an der Prüfung teilzunehmen, kann sie gemäß Artikel 19 der Verordnung (EU) Nr. 1094/2010 die Europäische Aufsichtsbehörde für das Versicherungswesen und die betriebliche Altersversorgung mit der Angelegenheit befassen und um Unterstützung bitten. Die Aufsichtsbehörde kann die Prüfung eines Dienstleisters an die Aufsichtsbehörde des Mitglied- oder Vertragsstaats delegieren, in dem der Dienstleister ansässig ist.

(4) Soweit es zur Feststellung der Art oder des Umfangs der Geschäfte oder Tätigkeiten erforderlich ist, darf die Aufsichtsbehörde Prüfungen in den Räumen der gemäß § 305 Absatz 3 und 4 auskunfts- und vorlagepflichtigen Personen und Unternehmen vornehmen.

(5) Die Bediensteten der Aufsichtsbehörde und die nach Absatz 1 Satz 1 Nummer 3 beteiligten oder beauftragten Personen dürfen für Prüfungen nach Absatz 1 Satz 1 Nummer 1 und 2 in den Fällen des Absatzes 1 Satz 1 Nummer 4 und des Absatzes 4 die Geschäftsräume des geprüften Unternehmens innerhalb der üblichen Betriebs- und Geschäftszeiten betreten und besichtigen, im Fall des Absatzes 4 auch durchsuchen. Zur Verhütung dringender Gefahren für die öffentliche Sicherheit und Ordnung dürfen sie diese Räume auch außerhalb der üblichen Betriebs- und Geschäftszeiten betreten und besichtigen; unter dieser Voraussetzung dürfen sie auch Räume betreten und besichtigen, die zugleich als Wohnung dienen.

(6) Durchsuchungen
1. von Geschäftsräumen, außer bei Gefahr im Verzug, und
2. von Räumen, die zugleich als Wohnung dienen,

sind durch den Richter anzuordnen. Zuständig ist das Amtsgericht, in dessen Bezirk sich die Räume befinden. Gegen die richterliche Entscheidung ist die Beschwerde zulässig; die §§ 306 bis 310 und 311a der Strafprozessordnung sind entsprechend anzuwenden. Über die Durchsuchung ist eine Niederschrift zu fertigen. Sie muss die verantwortliche Dienststelle, den Grund, die Zeit und den Ort der Durchsuchung und ihr Ergebnis sowie, falls keine richterliche Anordnung ergangen ist, auch die Tatsachen enthalten, welche die Annahme einer Gefahr im Verzug begründet haben.

(7) Die Bediensteten der Aufsichtsbehörde können Gegenstände beschlagnahmen, die als Beweismittel für die Ermittlung des Sachverhalts von Bedeutung sein können.

(8) Die Betroffenen haben Maßnahmen nach Absatz 1 Satz 1 Nummer 1 bis 3, Satz 2 sowie nach

den Absätzen 2, 4, 5 und 7 zu dulden. Das Grundrecht auf Unverletzlichkeit der Wohnung (Artikel 13 Absatz 1 des Grundgesetzes) wird insoweit eingeschränkt.

Fußnote

(+++ § 306 Abs. 1 Satz 1 Nr. 1 bis 3, Abs. 2 Satz 1 Nr. 1 u. 2, Abs. 4 bis 8: Zur Anwendung vgl. § 62 Abs. 1 Satz 2 Nr. 6 +++)
(+++ § 306 Abs. 1 Satz 1 Nr. 1: Zur Anwendung vgl. § 247 Abs. 1 u. § 248 Abs. 1 Satz 4 +++)
(+++ § 306 Abs. 5: Zur Anwendung vgl. § 327 Abs. 1 Satz 1, Abs. 3 Satz 3 +++)
-

§ 307 Sonderbeauftragter

(1) Die Aufsichtsbehörde kann Befugnisse eines Organs ganz oder teilweise auf einen Sonderbeauftragten übertragen. Sie bestimmt, in welchem Umfang der Sonderbeauftragte anstelle der Organe des beaufsichtigten Unternehmens handeln darf. Der Sonderbeauftragte muss unabhängig, zuverlässig und fachlich geeignet sein.
(2) Der Sonderbeauftragte ist im Rahmen seiner Aufgaben berechtigt, von den Mitgliedern der Organe und den Beschäftigten des Unternehmens Auskünfte und die Vorlage von Unterlagen zu verlangen, an allen Sitzungen und Versammlungen der Organe und sonstiger Gremien des Unternehmens in beratender Funktion teilzunehmen, die Geschäftsräume des Unternehmens zu betreten, Einsicht in dessen Geschäftspapiere und Bücher zu nehmen und Nachforschungen anzustellen. Die Organe und Organmitglieder haben den Sonderbeauftragten bei der Wahrnehmung seiner Aufgaben zu unterstützen. Er ist gegenüber der Aufsichtsbehörde zur Auskunft über alle Erkenntnisse im Rahmen seiner Tätigkeit verpflichtet.
(3) Die durch die Bestellung des Sonderbeauftragten entstehenden Kosten einschließlich der diesem zu gewährenden angemessenen Auslagen und der Vergütung trägt das beaufsichtigte Unternehmen. Die Höhe der Vergütung setzt die Aufsichtsbehörde fest. Die Aufsichtsbehörde schießt die Auslagen und die Vergütung auf Antrag des Sonderbeauftragten vor.
(4) Bei fahrlässigem Handeln beschränkt sich die Ersatzpflicht des Sonderbeauftragten auf 1 Million Euro für eine Tätigkeit bei einem Versicherungsunternehmen. Handelt es sich um eine Aktiengesellschaft, deren Aktien zum Handel im regulierten Markt zugelassen sind, beschränkt sich die Ersatzpflicht im Sinne des Satzes 1 auf 4 Millionen Euro. Die Beschränkungen nach den Sätzen 1 und 2 gelten auch, wenn dem Sonderbeauftragten die Befugnisse mehrerer Organe übertragen worden sind oder er mehrere zum Ersatz verpflichtende Handlungen begangen hat.

Fußnote

(+++ § 307 Abs. 1 Satz 2 u. 3, Abs. 2, 3 u. 4: Zur Anwendung vgl. § 293 Abs. 3 Satz 2 +++)
-

§ 308 Unerlaubte Versicherungsgeschäfte

(1) Werden ohne die nach § 8 Absatz 1 erforderliche Erlaubnis Versicherungsgeschäfte betrieben, wird die Geschäftstätigkeit entgegen § 61 Absatz 1 oder § 67 Absatz 1 aufgenommen oder entgegen § 62 Absatz 3 Satz 2 oder 3 oder § 169 Absatz 3 Satz 2 fortgeführt (unerlaubte Versicherungsgeschäfte), kann die Aufsichtsbehörde die sofortige Einstellung des Geschäftsbetriebs und die unverzügliche Abwicklung dieser Geschäfte gegenüber dem Unternehmen anordnen. Sie kann für die Abwicklung Weisungen erlassen und eine geeignete Person als Abwickler bestellen.
(2) Die Aufsichtsbehörde kann ihre Maßnahmen nach Absatz 1 veröffentlichen, sofern diese unanfechtbar oder sofort vollziehbar sind; personenbezogene Daten dürfen nur veröffentlicht werden, soweit dies zur Gefahrenabwehr erforderlich ist.
(3) Die Absätze 1 und 2 sind für Maßnahmen gegenüber den Mitgliedern der Organe und den Gesellschaftern des Unternehmens entsprechend anzuwenden.

(4) Die Befugnisse der Aufsichtsbehörde nach den Absätzen 1 bis 3 bestehen auch gegenüber dem Unternehmen und den in Absatz 3 genannten Personen, bei dem oder denen feststeht oder Tatsachen die Annahme rechtfertigen, dass das Unternehmen oder die Personen in die Anbahnung, den Abschluss oder die Abwicklung dieser Geschäfte einbezogen ist oder sind; dies gilt insbesondere gegenüber

1. Unternehmen, die für ein Unternehmen im Sinne des Absatzes 1 Verträge abschließen oder vermitteln, und
2. Unternehmen, die für ein solches Unternehmen Funktionen oder Tätigkeiten wahrnehmen.

(5) Der Abwickler ist zum Antrag auf Eröffnung eines Insolvenzverfahrens über das Vermögen des Unternehmens berechtigt.
(6) Der Abwickler, den die Bundesanstalt bestellt, erhält von dieser eine angemessene Vergütung und Ersatz seiner Aufwendungen. Die gezahlten Beträge sind der Bundesanstalt von dem betroffenen Unternehmen gesondert zu erstatten und auf Verlangen der Bundesanstalt vorzuschießen. Die Bundesanstalt kann das betroffene Unternehmen anweisen, den von der Bundesanstalt festgesetzten Betrag im Namen der Bundesanstalt unmittelbar an den Abwickler zu leisten, wenn dadurch keine Beeinflussung der Unabhängigkeit des Abwicklers zu besorgen ist.
(7) Soweit und solange Tatsachen die Annahme rechtfertigen, dass ein Unternehmen unerlaubte Versicherungsgeschäfte betreibt, kann die Aufsichtsbehörde die Öffentlichkeit unter Nennung des Namens oder der Firma des Unternehmens über den Verdacht informieren. Satz 1 ist entsprechend anzuwenden, wenn ein Unternehmen unerlaubte Versicherungsgeschäfte zwar nicht betreibt, aber in der Öffentlichkeit einen entsprechenden Anschein erweckt. Vor der Entscheidung über die Veröffentlichung der Information ist das Unternehmen anzuhören. Stellen sich die von der Aufsichtsbehörde veröffentlichten Informationen als falsch oder die zugrunde liegenden Umstände als unrichtig wiedergegeben heraus, so informiert die Aufsichtsbehörde die Öffentlichkeit hierüber in der gleichen Art und Weise, in der sie die betreffende Information zuvor bekannt gegeben hat.

Fußnote

(+++ § 308: Zur Anwendung vgl. § 62 Abs. 1 Satz 2 Nr. 6 +++)
-

§ 309 Verschwiegenheitspflicht

(1) Die bei den Versicherungsaufsichtsbehörden beschäftigten oder von ihnen beauftragten Personen sowie die Mitglieder des Versicherungsbeirats dürfen bei ihrer Tätigkeit erhaltene vertrauliche Informationen an keine andere Person oder Behörde weitergeben. Dies gilt auch für andere Personen, die durch dienstliche Berichterstattung Kenntnis von den in Satz 1 genannten Informationen erhalten. Die Sätze 1 und 2 gelten nicht für die Weitergabe von Informationen in zusammengefasster oder allgemeiner Form, bei der die einzelnen Versicherungsunternehmen nicht zu erkennen sind.
(2) Die Schweigepflicht nach Absatz 1 Satz 1 verbietet nicht den Informationsaustausch mit den zuständigen Behörden anderer Mitglied- oder Vertragsstaaten. Für die dabei erhaltenen Informationen gilt die Schweigepflicht nach Absatz 1 Satz 1.
(3) Ein Austausch von Informationen mit zuständigen Behörden von Drittstaaten ist nur zulässig, wenn der Schutz der mitzuteilenden Informationen durch das Berufsgeheimnis mindestens ebenso gewährleistet ist wie nach dieser Vorschrift. Dieser Informationsaustausch muss der Erfüllung der aufsichtsrechtlichen Aufgaben dieser Behörden dienen. Wenn die Informationen, die ein Mitgliedstaat einem Drittstaat mitzuteilen hat, aus einem anderen Mitgliedstaat stammen, dürfen sie nur mit ausdrücklicher Zustimmung der Aufsichtsbehörde dieses Mitgliedstaats und dann nur für die Zwecke weitergegeben werden, denen diese Behörde zugestimmt hat.
(4) Die Aufsichtsbehörden dürfen Informationen, die sie auf Grund der Absätze 1 und 2 erhalten, nur verwenden

1. zur Prüfung des Antrags eines Versicherungsunternehmens auf Erteilung der Erlaubnis,
2. zur Überwachung der Tätigkeit eines Versicherungsunternehmens, einer Gruppe oder eines Finanzkonglomerats,
3. für Anordnungen der Aufsichtsbehörde sowie zur Verfolgung und Ahndung von Ordnungswidrigkeiten durch die Aufsichtsbehörde,
4. im Rahmen eines Verwaltungsverfahrens über Rechtsbehelfe gegen eine Entscheidung der Aufsichtsbehörde und
5. im Rahmen von Verfahren vor Verwaltungsgerichten, Insolvenzgerichten, Strafverfolgungsbehörden oder für Straf- und Bußgeldsachen zuständigen Gerichten.

(5) Die Schweigepflicht nach Absatz 1 Satz 1 verbietet insbesondere nicht die Weitergabe von Informationen an

1. Strafverfolgungsbehörden oder für Straf- und Bußgeldsachen zuständige Gerichte,
2. kraft Gesetzes oder im öffentlichen Auftrag mit der Überwachung von Versicherungsunternehmen, Versicherungsvermittlern, Kreditinstituten, Kapitalverwaltungsgesellschaften, extern verwalteten Investmentgesellschaften, EU-Verwaltungsgesellschaften oder ausländischen AIF-Verwaltungsgesellschaften, Finanzunternehmen, der Finanzmärkte oder des Zahlungsverkehrs oder mit der Geldwäscheprävention betraute Stellen sowie von diesen beauftragte Personen,
3. mit der Liquidation oder Insolvenz eines Versicherungsunternehmens, eines Kreditinstituts, eines Finanzdienstleistungsinstituts, einer Investmentgesellschaft oder eines anderen Finanzinstituts befasste Stellen,
4. mit der gesetzlichen Prüfung der Rechnungslegung von Versicherungsunternehmen, Kreditinstituten, Kapitalverwaltungsgesellschaften, extern verwalteten Investmentgesellschaften, EU-Verwaltungsgesellschaften oder ausländischen AIF-Verwaltungsgesellschaften oder Finanzunternehmen betraute Personen sowie Stellen, welche die vorgenannten Personen beaufsichtigen,
5. Zentralbanken,
6. die Europäische Zentralbank, die Zentralbanken des Europäischen Systems der Zentralbanken und andere Stellen mit einer ähnlichen Funktion in ihrer Eigenschaft als Währungsinstitutionen, die Europäische Aufsichtsbehörde für das Versicherungswesen und die betriebliche Altersversorgung, die Europäische Bankenaufsichtsbehörde, die Europäische Wertpapier- und Marktaufsichtsbehörde, den Gemeinsamen Ausschuss der Europäischen Aufsichtsbehörden, den Europäischen Ausschuss für Systemrisiken oder die Europäische Kommission,
7. Behörden, die für die Aufsicht über Zahlungs- und Abwicklungssysteme zuständig sind,
8. Einrichtungen zur Verwaltung von Sicherungsfonds,
9. parlamentarische Untersuchungsausschüsse nach § 1 des Untersuchungsausschussgesetzes auf Grund einer Entscheidung über ein Ersuchen nach § 18 Absatz 2 des Untersuchungsausschussgesetzes,
10.

11. das Bundesverfassungsgericht,
12. den Bundesrechnungshof, sofern sich sein Untersuchungsauftrag auf die Entscheidungen und sonstigen Tätigkeiten der Bundesanstalt nach diesem Gesetz oder delegierten Rechtsakten auf Grund der Richtlinie 2009/138/EG bezieht,

Verwaltungsgerichte in verwaltungsrechtlichen Streitigkeiten, in denen die Bundesanstalt Beklagte ist, mit Ausnahme von Klagen nach dem Informationsfreiheitsgesetz,
soweit diese Stellen die Informationen zur Erfüllung ihrer Aufgaben benötigen.
(6) In einer Krisensituation, insbesondere einer Krisensituation, wie sie in Artikel 18 der Verordnung (EU) Nr. 1094/2010 beschrieben ist, können Informationen unverzüglich an die Europäische Zentralbank, an die Zentralbanken des Europäischen Systems der Zentralbanken und an den Europäischen Ausschuss für Systemrisiken weitergegeben werden, soweit diese Stellen die Informationen zur Erfüllung ihrer Aufgaben benötigen.
(7) Die Schweigepflicht nach Absatz 1 Satz 1 verbietet nicht den Informationsaustausch mit allen Unternehmen, die einer Gruppe im Sinne des § 7 Nummer 13 angehören, auch wenn es sich um Informationen von anderen gruppenangehörigen Unternehmen handelt.
(8) Für die bei den in Absatz 5 Nummer 1 bis 8 und 10 bis 12 genannten Stellen beschäftigten Personen, die von diesen Stellen beauftragten Personen und die Mitglieder der in Absatz 5 Nummer 9 genannten Ausschüsse gilt die Schweigepflicht nach Absatz 1 Satz 1 entsprechend. Befindet sich eine in Absatz 5 Nummer 1 bis 8 und 12 genannte Stelle in einem anderen Staat, so dürfen die Informationen nur weitergegeben werden, wenn die bei dieser Stelle beschäftigten und von dieser Stelle beauftragten Personen einer dem Absatz 1 Satz 1 entsprechenden Schweigepflicht unterliegen. Die Stelle eines Drittstaats ist darauf hinzuweisen, dass die übermittelten Informationen zu keinem anderen Zweck verwendet werden dürfen. Informationen, die aus einem anderen Staat stammen, dürfen nur mit ausdrücklicher Zustimmung der zuständigen Stellen, die diese Informationen mitgeteilt haben, und nur für solche Zwecke weitergegeben werden, denen diese Stellen zugestimmt haben.
(9) Die §§ 93, 97, 105 Absatz 1, § 111 Absatz 5 in Verbindung mit § 105 Absatz 1 sowie § 116 Absatz 1 der Abgabenordnung gelten nicht für die in Absatz 1 bezeichneten Personen, soweit diese zur Durchführung dieses Gesetzes tätig werden. Dies gilt nicht, soweit die Finanzbehörden die Kenntnisse für die Durchführung eines Verfahrens wegen einer Straftat sowie eines damit zusammenhängenden Besteuerungsverfahrens benötigen.
(10) Vertrauliche Informationen, die die Aufsichtsbehörde von den in Absatz 2 Satz 1 und Absatz 5 Nummer 2 bis 7 genannten Stellen erhalten hat, dürfen im Wege der dienstlichen Berichterstattung nach Absatz 1 Satz 2 nur dann weitergegeben werden, wenn das Einverständnis der zuständigen Behörde vorliegt, die die Informationen erteilt hat. Gleiches gilt für Informationen, die bei der Durchführung einer örtlichen Prüfung einer Niederlassung in einem anderen Mitglied- oder Vertragsstaat erlangt wurden; in diesem Fall ist das Einverständnis der zuständigen Behörde des Mitglied- oder Vertragsstaats, in dem die örtliche Prüfung durchgeführt wurde, erforderlich.
(11) Die Bestimmungen des Bundesdatenschutzgesetzes bleiben unberührt.

Fußnote

(+++ § 309: Zur Anwendung vgl. § 290 Abs. 1 Satz 1 +++)

-

§ 310 Nebenbestimmungen; Ausschluss der aufschiebenden Wirkung

(1) Verwaltungsakte nach diesem Gesetz oder nach einer auf Grund dieses Gesetzes erlassenen Rechtsverordnung können mit Nebenbestimmungen versehen werden.
(2) Widerspruch und Anfechtungsklage gegen Entscheidungen der Aufsichtsbehörde nach § 18 Absatz 1 und 2, den §§ 20, 36, 134 Absatz 7, § 135 Absatz 3 sowie den §§ 264 und 298 in Verbindung mit den §§ 15, 294 Absatz 6 und § 295 sowie den §§ 301, 312 und 314 haben keine aufschiebende Wirkung.

Fußnote

(+++ § 310: Zur Anwendung vgl. § 62 Abs. 1 Satz 2 Nr. 6 +++)

Kapitel 2
Sichernde Maßnahmen

§ 311 Anzeige der Zahlungsunfähigkeit

(1) Sobald das Versicherungsunternehmen zahlungsunfähig wird, hat sein Vorstand dies der Aufsichtsbehörde anzuzeigen. Dies gilt sinngemäß, wenn das Vermögen des Versicherungsunternehmens nicht mehr die Schulden deckt. Diese Anzeigepflicht tritt an die Stelle der dem Vorstand durch andere gesetzliche Vorschriften auferlegten Pflicht, bei Zahlungsunfähigkeit oder Überschuldung die Eröffnung des Insolvenzverfahrens zu beantragen.
(2) Bleiben bei Versicherungsvereinen auf Gegenseitigkeit und nach dem Gegenseitigkeitsgrundsatz arbeitenden öffentlich-rechtlichen Versicherungsunternehmen, bei denen Nachschüsse oder Umlagen zu leisten sind, ausgeschriebene Nachschüsse oder Umlagen fünf Monate über die Fälligkeit rückständig, so hat der Vorstand zu prüfen, ob sich, wenn die nicht bar eingegangenen Nachschüsse oder Umlagen außer Betracht bleiben, Überschuldung ergibt; ist dies der Fall, so hat er dies innerhalb eines Monats nach Ablauf der bezeichneten Frist der Aufsichtsbehörde anzuzeigen. Die gleichen Pflichten haben die Liquidatoren.

§ 312 Eröffnung des Insolvenzverfahrens

(1) Der Antrag auf Eröffnung des Insolvenzverfahrens über das Vermögen eines Versicherungsunternehmens kann nur von der Aufsichtsbehörde gestellt werden.
(2) Zuständig für die Eröffnung eines Insolvenzverfahrens über das Vermögen eines Versicherungsunternehmens sind im Bereich des Europäischen Wirtschaftsraums allein die jeweiligen Behörden des Herkunftsstaats. Wird in einem Mitglied- oder Vertragsstaat ein Insolvenzverfahren über das Vermögen eines Versicherungsunternehmens eröffnet, so wird das Verfahren ohne Rücksicht auf die Voraussetzungen des § 343 Absatz 1 der Insolvenzordnung anerkannt.
(3) Sekundärinsolvenzverfahren oder sonstige Partikularverfahren bezüglich der Versicherungsunternehmen, die ihren Sitz in einem anderen Mitglied- oder Vertragsstaat haben, sind nicht zulässig. Dies gilt nicht in den Fällen des § 65 und nicht hinsichtlich der Niederlassungen von Versicherungsunternehmen eines Drittstaats gemäß § 68.
(4) Das Insolvenzgericht hat den Eröffnungsbeschluss unverzüglich der Aufsichtsbehörde zu übermitteln, die unverzüglich die Aufsichtsbehörden der anderen Mitglied- oder Vertragsstaaten unterrichtet. Erhält die Aufsichtsbehörde eine entsprechende Mitteilung der Aufsichtsbehörden eines Mitglied- oder Vertragsstaats, kann sie diese Entscheidung bekannt machen. Unbeschadet der in § 30 der Insolvenzordnung vorgesehenen Bekanntmachung hat das Insolvenzgericht den Eröffnungsbeschluss auszugsweise im Amtsblatt der Europäischen Union zu veröffentlichen. In den Bekanntmachungen gemäß § 30 der Insolvenzordnung und in der Veröffentlichung im Amtsblatt der Europäischen Union sind das zuständige Gericht, das maßgebliche Recht und der bestellte Insolvenzverwalter anzugeben.
(5) Die Aufsichtsbehörde kann jederzeit vom Insolvenzgericht und vom Insolvenzverwalter Auskünfte über den Stand des Verfahrens verlangen. Die Aufsichtsbehörde ist verpflichtet, die Aufsichtsbehörde eines anderen Mitglied- oder Vertragsstaats auf deren Verlangen über den Stand des Insolvenzverfahrens zu informieren.
(6) Stellt die Aufsichtsbehörde den Antrag auf Eröffnung eines Insolvenzverfahrens über das Vermögen der Niederlassung eines Versicherungsunternehmens eines Drittstaats, so unterrichtet sie unverzüglich die Aufsichtsbehörden der Mitglied- oder Vertragsstaaten, in denen das Versicherungsunternehmen auch eine Niederlassung hat. Die beteiligten Personen und Stellen bemühen sich um ein abgestimmtes Vorgehen.

Fußnote
(+++ § 312 Abs. 4 Satz 1, 3 u. 4, Abs. 5 Satz 2: Zur Anwendung vgl. § 237 Abs. 1 Satz 2 +++)

§ 313 Unterrichtung der Gläubiger

(1) Mit dem Eröffnungsbeschluss ist den Gläubigern ein Formblatt zu übersenden, das mit den Worten „Aufforderung zur Anmeldung und Erläuterung einer Forderung. Fristen beachten!" und den entsprechenden Übersetzungen in sämtlichen Amtssprachen der Mitglied- oder Vertragsstaaten überschrieben ist. Das Formblatt wird vom Bundesministerium der Justiz und für Verbraucherschutz im Bundesanzeiger veröffentlicht und enthält insbesondere folgende Angaben:

1. welche Fristen einzuhalten sind und welche Folgen deren Versäumung hat;
2. wer für die Entgegennahme der Anmeldung und Erläuterung einer Forderung zuständig ist;
3. welche weiteren Maßnahmen vorgeschrieben sind;
4. welche Bedeutung die Anmeldung der Forderung für bevorrechtigte oder dinglich gesicherte Gläubiger hat und inwieweit diese ihre Forderungen anmelden müssen;
5. die allgemeinen Wirkungen des Insolvenzverfahrens auf die Versicherungsverträge;
6. den Zeitpunkt, ab dem Versicherungsverträge oder -geschäfte keine Rechtswirkung mehr entfalten, und
7. die Rechte und Pflichten der Versicherten in Bezug auf den betreffenden Vertrag oder das entsprechende Geschäft.

(2) Ist ein bekannter Gläubiger mit gewöhnlichem Aufenthalt, Wohnsitz oder Sitz in einem anderen Mitglied- oder Vertragsstaat Inhaber einer Forderung als Versicherungsnehmer, Versicherter, Begünstigter oder geschädigter Dritter mit Direktanspruch gegen den Versicherer, so ist er in einer Amtssprache des Mitglied- oder Vertragsstaats zu unterrichten, in dem er seinen gewöhnlichen Aufenthalt oder seinen Wohnsitz oder Sitz hat.
(3) Gläubiger mit gewöhnlichem Aufenthalt, Wohnsitz oder Sitz in einem anderen Mitglied- oder Vertragsstaat können ihre Forderung in einer Amtssprache dieses anderen Staats anmelden. In diesem Fall muss die Anmeldung in deutscher Sprache mit den Worten „Anmeldung und Erläuterung einer Forderung" überschrieben sein.
(4) Der Insolvenzverwalter hat die Gläubiger regelmäßig in geeigneter Form über den Fortgang des Insolvenzverfahrens zu unterrichten.

Fußnote
(+++ § 313: Zur Anwendung vgl. § 237 Abs. 1 Satz 2 +++)

§ 314 Zahlungsverbot; Herabsetzung von Leistungen

(1) Ergibt sich bei der Prüfung der Geschäftsführung und der Vermögenslage eines Unternehmens, dass dieses dauerhaft nicht mehr imstande ist, seine Verpflichtungen zu erfüllen, die Vermeidung des Insolvenzverfahrens aber zum Besten der Versicherten geboten erscheint, so kann die Aufsichtsbehörde das hierzu Erforderliche anordnen, auch die Vertreter des Unternehmens auffordern, innerhalb bestimmter Fristen eine Änderung der Geschäftsgrundlagen oder sonst die Beseitigung der Mängel herbeizuführen. Alle Arten von Zahlungen, besonders Versicherungsleistungen, Gewinnverteilungen und bei Lebensversicherungen der Rückkauf oder die Beleihung des Versicherungsscheins sowie Vorauszahlungen darauf, können zeitweilig verboten werden. Die Vorschriften der Insolvenzordnung zum Schutz von Zahlungsabrechnungssystemen, Wertpapierliefersystemen und Wertpapierabrechnungssystemen sowie von dinglichen Sicherheiten der Zentralbanken und von Finanzsicherheiten sind

entsprechend anzuwenden.
(2) Unter der Voraussetzung nach Absatz 1 Satz 1 kann die Aufsichtsbehörde, wenn nötig, die Verpflichtungen eines Lebensversicherungsunternehmens aus seinen Versicherungen dem Vermögensstand entsprechend herabsetzen. Dabei kann die Aufsichtsbehörde ungleichmäßig verfahren, wenn besondere Umstände dies rechtfertigen, insbesondere, wenn bei mehreren Gruppen von Versicherungen die Notlage des Unternehmens mehr in einer Gruppe als in einer anderen Gruppe begründet ist. Bei der Herabsetzung werden, soweit Deckungsrückstellungen der einzelnen Versicherungsverträge bestehen, zunächst die Deckungsrückstellungen herabgesetzt und danach die Versicherungssummen neu festgestellt; ist dies nicht möglich, werden die Versicherungssummen unmittelbar herabgesetzt. Die Pflicht der Versicherungsnehmer, die Versicherungsentgelte in der bisherigen Höhe weiterzuzahlen, wird durch die Herabsetzung nicht berührt.
(3) Die Maßnahmen nach den Absätzen 1 und 2 können auf eine selbständige Abteilung des Sicherungsvermögens (§ 125 Absatz 6) beschränkt werden.

§ 315 Behandlung von Versicherungsforderungen

(1) Bei Befriedigung aus den Werten des Sicherungsvermögens nach § 126 Absatz 1 bis 3 haben

1. die Forderungen der Versicherten, Begünstigten oder geschädigten Dritten, die einen Direktanspruch gegen das Versicherungsunternehmen haben, und
2. Prämienrückzahlungsansprüche, wenn der Versicherungsvertrag vor der Eröffnung des Insolvenzverfahrens nicht zustande gekommen ist oder aufgehoben wurde,

in Höhe des Anteils am Sicherungsvermögen gemäß § 125 Absatz 2 Vorrang vor den Forderungen aller übrigen Insolvenzgläubiger. Dabei sind die Bestände des Sicherungsvermögens nur so weit zu berücksichtigen, wie für sie die Zuführung zum Sicherungsvermögen nach § 125 Absatz 1 und 2, § 126 Absatz 3 sowie § 127 vorgeschrieben ist.
(2) Untereinander haben die gemäß Absatz 1 bevorrechtigten Forderungen denselben Rang.

Fußnote
(+++ § 315 Abs. 1 Satz 2, Abs. 2: Zur Anwendung vgl. § 316 Satz 3 +++)

§ 316 Erlöschen bestimmter Versicherungsverträge

Durch die Eröffnung des Insolvenzverfahrens erlöschen

1. Lebensversicherungen,
2. Krankenversicherungen der in § 146 genannten Art,
3. private Pflegepflichtversicherungen nach § 148,
4. Unfallversicherungen der in § 161 genannten Art und
5. Rentenansprüche aus den in § 162 genannten Versicherungen

Die Anspruchsberechtigten können den auf sie zum Zeitpunkt der Eröffnung des Insolvenzverfahrens entfallenden Anteil an dem Mindestumfang des Sicherungsvermögens nach § 125 Absatz 2 fordern. § 315 Absatz 1 Satz 2 und Absatz 2 ist entsprechend anzuwenden.

§ 317 Pfleger im Insolvenzfall

(1) Das Insolvenzgericht hat den Versicherten zur Wahrung ihrer Rechte nach den §§ 315 und 316 einen Pfleger zu bestellen. Für die Pflegschaft tritt an die Stelle des Betreuungsgerichts das Insolvenzgericht.

(2) Der Pfleger hat den Umfang des vorhandenen Sicherungsvermögens festzustellen sowie die Ansprüche der Versicherten zu ermitteln und anzumelden.
(3) Der Pfleger hat die Versicherten, soweit möglich, vor der Anmeldung anzuhören, sie nach der Anmeldung von dieser zu benachrichtigen und ihnen auf Verlangen auch sonst Auskunft über die Tatsachen zu geben, die für ihre Ansprüche erheblich sind. Das Recht des einzelnen Versicherten, seinen Anspruch selbst anzumelden, bleibt unberührt. Soweit die Anmeldung des Versicherten von der des Pflegers abweicht, gilt, bis die Abweichung beseitigt ist, die Anmeldung, die für den Versicherten günstiger ist.
(4) Der Insolvenzverwalter hat dem Pfleger die Einsicht in alle Bücher und Schriften des Schuldners zu gestatten und ihm auf Verlangen den Bestand des Sicherungsvermögens nachzuweisen.
(5) Der Pfleger kann für die Führung seines Amts eine angemessene Vergütung verlangen. Die ihm zu erstattenden Auslagen und die Vergütung fallen dem Sicherungsvermögen zur Last.
(6) Vor Bestellung des Pflegers und vor Festsetzung der Vergütung ist die Aufsichtsbehörde anzuhören.

Kapitel 3
Veröffentlichungen

§ 318 Veröffentlichungen

(1) Die Bundesanstalt veröffentlicht jährlich Mitteilungen über den Stand der ihrer Aufsicht unterstellten Versicherungsunternehmen sowie über ihre Wahrnehmungen auf dem Gebiet des Versicherungswesens.
(2) Ebenso veröffentlicht sie

1.
   die Texte der Rechts- und Verwaltungsvorschriften auf dem Gebiet der Versicherungsaufsicht;
2.
   ihre Rechts- und Verwaltungsgrundsätze, insbesondere die Kriterien und Methoden des aufsichtlichen Überprüfungsverfahrens gemäß § 294 Absatz 5 und der Prognoserechnungen gemäß § 44;
3.
   die Art und Weise der Ausübung der in der Richtlinie 2009/138/EG vorgesehenen Optionen sowie
4.
   die Ziele der Beaufsichtigung und ihre Hauptfunktionen und -tätigkeiten.

Die Angaben müssen ausreichend sein, um einen Vergleich der von den Aufsichtsbehörden in den verschiedenen Mitglied- oder Vertragsstaaten gewählten Aufsichtsansätze zu ermöglichen.
(3) Die Veröffentlichungen nach den Absätzen 1 und 2 müssen unter einer einzigen elektronischen Adresse abrufbar sein.

Fußnote

(+++ § 318 Abs. 3: Zur Anwendung vgl. § 159 Abs. 1 Satz 2 +++)
-

§ 319 Bekanntmachung von Maßnahmen

(1) Die Bundesanstalt soll jede gegen ein ihrer Aufsicht unterstehendes Unternehmen oder gegen einen Geschäftsleiter eines Unternehmens verhängte und bestandskräftig gewordene Maßnahme, die sie wegen eines Verstoßes gegen dieses Gesetz oder den dazu erlassenen Rechtsverordnungen verhängt hat, und jede unanfechtbar gewordene Bußgeldentscheidung nach Maßgabe der Absätze 2 und 3 unverzüglich auf ihren Internetseiten öffentlich bekannt machen und dabei auch Informationen zu Art und Charakter des Verstoßes mitteilen, soweit dies unter

Abwägung der betroffenen Interessen zur Beseitigung oder Verhinderung von Missständen geboten ist. Die Rechte der Bundesanstalt nach § 308 Absatz 2 bleiben unberührt.
(2) Die Bundesanstalt hat eine bestandskräftig gewordene Maßnahme oder eine unanfechtbar gewordene Bußgeldentscheidung auf anonymer Basis bekannt zu machen, wenn eine Bekanntmachung nach Absatz 1

1.
   das Persönlichkeitsrecht natürlicher Personen verletzt oder eine Bekanntmachung personenbezogener Daten aus sonstigen Gründen unverhältnismäßig wäre,
2.
   die Stabilität der Finanzmärkte der Bundesrepublik Deutschland oder eines oder mehrerer Mitgliedstaaten des Europäischen Wirtschaftsraums oder den Fortgang einer strafrechtlichen Ermittlung erheblich gefährden würde oder
3.
   den beteiligten Unternehmen oder natürlichen Personen einen unverhältnismäßig großen Schaden zufügen würde.

Abweichend von Satz 1 kann die Bundesanstalt in den Fällen von Satz 1 Nummer 2 und 3 so lange von der Bekanntmachung nach Absatz 1 absehen, bis die Gründe für eine Bekanntmachung auf anonymer Basis weggefallen sind.
(3) Die Bekanntmachung ist spätestens nach fünf Jahren zu löschen.

Kapitel 4
Zuständigkeit

Abschnitt 1
Bundesaufsicht

§ 320 Bundesanstalt für Finanzdienstleistungsaufsicht

(1) Die Bundesanstalt beaufsichtigt

1.
   die privaten Versicherungsunternehmen und Pensionsfonds, die im Inland ihren Sitz oder eine Niederlassung haben oder auf andere Weise das Versicherungs- oder das Pensionsfondsgeschäft betreiben,
2.
   die Versicherungs-Holdinggesellschaften im Sinne des § 7 Nummer 31, die Versicherungs-Zweckgesellschaften im Sinne des § 168 und die Sicherungsfonds im Sinne des § 223 sowie
3.
   die öffentlich-rechtlichen Wettbewerbs-Versicherungsunternehmen, die über das Gebiet eines Landes hinaus tätig sind.

(2) Gehört ein unter Aufsicht eines Landes stehendes Erstversicherungsunternehmen einem Finanzkonglomerat im Sinne des § 1 Absatz 2 des Finanzkonglomerate-Aufsichtsgesetzes an, geht mit Eintritt der Bestandskraft der Feststellung nach § 11 Absatz 1 Satz 1 des Finanzkonglomerate-Aufsichtsgesetzes, dass die Unternehmensgruppe, der dieses Erstversicherungsunternehmen angehört, ein Finanzkonglomerat ist, die Aufsicht über dieses Erstversicherungsunternehmen auf die Bundesanstalt über; die zuständige Landesbehörde ist rechtzeitig über die Feststellung zu unterrichten. Hebt die Bundesanstalt die Feststellung auf oder gehört das betreffende Erstversicherungsunternehmen dem Finanzkonglomerat nicht mehr an, kann die Bundesanstalt die Aufsicht über dieses Erstversicherungsunternehmen mit Zustimmung der zuständigen Landesbehörde wieder auf diese übertragen.
(3) Die Bundesanstalt führt die Fachaufsicht über die Einrichtungen der in § 140 Absatz 1 des Siebten Buches Sozialgesetzbuch genannten Art, wenn diese Einrichtungen über das Gebiet eines Landes hinaus tätig sind.

§ 321 Übertragung der Aufsicht auf eine Landesaufsichtsbehörde

(1) Das Bundesministerium der Finanzen kann auf Antrag der Bundesanstalt die Aufsicht über private Versicherungsunternehmen von geringerer wirtschaftlicher Bedeutung, über Pensionsfonds und über öffentlich-rechtliche Wettbewerbs-Versicherungsunternehmen mit Zustimmung der zuständigen Landesaufsichtsbehörde auf diese übertragen.
(2) Auch nach Übertragung der Aufsicht kann das Bundesministerium der Finanzen die Aufsicht über Unternehmen im Sinne des Absatzes 1 wieder der Bundesanstalt übertragen, insbesondere, wenn die Unternehmen größere wirtschaftliche Bedeutung erlangt haben.

§ 322 Übertragung der Aufsicht auf die Bundesanstalt

(1) Die Fachaufsicht über ein öffentlich-rechtliches Wettbewerbs-Versicherungsunternehmen, dessen Tätigkeit sich auf das Gebiet eines Landes beschränkt, kann auf Antrag der zuständigen Landesbehörden von der Bundesanstalt übernommen werden.
(2) Bei anderen öffentlich-rechtlichen Versicherungsunternehmen, die nicht Wettbewerbs-Versicherungsunternehmen sind, kann die Bundesanstalt die Aufsicht übernehmen, wenn die beteiligten Landesregierungen dies beantragen.

§ 323 Verfahren

(1) Ein nach § 322 Absatz 1 gestellter Antrag kann jederzeit von der früher aufsichtsführenden Landesbehörde zum 1. Januar mit Wirkung zum 1. Januar des folgenden Jahres zurückgenommen werden.
(2) Hat die Bundesanstalt die Aufsicht gemäß § 322 Absatz 2 übernommen, so kann der Antrag mit der Wirkung nach Absatz 1 nur von allen beteiligten Landesregierungen gemeinsam zurückgenommen werden.
(3) Bei dem Übergang von Aufsichtsbefugnissen nach den §§ 321 und 322 hat die Bundesanstalt den Zeitpunkt der Übernahme oder der Übertragung der Aufsicht im Bundesanzeiger mindestens zwei Wochen vorher bekannt zu geben.

§ 324 Zusammenarbeit der Aufsichtsbehörden

Die Bundesanstalt und die aufsichtsführenden Landesbehörden sind verpflichtet, einander ihre Rechts- und Verwaltungsgrundsätze mitzuteilen. Dies gilt auch für die Grundsätze, die die Landesbehörden bei der Beaufsichtigung der öffentlich-rechtlichen Versicherungsunternehmen aufstellen sowie die Entwürfe von Rechtsverordnungen, Allgemeinverfügungen und Richtlinien, wenn Belange der anderen Aufsichtsbehörden berührt sein können.

§ 325 Versicherungsbeirat

(1) Zur Mitwirkung bei der Aufsicht besteht bei der Bundesanstalt ein Beirat aus Sachverständigen des Versicherungswesens.
(2) Der Versicherungsbeirat besteht aus acht die verschiedenen Versicherungszweige ausgeglichen repräsentierenden Vertretern der Versicherungswirtschaft, davon zwei des Versicherungsvertriebs, aus acht Vertretern der Versicherungsnehmer und aus acht Vertretern der Versicherungswissenschaft sowie fachwissenschaftlicher Vereinigungen. Die Vertreter der Versicherungsnehmer setzen sich zusammen aus vier Vertretern von Verbraucherschutzorganisationen sowie je einem Vertreter der Versicherungsmakler, der Industrie, der mittelständischen Vereinigungen und der Gewerkschaften.
(3) Die Mitglieder des Beirats werden für die Dauer von fünf Jahren berufen. Eine einmalige Wiederbestellung ist zulässig.
(4) Die Mitglieder verwalten ihr Amt als unentgeltliches Ehrenamt; für ihre Teilnahme an Sitzungen erhalten sie Tagegeld und die Vergütung der Reisekosten.

Abschnitt 2
Aufsicht im Europäischen Wirtschaftsraum

§ 326 Allgemeine Grundsätze für die Zusammenarbeit der Aufsichtsbehörden

(1) Die Aufsichtsbehörde arbeitet mit der Europäischen Kommission und den Aufsichtsbehörden der Mitglied- oder Vertragsstaaten eng zusammen, um die Aufsicht auf Gemeinschaftsebene zu erleichtern.
(2) Ersucht die Aufsichtsbehörde eines anderen Mitglied- oder Vertragsstaats um Zusammenarbeit bei der Ausübung der Aufsicht, so trifft die Bundesanstalt die zweckdienlichen Maßnahmen unter Anwendung der §§ 298, 305, 306 und 309 und unterrichtet davon die ersuchende Behörde.
(3) Erlässt die Aufsichtsbehörde des Herkunftsstaats gegenüber einem Unternehmen Verfügungsbeschränkungen gemäß Artikel 137 oder 138 Absatz 5, Artikel 139 Absatz 3 oder Artikel 144 Absatz 2 Unterabsatz 2 der Richtlinie 2009/138/EG, so trifft die Bundesanstalt auf Ersuchen dieser Behörde hinsichtlich der im Inland belegenen und in dem Ersuchen bezeichneten Vermögenswerte des Unternehmens in dem Umfang, wie es in dem Ersuchen bezeichnet ist, die gleichen Maßnahmen.

§ 327 Zusammenarbeit bei örtlichen Prüfungen

(1) Soweit es zur Ausübung der Finanzaufsicht nach § 62 Absatz 1 oder § 169 Absatz 1 oder zur Prüfung eines im Inland ansässigen Dienstleisters erforderlich ist, ist die Aufsichtsbehörde des Herkunftsstaats in Begleitung der mit der Aufsicht beauftragten Bediensteten der Aufsichtsbehörde befugt, in den Geschäftsräumen der Niederlassung durch eigenes Personal oder durch Beauftragte Prüfungen des Geschäftsbetriebs vorzunehmen; § 305 Absatz 5 und § 306 Absatz 5 sind entsprechend anzuwenden. Die Bundesanstalt leistet auf Verlangen Amtshilfe. Die Bediensteten der Aufsichtsbehörde und von ihr entsprechend § 306 Absatz 1 Nummer 3 an der Prüfung beteiligte Personen dürfen die Geschäftsräume des Versicherungsunternehmens betreten. Das Grundrecht auf Unverletzlichkeit der Wohnung (Artikel 13 Absatz 1 des Grundgesetzes) wird insoweit eingeschränkt.
(2) Die Aufsichtsbehörde kann die Aufsichtsbehörden eines anderen Mitgliedstaats der Europäischen Union ersuchen, Informationen über ein beaufsichtigtes Gruppenunternehmen oder ein nicht der Aufsicht unterliegendes Unternehmen aus dem anderen Mitgliedstaat zu überprüfen.
(3) Stellt im Rahmen der Zusammenarbeit bei der Gruppenaufsicht (§ 284) die zuständige Behörde eines anderen Mitglied- oder Vertragsstaats (ersuchende Behörde) ein Prüfungsersuchen im Sinne des Absatzes 2 für ein entsprechendes Unternehmen mit Sitz im Inland, so leistet die Aufsichtsbehörde Amtshilfe. Wenn die Aufsichtsbehörde die Prüfung selbst vornimmt, kann sich die ersuchende Behörde an der Prüfung beteiligen oder dabei zugegen sein. § 305 Absatz 5 und § 306 Absatz 5 sind entsprechend anzuwenden. Die Aufsichtsbehörde unterrichtet die Gruppenaufsichtsbehörde über die getroffenen Maßnahmen.

§ 328 Zustellungen

Will die Aufsichtsbehörde eines anderen Mitglied- oder Vertragsstaats in einem Verfahren nach dessen Vorschriften über die Versicherungsaufsicht einem dort tätigen Versicherungsunternehmen mit Sitz im Inland ein Schriftstück übermitteln, ist die unmittelbare Übermittlung durch die Post nach den für den Postverkehr mit diesem anderen Mitglied- oder Vertragsstaat geltenden Vorschriften zulässig. Zum Nachweis der Zustellung genügt die Versendung des Schriftstücks als eingeschriebener Brief mit den besonderen Versendungsformen „eigenhändig" und „Rückschein". Kann eine Zustellung nicht unmittelbar durch die Post bewirkt werden oder ist dies nach Art oder Inhalt des Schriftstücks nicht zweckmäßig, wird die Zustellung durch die Bundesanstalt bewirkt.

Fußnote
(+++ § 328: Zur Anwendung vgl. § 292 Satz 2 +++)
-

§ 329 Zusammenarbeit mit der Europäischen Aufsichtsbehörde für das Versicherungswesen und die betriebliche Altersversorgung

(1) Die Aufsichtsbehörde arbeitet gemäß der Verordnung (EU) Nr. 1094/2010 für die Zwecke der Richtlinien 2009/138/EG und 2003/41/EG mit der Europäischen Aufsichtsbehörde für das Versicherungswesen und die betriebliche Altersversorgung zusammen. Sie berücksichtigt so weit wie möglich deren Leitlinien und Empfehlungen und begründet eventuelle Abweichungen.

(2) Die Aufsichtsbehörde übermittelt jährlich folgende Angaben an die Europäische Aufsichtsbehörde für das Versicherungswesen und die betriebliche Altersversorgung:

1. den durchschnittlichen Kapitalaufschlag je Unternehmen und die Verteilung der von der Aufsichtsbehörde während des Vorjahres festgesetzten Kapitalaufschläge, gemessen in Prozent der Solvabilitätskapitalanforderung und wie folgt gesondert ausgewiesen:
   a) für alle Versicherungsunternehmen,
   b) für Lebensversicherungsunternehmen,
   c) für Nichtlebensversicherungsunternehmen,
   d) für Versicherungsunternehmen, die sowohl in der Lebensversicherung als auch in der Nichtlebensversicherung tätig sind, und
   e) für Rückversicherungsunternehmen;

2. für jede Mitteilung im Sinne der Nummer 1 den Anteil der Kapitalaufschläge, die jeweils nach § 301 Absatz 1 Nummer 1, 2 und 3 festgesetzt wurden;

3. die Zahl der Versicherungsunternehmen, die teilweise von der regelmäßigen aufsichtlichen Berichterstattung befreit sind, und die Zahl der Versicherungsunternehmen, die ganz oder teilweise von der Einzelpostenberichterstattung befreit sind, zusammen mit dem Volumen ihrer Kapitalanforderungen, Beiträge, versicherungstechnischen Rückstellungen und Vermögenswerte, jeweils gemessen als prozentualer Anteil am Gesamtvolumen der Kapitalanforderungen, Beiträge, versicherungstechnischen Rückstellungen und Vermögenswerte der Versicherungsunternehmen, und

4. die Zahl der Gruppen, die teilweise von der regelmäßigen Berichterstattung befreit sind, und die Zahl der Gruppen, die ganz oder teilweise von der Einzelpostenberichterstattung befreit sind, zusammen mit dem Volumen ihrer Kapitalanforderungen, Beiträge, versicherungstechnischen Rückstellungen und Vermögenswerte, jeweils gemessen als prozentualer Anteil am Gesamtvolumen der Kapitalanforderungen, Beiträge, versicherungstechnischen Rückstellungen und Vermögenswerte aller Gruppen.

(3) Die Aufsichtsbehörde unterrichtet die Europäische Aufsichtsbehörde für das Versicherungswesen und die betriebliche Altersversorgung über nationale Aufsichtsvorschriften, die für den Bereich der betrieblichen Altersversorgungssysteme relevant sind, soweit es sich nicht um nationale sozial- oder arbeitsrechtliche Vorschriften handelt. Änderungen des Inhalts von Angaben, die gemäß Satz 1 übermittelt werden, teilt die Aufsichtsbehörde regelmäßig, mindestens alle zwei Jahre, der Behörde mit.

(4) Die Aufsichtsbehörde stellt der Europäischen Aufsichtsbehörde für das Versicherungswesen und die betriebliche Altersversorgung gemäß Artikel 35 der Verordnung (EU) Nr. 1094/2010 auf Verlangen unverzüglich alle für die Erfüllung ihrer Aufgaben auf Grund der Richtlinie 2003/41/EG und der Verordnung (EU) Nr. 1094/2010 erforderlichen Informationen zur Verfügung.

§ 330 Meldungen an die Europäische Kommission

(1) Die Aufsichtsbehörde meldet der Europäischen Kommission

1. die Erteilung einer Erlaubnis nach § 8 Absatz 1 an ein Unternehmen, das Tochterunternehmen eines Mutterunternehmens mit Sitz in einem Drittstaat ist; die Struktur des Konzerns ist in der Mitteilung anzugeben;
2. den Erwerb einer Beteiligung an einem Versicherungsunternehmen, durch den das Versicherungsunternehmen zu einem Tochterunternehmen eines Mutterunternehmens mit Sitz in einem Drittstaat wird;
3. die Anzahl und die Art der Fälle, in denen die Errichtung einer Niederlassung oder der Betrieb des Erstversicherungsgeschäfts im Dienstleistungsverkehr in einem anderen Mitglied- oder Vertragsstaat nicht zustande gekommen ist, weil die Aufsichtsbehörde die Unterlagen nach § 58 Absatz 1 Satz 2 oder § 59 Absatz 1 Satz 2 und 3 nicht an die Aufsichtsbehörde des anderen Mitglied- oder Vertragsstaats weitergeleitet hat;
4. die Anzahl und die Art der Fälle, in denen Maßnahmen nach § 62 Absatz 3 Satz 2 und 3 ergriffen wurden;
5. allgemeine Schwierigkeiten, die Versicherungsunternehmen bei der Errichtung von Niederlassungen, der Gründung von Tochterunternehmen oder in sonstiger Weise beim Betrieb von Versicherungsgeschäften in einem Drittstaat haben;
6. auf Verlangen der Kommission den Erlaubnisantrag eines Unternehmens, das Tochterunternehmen eines Mutterunternehmens mit Sitz in einem Drittstaat ist;
7. auf Verlangen der Kommission die nach § 17 gemeldete Absicht des Erwerbs einer Beteiligung an einem Versicherungsunternehmen, durch den das Versicherungsunternehmen Tochterunternehmen eines Unternehmens mit Sitz in einem Drittstaat wird;
8. die gewählte Vorgehensweise in den Fällen des § 288;
9. die in § 309 Absatz 5 Nummer 3 und 4 genannten Personen und Stellen;
10. die nach § 170 Absatz 1 erlassenen Vorschriften;
11. die für Versicherungs-Zweckgesellschaften im Sinne des § 168 geltenden Vorschriften und
12. eine Liste aller Rückversicherungsunternehmen, die den Abschluss neuer Rückversicherungsverträge bis zum 10. Dezember 2007 eingestellt haben und ausschließlich ihr Portfolio mit dem Ziel verwalten, ihre Tätigkeit einzustellen.

(2) Die Meldepflichten nach Absatz 1 Nummer 6 und 7 bestehen nur, wenn die Europäische Kommission feststellt, dass in dem Drittstaat Versicherungsunternehmen mit Sitz in einem Mitglied- oder Vertragsstaat kein effektiver Marktzugang gestattet wird, der demjenigen vergleichbar ist, den die Europäische Union den Unternehmen dieses Staats gewährt, oder wenn die Kommission feststellt, dass die Versicherungsunternehmen mit Sitz in einem Mitglied- oder Vertragsstaat in diesem Staat keine Inländerbehandlung erfahren. Die Meldepflichten nach Absatz 1 Nummer 6 und 7 in Verbindung mit Satz 1 bestehen nicht mehr, wenn mit dem Staat ein Abkommen über den effektiven Marktzugang und die Inländerbehandlung der Versicherungsunternehmen mit Sitz in einem Mitglied- oder Vertragsstaat abgeschlossen worden ist.

(3) Die Meldepflichten nach Absatz 1 Nummer 1, 2 und 10 bestehen auch gegenüber den zuständigen Behörden der anderen Mitglied- oder Vertragsstaaten.

(4) Die Meldepflichten nach Absatz 1 Nummer 1, 2, 3 und 5 bestehen auch gegenüber der Europäischen Aufsichtsbehörde für das Versicherungswesen und die betriebliche Altersversorgung.

Teil 7
Straf- und Bußgeldvorschriften

§ 331 Strafvorschriften

(1) Mit Freiheitsstrafe bis zu fünf Jahren oder mit Geldstrafe wird bestraft, wer

1. ohne Erlaubnis nach § 8 Absatz 1, § 65 Absatz 1 Satz 1, § 67 Absatz 1 Satz 1, § 168 Absatz 1 Satz 3 oder § 236 Absatz 4 ein Erst- oder Rückversicherungsgeschäft oder einen Pensionsfonds betreibt oder einen dort genannten Geschäftsbetrieb aufnimmt oder

2. entgegen § 61 Absatz 2 Satz 2 oder Satz 5, Absatz 3 oder Absatz 4 eine dort genannte Geschäftstätigkeit aufnimmt, erweitert oder ändert oder eine Krankenversicherung oder eine Pflichtversicherung betreibt.

(2) Mit Freiheitsstrafe bis zu drei Jahren oder mit Geldstrafe wird bestraft, wer

1. einer vollziehbaren Anordnung nach § 62 Absatz 3 Satz 2 zuwiderhandelt,

2. entgegen
   a) § 128 Absatz 5 oder
   b) § 141 Absatz 5 Nummer 2 erster Halbsatz, auch in Verbindung mit § 161 Absatz 1 oder § 162,
   eine dort genannte Bestätigung nicht richtig abgibt oder

3. entgegen § 311 Absatz 1 Satz 1, auch in Verbindung mit Satz 2 oder Absatz 2 Satz 1 zweiter Halbsatz, auch in Verbindung mit Satz 2, eine Anzeige nicht, nicht richtig oder nicht rechtzeitig erstattet.

(3) Handelt der Täter fahrlässig, so ist die Strafe in den Fällen des Absatzes 1 Freiheitsstrafe bis zu drei Jahren oder Geldstrafe und in den Fällen des Absatzes 2 Freiheitsstrafe bis zu einem Jahr oder Geldstrafe.

§ 332 Bußgeldvorschriften

(1) Ordnungswidrig handelt, wer

1. ohne Genehmigung nach § 12 Absatz 1 Satz 1, auch in Verbindung mit Satz 2, jeweils auch in Verbindung mit § 212 Absatz 3 Nummer 4, § 234 Absatz 3 Satz 1 Nummer 2 erster Halbsatz, § 237 Absatz 3 Nummer 3 erster Halbsatz oder § 242 Absatz 8 eine dort genannte Änderung, eine dort genannte Erweiterung oder einen dort genannten Unternehmensvertrag in Kraft setzt oder den Geschäftsbetrieb eines Rückversicherungsunternehmens ausdehnt,

2. einer vollziehbaren Anordnung nach
   a) § 44 Satz 1, § 293 Absatz 2 oder § 306 Absatz 1 Satz 1 Nummer 4 oder Nummer 5

b) oder
§ 303 Absatz 2 Nummer 2 oder Nummer 3 zuwiderhandelt,

3. entgegen § 125 Absatz 1 Satz 2 einen Vermögenswert nicht, nicht richtig oder nicht rechtzeitig dem Sicherungsvermögen zuführt,

4. entgegen § 126 Absatz 1 Satz 1 nicht dafür sorgt, dass die Bestände des Sicherungsvermögens in ein Vermögensverzeichnis einzeln eingetragen werden,

5. entgegen § 130 Absatz 1 einen Betrag aus dem Sicherungsvermögen entnimmt,

6. entgegen § 134 Absatz 1 eine Unterrichtung nicht, nicht richtig, nicht vollständig oder nicht rechtzeitig vornimmt,

7. entgegen § 164 Absatz 3 Satz 2 zugleich für ein Versicherungsunternehmen tätig wird,

8. entgegen § 164 Absatz 3 Satz 3 eine vergleichbare Tätigkeit für ein Versicherungsunternehmen ausübt,

9. entgegen
a) § 215 Absatz 2 Satz 1 Nummer 1 bis 6 oder Nummer 7, jeweils auch in Verbindung mit einer Rechtsverordnung nach § 235 Absatz 1 Satz 1 Nummer 10 oder § 240 Satz 1 Nummer 8, oder
b) § 215 Absatz 2 Satz 1 Nummer 8 in Verbindung mit einer Rechtsverordnung nach § 217 Satz 1 Nummer 6
einen Bestand des Sicherungsvermögens anlegt oder

10. entgegen § 239 Absatz 1 Satz 2 nicht dafür sorgt, dass die Bestände der Sicherungsvermögen in der dort genannten Weise angelegt werden.

(2) Ordnungswidrig handelt, wer vorsätzlich oder leichtfertig

1. entgegen § 37 Absatz 1 oder § 227 Absatz 2 Satz 1 ein dort genanntes Dokument nicht oder nicht rechtzeitig einreicht,

2. einer Rechtsverordnung nach § 39 Absatz 1 Satz 1, auch in Verbindung mit § 68 Absatz 1 Satz 4, oder einer vollziehbaren Anordnung auf Grund einer solchen Rechtsverordnung zuwiderhandelt, soweit die Rechtsverordnung für einen bestimmten Tatbestand auf diese Bußgeldvorschrift verweist, oder

3. entgegen § 40 Absatz 1 Satz 1 eine Veröffentlichung nicht, nicht richtig, nicht vollständig oder nicht rechtzeitig vornimmt.

(3) Ordnungswidrig handelt, wer vorsätzlich oder fahrlässig

1. entgegen § 17 Absatz 1 oder Absatz 2, § 36 Absatz 1 Satz 1 oder § 59 Absatz 1, auch in Verbindung mit Absatz 4, eine Anzeige nicht, nicht richtig, nicht vollständig, nicht in der vorgeschriebenen Weise oder oder nicht rechtzeitig erstattet,

2. einer vollziehbaren Anordnung nach
a) § 18 Absatz 1, 2 erster Halbsatz oder Absatz 3 Satz 4, § 19 Absatz 1, § 133 Absatz 1, §

  134 Absatz 7 erster Halbsatz, § 135 Absatz 3 erster Halbsatz oder § 305 Absatz 3, auch in Verbindung mit Absatz 4, oder

b)
  § 305 Absatz 1, auch in Verbindung mit Absatz 2, § 308 Absatz 4 Nummer 1, auch in Verbindung mit § 62 Absatz 1 Nummer 6, oder § 314 Absatz 1 Satz 1 oder Satz 2 zuwiderhandelt,

3.
  entgegen § 48 Absatz 1 oder Absatz 2 mit einem Versicherungsvermittler zusammenarbeitet,

4.
  entgegen § 135 Absatz 1 eine Unterrichtung nicht, nicht richtig, nicht vollständig oder nicht rechtzeitig vornimmt,

5.
  einer Rechtsverordnung nach § 160 Satz 1 oder einer vollziehbaren Anordnung auf Grund einer solchen Rechtsverordnung zuwiderhandelt, soweit die Rechtsverordnung für einen bestimmten Tatbestand auf diese Bußgeldvorschrift verweist, oder

6.
  entgegen § 306 Absatz 8 Satz 1 eine Maßnahme nicht duldet.

(4) Ordnungswidrig handelt, wer als Person, die für ein Unternehmen handelt, das der Aufsicht nach diesem Gesetz unterliegt, gegen die Verordnung (EG) Nr. 1060/2009 des Europäischen Parlaments und des Rates vom 16. September 2009 über Ratingagenturen (ABl. L 302 vom 17.11.2009, S. 1), die zuletzt durch die Richtlinie 2014/51/EU (ABl. L 153 vom 22.5.2014, S. 1) geändert worden ist, verstößt, indem sie vorsätzlich oder leichtfertig

1.
  entgegen Artikel 4 Absatz 1 Unterabsatz 1 ein Rating verwendet,

2.
  entgegen Artikel 5a Absatz 1 nicht dafür Sorge trägt, dass ein Unternehmen, das der Aufsicht nach diesem Gesetz unterliegt, eigene Kreditrisikobewertungen vornimmt,

3.
  entgegen Artikel 8c Absatz 1 einen Auftrag nicht richtig erteilt,

4.
  entgegen Artikel 8c Absatz 2 nicht dafür Sorge trägt, dass eine beauftragte Ratingagentur eine dort genannte Voraussetzung erfüllt, oder

5.
  entgegen Artikel 8d Absatz 1 Satz 2 die dort genannte Dokumentation nicht richtig vornimmt.

(5) Die Ordnungswidrigkeit kann in den Fällen des Absatzes 1 Nummer 2 Buchstabe b und des Absatzes 2 Nummer 3 mit einer Geldbuße bis zu fünfhunderttausend Euro, in den Fällen des Absatzes 2 Nummer 2, des Absatzes 3 Nummer 2 Buchstabe a und Nummer 3 und des Absatzes 4 mit einer Geldbuße bis zu zweihunderttausend Euro, in den übrigen Fällen mit einer Geldbuße bis zu fünfzigtausend Euro geahndet werden.

-

§ 333 Zuständige Verwaltungsbehörde

Verwaltungsbehörde im Sinne des § 36 Absatz 1 Nummer 1 des Gesetzes über Ordnungswidrigkeiten ist die Bundesanstalt, soweit die Aufsicht über Versicherungsunternehmen der Bundesanstalt zusteht.

-

§ 334 Beteiligung der Aufsichtsbehörde und Mitteilungen in Strafsachen

(1) Das Gericht, die Strafverfolgungs- oder die Strafvollstreckungsbehörde übermittelt der Bundesanstalt in Strafverfahren gegen Geschäftsleiter von Versicherungsunternehmen oder Pensionsfonds, Mitglieder der Verwaltungs- oder Aufsichtsorgane von Versicherungsunternehmen

oder Pensionsfonds sowie gegen Inhaber bedeutender Beteiligungen an Versicherungsunternehmen oder Pensionsfonds oder deren gesetzliche Vertreter oder persönlich haftende Gesellschafter wegen Verletzung ihrer Berufspflichten oder anderer Straftaten bei oder im Zusammenhang mit der Ausübung eines Gewerbes oder dem Betrieb einer sonstigen wirtschaftlichen Unternehmung, ferner in Strafverfahren, die Straftaten nach § 331 zum Gegenstand haben, im Fall der Erhebung der öffentlichen Klage

1. die Anklageschrift oder eine an ihre Stelle tretende Antragsschrift,
2. den Antrag auf Erlass eines Strafbefehls, wenn diesem nicht umgehend entsprochen wird, und
3. die das Verfahren abschließende Entscheidung mit Begründung.

Ist gegen die Entscheidung ein Rechtsmittel eingelegt worden, so ist die Entscheidung unter Hinweis auf das eingelegte Rechtsmittel zu übermitteln. In Verfahren wegen fahrlässig begangener Straftaten werden die in Satz 1 Nummer 1 und 2 bestimmten Übermittlungen nur vorgenommen, wenn aus der Sicht der übermittelnden Stelle unverzüglich Entscheidungen oder andere Maßnahmen der Bundesanstalt geboten sind.
(2) In Strafverfahren, die Straftaten nach § 331 Absatz 1 und 2 Nummer 1 zum Gegenstand haben, hat die Staatsanwaltschaft die Aufsichtsbehörde bereits über die Einleitung des Ermittlungsverfahrens zu unterrichten, soweit dadurch eine Gefährdung des Ermittlungszwecks nicht zu erwarten ist. Erwägt die Staatsanwaltschaft das Verfahren einzustellen, so hat sie die Aufsichtsbehörde zu hören.
(3) Werden sonst in einem Strafverfahren Tatsachen bekannt, die auf Missstände in dem Geschäftsbetrieb eines Versicherungsunternehmens oder eines Pensionsfonds einschließlich des Außendienstes hindeuten und ist deren Kenntnis aus der Sicht der übermittelnden Stelle für Maßnahmen der Versicherungsaufsicht erforderlich, so soll das Gericht, die Strafverfolgungs- oder die Strafvollstreckungsbehörde diese Tatsachen ebenfalls mitteilen, soweit nicht für die übermittelnde Stelle erkennbar ist, dass schutzwürdige Interessen der Betroffenen überwiegen. Dabei ist zu berücksichtigen, wie gesichert die zu übermittelnden Erkenntnisse sind. Tatsachen, die auf die Unzuverlässigkeit eines Aufsichtsratsmitglieds, eines Geschäftsleiters, eines Verantwortlichen Aktuars oder eines Inhabers einer bedeutenden Beteiligung schließen lassen, deuten in der Regel auf Missstände im Geschäftsbetrieb hin.
(4) Betrifft eine Mitteilung nach Absatz 1 oder 2 ein Versicherungsunternehmen oder einen Pensionsfonds, über das oder den die Aufsicht nach diesem Gesetz durch eine Landesbehörde ausgeübt wird, leitet die Bundesanstalt die Mitteilung unverzüglich an diese Behörde weiter.

<u>Teil 8
Übergangs- und Schlussbestimmungen</u>

§ 335 Fortsetzung des Geschäftsbetriebs

Die Versicherungsunternehmen, die am 1. Januar 1902 in einem oder in mehreren Ländern landesgesetzlich zum Geschäftsbetrieb befugt gewesen sind, bedürfen keiner Erlaubnis nach diesem Gesetz, wenn sie ihren Geschäftsbetrieb in den Grenzen fortsetzen, die sie bis zum 1. Januar 1902 eingehalten haben oder die ihnen, wenn ihre Befugnis zum Geschäftsbetrieb auf besonderer Erlaubnis beruht hat, durch die Erlaubnis gezogen waren.

§ 336 Weitergeltung genehmigter Geschäftspläne in der Lebensversicherung

Für die vor dem 29. Juli 1994 abgeschlossenen Lebensversicherungsverträge (Altbestand) gilt der von der Aufsichtsbehörde bis zu diesem Zeitpunkt genehmigte Geschäftsplan in vollem Umfang weiter. Auf Änderungen dieses Geschäftsplans findet § 12 Absatz 1 Anwendung. Von den Bestimmungen des § 141 sind die Absätze 1, 2, 3 und 6 entsprechend sowie Absatz 5 mit der Maßgabe anzuwenden, dass die Deckungsrückstellung nach dem geltenden Geschäftsplan zu berechnen ist.

Fußnote

(+++ § 336: Zur Anwendung vgl. § 233 Abs. 3 Satz 2 +++)

-

§ 337 Treuhänder in der Krankenversicherung

Soweit bei der nach Art der Lebensversicherung betriebenen Krankenversicherung die Prämien für die vor dem 29. Juli 1994 abgeschlossenen Versicherungsverträge auf Grund einer Anpassungsklausel mit Genehmigung der Aufsichtsbehörde geändert werden dürfen, tritt an die Stelle der Genehmigung der Aufsichtsbehörde die Zustimmung des Treuhänders (§ 155 Absatz 1 und 2).

-

§ 338 Zuschlag in der Krankenversicherung

Ist ein Vertrag über eine substitutive Krankenversicherung vor dem 1. Januar 2000 geschlossen, gilt § 149 mit der Maßgabe, dass

1. der Zuschlag erstmals am 1. Januar des Kalenderjahres, das dem 1. Januar 2000 folgt, zu erheben ist,

2. der Zuschlag im ersten Jahr 2 Prozent der Bruttoprämie beträgt und an jedem 1. Januar der darauf folgenden Jahre um 2 Prozent, jedoch auf nicht mehr als 10 Prozent der Bruttoprämie, steigt, soweit er nicht wegen Vollendung des 60. Lebensjahres entfällt,

3. das Versicherungsunternehmen verpflichtet ist, dem Versicherungsnehmer rechtzeitig vor der erstmaligen Erhebung des Zuschlags dessen Höhe und die jährlichen Steigerungen mitzuteilen, und

4. der Zuschlag nur zu erheben ist, wenn der Versicherungsnehmer nicht innerhalb von drei Monaten nach dem Zugang der Mitteilung nach Nummer 3 schriftlich oder elektronisch widerspricht.

-

§ 339 Teilbestandsvorschriften in der Unfallversicherung

Unternehmen, die im Rahmen eines einheitlichen Vertrags Risiken decken, die den in der Anlage 1 Nummer 1 und 19 genannten Versicherungssparten zuzuordnen sind, dürfen den Unfallversicherungsteil dieser Verträge auf ein anderes Unternehmen übertragen. § 13 ist entsprechend anzuwenden.

-

§ 340 Bestandsschutz für Rückversicherungsunternehmen

(1) Für Unternehmen, die ausschließlich die Rückversicherung betreiben, dieses Geschäft bereits vor dem 21. Dezember 2004 ausgeübt haben und als Rückversicherungsunternehmen bei der

Aufsichtsbehörde registriert sind, gilt die Erlaubnis nach § 8 Absatz 1 im Umfang des bisherigen Geschäftsbetriebs als erteilt. Diese Unternehmen unterliegen jedoch ohne Einschränkung der laufenden Aufsicht.
(2) Für Rückversicherungsunternehmen eines Drittstaats, die bestehende Zweigniederlassungen fortführen und dies der Bundesanstalt bis zum 31. Dezember 2007 angezeigt haben, gilt die notwendige Erlaubnis im Umfang des angezeigten Geschäftsbetriebs als erteilt, soweit sie befugt sind, in ihrem Sitzland Rückversicherungsgeschäfte zu betreiben, dort ihre Hauptverwaltung haben, dort nach international anerkannten Grundsätzen beaufsichtigt werden und eine befriedigende Zusammenarbeit der zuständigen Behörden des Sitzlandes mit der Bundesanstalt gewährleistet ist. Diese Unternehmen unterliegen jedoch ohne Einschränkung der laufenden Aufsicht.
-

§ 341 Bericht über die Solvabilität und die Finanzlage

Versicherungsunternehmen, für die ein Kapitalaufschlag festgesetzt wurde oder die unternehmensspezifische Parameter bei der Berechnung der Solvabilitätskapitalanforderung zu verwenden haben, müssen bis zum 31. Dezember 2020 nur den Gesamtbetrag der Solvabilitätskapitalanforderung ohne gesonderte Nennung des Betrags des Kapitalaufschlags und der quantitativen Auswirkungen der unternehmensspezifischen Parameter veröffentlichen. Die Verpflichtung, die aufsichtsrechtliche Maßnahme und ihre Hintergründe dem Grunde nach offenzulegen, bleibt unberührt.
-

§ 342 Einhaltung der Mindestkapitalanforderung

(1) Versicherungsunternehmen, die die am 31. Dezember 2015 geltenden Solvabilitätsanforderungen erfüllen, deren anrechnungsfähige Basiseigenmittel aber nicht zur Bedeckung der Mindestkapitalanforderung ausreichen, müssen spätestens am 31. Dezember 2016 über anrechnungsfähige Basiseigenmittel in Höhe der Mindestkapitalanforderung verfügen.
(2) Verfügt ein unter Absatz 1 fallendes Versicherungsunternehmen am 31. Dezember 2016 nicht über anrechnungsfähige Eigenmittel in Höhe der Mindestkapitalanforderung, wird ihm die Erlaubnis zum Geschäftsbetrieb entzogen.
(3) Bis zum 31. Dezember 2017 kann die Aufsichtsbehörde von einem Versicherungsunternehmen, für das ein Kapitalaufschlag festgelegt wurde, verlangen, die in Artikel 129 Absatz 3 Satz 1 der Richtlinie 2009/138/EG genannten Prozentsätze ausschließlich auf die ohne den Kapitalaufschlag berechnete Solvabilitätskapitalanforderung anzuwenden.
-

§ 343 Einstellung des Geschäftsbetriebs

(1) Unbeschadet des § 165 Absatz 1 gilt, dass für Versicherungsunternehmen, die den Abschluss neuer Versicherungsverträge bis zum 1. Januar 2016 einstellen und ihren Versicherungsbestand ausschließlich mit dem Ziel verwalten, ihre Tätigkeit einzustellen, bis zu den in Absatz 2 genannten Zeitpunkten auf Antrag die für kleine Versicherungsunternehmen im Sinne des § 211 geltenden Vorschriften dieses Gesetzes Anwendung finden, wenn
1.
　　das Unternehmen gegenüber der Aufsichtsbehörde nachweisen konnte, dass es seine Tätigkeit vor dem 1. Januar 2019 einstellen wird, oder
2.
　　das Unternehmen Sanierungsmaßnahmen nach den §§ 312 und 313 durchläuft und ein Verwalter ernannt wurde.
(2) Für Versicherungsunternehmen, die unter

1. Absatz 1 Nummer 1 fallen, gilt ab dem 1. Januar 2019 Absatz 1 nicht mehr,
2. Absatz 1 Nummer 2 fallen, gilt ab dem 1. Januar 2021 Absatz 1 nicht mehr.

Die Aufsichtsbehörde kann in den Fällen des Satzes 1 einen früheren Zeitpunkt bestimmen, wenn voraussichtlich die Tätigkeit des Versicherungsunternehmens nicht zu den in Satz 1 genannten Zeitpunkten eingestellt sein wird.

(3) Versicherungsunternehmen unterliegen den Absätzen 1 und 2 nur unter den folgenden Bedingungen:

1. das Unternehmen gehört nicht zu einer Gruppe oder es gehört zu einer Gruppe, deren sämtliche Unternehmen den Abschluss neuer Versicherungsverträge einstellen, und
2. das Unternehmen legt der zuständigen Aufsichtsbehörde jährlich einen Bericht über die Fortschritte im Hinblick auf die Einstellung seiner Tätigkeit vor.

(4) Die Aufsichtsbehörde hat eine Liste der betroffenen Versicherungsunternehmen den Aufsichtsbehörden aller Mitglied- oder Vertragsstaaten zu übermitteln.

§ 344 Fristen für Berichts- und Offenlegungspflichten

(1) Die Frist, in der Versicherungsunternehmen die Informationen nach § 43 in Verbindung mit einer nach § 39 Absatz 1 Satz 1 erlassenen Rechtsverordnung jährlich einzureichen haben, beträgt

1. für das am oder nach dem 30. Juni 2016, aber vor dem 1. Januar 2017 endende Geschäftsjahr 20 Wochen nach dem Ende des Geschäftsjahres des Unternehmens,
2. für das am oder nach dem 30. Juni 2017, aber vor dem 1. Januar 2018 endende Geschäftsjahr 18 Wochen nach dem Ende des Geschäftsjahres des Unternehmens,
3. für das am oder nach dem 30. Juni 2018, aber vor dem 1. Januar 2019 endende Geschäftsjahr 16 Wochen nach dem Ende des Geschäftsjahres des Unternehmens und
4. für das am oder nach dem 30. Juni 2019, aber vor dem 1. Januar 2020 endende Geschäftsjahr 14 Wochen nach dem Ende des Geschäftsjahres des Unternehmens.

Für Versicherungsunternehmen, deren Geschäftsjahr am oder nach dem 1. Januar 2016, aber vor dem 1. Juli 2017 endet, beträgt die Frist 20 Wochen nach dem Ende des Geschäftsjahres. In diesem Fall verkürzt sich die Frist in den folgenden drei Geschäftsjahren jeweils um zwei Wochen. Für Informationen, die halbjährlich einzureichen sind, gelten die Sätze 1 bis 3 entsprechend.

(2) Die Frist, in der Versicherungsunternehmen die Informationen nach § 43 in Verbindung mit einer nach § 39 Absatz 1 Satz 1 erlassenen Rechtsverordnung vierteljährlich einzureichen haben, beträgt

1. für das am oder nach dem 30. Juni 2016, aber vor dem 1. Januar 2017 endende Geschäftsjahr 8 Wochen nach dem Ende des Quartals des Geschäftsjahres,
2. für das am oder nach dem 30. Juni 2017, aber vor dem 1. Januar 2018 endende Geschäftsjahr 7 Wochen nach dem Ende des Quartals des Geschäftsjahres,
3. für das am oder nach dem 30. Juni 2018, aber vor dem 1. Januar 2019 endende Geschäftsjahr 6 Wochen nach dem Ende des Quartals des Geschäftsjahres und
4.

für das am oder nach dem 30. Juni 2019, aber vor dem 1. Januar 2020 endende Geschäftsjahr 5 Wochen nach dem Ende des Quartals des Geschäftsjahres.
Für Versicherungsunternehmen, deren Geschäftsjahr am oder nach dem 1. Januar 2016, aber vor dem 1. Juli 2017 endet, beträgt die Frist acht Wochen nach dem Ende des Quartals des Geschäftsjahres. Die Frist verkürzt sich in den folgenden drei Geschäftsjahren jeweils um eine Woche.
(3) Die Frist, in der Versicherungsunternehmen den Solvabilitäts- und Finanzbericht nach § 40 zu veröffentlichen haben, beträgt

1. für das am oder nach dem 30. Juni 2016, aber vor dem 1. Januar 2017 endende Geschäftsjahr 20 Wochen nach dem Ende des Geschäftsjahres des Unternehmens,
2. für das am oder nach dem 30. Juni 2017, aber vor dem 1. Januar 2018 endende Geschäftsjahr 18 Wochen nach dem Ende des Geschäftsjahres des Unternehmens,
3. für das am oder nach dem 30. Juni 2018, aber vor dem 1. Januar 2019 endende Geschäftsjahr 16 Wochen nach dem Ende des Geschäftsjahres des Unternehmens und
4. für das am oder nach dem 30. Juni 2019, aber vor dem 1. Januar 2020 endende Geschäftsjahr 14 Wochen nach dem Ende des Geschäftsjahres des Unternehmens.

Für Versicherungsunternehmen, deren Geschäftsjahr am oder nach dem 1. Januar 2016, aber vor dem 1. Juli 2017 endet, beträgt die Frist 20 Wochen nach dem Ende des Geschäftsjahres. Die Frist verkürzt sich in den folgenden drei Geschäftsjahren jeweils um zwei Wochen.
(4) Die Absätze 1 bis 3 sind in Verbindung mit den §§ 276 und 277 auf Gruppenebene entsprechend für beteiligte Versicherungsunternehmen, Versicherungs-Holdinggesellschaften, gemischte Versicherungs-Holdinggesellschaften und gemischte Finanzholding-Gesellschaften anzuwenden, wobei sich die genannten Fristen jeweils um sechs Wochen verlängern.
-

§ 345 Eigenmittel

(1) Unbeschadet des § 92 dürfen Basiseigenmittelbestandteile für bis zu zehn Jahre nach dem 1. Januar 2016 als Eigenmittel der Qualitätsklasse 1 angesetzt werden. Dies setzt voraus, dass diese Bestandteile

1. vor dem 1. Januar 2016 und vor dem Inkrafttreten des delegierten Rechtsakts nach Artikel 97 der Richtlinie 2009/138/EG ausgegeben wurden,
2. am 31. Dezember 2015 gemäß § 53c des Versicherungsaufsichtsgesetzes in der am 31. Dezember 2015 geltenden Fassung auch in Verbindung mit § 121a Absatz 1 Satz 2 des Versicherungsaufsichtsgesetzes in der am 31. Dezember 2015 geltenden Fassung verwendet werden konnten, um als Eigenmittel bis zu höchstens 50 Prozent auf die geforderte Solvabilitätsspanne angerechnet zu werden, und
3. andernfalls nicht als Eigenmittel der Qualitätsklasse 1 oder 2 gemäß § 92 eingestuft würden.

(2) Unbeschadet des § 92 dürfen Basiseigenmittelbestandteile für bis zu zehn Jahre nach dem 1. Januar 2016 als Basiseigenmittel der Qualitätsklasse 2 angesetzt werden. Dies setzt voraus, dass diese Bestandteile

1. vor dem 1. Januar 2016 und vor dem Inkrafttreten des delegierten Rechtsakts nach Artikel 97 der Richtlinie 2009/138/EG ausgegeben wurden und
2. am 31. Dezember 2015 gemäß § 53c des Versicherungsaufsichtsgesetzes in der am 31.

Dezember 2015 geltenden Fassung auch in Verbindung mit § 121a Absatz 1 Satz 2 des Versicherungsaufsichtsgesetzes in der am 31. Dezember 2015 geltenden Fassung verwendet werden konnten, um als Eigenmittel bis zu höchstens 25 Prozent auf die geforderte Solvabilitätsspanne angerechnet zu werden.

Fußnote

(+++ § 345: Zur Anwendung vgl. § 350 Satz 1 +++)
-

§ 346 Anlagen in Kreditverbriefungen

Für Versicherungsunternehmen, die in handelbare Wertpapiere oder andere Finanzinstrumente auf der Grundlage von neu gebündelten, verbrieften und vor dem 1. Januar 2011 ausgegebenen Krediten investieren, gelten die in von der Kommission nach Artikel 135 Absatz 2 der Richtlinie 2009/138/EG erlassenen delegierten Rechtsakten genannten Anforderungen nur, wenn nach dem 31. Dezember 2014 zugrunde liegende Forderungen neu hinzugefügt oder ersetzt werden.

Fußnote

(+++ § 346: Zur Anwendung vgl. § 350 Satz 1 +++)
-

§ 347 Standardparameter

(1) Unbeschadet von § 89 Absatz 1 Satz 1, § 96 Absatz 1, § 97 Absatz 3 und der §§ 100, 109 Absatz 2 gilt im Hinblick auf die zu verwendenden Standardparameter Folgendes:

1. bis zum 31. Dezember 2017 werden bei der Berechnung der Untermodule für das Konzentrationsrisiko und das Spread-Risiko nach der Standardformel für Forderungen an die Mitglied- oder Vertragsstaaten oder deren Zentralbanken, die auf die Landeswährung eines anderen Mitglied- oder Vertragsstaats lauten und in dieser Währung refinanziert sind, dieselben Standardparameter verwendet wie für Forderungen, die auf die eigene Landeswährung lauten und in dieser Währung refinanziert sind;

2. 2018 werden die Standardparameter, die bei der Berechnung der Untermodule für das Konzentrationsrisiko und das Spread-Risiko nach der Standardformel verwendet werden, gegenüber Forderungen an die Mitglied- oder Vertragsstaaten oder deren Zentralbanken, die auf die Landeswährung eines anderen Mitglied- oder Vertragsstaats lauten und in dieser Währung refinanziert sind, um 80 Prozent gesenkt;

3. 2019 werden die Standardparameter, die bei der Berechnung der Untermodule für das Konzentrationsrisiko und das Spread-Risiko nach der Standardformel verwendet werden, gegenüber Forderungen an die Mitglied- oder Vertragsstaaten oder deren Zentralbanken, die auf die Landeswährung eines anderen Mitglied- oder Vertragsstaats lauten und in dieser Währung refinanziert sind, um 50 Prozent gesenkt;

4. ab dem 1. Januar 2020 werden die Standardparameter, die bei der Berechnung der Untermodule für das Konzentrationsrisiko und das Spread-Risiko nach der Standardformel verwendet werden, nicht mehr gegenüber Forderungen an die Mitglied- oder Vertragsstaaten oder deren Zentralbanken, die auf die Landeswährung eines anderen Mitglied- oder Vertragsstaats lauten und in dieser Währung refinanziert sind, gesenkt.

(2) Für Aktien, die das Unternehmen am oder vor dem 1. Januar 2016 erworben hat, werden unbeschadet von § 89 Absatz 1 Satz 1, § 97 Absatz 3, § 98 Absatz 1 und der §§ 100, 109 Absatz 2

die Standardparameter, die bei der Berechnung des Aktienrisiko-Untermoduls gemäß der Standardformel zu verwenden sind, als gewichtete Mittelwerte berechnet, und zwar aus

1.
dem Standardparameter, der bei der Berechnung des Aktienrisiko-Untermoduls gemäß Artikel 304 der Richtlinie 2009/138/EG zu verwenden ist, und

2.
dem Standardparameter, der bei der Berechnung des Aktienrisiko-Untermoduls gemäß § 106 zu verwenden ist.

Das Gewicht des in Satz 1 Nummer 2 genannten Parameters steigt zumindest linear am Ende jedes Jahres von 0 Prozent während des am 1. Januar 2016 beginnenden Jahres auf 100 Prozent am 1. Januar 2023.

Fußnote

(+++ § 347: Zur Anwendung vgl. § 350 Satz 1 +++)
-

§ 348 Solvabilitätskapitalanforderung

(1) Erfüllt ein Versicherungsunternehmen abweichend von § 134 die *Solvabilitätskapitalanforderung* im Jahr 2016 nicht, hätte aber die geforderte Solvabilitätsspanne nach dem bis zum 31. Dezember 2015 geltenden Recht erfüllt, gewährt die Aufsichtsbehörde auf Antrag eine Fristverlängerung für die Erfüllung der Solvabilitätskapitalanforderungen bis zum 31. Dezember 2017, wenn das Versicherungsunternehmen sich verpflichtet,

1.
Maßnahmen zu treffen, die zur Aufbringung der anrechnungsfähigen Eigenmittel oder zur Senkung des Risikoprofils notwendig sind, sodass die Einhaltung der Solvabilitätskapitalanforderung bis zum 31. Dezember 2017 sichergestellt ist, und

2.
der Aufsichtsbehörde alle drei Monate einen Fortschrittsbericht einzureichen, in dem die getroffenen Maßnahmen sowie der bei der Herstellung der Einhaltung der Solvabilitätskapitalanforderung erzielte Fortschritt dargestellt werden.

(2) Die Fristverlängerung nach Absatz 1 ist zu widerrufen, wenn aus dem Fortschrittsbericht hervorgeht, dass zwischen dem Zeitpunkt der Feststellung der Nichtbedeckung der Solvabilitätskapitalanforderung und dem der Übermittlung des Fortschrittsberichts kein wesentlicher Fortschritt bei der Herstellung der Einhaltung der Solvabilitätskapitalanforderung stattgefunden hat.

Fußnote

§ 348 Abs. 1 Eingangssatz Kursivdruck: Aufgrund offensichtlicher Unrichtigkeit wurde das Wort "Solvabiltätskapitalanforderung" durch "Solvabilitätskapitalanforderung" ersetzt
(+++ § 348: Zur Anwendung vgl. § 350 Satz 2 +++)
-

§ 349 Internes Teilgruppenmodell

Auf Antrag kann die Aufsichtsbehörde dem obersten beteiligten Versicherungsunternehmen die Verwendung eines nur auf einen Teil der Gruppe anwendbaren internen Gruppenmodells genehmigen. Dies setzt voraus, dass sowohl das oberste beteiligte Versicherungsunternehmen als auch das oberste beteiligte Versicherungsunternehmen der Teilgruppe, im Inland ansässig sind und die Teilgruppe einen abgrenzbaren Teil bildet, dessen Risikoprofil sich deutlich von dem der übrigen Gruppe unterscheidet. Die Genehmigung darf nur befristet erteilt werden; die Befristung endet spätestens am 31. März 2022.

-

§ 350 Gruppenvorschriften

Unbeschadet des § 250 sind auf Gruppenebene die §§ 345 bis 347 und 351 und 352 entsprechend anzuwenden. Wenn das oberste beteiligte Versicherungsunternehmen die für die bereinigte Solvabilität nach Artikel 9 der Richtlinie 98/78/EG des Europäischen Parlaments und des Rates vom 27. Oktober 1998 über die zusätzliche Beaufsichtigung von Versicherungs- und Rückversicherungsunternehmen in einer Versicherungs- oder Rückversicherungsgruppe (ABl. L 330 vom 5.12.1998, S. 1), die zuletzt durch die Richtlinie 2011/89/EU (ABl. L 326 vom 8.12.2011, S. 113) geändert worden ist, geltenden Bestimmungen erfüllt, das beteiligte Versicherungsunternehmen, die beteiligte Versicherungs-Holdinggesellschaft, die beteiligte gemischte Versicherungs-Holdinggesellschaft oder die beteiligte gemischte Finanzholding-Gesellschaft, aber nicht die Solvabilitätskapitalanforderung für die Gruppe, ist unbeschadet des § 250 der § 348 entsprechend anzuwenden.

-

§ 351 Risikofreie Zinssätze

(1) Versicherungsunternehmen dürfen mit Genehmigung der Aufsichtsbehörde unter Berücksichtigung der zulässigen Versicherungsverpflichtungen eine vorübergehende Anpassung der maßgeblichen risikofreien Zinskurve vornehmen.
(2) Die Anpassung wird für jede Währung berechnet als Anteil der Differenz zwischen

1.
   dem Zinssatz, der vom Versicherungsunternehmen im Einklang mit § 65 des Versicherungsaufsichtsgesetzes und der dazu erlassenen Rechtsverordnung in den jeweils maßgeblichen bis zum 31. Dezember 2015 geltenden Fassungen festgelegt wurde, und

2.
   dem effektiven Jahreszinssatz, der als derjenige konstante Abzinsungssatz berechnet wird, der im Fall einer Anwendung auf die Zahlungsströme des Portfolios zulässiger Versicherungsverpflichtungen zu einem Wert führt, der dem besten Schätzwert des Portfolios zulässiger Versicherungs- oder Rückversicherungsverpflichtungen entspricht, wenn der Zeitwert unter Verwendung der maßgeblichen risikofreien Zinskurve nach § 77 Absatz 1 berücksichtigt wird.

Der in Satz 1 genannte Anteil sinkt am Ende jedes Kalenderjahres linear von 100 Prozent ab 2016 auf 0 Prozent am 1. Januar 2032. Wenn Versicherungsunternehmen die Volatilitätsanpassung nach § 82 anwenden, muss die maßgebliche risikofreie Zinskurve nach Satz 1 Nummer 2 die Volatilitätsanpassung nach § 82 enthalten.
(3) Als zulässige Versicherungsverpflichtungen im Sinne des Absatzes 1 gelten nur die Versicherungsverpflichtungen, die den folgenden Anforderungen entsprechen:

1.
   die Verträge, aus denen sich die Versicherungsverpflichtungen ergeben, wurden vor dem 1. Januar 2016 geschlossen, Vertragsverlängerungen dieser Verträge zu oder nach diesem Zeitpunkt führen nicht zu zulässigen Versicherungsverpflichtungen,

2.
   die versicherungstechnischen Rückstellungen wurden für die Versicherungsverpflichtungen entsprechend § 65 des Versicherungsaufsichtsgesetzes und der dazu erlassenen Rechtsverordnung in den jeweils maßgeblichen bis zum 31. Dezember 2015 geltenden Fassungen festgelegt und

3.
   für die Versicherungsverpflichtungen erfolgt keine Matching-Anpassung nach § 80.

(4) Wenn Versicherungsunternehmen Absatz 1 anwenden, gilt, dass sie

1. die zulässigen Versicherungsverpflichtungen nicht in die Berechnung der Volatilitätsanpassung nach § 82 einfließen lassen dürfen,
2. § 352 nicht anwenden dürfen,
3. im Rahmen ihres Solvabilitäts- und Finanzberichts nach § 40 offenlegen müssen, dass sie eine vorübergehende Anpassung der maßgeblichen risikofreien Zinskurve vornehmen und die Folgen der Nichtanwendung dieser Übergangsmaßnahme für ihre Finanzlage quantifizieren müssen.

Fußnote

(+++ § 351: Zur Anwendung vgl. § 350 Satz 1 u. § 352 Abs. 5 Eingangssatz +++)
-

§ 352 Versicherungstechnische Rückstellungen

(1) Versicherungsunternehmen dürfen mit Genehmigung der Aufsichtsbehörde bei versicherungstechnischen Rückstellungen vorübergehend einen Abzug im Sinne des Absatzes 2 geltend machen. Der Abzug kann auf der Ebene homogener Risikogruppen nach § 75 Absatz 3 zur Anwendung kommen.
(2) Der vorübergehende Abzug entspricht einem Anteil der Differenz zwischen den beiden folgenden Beträgen:
1. den versicherungstechnischen Rückstellungen nach Abzug der einforderbaren Beträge aus Rückversicherungsverträgen und gegenüber Zweckgesellschaften, die nach § 75 zum 1. Januar 2016 berechnet wurden;
2. den versicherungstechnischen Rückstellungen nach Abzug der einforderbaren Beträge aus Rückversicherungsverträgen, die nach den Rechts- und Verwaltungsvorschriften berechnet wurden, die nach den §§ 341e bis 341h des Handelsgesetzbuchs und § 65 des Versicherungsaufsichtsgesetzes in den jeweils bis zum 31. Dezember 2015 geltenden Fassungen sowie den gemäß § 330 des Handelsgesetzbuchs und § 65 des Versicherungsaufsichtsgesetzes erlassenen Rechtsverordnungen in den jeweils bis zum 31. Dezember 2015 geltenden Fassungen gebildet wurden.

Der maximal abzugsfähige Anteil sinkt am Ende jedes Kalenderjahres linear von 100 Prozent während des Jahres ab 2016 auf 0 Prozent am 1. Januar 2032. Wenn Versicherungsunternehmen die Volatilitätsanpassung nach § 82 am 1. Januar 2016 anwenden, wird der in Nummer 1 genannte Betrag mit der an diesem Tag geltenden Volatilitätsanpassung berechnet.
(3) Die Beträge der versicherungstechnischen Rückstellungen sowie gegebenenfalls der Betrag der Volatilitätsanpassung, die zur Berechnung des vorübergehenden Abzugs nach Absatz 2 Satz 1 Nummer 1 und 2 verwendet werden, dürfen mit Genehmigung oder müssen auf Verlangen der Aufsichtsbehörde alle 24 Monate oder, wenn sich das Risikoprofil des Unternehmens wesentlich verändert, häufiger neu berechnet werden.
(4) Der Abzug nach Absatz 2 kann von der Aufsichtsbehörde begrenzt werden, wenn seine Anwendung dazu führen könnte, dass die für das Unternehmen geltenden Finanzmittelanforderungen im Vergleich zu den Anforderungen sinken, die gemäß dem Handelsgesetzbuch, dem Versicherungsaufsichtsgesetz und den dazu erlassenen Rechtsverordnungen in den jeweils bis zum 31. Dezember 2015 geltenden Fassungen berechnet wurden.
(5) Wenn Versicherungsunternehmen Absatz 1 anwenden, dürfen sie § 351 nicht anwenden und müssen
1.

wenn sie die Solvabilitätskapitalanforderung nur bei Anwendung des vorübergehenden Abzugs erfüllen können, der zuständigen Aufsichtsbehörde jährlich einen Bericht vorlegen, in dem die Maßnahmen, die zur Aufbringung der anrechnungsfähigen Eigenmittel oder zur Senkung des Risikoprofils notwendig sind, sodass die Einhaltung der Solvabilitätskapitalanforderung hergestellt ist, sowie der hierbei erzielte Fortschritt dargestellt werden, und

2.

im Rahmen ihres Solvabilitäts- und Finanzberichts offenlegen, dass sie den vorübergehenden Abzug im Sinne des Absatzes 2 auf die versicherungstechnischen Rückstellungen anwenden, und die Folgen einer Nichtanwendung dieses vorübergehenden Abzugs für ihre Finanzlage quantifizieren.

Fußnote

(+++ § 352: Zur Anwendung vgl. § 350 Satz 1 u. § 351 Abs. 4 Nr. 2 +++)

-

§ 353 Plan betreffend die schrittweise Einführung von Übergangsmaßnahmen für risikofreie Zinssätze und versicherungstechnische Rückstellungen

(1) Versicherungsunternehmen, die die Übergangsmaßnahmen nach § 351 oder § 352 anwenden, melden der Aufsichtsbehörde unverzüglich, wenn sie feststellen, dass der Fall einzutreten droht, dass die Solvabilitätskapitalanforderung am Ende des Übergangszeitraums ohne diese Übergangsmaßnahmen nicht mehr bedeckt sein würde. Die Aufsichtsbehörde verpflichtet das betroffene Versicherungsunternehmen in diesem Fall, Maßnahmen zu treffen, die zur Einhaltung der Solvabilitätskapitalanforderung am Ende des Übergangszeitraums notwendig und geeignet sind.

(2) Stellt ein Versicherungsunternehmen fest, dass es die Solvabilitätskapitalanforderung ohne die Übergangsmaßnahmen nach § 351 oder § 352 nicht einhalten würde, so legt es innerhalb von zwei Monaten nach dieser Feststellung der Aufsichtsbehörde einen Plan vor, in dem die schrittweise Einführung der Maßnahmen dargelegt wird, die zur Aufbringung der anrechnungsfähigen Eigenmittel oder zur Senkung des Risikoprofils geplant sind, sodass die Einhaltung der Solvabilitätskapitalanforderung am Ende des Übergangszeitraums wiederhergestellt ist. Das betroffene Versicherungsunternehmen kann diesen Plan während des Übergangszeitraums aktualisieren.

(3) Das betroffene Versicherungsunternehmen legt der Aufsichtsbehörde alle zwölf Monate einen Bericht vor, in dem die Maßnahmen zur Einhaltung der Solvabilitätskapitalanforderung am Ende des Übergangszeitraums sowie der hierbei erzielte Fortschritt dargestellt sind. Wenn aus dem Fortschrittsbericht deutlich wird, dass eine erneute Einhaltung der Solvabilitätskapitalanforderung am Ende des Übergangszeitraums unrealistisch ist, widerruft die Aufsichtsbehörde die Genehmigung für die Anwendung der Übergangsmaßnahme nach § 351 oder § 352.

-

§ 354 Überprüfung der langfristigen Garantien und der Maßnahmen gegen Aktienrisiken

Die Bundesanstalt informiert die Europäische Aufsichtsbehörde für das Versicherungswesen und die betriebliche Altersversorgung bis zum 1. Januar 2021 jedes Jahr über Folgendes:

1.

die Verfügbarkeit von langfristigen Garantien bei Versicherungsverträgen auf ihren Binnenmärkten und das Verhalten von Versicherungsunternehmen als langfristige Investoren;

2.

die Zahl der Versicherungsunternehmen, welche die Matching-Anpassung, die Volatilitätsanpassung, die Verlängerung der Frist für die Wiederherstellung gesunder

3. Finanzverhältnisse nach § 134 Absatz 4, das durationsbasierte Untermodul „Aktienrisiko" und die Übergangsmaßnahmen nach den §§ 351 und 352 anwenden;

4. die Auswirkungen der Matching-Anpassung, der Volatilitätsanpassung, der symmetrischen Anpassung der Kapitalanforderung für Aktienanlagen gemäß § 106 Absatz 1, des durationsbasierten Untermoduls „Aktienrisiko" und der Übergangsmaßnahmen nach den §§ 351 und 352 auf die Finanzlage der Versicherungsunternehmen auf nationaler Ebene und anonymisiert für jedes Unternehmen;

5. die Auswirkungen der Matching-Anpassung, der Volatilitätsanpassung, der symmetrischen Anpassung der Kapitalanforderungen für Aktienanlagen gemäß § 106 Absatz 1 und des durationsbasierten Untermoduls „Aktienrisiko" auf das Investitionsverhalten von Versicherungsunternehmen und darauf, ob dies zu einer unangemessenen Kapitalentlastung führt;

6. die Auswirkungen einer Verlängerung der Frist für die Wiederherstellung gesunder Finanzverhältnisse nach § 134 Absatz 4 auf die Bemühungen der Versicherungsunternehmen zur Aufbringung der anrechnungsfähigen Eigenmittel oder zur Senkung des Risikoprofils zur Einhaltung der Solvabilitätskapitalanforderung;

7. die Erfüllung oder Nichterfüllung der Pläne betreffend Übergangsmaßnahmen nach § 353 durch Versicherungsunternehmen, die diese Übergangsmaßnahmen nach den §§ 351 und 352 anwenden und die Wahrscheinlichkeit einer geringeren Abhängigkeit von diesen Übergangsmaßnahmen, einschließlich Maßnahmen, die von den Unternehmen und den Aufsichtsbehörden ergriffen wurden oder voraussichtlich ergriffen werden, wobei dem anwendbaren Regelungsumfeld Rechnung zu tragen ist.

§ 355 Entscheidungen der Aufsichtsbehörde aus Anlass des Inkrafttretens dieses Gesetzes

(1) Ab dem 11. April 2015 ist die Aufsichtsbehörde befugt, zu entscheiden über die Genehmigung

1. ergänzender Eigenmittel gemäß § 90,

2. der Einstufung von Eigenmittelbestandteilen nach § 91 Absatz 5,

3. von unternehmensspezifischen Parametern gemäß § 109 Absatz 2,

4. von internen Voll- oder Partialmodellen gemäß den §§ 111 und 112,

5. ergänzender Eigenmittel einer zwischengeschalteten Versicherungs-Holdinggesellschaft oder einer zwischengeschalteten gemischten Finanzholding-Gesellschaft gemäß § 257 Absatz 2,

6. eines internen Modells für die Gruppe gemäß den §§ 261 und 262 sowie 265 Absatz 5,

7. der Verwendung der Matching-Anpassung für die maßgebliche risikofreie Zinskurve gemäß den §§ 80 und 81,

8. der Verwendung der Volatilitätsanpassung für die maßgebliche risikofreie Zinskurve gemäß § 82,

9. der Anwendung der Übergangsmaßnahme bei risikofreien Zinssätzen nach § 351,

10. der Anwendung der Übergangsmaßnahme bei versicherungstechnischen Rückstellungen nach § 352.

(2) Ab dem 1. April 2015 ist die Aufsichtsbehörde befugt,

1.
   die Ebene und den Umfang der Gruppenaufsicht gemäß den §§ 245 bis 249 festzulegen,
2.
   die für die Gruppenaufsicht zuständige Behörde gemäß den §§ 279 und 280 festzulegen,
3.
   ein Aufsichtskollegium gemäß § 283 einzusetzen.

(3) Ab dem 1. Juli 2015 ist die Aufsichtsbehörde befugt,

1.
   über den Abzug einer Beteiligung gemäß § 259 Absatz 2 zu entscheiden,
2.
   die Methode zur Berechnung der Solvabilität der Gruppe gemäß § 252 auszuwählen,
3.
   im Einklang mit den §§ 258 und 288 über die Gleichwertigkeit zu entscheiden,
4.
   zu gestatten, dass Versicherungsunternehmen gemäß § 268 unter die §§ 269 und 270 fallen,
5.
   die Festlegungen gemäß den §§ 289 und 290 zu treffen,
6.
   zu entscheiden, dass Übergangsmaßnahmen nach den §§ 343 bis 350 zur Anwendung kommen.

(4) Entscheidungen nach den Absätzen 1 bis 3 werden zum 1. Januar 2016 wirksam, wenn in der Entscheidung kein späteres Datum genannt wird.

Anlage 1 Einteilung der Risiken nach Sparten

(Fundstelle: BGBl. I 2015, 555 - 556)

1.
   Unfall
   a)
      Summenversicherung
   b)
      Kostenversicherung
   c)
      kombinierte Leistungen
   d)
      Personenbeförderung
2.
   Krankheit
   a)
      Tagegeld
   b)
      Kostenversicherung
   c)
      kombinierte Leistungen
3.
   Landfahrzeug-Kasko (ohne Schienenfahrzeuge)
   Sämtliche Schäden an:
   a)
      Kraftfahrzeugen
   b)
      Landfahrzeugen ohne eigenen Antrieb
4.

5. Schienenfahrzeug-Kasko
Sämtliche Schäden an Schienenfahrzeugen

6. Luftfahrzeug-Kasko
Sämtliche Schäden an Luftfahrzeugen

7. See-, Binnensee- und Flussschifffahrts-Kasko
Sämtliche Schäden an:
   a) Flussschiffen
   b) Binnenseeschiffen
   c) Seeschiffen

8. Transportgüter
Sämtliche Schäden an transportierten Gütern, unabhängig von dem jeweils verwendeten Transportmittel

9. Feuer- und Elementarschäden
Sämtliche Sachschäden (soweit sie nicht unter die Nummern 3 bis 7 fallen), die verursacht werden durch:
   a) Feuer
   b) Explosion
   c) Sturm
   d) andere Elementarschäden außer Sturm
   e) Kernenergie
   f) Bodensenkungen und Erdrutsch

10. Hagel-, Frost- und sonstige Sachschäden
Sämtliche Sachschäden (soweit sie nicht unter die Nummern 3 bis 7 fallen), die außer durch Hagel oder Frost durch Ursachen aller Art (wie beispielsweise Diebstahl) hervorgerufen werden, soweit diese Ursachen nicht von Nummer 8 erfasst sind

11. Haftpflicht für Landfahrzeuge mit eigenem Antrieb
   a) Kraftfahrzeughaftpflicht
   b) Haftpflicht aus Landtransporten
   c) sonstige

12. Luftfahrzeughaftpflicht
Haftpflicht aller Art (einschließlich derjenigen des Frachtführers), die sich aus der Verwendung von Luftfahrzeugen ergibt

13. See-, Binnensee- und Flussschifffahrtshaftpflicht
Haftpflicht aller Art (einschließlich derjenigen des Frachtführers), die sich aus der Verwendung von Flussschiffen, Binnenseeschiffen und Seeschiffen ergibt

13. Allgemeine Haftpflicht
Alle sonstigen Haftpflichtfälle, die nicht unter die Nummern 10 bis 12 fallen
14. Kredit
   a) allgemeine Zahlungsunfähigkeit
   b) Ausfuhrkredit
   c) Abzahlungsgeschäfte
   d) Hypothekendarlehen
   e) landwirtschaftliche Darlehen
15. Kaution
16. Verschiedene finanzielle Verluste
   a) Berufsrisiken
   b) ungenügende Einkommen (allgemein)
   c) Schlechtwetter
   d) Gewinnausfall
   e) laufende Unkosten allgemeiner Art
   f) unvorhergesehene Geschäftsunkosten
   g) Wertverluste
   h) Miet- oder Einkommensausfall
   i) indirekte kommerzielle Verluste außer den bereits erwähnten
   j) nichtkommerzielle Geldverluste
   k) sonstige finanzielle Verluste
17. Rechtsschutz
18. Beistandsleistungen zugunsten von Personen, die sich in Schwierigkeiten befinden
   a) auf Reisen oder während der Abwesenheit von ihrem Wohnsitz oder ständigem Aufenthaltsort
   b) unter anderen Bedingungen, sofern die Risiken nicht unter andere Versicherungssparten fallen
19. Leben
(soweit nicht unter den Nummern 20 bis 24 aufgeführt)
20.

21. Heirats- und Geburtenversicherung
22. Fondsgebundene Lebensversicherung
23. Tontinengeschäfte
24. Kapitalisierungsgeschäfte
25. Geschäfte der Verwaltung von Versorgungseinrichtungen
- Pensionsfondsgeschäfte

Anlage 2 Bezeichnung der Zulassung, die gleichzeitig für mehrere Sparten erteilt wird
(Fundstelle: BGBl. I 2015, 557)

Umfasst die Zulassung zugleich

1. Nummer 1 Buchstabe d, die Nummern 3, 7 und 10 Buchstabe a, so wird sie unter der Bezeichnung „Kraftfahrtversicherung" erteilt;
2. Nummer 1 Buchstabe d, die Nummern 4, 6, 7 und 12, so wird sie unter der Bezeichnung „See- und Transportversicherung" erteilt;
3. Nummer 1 Buchstabe d, die Nummern 5, 7 und 11, so wird sie unter der Bezeichnung „Luftfahrtversicherung" erteilt;
4. die Nummern 8 und 9, so wird sie unter der Bezeichnung „Feuer- und andere Sachschäden" erteilt;
5. die Nummern 10 bis 13, so wird sie unter der Bezeichnung „Haftpflicht" erteilt;
6. die Nummern 14 und 15, so wird sie unter der Bezeichnung „Kredit und Kaution" erteilt;
7. die Nummern 1, 3 bis 13 und 16, so wird sie unter der Bezeichnung „Schaden- und Unfallversicherung" erteilt.

Anlage 3 Standardformel zur Berechnung der Solvabilitätskapitalanforderung (SCR)
(Fundstelle: BGBl. I 2015, 558 - 559)

1. **Berechnung der Basissolvabilitätskapitalanforderung (BSCR)**
Die in § 100 dargelegte Basissolvabilitätskapitalanforderung wird wie folgt ermittelt:

$$\text{Basis SCR} = \sqrt{\sum_{i,j} \text{Corr}_{i,j} \times \text{SCR}_i \times \text{SCR}_j}$$

wobei SCR_i das Risikomodul i und SCR_j das Risikomodul j bezeichnet; „i, j" bedeutet, dass in der Summe alle möglichen Kombinationen von i und j erfasst sein sollten. Bei der Berechnung treten an die Stelle von SCR_i und SCR_j:
$SCR_{\text{Nichtleben}}$: Nichtlebensversicherungstechnisches Risikomodul;
SCR_{Leben}: Lebensversicherungstechnisches Risikomodul;

$SCR_{Kranken}$: Krankenversicherungstechnisches Risikomodul;
SCR_{Markt}: Risikomodul Marktrisiken;
$SCR_{Ausfall}$: Risikomodul Gegenparteiausfall.
Der Faktor „Corr i, j" steht für die Angaben in Zeile i und Spalte j der folgenden Korrelationsmatrix:

i \ j	Markt	Gegenpartei-ausfall	Lebens-versicherung	Kranken-versicherung	Nicht-Lebens-versicherung
Markt	1	0.25	0.25	0.25	0.25
Gegenparteiausfall	0.25	1	0.25	0.25	0.5
Lebensversicherung	0.25	0.25	1	0.25	0
Krankenversicherung	0.25	0.25	0.25	1	0
Nicht-Lebensversicherung	0.25	0.5	0	0	1

2.
Berechnung des nichtlebensversicherungstechnischen Risikomoduls
Das in § 101 genannte nichtlebensversicherungstechnische Risikomodul errechnet sich wie folgt:

$$SCR_{Nichtleben} = \sqrt{\sum_{i,j} Corr_{i,j} \times SCR_i \times SCR_j}$$

wobei SCR_i das Untermodul i und SCR_j das Untermodul j bezeichnet; „i, j" bedeutet, dass in der Summe alle möglichen Kombinationen von i und j erfasst sein sollten. Bei der Berechnung treten an die Stelle von SCR_i und SCR_j :
$SCR_{NL-Prämien/Rückstellung}$: Untermodul Nichtlebensversicherungprämien- und -reserverisiko;
$SCR_{NL-Katastrophen}$: Untermodul Nichtlebenskatastrophenrisiko.

3.
Berechnung des lebensversicherungstechnischen Risikomoduls
Das in § 102 genannte lebensversicherungstechnische Risikomodul errechnet sich wie folgt:

$$SCR_{Leben} = \sqrt{\sum_{i,j} Corr_{i,j} \times SCR_i \times SCR_j}$$

wobei SCR_i das Untermodul i und SCR_j das Untermodul j bezeichnet; „i, j" bedeutet, dass in der Summe alle möglichen Kombinationen von i und j erfasst sein sollten. Bei der Berechnung treten an die Stelle von SCR_i und SCR_j:
$SCR_{Sterblichkeit}$: Untermodul Sterblichkeitsrisiko;
$SCR_{Langlebigkeit}$: Untermodul Langlebigkeitsrisiko;
$SCR_{Invalidität}$: Untermodul Invaliditäts-/Morbiditätsrisiko;
$SCR_{LV-Kosten}$: Untermodul Lebensversicherungskostenrisiko;
$SCR_{Revision}$: Untermodul Revisionsrisiko;
SCR_{Storno}: Untermodul Stornorisiko;
$SCR_{LV-Katastrophen}$: Untermodul Lebensversicherungskatastrophenrisiko.

4.
Berechnung des Risikomoduls Marktrisiken
Struktur des Risikomoduls Marktrisiken
Das in § 104 genannte Marktrisikomodul errechnet sich wie folgt:

$$SCR_{Markt} = \sqrt{\sum_{i,j} Corr_{i,j} \times SCR_i \times SCR_j}$$

wobei SCR_i das Untermodul i und SCR_j das Untermodul j bezeichnet; „i, j" bedeutet, dass in der Summe alle möglichen Kombinationen von i und j erfasst sein sollten. Bei der

Berechnung treten an die Stelle von SCR_i und SCR_j:

SCR_{Zins}: Untermodul Zinsänderungsrisiko;

SCR_{Aktien}: Untermodul Aktienrisiko;

$SCR_{Immobilien}$: Untermodul Immobilienrisiko;

SCR_{Spread}: Untermodul Spread-Risiko;

$SCR_{Konzentration}$: Untermodul Marktrisikokonzentrationen;

$SCR_{Wechselkurs}$: Untermodul Wechselkursrisiko.

Gesetz über den Versicherungsvertrag

Versicherungsvertragsgesetz - VVG

VVG

Ausfertigungsdatum: 23.11.2007

"Versicherungsvertragsgesetz vom 23. November 2007 (BGBl. I S. 2631), das zuletzt durch Artikel 8 Absatz 21 des Gesetzes vom 17. Juli 2015 (BGBl. I S. 1245) geändert worden ist". Zuletzt geändert durch Art. 8 Abs. 21 G v. 17.7.2015 I 1245.

Fußnote

(+++ Textnachweis ab: 1.1.2008 +++)
(+++ Amtlicher Hinweis des Normgebers auf EG-Recht:
   Umsetzung der
      EGRL 65/2002 (CELEX Nr: 32002L0065) vgl. G v. 24.4.2013 I 932 +++)

Das G wurde als Artikel 1 des G v. 23.11.2007 I 2631 vom Bundestag erlassen. Es tritt gem. Art. 12 Abs. 1 Satz 3 am 1.1.2008 in Kraft. § 7 Abs. 2 und 3 sind am 30.11.2007 in Kraft getreten.

Teil 1
Allgemeiner Teil

Kapitel 1
Vorschriften für alle Versicherungszweige

Abschnitt 1
Allgemeine Vorschriften

§ 1 Vertragstypische Pflichten

Der Versicherer verpflichtet sich mit dem Versicherungsvertrag, ein bestimmtes Risiko des Versicherungsnehmers oder eines Dritten durch eine Leistung abzusichern, die er bei Eintritt des vereinbarten Versicherungsfalles zu erbringen hat. Der Versicherungsnehmer ist verpflichtet, an den Versicherer die vereinbarte Zahlung (Prämie) zu leisten.

-

§ 2 Rückwärtsversicherung

(1) Der Versicherungsvertrag kann vorsehen, dass der Versicherungsschutz vor dem Zeitpunkt des Vertragsschlusses beginnt (Rückwärtsversicherung).
(2) Hat der Versicherer bei Abgabe seiner Vertragserklärung davon Kenntnis, dass der Eintritt eines Versicherungsfalles ausgeschlossen ist, steht ihm ein Anspruch auf die Prämie nicht zu. Hat der Versicherungsnehmer bei Abgabe seiner Vertragserklärung davon Kenntnis, dass ein Versicherungsfall schon eingetreten ist, ist der Versicherer nicht zur Leistung verpflichtet.
(3) Wird der Vertrag von einem Vertreter geschlossen, ist in den Fällen des Absatzes 2 sowohl die Kenntnis des Vertreters als auch die Kenntnis des Vertretenen zu berücksichtigen.
(4) § 37 Abs. 2 ist auf die Rückwärtsversicherung nicht anzuwenden.

-

§ 3 Versicherungsschein

(1) Der Versicherer hat dem Versicherungsnehmer einen Versicherungsschein in Textform, auf dessen Verlangen als Urkunde, zu übermitteln.
(2) Wird der Vertrag nicht durch eine Niederlassung des Versicherers im Inland geschlossen, ist im Versicherungsschein die Anschrift des Versicherers und der Niederlassung, über die der Vertrag geschlossen worden ist, anzugeben.
(3) Ist ein Versicherungsschein abhandengekommen oder vernichtet, kann der Versicherungsnehmer vom Versicherer die Ausstellung eines neuen Versicherungsscheins verlangen. Unterliegt der Versicherungsschein der Kraftloserklärung, ist der Versicherer erst nach der Kraftloserklärung zur Ausstellung verpflichtet.
(4) Der Versicherungsnehmer kann jederzeit vom Versicherer Abschriften der Erklärungen verlangen, die er mit Bezug auf den Vertrag abgegeben hat. Benötigt der Versicherungsnehmer die Abschriften für die Vornahme von Handlungen gegenüber dem Versicherer, die an eine bestimmte Frist gebunden sind, und sind sie ihm nicht schon früher vom Versicherer übermittelt worden, ist der Lauf der Frist vom Zugang des Verlangens beim Versicherer bis zum Eingang der Abschriften beim Versicherungsnehmer gehemmt.
(5) Die Kosten für die Erteilung eines neuen Versicherungsscheins nach Absatz 3 und der Abschriften nach Absatz 4 hat der Versicherungsnehmer zu tragen und auf Verlangen vorzuschießen.

-

§ 4 Versicherungsschein auf den Inhaber

(1) Auf einen als Urkunde auf den Inhaber ausgestellten Versicherungsschein ist § 808 des Bürgerlichen Gesetzbuchs anzuwenden.
(2) Ist im Vertrag bestimmt, dass der Versicherer nur gegen Rückgabe eines als Urkunde ausgestellten Versicherungsscheins zu leisten hat, genügt, wenn der Versicherungsnehmer erklärt, zur Rückgabe außerstande zu sein, das öffentlich beglaubigte Anerkenntnis, dass die Schuld erloschen sei. Satz 1 ist nicht anzuwenden, wenn der Versicherungsschein der Kraftloserklärung unterliegt.

§ 5 Abweichender Versicherungsschein

(1) Weicht der Inhalt des Versicherungsscheins von dem Antrag des Versicherungsnehmers oder den getroffenen Vereinbarungen ab, gilt die Abweichung als genehmigt, wenn die Voraussetzungen des Absatzes 2 erfüllt sind und der Versicherungsnehmer nicht innerhalb eines Monats nach Zugang des Versicherungsscheins in Textform widerspricht.
(2) Der Versicherer hat den Versicherungsnehmer bei Übermittlung des Versicherungsscheins darauf hinzuweisen, dass Abweichungen als genehmigt gelten, wenn der Versicherungsnehmer nicht innerhalb eines Monats nach Zugang des Versicherungsscheins in Textform widerspricht. Auf jede Abweichung und die hiermit verbundenen Rechtsfolgen ist der Versicherungsnehmer durch einen auffälligen Hinweis im Versicherungsschein aufmerksam zu machen.
(3) Hat der Versicherer die Verpflichtungen nach Absatz 2 nicht erfüllt, gilt der Vertrag als mit dem Inhalt des Antrags des Versicherungsnehmers geschlossen.
(4) Eine Vereinbarung, durch die der Versicherungsnehmer darauf verzichtet, den Vertrag wegen Irrtums anzufechten, ist unwirksam.

§ 6 Beratung des Versicherungsnehmers

(1) Der Versicherer hat den Versicherungsnehmer, soweit nach der Schwierigkeit, die angebotene Versicherung zu beurteilen, oder der Person des Versicherungsnehmers und dessen Situation hierfür Anlass besteht, nach seinen Wünschen und Bedürfnissen zu befragen und, auch unter Berücksichtigung eines angemessenen Verhältnisses zwischen Beratungsaufwand und der vom Versicherungsnehmer zu zahlenden Prämien, zu beraten sowie die Gründe für jeden zu einer bestimmten Versicherung erteilten Rat anzugeben. Er hat dies unter Berücksichtigung der Komplexität des angebotenen Versicherungsvertrags zu dokumentieren.
(2) Der Versicherer hat dem Versicherungsnehmer den erteilten Rat und die Gründe hierfür klar und verständlich vor dem Abschluss des Vertrags in Textform zu übermitteln. Die Angaben dürfen mündlich übermittelt werden, wenn der Versicherungsnehmer dies wünscht oder wenn und soweit der Versicherer vorläufige Deckung gewährt. In diesen Fällen sind die Angaben unverzüglich nach Vertragsschluss dem Versicherungsnehmer in Textform zu übermitteln; dies gilt nicht, wenn ein Vertrag nicht zustande kommt und für Verträge über vorläufige Deckung bei Pflichtversicherungen.
(3) Der Versicherungsnehmer kann auf die Beratung und Dokumentation nach den Absätzen 1 und 2 durch eine gesonderte schriftliche Erklärung verzichten, in der er vom Versicherer ausdrücklich darauf hingewiesen wird, dass sich ein Verzicht nachteilig auf seine Möglichkeit auswirken kann, gegen den Versicherer einen Schadensersatzanspruch nach Absatz 5 geltend zu machen.
(4) Die Verpflichtung nach Absatz 1 Satz 1 besteht auch nach Vertragsschluss während der Dauer des Versicherungsverhältnisses, soweit für den Versicherer ein Anlass für eine Nachfrage und Beratung des Versicherungsnehmers erkennbar ist. Der Versicherungsnehmer kann im Einzelfall auf eine Beratung durch schriftliche Erklärung verzichten.
(5) Verletzt der Versicherer eine Verpflichtung nach Absatz 1, 2 oder 4, ist er dem Versicherungsnehmer zum Ersatz des hierdurch entstehenden Schadens verpflichtet. Dies gilt nicht, wenn der Versicherer die Pflichtverletzung nicht zu vertreten hat.

(6) Die Absätze 1 bis 5 sind auf Versicherungsverträge über ein Großrisiko im Sinn des § 210 Absatz 2 nicht anzuwenden, ferner dann nicht, wenn der Vertrag mit dem Versicherungsnehmer von einem Versicherungsmakler vermittelt wird oder wenn es sich um einen Vertrag im Fernabsatz im Sinn des § 312c des Bürgerlichen Gesetzbuchs handelt.

§ 7 Information des Versicherungsnehmers

(1) Der Versicherer hat dem Versicherungsnehmer rechtzeitig vor Abgabe von dessen Vertragserklärung seine Vertragsbestimmungen einschließlich der Allgemeinen Versicherungsbedingungen sowie die in einer Rechtsverordnung nach Absatz 2 bestimmten Informationen in Textform mitzuteilen. Die Mitteilungen sind in einer dem eingesetzten Kommunikationsmittel entsprechenden Weise klar und verständlich zu übermitteln. Wird der Vertrag auf Verlangen des Versicherungsnehmers telefonisch oder unter Verwendung eines anderen Kommunikationsmittels geschlossen, das die Information in Textform vor der Vertragserklärung des Versicherungsnehmers nicht gestattet, muss die Information unverzüglich nach Vertragsschluss nachgeholt werden; dies gilt auch, wenn der Versicherungsnehmer durch eine gesonderte schriftliche Erklärung auf eine Information vor Abgabe seiner Vertragserklärung ausdrücklich verzichtet.

(2) Das Bundesministerium der Justiz und für Verbraucherschutz wird ermächtigt, im Einvernehmen mit dem Bundesministerium der Finanzen und durch Rechtsverordnung ohne Zustimmung des Bundesrates zum Zweck einer umfassenden Information des Versicherungsnehmers festzulegen,

1. welche Einzelheiten des Vertrags, insbesondere zum Versicherer, zur angebotenen Leistung und zu den Allgemeinen Versicherungsbedingungen sowie zum Bestehen eines Widerrufsrechts, dem Versicherungsnehmer mitzuteilen sind,

2. welche weiteren Informationen dem Versicherungsnehmer bei der Lebensversicherung, insbesondere über die zu erwartenden Leistungen, ihre Ermittlung und Berechnung, über eine Modellrechnung sowie über die Abschluss- und Vertriebskosten und die Verwaltungskosten, soweit eine Verrechnung mit Prämien erfolgt, und über sonstige Kosten mitzuteilen sind,

3. welche weiteren Informationen bei der Krankenversicherung, insbesondere über die Prämienentwicklung und -gestaltung sowie die Abschluss- und Vertriebskosten und die Verwaltungskosten, mitzuteilen sind,

4. was dem Versicherungsnehmer mitzuteilen ist, wenn der Versicherer mit ihm telefonisch Kontakt aufgenommen hat und

5. in welcher Art und Weise die Informationen zu erteilen sind.

Bei der Festlegung der Mitteilungen nach Satz 1 sind die vorgeschriebenen Angaben nach der Richtlinie 92/49/EWG des Rates vom 18. Juni 1992 zur Koordinierung der Rechts- und Verwaltungsvorschriften für die Direktversicherung (mit Ausnahme der Lebensversicherung) sowie zur Änderung der Richtlinien 73/239/EWG und 88/357/EWG (ABl. EG Nr. L 228 S. 1), der Richtlinie 2002/65/EG des Europäischen Parlaments und des Rates vom 23. September 2002 über den Fernabsatz von Finanzdienstleistungen an Verbraucher und zur Änderung der Richtlinie 90/619/EWG des Rates und der Richtlinien 97/7/EG und 98/27/EG (ABl. EG Nr. L 271 S. 16) sowie der Richtlinie 2002/83/EG des Europäischen Parlaments und des Rates vom 5. November 2002 über Lebensversicherungen (ABl. EG Nr. L 345 S. 1) zu beachten.

(3) In der Rechtsverordnung nach Absatz 2 ist ferner zu bestimmen, was der Versicherer während der Laufzeit des Vertrags in Textform mitteilen muss; dies gilt insbesondere bei Änderungen früherer Informationen, ferner bei der Krankenversicherung bei Prämienerhöhungen und

hinsichtlich der Möglichkeit eines Tarifwechsels sowie bei der Lebensversicherung mit Überschussbeteiligung hinsichtlich der Entwicklung der Ansprüche des Versicherungsnehmers.
(4) Der Versicherungsnehmer kann während der Laufzeit des Vertrags jederzeit vom Versicherer verlangen, dass ihm dieser die Vertragsbestimmungen einschließlich der Allgemeinen Versicherungsbedingungen in einer Urkunde übermittelt; die Kosten für die erste Übermittlung hat der Versicherer zu tragen.
(5) Die Absätze 1 bis 4 sind auf Versicherungsverträge über ein Großrisiko im Sinn des § 210 Absatz 2 nicht anzuwenden. Ist bei einem solchen Vertrag der Versicherungsnehmer eine natürliche Person, hat ihm der Versicherer vor Vertragsschluss das anwendbare Recht und die zuständige Aufsichtsbehörde in Textform mitzuteilen.

§ 8 Widerrufsrecht des Versicherungsnehmers

(1) Der Versicherungsnehmer kann seine Vertragserklärung innerhalb von 14 Tagen widerrufen. Der Widerruf ist in Textform gegenüber dem Versicherer zu erklären und muss keine Begründung enthalten; zur Fristwahrung genügt die rechtzeitige Absendung.
(2) Die Widerrufsfrist beginnt zu dem Zeitpunkt, zu dem folgende Unterlagen dem Versicherungsnehmer in Textform zugegangen sind:
1. der Versicherungsschein und die Vertragsbestimmungen einschließlich der Allgemeinen Versicherungsbedingungen sowie die weiteren Informationen nach § 7 Abs. 1 und 2 und
2. eine deutlich gestaltete Belehrung über das Widerrufsrecht und über die Rechtsfolgen des Widerrufs, die dem Versicherungsnehmer seine Rechte entsprechend den Erfordernissen des eingesetzten Kommunikationsmittels deutlich macht und die den Namen und die ladungsfähige Anschrift desjenigen, gegenüber dem der Widerruf zu erklären ist, sowie einen Hinweis auf den Fristbeginn und auf die Regelungen des Absatzes 1 Satz 2 enthält.

Der Nachweis über den Zugang der Unterlagen nach Satz 1 obliegt dem Versicherer.
(3) Das Widerrufsrecht besteht nicht
1. bei Versicherungsverträgen mit einer Laufzeit von weniger als einem Monat,
2. bei Versicherungsverträgen über vorläufige Deckung, es sei denn, es handelt sich um einen Fernabsatzvertrag im Sinn des § 312c des Bürgerlichen Gesetzbuchs,
3. bei Versicherungsverträgen bei Pensionskassen, die auf arbeitsvertraglichen Regelungen beruhen, es sei denn, es handelt sich um einen Fernabsatzvertrag im Sinn des § 312c des Bürgerlichen Gesetzbuchs,
4. bei Versicherungsverträgen über ein Großrisiko im Sinn des § 210 Absatz 2.

Das Widerrufsrecht erlischt, wenn der Vertrag von beiden Seiten auf ausdrücklichen Wunsch des Versicherungsnehmers vollständig erfüllt ist, bevor der Versicherungsnehmer sein Widerrufsrecht ausgeübt hat.
(4) Im elektronischen Geschäftsverkehr beginnt die Widerrufsfrist abweichend von Absatz 2 Satz 1 nicht vor Erfüllung auch der in § 312i Absatz 1 Satz 1 des Bürgerlichen Gesetzbuchs geregelten Pflichten.
(5) Die nach Absatz 2 Satz 1 Nr. 2 zu erteilende Belehrung genügt den dort genannten Anforderungen, wenn das Muster der Anlage zu diesem Gesetz in Textform verwendet wird. Der Versicherer darf unter Beachtung von Absatz 2 Satz 1 Nr. 2 in Format und Schriftgröße von dem Muster abweichen und Zusätze wie die Firma oder ein Kennzeichen des Versicherers anbringen.

§ 9 Rechtsfolgen des Widerrufs

(1) Übt der Versicherungsnehmer das Widerrufsrecht nach § 8 Abs. 1 aus, hat der Versicherer nur den auf die Zeit nach Zugang des Widerrufs entfallenden Teil der Prämien zu erstatten, wenn der Versicherungsnehmer in der Belehrung nach § 8 Abs. 2 Satz 1 Nr. 2 auf sein Widerrufsrecht, die Rechtsfolgen des Widerrufs und den zu zahlenden Betrag hingewiesen worden ist und zugestimmt hat, dass der Versicherungsschutz vor Ende der Widerrufsfrist beginnt; die Erstattungspflicht ist unverzüglich, spätestens 30 Tage nach Zugang des Widerrufs zu erfüllen. Ist der in Satz 1 genannte Hinweis unterblieben, hat der Versicherer zusätzlich die für das erste Jahr des Versicherungsschutzes gezahlten Prämien zu erstatten; dies gilt nicht, wenn der Versicherungsnehmer Leistungen aus dem Versicherungsvertrag in Anspruch genommen hat.
(2) Hat der Versicherungsnehmer sein Widerrufsrecht nach § 8 wirksam ausgeübt, ist er auch an einen mit dem Versicherungsvertrag zusammenhängenden Vertrag nicht mehr gebunden. Ein zusammenhängender Vertrag liegt vor, wenn er einen Bezug zu dem widerrufenen Vertrag aufweist und eine Dienstleistung des Versicherers oder eines Dritten auf der Grundlage einer Vereinbarung zwischen dem Dritten und dem Versicherer betrifft. Eine Vertragsstrafe darf weder vereinbart noch verlangt werden.

-

§ 10 Beginn und Ende der Versicherung

Ist die Dauer der Versicherung nach Tagen, Wochen, Monaten oder einem mehrere Monate umfassenden Zeitraum bestimmt, beginnt die Versicherung mit Beginn des Tages, an dem der Vertrag geschlossen wird; er endet mit Ablauf des letzten Tages der Vertragszeit.

-

§ 11 Verlängerung, Kündigung

(1) Wird bei einem auf eine bestimmte Zeit eingegangenen Versicherungsverhältnis im Voraus eine Verlängerung für den Fall vereinbart, dass das Versicherungsverhältnis nicht vor Ablauf der Vertragszeit gekündigt wird, ist die Verlängerung unwirksam, soweit sie sich jeweils auf mehr als ein Jahr erstreckt.
(2) Ist ein Versicherungsverhältnis auf unbestimmte Zeit eingegangen, kann es von beiden Vertragsparteien nur für den Schluss der laufenden Versicherungsperiode gekündigt werden. Auf das Kündigungsrecht können sie einvernehmlich bis zur Dauer von zwei Jahren verzichten.
(3) Die Kündigungsfrist muss für beide Vertragsparteien gleich sein; sie darf nicht weniger als einen Monat und nicht mehr als drei Monate betragen.
(4) Ein Versicherungsvertrag, der für die Dauer von mehr als drei Jahren geschlossen worden ist, kann vom Versicherungsnehmer zum Schluss des dritten oder jedes darauf folgenden Jahres unter Einhaltung einer Frist von drei Monaten gekündigt werden.

-

§ 12 Versicherungsperiode

Als Versicherungsperiode gilt, falls nicht die Prämie nach kürzeren Zeitabschnitten bemessen ist, der Zeitraum eines Jahres.

-

§ 13 Änderung von Anschrift und Name

(1) Hat der Versicherungsnehmer eine Änderung seiner Anschrift dem Versicherer nicht mitgeteilt, genügt für eine dem Versicherungsnehmer gegenüber abzugebende Willenserklärung die Absendung eines eingeschriebenen Briefes an die letzte dem Versicherer bekannte Anschrift des

Versicherungsnehmers. Die Erklärung gilt drei Tage nach der Absendung des Briefes als zugegangen. Die Sätze 1 und 2 sind im Fall einer Namensänderung des Versicherungsnehmers entsprechend anzuwenden.
(2) Hat der Versicherungsnehmer die Versicherung in seinem Gewerbebetrieb genommen, ist bei einer Verlegung der gewerblichen Niederlassung Absatz 1 Satz 1 und 2 entsprechend anzuwenden.
-

§ 14 Fälligkeit der Geldleistung

(1) Geldleistungen des Versicherers sind fällig mit der Beendigung der zur Feststellung des Versicherungsfalles und des Umfanges der Leistung des Versicherers notwendigen Erhebungen.
(2) Sind diese Erhebungen nicht bis zum Ablauf eines Monats seit der Anzeige des Versicherungsfalles beendet, kann der Versicherungsnehmer Abschlagszahlungen in Höhe des Betrags verlangen, den der Versicherer voraussichtlich mindestens zu zahlen hat. Der Lauf der Frist ist gehemmt, solange die Erhebungen infolge eines Verschuldens des Versicherungsnehmers nicht beendet werden können.
(3) Eine Vereinbarung, durch die der Versicherer von der Verpflichtung zur Zahlung von Verzugszinsen befreit wird, ist unwirksam.
-

§ 15 Hemmung der Verjährung

Ist ein Anspruch aus dem Versicherungsvertrag beim Versicherer angemeldet worden, ist die Verjährung bis zu dem Zeitpunkt gehemmt, zu dem die Entscheidung des Versicherers dem Anspruchsteller in Textform zugeht.
-

§ 16 Insolvenz des Versicherers

(1) Wird über das Vermögen des Versicherers das Insolvenzverfahren eröffnet, endet das Versicherungsverhältnis mit Ablauf eines Monats seit der Eröffnung; bis zu diesem Zeitpunkt bleibt es der Insolvenzmasse gegenüber wirksam.
(2) Die Vorschriften des Versicherungsaufsichtsgesetzes über die Wirkungen der Insolvenzeröffnung bleiben unberührt.
-

§ 17 Abtretungsverbot bei unpfändbaren Sachen

Soweit sich die Versicherung auf unpfändbare Sachen bezieht, kann eine Forderung aus der Versicherung nur auf solche Gläubiger des Versicherungsnehmers übertragen werden, die diesem zum Ersatz der zerstörten oder beschädigten Sachen andere Sachen geliefert haben.
-

§ 18 Abweichende Vereinbarungen

Von § 3 Abs. 1 bis 4, § 5 Abs. 1 bis 3, den §§ 6 bis 9 und 11 Abs. 2 bis 4, § 14 Abs. 2 Satz 1 und § 15 kann nicht zum Nachteil des Versicherungsnehmers abgewichen werden.

<u>Abschnitt 2
Anzeigepflicht, Gefahrerhöhung, andere Obliegenheiten</u>

-

§ 19 Anzeigepflicht

(1) Der Versicherungsnehmer hat bis zur Abgabe seiner Vertragserklärung die ihm bekannten Gefahrumstände, die für den Entschluss des Versicherers, den Vertrag mit dem vereinbarten Inhalt zu schließen, erheblich sind und nach denen der Versicherer in Textform gefragt hat, dem Versicherer anzuzeigen. Stellt der Versicherer nach der Vertragserklärung des Versicherungsnehmers, aber vor Vertragsannahme Fragen im Sinn des Satzes 1, ist der Versicherungsnehmer auch insoweit zur Anzeige verpflichtet.
(2) Verletzt der Versicherungsnehmer seine Anzeigepflicht nach Absatz 1, kann der Versicherer vom Vertrag zurücktreten.
(3) Das Rücktrittsrecht des Versicherers ist ausgeschlossen, wenn der Versicherungsnehmer die Anzeigepflicht weder vorsätzlich noch grob fahrlässig verletzt hat. In diesem Fall hat der Versicherer das Recht, den Vertrag unter Einhaltung einer Frist von einem Monat zu kündigen.
(4) Das Rücktrittsrecht des Versicherers wegen grob fahrlässiger Verletzung der Anzeigepflicht und sein Kündigungsrecht nach Absatz 3 Satz 2 sind ausgeschlossen, wenn er den Vertrag auch bei Kenntnis der nicht angezeigten Umstände, wenn auch zu anderen Bedingungen, geschlossen hätte. Die anderen Bedingungen werden auf Verlangen des Versicherers rückwirkend, bei einer vom Versicherungsnehmer nicht zu vertretenden Pflichtverletzung ab der laufenden Versicherungsperiode Vertragsbestandteil.
(5) Dem Versicherer stehen die Rechte nach den Absätzen 2 bis 4 nur zu, wenn er den Versicherungsnehmer durch gesonderte Mitteilung in Textform auf die Folgen einer Anzeigepflichtverletzung hingewiesen hat. Die Rechte sind ausgeschlossen, wenn der Versicherer den nicht angezeigten Gefahrumstand oder die Unrichtigkeit der Anzeige kannte.
(6) Erhöht sich im Fall des Absatzes 4 Satz 2 durch eine Vertragsänderung die Prämie um mehr als 10 Prozent oder schließt der Versicherer die Gefahrabsicherung für den nicht angezeigten Umstand aus, kann der Versicherungsnehmer den Vertrag innerhalb eines Monats nach Zugang der Mitteilung des Versicherers ohne Einhaltung einer Frist kündigen. Der Versicherer hat den Versicherungsnehmer in der Mitteilung auf dieses Recht hinzuweisen.

-

§ 20 Vertreter des Versicherungsnehmers

Wird der Vertrag von einem Vertreter des Versicherungsnehmers geschlossen, sind bei der Anwendung des § 19 Abs. 1 bis 4 und des § 21 Abs. 2 Satz 2 sowie Abs. 3 Satz 2 sowohl die Kenntnis und die Arglist des Vertreters als auch die Kenntnis und die Arglist des Versicherungsnehmers zu berücksichtigen. Der Versicherungsnehmer kann sich darauf, dass die Anzeigepflicht nicht vorsätzlich oder grob fahrlässig verletzt worden ist, nur berufen, wenn weder dem Vertreter noch dem Versicherungsnehmer Vorsatz oder grobe Fahrlässigkeit zur Last fällt.

-

§ 21 Ausübung der Rechte des Versicherers

(1) Der Versicherer muss die ihm nach § 19 Abs. 2 bis 4 zustehenden Rechte innerhalb eines Monats schriftlich geltend machen. Die Frist beginnt mit dem Zeitpunkt, zu dem der Versicherer von der Verletzung der Anzeigepflicht, die das von ihm geltend gemachte Recht begründet, Kenntnis erlangt. Der Versicherer hat bei der Ausübung seiner Rechte die Umstände anzugeben, auf die er seine Erklärung stützt; er darf nachträglich weitere Umstände zur Begründung seiner Erklärung angeben, wenn für diese die Frist nach Satz 1 nicht verstrichen ist.
(2) Im Fall eines Rücktrittes nach § 19 Abs. 2 nach Eintritt des Versicherungsfalles ist der Versicherer nicht zur Leistung verpflichtet, es sei denn, die Verletzung der Anzeigepflicht bezieht sich auf einen Umstand, der weder für den Eintritt oder die Feststellung des Versicherungsfalles noch für die Feststellung oder den Umfang der Leistungspflicht des Versicherers ursächlich ist. Hat der Versicherungsnehmer die Anzeigepflicht arglistig verletzt, ist der Versicherer nicht zur Leistung verpflichtet.

(3) Die Rechte des Versicherers nach § 19 Abs. 2 bis 4 erlöschen nach Ablauf von fünf Jahren nach Vertragsschluss; dies gilt nicht für Versicherungsfälle, die vor Ablauf dieser Frist eingetreten sind. Hat der Versicherungsnehmer die Anzeigepflicht vorsätzlich oder arglistig verletzt, beläuft sich die Frist auf zehn Jahre.

-

§ 22 Arglistige Täuschung

Das Recht des Versicherers, den Vertrag wegen arglistiger Täuschung anzufechten, bleibt unberührt.

-

§ 23 Gefahrerhöhung

(1) Der Versicherungsnehmer darf nach Abgabe seiner Vertragserklärung ohne Einwilligung des Versicherers keine Gefahrerhöhung vornehmen oder deren Vornahme durch einen Dritten gestatten.
(2) Erkennt der Versicherungsnehmer nachträglich, dass er ohne Einwilligung des Versicherers eine Gefahrerhöhung vorgenommen oder gestattet hat, hat er die Gefahrerhöhung dem Versicherer unverzüglich anzuzeigen.
(3) Tritt nach Abgabe der Vertragserklärung des Versicherungsnehmers eine Gefahrerhöhung unabhängig von seinem Willen ein, hat er die Gefahrerhöhung, nachdem er von ihr Kenntnis erlangt hat, dem Versicherer unverzüglich anzuzeigen.

-

§ 24 Kündigung wegen Gefahrerhöhung

(1) Verletzt der Versicherungsnehmer seine Verpflichtung nach § 23 Abs. 1, kann der Versicherer den Vertrag ohne Einhaltung einer Frist kündigen, es sei denn, der Versicherungsnehmer hat die Verpflichtung weder vorsätzlich noch grob fahrlässig verletzt. Beruht die Verletzung auf einfacher Fahrlässigkeit, kann der Versicherer unter Einhaltung einer Frist von einem Monat kündigen.
(2) In den Fällen einer Gefahrerhöhung nach § 23 Abs. 2 und 3 kann der Versicherer den Vertrag unter Einhaltung einer Frist von einem Monat kündigen.
(3) Das Kündigungsrecht nach den Absätzen 1 und 2 erlischt, wenn es nicht innerhalb eines Monats ab der Kenntnis des Versicherers von der Erhöhung der Gefahr ausgeübt wird oder wenn der Zustand wiederhergestellt ist, der vor der Gefahrerhöhung bestanden hat.

-

§ 25 Prämienerhöhung wegen Gefahrerhöhung

(1) Der Versicherer kann an Stelle einer Kündigung ab dem Zeitpunkt der Gefahrerhöhung eine seinen Geschäftsgrundsätzen für diese höhere Gefahr entsprechende Prämie verlangen oder die Absicherung der höheren Gefahr ausschließen. Für das Erlöschen dieses Rechtes gilt § 24 Abs. 3 entsprechend.
(2) Erhöht sich die Prämie als Folge der Gefahrerhöhung um mehr als 10 Prozent oder schließt der Versicherer die Absicherung der höheren Gefahr aus, kann der Versicherungsnehmer den Vertrag innerhalb eines Monats nach Zugang der Mitteilung des Versicherers ohne Einhaltung einer Frist kündigen. Der Versicherer hat den Versicherungsnehmer in der Mitteilung auf dieses Recht hinzuweisen.

-

§ 26 Leistungsfreiheit wegen Gefahrerhöhung

(1) Tritt der Versicherungsfall nach einer Gefahrerhöhung ein, ist der Versicherer nicht zur Leistung verpflichtet, wenn der Versicherungsnehmer seine Verpflichtung nach § 23 Abs. 1 vorsätzlich verletzt hat. Im Fall einer grob fahrlässigen Verletzung ist der Versicherer berechtigt, seine Leistung in einem der Schwere des Verschuldens des Versicherungsnehmers entsprechenden Verhältnis zu kürzen; die Beweislast für das Nichtvorliegen einer groben Fahrlässigkeit trägt der Versicherungsnehmer.
(2) In den Fällen einer Gefahrerhöhung nach § 23 Abs. 2 und 3 ist der Versicherer nicht zur Leistung verpflichtet, wenn der Versicherungsfall später als einen Monat nach dem Zeitpunkt eintritt, zu dem die Anzeige dem Versicherer hätte zugegangen sein müssen, es sei denn, dem Versicherer war die Gefahrerhöhung zu diesem Zeitpunkt bekannt. Er ist zur Leistung verpflichtet, wenn die Verletzung der Anzeigepflicht nach § 23 Abs. 2 und 3 nicht auf Vorsatz beruht; im Fall einer grob fahrlässigen Verletzung gilt Absatz 1 Satz 2.
(3) Abweichend von den Absätzen 1 und 2 Satz 1 ist der Versicherer zur Leistung verpflichtet,
1.
soweit die Gefahrerhöhung nicht ursächlich für den Eintritt des Versicherungsfalles oder den Umfang der Leistungspflicht war oder
2.
wenn zur Zeit des Eintrittes des Versicherungsfalles die Frist für die Kündigung des Versicherers abgelaufen und eine Kündigung nicht erfolgt war.
-

§ 27 Unerhebliche Gefahrerhöhung

Die §§ 23 bis 26 sind nicht anzuwenden, wenn nur eine unerhebliche Erhöhung der Gefahr vorliegt oder wenn nach den Umständen als vereinbart anzusehen ist, dass die Gefahrerhöhung mitversichert sein soll.
-

§ 28 Verletzung einer vertraglichen Obliegenheit

(1) Bei Verletzung einer vertraglichen Obliegenheit, die vom Versicherungsnehmer vor Eintritt des Versicherungsfalles gegenüber dem Versicherer zu erfüllen ist, kann der Versicherer den Vertrag innerhalb eines Monats, nachdem er von der Verletzung Kenntnis erlangt hat, ohne Einhaltung einer Frist kündigen, es sei denn, die Verletzung beruht nicht auf Vorsatz oder auf grober Fahrlässigkeit.
(2) Bestimmt der Vertrag, dass der Versicherer bei Verletzung einer vom Versicherungsnehmer zu erfüllenden vertraglichen Obliegenheit nicht zur Leistung verpflichtet ist, ist er leistungsfrei, wenn der Versicherungsnehmer die Obliegenheit vorsätzlich verletzt hat. Im Fall einer grob fahrlässigen Verletzung der Obliegenheit ist der Versicherer berechtigt, seine Leistung in einem der Schwere des Verschuldens des Versicherungsnehmers entsprechenden Verhältnis zu kürzen; die Beweislast für das Nichtvorliegen einer groben Fahrlässigkeit trägt der Versicherungsnehmer.
(3) Abweichend von Absatz 2 ist der Versicherer zur Leistung verpflichtet, soweit die Verletzung der Obliegenheit weder für den Eintritt oder die Feststellung des Versicherungsfalles noch für die Feststellung oder den Umfang der Leistungspflicht des Versicherers ursächlich ist. Satz 1 gilt nicht, wenn der Versicherungsnehmer die Obliegenheit arglistig verletzt hat.
(4) Die vollständige oder teilweise Leistungsfreiheit des Versicherers nach Absatz 2 hat bei Verletzung einer nach Eintritt des Versicherungsfalles bestehenden Auskunfts- oder Aufklärungsobliegenheit zur Voraussetzung, dass der Versicherer den Versicherungsnehmer durch gesonderte Mitteilung in Textform auf diese Rechtsfolge hingewiesen hat.
(5) Eine Vereinbarung, nach welcher der Versicherer bei Verletzung einer vertraglichen Obliegenheit zum Rücktritt berechtigt ist, ist unwirksam.
-

§ 29 Teilrücktritt, Teilkündigung, teilweise Leistungsfreiheit
(1) Liegen die Voraussetzungen, unter denen der Versicherer nach den Vorschriften dieses Abschnittes zum Rücktritt oder zur Kündigung berechtigt ist, nur bezüglich eines Teils der Gegenstände oder Personen vor, auf die sich die Versicherung bezieht, steht dem Versicherer das Recht zum Rücktritt oder zur Kündigung für den übrigen Teil nur zu, wenn anzunehmen ist, dass für diesen allein der Versicherer den Vertrag unter den gleichen Bedingungen nicht geschlossen hätte.
(2) Macht der Versicherer von dem Recht zum Rücktritt oder zur Kündigung bezüglich eines Teils der Gegenstände oder Personen Gebrauch, ist der Versicherungsnehmer berechtigt, das Versicherungsverhältnis bezüglich des übrigen Teils zu kündigen. Die Kündigung muss spätestens zum Schluss der Versicherungsperiode erklärt werden, in welcher der Rücktritt oder die Kündigung des Versicherers wirksam wird.
(3) Liegen die Voraussetzungen, unter denen der Versicherer wegen einer Verletzung der Vorschriften über die Gefahrerhöhung ganz oder teilweise leistungsfrei ist, nur bezüglich eines Teils der Gegenstände oder Personen vor, auf die sich die Versicherung bezieht, ist auf die Leistungsfreiheit Absatz 1 entsprechend anzuwenden.
-

§ 30 Anzeige des Versicherungsfalles
(1) Der Versicherungsnehmer hat den Eintritt des Versicherungsfalles, nachdem er von ihm Kenntnis erlangt hat, dem Versicherer unverzüglich anzuzeigen. Steht das Recht auf die vertragliche Leistung des Versicherers einem Dritten zu, ist auch dieser zur Anzeige verpflichtet.
(2) Auf eine Vereinbarung, nach welcher der Versicherer im Fall der Verletzung der Anzeigepflicht nach Absatz 1 Satz 1 nicht zur Leistung verpflichtet ist, kann sich der Versicherer nicht berufen, wenn er auf andere Weise vom Eintritt des Versicherungsfalles rechtzeitig Kenntnis erlangt hat.
-

§ 31 Auskunftspflicht des Versicherungsnehmers
(1) Der Versicherer kann nach dem Eintritt des Versicherungsfalles verlangen, dass der Versicherungsnehmer jede Auskunft erteilt, die zur Feststellung des Versicherungsfalles oder des Umfanges der Leistungspflicht des Versicherers erforderlich ist. Belege kann der Versicherer insoweit verlangen, als deren Beschaffung dem Versicherungsnehmer billigerweise zugemutet werden kann.
(2) Steht das Recht auf die vertragliche Leistung des Versicherers einem Dritten zu, hat auch dieser die Pflichten nach Absatz 1 zu erfüllen.
-

§ 32 Abweichende Vereinbarungen
Von den §§ 19 bis 28 Abs. 4 und § 31 Abs. 1 Satz 2 kann nicht zum Nachteil des Versicherungsnehmers abgewichen werden. Für Anzeigen nach diesem Abschnitt, zu denen der Versicherungsnehmer verpflichtet ist, kann jedoch die Schrift- oder die Textform vereinbart werden

Abschnitt 3
Prämie

-

§ 33 Fälligkeit
(1) Der Versicherungsnehmer hat eine einmalige Prämie oder, wenn laufende Prämien vereinbart

sind, die erste Prämie unverzüglich nach Ablauf von 14 Tagen nach Zugang des Versicherungsscheins zu zahlen.
(2) Ist die Prämie zuletzt vom Versicherer eingezogen worden, ist der Versicherungsnehmer zur Übermittlung der Prämie erst verpflichtet, wenn er vom Versicherer hierzu in Textform aufgefordert worden ist.

§ 34 Zahlung durch Dritte

(1) Der Versicherer muss fällige Prämien oder sonstige ihm auf Grund des Vertrags zustehende Zahlungen vom Versicherten bei einer Versicherung für fremde Rechnung, von einem Bezugsberechtigten, der ein Recht auf die Leistung des Versicherers erworben hat, sowie von einem Pfandgläubiger auch dann annehmen, wenn er die Zahlung nach den Vorschriften des Bürgerlichen Gesetzbuchs zurückweisen könnte.
(2) Ein Pfandrecht an der Versicherungsforderung kann auch wegen der Beträge einschließlich ihrer Zinsen geltend gemacht werden, die der Pfandgläubiger zur Zahlung von Prämien oder zu sonstigen dem Versicherer auf Grund des Vertrags zustehenden Zahlungen verwendet hat.

§ 35 Aufrechnung durch den Versicherer

Der Versicherer kann eine fällige Prämienforderung oder eine andere ihm aus dem Vertrag zustehende fällige Forderung gegen eine Forderung aus der Versicherung auch dann aufrechnen, wenn diese Forderung nicht dem Versicherungsnehmer, sondern einem Dritten zusteht.

§ 36 Leistungsort

(1) Leistungsort für die Zahlung der Prämie ist der jeweilige Wohnsitz des Versicherungsnehmers. Der Versicherungsnehmer hat jedoch auf seine Gefahr und seine Kosten die Prämie dem Versicherer zu übermitteln.
(2) Hat der Versicherungsnehmer die Versicherung in seinem Gewerbebetrieb genommen, tritt, wenn er seine gewerbliche Niederlassung an einem anderen Ort hat, der Ort der Niederlassung an die Stelle des Wohnsitzes.

§ 37 Zahlungsverzug bei Erstprämie

(1) Wird die einmalige oder die erste Prämie nicht rechtzeitig gezahlt, ist der Versicherer, solange die Zahlung nicht bewirkt ist, zum Rücktritt vom Vertrag berechtigt, es sei denn, der Versicherungsnehmer hat die Nichtzahlung nicht zu vertreten.
(2) Ist die einmalige oder die erste Prämie bei Eintritt des Versicherungsfalles nicht gezahlt, ist der Versicherer nicht zur Leistung verpflichtet, es sei denn, der Versicherungsnehmer hat die Nichtzahlung nicht zu vertreten. Der Versicherer ist nur leistungsfrei, wenn er den Versicherungsnehmer durch gesonderte Mitteilung in Textform oder durch einen auffälligen Hinweis im Versicherungsschein auf diese Rechtsfolge der Nichtzahlung der Prämie aufmerksam gemacht hat.

§ 38 Zahlungsverzug bei Folgeprämie

(1) Wird eine Folgeprämie nicht rechtzeitig gezahlt, kann der Versicherer dem

Versicherungsnehmer auf dessen Kosten in Textform eine Zahlungsfrist bestimmen, die mindestens zwei Wochen betragen muss. Die Bestimmung ist nur wirksam, wenn sie die rückständigen Beträge der Prämie, Zinsen und Kosten im Einzelnen beziffert und die Rechtsfolgen angibt, die nach den Absätzen 2 und 3 mit dem Fristablauf verbunden sind; bei zusammengefassten Verträgen sind die Beträge jeweils getrennt anzugeben.
(2) Tritt der Versicherungsfall nach Fristablauf ein und ist der Versicherungsnehmer bei Eintritt mit der Zahlung der Prämie oder der Zinsen oder Kosten in Verzug, ist der Versicherer nicht zur Leistung verpflichtet.
(3) Der Versicherer kann nach Fristablauf den Vertrag ohne Einhaltung einer Frist kündigen, sofern der Versicherungsnehmer mit der Zahlung der geschuldeten Beträge in Verzug ist. Die Kündigung kann mit der Bestimmung der Zahlungsfrist so verbunden werden, dass sie mit Fristablauf wirksam wird, wenn der Versicherungsnehmer zu diesem Zeitpunkt mit der Zahlung in Verzug ist; hierauf ist der Versicherungsnehmer bei der Kündigung ausdrücklich hinzuweisen. Die Kündigung wird unwirksam, wenn der Versicherungsnehmer innerhalb eines Monats nach der Kündigung oder, wenn sie mit der Fristbestimmung verbunden worden ist, innerhalb eines Monats nach Fristablauf die Zahlung leistet; Absatz 2 bleibt unberührt.
-

§ 39 Vorzeitige Vertragsbeendigung

(1) Im Fall der Beendigung des Versicherungsverhältnisses vor Ablauf der Versicherungsperiode steht dem Versicherer für diese Versicherungsperiode nur derjenige Teil der Prämie zu, der dem Zeitraum entspricht, in dem Versicherungsschutz bestanden hat. Wird das Versicherungsverhältnis durch Rücktritt auf Grund des § 19 Abs. 2 oder durch Anfechtung des Versicherers wegen arglistiger Täuschung beendet, steht dem Versicherer die Prämie bis zum Wirksamwerden der Rücktritts- oder Anfechtungserklärung zu. Tritt der Versicherer nach § 37 Abs. 1 zurück, kann er eine angemessene Geschäftsgebühr verlangen.
(2) Endet das Versicherungsverhältnis nach § 16, kann der Versicherungsnehmer den auf die Zeit nach der Beendigung des Versicherungsverhältnisses entfallenden Teil der Prämie unter Abzug der für diese Zeit aufgewendeten Kosten zurückfordern.
-

§ 40 Kündigung bei Prämienerhöhung

(1) Erhöht der Versicherer auf Grund einer Anpassungsklausel die Prämie, ohne dass sich der Umfang des Versicherungsschutzes entsprechend ändert, kann der Versicherungsnehmer den Vertrag innerhalb eines Monats nach Zugang der Mitteilung des Versicherers mit sofortiger Wirkung, frühestens jedoch zum Zeitpunkt des Wirksamwerdens der Erhöhung, kündigen. Der Versicherer hat den Versicherungsnehmer in der Mitteilung auf das Kündigungsrecht hinzuweisen. Die Mitteilung muss dem Versicherungsnehmer spätestens einen Monat vor dem Wirksamwerden der Erhöhung der Prämie zugehen.
(2) Absatz 1 gilt entsprechend, wenn der Versicherer auf Grund einer Anpassungsklausel den Umfang des Versicherungsschutzes vermindert, ohne die Prämie entsprechend herabzusetzen.
-

§ 41 Herabsetzung der Prämie

Ist wegen bestimmter gefahrerhöhender Umstände eine höhere Prämie vereinbart und sind diese Umstände nach Antragstellung des Versicherungsnehmers oder nach Vertragsschluss weggefallen oder bedeutungslos geworden, kann der Versicherungsnehmer verlangen, dass die Prämie ab Zugang des Verlangens beim Versicherer angemessen herabgesetzt wird. Dies gilt auch, wenn die Bemessung der höheren Prämie durch unrichtige, auf einem Irrtum des Versicherungsnehmers beruhende Angaben über einen solchen Umstand veranlasst worden ist.

§ 42 Abweichende Vereinbarungen

Von § 33 Abs. 2 und den §§ 37 bis 41 kann nicht zum Nachteil des Versicherungsnehmers abgewichen werden.

Abschnitt 4
Versicherung für fremde Rechnung

§ 43 Begriffsbestimmung

(1) Der Versicherungsnehmer kann den Versicherungsvertrag im eigenen Namen für einen anderen, mit oder ohne Benennung der Person des Versicherten, schließen (Versicherung für fremde Rechnung).
(2) Wird der Versicherungsvertrag für einen anderen geschlossen, ist, auch wenn dieser benannt wird, im Zweifel anzunehmen, dass der Versicherungsnehmer nicht als Vertreter, sondern im eigenen Namen für fremde Rechnung handelt.
(3) Ergibt sich aus den Umständen nicht, dass der Versicherungsvertrag für einen anderen geschlossen werden soll, gilt er als für eigene Rechnung geschlossen.

§ 44 Rechte des Versicherten

(1) Bei der Versicherung für fremde Rechnung stehen die Rechte aus dem Versicherungsvertrag dem Versicherten zu. Die Übermittlung des Versicherungsscheins kann jedoch nur der Versicherungsnehmer verlangen.
(2) Der Versicherte kann ohne Zustimmung des Versicherungsnehmers nur dann über seine Rechte verfügen und diese Rechte gerichtlich geltend machen, wenn er im Besitz des Versicherungsscheins ist.

§ 45 Rechte des Versicherungsnehmers

(1) Der Versicherungsnehmer kann über die Rechte, die dem Versicherten aus dem Versicherungsvertrag zustehen, im eigenen Namen verfügen.
(2) Ist ein Versicherungsschein ausgestellt, ist der Versicherungsnehmer ohne Zustimmung des Versicherten zur Annahme der Leistung des Versicherers und zur Übertragung der Rechte des Versicherten nur befugt, wenn er im Besitz des Versicherungsscheins ist.
(3) Der Versicherer ist zur Leistung an den Versicherungsnehmer nur verpflichtet, wenn der Versicherte seine Zustimmung zu der Versicherung erteilt hat.

§ 46 Rechte zwischen Versicherungsnehmer und Versichertem

Der Versicherungsnehmer ist nicht verpflichtet, dem Versicherten oder, falls über dessen Vermögen das Insolvenzverfahren eröffnet ist, der Insolvenzmasse den Versicherungsschein auszuliefern, bevor er wegen seiner Ansprüche gegen den Versicherten in Bezug auf die versicherte Sache befriedigt ist. Er kann sich für diese Ansprüche aus der Entschädigungsforderung gegen den Versicherer und nach deren Einziehung aus der Entschädigungssumme vor dem Versicherten und dessen Gläubigern befriedigen.

§ 47 Kenntnis und Verhalten des Versicherten

(1) Soweit die Kenntnis und das Verhalten des Versicherungsnehmers von rechtlicher Bedeutung sind, sind bei der Versicherung für fremde Rechnung auch die Kenntnis und das Verhalten des Versicherten zu berücksichtigen.
(2) Die Kenntnis des Versicherten ist nicht zu berücksichtigen, wenn der Vertrag ohne sein Wissen geschlossen worden ist oder ihm eine rechtzeitige Benachrichtigung des Versicherungsnehmers nicht möglich oder nicht zumutbar war. Der Versicherer braucht den Einwand, dass der Vertrag ohne Wissen des Versicherten geschlossen worden ist, nicht gegen sich gelten zu lassen, wenn der Versicherungsnehmer den Vertrag ohne Auftrag des Versicherten geschlossen und bei Vertragsschluss dem Versicherer nicht angezeigt hat, dass er den Vertrag ohne Auftrag des Versicherten schließt.

§ 48 Versicherung für Rechnung „wen es angeht"

Ist die Versicherung für Rechnung „wen es angeht" genommen oder ist dem Vertrag in sonstiger Weise zu entnehmen, dass unbestimmt bleiben soll, ob eigenes oder fremdes Interesse versichert ist, sind die §§ 43 bis 47 anzuwenden, wenn sich aus den Umständen ergibt, dass fremdes Interesse versichert ist.

Abschnitt 5
Vorläufige Deckung

§ 49 Inhalt des Vertrags

(1) Bei einem Versicherungsvertrag, dessen wesentlicher Inhalt die Gewährung einer vorläufigen Deckung durch den Versicherer ist, kann vereinbart werden, dass dem Versicherungsnehmer die Vertragsbestimmungen und die Informationen nach § 7 Abs. 1 in Verbindung mit einer Rechtsverordnung nach § 7 Abs. 2 nur auf Anforderung und spätestens mit dem Versicherungsschein vom Versicherer zu übermitteln sind. Auf einen Fernabsatzvertrag im Sinn des § 312c des Bürgerlichen Gesetzbuchs ist Satz 1 nicht anzuwenden.
(2) Werden die Allgemeinen Versicherungsbedingungen dem Versicherungsnehmer bei Vertragsschluss nicht übermittelt, werden die vom Versicherer zu diesem Zeitpunkt für den vorläufigen Versicherungsschutz üblicherweise verwendeten Bedingungen, bei Fehlen solcher Bedingungen die für den Hauptvertrag vom Versicherer verwendeten Bedingungen auch ohne ausdrücklichen Hinweis hierauf Vertragsbestandteil. Bestehen Zweifel, welche Bedingungen für den Vertrag gelten sollen, werden die zum Zeitpunkt des Vertragsschlusses vom Versicherer verwendeten Bedingungen, die für den Versicherungsnehmer am günstigsten sind, Vertragsbestandteil.

§ 50 Nichtzustandekommen des Hauptvertrags

Ist der Versicherungsnehmer verpflichtet, im Fall des Nichtzustandekommens des Hauptvertrags eine Prämie für die vorläufige Deckung zu zahlen, steht dem Versicherer ein Anspruch auf einen der Laufzeit der vorläufigen Deckung entsprechenden Teil der Prämie zu, die beim Zustandekommen des Hauptvertrags für diesen zu zahlen wäre.

§ 51 Prämienzahlung

(1) Der Beginn des Versicherungsschutzes kann von der Zahlung der Prämie abhängig gemacht werden, sofern der Versicherer den Versicherungsnehmer durch gesonderte Mitteilung in Textform oder durch einen auffälligen Hinweis im Versicherungsschein auf diese Voraussetzung aufmerksam gemacht hat.
(2) Von Absatz 1 kann nicht zum Nachteil des Versicherungsnehmers abgewichen werden.

-

§ 52 Beendigung des Vertrags

(1) Der Vertrag über vorläufige Deckung endet spätestens zu dem Zeitpunkt, zu dem nach einem vom Versicherungsnehmer geschlossenen Hauptvertrag oder einem weiteren Vertrag über vorläufige Deckung ein gleichartiger Versicherungsschutz beginnt. Ist der Beginn des Versicherungsschutzes nach dem Hauptvertrag oder dem weiteren Vertrag über vorläufige Deckung von der Zahlung der Prämie durch den Versicherungsnehmer abhängig, endet der Vertrag über vorläufige Deckung bei Nichtzahlung oder verspäteter Zahlung der Prämie abweichend von Satz 1 spätestens zu dem Zeitpunkt, zu dem der Versicherungsnehmer mit der Prämienzahlung in Verzug ist, vorausgesetzt, dass der Versicherer den Versicherungsnehmer durch gesonderte Mitteilung in Textform oder durch einen auffälligen Hinweis im Versicherungsschein auf diese Rechtsfolge aufmerksam gemacht hat.
(2) Absatz 1 ist auch anzuwenden, wenn der Versicherungsnehmer den Hauptvertrag oder den weiteren Vertrag über vorläufige Deckung mit einem anderen Versicherer schließt. Der Versicherungsnehmer hat dem bisherigen Versicherer den Vertragsschluss unverzüglich mitzuteilen.
(3) Kommt der Hauptvertrag mit dem Versicherer, mit dem der Vertrag über vorläufige Deckung besteht, nicht zustande, weil der Versicherungsnehmer seine Vertragserklärung nach § 8 widerruft oder nach § 5 Abs. 1 und 2 einen Widerspruch erklärt, endet der Vertrag über vorläufige Deckung spätestens mit dem Zugang des Widerrufs oder des Widerspruchs beim Versicherer.
(4) Ist das Vertragsverhältnis auf unbestimmte Zeit eingegangen, kann jede Vertragspartei den Vertrag ohne Einhaltung einer Frist kündigen. Die Kündigung des Versicherers wird jedoch erst nach Ablauf von zwei Wochen nach Zugang wirksam.
(5) Von den Absätzen 1 bis 4 kann nicht zum Nachteil des Versicherungsnehmers abgewichen werden.

Abschnitt 6
Laufende Versicherung

-

§ 53 Anmeldepflicht

Wird ein Vertrag in der Weise geschlossen, dass das versicherte Interesse bei Vertragsschluss nur der Gattung nach bezeichnet und erst nach seiner Entstehung dem Versicherer einzeln aufgegeben wird (laufende Versicherung), ist der Versicherungsnehmer verpflichtet, entweder die versicherten Risiken einzeln oder, wenn der Versicherer darauf verzichtet hat, die vereinbarte Prämiengrundlage unverzüglich anzumelden oder, wenn dies vereinbart ist, jeweils Deckungszusage zu beantragen.

-

§ 54 Verletzung der Anmeldepflicht

(1) Hat der Versicherungsnehmer die Anmeldung eines versicherten Risikos oder der vereinbarten Prämiengrundlage oder die Beantragung der Deckungszusage unterlassen oder fehlerhaft

vorgenommen, ist der Versicherer nicht zur Leistung verpflichtet. Dies gilt nicht, wenn der Versicherungsnehmer die Anmelde- oder Antragspflicht weder vorsätzlich noch grob fahrlässig verletzt hat und die Anmeldung oder den Antrag unverzüglich nach Kenntniserlangung von dem Fehler nachholt oder berichtigt.
(2) Verletzt der Versicherungsnehmer die Anmelde- oder Antragspflicht vorsätzlich, kann der Versicherer den Vertrag fristlos kündigen. Die Versicherung von Einzelrisiken, für die der Versicherungsschutz begonnen hat, bleibt, wenn anderes nicht vereinbart ist, über das Ende der laufenden Versicherung hinaus bis zu dem Zeitpunkt bestehen, zu dem die vereinbarte Dauer der Versicherung dieser Einzelrisiken endet. Der Versicherer kann ferner die Prämie verlangen, die bis zum Wirksamwerden der Kündigung zu zahlen gewesen wäre, wenn der Versicherungsnehmer die Anmeldepflicht erfüllt hätte.

-

§ 55 Einzelpolice

(1) Ist bei einer laufenden Versicherung ein Versicherungsschein für ein einzelnes Risiko (Einzelpolice) oder ein Versicherungszertifikat ausgestellt worden, ist der Versicherer nur gegen Vorlage der Urkunde zur Leistung verpflichtet. Durch die Leistung an den Inhaber der Urkunde wird er befreit.
(2) Ist die Urkunde abhandengekommen oder vernichtet, ist der Versicherer zur Leistung erst verpflichtet, wenn die Urkunde für kraftlos erklärt oder Sicherheit geleistet ist; eine Sicherheitsleistung durch Bürgen ist ausgeschlossen. Dies gilt auch für die Verpflichtung des Versicherers zur Ausstellung einer Ersatzurkunde.
(3) Der Inhalt der Einzelpolice oder eines Versicherungszertifikats gilt abweichend von § 5 als vom Versicherungsnehmer genehmigt, wenn dieser nicht unverzüglich nach der Übermittlung widerspricht. Das Recht des Versicherungsnehmers, die Genehmigung wegen Irrtums anzufechten, bleibt unberührt.

-

§ 56 Verletzung der Anzeigepflicht

(1) Abweichend von § 19 Abs. 2 ist bei Verletzung der Anzeigepflicht der Rücktritt des Versicherers ausgeschlossen; der Versicherer kann innerhalb eines Monats von dem Zeitpunkt an, zu dem er Kenntnis von dem nicht oder unrichtig angezeigten Umstand erlangt hat, den Vertrag kündigen und die Leistung verweigern. Der Versicherer bleibt zur Leistung verpflichtet, soweit der nicht oder unrichtig angezeigte Umstand nicht ursächlich für den Eintritt des Versicherungsfalles oder den Umfang der Leistungspflicht war.
(2) Verweigert der Versicherer die Leistung, kann der Versicherungsnehmer den Vertrag kündigen. Das Kündigungsrecht erlischt, wenn es nicht innerhalb eines Monats von dem Zeitpunkt an ausgeübt wird, zu welchem dem Versicherungsnehmer die Entscheidung des Versicherers, die Leistung zu verweigern, zugeht.

-

§ 57 Gefahränderung

(1) Der Versicherungsnehmer hat dem Versicherer eine Änderung der Gefahr unverzüglich anzuzeigen.
(2) Hat der Versicherungsnehmer eine Gefahrerhöhung nicht angezeigt, ist der Versicherer nicht zur Leistung verpflichtet, wenn der Versicherungsfall nach dem Zeitpunkt eintritt, zu dem die Anzeige dem Versicherer hätte zugehen müssen. Er ist zur Leistung verpflichtet,

1. wenn ihm die Gefahrerhöhung zu dem Zeitpunkt bekannt war, zu dem ihm die Anzeige hätte zugehen müssen,

2. wenn die Anzeigepflicht weder vorsätzlich noch grob fahrlässig verletzt worden ist oder
3. soweit die Gefahrerhöhung nicht ursächlich für den Eintritt des Versicherungsfalles oder den Umfang der Leistungspflicht war.

(3) Der Versicherer ist abweichend von § 24 nicht berechtigt, den Vertrag wegen einer Gefahrerhöhung zu kündigen.

§ 58 Obliegenheitsverletzung

(1) Verletzt der Versicherungsnehmer bei einer laufenden Versicherung schuldhaft eine vor Eintritt des Versicherungsfalles zu erfüllende Obliegenheit, ist der Versicherer in Bezug auf ein versichertes Einzelrisiko, für das die verletzte Obliegenheit gilt, nicht zur Leistung verpflichtet.
(2) Bei schuldhafter Verletzung einer Obliegenheit kann der Versicherer den Vertrag innerhalb eines Monats, nachdem er Kenntnis von der Verletzung erlangt hat, mit einer Frist von einem Monat kündigen.

Abschnitt 7
Versicherungsvermittler, Versicherungsberater

Unterabschnitt 1
Mitteilungs- und Beratungspflichten

§ 59 Begriffsbestimmungen

(1) Versicherungsvermittler im Sinn dieses Gesetzes sind Versicherungsvertreter und Versicherungsmakler.
(2) Versicherungsvertreter im Sinn dieses Gesetzes ist, wer von einem Versicherer oder einem Versicherungsvertreter damit betraut ist, gewerbsmäßig Versicherungsverträge zu vermitteln oder abzuschließen.
(3) Versicherungsmakler im Sinn dieses Gesetzes ist, wer gewerbsmäßig für den Auftraggeber die Vermittlung oder den Abschluss von Versicherungsverträgen übernimmt, ohne von einem Versicherer oder von einem Versicherungsvertreter damit betraut zu sein. Als Versicherungsmakler gilt, wer gegenüber dem Versicherungsnehmer den Anschein erweckt, er erbringe seine Leistungen als Versicherungsmakler nach Satz 1.
(4) Versicherungsberater im Sinn dieses Gesetzes ist, wer gewerbsmäßig Dritte bei der Vereinbarung, Änderung oder Prüfung von Versicherungsverträgen oder bei der Wahrnehmung von Ansprüchen aus Versicherungsverträgen im Versicherungsfall berät oder gegenüber dem Versicherer außergerichtlich vertritt, ohne von einem Versicherer einen wirtschaftlichen Vorteil zu erhalten oder in anderer Weise von ihm abhängig zu sein.

§ 60 Beratungsgrundlage des Versicherungsvermittlers

(1) Der Versicherungsmakler ist verpflichtet, seinem Rat eine hinreichende Zahl von auf dem Markt angebotenen Versicherungsverträgen und von Versicherern zu Grunde zu legen, so dass er nach fachlichen Kriterien eine Empfehlung dahin abgeben kann, welcher Versicherungsvertrag geeignet ist, die Bedürfnisse des Versicherungsnehmers zu erfüllen. Dies gilt nicht, soweit er im Einzelfall vor Abgabe der Vertragserklärung des Versicherungsnehmers diesen ausdrücklich auf eine eingeschränkte Versicherer- und Vertragsauswahl hinweist.

(2) Der Versicherungsmakler, der nach Absatz 1 Satz 2 auf eine eingeschränkte Auswahl hinweist, und der Versicherungsvertreter haben dem Versicherungsnehmer mitzuteilen, auf welcher Markt- und Informationsgrundlage sie ihre Leistung erbringen, und die Namen der ihrem Rat zu Grunde gelegten Versicherer anzugeben. Der Versicherungsvertreter hat außerdem mitzuteilen, für welche Versicherer er seine Tätigkeit ausübt und ob er für diese ausschließlich tätig ist.
(3) Der Versicherungsnehmer kann auf die Mitteilungen und Angaben nach Absatz 2 durch eine gesonderte schriftliche Erklärung verzichten.

-

§ 61 Beratungs- und Dokumentationspflichten des Versicherungsvermittlers

(1) Der Versicherungsvermittler hat den Versicherungsnehmer, soweit nach der Schwierigkeit, die angebotene Versicherung zu beurteilen, oder der Person des Versicherungsnehmers und dessen Situation hierfür Anlass besteht, nach seinen Wünschen und Bedürfnissen zu befragen und, auch unter Berücksichtigung eines angemessenen Verhältnisses zwischen Beratungsaufwand und der vom Versicherungsnehmer zu zahlenden Prämien, zu beraten sowie die Gründe für jeden zu einer bestimmten Versicherung erteilten Rat anzugeben. Er hat dies unter Berücksichtigung der Komplexität des angebotenen Versicherungsvertrags nach § 62 zu dokumentieren.
(2) Der Versicherungsnehmer kann auf die Beratung oder die Dokumentation nach Absatz 1 durch eine gesonderte schriftliche Erklärung verzichten, in der er vom Versicherungsvermittler ausdrücklich darauf hingewiesen wird, dass sich ein Verzicht nachteilig auf die Möglichkeit des Versicherungsnehmers auswirken kann, gegen den Versicherungsvermittler einen Schadensersatzanspruch nach § 63 geltend zu machen.

-

§ 62 Zeitpunkt und Form der Information

(1) Dem Versicherungsnehmer sind die Informationen nach § 60 Abs. 2 vor Abgabe seiner Vertragserklärung, die Informationen nach § 61 Abs. 1 vor dem Abschluss des Vertrags klar und verständlich in Textform zu übermitteln.
(2) Die Informationen nach Absatz 1 dürfen mündlich übermittelt werden, wenn der Versicherungsnehmer dies wünscht oder wenn und soweit der Versicherer vorläufige Deckung gewährt. In diesen Fällen sind die Informationen unverzüglich nach Vertragsschluss, spätestens mit dem Versicherungsschein dem Versicherungsnehmer in Textform zu übermitteln; dies gilt nicht für Verträge über vorläufige Deckung bei Pflichtversicherungen.

-

§ 63 Schadensersatzpflicht

Der Versicherungsvermittler ist zum Ersatz des Schadens verpflichtet, der dem Versicherungsnehmer durch die Verletzung einer Pflicht nach § 60 oder § 61 entsteht. Dies gilt nicht, wenn der Versicherungsvermittler die Pflichtverletzung nicht zu vertreten hat.

-

§ 64 Zahlungssicherung zugunsten des Versicherungsnehmers

Eine Bevollmächtigung des Versicherungsvermittlers durch den Versicherungsnehmer zur Annahme von Leistungen des Versicherers, die dieser auf Grund eines Versicherungsvertrags an den Versicherungsnehmer zu erbringen hat, bedarf einer gesonderten schriftlichen Erklärung des Versicherungsnehmers.

-

§ 65 Großrisiken

Die §§ 60 bis 63 gelten nicht für die Vermittlung von Versicherungsverträgen über Großrisiken im Sinn des § 210 Absatz 2.

§ 66 Sonstige Ausnahmen

Die §§ 60 bis 64, 69 Abs. 2 und § 214 gelten nicht für Versicherungsvermittler im Sinn von § 34d Abs. 9 Nr. 1 der Gewerbeordnung.

§ 67 Abweichende Vereinbarungen

Von den §§ 60 bis 66 kann nicht zum Nachteil des Versicherungsnehmers abgewichen werden.

§ 68 Versicherungsberater

Die für Versicherungsmakler geltenden Vorschriften des § 60 Abs. 1 Satz 1, des § 61 Abs. 1 und der §§ 62 bis 65 und 67 sind auf Versicherungsberater entsprechend anzuwenden. Weitergehende Pflichten des Versicherungsberaters aus dem Auftragsverhältnis bleiben unberührt.

Unterabschnitt 2
Vertretungsmacht

§ 69 Gesetzliche Vollmacht

(1) Der Versicherungsvertreter gilt als bevollmächtigt,

1. Anträge, die auf den Abschluss eines Versicherungsvertrags gerichtet sind, und deren Widerruf sowie die vor Vertragsschluss abzugebenden Anzeigen und sonstigen Erklärungen vom Versicherungsnehmer entgegenzunehmen,
2. Anträge auf Verlängerung oder Änderung eines Versicherungsvertrags und deren Widerruf, die Kündigung, den Rücktritt und sonstige das Versicherungsverhältnis betreffende Erklärungen sowie die während der Dauer des Versicherungsverhältnisses zu erstattenden Anzeigen vom Versicherungsnehmer entgegenzunehmen und
3. die vom Versicherer ausgefertigten Versicherungsscheine oder Verlängerungsscheine dem Versicherungsnehmer zu übermitteln.

(2) Der Versicherungsvertreter gilt als bevollmächtigt, Zahlungen, die der Versicherungsnehmer im Zusammenhang mit der Vermittlung oder dem Abschluss eines Versicherungsvertrags an ihn leistet, anzunehmen. Eine Beschränkung dieser Vollmacht muss der Versicherungsnehmer nur gegen sich gelten lassen, wenn er die Beschränkung bei der Vornahme der Zahlung kannte oder infolge grober Fahrlässigkeit nicht kannte.

(3) Der Versicherungsnehmer trägt die Beweislast für die Abgabe oder den Inhalt eines Antrags oder einer sonstigen Willenserklärung nach Absatz 1 Nr. 1 und 2. Die Beweislast für die Verletzung der Anzeigepflicht oder einer Obliegenheit durch den Versicherungsnehmer trägt der Versicherer.

§ 70 Kenntnis des Versicherungsvertreters

Soweit nach diesem Gesetz die Kenntnis des Versicherers erheblich ist, steht die Kenntnis des Versicherungsvertreters der Kenntnis des Versicherers gleich. Dies gilt nicht für die Kenntnis des Versicherungsvertreters, die er außerhalb seiner Tätigkeit als Vertreter und ohne Zusammenhang mit dem betreffenden Versicherungsvertrag erlangt hat.

§ 71 Abschlussvollmacht

Ist der Versicherungsvertreter zum Abschluss von Versicherungsverträgen bevollmächtigt, ist er auch befugt, die Änderung oder Verlängerung solcher Verträge zu vereinbaren sowie Kündigungs- und Rücktrittserklärungen abzugeben.

§ 72 Beschränkung der Vertretungsmacht

Eine Beschränkung der dem Versicherungsvertreter nach den §§ 69 und 71 zustehenden Vertretungsmacht durch Allgemeine Versicherungsbedingungen ist gegenüber dem Versicherungsnehmer und Dritten unwirksam.

§ 73 Angestellte und nicht gewerbsmäßig tätige Vermittler

Die §§ 69 bis 72 sind auf Angestellte eines Versicherers, die mit der Vermittlung oder dem Abschluss von Versicherungsverträgen betraut sind, und auf Personen, die als Vertreter selbständig Versicherungsverträge vermitteln oder abschließen, ohne gewerbsmäßig tätig zu sein, entsprechend anzuwenden.

Kapitel 2
Schadensversicherung

Abschnitt 1
Allgemeine Vorschriften

§ 74 Überversicherung

(1) Übersteigt die Versicherungssumme den Wert des versicherten Interesses (Versicherungswert) erheblich, kann jede Vertragspartei verlangen, dass die Versicherungssumme zur Beseitigung der Überversicherung unter verhältnismäßiger Minderung der Prämie mit sofortiger Wirkung herabgesetzt wird.
(2) Schließt der Versicherungsnehmer den Vertrag in der Absicht, sich aus der Überversicherung einen rechtswidrigen Vermögensvorteil zu verschaffen, ist der Vertrag nichtig; dem Versicherer steht die Prämie bis zu dem Zeitpunkt zu, zu dem er von den die Nichtigkeit begründenden Umständen Kenntnis erlangt.

§ 75 Unterversicherung

Ist die Versicherungssumme erheblich niedriger als der Versicherungswert zur Zeit des Eintrittes des Versicherungsfalles, ist der Versicherer nur verpflichtet, die Leistung nach dem Verhältnis der

Versicherungssumme zu diesem Wert zu erbringen.
-

§ 76 Taxe

Der Versicherungswert kann durch Vereinbarung auf einen bestimmten Betrag (Taxe) festgesetzt werden. Die Taxe gilt auch als der Wert, den das versicherte Interesse bei Eintritt des Versicherungsfalles hat, es sei denn, sie übersteigt den wirklichen Versicherungswert zu diesem Zeitpunkt erheblich. Ist die Versicherungssumme niedriger als die Taxe, hat der Versicherer, auch wenn die Taxe erheblich übersetzt ist, den Schaden nur nach dem Verhältnis der Versicherungssumme zur Taxe zu ersetzen.
-

§ 77 Mehrere Versicherer

(1) Wer bei mehreren Versicherern ein Interesse gegen dieselbe Gefahr versichert, ist verpflichtet, jedem Versicherer die andere Versicherung unverzüglich mitzuteilen. In der Mitteilung sind der andere Versicherer und die Versicherungssumme anzugeben.
(2) Wird bezüglich desselben Interesses bei einem Versicherer der entgehende Gewinn, bei einem anderen Versicherer der sonstige Schaden versichert, ist Absatz 1 entsprechend anzuwenden.
-

§ 78 Haftung bei Mehrfachversicherung

(1) Ist bei mehreren Versicherern ein Interesse gegen dieselbe Gefahr versichert und übersteigen die Versicherungssummen zusammen den Versicherungswert oder übersteigt aus anderen Gründen die Summe der Entschädigungen, die von jedem Versicherer ohne Bestehen der anderen Versicherung zu zahlen wären, den Gesamtschaden (Mehrfachversicherung), haften die Versicherer in der Weise als Gesamtschuldner, dass jeder Versicherer den von ihm nach dem Vertrag zu leistenden Betrag zu zahlen hat, der Versicherungsnehmer aber insgesamt nicht mehr als den Betrag des Schadens verlangen kann.
(2) Die Versicherer sind im Verhältnis zueinander zu Anteilen nach Maßgabe der Beträge verpflichtet, die sie dem Versicherungsnehmer nach dem jeweiligen Vertrag zu zahlen haben. Ist auf eine der Versicherungen ausländisches Recht anzuwenden, kann der Versicherer, für den das ausländische Recht gilt, gegen den anderen Versicherer einen Anspruch auf Ausgleichung nur geltend machen, wenn er selbst nach dem für ihn maßgeblichen Recht zur Ausgleichung verpflichtet ist.
(3) Hat der Versicherungsnehmer eine Mehrfachversicherung in der Absicht vereinbart, sich dadurch einen rechtswidrigen Vermögensvorteil zu verschaffen, ist jeder in dieser Absicht geschlossene Vertrag nichtig; dem Versicherer steht die Prämie bis zu dem Zeitpunkt zu, zu dem er von den die Nichtigkeit begründenden Umständen Kenntnis erlangt.
-

§ 79 Beseitigung der Mehrfachversicherung

(1) Hat der Versicherungsnehmer den Vertrag, durch den die Mehrfachversicherung entstanden ist, ohne Kenntnis von dem Entstehen der Mehrfachversicherung geschlossen, kann er verlangen, dass der später geschlossene Vertrag aufgehoben oder die Versicherungssumme unter verhältnismäßiger Minderung der Prämie auf den Teilbetrag herabgesetzt wird, der durch die frühere Versicherung nicht gedeckt ist.
(2) Absatz 1 ist auch anzuwenden, wenn die Mehrfachversicherung dadurch entstanden ist, dass nach Abschluss der mehreren Versicherungsverträge der Versicherungswert gesunken ist. Sind in diesem Fall die mehreren Versicherungsverträge gleichzeitig oder im Einvernehmen der

Versicherer geschlossen worden, kann der Versicherungsnehmer nur die verhältnismäßige Herabsetzung der Versicherungssummen und der Prämien verlangen.

-

§ 80 Fehlendes versichertes Interesse

(1) Der Versicherungsnehmer ist nicht zur Zahlung der Prämie verpflichtet, wenn das versicherte Interesse bei Beginn der Versicherung nicht besteht; dies gilt auch, wenn das Interesse bei einer Versicherung, die für ein künftiges Unternehmen oder für ein anderes künftiges Interesse genommen ist, nicht entsteht. Der Versicherer kann jedoch eine angemessene Geschäftsgebühr verlangen.
(2) Fällt das versicherte Interesse nach dem Beginn der Versicherung weg, steht dem Versicherer die Prämie zu, die er hätte beanspruchen können, wenn die Versicherung nur bis zu dem Zeitpunkt beantragt worden wäre, zu dem der Versicherer vom Wegfall des Interesses Kenntnis erlangt hat.
(3) Hat der Versicherungsnehmer ein nicht bestehendes Interesse in der Absicht versichert, sich dadurch einen rechtswidrigen Vermögensvorteil zu verschaffen, ist der Vertrag nichtig; dem Versicherer steht die Prämie bis zu dem Zeitpunkt zu, zu dem er von den die Nichtigkeit begründenden Umständen Kenntnis erlangt.

-

§ 81 Herbeiführung des Versicherungsfalles

(1) Der Versicherer ist nicht zur Leistung verpflichtet, wenn der Versicherungsnehmer vorsätzlich den Versicherungsfall herbeiführt.
(2) Führt der Versicherungsnehmer den Versicherungsfall grob fahrlässig herbei, ist der Versicherer berechtigt, seine Leistung in einem der Schwere des Verschuldens des Versicherungsnehmers entsprechenden Verhältnis zu kürzen.

-

§ 82 Abwendung und Minderung des Schadens

(1) Der Versicherungsnehmer hat bei Eintritt des Versicherungsfalles nach Möglichkeit für die Abwendung und Minderung des Schadens zu sorgen.
(2) Der Versicherungsnehmer hat Weisungen des Versicherers, soweit für ihn zumutbar, zu befolgen sowie Weisungen einzuholen, wenn die Umstände dies gestatten. Erteilen mehrere an dem Versicherungsvertrag beteiligte Versicherer unterschiedliche Weisungen, hat der Versicherungsnehmer nach pflichtgemäßem Ermessen zu handeln.
(3) Bei Verletzung einer Obliegenheit nach den Absätzen 1 und 2 ist der Versicherer nicht zur Leistung verpflichtet, wenn der Versicherungsnehmer die Obliegenheit vorsätzlich verletzt hat. Im Fall einer grob fahrlässigen Verletzung ist der Versicherer berechtigt, seine Leistung in einem der Schwere des Verschuldens des Versicherungsnehmers entsprechenden Verhältnis zu kürzen; die Beweislast für das Nichtvorliegen einer groben Fahrlässigkeit trägt der Versicherungsnehmer.
(4) Abweichend von Absatz 3 ist der Versicherer zur Leistung verpflichtet, soweit die Verletzung der Obliegenheit weder für die Feststellung des Versicherungsfalles noch für die Feststellung oder den Umfang der Leistungspflicht ursächlich ist. Satz 1 gilt nicht, wenn der Versicherungsnehmer die Obliegenheit arglistig verletzt hat.

-

§ 83 Aufwendungsersatz

(1) Der Versicherer hat Aufwendungen des Versicherungsnehmers nach § 82 Abs. 1 und 2, auch wenn sie erfolglos bleiben, insoweit zu erstatten, als der Versicherungsnehmer sie den Umständen nach für geboten halten durfte. Der Versicherer hat den für die Aufwendungen erforderlichen

Betrag auf Verlangen des Versicherungsnehmers vorzuschießen.
(2) Ist der Versicherer berechtigt, seine Leistung zu kürzen, kann er auch den Aufwendungsersatz nach Absatz 1 entsprechend kürzen.
(3) Aufwendungen des Versicherungsnehmers, die er gemäß den Weisungen des Versicherers macht, sind auch insoweit zu erstatten, als sie zusammen mit der sonstigen Entschädigung die Versicherungssumme übersteigen.
(4) Bei der Tierversicherung gehören die Kosten der Fütterung und der Pflege sowie die Kosten der tierärztlichen Untersuchung und Behandlung nicht zu den vom Versicherer nach den Absätzen 1 bis 3 zu erstattenden Aufwendungen.

-

§ 84 Sachverständigenverfahren

(1) Sollen nach dem Vertrag einzelne Voraussetzungen des Anspruchs aus der Versicherung oder die Höhe des Schadens durch Sachverständige festgestellt werden, ist die getroffene Feststellung nicht verbindlich, wenn sie offenbar von der wirklichen Sachlage erheblich abweicht. Die Feststellung erfolgt in diesem Fall durch gerichtliche Entscheidung. Dies gilt auch, wenn die Sachverständigen die Feststellung nicht treffen können oder wollen oder sie verzögern.
(2) Sind nach dem Vertrag die Sachverständigen durch das Gericht zu ernennen, ist für die Ernennung das Amtsgericht zuständig, in dessen Bezirk der Schaden entstanden ist. Durch eine ausdrückliche Vereinbarung der Beteiligten kann die Zuständigkeit eines anderen Amtsgerichts begründet werden. Die Verfügung, durch die dem Antrag auf Ernennung der Sachverständigen stattgegeben wird, ist nicht anfechtbar.

-

§ 85 Schadensermittlungskosten

(1) Der Versicherer hat dem Versicherungsnehmer die Kosten, die durch die Ermittlung und Feststellung des von ihm zu ersetzenden Schadens entstehen, insoweit zu erstatten, als ihre Aufwendung den Umständen nach geboten war. Diese Kosten sind auch insoweit zu erstatten, als sie zusammen mit der sonstigen Entschädigung die Versicherungssumme übersteigen.
(2) Kosten, die dem Versicherungsnehmer durch die Zuziehung eines Sachverständigen oder eines Beistandes entstehen, hat der Versicherer nicht zu erstatten, es sei denn, der Versicherungsnehmer ist zu der Zuziehung vertraglich verpflichtet oder vom Versicherer aufgefordert worden.
(3) Ist der Versicherer berechtigt, seine Leistung zu kürzen, kann er auch den Kostenersatz entsprechend kürzen.

-

§ 86 Übergang von Ersatzansprüchen

(1) Steht dem Versicherungsnehmer ein Ersatzanspruch gegen einen Dritten zu, geht dieser Anspruch auf den Versicherer über, soweit der Versicherer den Schaden ersetzt. Der Übergang kann nicht zum Nachteil des Versicherungsnehmers geltend gemacht werden.
(2) Der Versicherungsnehmer hat seinen Ersatzanspruch oder ein zur Sicherung dieses Anspruchs dienendes Recht unter Beachtung der geltenden Form- und Fristvorschriften zu wahren und bei dessen Durchsetzung durch den Versicherer soweit erforderlich mitzuwirken. Verletzt der Versicherungsnehmer diese Obliegenheit vorsätzlich, ist der Versicherer zur Leistung insoweit nicht verpflichtet, als er infolgedessen keinen Ersatz von dem Dritten erlangen kann. Im Fall einer grob fahrlässigen Verletzung der Obliegenheit ist der Versicherer berechtigt, seine Leistung in einem der Schwere des Verschuldens des Versicherungsnehmers entsprechenden Verhältnis zu kürzen; die Beweislast für das Nichtvorliegen einer groben Fahrlässigkeit trägt der Versicherungsnehmer.

(3) Richtet sich der Ersatzanspruch des Versicherungsnehmers gegen eine Person, mit der er bei Eintritt des Schadens in häuslicher Gemeinschaft lebt, kann der Übergang nach Absatz 1 nicht geltend gemacht werden, es sei denn, diese Person hat den Schaden vorsätzlich verursacht.

-

§ 87 Abweichende Vereinbarungen

Von den §§ 74, 78 Abs. 3, den §§ 80, 82 bis 84 Abs. 1 Satz 1 und § 86 kann nicht zum Nachteil des Versicherungsnehmers abgewichen werden.

Abschnitt 2
Sachversicherung

-

§ 88 Versicherungswert

Soweit nichts anderes vereinbart ist, gilt als Versicherungswert, wenn sich die Versicherung auf eine Sache oder einen Inbegriff von Sachen bezieht, der Betrag, den der Versicherungsnehmer zur Zeit des Eintrittes des Versicherungsfalles für die Wiederbeschaffung oder Wiederherstellung der versicherten Sache in neuwertigem Zustand unter Abzug des sich aus dem Unterschied zwischen alt und neu ergebenden Minderwertes aufzuwenden hat.

-

§ 89 Versicherung für Inbegriff von Sachen

(1) Eine Versicherung, die für einen Inbegriff von Sachen genommen ist, umfasst die jeweils dem Inbegriff zugehörigen Sachen.
(2) Ist die Versicherung für einen Inbegriff von Sachen genommen, erstreckt sie sich auf die Sachen der Personen, mit denen der Versicherungsnehmer bei Eintritt des Schadens in häuslicher Gemeinschaft lebt oder die zu diesem Zeitpunkt in einem Dienstverhältnis zum Versicherungsnehmer stehen und ihre Tätigkeit an dem Ort ausüben, für den die Versicherung gilt. Die Versicherung gilt insoweit als für fremde Rechnung genommen.

-

§ 90 Erweiterter Aufwendungsersatz

Macht der Versicherungsnehmer Aufwendungen, um einen unmittelbar bevorstehenden Versicherungsfall abzuwenden oder in seinen Auswirkungen zu mindern, ist § 83 Abs. 1 Satz 1, Abs. 2 und 3 entsprechend anzuwenden.

-

§ 91 Verzinsung der Entschädigung

Die vom Versicherer zu zahlende Entschädigung ist nach Ablauf eines Monats seit der Anzeige des Versicherungsfalles für das Jahr mit 4 Prozent zu verzinsen, soweit nicht aus einem anderen Rechtsgrund höhere Zinsen verlangt werden können. Der Lauf der Frist ist gehemmt, solange der Schaden infolge eines Verschuldens des Versicherungsnehmers nicht festgestellt werden kann.

-

§ 92 Kündigung nach Versicherungsfall

(1) Nach dem Eintritt des Versicherungsfalles kann jede Vertragspartei das Versicherungsverhältnis kündigen.
(2) Die Kündigung ist nur bis zum Ablauf eines Monats seit dem Abschluss der Verhandlungen über die Entschädigung zulässig. Der Versicherer hat eine Kündigungsfrist von einem Monat einzuhalten. Der Versicherungsnehmer kann nicht für einen späteren Zeitpunkt als den Schluss der laufenden Versicherungsperiode kündigen.
(3) Bei der Hagelversicherung kann der Versicherer nur für den Schluss der Versicherungsperiode kündigen, in welcher der Versicherungsfall eingetreten ist. Kündigt der Versicherungsnehmer für einen früheren Zeitpunkt als den Schluss dieser Versicherungsperiode, steht dem Versicherer gleichwohl die Prämie für die laufende Versicherungsperiode zu.

§ 93 Wiederherstellungsklausel

Ist der Versicherer nach dem Vertrag verpflichtet, einen Teil der Entschädigung nur bei Wiederherstellung oder Wiederbeschaffung der versicherten Sache zu zahlen, kann der Versicherungsnehmer die Zahlung eines über den Versicherungswert hinausgehenden Betrags erst verlangen, wenn die Wiederherstellung oder Wiederbeschaffung gesichert ist. Der Versicherungsnehmer ist zur Rückzahlung der vom Versicherer geleisteten Entschädigung abzüglich des Versicherungswertes der Sache verpflichtet, wenn die Sache infolge eines Verschuldens des Versicherungsnehmers nicht innerhalb einer angemessenen Frist wiederhergestellt oder wiederbeschafft worden ist.

§ 94 Wirksamkeit der Zahlung gegenüber Hypothekengläubigern

(1) Im Fall des § 93 Satz 1 ist eine Zahlung, die ohne die Sicherung der Wiederherstellung oder Wiederbeschaffung geleistet wird, einem Hypothekengläubiger gegenüber nur wirksam, wenn ihm der Versicherer oder der Versicherungsnehmer mitgeteilt hat, dass ohne die Sicherung geleistet werden soll und seit dem Zugang der Mitteilung mindestens ein Monat verstrichen ist.
(2) Soweit die Entschädigungssumme nicht zu einer den Vertragsbestimmungen entsprechenden Wiederherstellung oder Wiederbeschaffung verwendet werden soll, kann der Versicherer mit Wirkung gegen einen Hypothekengläubiger erst zahlen, wenn er oder der Versicherungsnehmer diese Absicht dem Hypothekengläubiger mitgeteilt hat und seit dem Zugang der Mitteilung mindestens ein Monat verstrichen ist.
(3) Der Hypothekengläubiger kann bis zum Ablauf der Frist von einem Monat dem Versicherer gegenüber der Zahlung widersprechen. Die Mitteilungen nach den Absätzen 1 und 2 dürfen unterbleiben, wenn sie einen unangemessenen Aufwand erfordern würden; in diesem Fall läuft die Frist ab dem Zeitpunkt der Fälligkeit der Entschädigungssumme.
(4) Hat der Hypothekengläubiger seine Hypothek dem Versicherer angemeldet, ist eine Zahlung, die ohne die Sicherung der Wiederherstellung oder Wiederbeschaffung geleistet wird, dem Hypothekengläubiger gegenüber nur wirksam, wenn dieser in Textform der Zahlung zugestimmt hat.
(5) Die Absätze 1 bis 4 sind entsprechend anzuwenden, wenn das Grundstück mit einer Grundschuld, Rentenschuld oder Reallast belastet ist.

§ 95 Veräußerung der versicherten Sache

(1) Wird die versicherte Sache vom Versicherungsnehmer veräußert, tritt an dessen Stelle der Erwerber in die während der Dauer seines Eigentums aus dem Versicherungsverhältnis sich ergebenden Rechte und Pflichten des Versicherungsnehmers ein.
(2) Der Veräußerer und der Erwerber haften für die Prämie, die auf die zur Zeit des Eintrittes des Erwerbers laufende Versicherungsperiode entfällt, als Gesamtschuldner.
(3) Der Versicherer muss den Eintritt des Erwerbers erst gegen sich gelten lassen, wenn er hiervon Kenntnis erlangt hat.
-

§ 96 Kündigung nach Veräußerung

(1) Der Versicherer ist berechtigt, dem Erwerber einer versicherten Sache das Versicherungsverhältnis unter Einhaltung einer Frist von einem Monat zu kündigen. Das Kündigungsrecht erlischt, wenn es nicht innerhalb eines Monats ab der Kenntnis des Versicherers von der Veräußerung ausgeübt wird.
(2) Der Erwerber ist berechtigt, das Versicherungsverhältnis mit sofortiger Wirkung oder für den Schluss der laufenden Versicherungsperiode zu kündigen. Das Kündigungsrecht erlischt, wenn es nicht innerhalb eines Monats nach dem Erwerb, bei fehlender Kenntnis des Erwerbers vom Bestehen der Versicherung innerhalb eines Monats ab Erlangung der Kenntnis, ausgeübt wird.
(3) Im Fall der Kündigung des Versicherungsverhältnisses nach Absatz 1 oder Absatz 2 ist der Veräußerer zur Zahlung der Prämie verpflichtet; eine Haftung des Erwerbers für die Prämie besteht nicht.
-

§ 97 Anzeige der Veräußerung

(1) Die Veräußerung ist dem Versicherer vom Veräußerer oder Erwerber unverzüglich anzuzeigen. Ist die Anzeige unterblieben, ist der Versicherer nicht zur Leistung verpflichtet, wenn der Versicherungsfall später als einen Monat nach dem Zeitpunkt eintritt, zu dem die Anzeige dem Versicherer hätte zugehen müssen, und der Versicherer den mit dem Veräußerer bestehenden Vertrag mit dem Erwerber nicht geschlossen hätte.
(2) Abweichend von Absatz 1 Satz 2 ist der Versicherer zur Leistung verpflichtet, wenn ihm die Veräußerung zu dem Zeitpunkt bekannt war, zu dem ihm die Anzeige hätte zugehen müssen, oder wenn zur Zeit des Eintrittes des Versicherungsfalles die Frist für die Kündigung des Versicherers abgelaufen war und er nicht gekündigt hat.
-

§ 98 Schutz des Erwerbers

Der Versicherer kann sich auf eine Bestimmung des Versicherungsvertrags, durch die von den §§ 95 bis 97 zum Nachteil des Erwerbers abgewichen wird, nicht berufen. Jedoch kann für die Kündigung des Erwerbers nach § 96 Abs. 2 und die Anzeige der Veräußerung die Schriftform oder die Textform bestimmt werden.
-

§ 99 Zwangsversteigerung, Erwerb des Nutzungsrechts

Geht das Eigentum an der versicherten Sache im Wege der Zwangsversteigerung über oder erwirbt ein Dritter auf Grund eines Nießbrauchs, eines Pachtvertrags oder eines ähnlichen Verhältnisses die Berechtigung, versicherte Bodenerzeugnisse zu beziehen, sind die §§ 95 bis 98 entsprechend anzuwenden.

Teil 2
Einzelne Versicherungszweige

Kapitel 1
Haftpflichtversicherung

Abschnitt 1
Allgemeine Vorschriften

§ 100 Leistung des Versicherers

Bei der Haftpflichtversicherung ist der Versicherer verpflichtet, den Versicherungsnehmer von Ansprüchen freizustellen, die von einem Dritten auf Grund der Verantwortlichkeit des Versicherungsnehmers für eine während der Versicherungszeit eintretende Tatsache geltend gemacht werden, und unbegründete Ansprüche abzuwehren.

§ 101 Kosten des Rechtsschutzes

(1) Die Versicherung umfasst auch die gerichtlichen und außergerichtlichen Kosten, die durch die Abwehr der von einem Dritten geltend gemachten Ansprüche entstehen, soweit die Aufwendung der Kosten den Umständen nach geboten ist. Die Versicherung umfasst ferner die auf Weisung des Versicherers aufgewendeten Kosten der Verteidigung in einem Strafverfahren, das wegen einer Tat eingeleitet wurde, welche die Verantwortlichkeit des Versicherungsnehmers gegenüber einem Dritten zur Folge haben könnte. Der Versicherer hat die Kosten auf Verlangen des Versicherungsnehmers vorzuschießen.
(2) Ist eine Versicherungssumme bestimmt, hat der Versicherer die Kosten eines auf seine Veranlassung geführten Rechtsstreits und die Kosten der Verteidigung nach Absatz 1 Satz 2 auch insoweit zu ersetzen, als sie zusammen mit den Aufwendungen des Versicherers zur Freistellung des Versicherungsnehmers die Versicherungssumme übersteigen. Dies gilt auch für Zinsen, die der Versicherungsnehmer infolge einer vom Versicherer veranlassten Verzögerung der Befriedigung des Dritten diesem schuldet.
(3) Ist dem Versicherungsnehmer nachgelassen, die Vollstreckung einer gerichtlichen Entscheidung durch Sicherheitsleistung oder Hinterlegung abzuwenden, hat der Versicherer die Sicherheitsleistung oder Hinterlegung zu bewirken. Diese Verpflichtung besteht nur bis zum Betrag der Versicherungssumme; ist der Versicherer nach Absatz 2 über diesen Betrag hinaus verpflichtet, tritt der Versicherungssumme der Mehrbetrag hinzu. Der Versicherer ist von der Verpflichtung nach Satz 1 frei, wenn er den Anspruch des Dritten dem Versicherungsnehmer gegenüber als begründet anerkennt.

§ 102 Betriebshaftpflichtversicherung

(1) Besteht die Versicherung für ein Unternehmen, erstreckt sie sich auf die Haftpflicht der zur Vertretung des Unternehmens befugten Personen sowie der Personen, die in einem Dienstverhältnis zu dem Unternehmen stehen. Die Versicherung gilt insoweit als für fremde Rechnung genommen.
(2) Wird das Unternehmen an einen Dritten veräußert oder auf Grund eines Nießbrauchs, eines Pachtvertrags oder eines ähnlichen Verhältnisses von einem Dritten übernommen, tritt der Dritte an Stelle des Versicherungsnehmers in die während der Dauer seiner Berechtigung sich aus dem Versicherungsverhältnis ergebenden Rechte und Pflichten ein. § 95 Abs. 2 und 3 sowie die §§ 96

und 97 sind entsprechend anzuwenden.

§ 103 Herbeiführung des Versicherungsfalles

Der Versicherer ist nicht zur Leistung verpflichtet, wenn der Versicherungsnehmer vorsätzlich und widerrechtlich den bei dem Dritten eingetretenen Schaden herbeigeführt hat.

§ 104 Anzeigepflicht des Versicherungsnehmers

(1) Der Versicherungsnehmer hat dem Versicherer innerhalb einer Woche die Tatsachen anzuzeigen, die seine Verantwortlichkeit gegenüber einem Dritten zur Folge haben könnten. Macht der Dritte seinen Anspruch gegenüber dem Versicherungsnehmer geltend, ist der Versicherungsnehmer zur Anzeige innerhalb einer Woche nach der Geltendmachung verpflichtet.
(2) Wird gegen den Versicherungsnehmer ein Anspruch gerichtlich geltend gemacht, Prozesskostenhilfe beantragt oder wird ihm gerichtlich der Streit verkündet, hat er dies dem Versicherer unverzüglich anzuzeigen. Dies gilt auch, wenn gegen den Versicherungsnehmer wegen des den Anspruch begründenden Schadensereignisses ein Ermittlungsverfahren eingeleitet wird.
(3) Zur Wahrung der Fristen nach den Absätzen 1 und 2 genügt die rechtzeitige Absendung der Anzeige. § 30 Abs. 2 ist entsprechend anzuwenden.

§ 105 Anerkenntnis des Versicherungsnehmers

Eine Vereinbarung, nach welcher der Versicherer nicht zur Leistung verpflichtet ist, wenn ohne seine Einwilligung der Versicherungsnehmer den Dritten befriedigt oder dessen Anspruch anerkennt, ist unwirksam.

§ 106 Fälligkeit der Versicherungsleistung

Der Versicherer hat den Versicherungsnehmer innerhalb von zwei Wochen von dem Zeitpunkt an, zu dem der Anspruch des Dritten mit bindender Wirkung für den Versicherer durch rechtskräftiges Urteil, Anerkenntnis oder Vergleich festgestellt worden ist, vom Anspruch des Dritten freizustellen. Ist der Dritte von dem Versicherungsnehmer mit bindender Wirkung für den Versicherer befriedigt worden, hat der Versicherer die Entschädigung innerhalb von zwei Wochen nach der Befriedigung des Dritten an den Versicherungsnehmer zu zahlen. Kosten, die nach § 101 zu ersetzen sind, hat der Versicherer innerhalb von zwei Wochen nach der Mitteilung der Berechnung zu zahlen.

§ 107 Rentenanspruch

(1) Ist der Versicherungsnehmer dem Dritten zur Zahlung einer Rente verpflichtet, ist der Versicherer, wenn die Versicherungssumme den Kapitalwert der Rente nicht erreicht, nur zur Zahlung eines verhältnismäßigen Teils der Rente verpflichtet.
(2) Hat der Versicherungsnehmer für die von ihm geschuldete Rente dem Dritten kraft Gesetzes Sicherheit zu leisten, erstreckt sich die Verpflichtung des Versicherers auf die Leistung der Sicherheit. Absatz 1 gilt entsprechend.

§ 108 Verfügung über den Freistellungsanspruch

(1) Verfügungen des Versicherungsnehmers über den Freistellungsanspruch gegen den Versicherer sind dem Dritten gegenüber unwirksam. Der rechtsgeschäftlichen Verfügung steht eine Verfügung im Wege der Zwangsvollstreckung oder Arrestvollziehung gleich.
(2) Die Abtretung des Freistellungsanspruchs an den Dritten kann nicht durch Allgemeine Versicherungsbedingungen ausgeschlossen werden.

§ 109 Mehrere Geschädigte

Ist der Versicherungsnehmer gegenüber mehreren Dritten verantwortlich und übersteigen deren Ansprüche die Versicherungssumme, hat der Versicherer diese Ansprüche nach dem Verhältnis ihrer Beträge zu erfüllen. Ist hierbei die Versicherungssumme erschöpft, kann sich ein bei der Verteilung nicht berücksichtigter Dritter nachträglich auf § 108 Abs. 1 nicht berufen, wenn der Versicherer mit der Geltendmachung dieser Ansprüche nicht gerechnet hat und auch nicht rechnen musste.

§ 110 Insolvenz des Versicherungsnehmers

Ist über das Vermögen des Versicherungsnehmers das Insolvenzverfahren eröffnet, kann der Dritte wegen des ihm gegen den Versicherungsnehmer zustehenden Anspruchs abgesonderte Befriedigung aus dem Freistellungsanspruch des Versicherungsnehmers verlangen.

§ 111 Kündigung nach Versicherungsfall

(1) Hat der Versicherer nach dem Eintritt des Versicherungsfalles den Anspruch des Versicherungsnehmers auf Freistellung anerkannt oder zu Unrecht abgelehnt, kann jede Vertragspartei das Versicherungsverhältnis kündigen. Dies gilt auch, wenn der Versicherer dem Versicherungsnehmer die Weisung erteilt, es zum Rechtsstreit über den Anspruch des Dritten kommen zu lassen.
(2) Die Kündigung ist nur innerhalb eines Monats seit der Anerkennung oder Ablehnung des Freistellungsanspruchs oder seit der Rechtskraft des im Rechtsstreit mit dem Dritten ergangenen Urteils zulässig. § 92 Abs. 2 Satz 2 und 3 ist anzuwenden.

§ 112 Abweichende Vereinbarungen

Von den §§ 104 und 106 kann nicht zum Nachteil des Versicherungsnehmers abgewichen werden.

Abschnitt 2
Pflichtversicherung

§ 113 Pflichtversicherung

(1) Eine Haftpflichtversicherung, zu deren Abschluss eine Verpflichtung durch Rechtsvorschrift besteht (Pflichtversicherung), ist mit einem im Inland zum Geschäftsbetrieb befugten Versicherungsunternehmen abzuschließen.
(2) Der Versicherer hat dem Versicherungsnehmer unter Angabe der Versicherungssumme zu

bescheinigen, dass eine der zu bezeichnenden Rechtsvorschrift entsprechende Pflichtversicherung besteht.
(3) Die Vorschriften dieses Abschnittes sind auch insoweit anzuwenden, als der Versicherungsvertrag eine über die vorgeschriebenen Mindestanforderungen hinausgehende Deckung gewährt.

§ 114 Umfang des Versicherungsschutzes

(1) Die Mindestversicherungssumme beträgt bei einer Pflichtversicherung, soweit durch Rechtsvorschrift nichts anderes bestimmt ist, 250.000 Euro je Versicherungsfall und eine Million Euro für alle Versicherungsfälle eines Versicherungsjahres.
(2) Der Versicherungsvertrag kann Inhalt und Umfang der Pflichtversicherung näher bestimmen, soweit dadurch die Erreichung des jeweiligen Zwecks der Pflichtversicherung nicht gefährdet wird und durch Rechtsvorschrift nicht ausdrücklich etwas anderes bestimmt ist. Ein Selbstbehalt des Versicherungsnehmers kann dem Dritten nicht entgegengehalten und gegenüber einer mitversicherten Person nicht geltend gemacht werden.

§ 115 Direktanspruch

(1) Der Dritte kann seinen Anspruch auf Schadensersatz auch gegen den Versicherer geltend machen,
1. wenn es sich um eine Haftpflichtversicherung zur Erfüllung einer nach dem Pflichtversicherungsgesetz bestehenden Versicherungspflicht handelt oder
2. wenn über das Vermögen des Versicherungsnehmers das Insolvenzverfahren eröffnet oder der Eröffnungsantrag mangels Masse abgewiesen worden ist oder ein vorläufiger Insolvenzverwalter bestellt worden ist oder
3. wenn der Aufenthalt des Versicherungsnehmers unbekannt ist.

Der Anspruch besteht im Rahmen der Leistungspflicht des Versicherers aus dem Versicherungsverhältnis und, soweit eine Leistungspflicht nicht besteht, im Rahmen des § 117 Abs. 1 bis 4. Der Versicherer hat den Schadensersatz in Geld zu leisten. Der Versicherer und der ersatzpflichtige Versicherungsnehmer haften als Gesamtschuldner.
(2) Der Anspruch nach Absatz 1 unterliegt der gleichen Verjährung wie der Schadensersatzanspruch gegen den ersatzpflichtigen Versicherungsnehmer. Die Verjährung beginnt mit dem Zeitpunkt, zu dem die Verjährung des Schadensersatzanspruchs gegen den ersatzpflichtigen Versicherungsnehmer beginnt; sie endet jedoch spätestens nach zehn Jahren von dem Eintritt des Schadens an. Ist der Anspruch des Dritten bei dem Versicherer angemeldet worden, ist die Verjährung bis zu dem Zeitpunkt gehemmt, zu dem die Entscheidung des Versicherers dem Anspruchsteller in Textform zugeht. Die Hemmung, die Ablaufhemmung und der Neubeginn der Verjährung des Anspruchs gegen den Versicherer wirken auch gegenüber dem ersatzpflichtigen Versicherungsnehmer und umgekehrt.

§ 116 Gesamtschuldner

(1) Im Verhältnis der Gesamtschuldner nach § 115 Abs. 1 Satz 4 zueinander ist der Versicherer allein verpflichtet, soweit er dem Versicherungsnehmer aus dem Versicherungsverhältnis zur Leistung verpflichtet ist. Soweit eine solche Verpflichtung nicht besteht, ist in ihrem Verhältnis zueinander der Versicherungsnehmer allein verpflichtet. Der Versicherer kann Ersatz der

Aufwendungen verlangen, die er den Umständen nach für erforderlich halten durfte.
(2) Die Verjährung der sich aus Absatz 1 ergebenden Ansprüche beginnt mit dem Schluss des Jahres, in dem der Anspruch des Dritten erfüllt wird.

§ 117 Leistungspflicht gegenüber Dritten

(1) Ist der Versicherer von der Verpflichtung zur Leistung dem Versicherungsnehmer gegenüber ganz oder teilweise frei, so bleibt gleichwohl seine Verpflichtung in Ansehung des Dritten bestehen.
(2) Ein Umstand, der das Nichtbestehen oder die Beendigung des Versicherungsverhältnisses zur Folge hat, wirkt in Ansehung des Dritten erst mit dem Ablauf eines Monats, nachdem der Versicherer diesen Umstand der hierfür zuständigen Stelle angezeigt hat. Dies gilt auch, wenn das Versicherungsverhältnis durch Zeitablauf endet. Der Lauf der Frist beginnt nicht vor Beendigung des Versicherungsverhältnisses. Ein in den Sätzen 1 und 2 bezeichneter Umstand kann dem Dritten auch dann entgegengehalten werden, wenn vor dem Zeitpunkt des Schadensereignisses der hierfür zuständigen Stelle die Bestätigung einer entsprechend den Rechtsvorschriften abgeschlossenen neuen Versicherung zugegangen ist. Die vorstehenden Vorschriften dieses Absatzes gelten nicht, wenn eine zur Entgegennahme der Anzeige nach Satz 1 zuständige Stelle nicht bestimmt ist.
(3) In den Fällen der Absätze 1 und 2 ist der Versicherer nur im Rahmen der vorgeschriebenen Mindestversicherungssumme und der von ihm übernommenen Gefahr zur Leistung verpflichtet. Er ist leistungsfrei, soweit der Dritte Ersatz seines Schadens von einem anderen Schadensversicherer oder von einem Sozialversicherungsträger erlangen kann.
(4) Trifft die Leistungspflicht des Versicherers nach Absatz 1 oder Absatz 2 mit einer Ersatzpflicht auf Grund fahrlässiger Amtspflichtverletzung zusammen, wird die Ersatzpflicht nach § 839 Abs. 1 des Bürgerlichen Gesetzbuchs im Verhältnis zum Versicherer nicht dadurch ausgeschlossen, dass die Voraussetzungen für die Leistungspflicht des Versicherers vorliegen. Satz 1 gilt nicht, wenn der Beamte nach § 839 des Bürgerlichen Gesetzbuchs persönlich haftet.
(5) Soweit der Versicherer den Dritten nach den Absätzen 1 bis 4 befriedigt und ein Fall des § 116 nicht vorliegt, geht die Forderung des Dritten gegen den Versicherungsnehmer auf ihn über. Der Übergang kann nicht zum Nachteil des Dritten geltend gemacht werden.
(6) Wird über das Vermögen des Versicherers das Insolvenzverfahren eröffnet, endet das Versicherungsverhältnis abweichend von § 16 erst mit dem Ablauf eines Monats, nachdem der Insolvenzverwalter diesen Umstand der hierfür zuständigen Stelle angezeigt hat; bis zu diesem Zeitpunkt bleibt es der Insolvenzmasse gegenüber wirksam. Ist eine zur Entgegennahme der Anzeige nach Satz 1 zuständige Stelle nicht bestimmt, endet das Versicherungsverhältnis einen Monat nach der Benachrichtigung des Versicherungsnehmers von der Eröffnung des Insolvenzverfahrens; die Benachrichtigung bedarf der Textform.

§ 118 Rangfolge mehrerer Ansprüche

(1) Übersteigen die Ansprüche auf Entschädigung, die auf Grund desselben Schadensereignisses zu leisten ist, die Versicherungssumme, wird die Versicherungssumme nach folgender Rangfolge, bei gleichem Rang nach dem Verhältnis ihrer Beträge, an die Ersatzberechtigten ausgezahlt:
1. für Ansprüche wegen Personenschäden, soweit die Geschädigten nicht vom Schädiger, von einem anderen Versicherer als dessen Haftpflichtversicherer, einem Sozialversicherungsträger oder einem sonstigen Dritten Ersatz ihrer Schäden erlangen können;
2. für Ansprüche wegen sonstiger Schäden natürlicher und juristischer Personen des Privatrechts, soweit die Geschädigten nicht vom Schädiger, einem anderen Versicherer als

3. dessen Haftpflichtversicherer oder einem Dritten Ersatz ihrer Schäden erlangen können;
4. für Ansprüche, die nach Privatrecht auf Versicherer oder sonstige Dritte wegen Personen- und sonstiger Schäden übergegangen sind;
5. für Ansprüche, die auf Sozialversicherungsträger übergegangen sind;
6. für alle sonstigen Ansprüche.

(2) Ist die Versicherungssumme unter Berücksichtigung nachrangiger Ansprüche erschöpft, kann sich ein vorrangig zu befriedigender Anspruchsberechtigter, der bei der Verteilung nicht berücksichtigt worden ist, nachträglich auf Absatz 1 nicht berufen, wenn der Versicherer mit der Geltendmachung dieses Anspruchs nicht gerechnet hat und auch nicht rechnen musste.

§ 119 Obliegenheiten des Dritten

(1) Der Dritte hat ein Schadensereignis, aus dem er einen Anspruch gegen den Versicherungsnehmer oder nach § 115 Abs. 1 gegen den Versicherer herleiten will, dem Versicherer innerhalb von zwei Wochen, nachdem er von dem Schadensereignis Kenntnis erlangt hat, in Textform anzuzeigen; zur Fristwahrung genügt die rechtzeitige Absendung.
(2) Macht der Dritte den Anspruch gegen den Versicherungsnehmer gerichtlich geltend, hat er dies dem Versicherer unverzüglich in Textform anzuzeigen.
(3) Der Versicherer kann von dem Dritten Auskunft verlangen, soweit sie zur Feststellung des Schadensereignisses und der Höhe des Schadens erforderlich ist. Belege kann der Versicherer insoweit verlangen, als deren Beschaffung dem Dritten billigerweise zugemutet werden kann.

§ 120 Obliegenheitsverletzung des Dritten

Verletzt der Dritte schuldhaft die Obliegenheit nach § 119 Abs. 2 oder 3, beschränkt sich die Haftung des Versicherers nach den §§ 115 und 117 auf den Betrag, den er auch bei gehöriger Erfüllung der Obliegenheit zu leisten gehabt hätte, sofern der Dritte vorher ausdrücklich und in Textform auf die Folgen der Verletzung hingewiesen worden ist.

§ 121 Aufrechnung gegenüber Dritten

§ 35 ist gegenüber Dritten nicht anzuwenden.

§ 122 Veräußerung der von der Versicherung erfassten Sache

Die §§ 95 bis 98 über die Veräußerung der versicherten Sache sind entsprechend anzuwenden.

§ 123 Rückgriff bei mehreren Versicherten

(1) Ist bei einer Versicherung für fremde Rechnung der Versicherer dem Versicherungsnehmer gegenüber nicht zur Leistung verpflichtet, kann er dies einem Versicherten, der zur selbständigen Geltendmachung seiner Rechte aus dem Versicherungsvertrag befugt ist, nur entgegenhalten, wenn die der Leistungsfreiheit zu Grunde liegenden Umstände in der Person dieses Versicherten vorliegen oder wenn diese Umstände dem Versicherten bekannt oder infolge grober Fahrlässigkeit nicht bekannt waren.
(2) Der Umfang der Leistungspflicht nach Absatz 1 bestimmt sich nach § 117 Abs. 3 Satz 1; § 117 Abs. 3 Satz 2 ist nicht anzuwenden. § 117 Abs. 4 ist entsprechend anzuwenden.
(3) Soweit der Versicherer nach Absatz 1 leistet, kann er beim Versicherungsnehmer Rückgriff

nehmen.
(4) Die Absätze 1 bis 3 sind entsprechend anzuwenden, wenn die Frist nach § 117 Abs. 2 Satz 1 und 2 noch nicht abgelaufen ist oder der Versicherer die Beendigung des Versicherungsverhältnisses der hierfür zuständigen Stelle nicht angezeigt hat.

-

§ 124 Rechtskrafterstreckung

(1) Soweit durch rechtskräftiges Urteil festgestellt wird, dass dem Dritten ein Anspruch auf Ersatz des Schadens nicht zusteht, wirkt das Urteil, wenn es zwischen dem Dritten und dem Versicherer ergeht, auch zugunsten des Versicherungsnehmers, wenn es zwischen dem Dritten und dem Versicherungsnehmer ergeht, auch zugunsten des Versicherers.
(2) Ist der Anspruch des Dritten gegenüber dem Versicherer durch rechtskräftiges Urteil, Anerkenntnis oder Vergleich festgestellt worden, muss der Versicherungsnehmer, gegen den von dem Versicherer Ansprüche auf Grund des § 116 Abs. 1 Satz 2 geltend gemacht werden, diese Feststellung gegen sich gelten lassen, es sei denn, der Versicherer hat die Pflicht zur Abwehr unbegründeter Entschädigungsansprüche sowie zur Minderung oder zur sachgemäßen Feststellung des Schadens schuldhaft verletzt.
(3) Die Absätze 1 und 2 sind nicht anzuwenden, soweit der Dritte seinen Anspruch auf Schadensersatz nicht nach § 115 Abs. 1 gegen den Versicherer geltend machen kann.

Kapitel 2
Rechtsschutzversicherung

-

§ 125 Leistung des Versicherers

Bei der Rechtsschutzversicherung ist der Versicherer verpflichtet, die für die Wahrnehmung der rechtlichen Interessen des Versicherungsnehmers oder des Versicherten erforderlichen Leistungen im vereinbarten Umfang zu erbringen.

-

§ 126 Schadensabwicklungsunternehmen

(1) Werden Gefahren aus dem Bereich der Rechtsschutzversicherung neben anderen Gefahren versichert, müssen im Versicherungsschein der Umfang der Deckung in der Rechtsschutzversicherung und die hierfür zu entrichtende Prämie gesondert ausgewiesen werden. Beauftragt der Versicherer mit der Leistungsbearbeitung ein selbständiges Schadensabwicklungsunternehmen, ist dieses im Versicherungsschein zu bezeichnen.
(2) Ansprüche auf die Versicherungsleistung aus einem Vertrag über eine Rechtsschutzversicherung können, wenn ein selbständiges Schadensabwicklungsunternehmen mit der Leistungsbearbeitung beauftragt ist, nur gegen dieses geltend gemacht werden. Der Titel wirkt für und gegen den Rechtsschutzversicherer. § 727 der Zivilprozessordnung ist entsprechend anzuwenden.

-

§ 127 Freie Anwaltswahl

(1) Der Versicherungsnehmer ist berechtigt, zu seiner Vertretung in Gerichts- und Verwaltungsverfahren den Rechtsanwalt, der seine Interessen wahrnehmen soll, aus dem Kreis der Rechtsanwälte, deren Vergütung der Versicherer nach dem Versicherungsvertrag trägt, frei zu wählen. Dies gilt auch, wenn der Versicherungsnehmer Rechtsschutz für die sonstige

Wahrnehmung rechtlicher Interessen in Anspruch nehmen kann.
(2) Rechtsanwalt ist auch, wer berechtigt ist, unter einer der in der Anlage zu § 1 des Gesetzes über die Tätigkeit europäischer Rechtsanwälte in Deutschland vom 9. März 2000 (BGBl. I S. 182, 1349), das zuletzt durch Artikel 1 des Gesetzes vom 26. Oktober 2003 (BGBl. I S. 2074) geändert worden ist, in der jeweils geltenden Fassung genannten Bezeichnungen beruflich tätig zu werden.
-

§ 128 Gutachterverfahren

Für den Fall, dass der Versicherer seine Leistungspflicht verneint, weil die Wahrnehmung der rechtlichen Interessen keine hinreichende Aussicht auf Erfolg biete oder mutwillig sei, hat der Versicherungsvertrag ein Gutachterverfahren oder ein anderes Verfahren mit vergleichbaren Garantien für die Unparteilichkeit vorzusehen, in dem Meinungsverschiedenheiten zwischen den Vertragsparteien über die Erfolgsaussichten oder die Mutwilligkeit einer Rechtsverfolgung entschieden werden. Der Versicherer hat den Versicherungsnehmer bei Verneinung seiner Leistungspflicht hierauf hinzuweisen. Sieht der Versicherungsvertrag kein derartiges Verfahren vor oder unterlässt der Versicherer den Hinweis, gilt das Rechtsschutzbedürfnis des Versicherungsnehmers im Einzelfall als anerkannt.
-

§ 129 Abweichende Vereinbarungen

Von den §§ 126 bis 128 kann nicht zum Nachteil des Versicherungsnehmers abgewichen werden.

Kapitel 3
Transportversicherung

§ 130 Umfang der Gefahrtragung

(1) Bei der Versicherung von Gütern gegen die Gefahren der Beförderung zu Lande oder auf Binnengewässern sowie der damit verbundenen Lagerung trägt der Versicherer alle Gefahren, denen die Güter während der Dauer der Versicherung ausgesetzt sind.
(2) Bei der Versicherung eines Schiffes gegen die Gefahren der Binnenschifffahrt trägt der Versicherer alle Gefahren, denen das Schiff während der Dauer der Versicherung ausgesetzt ist. Der Versicherer haftet auch für den Schaden, den der Versicherungsnehmer infolge eines Zusammenstoßes von Schiffen oder eines Schiffes mit festen oder schwimmenden Gegenständen dadurch erleidet, dass er den einem Dritten zugefügten Schaden zu ersetzen hat.
(3) Die Versicherung gegen die Gefahren der Binnenschifffahrt umfasst die Beiträge zur großen Haverei, soweit durch die Haverei-Maßnahme ein vom Versicherer zu ersetzender Schaden abgewendet werden sollte.
-

§ 131 Verletzung der Anzeigepflicht

(1) Abweichend von § 19 Abs. 2 ist bei Verletzung der Anzeigepflicht der Rücktritt des Versicherers ausgeschlossen; der Versicherer kann innerhalb eines Monats von dem Zeitpunkt an, zu dem er Kenntnis von dem nicht oder unrichtig angezeigten Umstand erlangt hat, den Vertrag kündigen und die Leistung verweigern. Der Versicherer bleibt zur Leistung verpflichtet, soweit der nicht oder unrichtig angezeigte Umstand nicht ursächlich für den Eintritt des Versicherungsfalles oder den Umfang der Leistungspflicht war.
(2) Verweigert der Versicherer die Leistung, kann der Versicherungsnehmer den Vertrag kündigen.

Das Kündigungsrecht erlischt, wenn es nicht innerhalb eines Monats von dem Zeitpunkt an ausgeübt wird, zu welchem dem Versicherungsnehmer die Entscheidung des Versicherers, die Leistung zu verweigern, zugeht.

§ 132 Gefahränderung

(1) Der Versicherungsnehmer darf abweichend von § 23 die Gefahr erhöhen oder in anderer Weise ändern und die Änderung durch einen Dritten gestatten. Die Änderung hat er dem Versicherer unverzüglich anzuzeigen.
(2) Hat der Versicherungsnehmer eine Gefahrerhöhung nicht angezeigt, ist der Versicherer nicht zur Leistung verpflichtet, wenn der Versicherungsfall nach dem Zeitpunkt eintritt, zu dem die Anzeige dem Versicherer hätte zugehen müssen. Er ist zur Leistung verpflichtet,
1. wenn ihm die Gefahrerhöhung zu dem Zeitpunkt bekannt war, zu dem ihm die Anzeige hätte zugehen müssen,
2. wenn die Anzeigepflicht weder vorsätzlich noch grob fahrlässig verletzt worden ist oder
3. soweit die Gefahrerhöhung nicht ursächlich für den Eintritt des Versicherungsfalles oder den Umfang der Leistungspflicht war.

(3) Der Versicherer ist abweichend von § 24 nicht berechtigt, den Vertrag wegen einer Gefahrerhöhung zu kündigen.

§ 133 Vertragswidrige Beförderung

(1) Werden die Güter mit einem Beförderungsmittel anderer Art befördert als vereinbart oder werden sie umgeladen, obwohl direkter Transport vereinbart ist, ist der Versicherer nicht zur Leistung verpflichtet. Dies gilt auch, wenn ausschließlich ein bestimmtes Beförderungsmittel oder ein bestimmter Transportweg vereinbart ist.
(2) Der Versicherer bleibt zur Leistung verpflichtet, wenn nach Beginn der Versicherung die Beförderung ohne Zustimmung des Versicherungsnehmers oder infolge eines versicherten Ereignisses geändert oder aufgegeben wird. § 132 ist anzuwenden.
(3) Die Versicherung umfasst in den Fällen des Absatzes 2 die Kosten der Umladung oder der einstweiligen Lagerung sowie die Mehrkosten der Weiterbeförderung.

§ 134 Ungeeignete Beförderungsmittel

(1) Ist für die Beförderung der Güter kein bestimmtes Beförderungsmittel vereinbart, ist der Versicherungsnehmer, soweit er auf dessen Auswahl Einfluss hat, verpflichtet, Beförderungsmittel einzusetzen, die für die Aufnahme und Beförderung der Güter geeignet sind.
(2) Verletzt der Versicherungsnehmer diese Obliegenheit vorsätzlich oder grob fahrlässig, ist der Versicherer nicht zur Leistung verpflichtet, es sei denn, die Verletzung war nicht ursächlich für den Eintritt des Versicherungsfalles oder den Umfang der Leistungspflicht.
(3) Erlangt der Versicherungsnehmer Kenntnis von der mangelnden Eignung des Beförderungsmittels, hat er diesen Umstand dem Versicherer unverzüglich anzuzeigen. § 132 ist anzuwenden.

§ 135 Aufwendungsersatz

(1) Aufwendungen, die dem Versicherungsnehmer zur Abwendung oder Minderung des Schadens entstehen, sowie die Kosten für die Ermittlung und Feststellung des Schadens hat der Versicherer auch insoweit zu erstatten, als sie zusammen mit der übrigen Entschädigung die Versicherungssumme übersteigen.
(2) Sind Aufwendungen zur Abwendung oder Minderung oder zur Ermittlung und Feststellung des Schadens oder zur Wiederherstellung oder Ausbesserung der durch einen Versicherungsfall beschädigten Sache gemacht oder Beiträge zur großen Haverei geleistet oder ist eine persönliche Verpflichtung des Versicherungsnehmers zur Entrichtung solcher Beiträge entstanden, hat der Versicherer den Schaden, der durch einen späteren Versicherungsfall verursacht wird, ohne Rücksicht auf die von ihm zu erstattenden früheren Aufwendungen und Beiträge zu ersetzen.

§ 136 Versicherungswert

(1) Als Versicherungswert der Güter gilt der gemeine Handelswert und in dessen Ermangelung der gemeine Wert, den die Güter am Ort der Absendung bei Beginn der Versicherung haben, zuzüglich der Versicherungskosten, der Kosten, die bis zur Annahme der Güter durch den Beförderer entstehen, und der endgültig bezahlten Fracht.
(2) Der sich nach Absatz 1 ergebende Wert gilt auch bei Eintritt des Versicherungsfalles als Versicherungswert.
(3) Bei Gütern, die beschädigt am Ablieferungsort ankommen, ist der Wert, den sie dort in beschädigtem Zustand haben, von dem Wert abzuziehen, den sie an diesem Ort in unbeschädigtem Zustand hätten. Der dem Verhältnis der Wertminderung zu ihrem Wert in unbeschädigtem Zustand entsprechende Bruchteil des Versicherungswertes gilt als Betrag des Schadens.

§ 137 Herbeiführung des Versicherungsfalles

(1) Der Versicherer ist nicht zur Leistung verpflichtet, wenn der Versicherungsnehmer vorsätzlich oder grob fahrlässig den Versicherungsfall herbeiführt.
(2) Der Versicherungsnehmer hat das Verhalten der Schiffsbesatzung bei der Führung des Schiffes nicht zu vertreten.

§ 138 Haftungsausschluss bei Schiffen

Bei der Versicherung eines Schiffes ist der Versicherer nicht zum Ersatz eines Schadens verpflichtet, der daraus entsteht, dass das Schiff in einem nicht fahrtüchtigen Zustand oder nicht ausreichend ausgerüstet oder personell ausgestattet die Reise antritt. Dies gilt auch für einen Schaden, der nur eine Folge der Abnutzung des Schiffes in gewöhnlichem Gebrauch ist.

§ 139 Veräußerung der versicherten Sache oder Güter

(1) Ist eine versicherte Sache, für die eine Einzelpolice oder ein Versicherungszertifikat ausgestellt worden ist, veräußert worden, haftet der Erwerber abweichend von § 95 nicht für die Prämie. Der Versicherer kann sich gegenüber dem Erwerber nicht auf Leistungsfreiheit wegen Nichtzahlung der Prämie oder wegen Nichtleistung einer Sicherheit berufen, es sei denn, der Erwerber kannte den Grund für die Leistungsfreiheit oder hätte ihn kennen müssen.
(2) Der Versicherer ist abweichend von § 96 nicht berechtigt, das Versicherungsverhältnis wegen Veräußerung der versicherten Güter zu kündigen.
(3) Der Versicherungsnehmer ist abweichend von § 97 nicht verpflichtet, dem Versicherer die

Veräußerung anzuzeigen.

§ 140 Veräußerung des versicherten Schiffes

Wird ein versichertes Schiff veräußert, endet abweichend von § 95 die Versicherung mit der Übergabe des Schiffes an den Erwerber, für unterwegs befindliche Schiffe mit der Übergabe an den Erwerber im Bestimmungshafen.

§ 141 Befreiung durch Zahlung der Versicherungssumme

(1) Der Versicherer ist nach Eintritt des Versicherungsfalles berechtigt, sich durch Zahlung der Versicherungssumme von allen weiteren Verbindlichkeiten zu befreien. Der Versicherer bleibt zum Ersatz der Kosten verpflichtet, die zur Abwendung oder Minderung des Schadens oder zur Wiederherstellung oder Ausbesserung der versicherten Sache aufgewendet worden sind, bevor seine Erklärung, dass er sich durch Zahlung der Versicherungssumme befreien wolle, dem Versicherungsnehmer zugegangen ist.
(2) Das Recht des Versicherers, sich durch Zahlung der Versicherungssumme zu befreien, erlischt, wenn die Erklärung dem Versicherungsnehmer nicht innerhalb einer Woche nach dem Zeitpunkt, zu dem der Versicherer Kenntnis von dem Versicherungsfall und seinen unmittelbaren Folgen erlangt hat, zugeht.

Kapitel 4
Gebäudefeuerversicherung

§ 142 Anzeigen an Hypothekengläubiger

(1) Bei der Gebäudefeuerversicherung hat der Versicherer einem Hypothekengläubiger, der seine Hypothek angemeldet hat, unverzüglich in Textform anzuzeigen, wenn die einmalige oder die erste Prämie nicht rechtzeitig gezahlt oder wenn dem Versicherungsnehmer für die Zahlung einer Folgeprämie eine Frist bestimmt wird. Dies gilt auch, wenn das Versicherungsverhältnis nach Ablauf der Frist wegen unterbliebener Zahlung der Folgeprämie gekündigt wird.
(2) Der Versicherer hat den Eintritt des Versicherungsfalles innerhalb einer Woche, nachdem er von ihm Kenntnis erlangt hat, einem Hypothekengläubiger, der seine Hypothek angemeldet hat, in Textform anzuzeigen, es sei denn, der Schaden ist unbedeutend.

§ 143 Fortdauer der Leistungspflicht gegenüber Hypothekengläubigern

(1) Bei nicht rechtzeitiger Zahlung einer Folgeprämie bleibt der Versicherer gegenüber einem Hypothekengläubiger, der seine Hypothek angemeldet hat, bis zum Ablauf eines Monats ab dem Zeitpunkt zur Leistung verpflichtet, zu welchem dem Hypothekengläubiger die Bestimmung der Zahlungsfrist oder, wenn diese Mitteilung unterblieben ist, die Kündigung mitgeteilt worden ist.
(2) Die Beendigung des Versicherungsverhältnisses wird gegenüber einem Hypothekengläubiger, der seine Hypothek angemeldet hat, erst mit dem Ablauf von zwei Monaten wirksam, nachdem ihm die Beendigung und, sofern diese noch nicht eingetreten war, der Zeitpunkt der Beendigung durch den Versicherer mitgeteilt worden ist oder er auf andere Weise hiervon Kenntnis erlangt hat. Satz 1 gilt nicht, wenn das Versicherungsverhältnis wegen unterbliebener Prämienzahlung durch Rücktritt oder Kündigung des Versicherers oder durch Kündigung des Versicherungsnehmers, welcher der Hypothekengläubiger zugestimmt hat, beendet wird.

(3) Absatz 2 Satz 1 gilt entsprechend für die Wirksamkeit einer Vereinbarung zwischen dem Versicherer und dem Versicherungsnehmer, durch die der Umfang des Versicherungsschutzes gemindert wird oder nach welcher der Versicherer nur verpflichtet ist, die Entschädigung zur Wiederherstellung des versicherten Gebäudes zu zahlen.
(4) Die Nichtigkeit des Versicherungsvertrags kann gegenüber einem Hypothekengläubiger, der seine Hypothek angemeldet hat, nicht geltend gemacht werden. Das Versicherungsverhältnis endet jedoch ihm gegenüber nach Ablauf von zwei Monaten, nachdem ihm die Nichtigkeit durch den Versicherer mitgeteilt worden ist oder er auf andere Weise von der Nichtigkeit Kenntnis erlangt hat.
-

§ 144 Kündigung des Versicherungsnehmers

Hat ein Hypothekengläubiger seine Hypothek angemeldet, ist eine Kündigung des Versicherungsverhältnisses durch den Versicherungsnehmer unbeschadet des § 92 Abs. 1 und des § 96 Abs. 2 nur wirksam, wenn der Versicherungsnehmer mindestens einen Monat vor Ablauf des Versicherungsvertrags nachgewiesen hat, dass zu dem Zeitpunkt, zu dem die Kündigung spätestens zulässig war, das Grundstück nicht mit der Hypothek belastet war oder dass der Hypothekengläubiger der Kündigung zugestimmt hat. Die Zustimmung darf nicht ohne ausreichenden Grund verweigert werden.
-

§ 145 Übergang der Hypothek

Soweit der Versicherer den Hypothekengläubiger nach § 143 befriedigt, geht die Hypothek auf ihn über. Der Übergang kann nicht zum Nachteil eines gleich- oder nachstehenden Hypothekengläubigers geltend gemacht werden, dem gegenüber die Leistungspflicht des Versicherers bestehen geblieben ist.
-

§ 146 Bestätigungs- und Auskunftspflicht des Versicherers

Der Versicherer ist verpflichtet, einem Hypothekengläubiger, der seine Hypothek angemeldet hat, die Anmeldung zu bestätigen und auf Verlangen Auskunft über das Bestehen von Versicherungsschutz sowie über die Höhe der Versicherungssumme zu erteilen.
-

§ 147 Änderung von Anschrift und Name des Hypothekengläubigers

Hat der Hypothekengläubiger dem Versicherer eine Änderung seiner Anschrift oder seines Namens nicht mitgeteilt, ist § 13 Abs. 1 auf die Anzeigen und Mitteilungen des Versicherers nach den §§ 142 und 143 entsprechend anzuwenden.
-

§ 148 Andere Grundpfandrechte

Ist das Grundstück mit einer Grundschuld, Rentenschuld oder Reallast belastet, sind die §§ 142 bis 147 entsprechend anzuwenden.
-

§ 149 Eigentümergrundpfandrechte

Die durch die §§ 142 bis 148 begründeten Rechte können nicht zugunsten von Hypotheken, Grundschulden oder Rentenschulden, die dem Versicherungsnehmer zustehen, geltend gemacht werden.

Kapitel 5
Lebensversicherung

§ 150 Versicherte Person

(1) Die Lebensversicherung kann auf die Person des Versicherungsnehmers oder eines anderen genommen werden.
(2) Wird die Versicherung für den Fall des Todes eines anderen genommen und übersteigt die vereinbarte Leistung den Betrag der gewöhnlichen Beerdigungskosten, ist zur Wirksamkeit des Vertrags die schriftliche Einwilligung des anderen erforderlich; dies gilt nicht bei Kollektivlebensversicherungen im Bereich der betrieblichen Altersversorgung. Ist der andere geschäftsunfähig oder in der Geschäftsfähigkeit beschränkt oder ist für ihn ein Betreuer bestellt und steht die Vertretung in den seine Person betreffenden Angelegenheiten dem Versicherungsnehmer zu, kann dieser den anderen bei der Erteilung der Einwilligung nicht vertreten.
(3) Nimmt ein Elternteil die Versicherung auf die Person eines minderjährigen Kindes, bedarf es der Einwilligung des Kindes nur, wenn nach dem Vertrag der Versicherer auch bei Eintritt des Todes vor der Vollendung des siebenten Lebensjahres zur Leistung verpflichtet sein soll und die für diesen Fall vereinbarte Leistung den Betrag der gewöhnlichen Beerdigungskosten übersteigt.
(4) Soweit die Aufsichtsbehörde einen bestimmten Höchstbetrag für die gewöhnlichen Beerdigungskosten festgesetzt hat, ist dieser maßgebend.

§ 151 Ärztliche Untersuchung

Durch die Vereinbarung einer ärztlichen Untersuchung der versicherten Person wird ein Recht des Versicherers, die Vornahme der Untersuchung zu verlangen, nicht begründet.

§ 152 Widerruf des Versicherungsnehmers

(1) Abweichend von § 8 Abs. 1 Satz 1 beträgt die Widerrufsfrist 30 Tage.
(2) Der Versicherer hat abweichend von § 9 Satz 1 auch den Rückkaufswert einschließlich der Überschussanteile nach § 169 zu zahlen. Im Fall des § 9 Satz 2 hat der Versicherer den Rückkaufswert einschließlich der Überschussanteile oder, wenn dies für den Versicherungsnehmer günstiger ist, die für das erste Jahr gezahlten Prämien zu erstatten.
(3) Abweichend von § 33 Abs. 1 ist die einmalige oder die erste Prämie unverzüglich nach Ablauf von 30 Tagen nach Zugang des Versicherungsscheins zu zahlen.

§ 153 Überschussbeteiligung

(1) Dem Versicherungsnehmer steht eine Beteiligung an dem Überschuss und an den Bewertungsreserven (Überschussbeteiligung) zu, es sei denn, die Überschussbeteiligung ist durch ausdrückliche Vereinbarung ausgeschlossen; die Überschussbeteiligung kann nur insgesamt ausgeschlossen werden.

(2) Der Versicherer hat die Beteiligung an dem Überschuss nach einem verursachungsorientierten Verfahren durchzuführen; andere vergleichbare angemessene Verteilungsgrundsätze können vereinbart werden. Die Beträge im Sinn des § 268 Abs. 8 des Handelsgesetzbuchs bleiben unberücksichtigt.
(3) Der Versicherer hat die Bewertungsreserven jährlich neu zu ermitteln und nach einem verursachungsorientierten Verfahren rechnerisch zuzuordnen. Bei der Beendigung des Vertrags wird der für diesen Zeitpunkt zu ermittelnde Betrag zur Hälfte zugeteilt und an den Versicherungsnehmer ausgezahlt; eine frühere Zuteilung kann vereinbart werden. Aufsichtsrechtliche Regelungen zur Sicherstellung der dauernden Erfüllbarkeit der Verpflichtungen aus den Versicherungen, insbesondere die §§ 89, 124 Absatz 1, § 139 Absatz 3 und 4 und die §§ 140 sowie 214 des Versicherungsaufsichtsgesetzes bleiben unberührt.
(4) Bei Rentenversicherungen ist die Beendigung der Ansparphase der nach Absatz 3 Satz 2 maßgebliche Zeitpunkt.

-

§ 154 Modellrechnung

(1) Macht der Versicherer im Zusammenhang mit dem Angebot oder dem Abschluss einer Lebensversicherung bezifferte Angaben zur Höhe von möglichen Leistungen über die vertraglich garantierten Leistungen hinaus, hat er dem Versicherungsnehmer eine Modellrechnung zu übermitteln, bei der die mögliche Ablaufleistung unter Zugrundelegung der Rechnungsgrundlagen für die Prämienkalkulation mit drei verschiedenen Zinssätzen dargestellt wird. Dies gilt nicht für Risikoversicherungen und Verträge, die Leistungen der in § 124 Absatz 2 Satz 2 des Versicherungsaufsichtsgesetzes bezeichneten Art vorsehen.
(2) Der Versicherer hat den Versicherungsnehmer klar und verständlich darauf hinzuweisen, dass es sich bei der Modellrechnung nur um ein Rechenmodell handelt, dem fiktive Annahmen zu Grunde liegen, und dass der Versicherungsnehmer aus der Modellrechnung keine vertraglichen Ansprüche gegen den Versicherer ableiten kann.

-

§ 155 Jährliche Unterrichtung

Bei Versicherungen mit Überschussbeteiligung hat der Versicherer den Versicherungsnehmer jährlich in Textform über die Entwicklung seiner Ansprüche unter Einbeziehung der Überschussbeteiligung zu unterrichten. Ferner hat der Versicherer, wenn er bezifferte Angaben zur möglichen zukünftigen Entwicklung der Überschussbeteiligung gemacht hat, den Versicherungsnehmer auf Abweichungen der tatsächlichen Entwicklung von den anfänglichen Angaben hinzuweisen.

-

§ 156 Kenntnis und Verhalten der versicherten Person

Soweit nach diesem Gesetz die Kenntnis und das Verhalten des Versicherungsnehmers von rechtlicher Bedeutung sind, ist bei der Versicherung auf die Person eines anderen auch deren Kenntnis und Verhalten zu berücksichtigen.

-

§ 157 Unrichtige Altersangabe

Ist das Alter der versicherten Person unrichtig angegeben worden, verändert sich die Leistung des Versicherers nach dem Verhältnis, in welchem die dem wirklichen Alter entsprechende Prämie zu der vereinbarten Prämie steht. Das Recht, wegen der Verletzung der Anzeigepflicht von dem Vertrag zurückzutreten, steht dem Versicherer abweichend von § 19 Abs. 2 nur zu, wenn er den

Vertrag bei richtiger Altersangabe nicht geschlossen hätte.

§ 158 Gefahränderung

(1) Als Erhöhung der Gefahr gilt nur eine solche Änderung der Gefahrumstände, die nach ausdrücklicher Vereinbarung als Gefahrerhöhung angesehen werden soll; die Vereinbarung bedarf der Textform.
(2) Eine Erhöhung der Gefahr kann der Versicherer nicht mehr geltend machen, wenn seit der Erhöhung fünf Jahre verstrichen sind. Hat der Versicherungsnehmer seine Verpflichtung nach § 23 vorsätzlich oder arglistig verletzt, beläuft sich die Frist auf zehn Jahre.
(3) § 41 ist mit der Maßgabe anzuwenden, dass eine Herabsetzung der Prämie nur wegen einer solchen Minderung der Gefahrumstände verlangt werden kann, die nach ausdrücklicher Vereinbarung als Gefahrminderung angesehen werden soll.

§ 159 Bezugsberechtigung

(1) Der Versicherungsnehmer ist im Zweifel berechtigt, ohne Zustimmung des Versicherers einen Dritten als Bezugsberechtigten zu bezeichnen sowie an die Stelle des so bezeichneten Dritten einen anderen zu setzen.
(2) Ein widerruflich als bezugsberechtigt bezeichneter Dritter erwirbt das Recht auf die Leistung des Versicherers erst mit dem Eintritt des Versicherungsfalles.
(3) Ein unwiderruflich als bezugsberechtigt bezeichneter Dritter erwirbt das Recht auf die Leistung des Versicherers bereits mit der Bezeichnung als Bezugsberechtigter.

§ 160 Auslegung der Bezugsberechtigung

(1) Sind mehrere Personen ohne Bestimmung ihrer Anteile als Bezugsberechtigte bezeichnet, sind sie zu gleichen Teilen bezugsberechtigt. Der von einem Bezugsberechtigten nicht erworbene Anteil wächst den übrigen Bezugsberechtigten zu.
(2) Soll die Leistung des Versicherers nach dem Tod des Versicherungsnehmers an dessen Erben erfolgen, sind im Zweifel diejenigen, welche zur Zeit des Todes als Erben berufen sind, nach dem Verhältnis ihrer Erbteile bezugsberechtigt. Eine Ausschlagung der Erbschaft hat auf die Berechtigung keinen Einfluss.
(3) Wird das Recht auf die Leistung des Versicherers von dem bezugsberechtigten Dritten nicht erworben, steht es dem Versicherungsnehmer zu.
(4) Ist der Fiskus als Erbe berufen, steht ihm ein Bezugsrecht im Sinn des Absatzes 2 Satz 1 nicht zu.

§ 161 Selbsttötung

(1) Bei einer Versicherung für den Todesfall ist der Versicherer nicht zur Leistung verpflichtet, wenn die versicherte Person sich vor Ablauf von drei Jahren nach Abschluss des Versicherungsvertrags vorsätzlich selbst getötet hat. Dies gilt nicht, wenn die Tat in einem die freie Willensbestimmung ausschließenden Zustand krankhafter Störung der Geistestätigkeit begangen worden ist.
(2) Die Frist nach Absatz 1 Satz 1 kann durch Einzelvereinbarung erhöht werden.
(3) Ist der Versicherer nicht zur Leistung verpflichtet, hat er den Rückkaufswert einschließlich der Überschussanteile nach § 169 zu zahlen.

§ 162 Tötung durch Leistungsberechtigten

(1) Ist die Versicherung für den Fall des Todes eines anderen als des Versicherungsnehmers genommen, ist der Versicherer nicht zur Leistung verpflichtet, wenn der Versicherungsnehmer vorsätzlich durch eine widerrechtliche Handlung den Tod des anderen herbeiführt.
(2) Ist ein Dritter als Bezugsberechtigter bezeichnet, gilt die Bezeichnung als nicht erfolgt, wenn der Dritte vorsätzlich durch eine widerrechtliche Handlung den Tod der versicherten Person herbeiführt.

-

§ 163 Prämien- und Leistungsänderung

(1) Der Versicherer ist zu einer Neufestsetzung der vereinbarten Prämie berechtigt, wenn
1.
sich der Leistungsbedarf nicht nur vorübergehend und nicht voraussehbar gegenüber den Rechnungsgrundlagen der vereinbarten Prämie geändert hat,
2.
die nach den berichtigten Rechnungsgrundlagen neu festgesetzte Prämie angemessen und erforderlich ist, um die dauernde Erfüllbarkeit der Versicherungsleistung zu gewährleisten, und
3.
ein unabhängiger Treuhänder die Rechnungsgrundlagen und die Voraussetzungen der Nummern 1 und 2 überprüft und bestätigt hat.

Eine Neufestsetzung der Prämie ist insoweit ausgeschlossen, als die Versicherungsleistungen zum Zeitpunkt der Erst- oder Neukalkulation unzureichend kalkuliert waren und ein ordentlicher und gewissenhafter Aktuar dies insbesondere anhand der zu diesem Zeitpunkt verfügbaren statistischen Kalkulationsgrundlagen hätte erkennen müssen.
(2) Der Versicherungsnehmer kann verlangen, dass an Stelle einer Erhöhung der Prämie nach Absatz 1 die Versicherungsleistung entsprechend herabgesetzt wird. Bei einer prämienfreien Versicherung ist der Versicherer unter den Voraussetzungen des Absatzes 1 zur Herabsetzung der Versicherungsleistung berechtigt.
(3) Die Neufestsetzung der Prämie und die Herabsetzung der Versicherungsleistung werden zu Beginn des zweiten Monats wirksam, der auf die Mitteilung der Neufestsetzung oder der Herabsetzung und der hierfür maßgeblichen Gründe an den Versicherungsnehmer folgt.
(4) Die Mitwirkung des Treuhänders nach Absatz 1 Satz 1 Nr. 3 entfällt, wenn die Neufestsetzung oder die Herabsetzung der Versicherungsleistung der Genehmigung der Aufsichtsbehörde bedarf.

-

§ 164 Bedingungsanpassung

(1) Ist eine Bestimmung in Allgemeinen Versicherungsbedingungen des Versicherers durch höchstrichterliche Entscheidung oder durch bestandskräftigen Verwaltungsakt für unwirksam erklärt worden, kann sie der Versicherer durch eine neue Regelung ersetzen, wenn dies zur Fortführung des Vertrags notwendig ist oder wenn das Festhalten an dem Vertrag ohne neue Regelung für eine Vertragspartei auch unter Berücksichtigung der Interessen der anderen Vertragspartei eine unzumutbare Härte darstellen würde. Die neue Regelung ist nur wirksam, wenn sie unter Wahrung des Vertragsziels die Belange der Versicherungsnehmer angemessen berücksichtigt.
(2) Die neue Regelung nach Absatz 1 wird zwei Wochen, nachdem die neue Regelung und die hierfür maßgeblichen Gründe dem Versicherungsnehmer mitgeteilt worden sind, Vertragsbestandteil.

-

§ 165 Prämienfreie Versicherung

(1) Der Versicherungsnehmer kann jederzeit für den Schluss der laufenden Versicherungsperiode die Umwandlung der Versicherung in eine prämienfreie Versicherung verlangen, sofern die dafür vereinbarte Mindestversicherungsleistung erreicht wird. Wird diese nicht erreicht, hat der Versicherer den auf die Versicherung entfallenden Rückkaufswert einschließlich der Überschussanteile nach § 169 zu zahlen.
(2) Die prämienfreie Leistung ist nach anerkannten Regeln der Versicherungsmathematik mit den Rechnungsgrundlagen der Prämienkalkulation unter Zugrundelegung des Rückkaufswertes nach § 169 Abs. 3 bis 5 zu berechnen und im Vertrag für jedes Versicherungsjahr anzugeben.
(3) Die prämienfreie Leistung ist für den Schluss der laufenden Versicherungsperiode unter Berücksichtigung von Prämienrückständen zu berechnen. Die Ansprüche des Versicherungsnehmers aus der Überschussbeteiligung bleiben unberührt.

-

§ 166 Kündigung des Versicherers

(1) Kündigt der Versicherer das Versicherungsverhältnis, wandelt sich mit der Kündigung die Versicherung in eine prämienfreie Versicherung um. Auf die Umwandlung ist § 165 anzuwenden.
(2) Im Fall des § 38 Abs. 2 ist der Versicherer zu der Leistung verpflichtet, die er erbringen müsste, wenn sich mit dem Eintritt des Versicherungsfalles die Versicherung in eine prämienfreie Versicherung umgewandelt hätte.
(3) Bei der Bestimmung einer Zahlungsfrist nach § 38 Abs. 1 hat der Versicherer auf die eintretende Umwandlung der Versicherung hinzuweisen.
(4) Bei einer Lebensversicherung, die vom Arbeitgeber zugunsten seiner Arbeitnehmerinnen und Arbeitnehmer abgeschlossen worden ist, hat der Versicherer die versicherte Person über die Bestimmung der Zahlungsfrist nach § 38 Abs. 1 und die eintretende Umwandlung der Versicherung in Textform zu informieren und ihnen eine Zahlungsfrist von mindestens zwei Monaten einzuräumen.

-

§ 167 Umwandlung zur Erlangung eines Pfändungsschutzes

Der Versicherungsnehmer einer Lebensversicherung kann jederzeit für den Schluss der laufenden Versicherungsperiode die Umwandlung der Versicherung in eine Versicherung verlangen, die den Anforderungen des § 851c Abs. 1 der Zivilprozessordnung entspricht. Die Kosten der Umwandlung hat der Versicherungsnehmer zu tragen.

-

§ 168 Kündigung des Versicherungsnehmers

(1) Sind laufende Prämien zu zahlen, kann der Versicherungsnehmer das Versicherungsverhältnis jederzeit für den Schluss der laufenden Versicherungsperiode kündigen.
(2) Bei einer Versicherung, die Versicherungsschutz für ein Risiko bietet, bei dem der Eintritt der Verpflichtung des Versicherers gewiss ist, steht das Kündigungsrecht dem Versicherungsnehmer auch dann zu, wenn die Prämie in einer einmaligen Zahlung besteht.
(3) Die Absätze 1 und 2 sind nicht auf einen für die Altersvorsorge bestimmten Versicherungsvertrag anzuwenden, bei dem der Versicherungsnehmer mit dem Versicherer eine Verwertung vor dem Eintritt in den Ruhestand unwiderruflich ausgeschlossen hat; der Wert der vom Ausschluss der Verwertbarkeit betroffenen Ansprüche darf die in § 12 Abs. 2 Nr. 3 des Zweiten Buches Sozialgesetzbuch bestimmten Beträge nicht übersteigen. Entsprechendes gilt, soweit die Ansprüche nach § 851c oder § 851d der Zivilprozessordnung nicht gepfändet werden dürfen.

-

§ 169 Rückkaufswert

(1) Wird eine Versicherung, die Versicherungsschutz für ein Risiko bietet, bei dem der Eintritt der Verpflichtung des Versicherers gewiss ist, durch Kündigung des Versicherungsnehmers oder durch Rücktritt oder Anfechtung des Versicherers aufgehoben, hat der Versicherer den Rückkaufswert zu zahlen.
(2) Der Rückkaufswert ist nur insoweit zu zahlen, als dieser die Leistung bei einem Versicherungsfall zum Zeitpunkt der Kündigung nicht übersteigt. Der danach nicht gezahlte Teil des Rückkaufswertes ist für eine prämienfreie Versicherung zu verwenden. Im Fall des Rücktrittes oder der Anfechtung ist der volle Rückkaufswert zu zahlen.
(3) Der Rückkaufswert ist das nach anerkannten Regeln der Versicherungsmathematik mit den Rechnungsgrundlagen der Prämienkalkulation zum Schluss der laufenden Versicherungsperiode berechnete Deckungskapital der Versicherung, bei einer Kündigung des Versicherungsverhältnisses jedoch mindestens der Betrag des Deckungskapitals, das sich bei gleichmäßiger Verteilung der angesetzten Abschluss- und Vertriebskosten auf die ersten fünf Vertragsjahre ergibt; die aufsichtsrechtlichen Regelungen über Höchstzillmersätze bleiben unberührt. Der Rückkaufswert und das Ausmaß, in dem er garantiert ist, sind dem Versicherungsnehmer vor Abgabe von dessen Vertragserklärung mitzuteilen; das Nähere regelt die Rechtsverordnung nach § 7 Abs. 2. Hat der Versicherer seinen Sitz in einem anderen Mitgliedstaat der Europäischen Union oder einem anderen Vertragsstaat des Abkommens über den Europäischen Wirtschaftsraum, kann er für die Berechnung des Rückkaufswertes an Stelle des Deckungskapitals den in diesem Staat vergleichbaren anderen Bezugswert zu Grunde legen.
(4) Bei fondsgebundenen Versicherungen und anderen Versicherungen, die Leistungen der in § 124 Absatz 2 Satz 2 des Versicherungsaufsichtsgesetzes bezeichneten Art vorsehen, ist der Rückkaufswert nach anerkannten Regeln der Versicherungsmathematik als Zeitwert der Versicherung zu berechnen, soweit nicht der Versicherer eine bestimmte Leistung garantiert; im Übrigen gilt Absatz 3. Die Grundsätze der Berechnung sind im Vertrag anzugeben.
(5) Der Versicherer ist zu einem Abzug von dem nach Absatz 3 oder 4 berechneten Betrag nur berechtigt, wenn er vereinbart, beziffert und angemessen ist. Die Vereinbarung eines Abzugs für noch nicht getilgte Abschluss- und Vertriebskosten ist unwirksam.
(6) Der Versicherer kann den nach Absatz 3 berechneten Betrag angemessen herabsetzen, soweit dies erforderlich ist, um eine Gefährdung der Belange der Versicherungsnehmer, insbesondere durch eine Gefährdung der dauernden Erfüllbarkeit der sich aus den Versicherungsverträgen ergebenden Verpflichtungen, auszuschließen. Die Herabsetzung ist jeweils auf ein Jahr befristet.
(7) Der Versicherer hat dem Versicherungsnehmer zusätzlich zu dem nach den Absätzen 3 bis 6 berechneten Betrag die diesem bereits zugeteilten Überschussanteile, soweit sie nicht bereits in dem Betrag nach den Absätzen 3 bis 6 enthalten sind, sowie den nach den jeweiligen Allgemeinen Versicherungsbedingungen für den Fall der Kündigung vorgesehenen Schlussüberschussanteil zu zahlen; § 153 Abs. 3 Satz 2 bleibt unberührt.

§ 170 Eintrittsrecht

(1) Wird in die Versicherungsforderung ein Arrest vollzogen oder eine Zwangsvollstreckung vorgenommen oder wird das Insolvenzverfahren über das Vermögen des Versicherungsnehmers eröffnet, kann der namentlich bezeichnete Bezugsberechtigte mit Zustimmung des Versicherungsnehmers an seiner Stelle in den Versicherungsvertrag eintreten. Tritt der Bezugsberechtigte ein, hat er die Forderungen der betreibenden Gläubiger oder der Insolvenzmasse bis zur Höhe des Betrags zu befriedigen, dessen Zahlung der Versicherungsnehmer im Fall der Kündigung des Versicherungsverhältnisses vom Versicherer verlangen könnte.
(2) Ist ein Bezugsberechtigter nicht oder nicht namentlich bezeichnet, steht das gleiche Recht dem Ehegatten oder Lebenspartner und den Kindern des Versicherungsnehmers zu.
(3) Der Eintritt erfolgt durch Anzeige an den Versicherer. Die Anzeige kann nur innerhalb eines Monats erfolgen, nachdem der Eintrittsberechtigte von der Pfändung Kenntnis erlangt hat oder das

Insolvenzverfahren eröffnet worden ist.

-

§ 171 Abweichende Vereinbarungen

Von § 152 Abs. 1 und 2 und den §§ 153 bis 155, 157, 158, 161 und 163 bis 170 kann nicht zum Nachteil des Versicherungsnehmers, der versicherten Person oder des Eintrittsberechtigten abgewichen werden. Für das Verlangen des Versicherungsnehmers auf Umwandlung nach § 165 und für seine Kündigung nach § 168 kann die Schrift- oder die Textform vereinbart werden.

Kapitel 6
Berufsunfähigkeitsversicherung

§ 172 Leistung des Versicherers

(1) Bei der Berufsunfähigkeitsversicherung ist der Versicherer verpflichtet, für eine nach Beginn der Versicherung eingetretene Berufsunfähigkeit die vereinbarten Leistungen zu erbringen.
(2) Berufsunfähig ist, wer seinen zuletzt ausgeübten Beruf, so wie er ohne gesundheitliche Beeinträchtigung ausgestaltet war, infolge Krankheit, Körperverletzung oder mehr als altersentsprechendem Kräfteverfall ganz oder teilweise voraussichtlich auf Dauer nicht mehr ausüben kann.
(3) Als weitere Voraussetzung einer Leistungspflicht des Versicherers kann vereinbart werden, dass die versicherte Person auch keine andere Tätigkeit ausübt oder ausüben kann, die zu übernehmen sie auf Grund ihrer Ausbildung und Fähigkeiten in der Lage ist und die ihrer bisherigen Lebensstellung entspricht.

-

§ 173 Anerkenntnis

(1) Der Versicherer hat nach einem Leistungsantrag bei Fälligkeit in Textform zu erklären, ob er seine Leistungspflicht anerkennt.
(2) Das Anerkenntnis darf nur einmal zeitlich begrenzt werden. Es ist bis zum Ablauf der Frist bindend.

-

§ 174 Leistungsfreiheit

(1) Stellt der Versicherer fest, dass die Voraussetzungen der Leistungspflicht entfallen sind, wird er nur leistungsfrei, wenn er dem Versicherungsnehmer diese Veränderung in Textform dargelegt hat.
(2) Der Versicherer wird frühestens mit dem Ablauf des dritten Monats nach Zugang der Erklärung nach Absatz 1 beim Versicherungsnehmer leistungsfrei.

-

§ 175 Abweichende Vereinbarungen

Von den §§ 173 und 174 kann nicht zum Nachteil des Versicherungsnehmers abgewichen werden.

-

§ 176 Anzuwendende Vorschriften

Die §§ 150 bis 170 sind auf die Berufsunfähigkeitsversicherung entsprechend anzuwenden, soweit die Besonderheiten dieser Versicherung nicht entgegenstehen.

-

§ 177 Ähnliche Versicherungsverträge

(1) Die §§ 173 bis 176 sind auf alle Versicherungsverträge, bei denen der Versicherer für eine dauerhafte Beeinträchtigung der Arbeitsfähigkeit eine Leistung verspricht, entsprechend anzuwenden.
(2) Auf die Unfallversicherung sowie auf Krankenversicherungsverträge, die das Risiko der Beeinträchtigung der Arbeitsfähigkeit zum Gegenstand haben, ist Absatz 1 nicht anzuwenden.

Kapitel 7
Unfallversicherung

-

§ 178 Leistung des Versicherers

(1) Bei der Unfallversicherung ist der Versicherer verpflichtet, bei einem Unfall der versicherten Person oder einem vertraglich dem Unfall gleichgestellten Ereignis die vereinbarten Leistungen zu erbringen.
(2) Ein Unfall liegt vor, wenn die versicherte Person durch ein plötzlich von außen auf ihren Körper wirkendes Ereignis unfreiwillig eine Gesundheitsschädigung erleidet. Die Unfreiwilligkeit wird bis zum Beweis des Gegenteils vermutet.

-

§ 179 Versicherte Person

(1) Die Unfallversicherung kann für den Eintritt eines Unfalles des Versicherungsnehmers oder eines anderen genommen werden. Eine Versicherung gegen Unfälle eines anderen gilt im Zweifel als für Rechnung des anderen genommen.
(2) Wird die Versicherung gegen Unfälle eines anderen von dem Versicherungsnehmer für eigene Rechnung genommen, ist zur Wirksamkeit des Vertrags die schriftliche Einwilligung des anderen erforderlich. Ist der andere geschäftsunfähig oder in der Geschäftsfähigkeit beschränkt oder ist für ihn ein Betreuer bestellt und steht die Vertretung in den seine Person betreffenden Angelegenheiten dem Versicherungsnehmer zu, kann dieser den anderen bei der Erteilung der Einwilligung nicht vertreten.
(3) Soweit im Fall des Absatzes 2 nach diesem Gesetz die Kenntnis und das Verhalten des Versicherungsnehmers von rechtlicher Bedeutung sind, sind auch die Kenntnis und das Verhalten des anderen zu berücksichtigen.

-

§ 180 Invalidität

Der Versicherer schuldet die für den Fall der Invalidität versprochenen Leistungen im vereinbarten Umfang, wenn die körperliche oder geistige Leistungsfähigkeit der versicherten Person unfallbedingt dauerhaft beeinträchtigt ist. Eine Beeinträchtigung ist dauerhaft, wenn sie voraussichtlich länger als drei Jahre bestehen wird und eine Änderung dieses Zustandes nicht erwartet werden kann.

-

§ 181 Gefahrerhöhung

(1) Als Erhöhung der Gefahr gilt nur eine solche Änderung der Umstände, die nach ausdrücklicher Vereinbarung als Gefahrerhöhung angesehen werden soll; die Vereinbarung bedarf der Textform.
(2) Ergeben sich im Fall einer erhöhten Gefahr nach dem geltenden Tarif des Versicherers bei unveränderter Prämie niedrigere Versicherungsleistungen, gelten diese mit Ablauf eines Monats nach Eintritt der Gefahrerhöhung als vereinbart. Weitergehende Rechte kann der Versicherer nur geltend machen, wenn der Versicherungsnehmer die Gefahrerhöhung arglistig nicht angezeigt hat.
-

§ 182 Mitwirkende Ursachen

Ist vereinbart, dass der Anspruch auf die vereinbarten Leistungen entfällt oder sich mindert, wenn Krankheiten oder Gebrechen bei der durch den Versicherungsfall verursachten Gesundheitsschädigung oder deren Folgen mitgewirkt haben, hat der Versicherer die Voraussetzungen des Wegfalles oder der Minderung des Anspruchs nachzuweisen.
-

§ 183 Herbeiführung des Versicherungsfalles

(1) Der Versicherer ist nicht zur Leistung verpflichtet, wenn im Fall des § 179 Abs. 2 der Versicherungsnehmer vorsätzlich durch eine widerrechtliche Handlung den Versicherungsfall herbeiführt.
(2) Ist ein Dritter als Bezugsberechtigter bezeichnet, gilt die Bezeichnung als nicht erfolgt, wenn der Dritte vorsätzlich durch eine widerrechtliche Handlung den Versicherungsfall herbeiführt.
-

§ 184 Abwendung und Minderung des Schadens

Die §§ 82 und 83 sind auf die Unfallversicherung nicht anzuwenden.
-

§ 185 Bezugsberechtigung

Ist als Leistung des Versicherers die Zahlung eines Kapitals vereinbart, sind die §§ 159 und 160 entsprechend anzuwenden.
-

§ 186 Hinweispflicht des Versicherers

Zeigt der Versicherungsnehmer einen Versicherungsfall an, hat der Versicherer ihn auf vertragliche Anspruchs- und Fälligkeitsvoraussetzungen sowie einzuhaltende Fristen in Textform hinzuweisen. Unterbleibt dieser Hinweis, kann sich der Versicherer auf Fristversäumnis nicht berufen.
-

§ 187 Anerkenntnis

(1) Der Versicherer hat nach einem Leistungsantrag innerhalb eines Monats nach Vorlage der zu dessen Beurteilung erforderlichen Unterlagen in Textform zu erklären, ob und in welchem Umfang er seine Leistungspflicht anerkennt. Wird eine Invaliditätsleistung beantragt, beträgt die Frist drei Monate.
(2) Erkennt der Versicherer den Anspruch an oder haben sich Versicherungsnehmer und

Versicherer über Grund und Höhe des Anspruchs geeinigt, wird die Leistung innerhalb von zwei Wochen fällig. Steht die Leistungspflicht nur dem Grunde nach fest, hat der Versicherer auf Verlangen des Versicherungsnehmers einen angemessenen Vorschuss zu leisten.

-

§ 188 Neubemessung der Invalidität

(1) Sind Leistungen für den Fall der Invalidität vereinbart, ist jede Vertragspartei berechtigt, den Grad der Invalidität jährlich, längstens bis zu drei Jahre nach Eintritt des Unfalles, neu bemessen zu lassen. In der Kinderunfallversicherung kann die Frist, innerhalb derer eine Neubemessung verlangt werden kann, verlängert werden.
(2) Mit der Erklärung des Versicherers über die Leistungspflicht ist der Versicherungsnehmer über sein Recht zu unterrichten, den Grad der Invalidität neu bemessen zu lassen. Unterbleibt diese Unterrichtung, kann sich der Versicherer auf eine Verspätung des Verlangens des Versicherungsnehmers, den Grad der Invalidität neu zu bemessen, nicht berufen.

-

§ 189 Sachverständigenverfahren, Schadensermittlungskosten

Die §§ 84 und 85 Abs. 1 und 3 sind entsprechend anzuwenden.

-

§ 190 Pflichtversicherung

Besteht für den Abschluss einer Unfallversicherung eine Verpflichtung durch Rechtsvorschrift, hat der Versicherer dem Versicherungsnehmer unter Angabe der Versicherungssumme zu bescheinigen, dass eine der zu bezeichnenden Rechtsvorschrift entsprechende Unfallversicherung besteht.

-

§ 191 Abweichende Vereinbarungen

Von § 178 Abs. 2 Satz 2 und den §§ 181, 186 bis 188 kann nicht zum Nachteil des Versicherungsnehmers oder der versicherten Person abgewichen werden.

Kapitel 8
Krankenversicherung

-

§ 192 Vertragstypische Leistungen des Versicherers

(1) Bei der Krankheitskostenversicherung ist der Versicherer verpflichtet, im vereinbarten Umfang die Aufwendungen für medizinisch notwendige Heilbehandlung wegen Krankheit oder Unfallfolgen und für sonstige vereinbarte Leistungen einschließlich solcher bei Schwangerschaft und Entbindung sowie für ambulante Vorsorgeuntersuchungen zur Früherkennung von Krankheiten nach gesetzlich eingeführten Programmen zu erstatten.
(2) Der Versicherer ist zur Leistung nach Absatz 1 insoweit nicht verpflichtet, als die Aufwendungen für die Heilbehandlung oder sonstigen Leistungen in einem auffälligen Missverhältnis zu den erbrachten Leistungen stehen.
(3) Als Inhalt der Krankheitskostenversicherung können zusätzliche Dienstleistungen, die in unmittelbarem Zusammenhang mit Leistungen nach Absatz 1 stehen, vereinbart werden, insbesondere

1. die Beratung über Leistungen nach Absatz 1 sowie über die Anbieter solcher Leistungen;
2. die Beratung über die Berechtigung von Entgeltansprüchen der Erbringer von Leistungen nach Absatz 1;
3. die Abwehr unberechtigter Entgeltansprüche der Erbringer von Leistungen nach Absatz 1;
4. die Unterstützung der versicherten Personen bei der Durchsetzung von Ansprüchen wegen fehlerhafter Erbringung der Leistungen nach Absatz 1 und der sich hieraus ergebenden Folgen;
5. die unmittelbare Abrechnung der Leistungen nach Absatz 1 mit deren Erbringern.

(4) Bei der Krankenhaustagegeldversicherung ist der Versicherer verpflichtet, bei medizinisch notwendiger stationärer Heilbehandlung das vereinbarte Krankenhaustagegeld zu leisten.
(5) Bei der Krankentagegeldversicherung ist der Versicherer verpflichtet, den als Folge von Krankheit oder Unfall durch Arbeitsunfähigkeit verursachten Verdienstausfall durch das vereinbarte Krankentagegeld zu ersetzen.
(6) Bei der Pflegekrankenversicherung ist der Versicherer verpflichtet, im Fall der Pflegebedürftigkeit im vereinbarten Umfang die Aufwendungen für die Pflege der versicherten Person zu erstatten (Pflegekostenversicherung) oder das vereinbarte Tagegeld zu leisten (Pflegetagegeldversicherung). Absatz 2 gilt für die Pflegekostenversicherung entsprechend. Die Regelungen des Elften Buches Sozialgesetzbuch über die private Pflegeversicherung bleiben unberührt.
(7) Bei der Krankheitskostenversicherung im Basistarif nach § 152 des Versicherungsaufsichtsgesetzes kann der Leistungserbringer seinen Anspruch auf Leistungserstattung auch gegen den Versicherer geltend machen, soweit der Versicherer aus dem Versicherungsverhältnis zur Leistung verpflichtet ist. Im Rahmen der Leistungspflicht des Versicherers aus dem Versicherungsverhältnis haften Versicherer und Versicherungsnehmer gesamtschuldnerisch.
(8) Der Versicherungsnehmer kann vor Beginn einer Heilbehandlung, deren Kosten voraussichtlich 2 000 Euro überschreiten werden, in Textform vom Versicherer Auskunft über den Umfang des Versicherungsschutzes für die beabsichtigte Heilbehandlung verlangen. Ist die Durchführung der Heilbehandlung dringlich, hat der Versicherer eine mit Gründen versehene Auskunft unverzüglich, spätestens nach zwei Wochen, zu erteilen, ansonsten nach vier Wochen; auf einen vom Versicherungsnehmer vorgelegten Kostenvoranschlag und andere Unterlagen ist dabei einzugehen. Die Frist beginnt mit Eingang des Auskunftsverlangens beim Versicherer. Ist die Auskunft innerhalb der Frist nicht erteilt, wird bis zum Beweis des Gegenteils durch den Versicherer vermutet, dass die beabsichtigte medizinische Heilbehandlung notwendig ist.
-

§ 193 Versicherte Person; Versicherungspflicht

(1) Die Krankenversicherung kann auf die Person des Versicherungsnehmers oder eines anderen genommen werden. Versicherte Person ist die Person, auf welche die Versicherung genommen wird.
(2) Soweit nach diesem Gesetz die Kenntnis und das Verhalten des Versicherungsnehmers von rechtlicher Bedeutung sind, ist bei der Versicherung auf die Person eines anderen auch deren Kenntnis und Verhalten zu berücksichtigen.
(3) Jede Person mit Wohnsitz im Inland ist verpflichtet, bei einem in Deutschland zum Geschäftsbetrieb zugelassenen Versicherungsunternehmen für sich selbst und für die von ihr gesetzlich vertretenen Personen, soweit diese nicht selbst Verträge abschließen können, eine Krankheitskostenversicherung, die mindestens eine Kostenerstattung für ambulante und stationäre Heilbehandlung umfasst und bei der die für tariflich vorgesehene Leistungen vereinbarten

absoluten und prozentualen Selbstbehalte für ambulante und stationäre Heilbehandlung für jede zu versichernde Person auf eine betragsmäßige Auswirkung von kalenderjährlich 5.000 Euro begrenzt ist, abzuschließen und aufrechtzuerhalten; für Beihilfeberechtigte ergeben sich die möglichen Selbstbehalte durch eine sinngemäße Anwendung des durch den Beihilfesatz nicht gedeckten Vom-Hundert-Anteils auf den Höchstbetrag von 5.000 Euro. Die Pflicht nach Satz 1 besteht nicht für Personen, die

1. in der gesetzlichen Krankenversicherung versichert oder versicherungspflichtig sind oder
2. Anspruch auf freie Heilfürsorge haben, beihilfeberechtigt sind oder vergleichbare Ansprüche haben im Umfang der jeweiligen Berechtigung oder
3. Anspruch auf Leistungen nach dem Asylbewerberleistungsgesetz haben oder
4. Empfänger laufender Leistungen nach dem Dritten, Vierten, Sechsten und Siebten Kapitel des Zwölften Buches Sozialgesetzbuch sind für die Dauer dieses Leistungsbezugs und während Zeiten einer Unterbrechung des Leistungsbezugs von weniger als einem Monat, wenn der Leistungsbezug vor dem 1. Januar 2009 begonnen hat.

Ein vor dem 1. April 2007 vereinbarter Krankheitskostenversicherungsvertrag genügt den Anforderungen des Satzes 1.

(4) Wird der Vertragsabschluss später als einen Monat nach Entstehen der Pflicht nach Absatz 3 Satz 1 beantragt, ist ein Prämienzuschlag zu entrichten. Dieser beträgt einen Monatsbeitrag für jeden weiteren angefangenen Monat der Nichtversicherung, ab dem sechsten Monat der Nichtversicherung für jeden weiteren angefangenen Monat der Nichtversicherung ein Sechstel eines Monatsbeitrags. Kann die Dauer der Nichtversicherung nicht ermittelt werden, ist davon auszugehen, dass der Versicherte mindestens fünf Jahre nicht versichert war. Der Prämienzuschlag ist einmalig zusätzlich zur laufenden Prämie zu entrichten. Der Versicherungsnehmer kann vom Versicherer die Stundung des Prämienzuschlages verlangen, wenn den Interessen des Versicherers durch die Vereinbarung einer angemessenen Ratenzahlung Rechnung getragen werden kann. Der gestundete Betrag ist zu verzinsen. Wird der Vertragsabschluss bis zum 31. Dezember 2013 beantragt, ist kein Prämienzuschlag zu entrichten. Dies gilt für bis zum 31. Juli 2013 abgeschlossene Verträge für noch ausstehende Prämienzuschläge nach Satz 1 entsprechend.

(5) Der Versicherer ist verpflichtet,

1. allen freiwillig in der gesetzlichen Krankenversicherung Versicherten
    a) innerhalb von sechs Monaten nach Einführung des Basistarifes,
    b) innerhalb von sechs Monaten nach Beginn der im Fünften Buch Sozialgesetzbuch vorgesehenen Wechselmöglichkeit im Rahmen ihres freiwilligen Versicherungsverhältnisses,
2. allen Personen mit Wohnsitz in Deutschland, die nicht in der gesetzlichen Krankenversicherung versicherungspflichtig sind, nicht zum Personenkreis nach Nummer 1 oder Absatz 3 Satz 2 Nr. 3 und 4 gehören und die nicht bereits eine private Krankheitskostenversicherung mit einem in Deutschland zum Geschäftsbetrieb zugelassenen Versicherungsunternehmen vereinbart haben, die der Pflicht nach Absatz 3 genügt,
3. Personen, die beihilfeberechtigt sind oder vergleichbare Ansprüche haben, soweit sie zur Erfüllung der Pflicht nach Absatz 3 Satz 1 ergänzenden Versicherungsschutz benötigen,
4. allen Personen mit Wohnsitz in Deutschland, die eine private Krankheitskostenversicherung

im Sinn des Absatzes 3 mit einem in Deutschland zum Geschäftsbetrieb zugelassenen Versicherungsunternehmen vereinbart haben und deren Vertrag nach dem 31. Dezember 2008 abgeschlossen wird, Versicherung im Basistarif nach § 152 des Versicherungsaufsichtsgesetzes zu gewähren. Ist der private Krankheitskostenversicherungsvertrag vor dem 1. Januar 2009 abgeschlossen, kann bei Wechsel oder Kündigung des Vertrags der Abschluss eines Vertrags im Basistarif beim eigenen oder einem anderen Versicherungsunternehmen unter Mitnahme der Alterungsrückstellungen gemäß § 204 Abs. 1 nur bis zum 30. Juni 2009 verlangt werden. Der Antrag muss bereits dann angenommen werden, wenn bei einer Kündigung eines Vertrags bei einem anderen Versicherer die Kündigung nach § 205 Abs. 1 Satz 1 noch nicht wirksam geworden ist. Der Antrag darf nur abgelehnt werden, wenn der Antragsteller bereits bei dem Versicherer versichert war und der Versicherer

1. den Versicherungsvertrag wegen Drohung oder arglistiger Täuschung angefochten hat oder
2. vom Versicherungsvertrag wegen einer vorsätzlichen Verletzung der vorvertraglichen Anzeigepflicht zurückgetreten ist.

(6) Ist der Versicherungsnehmer in einer der Pflicht nach Absatz 3 genügenden Versicherung mit einem Betrag in Höhe von Prämienanteilen für zwei Monate im Rückstand, hat ihn der Versicherer zu mahnen. Der Versicherungsnehmer hat für jeden angefangenen Monat eines Prämienrückstandes an Stelle von Verzugszinsen einen Säumniszuschlag in Höhe von 1 Prozent des Prämienrückstandes zu entrichten. Ist der Prämienrückstand einschließlich der Säumniszuschläge zwei Monate nach Zugang der Mahnung höher als der Prämienanteil für einen Monat, mahnt der Versicherer ein zweites Mal und weist auf die Folgen nach Satz 4 hin. Ist der Prämienrückstand einschließlich der Säumniszuschläge einen Monat nach Zugang der zweiten Mahnung höher als der Prämienanteil für einen Monat, ruht der Vertrag ab dem ersten Tag des nachfolgenden Monats. Das Ruhen des Vertrages tritt nicht ein oder endet, wenn der Versicherungsnehmer oder die versicherte Person hilfebedürftig im Sinne des Zweiten oder Zwölften Buches Sozialgesetzbuch ist oder wird; die Hilfebedürftigkeit ist auf Antrag des Versicherungsnehmers vom zuständigen Träger nach dem Zweiten oder dem Zwölften Buch Sozialgesetzbuch zu bescheinigen.

(7) Solange der Vertrag ruht, gilt der Versicherungsnehmer als im Notlagentarif nach § 153 des Versicherungsaufsichtsgesetzes versichert. Risikozuschläge, Leistungsausschlüsse und Selbstbehalte entfallen während dieser Zeit. Der Versicherer kann verlangen, dass Zusatzversicherungen ruhen, solange die Versicherung nach § 153 des Versicherungsaufsichtsgesetzes besteht. Ein Wechsel in den oder aus dem Notlagentarif nach § 153 des Versicherungsaufsichtsgesetzes ist ausgeschlossen. Ein Versicherungsnehmer, dessen Vertrag nur die Erstattung eines Prozentsatzes der entstandenen Aufwendungen vorsieht, gilt als in einer Variante des Notlagentarifs nach § 153 des Versicherungsaufsichtsgesetzes versichert, die Leistungen in Höhe von 20, 30 oder 50 Prozent der versicherten Behandlungskosten vorsieht, abhängig davon, welcher Prozentsatz dem Grad der vereinbarten Erstattung am nächsten ist.

(8) Der Versicherer übersendet dem Versicherungsnehmer in Textform eine Mitteilung über die Fortsetzung des Vertrages im Notlagentarif nach § 153 des Versicherungsaufsichtsgesetzes und über die zu zahlende Prämie. Dabei ist der Versicherungsnehmer in herausgehobener Form auf die Folgen der Anrechnung der Alterungsrückstellung nach § 153 Absatz 2 Satz 6 des Versicherungsaufsichtsgesetzes für die Höhe der künftig zu zahlenden Prämie hinzuweisen. Angaben zur Versicherung im Notlagentarif nach § 12h des Versicherungsaufsichtsgesetzes kann der Versicherer auf einer elektronischen Gesundheitskarte nach § 291a Absatz 1a des Fünften Buches Sozialgesetzbuch vermerken.

(9) Sind alle rückständigen Prämienanteile einschließlich der Säumniszuschläge und der Beitreibungskosten gezahlt, wird der Vertrag ab dem ersten Tag des übernächsten Monats in dem Tarif fortgesetzt, in dem der Versicherungsnehmer vor Eintritt des Ruhens versichert war. Dabei ist der Versicherungsnehmer so zu stellen, wie er vor der Versicherung im Notlagentarif nach § 153 des Versicherungsaufsichtsgesetzes stand, abgesehen von den während der Ruhenszeit

verbrauchten Anteilen der Alterungsrückstellung. Während der Ruhenszeit vorgenommene Prämienanpassungen und Änderungen der Allgemeinen Versicherungsbedingungen gelten ab dem Tag der Fortsetzung.
(10) Hat der Versicherungsnehmer die Krankenversicherung auf die Person eines anderen genommen, gelten die Absätze 6 bis 9 für die versicherte Person entsprechend.
(11) Bei einer Versicherung im Basistarif nach § 152 des Versicherungsaufsichtsgesetzes kann das Versicherungsunternehmen verlangen, dass Zusatzversicherungen ruhen, wenn und solange ein Versicherter auf die Halbierung des Beitrags nach § 152 Absatz 4 des Versicherungsaufsichtsgesetzes angewiesen ist.

Fußnote

§ 193 Abs. 5 Satz 1: Nach Maßgabe der Entscheidungsformel mit GG (100-1) Art. 9 Abs. 1 vereinbar gem. BVerfGE v. 10.6.2009 I 2127 - 1 BvR 825/08, 1 BvR 831/08 -
-

§ 194 Anzuwendende Vorschriften

(1) Soweit der Versicherungsschutz nach den Grundsätzen der Schadensversicherung gewährt wird, sind die §§ 74 bis 80 und 82 bis 87 anzuwenden. Die §§ 23 bis 27 und 29 sind auf die Krankenversicherung nicht anzuwenden. § 19 Abs. 4 ist auf die Krankenversicherung nicht anzuwenden, wenn der Versicherungsnehmer die Verletzung der Anzeigepflicht nicht zu vertreten hat. Abweichend von § 21 Abs. 3 Satz 1 beläuft sich die Frist für die Geltendmachung der Rechte des Versicherers auf drei Jahre.
(2) Steht dem Versicherungsnehmer oder einer versicherten Person ein Anspruch auf Rückzahlung ohne rechtlichen Grund gezahlter Entgelte gegen den Erbringer von Leistungen zu, für die der Versicherer auf Grund des Versicherungsvertrags Erstattungsleistungen erbracht hat, ist § 86 Abs. 1 und 2 entsprechend anzuwenden.
(3) Die §§ 43 bis 48 sind auf die Krankenversicherung mit der Maßgabe anzuwenden, dass ausschließlich die versicherte Person die Versicherungsleistung verlangen kann, wenn der Versicherungsnehmer sie gegenüber dem Versicherer in Textform als Empfangsberechtigten der Versicherungsleistung benannt hat; die Benennung kann widerruflich oder unwiderruflich erfolgen. Liegt diese Voraussetzung nicht vor, kann nur der Versicherungsnehmer die Versicherungsleistung verlangen. Einer Vorlage des Versicherungsscheins bedarf es nicht.
-

§ 195 Versicherungsdauer

(1) Die Krankenversicherung, die ganz oder teilweise den im gesetzlichen Sozialversicherungssystem vorgesehenen Kranken- oder Pflegeversicherungsschutz ersetzen kann (substitutive Krankenversicherung), ist vorbehaltlich der Absätze 2 und 3 und der §§ 196 und 199 unbefristet. Wird die nicht substitutive Krankenversicherung nach Art der Lebensversicherung betrieben, gilt Satz 1 entsprechend.
(2) Bei Ausbildungs-, Auslands-, Reise- und Restschuldkrankenversicherungen können Vertragslaufzeiten vereinbart werden.
(3) Bei der Krankenversicherung einer Person mit befristetem Aufenthaltstitel für das Inland kann vereinbart werden, dass sie spätestens nach fünf Jahren endet. Ist eine kürzere Laufzeit vereinbart, kann ein gleichartiger neuer Vertrag nur mit einer Höchstlaufzeit geschlossen werden, die unter Einschluss der Laufzeit des abgelaufenen Vertrags fünf Jahre nicht überschreitet; dies gilt auch, wenn der neue Vertrag mit einem anderen Versicherer geschlossen wird.
-

§ 196 Befristung der Krankentagegeldversicherung

(1) Bei der Krankentagegeldversicherung kann vereinbart werden, dass die Versicherung mit Vollendung des 65. Lebensjahres der versicherten Person endet. Der Versicherungsnehmer kann in diesem Fall vom Versicherer verlangen, dass dieser den Antrag auf Abschluss einer mit Vollendung des 65. Lebensjahres beginnenden neuen Krankentagegeldversicherung annimmt, die spätestens mit Vollendung des 70. Lebensjahres endet. Auf dieses Recht hat der Versicherer ihn frühestens sechs Monate vor dem Ende der Versicherung unter Beifügung des Wortlauts dieser Vorschrift in Textform hinzuweisen. Wird der Antrag bis zum Ablauf von zwei Monaten nach Vollendung des 65. Lebensjahres gestellt, hat der Versicherer den Versicherungsschutz ohne Risikoprüfung oder Wartezeiten zu gewähren, soweit der Versicherungsschutz nicht höher oder umfassender ist als im bisherigen Tarif.
(2) Hat der Versicherer den Versicherungsnehmer nicht nach Absatz 1 Satz 3 auf das Ende der Versicherung hingewiesen und wird der Antrag vor Vollendung des 66. Lebensjahres gestellt, gilt Absatz 1 Satz 4 entsprechend, wobei die Versicherung mit Zugang des Antrags beim Versicherer beginnt. Ist der Versicherungsfall schon vor Zugang des Antrags eingetreten, ist der Versicherer nicht zur Leistung verpflichtet.
(3) Absatz 1 Satz 2 und 4 gilt entsprechend, wenn in unmittelbarem Anschluss an eine Versicherung nach Absatz 1 Satz 4 oder Absatz 2 Satz 1 eine neue Krankentagegeldversicherung beantragt wird, die spätestens mit Vollendung des 75. Lebensjahres endet.
(4) Die Vertragsparteien können ein späteres Lebensjahr als in den vorstehenden Absätzen festgelegt vereinbaren.

§ 197 Wartezeiten

(1) Soweit Wartezeiten vereinbart werden, dürfen diese in der Krankheitskosten-, Krankenhaustagegeld- und Krankentagegeldversicherung als allgemeine Wartezeit drei Monate und als besondere Wartezeit für Entbindung, Psychotherapie, Zahnbehandlung, Zahnersatz und Kieferorthopädie acht Monate nicht überschreiten. Bei der Pflegekrankenversicherung darf die Wartezeit drei Jahre nicht überschreiten.
(2) Personen, die aus der gesetzlichen Krankenversicherung ausscheiden oder die aus einem anderen Vertrag über eine Krankheitskostenversicherung ausgeschieden sind, ist die dort ununterbrochen zurückgelegte Versicherungszeit auf die Wartezeit anzurechnen, sofern die Versicherung spätestens zwei Monate nach Beendigung der Vorversicherung zum unmittelbaren Anschluss daran beantragt wird. Dies gilt auch für Personen, die aus einem öffentlichen Dienstverhältnis mit Anspruch auf Heilfürsorge ausscheiden.

§ 198 Kindernachversicherung

(1) Besteht am Tag der Geburt für mindestens einen Elternteil eine Krankenversicherung, ist der Versicherer verpflichtet, dessen neugeborenes Kind ab Vollendung der Geburt ohne Risikozuschläge und Wartezeiten zu versichern, wenn die Anmeldung zur Versicherung spätestens zwei Monate nach dem Tag der Geburt rückwirkend erfolgt. Diese Verpflichtung besteht nur insoweit, als der beantragte Versicherungsschutz des Neugeborenen nicht höher und nicht umfassender als der des versicherten Elternteils ist.
(2) Der Geburt eines Kindes steht die Adoption gleich, sofern das Kind im Zeitpunkt der Adoption noch minderjährig ist. Besteht eine höhere Gefahr, ist die Vereinbarung eines Risikozuschlags höchstens bis zur einfachen Prämienhöhe zulässig.
(3) Als Voraussetzung für die Versicherung des Neugeborenen oder des Adoptivkindes kann eine Mindestversicherungsdauer des Elternteils vereinbart werden. Diese darf drei Monate nicht übersteigen.
(4) Die Absätze 1 bis 3 gelten für die Auslands- und die Reisekrankenversicherung nicht, soweit für das Neugeborene oder für das Adoptivkind anderweitiger privater oder gesetzlicher Krankenversicherungsschutz im Inland oder Ausland besteht.

§ 199 Beihilfeempfänger

(1) Bei der Krankheitskostenversicherung einer versicherten Person mit Anspruch auf Beihilfe nach den Grundsätzen des öffentlichen Dienstes kann vereinbart werden, dass sie mit der Versetzung der versicherten Person in den Ruhestand im Umfang der Erhöhung des Beihilfebemessungssatzes endet.
(2) Ändert sich bei einer versicherten Person mit Anspruch auf Beihilfe nach den Grundsätzen des öffentlichen Dienstes der Beihilfebemessungssatz oder entfällt der Beihilfeanspruch, hat der Versicherungsnehmer Anspruch darauf, dass der Versicherer den Versicherungsschutz im Rahmen der bestehenden Krankheitskostentarife so anpasst, dass dadurch der veränderte Beihilfebemessungssatz oder der weggefallene Beihilfeanspruch ausgeglichen wird. Wird der Antrag innerhalb von sechs Monaten nach der Änderung gestellt, hat der Versicherer den angepassten Versicherungsschutz ohne Risikoprüfung oder Wartezeiten zu gewähren.
(3) Absatz 2 gilt nicht bei Gewährung von Versicherung im Basistarif.

§ 200 Bereicherungsverbot

Hat die versicherte Person wegen desselben Versicherungsfalles einen Anspruch gegen mehrere Erstattungsverpflichtete, darf die Gesamterstattung die Gesamtaufwendungen nicht übersteigen.

§ 201 Herbeiführung des Versicherungsfalles

Der Versicherer ist nicht zur Leistung verpflichtet, wenn der Versicherungsnehmer oder die versicherte Person vorsätzlich die Krankheit oder den Unfall bei sich selbst herbeiführt.

§ 202 Auskunftspflicht des Versicherers; Schadensermittlungskosten

Der Versicherer ist verpflichtet, auf Verlangen des Versicherungsnehmers oder der versicherten Person Auskunft über und Einsicht in Gutachten oder Stellungnahmen zu geben, die er bei der Prüfung seiner Leistungspflicht über die Notwendigkeit einer medizinischen Behandlung eingeholt hat. Wenn der Auskunft an oder der Einsicht durch den Versicherungsnehmer oder die versicherte Person erhebliche therapeutische Gründe oder sonstige erhebliche Gründe entgegenstehen, kann nur verlangt werden, einem benannten Arzt oder Rechtsanwalt Auskunft oder Einsicht zu geben. Der Anspruch kann nur von der jeweils betroffenen Person oder ihrem gesetzlichen Vertreter geltend gemacht werden. Hat der Versicherungsnehmer das Gutachten oder die Stellungnahme auf Veranlassung des Versicherers eingeholt, hat der Versicherer die entstandenen Kosten zu erstatten.

§ 203 Prämien- und Bedingungsanpassung

(1) Bei einer Krankenversicherung, bei der die Prämie nach Art der Lebensversicherung berechnet wird, kann der Versicherer nur die entsprechend den technischen Berechnungsgrundlagen nach den §§ 146, 149, 150 in Verbindung mit § 160 des Versicherungsaufsichtsgesetzes zu berechnende Prämie verlangen. Außer bei Verträgen im Basistarif nach § 152 des Versicherungsaufsichtsgesetzes kann der Versicherer mit Rücksicht auf ein erhöhtes Risiko einen angemessenen Risikozuschlag oder einen Leistungsausschluss vereinbaren. Im Basistarif ist eine

Risikoprüfung nur zulässig, soweit sie für Zwecke des Risikoausgleichs nach § 154 des Versicherungsaufsichtsgesetzes oder für spätere Tarifwechsel erforderlich ist.
(2) Ist bei einer Krankenversicherung das ordentliche Kündigungsrecht des Versicherers gesetzlich oder vertraglich ausgeschlossen, ist der Versicherer bei einer nicht nur als vorübergehend anzusehenden Veränderung einer für die Prämienkalkulation maßgeblichen Rechnungsgrundlage berechtigt, die Prämie entsprechend den berichtigten Rechnungsgrundlagen auch für bestehende Versicherungsverhältnisse neu festzusetzen, sofern ein unabhängiger Treuhänder die technischen Berechnungsgrundlagen überprüft und der Prämienanpassung zugestimmt hat. Dabei dürfen auch ein betragsmäßig festgelegter Selbstbehalt angepasst und ein vereinbarter Risikozuschlag entsprechend geändert werden, soweit dies vereinbart ist. Maßgebliche Rechnungsgrundlagen im Sinn der Sätze 1 und 2 sind die Versicherungsleistungen und die Sterbewahrscheinlichkeiten. Für die Änderung der Prämien, Prämienzuschläge und Selbstbehalte sowie ihre Überprüfung und Zustimmung durch den Treuhänder gilt § 155 in Verbindung mit einer auf Grund des § 160 des Versicherungsaufsichtsgesetzes erlassenen Rechtsverordnung.
(3) Ist bei einer Krankenversicherung im Sinn des Absatzes 1 Satz 1 das ordentliche Kündigungsrecht des Versicherers gesetzlich oder vertraglich ausgeschlossen, ist der Versicherer bei einer nicht nur als vorübergehend anzusehenden Veränderung der Verhältnisse des Gesundheitswesens berechtigt, die Allgemeinen Versicherungsbedingungen und die Tarifbestimmungen den veränderten Verhältnissen anzupassen, wenn die Änderungen zur hinreichenden Wahrung der Belange der Versicherungsnehmer erforderlich erscheinen und ein unabhängiger Treuhänder die Voraussetzungen für die Änderungen überprüft und ihre Angemessenheit bestätigt hat.
(4) Ist eine Bestimmung in Allgemeinen Versicherungsbedingungen des Versicherers durch höchstrichterliche Entscheidung oder durch einen bestandskräftigen Verwaltungsakt für unwirksam erklärt worden, ist § 164 anzuwenden.
(5) Die Neufestsetzung der Prämie und die Änderungen nach den Absätzen 2 und 3 werden zu Beginn des zweiten Monats wirksam, der auf die Mitteilung der Neufestsetzung oder der Änderungen und der hierfür maßgeblichen Gründe an den Versicherungsnehmer folgt.

§ 204 Tarifwechsel

(1) Bei bestehendem Versicherungsverhältnis kann der Versicherungsnehmer vom Versicherer verlangen, dass dieser

1.
    Anträge auf Wechsel in andere Tarife mit gleichartigem Versicherungsschutz unter Anrechnung der aus dem Vertrag erworbenen Rechte und der Alterungsrückstellung annimmt; soweit die Leistungen in dem Tarif, in den der Versicherungsnehmer wechseln will, höher oder umfassender sind als in dem bisherigen Tarif, kann der Versicherer für die Mehrleistung einen Leistungsausschluss oder einen angemessenen Risikozuschlag und insoweit auch eine Wartezeit verlangen; der Versicherungsnehmer kann die Vereinbarung eines Risikozuschlages und einer Wartezeit dadurch abwenden, dass er hinsichtlich der Mehrleistung einen Leistungsausschluss vereinbart; bei einem Wechsel aus dem Basistarif in einen anderen Tarif kann der Versicherer auch den bei Vertragsschluss ermittelten Risikozuschlag verlangen; der Wechsel in den Basistarif des Versicherers unter Anrechnung der aus dem Vertrag erworbenen Rechte und der Alterungsrückstellung ist nur möglich, wenn
    a)
        die bestehende Krankheitskostenversicherung nach dem 1. Januar 2009 abgeschlossen wurde oder
    b)
        der Versicherungsnehmer das 55. Lebensjahr vollendet hat oder das 55. Lebensjahr noch nicht vollendet hat, aber die Voraussetzungen für den Anspruch auf eine Rente der gesetzlichen Rentenversicherung erfüllt und diese Rente beantragt hat oder ein Ruhegehalt nach beamtenrechtlichen oder vergleichbaren Vorschriften bezieht oder

c) hilfebedürftig nach dem Zweiten oder Zwölften Buch Sozialgesetzbuch ist oder die bestehende Krankheitskostenversicherung vor dem 1. Januar 2009 abgeschlossen wurde und der Wechsel in den Basistarif vor dem 1. Juli 2009 beantragt wurde; ein Wechsel aus einem Tarif, bei dem die Prämien geschlechtsunabhängig kalkuliert werden, in einen Tarif, bei dem dies nicht der Fall ist, ist ausgeschlossen;

2. bei einer Kündigung des Vertrags und dem gleichzeitigen Abschluss eines neuen Vertrags, der ganz oder teilweise den im gesetzlichen Sozialversicherungssystem vorgesehenen Krankenversicherungsschutz ersetzen kann, bei einem anderen Krankenversicherer

a) die kalkulierte Alterungsrückstellung des Teils der Versicherung, dessen Leistungen dem Basistarif entsprechen, an den neuen Versicherer überträgt, sofern die gekündigte Krankheitskostenversicherung nach dem 1. Januar 2009 abgeschlossen wurde;

b) bei einem Abschluss eines Vertrags im Basistarif die kalkulierte Alterungsrückstellung des Teils der Versicherung, dessen Leistungen dem Basistarif entsprechen, an den neuen Versicherer überträgt, sofern die gekündigte Krankheitskostenversicherung vor dem 1. Januar 2009 abgeschlossen wurde und die Kündigung vor dem 1. Juli 2009 erfolgte.

Soweit die Leistungen in dem Tarif, aus dem der Versicherungsnehmer wechseln will, höher oder umfassender sind als im Basistarif, kann der Versicherungsnehmer vom bisherigen Versicherer die Vereinbarung eines Zusatztarifes verlangen, in dem die über den Basistarif hinausgehende Alterungsrückstellung anzurechnen ist. Auf die Ansprüche nach den Sätzen 1 und 2 kann nicht verzichtet werden.

(2) Im Falle der Kündigung des Vertrags zur privaten Pflege-Pflichtversicherung und dem gleichzeitigen Abschluss eines neuen Vertrags bei einem anderen Versicherer kann der Versicherungsnehmer vom bisherigen Versicherer verlangen, dass dieser die für ihn kalkulierte Alterungsrückstellung an den neuen Versicherer überträgt. Auf diesen Anspruch kann nicht verzichtet werden.

(3) Absatz 1 gilt nicht für befristete Versicherungsverhältnisse. Handelt es sich um eine Befristung nach § 196, besteht das Tarifwechselrecht nach Absatz 1 Nummer 1.

(4) Soweit die Krankenversicherung nach Art der Lebensversicherung betrieben wird, haben die Versicherungsnehmer und die versicherte Person das Recht, einen gekündigten Versicherungsvertrag in Form einer Anwartschaftsversicherung fortzuführen.

-

§ 205 Kündigung des Versicherungsnehmers

(1) Vorbehaltlich einer vereinbarten Mindestversicherungsdauer bei der Krankheitskosten- und bei der Krankenhaustagegeldversicherung kann der Versicherungsnehmer ein Krankenversicherungsverhältnis, das für die Dauer von mehr als einem Jahr eingegangen ist, zum Ende des ersten Jahres oder jedes darauf folgenden Jahres unter Einhaltung einer Frist von drei Monaten kündigen. Die Kündigung kann auf einzelne versicherte Personen oder Tarife beschränkt werden.

(2) Wird eine versicherte Person kraft Gesetzes kranken- oder pflegeversicherungspflichtig, kann der Versicherungsnehmer binnen drei Monaten nach Eintritt der Versicherungspflicht eine Krankheitskosten-, eine Krankentagegeld- oder eine Pflegekrankenversicherung sowie eine für diese Versicherungen bestehende Anwartschaftsversicherung rückwirkend zum Eintritt der Versicherungspflicht kündigen. Die Kündigung ist unwirksam, wenn der Versicherungsnehmer dem Versicherer den Eintritt der Versicherungspflicht nicht innerhalb von zwei Monaten nachweist, nachdem der Versicherer ihn hierzu in Textform aufgefordert hat, es sei denn, der Versicherungsnehmer hat die Versäumung dieser Frist nicht zu vertreten. Macht der Versicherungsnehmer von seinem Kündigungsrecht Gebrauch, steht dem Versicherer die Prämie

nur bis zu diesem Zeitpunkt zu. Später kann der Versicherungsnehmer das Versicherungsverhältnis zum Ende des Monats kündigen, in dem er den Eintritt der Versicherungspflicht nachweist. Der Versicherungspflicht steht der gesetzliche Anspruch auf Familienversicherung oder der nicht nur vorübergehende Anspruch auf Heilfürsorge aus einem beamtenrechtlichen oder ähnlichen Dienstverhältnis gleich.
(3) Ergibt sich aus dem Versicherungsvertrag, dass bei Erreichen eines bestimmten Lebensalters oder bei Eintreten anderer dort genannter Voraussetzungen die Prämie für ein anderes Lebensalter oder eine andere Altersgruppe gilt oder die Prämie unter Berücksichtigung einer Alterungsrückstellung berechnet wird, kann der Versicherungsnehmer das Versicherungsverhältnis hinsichtlich der betroffenen versicherten Person binnen zwei Monaten nach der Änderung zum Zeitpunkt ihres Wirksamwerdens kündigen, wenn sich die Prämie durch die Änderung erhöht.
(4) Erhöht der Versicherer auf Grund einer Anpassungsklausel die Prämie oder vermindert er die Leistung, kann der Versicherungsnehmer hinsichtlich der betroffenen versicherten Person innerhalb von zwei Monaten nach Zugang der Änderungsmitteilung mit Wirkung für den Zeitpunkt kündigen, zu dem die Prämienerhöhung oder die Leistungsminderung wirksam werden soll.
(5) Hat sich der Versicherer vorbehalten, die Kündigung auf einzelne versicherte Personen oder Tarife zu beschränken, und macht er von dieser Möglichkeit Gebrauch, kann der Versicherungsnehmer innerhalb von zwei Wochen nach Zugang der Kündigung die Aufhebung des übrigen Teils der Versicherung zu dem Zeitpunkt verlangen, zu dem die Kündigung wirksam wird. Satz 1 gilt entsprechend, wenn der Versicherer die Anfechtung oder den Rücktritt nur für einzelne versicherte Personen oder Tarife erklärt. In diesen Fällen kann der Versicherungsnehmer die Aufhebung zum Ende des Monats verlangen, in dem ihm die Erklärung des Versicherers zugegangen ist.
(6) Abweichend von den Absätzen 1 bis 5 kann der Versicherungsnehmer eine Versicherung, die eine Pflicht aus § 193 Abs. 3 Satz 1 erfüllt, nur dann kündigen, wenn er bei einem anderen Versicherer für die versicherte Person einen neuen Vertrag abschließt, der dieser Pflicht genügt. Die Kündigung wird nur wirksam, wenn der Versicherungsnehmer innerhalb von zwei Monaten nach der Kündigungserklärung nachweist, dass die versicherte Person bei einem neuen Versicherer ohne Unterbrechung versichert ist; liegt der Termin, zu dem die Kündigung ausgesprochen wurde, mehr als zwei Monate nach der Kündigungserklärung, muss der Nachweis bis zu diesem Termin erbracht werden.

§ 206 Kündigung des Versicherers

(1) Jede Kündigung einer Krankheitskostenversicherung, die eine Pflicht nach § 193 Abs. 3 Satz 1 erfüllt, ist durch den Versicherer ausgeschlossen. Darüber hinaus ist die ordentliche Kündigung einer Krankheitskosten-, Krankentagegeld- und einer Pflegekrankenversicherung durch den Versicherer ausgeschlossen, wenn die Versicherung ganz oder teilweise den im gesetzlichen Sozialversicherungssystem vorgesehenen Kranken- oder Pflegeversicherungsschutz ersetzen kann. Sie ist weiterhin ausgeschlossen für eine Krankenhaustagegeld-Versicherung, die neben einer Krankheitskostenvollversicherung besteht. Eine Krankentagegeldversicherung, für die kein gesetzlicher Anspruch auf einen Beitragszuschuss des Arbeitgebers besteht, kann der Versicherer abweichend von Satz 2 in den ersten drei Jahren unter Einhaltung einer Frist von drei Monaten zum Ende eines jeden Versicherungsjahres kündigen.
(2) Liegen bei einer Krankenhaustagegeldversicherung oder einer Krankheitskostenteilversicherung die Voraussetzungen nach Absatz 1 nicht vor, kann der Versicherer das Versicherungsverhältnis nur innerhalb der ersten drei Versicherungsjahre zum Ende eines Versicherungsjahres kündigen. Die Kündigungsfrist beträgt drei Monate.
(3) Wird eine Krankheitskostenversicherung oder eine Pflegekrankenversicherung vom Versicherer wegen Zahlungsverzugs des Versicherungsnehmers wirksam gekündigt, sind die versicherten Personen berechtigt, die Fortsetzung des Versicherungsverhältnisses unter Benennung des künftigen Versicherungsnehmers zu erklären; die Prämie ist ab Fortsetzung des Versicherungsverhältnisses zu leisten. Die versicherten Personen sind vom Versicherer über die

Kündigung und das Recht nach Satz 1 in Textform zu informieren. Dieses Recht endet zwei Monate nach dem Zeitpunkt, zu dem die versicherte Person Kenntnis von diesem Recht erlangt hat.

(4) Die ordentliche Kündigung eines Gruppenversicherungsvertrags, der Schutz gegen das Risiko Krankheit enthält, durch den Versicherer ist zulässig, wenn die versicherten Personen die Krankenversicherung unter Anrechnung der aus dem Vertrag erworbenen Rechte und der Alterungsrückstellung, soweit eine solche gebildet wird, zu den Bedingungen der Einzelversicherung fortsetzen können. Absatz 3 Satz 2 und 3 ist entsprechend anzuwenden.

-

§ 207 Fortsetzung des Versicherungsverhältnisses

(1) Endet das Versicherungsverhältnis durch den Tod des Versicherungsnehmers, sind die versicherten Personen berechtigt, binnen zwei Monaten nach dem Tod des Versicherungsnehmers die Fortsetzung des Versicherungsverhältnisses unter Benennung des künftigen Versicherungsnehmers zu erklären.

(2) Kündigt der Versicherungsnehmer das Versicherungsverhältnis insgesamt oder für einzelne versicherte Personen, gilt Absatz 1 entsprechend. Die Kündigung ist nur wirksam, wenn die versicherte Person von der Kündigungserklärung Kenntnis erlangt hat. Handelt es sich bei dem gekündigten Vertrag um einen Gruppenversicherungsvertrag und wird kein neuer Versicherungsnehmer benannt, sind die versicherten Personen berechtigt, das Versicherungsverhältnis unter Anrechnung der aus dem Vertrag erworbenen Rechte und der Alterungsrückstellung, soweit eine solche gebildet wird, zu den Bedingungen der Einzelversicherung fortzusetzen. Das Recht nach Satz 3 endet zwei Monate nach dem Zeitpunkt, zu dem die versicherte Person von diesem Recht Kenntnis erlangt hat.

(3) Verlegt eine versicherte Person ihren gewöhnlichen Aufenthalt in einen anderen Mitgliedstaat der Europäischen Union oder einen anderen Vertragsstaat des Abkommens über den Europäischen Wirtschaftsraum, setzt sich das Versicherungsverhältnis mit der Maßgabe fort, dass der Versicherer höchstens zu denjenigen Leistungen verpflichtet bleibt, die er bei einem Aufenthalt im Inland zu erbringen hätte.

-

§ 208 Abweichende Vereinbarungen

Von den §§ 194 bis 199 und 201 bis 207 kann nicht zum Nachteil des Versicherungsnehmers oder der versicherten Person abgewichen werden. Für die Kündigung des Versicherungsnehmers nach § 205 kann die Schrift oder die Textform vereinbart werden.

Teil 3
Schlussvorschriften

-

§ 209 Rückversicherung, Seeversicherung

Die Vorschriften dieses Gesetzes sind auf die Rückversicherung und die Versicherung gegen die Gefahren der Seeschifffahrt (Seeversicherung) nicht anzuwenden.

-

§ 210 Großrisiken, laufende Versicherung

(1) Die Beschränkungen der Vertragsfreiheit nach diesem Gesetz sind auf Großrisiken und auf laufende Versicherungen nicht anzuwenden.

(2) Großrisiken im Sinne dieser Vorschrift sind:

1. Risiken der unter den Nummern 4 bis 7, 10 Buchstabe b sowie den Nummern 11 und 12 der Anlage 1 zum Versicherungsaufsichtsgesetz erfassten Transport- und Haftpflichtversicherungen,

2. Risiken der unter den Nummern 14 und 15 der Anlage 1 zum Versicherungsaufsichtsgesetz erfassten Kredit- und Kautionsversicherungen bei Versicherungsnehmern, die eine gewerbliche, bergbauliche oder freiberufliche Tätigkeit ausüben, wenn die Risiken damit in Zusammenhang stehen, oder

3. Risiken der unter den Nummern 3, 8, 9, 10, 13 und 16 der Anlage 1 zum Versicherungsaufsichtsgesetz erfassten Sach-, Haftpflicht- und sonstigen Schadensversicherungen bei Versicherungsnehmern, die mindestens zwei der folgenden drei Merkmale überschreiten:
   a) 6 200 000 Euro Bilanzsumme,
   b) 12 800 000 Euro Nettoumsatzerlöse,
   c) im Durchschnitt 250 Arbeitnehmer pro Wirtschaftsjahr.

Gehört der Versicherungsnehmer zu einem Konzern, der nach § 290 des Handelsgesetzbuchs, nach § 11 des Publizitätsgesetzes vom 15. August 1969 (BGBl. I S. 1189) in der jeweils gültigen Fassung oder nach dem mit den Anforderungen der Richtlinie 2013/34/EU des Europäischen Parlaments und des Rates vom 26. Juni 2013 über den Jahresabschluss, den konsolidierten Abschluss und damit verbundene Berichte von Unternehmen bestimmter Rechtsformen und zur Änderung der Richtlinie 2006/43/EG des Europäischen Parlaments und des Rates und zur Aufhebung der Richtlinien 78/660/EWG und 83/349/EWG des Rates (ABl. L 182 vom 29.6.2013, S. 19) Gemeinschaft oder eines anderen Vertragsstaats des Abkommens über den Europäischen Wirtschaftsraum einen Konzernabschluss aufzustellen hat, so sind für die Feststellung der Unternehmensgröße die Zahlen des Konzernabschlusses maßgebend.

-

§ 211 Pensionskassen, kleinere Versicherungsvereine, Versicherungen mit kleineren Beträgen

(1) Die §§ 37, 38, 165, 166, 168 und 169 sind, soweit mit Genehmigung der Aufsichtsbehörde in den Allgemeinen Versicherungsbedingungen abweichende Bestimmungen getroffen sind, nicht anzuwenden auf

1. Versicherungen bei Pensionskassen im Sinn des § 233 Absatz 1 und 2 des Versicherungsaufsichtsgesetzes,

2. Versicherungen, die bei einem Verein genommen werden, der als kleinerer Verein im Sinn des Versicherungsaufsichtsgesetzes anerkannt ist,

3. Lebensversicherungen mit kleineren Beträgen und

4. Unfallversicherungen mit kleineren Beträgen.

(2) Auf die in Absatz 1 Nr. 1 genannten Pensionskassen sind ferner nicht anzuwenden

1. die §§ 6 bis 9, 11, 150 Abs. 2 bis 4 und § 152 Abs. 1 und 2; für die §§ 7 bis 9 und 152 Abs. 1 und 2 gilt dies nicht für Fernabsatzverträge im Sinn des § 312c des Bürgerlichen Gesetzbuchs;

2.
§ 153, soweit mit Genehmigung der Aufsichtsbehörde in den Allgemeinen Versicherungsbedingungen abweichende Bestimmungen getroffen sind; § 153 Abs. 3 Satz 1 ist ferner nicht auf Sterbekassen anzuwenden.
(3) Sind für Versicherungen mit kleineren Beträgen im Sinn von Absatz 1 Nr. 3 und 4 abweichende Bestimmungen getroffen, kann deren Wirksamkeit nicht unter Berufung darauf angefochten werden, dass es sich nicht um Versicherungen mit kleineren Beträgen handele.
-

§ 212 Fortsetzung der Lebensversicherung nach der Elternzeit

Besteht während einer Elternzeit ein Arbeitsverhältnis ohne Entgelt gemäß § 1a Abs. 4 des Betriebsrentengesetzes fort und wird eine vom Arbeitgeber zugunsten der Arbeitnehmerin oder des Arbeitnehmers abgeschlossene Lebensversicherung wegen Nichtzahlung der während der Elternzeit fälligen Prämien in eine prämienfreie Versicherung umgewandelt, kann die Arbeitnehmerin oder der Arbeitnehmer innerhalb von drei Monaten nach der Beendigung der Elternzeit verlangen, dass die Versicherung zu den vor der Umwandlung vereinbarten Bedingungen fortgesetzt wird.
-

§ 213 Erhebung personenbezogener Gesundheitsdaten bei Dritten

(1) Die Erhebung personenbezogener Gesundheitsdaten durch den Versicherer darf nur bei Ärzten, Krankenhäusern und sonstigen Krankenanstalten, Pflegeheimen und Pflegepersonen, anderen Personenversicherern und gesetzlichen Krankenkassen sowie Berufsgenossenschaften und Behörden erfolgen; sie ist nur zulässig, soweit die Kenntnis der Daten für die Beurteilung des zu versichernden Risikos oder der Leistungspflicht erforderlich ist und die betroffene Person eine Einwilligung erteilt hat.
(2) Die nach Absatz 1 erforderliche Einwilligung kann vor Abgabe der Vertragserklärung erteilt werden. Die betroffene Person ist vor einer Erhebung nach Absatz 1 zu unterrichten; sie kann der Erhebung widersprechen.
(3) Die betroffene Person kann jederzeit verlangen, dass eine Erhebung von Daten nur erfolgt, wenn jeweils in die einzelne Erhebung eingewilligt worden ist.
(4) Die betroffene Person ist auf diese Rechte hinzuweisen, auf das Widerspruchsrecht nach Absatz 2 bei der Unterrichtung.
-

§ 214 Schlichtungsstelle

(1) Das Bundesministerium der Justiz kann im Einvernehmen mit dem Bundesministerium der Finanzen, dem Bundesministerium für Wirtschaft und Technologie und dem Bundesministerium für Ernährung, Landwirtschaft und Verbraucherschutz privatrechtlich organisierte Einrichtungen als Schlichtungsstelle zur außergerichtlichen Beilegung von Streitigkeiten
1.
bei Versicherungsverträgen mit Verbrauchern im Sinn des § 13 des Bürgerlichen Gesetzbuchs,
2.
zwischen Versicherungsvermittlern oder Versicherungsberatern und Versicherungsnehmern im Zusammenhang mit der Vermittlung von Versicherungsverträgen anerkennen.
Die Anerkennung ist im Bundesanzeiger bekannt zu machen. Die Beteiligten können diese Schlichtungsstelle anrufen; das Recht, die Gerichte anzurufen, bleibt unberührt.
(2) Privatrechtlich organisierte Einrichtungen können als Schlichtungsstelle anerkannt werden, wenn sie hinsichtlich ihrer Antworten und Vorschläge oder Entscheidungen unabhängig und keinen

Weisungen unterworfen sind und in organisatorischer und fachlicher Hinsicht die Aufgaben erfüllen können.
(3) Die anerkannten Schlichtungsstellen sind verpflichtet, jede Beschwerde über einen Versicherer oder einen Versicherungsvermittler, Vermittler nach § 66 und Versicherungsberater zu beantworten.
(4) Die anerkannten Schlichtungsstellen können von dem Versicherungsvermittler, Vermittler nach § 66 oder Versicherungsberater ein Entgelt erheben. Bei offensichtlich missbräuchlichen Beschwerden kann auch von dem Versicherungsnehmer ein Entgelt verlangt werden. Die Höhe des Entgeltes muss im Verhältnis zum Aufwand der anerkannten Schlichtungsstelle angemessen sein.
(5) Soweit keine privatrechtlich organisierte Einrichtung als Schlichtungsstelle anerkannt wird, kann das Bundesministerium der Justiz im Einvernehmen mit dem Bundesministerium der Finanzen, dem Bundesministerium für Wirtschaft und Technologie und dem Bundesministerium für Ernährung, Landwirtschaft und Verbraucherschutz die Aufgaben der Schlichtungsstelle durch Rechtsverordnung ohne Zustimmung des Bundesrates einer Bundesoberbehörde oder Bundesanstalt zuweisen und deren Verfahren sowie die Erhebung von Gebühren und Auslagen regeln.

§ 215 Gerichtsstand

(1) Für Klagen aus dem Versicherungsvertrag oder der Versicherungsvermittlung ist auch das Gericht örtlich zuständig, in dessen Bezirk der Versicherungsnehmer zur Zeit der Klageerhebung seinen Wohnsitz, in Ermangelung eines solchen seinen gewöhnlichen Aufenthalt hat. Für Klagen gegen den Versicherungsnehmer ist dieses Gericht ausschließlich zuständig.
(2) § 33 Abs. 2 der Zivilprozessordnung ist auf Widerklagen der anderen Partei nicht anzuwenden.
(3) Eine von Absatz 1 abweichende Vereinbarung ist zulässig für den Fall, dass der Versicherungsnehmer nach Vertragsschluss seinen Wohnsitz oder gewöhnlichen Aufenthalt aus dem Geltungsbereich dieses Gesetzes verlegt oder sein Wohnsitz oder gewöhnlicher Aufenthalt im Zeitpunkt der Klageerhebung nicht bekannt ist.

§ 216 Prozessstandschaft bei Versicherermehrheit

Ist ein Versicherungsvertrag mit den bei Lloyd's vereinigten Einzelversicherern nicht über eine Niederlassung im Geltungsbereich dieses Gesetzes abgeschlossen worden und ist ein inländischer Gerichtsstand gegeben, so können Ansprüche daraus gegen den bevollmächtigten Unterzeichner des im Versicherungsschein an erster Stelle aufgeführten Syndikats oder einen von diesem benannten Versicherer geltend gemacht werden; ein darüber erzielter Titel wirkt für und gegen alle an dem Versicherungsvertrag beteiligten Versicherer.

Anlage (zu § 8 Abs. 5 Satz 1)

(Fundstelle: BGBl I 2009, 2408; bzgl. einzelner Änderungen vgl. Fußnote)

Widerrufsbelehrung

Widerrufsrecht
Sie können Ihre Vertragserklärung innerhalb von [14] 1 Tagen ohne Angabe von Gründen in Textform (z. B. Brief, Fax, E-Mail) widerrufen. Die Frist beginnt, nachdem Sie den Versicherungsschein, die Vertragsbestimmungen einschließlich der Allgemeinen Versicherungsbedingungen, die weiteren Informationen nach § 7 Abs. 1 und 2 des

Versicherungsvertragsgesetzes in Verbindung mit den §§ 1 bis 4 der VVG-Informationspflichtenverordnung und diese Belehrung jeweils in Textform erhalten haben 2. Zur Wahrung der Widerrufsfrist genügt die rechtzeitige Absendung des Widerrufs. Der Widerruf ist zu richten an: 3

Widerrufsfolgen

Im Falle eines wirksamen Widerrufs endet der Versicherungsschutz, und wir erstatten Ihnen den auf die Zeit nach Zugang des Widerrufs entfallenden Teil der Prämien, wenn Sie zugestimmt haben, dass der Versicherungsschutz vor dem Ende der Widerrufsfrist beginnt. Den Teil der Prämie, der auf die Zeit bis zum Zugang des Widerrufs entfällt, dürfen wir in diesem Fall einbehalten; dabei handelt es sich um [einen Betrag in Höhe von ...] 4. 5 Die Erstattung zurückzuzahlender Beträge erfolgt unverzüglich, spätestens 30 Tage nach Zugang des Widerrufs. Beginnt der Versicherungsschutz nicht vor dem Ende der Widerrufsfrist, hat der wirksame Widerruf zur Folge, dass empfangene Leistungen zurückzugewähren und gezogene Nutzungen (z. B. Zinsen) herauszugeben sind.

Besondere Hinweise

Ihr Widerrufsrecht erlischt, wenn der Vertrag auf Ihren ausdrücklichen Wunsch sowohl von Ihnen als auch von uns vollständig erfüllt ist, bevor Sie Ihr Widerrufsrecht ausgeübt haben.
(Ort), (Datum), (Unterschrift des Versicherungsnehmers) 6

Gestaltungshinweise:
1 Für die Lebensversicherung lautet der Klammerzusatz: „30".
2 Bei Verträgen im elektronischen Geschäftsverkehr (§ 312i Absatz 1 Satz 1 des Bürgerlichen Gesetzbuchs) ist vor dem Punkt am Satzende Folgendes einzufügen: „ , jedoch nicht vor Erfüllung unserer Pflichten gemäß § 312i Absatz 1 Satz 1 des Bürgerlichen Gesetzbuchs in Verbindung mit Artikel 246c des Einführungsgesetzes zum Bürgerlichen Gesetzbuche".
3 Hier sind einzusetzen: Name/Firma und ladungsfähige Anschrift des Widerrufsadressaten. Zusätzlich können angegeben werden: Telefaxnummer, E-Mail-Adresse und/oder, wenn der Versicherungsnehmer eine Bestätigung seiner Widerrufserklärung an den Versicherer erhält, auch eine Internet-Adresse.
4 Der Betrag kann auch in anderen Unterlagen, z. B. im Antrag, ausgewiesen sein; dann lautet der Klammerzusatz je nach Ausgestaltung: „den im Antrag/im ... auf Seite .../unter Ziffer ... ausgewiesenen Betrag".
5 Bei der Lebensversicherung ist ggf. folgender Satz einzufügen: „Den Rückkaufswert einschließlich der Überschussanteile nach § 169 des Versicherungsvertragsgesetzes zahlen wir Ihnen aus."
6 Wird der Versicherungsvertrag mit einem zusammenhängenden Vertrag abgeschlossen, ist am Ende des Absatzes zu „Widerrufsfolgen" folgender Satz anzufügen:

„Haben Sie Ihr Widerrufsrecht nach § 8 des Versicherungsvertragsgesetzes wirksam ausgeübt, sind Sie auch an einen mit dem Versicherungsvertrag zusammenhängenden Vertrag nicht mehr gebunden. Ein zusammenhängender Vertrag liegt vor, wenn er einen Bezug zu dem widerrufenen Vertrag aufweist und eine Dienstleistung des Versicherers oder eines Dritten auf der Grundlage einer Vereinbarung zwischen dem Dritten und dem Versicherer betrifft. Eine Vertragsstrafe darf weder vereinbart noch verlangt werden."

7 Ort, Datum und Unterschriftsleiste können entfallen. In diesem Falle sind diese Angaben entweder durch die Wörter „Ende der Widerrufsbelehrung" oder durch die Wörter „Ihr(e) [einsetzen: Firma des Versicherers]" zu ersetzen.

Verordnung über Informationspflichten bei Versicherungsverträgen

VVG-Informationspflichtenverordnung - VVG-InfoV

Ausfertigungsdatum: 18.12.2007

"VVG-Informationspflichtenverordnung vom 18. Dezember 2007 (BGBl. I S. 3004), die zuletzt durch Artikel 2 Absatz 50 des Gesetzes vom 1. April 2015 (BGBl. I S. 434) geändert worden ist".
Zuletzt geändert durch Art. 2 Abs. 50 G v. 1.4.2015 I 434

*) Die Verordnung dient der Umsetzung der Richtlinie 92/49/EWG des Rates vom 18. Juni 1992 zur Koordinierung der Rechts- und Verwaltungsvorschriften für die Direktversicherung (mit Ausnahme der Lebensversicherung) sowie zur Änderung der Richtlinien 73/239/EWG (ABl. EG Nr. L 228 S. 1), der Richtlinie 2002/65/EG des Europäischen Parlaments und des Rates vom 23. September 2002 über den Fernabsatz von Finanzdienstleistungen an Verbraucher und zur Änderung der Richtlinie 90/619/EWG des Rates und der Richtlinien 97/7/EG und 98/27/EG (ABl. EG Nr. L 271 S. 16) sowie der Richtlinie 2002/83/EG des Europäischen Parlaments und des Rates vom 5. November 2002 über Lebensversicherungen (ABl. EG Nr. L 345 S. 1).

Fußnote

(+++ Textnachweis ab: 1.1.2008 +++)
(+++ Amtlicher Hinweis des Normgebers auf EG-Recht:
    Umsetzung der
        EWGRL 49/92   (CELEX Nr: 392L0049)
        EGRL 65/2002   (CELEX Nr: 302L0065)
        EGRL 83/2002   (CELEX Nr: 302L0083) +++)

Eingangsformel

Auf Grund des § 7 Abs. 2 und 3 des Versicherungsvertragsgesetzes vom 23. November 2007 (BGBl. I S. 2631) verordnet das Bundesministerium der Justiz im Einvernehmen mit dem Bundesministerium der Finanzen und im Benehmen mit dem Bundesministerium für Ernährung, Landwirtschaft und Verbraucherschutz:

§ 1 Informationspflichten bei allen Versicherungszweigen

(1) Der Versicherer hat dem Versicherungsnehmer gemäß § 7 Abs. 1 Satz 1 des Versicherungsvertragsgesetzes folgende Informationen zur Verfügung zu stellen:

1.
   die Identität des Versicherers und der etwaigen Niederlassung, über die der Vertrag abgeschlossen werden soll; anzugeben ist auch das Handelsregister, bei dem der Rechtsträger eingetragen ist, und die zugehörige Registernummer;
2.

2. die Identität eines Vertreters des Versicherers in dem Mitgliedstaat der Europäischen Union, in dem der Versicherungsnehmer seinen Wohnsitz hat, wenn es einen solchen Vertreter gibt, oder die Identität einer anderen gewerblich tätigen Person als dem Anbieter, wenn der Versicherungsnehmer mit dieser geschäftlich zu tun hat, und die Eigenschaft, in der diese Person gegenüber dem Versicherungsnehmer tätig wird;

3. die ladungsfähige Anschrift des Versicherers und jede andere Anschrift, die für die Geschäftsbeziehung zwischen dem Versicherer, seinem Vertreter oder einer anderen gewerblich tätigen Person gemäß Nummer 2 und dem Versicherungsnehmer maßgeblich ist, bei juristischen Personen, Personenvereinigungen oder -gruppen auch den Namen eines Vertretungsberechtigten;

4. die Hauptgeschäftstätigkeit des Versicherers;

5. Angaben über das Bestehen eines Garantiefonds oder anderer Entschädigungsregelungen, die nicht unter die Richtlinie 94/19/EG des Europäischen Parlaments und des Rates vom 30. Mai 1994 über Einlagensicherungssysteme (ABl. EG Nr. L 135 S. 5) und die Richtlinie 97/9/EG des Europäischen Parlaments und des Rates vom 3. März 1997 über Systeme für die Entschädigung der Anleger (ABl. EG Nr. L 84 S. 22) fallen; Name und Anschrift des Garantiefonds sind anzugeben;

6.
   a) die für das Versicherungsverhältnis geltenden Allgemeinen Versicherungsbedingungen einschließlich der Tarifbestimmungen;
   b) die wesentlichen Merkmale der Versicherungsleistung, insbesondere Angaben über Art, Umfang und Fälligkeit der Leistung des Versicherers;

7. den Gesamtpreis der Versicherung einschließlich aller Steuern und sonstigen Preisbestandteile, wobei die Prämien einzeln auszuweisen sind, wenn das Versicherungsverhältnis mehrere selbständige Versicherungsverträge umfassen soll, oder, wenn ein genauer Preis nicht angegeben werden kann, Angaben zu den Grundlagen seiner Berechnung, die dem Versicherungsnehmer eine Überprüfung des Preises ermöglichen;

8. gegebenenfalls zusätzlich anfallende Kosten unter Angabe des insgesamt zu zahlenden Betrages sowie mögliche weitere Steuern, Gebühren oder Kosten, die nicht über den Versicherer abgeführt oder von ihm in Rechnung gestellt werden; anzugeben sind auch alle Kosten, die dem Versicherungsnehmer für die Benutzung von Fernkommunikationsmitteln entstehen, wenn solche zusätzlichen Kosten in Rechnung gestellt werden;

9. Einzelheiten hinsichtlich der Zahlung und der Erfüllung, insbesondere zur Zahlungsweise der Prämien;

10. die Befristung der Gültigkeitsdauer der zur Verfügung gestellten Informationen, beispielsweise die Gültigkeitsdauer befristeter Angebote, insbesondere hinsichtlich des Preises;

11. gegebenenfalls den Hinweis, dass sich die Finanzdienstleistung auf Finanzinstrumente bezieht, die wegen ihrer spezifischen Merkmale oder der durchzuführenden Vorgänge mit speziellen Risiken behaftet sind, oder deren Preis Schwankungen auf dem Finanzmarkt unterliegt, auf die der Versicherer keinen Einfluss hat, und dass in der Vergangenheit erwirtschaftete Beträge kein Indikator für künftige Erträge sind; die jeweiligen Umstände und Risiken sind zu bezeichnen;

12. Angaben darüber, wie der Vertrag zustande kommt, insbesondere über den Beginn der

Versicherung und des Versicherungsschutzes sowie die Dauer der Frist, während der der Antragsteller an den Antrag gebunden sein soll;

13. das Bestehen oder Nichtbestehen eines Widerrufsrechts sowie die Bedingungen, Einzelheiten der Ausübung, insbesondere Namen und Anschrift derjenigen Person, gegenüber der der Widerruf zu erklären ist, und die Rechtsfolgen des Widerrufs einschließlich Informationen über den Betrag, den der Versicherungsnehmer im Falle des Widerrufs gegebenenfalls zu zahlen hat;

14. Angaben zur Laufzeit und gegebenenfalls zur Mindestlaufzeit des Vertrages;

15. Angaben zur Beendigung des Vertrages, insbesondere zu den vertraglichen Kündigungsbedingungen einschließlich etwaiger Vertragsstrafen;

16. die Mitgliedstaaten der Europäischen Union, deren Recht der Versicherer der Aufnahme von Beziehungen zum Versicherungsnehmer vor Abschluss des Versicherungsvertrages zugrunde legt;

17. das auf den Vertrag anwendbare Recht, eine Vertragsklausel über das auf den Vertrag anwendbare Recht oder über das zuständige Gericht;

18. die Sprachen, in welchen die Vertragsbedingungen und die in dieser Vorschrift genannten Vorabinformationen mitgeteilt werden, sowie die Sprachen, in welchen sich der Versicherer verpflichtet, mit Zustimmung des Versicherungsnehmers die Kommunikation während der Laufzeit dieses Vertrages zu führen;

19. einen möglichen Zugang des Versicherungsnehmers zu einem außergerichtlichen Beschwerde- und Rechtsbehelfsverfahren und gegebenenfalls die Voraussetzungen für diesen Zugang; dabei ist ausdrücklich darauf hinzuweisen, dass die Möglichkeit für den Versicherungsnehmer, den Rechtsweg zu beschreiten, hiervon unberührt bleibt;

20. Name und Anschrift der zuständigen Aufsichtsbehörde sowie die Möglichkeit einer Beschwerde bei dieser Aufsichtsbehörde.

(2) Soweit die Mitteilung durch Übermittlung der Vertragsbestimmungen einschließlich der Allgemeinen Versicherungsbedingungen erfolgt, bedürfen die Informationen nach Absatz 1 Nr. 3, 13 und 15 einer hervorgehobenen und deutlich gestalteten Form.

-

§ 2 Informationspflichten bei der Lebensversicherung, der Berufsunfähigkeitsversicherung und der Unfallversicherung mit Prämienrückgewähr

(1) Bei der Lebensversicherung hat der Versicherer dem Versicherungsnehmer gemäß § 7 Abs. 1 Satz 1 des Versicherungsvertragsgesetzes zusätzlich zu den in § 1 Abs. 1 genannten Informationen die folgenden Informationen zur Verfügung zu stellen:

1. Angaben zur Höhe der in die Prämie einkalkulierten Kosten; dabei sind die einkalkulierten Abschlusskosten als einheitlicher Gesamtbetrag und die übrigen einkalkulierten Kosten als Anteil der Jahresprämie unter Angabe der jeweiligen Laufzeit auszuweisen; bei den übrigen einkalkulierten Kosten sind die einkalkulierten Verwaltungskosten zusätzlich gesondert als Anteil der Jahresprämie unter Angabe der jeweiligen Laufzeit auszuweisen;

2. Angaben zu möglichen sonstigen Kosten, insbesondere zu Kosten, die einmalig oder aus besonderem Anlass entstehen können;

3.

3. Angaben über die für die Überschussermittlung und Überschussbeteiligung geltenden Berechnungsgrundsätze und Maßstäbe;
4. Angabe der in Betracht kommenden Rückkaufswerte;
5. Angaben über den Mindestversicherungsbetrag für eine Umwandlung in eine prämienfreie oder eine prämienreduzierte Versicherung und über die Leistungen aus einer prämienfreien oder prämienreduzierten Versicherung;
6. das Ausmaß, in dem die Leistungen nach den Nummern 4 und 5 garantiert sind;
7. bei fondsgebundenen Versicherungen Angaben über die der Versicherung zugrunde liegenden Fonds und die Art der darin enthaltenen Vermögenswerte;
8. allgemeine Angaben über die für diese Versicherungsart geltende Steuerregelung;
9. bei Lebensversicherungsverträgen, die Versicherungsschutz für ein Risiko bieten, bei dem der Eintritt der Verpflichtung des Versicherers gewiss ist, die Minderung der Wertentwicklung durch Kosten in Prozentpunkten (Effektivkosten) bis zum Beginn der Auszahlungsphase.

(2) Die Angaben nach Absatz 1 Nr. 1, 2, 4 und 5 haben in Euro zu erfolgen. Bei Absatz 1 Nr. 6 gilt Satz 1 mit der Maßgabe, dass das Ausmaß der Garantie in Euro anzugeben ist.
(3) Die vom Versicherer zu übermittelnde Modellrechnung im Sinne von § 154 Abs. 1 des Versicherungsvertragsgesetzes ist mit folgenden Zinssätzen darzustellen:
1. dem Höchstrechnungszinssatz, multipliziert mit 1,67,
2. dem Zinssatz nach Nummer 1 zuzüglich eines Prozentpunktes und
3. dem Zinssatz nach Nummer 1 abzüglich eines Prozentpunktes.

(4) Auf die Berufsunfähigkeitsversicherung sind die Absätze 1 und 2 entsprechend anzuwenden. Darüber hinaus ist darauf hinzuweisen, dass der in den Versicherungsbedingungen verwendete Begriff der Berufsunfähigkeit nicht mit dem Begriff der Berufsunfähigkeit oder der Erwerbsminderung im sozialrechtlichen Sinne oder dem Begriff der Berufsunfähigkeit im Sinne der Versicherungsbedingungen in der Krankentagegeldversicherung übereinstimmt.
(5) Auf die Unfallversicherung mit Prämienrückgewähr sind Absatz 1 Nr. 3 bis 8 und Absatz 2 entsprechend anzuwenden.
-

§ 3 Informationspflichten bei der Krankenversicherung

(1) Bei der substitutiven Krankenversicherung (§ 146 Absatz 1 des Versicherungsaufsichtsgesetzes) hat der Versicherer dem Versicherungsnehmer gemäß § 7 Abs. 1 Satz 1 des Versicherungsvertragsgesetzes zusätzlich zu den in § 1 Abs. 1 genannten Informationen folgende Informationen zur Verfügung zu stellen:
1. Angaben zur Höhe der in die Prämie einkalkulierten Kosten; dabei sind die einkalkulierten Abschlusskosten als einheitlicher Gesamtbetrag und die übrigen einkalkulierten Kosten als Anteil der Jahresprämie unter Angabe der jeweiligen Laufzeit auszuweisen; bei den übrigen einkalkulierten Kosten sind die einkalkulierten Verwaltungskosten zusätzlich gesondert als Anteil der Jahresprämie unter Angabe der jeweiligen Laufzeit auszuweisen;
2. Angaben zu möglichen sonstigen Kosten, insbesondere zu Kosten, die einmalig oder aus besonderem Anlass entstehen können;

3. Angaben über die Auswirkungen steigender Krankheitskosten auf die zukünftige Beitragsentwicklung;
4. Hinweise auf die Möglichkeiten zur Beitragsbegrenzung im Alter, insbesondere auf die Möglichkeiten eines Wechsels in den Standardtarif oder Basistarif oder in andere Tarife gemäß § 204 des Versicherungsvertragsgesetzes und der Vereinbarung von Leistungsausschlüssen, sowie auf die Möglichkeit einer Prämienminderung gemäß § 152 Absatz 3 und 4 des Versicherungsaufsichtsgesetzes;
5. einen Hinweis, dass ein Wechsel von der privaten in die gesetzliche Krankenversicherung in fortgeschrittenem Alter in der Regel ausgeschlossen ist;
6. einen Hinweis, dass ein Wechsel innerhalb der privaten Krankenversicherung in fortgeschrittenem Alter mit höheren Beiträgen verbunden sein kann und gegebenenfalls auf einen Wechsel in den Standardtarif oder Basistarif beschränkt ist;
7. eine Übersicht über die Beitragsentwicklung im Zeitraum der dem Angebot vorangehenden zehn Jahre; anzugeben ist, welcher monatliche Beitrag in den dem Angebot vorangehenden zehn Jahren jeweils zu entrichten gewesen wäre, wenn der Versicherungsvertrag zum damaligen Zeitpunkt von einer Person gleichen Geschlechts wie der Antragsteller mit Eintrittsalter von 35 Jahren abgeschlossen worden wäre; besteht der angebotene Tarif noch nicht seit zehn Jahren, so ist auf den Zeitpunkt der Einführung des Tarifs abzustellen, und es ist darauf hinzuweisen, dass die Aussagekraft der Übersicht wegen der kurzen Zeit, die seit der Einführung des Tarifs vergangen ist, begrenzt ist; ergänzend ist die Entwicklung eines vergleichbaren Tarifs, der bereits seit zehn Jahren besteht, darzustellen.

(2) Die Angaben zu Absatz 1 Nr. 1, 2 und 7 haben in Euro zu erfolgen.

§ 4 Produktinformationsblatt

(1) Ist der Versicherungsnehmer ein Verbraucher, so hat der Versicherer ihm ein Produktinformationsblatt zur Verfügung zu stellen, das diejenigen Informationen enthält, die für den Abschluss oder die Erfüllung des Versicherungsvertrages von besonderer Bedeutung sind.

(2) Informationen im Sinne des Absatzes 1 sind:
1. Angaben zur Art des angebotenen Versicherungsvertrages;
2. eine Beschreibung des durch den Vertrag versicherten Risikos und der ausgeschlossenen Risiken;
3. Angaben zur Höhe der Prämie in Euro, zur Fälligkeit und zum Zeitraum, für den die Prämie zu entrichten ist, sowie zu den Folgen unterbliebener oder verspäteter Zahlung;
4. Hinweise auf im Vertrag enthaltene Leistungsausschlüsse;
5. Hinweise auf bei Vertragsschluss zu beachtende Obliegenheiten und die Rechtsfolgen ihrer Nichtbeachtung;
6. Hinweise auf während der Laufzeit des Vertrages zu beachtende Obliegenheiten und die Rechtsfolgen ihrer Nichtbeachtung;
7. Hinweise auf bei Eintritt des Versicherungsfalles zu beachtende Obliegenheiten und die Rechtsfolgen ihrer Nichtbeachtung;

8. Angabe von Beginn und Ende des Versicherungsschutzes;
9. Hinweise zu den Möglichkeiten einer Beendigung des Vertrages.

(3) Bei der Lebensversicherung mit Überschussbeteiligung ist Absatz 2 Nr. 2 mit der Maßgabe anzuwenden, dass zusätzlich auf die vom Versicherer zu übermittelnde Modellrechnung gemäß § 154 Abs. 1 des Versicherungsvertragsgesetzes hinzuweisen ist.

(4) Bei der Lebensversicherung, der Berufsunfähigkeitsversicherung und der Krankenversicherung ist Absatz 2 Nr. 3 mit der Maßgabe anzuwenden, dass die Abschluss- und Vertriebskosten und die Verwaltungskosten (§ 2 Abs. 1 Nr. 1, § 3 Abs. 1 Nr. 1) sowie die sonstigen Kosten (§ 2 Abs. 1 Nr. 2, § 3 Abs. 1 Nr. 2) jeweils in Euro gesondert auszuweisen sind.

(5) Das Produktinformationsblatt ist als solches zu bezeichnen und den anderen zu erteilenden Informationen voranzustellen. Die nach den Absätzen 1 und 2 mitzuteilenden Informationen müssen in übersichtlicher und verständlicher Form knapp dargestellt werden; der Versicherungsnehmer ist darauf hinzuweisen, dass die Informationen nicht abschließend sind. Die in Absatz 2 vorgegebene Reihenfolge ist einzuhalten. Soweit die Informationen den Inhalt der vertraglichen Vereinbarung betreffen, ist auf die jeweils maßgebliche Bestimmung des Vertrages oder der dem Vertrag zugrunde liegenden Allgemeinen Versicherungsbedingungen hinzuweisen.

-

§ 5 Informationspflichten bei Telefongesprächen

(1) Nimmt der Versicherer mit dem Versicherungsnehmer telefonischen Kontakt auf, muss er seine Identität und den geschäftlichen Zweck des Kontakts bereits zu Beginn eines jeden Gesprächs ausdrücklich offenlegen.

(2) Bei Telefongesprächen hat der Versicherer dem Versicherungsnehmer aus diesem Anlass nur die Informationen nach § 1 Abs. 1 Nr. 1 bis 3, 6 Buchstabe b, Nr. 7 bis 10 und 12 bis 14 mitzuteilen. Satz 1 gilt nur, wenn der Versicherer den Versicherungsnehmer darüber informiert hat, dass auf Wunsch weitere Informationen mitgeteilt werden können und welcher Art diese Informationen sind, und der Versicherungsnehmer ausdrücklich auf die Mitteilung der weiteren Informationen zu diesem Zeitpunkt verzichtet.

(3) Die in §§ 1 bis 4 vorgesehenen Informationspflichten bleiben unberührt.

-

§ 6 Informationspflichten während der Laufzeit des Vertrages

(1) Der Versicherer hat dem Versicherungsnehmer während der Laufzeit des Versicherungsvertrages folgende Informationen mitzuteilen:

1. jede Änderung der Identität oder der ladungsfähigen Anschrift des Versicherers und der etwaigen Niederlassung, über die der Vertrag abgeschlossen worden ist;
2. Änderungen bei den Angaben nach § 1 Abs. 1 Nr. 6 Buchstabe b, Nr. 7 bis 9 und 14 sowie nach § 2 Abs. 1 Nr. 3 bis 7, sofern sie sich aus Änderungen von Rechtsvorschriften ergeben;
3. soweit nach dem Vertrag eine Überschussbeteiligung vorgesehen ist, alljährlich eine Information über den Stand der Überschussbeteiligung sowie Informationen darüber, inwieweit diese Überschussbeteiligung garantiert ist; dies gilt nicht für die Krankenversicherung.

(2) Bei der substitutiven Krankenversicherung nach § 146 Absatz 1 des Versicherungsaufsichtsgesetzes hat der Versicherer bei jeder Prämienerhöhung unter Beifügung des Textes der gesetzlichen Regelung auf die Möglichkeit des Tarifwechsels (Umstufung) gemäß § 204 des Versicherungsvertragsgesetzes hinzuweisen. Bei Versicherten, die das 60. Lebensjahr

vollendet haben, ist der Versicherungsnehmer auf Tarife, die einen gleichartigen Versicherungsschutz wie die bisher vereinbarten Tarife bieten und bei denen eine Umstufung zu einer Prämienreduzierung führen würde, hinzuweisen. Der Hinweis muss solche Tarife enthalten, die bei verständiger Würdigung der Interessen des Versicherungsnehmers für eine Umstufung besonders in Betracht kommen. Zu den in Satz 2 genannten Tarifen zählen jedenfalls diejenigen Tarife mit Ausnahme des Basistarifs, die jeweils im abgelaufenen Geschäftsjahr den höchsten Neuzugang, gemessen an der Zahl der versicherten Personen, zu verzeichnen hatten. Insgesamt dürfen nicht mehr als zehn Tarife genannt werden. Dabei ist jeweils anzugeben, welche Prämien für die versicherten Personen im Falle eines Wechsels in den jeweiligen Tarif zu zahlen wären. Darüber hinaus ist auf die Möglichkeit eines Wechsels in den Standardtarif oder Basistarif hinzuweisen. Dabei sind die Voraussetzungen des Wechsels in den Standardtarif oder Basistarif, die in diesem Falle zu entrichtende Prämie sowie die Möglichkeit einer Prämienminderung im Basistarif gemäß § 152 Absatz 4 des Versicherungsaufsichtsgesetzes mitzuteilen. Auf Anfrage ist dem Versicherungsnehmer der Übertragungswert gemäß § 146 Absatz 1 Nummer 5 des Versicherungsaufsichtsgesetzes anzugeben; ab dem 1. Januar 2013 ist der Übertragungswert jährlich mitzuteilen.

§ 7 Übergangsvorschrift; Inkrafttreten

(1) Der Versicherer kann die in dieser Verordnung bestimmten Informationspflichten bis zum 30. Juni 2008 auch dadurch erfüllen, dass er nach den Vorgaben des bis zum 31. Dezember 2007 geltenden Rechts informiert.
(2) § 2 Abs. 1 Nr. 1 und 2 und Abs. 2, § 3 Abs. 1 Nr. 1 und 2 und Abs. 2 sowie § 4 treten am 1. Juli 2008 in Kraft. Im Übrigen tritt diese Verordnung am 1. Januar 2008 in Kraft.

Gesetz über die Pflichtversicherung für Kraftfahrzeughalter

Pflichtversicherungsgesetz

Ausfertigungsdatum: 05.04.1965

"Pflichtversicherungsgesetz vom 5. April 1965 (BGBl. I S. 213), das zuletzt durch Artikel 493 der Verordnung vom 31. August 2015 (BGBl. I S. 1474) geändert worden ist". Neufassung durch Art. 1 G v. 5.4.1965 I 213 udB "Gesetz über die Pflichtversicherung für Kraftfahrzeughalter (Pflichtversicherungsgesetz)". Zuletzt geändert durch Art. 493 V v. 31.8.2015 I 1474. Mittelbare Änderung durch Art. 8 G v. 19.10.2012 I 2182, und durch Art. 5 G v. 24.4.2013 I 932 ist berücksichtigt.

Fußnote

(+++ Textnachweis Geltung ab: 1.4.1983 +++)
(+++ Maßgaben aufgrund EinigVtr vgl. PflVG Anhang EV;
die Maßgaben sind nicht mehr anzuwenden +++)

Das G wurde als Artikel 1 des G v. 5.4.1965 I 213 vom Bundestag mit Zustimmung des Bundesrates beschlossen. Es ist gem. Art. 7 dieses G am 1.10.1965 in Kraft getreten.

-

Eingangsformel

Der Bundestag hat mit Zustimmung des Bundesrates das folgende Gesetz beschlossen:

Erster Abschnitt
Pflichtversicherung

-

§ 1

Der Halter eines Kraftfahrzeugs oder Anhängers mit regelmäßigem Standort im Inland ist verpflichtet, für sich, den Eigentümer und den Fahrer eine Haftpflichtversicherung zur Deckung der durch den Gebrauch des Fahrzeugs verursachten Personenschäden, Sachschäden und sonstigen Vermögensschäden nach den folgenden Vorschriften abzuschließen und aufrechtzuerhalten, wenn das Fahrzeug auf öffentlichen Wegen oder Plätzen (§ 1 des Straßenverkehrsgesetzes) verwendet wird.

-

§ 2

(1) § 1 gilt nicht für

1. die Bundesrepublik Deutschland,
2. die Länder,
3. die Gemeinden mit mehr als einhunderttausend Einwohnern,
4. die Gemeindeverbände sowie Zweckverbände, denen ausschließlich Körperschaften des öffentlichen Rechts angehören,
5. juristische Personen, die von einem nach § 3 Absatz 1 Nummer 4 des Versicherungsaufsichtsgesetzes von der Versicherungsaufsicht freigestellten Haftpflichtschadenausgleich Deckung erhalten,
6. Halter von
   a) Kraftfahrzeugen, deren durch die Bauart bestimmte Höchstgeschwindigkeit sechs Kilometer je Stunde nicht übersteigt,
   b) selbstfahrenden Arbeitsmaschinen und Staplern im Sinne des § 3 Abs. 2 Satz 1 Nr. 1 Buchstabe a der Fahrzeug-Zulassungsverordnung, deren Höchstgeschwindigkeit 20

c) Kilometer je Stunde nicht übersteigt, wenn sie den Vorschriften über das Zulassungsverfahren nicht unterliegen,

c) Anhängern, die den Vorschriften über das Zulassungsverfahren nicht unterliegen.

(2) Die nach Absatz 1 Nrn. 1 bis 5 von der Versicherungspflicht befreiten Fahrzeughalter haben, sofern nicht auf Grund einer von ihnen abgeschlossenen und den Vorschriften dieses Gesetzes entsprechenden Versicherung Haftpflichtversicherungsschutz gewährt wird, bei Schäden der in § 1 bezeichneten Art für den Fahrer und die übrigen Personen, die durch eine auf Grund dieses Gesetzes abgeschlossene Haftpflichtversicherung Deckung erhalten würden, in gleicher Weise und in gleichem Umfang einzutreten wie ein Versicherer bei Bestehen einer solchen Haftpflichtversicherung. Die Verpflichtung beschränkt sich auf den Betrag der festgesetzten Mindestversicherungssummen. Wird ein Personen- oder Sachschaden verursacht, haftet der Fahrzeughalter im Verhältnis zu einem Dritten auch, wenn der Fahrer den Eintritt der Tatsache, für die er dem Dritten verantwortlich ist, vorsätzlich und widerrechtlich herbeigeführt hat. § 12 Abs. 1 Satz 2 bis 5 gilt entsprechend. Die Vorschriften der §§ 100 bis 124 des Versicherungsvertragsgesetzes sowie der §§ 3 und 3b sowie die Kraftfahrzeug-Pflichtversicherungsverordnung sind sinngemäß anzuwenden. Erfüllt der Fahrzeughalter Verpflichtungen nach Satz 1, so kann er in sinngemäßer Anwendung der §§ 116 und 124 des Versicherungsvertragsgesetzes Ersatz der aufgewendeten Beträge verlangen, wenn bei Bestehen einer Versicherung der Versicherer gegenüber dem Fahrer oder der sonstigen mitversicherten Person leistungsfrei gewesen wäre; im übrigen ist der Rückgriff des Halters gegenüber diesen Personen ausgeschlossen.

-

§ 3

Ist der Versicherer gegenüber dem Versicherungsnehmer nicht zur Leistung verpflichtet, weil das Fahrzeug den Bau- und Betriebsvorschriften der Straßenverkehrs-Zulassungs-Ordnung nicht entsprach oder von einem unberechtigten Fahrer oder von einem Fahrer ohne die vorgeschriebene Fahrerlaubnis geführt wurde, kann der Versicherer den Dritten abweichend von § 117 Abs. 3 Satz 2 des Versicherungsvertragsgesetzes nicht auf die Möglichkeit verweisen, Ersatz seines Schadens von einem anderen Schadensversicherer oder von einem Sozialversicherungsträger zu erlangen. Soweit der Dritte jedoch von einem nach § 2 Abs. 1 Nr. 1 bis 5 von der Versicherungspflicht befreiten Fahrzeughalter Ersatz seines Schadens erlangen kann, entfällt die Leistungspflicht des Versicherers.

-

§ 3a

(1) Macht der Dritte den Anspruch nach § 115 Abs. 1 des Versicherungsvertragsgesetzes geltend, gelten darüber hinaus die folgenden Vorschriften:

1. Der Versicherer oder der Schadenregulierungsbeauftragte haben dem Dritten unverzüglich, spätestens innerhalb von drei Monaten, ein mit Gründen versehenes Schadenersatzangebot vorzulegen, wenn die Eintrittspflicht unstreitig ist und der Schaden beziffert wurde, oder eine mit Gründen versehene Antwort auf die in dem Antrag enthaltenen Darlegungen zu erteilen, sofern die Eintrittspflicht bestritten wird oder nicht eindeutig feststeht oder der Schaden nicht vollständig beziffert worden ist. Die Frist beginnt mit Zugang des Antrags bei dem Versicherer oder dem Schadenregulierungsbeauftragten.

2. Wird das Angebot nicht binnen drei Monaten vorgelegt, ist der Anspruch des Dritten mit dem sich nach § 288 Abs. 1 Satz 2 des Bürgerlichen Gesetzbuchs ergebenden Zinssatz zu verzinsen. Weitergehende Ansprüche des Dritten bleiben unberührt.

(2) Soweit die Schadenregulierung über das deutsche Büro des Systems der Grünen Internationalen Versicherungskarte oder den Entschädigungsfonds nach § 12 erfolgt, ist Absatz 1 entsprechend anzuwenden.
-

§ 3b

Schließt der Erwerber eines veräußerten Fahrzeugs eine neue Kraftfahrzeug-Haftpflichtversicherung, ohne das auf ihn übergegangene Versicherungsverhältnis zu kündigen, gilt dieses mit Beginn des neuen Versicherungsverhältnisses als gekündigt.
-

§ 4

(1) Um einen dem Zweck dieses Gesetzes gerecht werdenden Schutz sicherzustellen, bestimmt das Bundesministerium der Justiz und für Verbraucherschutz unter Beachtung gemeinschaftsrechtlicher Verpflichtungen sowie des Europäischen Übereinkommens vom 20. April 1959 über die obligatorische Haftpflichtversicherung für Kraftfahrzeuge (BGBl. 1965 II S. 281) im Einvernehmen mit dem Bundesministerium der Finanzen und dem Bundesministerium für Verkehr und digitale Infrastruktur durch Rechtsverordnung ohne Zustimmung des Bundesrates den Umfang des notwendigen Versicherungsschutzes, den der Versicherungsvertrag zu gewähren hat. Das gilt auch für den Fall, daß durch Gesetz oder gemeinschaftsrechtliche Verpflichtung eine Versicherungspflicht zur Deckung der beim Transport gefährlicher Güter durch Kraftfahrzeuge verursachten Schäden begründet wird.
(2) Die Mindesthöhen der Versicherungssummen ergeben sich aus der Anlage. Das Bundesministerium der Justiz und für Verbraucherschutz wird ermächtigt, im Einvernehmen mit dem Bundesministerium für Verkehr und digitale Infrastruktur und dem Bundesministerium für Wirtschaft und Energie durch Rechtsverordnung ohne Zustimmung des Bundesrates die in der Anlage getroffenen Regelungen zu ändern, wenn dies erforderlich ist, um

1.
bei einer Änderung der wirtschaftlichen Verhältnisse oder der verkehrstechnischen Umstände einen hinreichenden Schutz der Geschädigten sicherzustellen oder
2.
die Mindesthöhen der Versicherungssummen an die nach Artikel 9 Absatz 2 der Richtlinie 2009/103/EG des Europäischen Parlaments und des Rates vom 16. September 2009 über die Kraftfahrzeug-Haftpflichtversicherung und die Kontrolle der entsprechenden Versicherungspflicht (ABl. L 263 vom 7.10.2009, S. 11) erhöhten Beträge anzupassen.

Ergeben sich auf Grund der Platzzahl des Personenfahrzeugs, auf das sich die Versicherung bezieht, erhöhte Mindestversicherungssummen, so haftet der Versicherer in den Fällen des § 117 Abs. 1 und 2 des Versicherungsvertragsgesetzes für den einer einzelnen Person zugefügten Schaden nur im Rahmen der nicht erhöhten Mindestversicherungssummen.
-

§ 5

(1) Die Versicherung kann nur bei einem im Inland zum Betrieb der Kraftfahrzeug-Haftpflichtversicherung befugten Versicherungsunternehmen genommen werden.
(2) Die im Inland zum Betrieb der Kraftfahrzeug-Haftpflichtversicherung befugten Versicherungsunternehmen sind verpflichtet, den in § 1 genannten Personen nach den gesetzlichen Vorschriften Versicherung gegen Haftpflicht zu gewähren. Diese Verpflichtung besteht auch, wenn das zu versichernde Risiko nach § 57 Absatz 3 Satz 2 Nummer 2 Halbsatz 2 des Versicherungsaufsichtsgesetzes im Inland belegen ist.
(3) Der Antrag auf Abschluß eines Haftpflichtversicherungsvertrages für Zweiräder, Personen- und

Kombinationskraftwagen bis zu 1 t Nutzlast gilt zu den für den Geschäftsbetrieb des Versicherungsunternehmens maßgebenden Grundsätzen und zum allgemeinen Unternehmenstarif als angenommen, wenn der Versicherer ihn nicht innerhalb einer Frist von zwei Wochen vom Eingang des Antrags an schriftlich ablehnt oder wegen einer nachweisbaren höheren Gefahr ein vom allgemeinen Unternehmenstarif abweichendes schriftliches Angebot unterbreitet. Durch die Absendung der Ablehnungserklärung oder des Angebots wird die Frist gewahrt. Satz 1 gilt nicht für die Versicherung von Taxen, Personenmietwagen und Selbstfahrervermietfahrzeugen.

(4) Der Antrag darf nur abgelehnt werden, wenn sachliche oder örtliche Beschränkungen im Geschäftsplan des Versicherungsunternehmens dem Abschluß des Vertrags entgegenstehen oder wenn der Antragsteller bereits bei dem Versicherungsunternehmen versichert war und das Versicherungsunternehmen

1. den Versicherungsvertrag wegen Drohung oder arglistiger Täuschung angefochten hat,
2. vom Versicherungsvertrag wegen Verletzung der vorvertraglichen Anzeigepflicht oder wegen Nichtzahlung der ersten Prämie zurückgetreten ist oder
3. den Versicherungsvertrag wegen Prämienverzugs oder nach Eintritt eines Versicherungsfalls gekündigt hat.

(5) Das Versicherungsverhältnis endet spätestens,

1. wenn es am ersten Tag eines Monats begonnen hat, ein Jahr nach diesem Zeitpunkt,
2. wenn es zu einem anderen Zeitpunkt begonnen hat, an dem nach Ablauf eines Jahres folgenden Monatsersten.

Es verlängert sich um jeweils ein Jahr, wenn es nicht spätestens einen Monat vor Ablauf schriftlich gekündigt wird. Gleiches gilt, wenn die Vertragslaufzeit nur deshalb weniger als ein Jahr beträgt, weil als Beginn der nächsten Versicherungsperiode ein vor Ablauf eines Jahres nach Versicherungsbeginn liegender Zeitpunkt vereinbart worden ist. Ist in anderen Fällen eine kürzere Vertragslaufzeit als ein Jahr vereinbart, so bedarf es zur Beendigung des Versicherungsverhältnisses keiner Kündigung.

(6) Das Versicherungsunternehmen hat dem Versicherungsnehmer bei Beginn des Versicherungsschutzes eine Versicherungsbestätigung auszuhändigen. Die Aushändigung kann von der Zahlung der ersten Prämie abhängig gemacht werden.

(7) Das Versicherungsunternehmen hat dem Versicherungsnehmer bei Beendigung des Versicherungsverhältnisses eine Bescheinigung über dessen Dauer, die Anzahl und Daten während der Vertragslaufzeit gemeldeter Schäden, die zu einer Schadenzahlung oder noch wirksamen Schadenrückstellung geführt haben, auszustellen; ist die Rückstellung innerhalb einer Frist von drei Jahren nach ihrer Bildung aufgelöst worden, ohne daß daraus Leistungen erbracht wurden, so hat der Versicherer auch hierüber eine Bescheinigung zu erteilen. Während des Versicherungsverhältnisses hat das Versicherungsunternehmen dem Versicherungsnehmer jederzeit eine Bescheinigung nach Satz 1 innerhalb von 15 Tagen ab Zugang des entsprechenden Verlangens bei dem Versicherungsunternehmen zu erteilen.

(8) Ist die Versicherung mit einem Versicherungsunternehmen ohne Sitz im Inland im Dienstleistungsverkehr abgeschlossen, so haben der Versicherungsschein und die Versicherungsbestätigung auch Angaben über den Namen und die Anschrift des gemäß § 8 Abs. 2 Satz 1 bestellten Vertreters zu enthalten.

§ 6

(1) Wer ein Fahrzeug auf öffentlichen Wegen oder Plätzen gebraucht oder den Gebrauch gestattet, obwohl für das Fahrzeug der nach § 1 erforderliche Haftpflichtversicherungsvertrag nicht oder nicht mehr besteht, wird mit Freiheitsstrafe bis zu einem Jahr oder mit Geldstrafe bestraft.
(2) Handelt der Täter fahrlässig, so ist die Strafe Freiheitsstrafe bis zu sechs Monaten oder Geldstrafe bis zu einhundertachtzig Tagessätzen.
(3) Ist die Tat vorsätzlich begangen worden, so kann das Fahrzeug eingezogen werden, wenn es dem Täter oder Teilnehmer zur Zeit der Entscheidung gehört.

-

§ 7

Das Bundesministerium für Verkehr und digitale Infrastruktur wird ermächtigt, zur Durchführung des Ersten Abschnitts dieses Gesetzes im Einvernehmen mit dem Bundesministerium der Justiz und für Verbraucherschutz und dem Bundesministerium für Wirtschaft und Energie durch Rechtsverordnung mit Zustimmung des Bundesrates Vorschriften zu erlassen über

1.
  die Form des Versicherungsnachweises;
2.
  die Prüfung der Versicherungsnachweise durch die Zulassungsstellen;
3.
  die Erstattung der Anzeige des Versicherungsunternehmens gegenüber der zuständigen Zulassungsbehörde zur Beendigung seiner Haftung nach § 117 Absatz 2 des Versicherungsvertragsgesetzes;
4.
  Maßnahmen der Verkehrsbehörden, durch welche der Gebrauch nicht oder nicht ausreichend versicherter Fahrzeuge im Straßenverkehr verhindert werden soll.

Zweiter Abschnitt
Pflichten der Kraftfahrzeug-Haftpflichtversicherer, Auskunftsstelle und Statistik

-

§ 8

(1) Versicherungsunternehmen, die zum Betrieb der Kraftfahrzeug-Haftpflichtversicherung für Kraftfahrzeuge und Anhänger mit regelmäßigem Standort im Inland befugt sind, sind verpflichtet, die satzungsmäßigen Leistungen und Beiträge an das mit der Durchführung des Abkommens über die internationale Versicherungskarte beauftragte deutsche Versicherungsbüro sowie an den nach § 13 dieses Gesetzes errichteten Entschädigungsfonds oder an eine andere mit der Erfüllung dieser Aufgaben betraute juristische Person und an die nach § 13a errichtete oder anerkannte Entschädigungsstelle zu erbringen. Sie teilen hierzu dem deutschen Versicherungsbüro, dem Entschädigungsfonds und der Entschädigungsstelle bezüglich der von ihnen in der Bundesrepublik Deutschland nach diesem Gesetz getätigten Kraftfahrzeug-Haftpflichtversicherungen die gebuchten Prämienbeträge oder die Anzahl der versicherten Risiken mit.
(2) Versicherungsunternehmen, die im Dienstleistungsverkehr die Kraftfahrzeug-Haftpflichtversicherung für Kraftfahrzeuge und Anhänger mit regelmäßigem Standort im Inland betreiben, sind verpflichtet, einen im Inland ansässigen oder niedergelassenen Vertreter zu bestellen, der den Anforderungen nach § 59 des Versicherungsaufsichtsgesetzes zu genügen hat. Ansprüche aus Kraftfahrzeug-Haftpflichtfällen gegen das Versicherungsunternehmen können auch gegen den nach Satz 1 bestellten Vertreter gerichtlich und außergerichtlich mit Wirkung für und gegen das Versicherungsunternehmen geltend gemacht werden. Der nach Satz 1 bestellte Vertreter ist auch verpflichtet, Auskunft über das Bestehen oder die Gültigkeit von diesem Gesetz

unterliegenden Haftpflichtversicherungsverträgen bei dem Versicherungsunternehmen zu erteilen.

§ 8a

(1) Es wird eine Auskunftsstelle eingerichtet, die Geschädigten, deren Versicherern, dem deutschen Büro des Systems der Grünen Internationalen Versicherungskarte und dem Entschädigungsfonds nach § 12 unter den Voraussetzungen des Satzes 2 auf Anforderung folgende Angaben übermittelt, soweit dies zur Geltendmachung von Schadenersatzansprüchen im Zusammenhang mit der Teilnahme am Straßenverkehr erforderlich ist:

1. Namen und Anschrift des Versicherers des schädigenden Fahrzeugs sowie dessen in der Bundesrepublik Deutschland benannten Schadenregulierungsbeauftragten,
2. die Nummer der Versicherungspolice und das Datum der Beendigung des Versicherungsschutzes, sofern dieser abgelaufen ist,
3. bei Fahrzeugen, die nach Artikel 5 Absatz 1 der Richtlinie 2009/103/EG von der Versicherungspflicht befreit sind, den Namen der Stelle oder Einrichtung, die dem Geschädigten nach geltendem Recht ersatzpflichtig ist,
4. Namen und Anschrift des eingetragenen Fahrzeughalters oder, soweit die Auskunftsstelle diese Informationen nach Absatz 2 erlangen kann, des Fahrzeugeigentümers oder des gewöhnlichen Fahrers; § 39 Abs. 1 des Straßenverkehrsgesetzes gilt entsprechend.

Geschädigte sind berechtigt, sich an die Auskunftsstelle zu wenden, wenn sie ihren Wohnsitz in der Bundesrepublik Deutschland haben, wenn das Fahrzeug, das den Unfall verursacht haben soll, seinen gewöhnlichen Standort in der Bundesrepublik Deutschland hat oder wenn sich der Unfall in der Bundesrepublik Deutschland ereignet hat.

(2) Die Auskunftsstelle ersucht die Zulassungsbehörden oder das Kraftfahrt-Bundesamt sowie die in den anderen Mitgliedstaaten der Europäischen Union und in den anderen Vertragsstaaten des Abkommens über den Europäischen Wirtschaftsraum nach Artikel 23 Absatz 1 der Richtlinie 2009/103/EG errichteten oder anerkannten Auskunftsstellen im Einzelfall um Übermittlung der Informationen nach Absatz 1 Satz 1. Sie übermittelt den in diesen Staaten nach Artikel 23 Absatz 1 der Richtlinie 2009/103/EG errichteten oder anerkannten Auskunftsstellen auf Ersuchen die Informationen nach Absatz 1 Satz 1, soweit dies zur Erteilung von Auskünften an Geschädigte erforderlich ist.

(3) Die Aufgaben und Befugnisse der Auskunftsstelle nach den Absätzen 1 und 2 werden von der GDV Dienstleistungs-GmbH & Co. KG - "Zentralruf der Autoversicherer" - in Hamburg wahrgenommen, sobald und soweit diese schriftlich gegenüber dem Bundesministerium der Justiz und für Verbraucherschutz ihre Bereitschaft dazu erklärt hat. Das Bundesministerium der Justiz und für Verbraucherschutz gibt die Erklärung und den Zeitpunkt, ab dem die betroffenen Aufgaben von dem Zentralruf der Autoversicherer wahrgenommen werden, im Bundesanzeiger bekannt. Der Zentralruf der Autoversicherer untersteht, soweit er die übertragenen Aufgaben wahrnimmt, der Aufsicht des Bundesministeriums der Justiz und für Verbraucherschutz. Das Bundesministerium der Justiz und für Verbraucherschutz wird ermächtigt, durch Rechtsverordnung ohne Zustimmung des Bundesrates die Aufgaben und Befugnisse der Auskunftsstelle nach den Absätzen 1 und 2 der in § 13 genannten Anstalt zu übertragen, soweit die Wahrnehmung der Aufgaben durch den Zentralruf der Autoversicherer nicht gewährleistet ist oder dieser nicht mehr zur Wahrnehmung der Aufgaben bereit ist.

(4) Versicherungsunternehmen, denen im Inland die Erlaubnis zum Betrieb der Kraftfahrzeug-Haftpflichtversicherung für Kraftfahrzeuge und Anhänger erteilt ist, haben der Auskunftsstelle nach Absatz 3 sowie den in den anderen Mitgliedstaaten der Europäischen Union und den Vertragsstaaten des Abkommens über den Europäischen Wirtschaftsraum nach Artikel 23 Absatz 1 der Richtlinie 2009/103/EG errichteten oder anerkannten Auskunftsstellen die Namen und

Anschriften der nach § 163 des Versicherungsaufsichtsgesetzes bestellten Schadenregulierungsbeauftragten sowie jede Änderung dieser Angaben mitzuteilen.

-

§ 9

(1) Es wird eine jährliche Gemeinschaftsstatistik über den Schadenverlauf in der Kraftfahrzeug-Haftpflichtversicherung geführt. Sie muß Angaben enthalten über die Art und Anzahl der versicherten Risiken, die Anzahl der gemeldeten Schäden, die Erstattungsleistungen und Rückstellungen (Schadenaufwand), die Schadenhäufigkeit, den Schadendurchschnitt und den Schadenbedarf.
(2) Sofern die Träger der Kraftfahrzeug-Haftpflichtversicherung und ihre Verbände keine den Anforderungen des Absatzes 1 genügende Gemeinschaftsstatistik zur Verfügung stellen, wird die Statistik von der Bundesanstalt für Finanzdienstleistungsaufsicht geführt.
(3) Die Ergebnisse der Statistik sind von der Bundesanstalt für Finanzdienstleistungsaufsicht jährlich zu veröffentlichen.

-

§ 10

(1) Versicherungsunternehmen mit Sitz im Inland, die die Kraftfahrzeug-Haftpflichtversicherung nach diesem Gesetz betreiben, übermitteln der Aufsichtsbehörde die für die Führung der Statistik nach § 9 erforderlichen Daten.
(2) Soweit Versicherungsunternehmen mit Sitz im Inland außerhalb des Geltungsbereichs dieses Gesetzes in einem Mitgliedstaat der Europäischen Gemeinschaft oder in einem anderen Vertragsstaat des Abkommens über den Europäischen Wirtschaftsraum die Kraftfahrzeug-Haftpflichtversicherung betreiben, sind der Aufsichtsbehörde die in § 9 Abs. 1 Satz 2 genannten Angaben für jeden Mitgliedstaat gesondert mitzuteilen.

-

§ 11

Das Bundesministerium der Finanzen wird ermächtigt, im Einvernehmen mit dem Bundesministerium der Justiz und für Verbraucherschutz und dem Bundesministerium für Wirtschaft und Energie durch Rechtsverordnung Vorschriften zu erlassen über den Inhalt, die Form und die Gliederung der nach § 9 zu führenden Kraftfahrzeug-Haftpflichtversicherungsstatistik sowie über die Fristen, den Inhalt, die Form und die Stückzahl der von den Versicherungsunternehmen einzureichenden Mitteilungen.

Dritter Abschnitt
Entschädigungsfonds für Schäden aus Kraftfahrzeugunfällen und Entschädigungsstelle für Auslandsunfälle

-

§ 12

(1) Wird durch den Gebrauch eines Kraftfahrzeugs oder eines Anhängers im Geltungsbereich dieses Gesetzes ein Personen- oder Sachschaden verursacht, so kann derjenige, dem wegen dieser Schäden Ersatzansprüche gegen den Halter, den Eigentümer oder den Fahrer des Fahrzeugs zustehen, diese Ersatzansprüche auch gegen den "Entschädigungsfonds für Schäden aus Kraftfahrzeugunfällen" (Entschädigungsfonds) geltend machen,
1.

2.
    wenn das Fahrzeug, durch dessen Gebrauch der Schaden verursacht worden ist, nicht ermittelt werden kann,

    wenn die auf Grund eines Gesetzes erforderliche Haftpflichtversicherung zugunsten des Halters, des Eigentümers und des Fahrers des Fahrzeugs nicht besteht,

2a. wenn der Halter des Fahrzeugs nach § 2 Abs. 1 Nr. 6 oder nach einer in Umsetzung des Artikels 5 Absatz 2 der Richtlinie 2009/103/EG erlassenen Bestimmung eines anderen Mitgliedstaats der Europäischen Union von der Versicherungspflicht befreit ist,

3.
    wenn für den Schaden, der durch den Gebrauch des ermittelten oder nicht ermittelten Fahrzeugs verursacht worden ist, eine Haftpflichtversicherung deswegen keine Deckung gewährt oder gewähren würde, weil der Ersatzpflichtige den Eintritt der Tatsache, für die er dem Ersatzberechtigten verantwortlich ist, vorsätzlich und widerrechtlich herbeigeführt hat,

4.
    wenn die Versicherungsaufsichtsbehörde den Antrag auf Eröffnung eines Insolvenzverfahrens über das Vermögen des leistungspflichtigen Versicherers stellt oder, sofern der Versicherer seinen Sitz in einem anderen Mitgliedstaat der Europäischen Union oder einem Vertragsstaat des Abkommens über den Europäischen Wirtschaftsraum hat, von der zuständigen Aufsichtsbehörde eine vergleichbare Maßnahme ergriffen wird.

Das gilt nur, soweit der Ersatzberechtigte in den Fällen der Nummern 1 bis 3 glaubhaft macht, dass er weder von dem Halter, dem Eigentümer oder dem Fahrer des Fahrzeugs noch in allen Fällen nach Satz 1 von einem Schadensversicherer oder einem Verband von im Inland zum Geschäftsbetrieb befugten Haftpflichtversicherern Ersatz seines Schadens zu erlangen vermag. Die Leistungspflicht des Entschädigungsfonds entfällt, soweit der Ersatzberechtigte in der Lage ist, Ersatz seines Schadens nach den Vorschriften über die Amtspflichtverletzung zu erlangen, oder soweit der Schaden durch Leistungen eines Sozialversicherungsträgers, durch Fortzahlung von Dienst- oder Amtsbezügen, Vergütung oder Lohn oder durch Gewährung von Versorgungsbezügen ausgeglichen wird. Im Falle einer fahrlässigen Amtspflichtverletzung geht abweichend von § 839 Abs. 1 Satz 2 des Bürgerlichen Gesetzbuches die Ersatzpflicht auf Grund der Vorschriften über die Amtspflichtverletzung der Leistungspflicht des Entschädigungsfonds vor. Die Leistungspflicht des Entschädigungsfonds entfällt ferner bei Ansprüchen wegen der Beschädigung von Einrichtungen des Bahn-, Luft- und Straßenverkehrs sowie des Verkehrs auf Binnenwasserstraßen einschließlich der mit diesen Einrichtungen verbundenen Sachen, sowie wegen der Beschädigung von Einrichtungen der Energieversorgung oder der Telekommunikation.

(2) In den Fällen des Absatzes 1 Nr. 1 können gegen den Entschädigungsfonds Ansprüche nach § 253 Abs. 2 BGB nur geltend gemacht werden, wenn und soweit die Leistung einer Entschädigung wegen der besonderen Schwere der Verletzung zur Vermeidung einer groben Unbilligkeit erforderlich ist. Für Sachschäden beschränkt sich in den Fällen des Absatzes 1 Satz 1 Nr. 1 die Leistungspflicht des Entschädigungsfonds auf den Betrag, der 500 Euro übersteigt. Ansprüche auf Ersatz von Sachschäden am Fahrzeug des Ersatzberechtigten können darüber hinaus in den Fällen des Absatzes 1 Satz 1 Nr. 1 nur geltend gemacht werden, wenn der Entschädigungsfonds auf Grund desselben Ereignisses zur Leistung einer Entschädigung wegen der Tötung einer Person oder der erheblichen Verletzung des Körpers oder der Gesundheit des Ersatzberechtigten oder eines Fahrzeuginsassen des Fahrzeugs verpflichtet ist.

(3) Der Anspruch des Ersatzberechtigten gegen den Entschädigungsfonds verjährt in drei Jahren. Die Verjährung beginnt mit dem Zeitpunkt, in dem der Ersatzberechtigte von dem Schaden und von den Umständen Kenntnis erlangt, aus denen sich ergibt, daß er seinen Ersatzanspruch gegen den Entschädigungsfonds geltend machen kann. Ist der Anspruch des Ersatzberechtigten bei dem Entschädigungsfonds angemeldet worden, so ist die Verjährung bis zum Eingang der schriftlichen Entscheidung des Entschädigungsfonds und, wenn die Schiedsstelle (§ 14 Nr. 3) angerufen worden ist, des Einigungsvorschlags der Schiedsstelle gehemmt. Im Fall des Absatzes 1 Satz 1 Nr. 4 wird die gegenüber dem leistungspflichtigen Versicherer verstrichene Verjährungsfrist eingerechnet.

(4) Im übrigen bestimmen sich Voraussetzungen und Umfang der Leistungspflicht des

Entschädigungsfonds sowie die Pflichten des Ersatzberechtigten gegenüber dem Entschädigungsfonds nach den Vorschriften, die bei Bestehen einer auf Grund dieses Gesetzes abgeschlossenen Haftpflichtversicherung für das Verhältnis zwischen dem Versicherer und dem Dritten in dem Falle gelten, daß der Versicherer dem Versicherungsnehmer gegenüber von der Verpflichtung zur Leistung frei ist. In den Fällen des Absatzes 1 Satz 1 Nummer 4 bestimmt sich die Leistungspflicht des Entschädigungsfonds nach der vereinbarten Versicherungssumme; sie beträgt maximal das Dreifache der gesetzlichen Mindestversicherungssumme. In den Fällen des Absatzes 1 Nr. 2 und 3 haben der Halter, der Eigentümer und der Fahrer des Fahrzeugs gegenüber dem Entschädigungsfonds die einen Versicherungsnehmer nach Eintritt des Versicherungsfalls gegenüber dem Versicherer treffenden Verpflichtungen zu erfüllen.
(5) Der Entschädigungsfonds kann von den Personen, für deren Schadensersatzverpflichtungen er nach Absatz 1 einzutreten hat, wie ein Beauftragter Ersatz seiner Aufwendungen verlangen.
(6) Der Ersatzanspruch des Ersatzberechtigten gegen den Halter, den Eigentümer und den Fahrer des Fahrzeugs sowie ein Ersatzanspruch, der dem Ersatzberechtigten oder dem Halter, dem Eigentümer oder dem Fahrer des Fahrzeugs gegen einen sonstigen Ersatzpflichtigen zusteht, gehen auf den Entschädigungsfonds über, soweit dieser dem Ersatzberechtigten den Schaden ersetzt. Der Übergang kann nicht zum Nachteil des Ersatzberechtigten geltend gemacht werden. Gibt der Ersatzberechtigte seinen Ersatzanspruch oder ein zur Sicherung des Anspruchs dienendes Recht auf, so entfällt die Leistungspflicht des Entschädigungsfonds insoweit, als er aus dem Anspruch oder dem Recht hätte Ersatz erlangen können. Soweit der Entschädigungsfonds Ersatzansprüche nach Absatz 1 Nr. 4 befriedigt, sind dessen Ersatzansprüche gegenüber dem Versicherungsnehmer und mitversicherten Personen auf je 2.500 Euro beschränkt. Die Beschränkung der Ersatzansprüche gilt in den Fällen des Absatzes 1 Satz 1 Nummer 4 auch für diejenigen Ansprüche gegen den Versicherungsnehmer und die mitversicherte Person, soweit eine Leistungspflicht des Entschädigungsfonds nach Absatz 1 Satz 2 und 3 entfällt. Machen mehrere Berechtigte Ersatzansprüche geltend, sind diese Ersatzansprüche gegenüber dem Versicherungsnehmer auf insgesamt 2 500 Euro und gegenüber mitversicherten Personen ebenfalls auf insgesamt 2 500 Euro beschränkt; die Auszahlung erfolgt nach dem Verhältnis der Beträge.
(7) Im Fall des Absatzes 1 Satz 1 Nr. 4 sind der Versicherer und sein nach § 8 Abs. 2 Satz 1 bestellter Vertreter, der vorläufige Insolvenzverwalter ebenso wie der Insolvenzverwalter (§ 22 Abs. 1 Satz 1, § 56 der Insolvenzordnung), der von der Aufsichtsbehörde bestellte Sonderbeauftragte sowie alle Personen, die mit der Verwaltung der Kraftfahrzeug-Haftpflichtversicherungsverträge einschließlich der Regulierung der diesen Verträgen zuzurechnenden Schadensfälle betraut sind, verpflichtet, dem Entschädigungsfonds die für die Erfüllung seiner Aufgaben erforderlichen Auskünfte zu erteilen, die benötigten Unterlagen zu überlassen und ihn bei der Abwicklung zu unterstützen.
-

§ 12a

(1) Wird durch den Gebrauch eines Kraftfahrzeugs oder eines Anhängers im Ausland nach dem 31. Dezember 2002 ein Personen- oder Sachschaden verursacht, so kann derjenige, der seinen Wohnsitz in der Bundesrepublik Deutschland hat und dem wegen dieser Schäden Ersatzansprüche gegen den Haftpflichtversicherer des schädigenden Fahrzeugs zustehen, diese vorbehaltlich des Absatzes 4 gegen die "Entschädigungsstelle für Schäden aus Auslandsunfällen" (Entschädigungsstelle) geltend machen,

1.
   wenn das Versicherungsunternehmen oder sein Schadenregulierungsbeauftragter binnen drei Monaten nach der Geltendmachung des Entschädigungsanspruchs beim Versicherungsunternehmen des Fahrzeugs, durch dessen Nutzung der Unfall verursacht wurde, oder beim Schadenregulierungsbeauftragten keine mit Gründen versehene Antwort auf die im Schadenersatzantrag enthaltenen Darlegungen erteilt hat oder
2.

wenn das Versicherungsunternehmen entgegen Artikel 21 Absatz 1 der Richtlinie 2009/103/EG in der Bundesrepublik Deutschland keinen Schadenregulierungsbeauftragten bestellt hat, es sei denn, dass der Geschädigte einen Antrag auf Erstattung direkt beim Versicherungsunternehmen eingereicht hat und von diesem innerhalb von drei Monaten eine mit Gründen versehene Antwort auf das Schadenersatzbegehren erteilt oder ein begründetes Angebot vorgelegt worden ist oder

3.

wenn das Fahrzeug nicht oder das Versicherungsunternehmen nicht innerhalb von zwei Monaten nach dem Unfall ermittelt werden kann.

Ein Antrag auf Erstattung ist nicht zulässig, wenn der Geschädigte unmittelbar gegen das Versicherungsunternehmen gerichtliche Schritte eingeleitet hat.

(2) Die Entschädigungsstelle unterrichtet unverzüglich

1.

das Versicherungsunternehmen des Fahrzeugs, das den Unfall verursacht haben soll, oder dessen in der Bundesrepublik Deutschland bestellten Schadenregulierungsbeauftragten,

2.

die Entschädigungsstelle in dem Mitgliedstaat der Europäischen Union oder dem Vertragsstaat des Abkommens über den Europäischen Wirtschaftsraum, in dem die Niederlassung des Versicherungsunternehmens ihren Sitz hat, die die Versicherungspolice ausgestellt hat,

3.

die Person, die den Unfall verursacht haben soll, sofern sie bekannt ist,

4.

das deutsche Büro des Systems der Grünen Internationalen Versicherungskarte und das Grüne-Karte-Büro des Landes, in dem sich der Unfall ereignet hat, wenn das schadenstiftende Fahrzeug seinen gewöhnlichen Aufenthaltsort nicht in diesem Land hat,

5.

in den Fällen des Absatzes 1 Nr. 3 den Garantiefonds im Sinne von Artikel 10 Absatz 1 der Richtlinie 2009/103/EG des Staates, in dem das Fahrzeug seinen gewöhnlichen Standort hat, sofern das Versicherungsunternehmen nicht ermittelt werden kann, oder, wenn das Fahrzeug nicht ermittelt werden kann, den Garantiefonds des Staates, in dem sich der Unfall ereignet hat, darüber, dass ein Antrag auf Entschädigung bei ihr eingegangen ist und dass sie binnen zwei Monaten auf diesen Antrag eingehen wird.

(3) Die Entschädigungsstelle wird binnen zwei Monaten nach Eingang eines Schadenersatzantrages des Geschädigten tätig, schließt den Vorgang jedoch ab, wenn das Versicherungsunternehmen oder dessen Schadenregulierungsbeauftragter in dieser Zeit eine mit Gründen versehene Antwort auf das Schadenersatzbegehren erteilt oder ein begründetes Angebot vorlegt. Geschieht dies nicht, reguliert sie den geltend gemachten Anspruch unter Berücksichtigung des Sachverhalts nach Maßgabe des anzuwendenden Rechts. Sie kann sich hierzu anderer Personen oder Einrichtungen, insbesondere eines zur Übernahme der Regulierung bereiten Versicherungsunternehmens oder Schadenabwicklungsunternehmens, bedienen. Im Übrigen bestimmt sich das Verfahren nach dem Abkommen der Entschädigungsstellen nach Artikel 24 Absatz 3 der Richtlinie 2009/103/EG.

(4) Hat sich der Unfall in einem Staat ereignet, der nicht Mitgliedstaat der Europäischen Union oder Vertragsstaat des Abkommens über den Europäischen Wirtschaftsraum ist, so kann der Geschädigte unter den Voraussetzungen des Absatzes 1 einen Antrag auf Erstattung an die Entschädigungsstelle richten, wenn der Unfall durch die Nutzung eines Fahrzeugs verursacht wurde, das in einem Mitgliedstaat der Europäischen Union oder Vertragsstaat des Abkommens über den Europäischen Wirtschaftsraum versichert ist und dort seinen gewöhnlichen Standort hat und wenn das nationale Versicherungsbüro (Artikel 1 Nummer 3 der Richtlinie 2009/103/EG) des Staates, in dem sich der Unfall ereignet hat, dem System der Grünen Karte beigetreten ist.

-

§ 12b

Soweit die Entschädigungsstelle nach § 12a dem Ersatzberechtigten den Schaden ersetzt, geht der Anspruch des Ersatzberechtigten gegen den Halter, den Eigentümer, den Fahrer und einen sonstigen Ersatzpflichtigen auf die Entschädigungsstelle über. Der Übergang kann nicht zum Nachteil des Ersatzberechtigten geltend gemacht werden. Soweit eine Entschädigungsstelle im Sinne des Artikels 24 der Richtlinie 2009/103/EG einer anderen Entschädigungsstelle einen als Entschädigung gezahlten Betrag erstattet, gehen die auf die zuletzt genannte Entschädigungsstelle übergegangenen Ansprüche des Geschädigten gegen den Halter, den Eigentümer, den Fahrer und einen sonstigen Ersatzpflichtigen auf die zuerst genannte Entschädigungsstelle über.

-

§ 12c

(1) Der Entschädigungsfonds nach § 12 ist verpflichtet, einem Entschädigungsfonds im Sinne des Artikels 10 Absatz 1 der Richtlinie 2009/103/EG eines anderen Mitgliedstaats der Europäischen Union den Betrag zu erstatten, den dieser als Entschädigung wegen eines Personen- oder Sachschadens zahlt, der auf dem Gebiet dieses Mitgliedstaats durch ein Fahrzeug verursacht wurde, dessen Halter nach § 2 Abs. 1 Nr. 6 von der Versicherungspflicht befreit ist.
(2) Soweit der Entschädigungsfonds nach § 12 einen Betrag nach Absatz 1 erstattet, gehen die auf den Entschädigungsfonds des anderen Mitgliedstaats der Europäischen Union übergegangenen Ansprüche des Geschädigten gegen den Halter, den Eigentümer, den Fahrer und einen sonstigen Ersatzpflichtigen auf den Entschädigungsfonds nach § 12 über.

-

§ 13

(1) Zur Wahrnehmung der Aufgaben des Entschädigungsfonds wird eine rechtsfähige Anstalt des öffentlichen Rechts errichtet, die mit dem Inkrafttreten dieses Gesetzes als entstanden gilt. Organe der Anstalt sind der Vorstand und der Verwaltungsrat. Die Anstalt untersteht der Aufsicht des Bundesministeriums der Justiz und für Verbraucherschutz. Das Nähere über die Anstalt bestimmt die Satzung, die von der Bundesregierung durch Rechtsverordnung ohne Zustimmung des Bundesrates aufgestellt wird. Die im Geltungsbereich dieses Gesetzes zum Betrieb der Kraftfahrzeug-Haftpflichtversicherung befugten Versicherungsunternehmen und die Haftpflichtschadenausgleiche im Sinne von § 3 Absatz 1 Nummer 4 des Versicherungsaufsichtsgesetzes sowie die nach § 2 Nrn. 1 bis 4 von der Versicherungspflicht befreiten Halter nichtversicherter Fahrzeuge sind verpflichtet, unter Berücksichtigung ihres Anteils am Gesamtbestand der Fahrzeuge und der Art dieser Fahrzeuge an die Anstalt Beiträge zur Deckung der Entschädigungsleistungen und der Verwaltungskosten zu leisten. Das Nähere über die Beitragspflicht bestimmt das Bundesministerium der Justiz und für Verbraucherschutz im Einvernehmen mit dem Bundesministerium für Verkehr und digitale Infrastruktur, dem Bundesministerium für Wirtschaft und Energie und dem Bundesministerium der Finanzen durch Rechtsverordnung mit Zustimmung des Bundesrates.
(2) Das Bundesministerium der Justiz und für Verbraucherschutz wird ermächtigt, im Einvernehmen mit dem Bundesministerium für Verkehr und digitale Infrastruktur, dem Bundesministerium für Wirtschaft und Energie und dem Bundesministerium der Finanzen durch Rechtsverordnung ohne Zustimmung des Bundesrates die Stellung des Entschädigungsfonds einer anderen bestehenden juristischen Person zuzuweisen, wenn diese bereit ist, die Aufgaben des Entschädigungsfonds zu übernehmen, und wenn sie hinreichende Gewähr für die Erfüllung der Ansprüche der Ersatzberechtigten bietet. Durch die Rechtsverordnung kann sich das Bundesministerium der Justiz und für Verbraucherschutz die Genehmigung der Satzung dieser juristischen Person vorbehalten und die Aufsicht über die juristische Person regeln.
(3) Das Bundesministerium der Justiz und für Verbraucherschutz wird ferner ermächtigt, im

Einvernehmen mit den in Absatz 2 genannten Bundesministerien durch Rechtsverordnung ohne Zustimmung des Bundesrates zu bestimmen, von welchem Zeitpunkt ab die Anstalt (Absatz 1) oder die durch Rechtsverordnung (Absatz 2) bezeichnete juristische Person von Ersatzberechtigten in Anspruch genommen werden kann, und zu bestimmen, daß eine Leistungspflicht nur besteht, wenn das schädigende Ereignis nach einem in der Verordnung festzusetzenden Zeitpunkt eingetreten ist. Die Anstalt kann jedoch spätestens zwei Jahre nach dem Inkrafttreten dieses Gesetzes wegen der Schäden, die sich nach diesem Zeitpunkt ereignen, in Anspruch genommen werden, sofern nicht bis zu diesem Zeitpunkt den Ersatzberechtigten durch Rechtsverordnung die Möglichkeit gegeben worden ist, eine andere juristische Person in Anspruch zu nehmen.
(4) Der Entschädigungsfonds ist von der Körperschaftsteuer, der Gewerbesteuer und der Vermögensteuer befreit.
(5) Die vom Entschädigungsfonds zur Befriedigung von Ansprüchen nach § 12 Abs. 1 Nr. 4 in einem Kalenderjahr zu erbringenden Aufwendungen sind auf 0,5 vom Hundert des Gesamtprämienaufkommens der Kraftfahrzeug-Haftpflichtversicherung des vorangegangenen Kalenderjahres begrenzt.
-

§ 13a

(1) Die Aufgaben und Befugnisse der Entschädigungsstelle nach § 12a werden von dem rechtsfähigen Verein "Verkehrsopferhilfe eingetragener Verein" in Hamburg (Verkehrsopferhilfe) wahrgenommen, sobald und soweit dieser schriftlich gegenüber dem Bundesministerium der Justiz und für Verbraucherschutz seine Bereitschaft dazu erklärt hat. Das Bundesministerium der Justiz und für Verbraucherschutz gibt die Erklärung und den Zeitpunkt, ab dem die betroffenen Aufgaben von der Verkehrsopferhilfe wahrgenommen werden, im Bundesanzeiger bekannt. Die Verkehrsopferhilfe untersteht, soweit sie die übertragenen Aufgaben wahrnimmt, der Aufsicht des Bundesministeriums der Justiz und für Verbraucherschutz. Das Bundesministerium der Justiz und für Verbraucherschutz wird ermächtigt, durch Rechtsverordnung ohne Zustimmung des Bundesrates die Aufgaben und Befugnisse der Entschädigungsstelle nach § 12a der in § 13 genannten Anstalt zu übertragen, soweit die Wahrnehmung der Aufgaben durch die Verkehrsopferhilfe nicht gewährleistet ist oder diese nicht mehr zur Wahrnehmung der Aufgaben bereit ist.
(2) Die Entschädigungsstelle ist von der Körperschaftsteuer, der Gewerbesteuer und der Vermögensteuer befreit.
-

§ 14

Das Bundesministerium der Justiz und für Verbraucherschutz wird ermächtigt, im Einvernehmen mit dem Bundesministerium für Verkehr und digitale Infrastruktur, dem Bundesministerium für Wirtschaft und Energie und dem Bundesministerium der Finanzen durch Rechtsverordnung ohne Zustimmung des Bundesrates

1. zu bestimmen, daß der Entschädigungsfonds in den Fällen des § 12 Abs. 1 Nr. 1 auch für Schäden einzutreten hat, die einem Deutschen außerhalb des Geltungsbereichs dieses Gesetzes entstehen und nicht von einer Stelle in dem Staat ersetzt werden, in dem sich der Unfall zugetragen hat, wenn dies erforderlich ist, um eine Schlechterstellung des Deutschen gegenüber den Angehörigen dieses Staates auszugleichen;
2. zu bestimmen, daß der Entschädigungsfonds Leistungen an ausländische Staatsangehörige ohne festen Wohnsitz im Inland nur bei Vorliegen der Gegenseitigkeit erbringt, soweit nicht völkerrechtliche Verträge der Bundesrepublik Deutschland dem entgegenstehen;

3.
zu bestimmen,
- a) daß beim Entschädigungsfonds eine Schiedsstelle gebildet wird, die in Streitfällen zwischen dem Ersatzberechtigten und dem Entschädigungsfonds auf eine gütliche Einigung hinzuwirken und den Beteiligten erforderlichenfalls einen begründeten Einigungsvorschlag zu machen hat,
- b) wie die Mitglieder der Schiedsstelle, die aus einem die Befähigung zum Richteramt besitzenden, sachkundigen und unabhängigen Vorsitzenden sowie einem von der Versicherungswirtschaft benannten und einem dem Bereich der Ersatzberechtigten zuzurechnenden Beisitzer besteht, zu bestellen sind und wie das Verfahren der Schiedsstelle einschließlich der Kosten zu regeln ist,
- c) daß Ansprüche gegen den Entschädigungsfonds im Wege der Klage erst geltend gemacht werden können, nachdem ein Verfahren vor der Schiedsstelle vorausgegangen ist, sofern nicht seit der Anrufung der Schiedsstelle mehr als drei Monate verstrichen sind.

Vierter Abschnitt
Übergangs- und Schlußvorschriften

-

§ 15

Wird zur Vermeidung einer Insolvenz ein Bestand an Kraftfahrzeug-Haftpflichtversicherungsverträgen mit Genehmigung der Aufsichtsbehörden auf einen anderen Versicherer übertragen, so kann der übernehmende Versicherer die Anwendung des für sein Unternehmen geltenden Tarifs (Prämie und Tarifbestimmungen) und seiner Versicherungsbedingungen vom Beginn der nächsten Versicherungsperiode an erklären, wenn er dem Versicherungsnehmer die Tarifänderung unter Kenntlichmachung der Unterschiede des alten und neuen Tarifs spätestens einen Monat vor Inkrafttreten der Änderung mitteilt und ihn schriftlich über sein Kündigungsrecht belehrt.

-

§ 16

§ 12 Absatz 4 Satz 2 und Absatz 6 Satz 5 und 6 gilt nicht für Ansprüche, die vor dem 1. Mai 2013 entstanden sind.

Anlage zu § 4 Abs. 2

(Fundstelle: BGBl. I 1965, 221;
bzgl. der einzelnen Änderungen vgl. Fußnote)
Mindestversicherungssummen

1. Die Mindesthöhe der Versicherungssumme beträgt bei Kraftfahrzeugen einschließlich der Anhänger je Schadensfall
   - a) für Personenschäden siebeneinhalb Millionen Euro,
   - b) für Sachschäden 1 120 000 Euro,
   - c)

für die weder mittelbar noch unmittelbar mit einem Personen- oder Sachschaden zusammenhängenden Vermögensschäden (reine Vermögensschäden) 50 000 Euro.

2. Bei Kraftfahrzeugen, die der Beförderung von Personen dienen und mehr als neun Plätze (ohne den Fahrersitz) aufweisen, erhöhen sich diese Beträge für das Kraftfahrzeug unter Ausschluss der Anhänger
a)
    für den 10. und jeden weiteren Platz um

    aa)   50 000 Euro für Personenschäden,
    bb)   500 Euro für reine Vermögensschäden,
b)
    vom 81. Platz ab für jeden weiteren Platz um

    aa)   25 000 Euro für Personenschäden,
    bb)   250 Euro für reine Vermögensschäden.

Dies gilt nicht für Kraftomnibusse, die ausschließlich zu Lehr- und Prüfungszwecken verwendet werden.

3. Bei Anhängern entspricht die Mindesthöhe der Versicherungssumme für Schäden, die nicht mit dem Betrieb des Kraftfahrzeugs im Sinne des § 7 des Straßenverkehrsgesetzes im Zusammenhang stehen, und für die den Insassen des Anhängers zugefügten Schäden den in Nummer 1, bei Personenanhängern mit mehr als neun Plätzen den in Nummern 1 und 2 genannten Beträgen.

4. Zu welcher dieser Gruppen das Fahrzeug gehört, richtet sich nach der Eintragung im Kraftfahrzeug- oder Anhängerbrief.

www.ingramcontent.com/pod-product-compliance
Lightning Source LLC
Chambersburg PA
CBHW071411180526
45170CB00001B/66